W0039759

EISKALTE ENTDECKUNGEN

Forschungsreisen zwischen Nord- und Südpol

Herausgegeben von

Gert Lange

Mit fünf künstlerischen Fotografien von
Britta Lauer

Delius Klasing Verlag

INHALT

Zum Geleit

In den durch extreme Umweltbedingungen geprägten Polargebieten wirken Ozean, Eis und Atmosphäre zusammen und beeinflussen die Lebensbedingungen auf der Erde. Wie das im Einzelnen funktioniert, ist Gegenstand moderner Polar- und Meeresforschung. Im Jahr 2002, dem Jahr der Geowissenschaften, ist die Polar- und Meeresforschung in besonderem Maße aufgerufen, ihre Arbeit allgemein verständlich zu machen und sich zu diesem Zweck »unter's Volk« zu mischen. Bekommen wir wieder eine Eiszeit oder schmelzen die Polkappen? Welchen Einfluss hat das Meeresplankton auf den Treibhauseffekt? Wie funktionieren die Meeresströmungen, warum gibt es den Golfstrom? Was haben Arktis und Antarktis mit uns in Westeuropa zu tun? Dieses sind häufig an die Meeres- und Polarforschung gestellte Fragen, die man nur auf der Grundlage naturwissenschaftlicher Forschung beantworten kann.

Physik, Chemie und Mathematik gehören aber gegenwärtig nicht zu den beliebtesten Fächern in den Schulen. Doch gerade die Naturwissenschaften und die Mathematik sind besonders wichtig für das Verständnis des Systems Erde und damit auch für den nachhaltigen Schutz unserer natürlichen Umwelt. Mit dem Buch »Eiskalte Entdeckungen«, in dem Mitarbeiter und Mitarbeiterinnen des Alfred-Wegener-Instituts für Polar- und Meeresforschung über ihre Forschungsarbeiten berichten, will die DFG insbesondere alle Schüler/Innen einladen, sich auf Entdeckungsreisen in die eiskalte Welt der Naturwissenschaften zu begeben. Die Berichte der Forscherinnen und Forscher, die auf ihren Expeditionen in die unwirtlichsten Teile unserer Erde reisen, zeigen, wie spannend aktuelle Forschung sein kann. Dieses Buch gibt einen Einblick in die Arbeiten und Abenteuer der Wissenschaftler und Wissenschaftlerinnen, im Rückblick in die Geschichte der Polar- und Meeresforschung und im Ausblick auf die Zukunft.

Die DFG, die die Polar- und Meeresforschung seit langer Zeit fördert, wendet sich mit dieser Sonderauflage der »Eiskalten Entdeckungen« auch an alle Lehrer/Innen der gymnasialen Oberstufen in Deutschland, die künftige Studenten der Naturwissenschaften ausbilden. Das in diesem Buch gespeicherte Wissen soll in den Unterricht einfließen und die beiliegende CD ermöglicht das vielfache Kopieren einzelner Kapitel. Das Alfred-Wegener-Institut bietet darüber hinaus an, ausgewählte Autoren in interessierte Schulen zu Vorträgen zu entsenden.

Im Verbund mit vielen anderen Ansätzen will die DFG so die kommenden Studentengenerationen bereits während ihrer Schulzeit rechtzeitig für die vielfältigen Ergebnisse naturwissenschaftlicher Forschung interessieren. Wir hoffen, dass wir viele junge Leute für die Polar- und Meeresforschung und die Naturwissenschaften begeistern können.

Professor Dr. Ernst-Ludwig Winnacker
Präsident der Deutschen Forschungsgemeinschaft (DFG)
Bonn, im Juli 2002

VORWORT

Die Polargebiete der Erde waren immer wieder das Ziel von Entdeckern aus vielen Nationen, stets angetrieben von Pioniergeist und Abenteuerlust. Mit dem Wunsch, die Regionen ewigen Eises zu erkunden, begann vor über 130 Jahren auch die Tradition deutscher Polarexpeditionen mit einer Fahrt der GRÖNLAND in die Arktis unter Leitung von Kapitän Koldewey.

Allzu oft sind ehrgeizige Forschungspläne an den extremen Herausforderungen an Menschen und Material sowie einer unberechenbaren Natur gescheitert. So musste auch der bekannteste deutsche Polarforscher, Alfred Wegener, nach vielen erfolgreichen Expeditionen 1930 seinen ehrgeizigen Einsatz für die Wissenschaft im grönländischen Eis mit dem Leben bezahlen.

Dank intensiver Forschung sind die Polarregionen inzwischen als Schlüsselgebiete der globalen Klimaentwicklung in den Vordergrund des wissenschaftlichen Interesses gerückt. In der Arktis und der Antarktis liegen die treibenden Prozesse für die Zirkulation in den Weltmeeren, und beide Regionen sind für die globale Klimaentwicklung von zentraler Bedeutung. Im polaren Eis und den Sedimenten sind Informationen zur Klimaentwicklung über Jahrtausende gespeichert. Klimaschwankungen, ihre Ursachen und ihre Auswirkungen lassen sich daraus ablesen. Die Klimaarchive dienen unter anderem als Basis für Vergleiche mit dem heutigen Klima und mit dem künftigen Klimageschehen auf der Erde.

In den letzten Jahren gewinnt aber auch der Schutz der Polargebiete zunehmend an Bedeutung, wobei ein nachhaltiger Schutz dieser Regionen nur aus einem fundierten Wissen über die Besonderheiten der polaren Ökosphäre möglich ist. Vor allem die veränderte politische Situation in Osteuropa hat der Polarforschung in bisher nicht zugänglichen Gebieten der russischen Arktis neue Möglichkeiten der Zusammenarbeit eröffnet. Auch unter diesen Aspekten ist die Polarforschung ein wichtiger Beitrag zur Erforschung des »Systems Erde«.

Deutschland hat sich bereits 1979 durch die Unterzeichnung des Antarktisvertrages und der Gründung des Alfred-Wegener-Instituts für Polar- und Meeresforschung international zu seiner Verantwortung für die Erforschung und den Schutz der Polarregionen bekannt. Deutschen Wissenschaftlerinnen und Wissenschaftlern steht in den Polargebieten der Nord- und Südhemisphäre für Forschungsprogramme an Land und in den Ozeanen eine sehr gute Infrastruktur mit Forschungsstationen und -laboratorien, dem Forschungseisbrecher POLARSTERN, Forschungsflugzeugen und kleineren Forschungsschiffen zur Verfügung. Zukünftig sollen weitere Fortschritte in international arbeits- und kostenteiliger Kooperation gesucht werden.

Auch im Zeitalter modernster Eisbrecher und Überwinterungsstationen sowie den neuen Möglichkeiten der Fernerkundung und Satellitennavigation hat Polarforschung nichts an Faszination verloren. Das vorliegende Buch soll allen Interessierten die spannenden Untersuchungen der Polar- und Meeresforschung verständlich darstellen, damit jeder an der Faszination und der Einmaligkeit der Forschungsarbeiten teilhaben kann. Diese Kommunikation zwischen Forschern und der breiten Öffentlichkeit entspricht auch den Zielen der Initiative »Wissenschaft im Dialog«, die ich gemeinsam mit dem Stifterverband und den großen deutschen Wissenschaftsorganisationen ins Leben gerufen habe.

Edelgard Bulmahn
Bundesministerin für Bildung und Forschung

DAS ERDSYSTEM

Es ist noch nicht lange her, dass sich die Meeresforscher nur mit dem Meer befassten - »und sonst gar nichts«, wie es in dem schönen Lied von der letzten Hingabe heißt, die Polarforscher mit den Polkappen, die Geophysiker waren für das große Ganze zuständig, den Korpus Erde mit ihren luftigen Hüllen. Jeder ging seiner Beschäftigung nach, jeder lebte in seiner Welt, Welten trennten sie von der wahren Welt.

Das Experiment der Chaostheorie war wunderbar: der Flügelschlag des Schmetterlings, der einen Orkan auslöst, wenn nur die Umstände danach sind – wie überzeugend. Doch für die eigene Profession ein wenig zu chaotisch. Sollte tatsächlich der Nordseekabeljau verschwinden, wenn die Erde unter einem etwas anderen Winkel rotiert? Sollten wirklich die Eiskappen ausdünnen, weil zu viel Kohlendioxid in der Atmosphäre schwebt? Und was hat das mit dem Absterben der Korallenriffe zu tun?

Die Scheu, sich in Nachbars Garten umzuschauen – durch kulturelle Tradition und Sitte wohl begründet –, schwindet mehr und mehr. Denn die Fiktion, Ozeane, die polare Natur, die Atmosphäre jeweils für sich erklären zu wollen, ist nun wirklich nicht mehr zeitgemäß. Die Wissenschaftler des Alfred-Wegener-Instituts für Polar- und Meeresforschung haben sich in den vergangenen Jahren ausgiebig darüber verständigt und Ressortgrenzen überschritten.

Natürlich wird die Debatte weitergehen, darum, was ergiebiger sei: den Teil fürs Ganze zu erforschen oder das Ganze für das Verständnis der Teile. Generalisten und Spezialisten haben stets miteinander im Streit gelegen. Wir versuchen, es beiden Seiten recht zu machen und erkennen darin keinen Widerspruch. Wir betrachten die Erde als Ganzes und schauen auf sie von den beiden Polen her. Nord- und Südpol sind die Augen, die uns sehend machen auf das, was dazwischen liegt, in hohen und mittleren geographischen Breiten. Auf das, was dazwischen geschieht an ozeanischer und atmosphärischer Zirkulation, Klimawechsel, Wandel der Lebensbedingungen.

Im ersten Augenblick vielleicht ist es ein wenig ungewohnt, hinter Studien an kleinen Planktonkrebsen oder der Ausbreitung eines Spurengases *Das Erdsystem* zu denken. Da mag mancher Leser gerade so empfinden wie der Wissenschaftler, dem der Zusammenhang etwas verloren ging über der Petrischale oder dem Teilchenzähler. Trotzdem: Die alten anerkannten Sätze – dass alles miteinander verbunden sei und nichts bedingungslos bestehe –, sie sind ernst zu nehmen. Deshalb setzen wir das Erdsystem an den Anfang, bevor wir in Regionen schweifen. Ein Wassertröpfchen hat schließlich auch bereits global agiert, bevor es in einem Seegebiet auftaucht.

9

Kalte Pole, warme Pole in der Erdgeschichte: Nichts bleibt wie es ist

Sommer 1987: Die POLARSTERN ist das erste Mal tief in das Nordpolarmeer vorgedrungen. Durch altes, mächtiges und sehr hartes Packeis hat sie sich wochenlang nach Norden vorgekämpft und schließlich den Gakkel-Rücken erreicht, um hier die ersten Proben von diesem heute noch aktiven, mittelozeanischen Rücken zu gewinnen. Jetzt soll die Rückreise angetreten werden, aber die Wetterlage hat sich verändert und die Eisdrift gedreht. Statt in Richtung Spitzbergen treibt das Eis jetzt nach Nordosten und mit ihm die POLARSTERN, obwohl der Kapitän versucht, mit allen Kniffen der Umklammerung des Eises zu entkommen. Tagelang und zur großen Besorgnis aller an Bord lastet soviel Druck auf dem Eis, dass an ein Fortkommen nicht zu denken ist, sondern ganz im Gegenteil, die POLARSTERN wird immer weiter in das zentrale Nordpolarmeer hineingezogen. In den Tagebüchern Fridtjof Nansens finden sich ähnliche Berichte; und diesmal wie damals dauert es viele Tage, bis sich die Eispressungen wieder lösen. Erst als mit steigendem Luftdruck der Wind dreht, kann POLARSTERN ihren Kurs nach Süden wieder aufnehmen.

In jenen Tagen haben wir viel darüber diskutiert, wie beständig die polaren Eiskappen sein mögen. Schließlich kennt die geologische Geschichte unserer Erde nur wenige Klimaphasen, in denen die Polargebiete so weit abgekühlt waren, dass sich eine Eisdecke bilden konnte, und bis heute forschen wir nach den Ursachen hierfür. Solange wir die Eigenschaften des Planeten Erde aus den versteinerten Zeugen seiner Geschichte rekonstruieren können, finden wir Hinweise auf die Tatsache, dass die Erde ein Himmelskörper unseres Sonnensystems war, der sich auf einer geometrisch vorbestimmten Bahn bewegte und rotierte und daher Pole hatte. Die in Gesteinen überlieferten Hinweise auf Eigenschaften und geographische Lage der Polargebiete sind jedoch selten und oft nur schwierig zu entziffern.

Je ältere Zeiten wir betrachten, desto problematischer wird eine nach modernen Maßstäben verständliche Rekonstruktion. Aufgrund der Plattentektonik verändert sich die Oberfläche der Erde mit ihrer Verteilung von Land und Meer fortlaufend. Bei länger in die geologische Vorzeit zurückreichenden Zeitabschnitten führt das schnell dazu, dass wir kaum noch Bezüge zu den geographischen Koordinaten herstellen können, weil die Kontinente damals ganz anders lagen. Um eine Geschichte der Polargebiete zu schreiben, müssen daher zunächst die in der geologischen Überlieferung bewahrten direkten und indirekten Hinweise auf spezielle Eigenschaften der Polargebiete definiert werden. Wie sich schnell herausstellt, ist das Inventar solcher Hinweise mager; sie stehen in engstem Zusammenhang mit der Geometrie der Erdbahn um die Sonne und den Prozessen im Inneren des Erdkörpers.

Die Geometrie der Erdbahn und die Klimazonen

Die Polargebiete der Erde unterscheiden sich heute von den Zonen niedriger Breiten am auffälligsten durch ihr kaltes Klima, das durch die Intensität der Einstrahlung von der Sonne und die geometrischen Eigenheiten der Erdbahn um die Sonne geprägt wird. Die Erde bewegt sich auf einer elliptischen Bahn um die Sonne, die sie im Laufe eines Jahres umkreist. Die Form der Ellipse und die Schiefe der Achse, um die sich die Erde in dieser Bahn dreht, sorgen für die Entwicklung der Klimazonen und für eine systematische, zyklische Veränderlichkeit der Energiezufuhr von der Sonne zur Erde, die sich zum Teil in den regelmäßig wiederkehrenden Jahreszeiten äußert. Die Eigenrotation des Erdkörpers erzeugt die Wechsel zwischen Tag und Nacht, die aber geologisch nur in Ausnahmefällen nachgewiesen werden können und deren Einfluss in den Polar-

gebieten von der dort herrschenden extremen Saisonalität überprägt wird – die Extreme an den Polen selbst wechseln im Jahresrhythmus zwischen Mitternachtssonne und lang andauernder Dunkelheit. Die geometrischen Eigenschaften der Erdbahn ändern sich auch regelmäßig über längere Zeiträume, wie schon der serbokroatische Astronom Milutin Milanković vor etwa siebzig Jahren erkannt hat, wie aber erst durch die präzise stratigraphische Einordnung von Zeitserien aus Tiefseesedimenten nachgewiesen werden konnte.

Um die charakteristischen Eigenschaften der Polargebiete und ihre Veränderungen zu begreifen, müssen wir uns klarmachen, dass sie zuerst von exogenen Kräften bestimmt werden – der Geometrie der Erdbahn, dem Winkel der Rotationsachse und davon, wie präzise die Rotation verläuft, sowie den daraus resultierenden Schwankungen der Sonneneinstrahlung. Alles andere, vom Klima bis hin zur Ausprägung von Landschaften und speziellen Lebensgemeinschaften, hängt davon ab.

Den deutlichsten und geologisch am einfachsten sichtbar zu machenden Ausdruck finden die heutigen klimatischen Verhältnisse der Polar-

gebiete in der Verbreitung der Eisdecken, die die polnahen Land- und Meeresgebiete beider Hemisphären überziehen. Die Eis- und die mit den Jahreszeiten ebenfalls sehr stark wechselnden Schneedecken bedingen ein hohes Rückstrahlungsvermögen der Oberfläche, eine hohe Albedo: Ein großer Anteil der Sonnenenergie wird in den Polargebieten reflektiert und geht der Erde verloren; er entweicht wieder ins Weltall.

Natur und Ausdehnung der Eisdecken in den Gebieten hoher Breiten weisen heute auf beiden Hemisphären aber auch große Unterschiede auf, vor allem weil die Geographie dieser Gebiete aufgrund ihrer plattentektonischen Vorgeschichte so außerordentlich unterschiedlich ist. Wie polare Eisdecken an Land und auf dem Meer früher verbreitet waren, kann anhand geologischer Befunde gut rekonstruiert werden.

Die Ausdehnung des polaren Meereises wird im Allgemeinen von Klima und Ozeanographie der betroffenen Gebiete gesteuert. In beiden Polargebieten kühlt die Meeresoberfläche bis unter null Grad Celsius ab, so dass sich einerseits Eis bilden und erhalten kann, andererseits ein Teil der nicht in Eis übergehenden Wassermassen so dicht wird, dass sie die Schichtung der ozeani-

Mitternachtssonne, aufgenommen in der Antarktis in der Nähe von Cape Roberts zwischen 22.30 Uhr und 2.30 Uhr. Foto: C. Kopsch

Nicht in allen Erdzeital-tern hat eine Eiskappe das Südpolargebiet bedeckt. Heute bricht das Inlandeis nur an den höchsten Gipfeln gewaltiger Gebirgsketten auf, wie in den Kottasbergen der Westantarktis.
Foto: H. Oerter

schen Wassersäule durchbrechen und in die Tiefseebecken absinken. Diese vielschichtigen Prozesse haben Dirk Olbers und Eberhard Fahrbach beschrieben (S. 33ff. und 86). Ein großer Teil der Wassermassen des gesamten Weltmeeres erhält seine wichtigsten hydrographischen Eigenschaften in den Polarmeeren.

Heute gehen von beiden Polargebieten auch wichtige Einflüsse auf die benachbarten Klimazonen niedrigerer Breiten aus. Das zeigt sich beispielhaft an der Verbreitung von Permafrost in den nicht von einer Eiskappe bedeckten arktisch-subarktischen Landgebieten, die das Nord-

polarmeer umgeben. Auch in den arktischen Schelfmeergebieten findet sich in weiten Bereichen des Meeresbodens Permafrost. Über die Verbreitung von so genanntem Methan-Eis gibt es bisher kaum verlässliche Daten. Es hält sich nur bei niedrigen Temperaturen und unter Druck stabil. Wenn sich die Meeres- und Tundraböden erwärmen, unter denen es in großer Menge vermutet wird, würde es sich auflösen mit der Folge, dass Methan in die Atmosphäre entweicht, was zu einer beträchtlichen und plötzlichen Vermehrung des Anteils der Treibhausgase führen könnte.

Bei den Spekulationen über zukünftige Umweltveränderungen spielt der mögliche weltweite Anstieg des Meeresspiegels aufgrund eines teilweisen oder völligen Abschmelzens der polaren Eiskappen eine zentrale Rolle. Ein langsames Abschmelzen der Eisschilde würde sich über einige tausend Jahre hinziehen und wird zurzeit – solange die Klimavorhersage nicht auf eine quantitativ bessere Grundlage gestellt werden kann – nicht als kurzfristige Bedrohung der Umwelt betrachtet. Die geologisch dokumentierten, in ihrem kausalen Zusammenhang jedoch bisher unerklärten, sehr kurzfristigen Zustände der Instabilität der großen Eisschilde sind dagegen außerordentlich Besorgnis erregend und bedürfen dringlichst eingehender weiterführender Untersuchungen.

Das Magnetfeld und die Prozesse im Erdinneren

Außer den äußeren Kräften, die über die Natur der Polargebiete entscheiden, gibt es aber auch endogene, der Erde selbst innewohnende Kräfte, die einen Pol zu dem gemacht haben, was er war und heute ist. Kräfte aus dem Erdinneren treiben die Plattentektonik an und bestimmen damit die in der Erdgeschichte sich schnell verändernde Verteilung von Land und Meer auf der Erdoberfläche. Die Konvektionsströme der Asthenosphäre erzeugen ein Magnetfeld, dessen Eigenschaften heute und in der Vergangenheit aus der Magnetisierung von magmatischen und sedimentären Gesteinen abgeleitet werden können. Nach vermutlich einer anfänglichen, kurzen Phase ohne Magnetfeld (und daher ohne

Wo sich im Untergrund Riffstrukturen gebildet haben, fließen mächtige Eisströme in Richtung Küste. Der Lambertgletscher in der Ostantarktis ist zwischen 40 und 80 Kilometer breit und mit zirka 500 Kilometern Länge der größte Gletscher der Erde.
Foto: Archiv AWI

An den Polen bündelt
sich das Magnetfeld der
Erde. Längs der Feld-
linien dringt die Teilchen-
strahlung des Sonnen-
windes in die Erdatmo-
sphäre ein und ver-
ursacht die Polarlichter.
Am Boden die Umrisse
der ehemaligen Station
»Georg Forster«.
Foto: C. Kopsch

Schutz gegen den Einfluss des Sonnenwindes) wird die rotierende Erde seit dem Präkambrium von einem Magnetfeld umgeben, das für Aufbau und Zusammensetzung der Atmosphäre, viele Eigenschaften der Polargebiete, zum Beispiel die Polarlichter, und für die Entwicklung des Lebens von weitreichender Bedeutung ist.

Die Feldlinien des Magnetfeldes verlaufen vom magnetischen Südpol – heute in der Nähe des Rossmeeres gelegen – zum magnetischen Nordpol – heute in der Nähe von Nordgrönland. Die Geometrie dieses Magnetfeldes unterliegt kurzfristigen und langfristigen Veränderungen, die sich beide in der Orientierung magnetischer Partikel in den Gesteinen und Sedimenten niederschlagen. Das kurzfristige Wandern der magnetischen Pole findet seinen Ausdruck in der Säkularvariation des Magnetfeldes, die für die Navigation, zum Beispiel von Schiffen und Flugzeugen, eine große Rolle spielt und auf Seekarten als Missweisung dokumentiert ist. Sie kann aber auch zur Datierung von jungen Sedimenten herangezogen werden. Die geologisch wichtigsten Änderungen führten jedoch zu einer vollständigen Umkehrung, zur »Reversion« des irdischen Magnetfeldes, wie sich aus der Analyse des Restmagnetismus in magmatischen und sedimentären Gesteinen erkennen lässt.

Diese Polumkehrungen haben die streifenförmigen, magnetischen Anomalien der Ozeanböden erzeugt, welche die wichtigste Grundlage für die plattentektonischen Rekonstruktionen darstellen. Sie lassen sich auch im Wechsel der Schichten mit »normaler« und entgegengesetzter Magnetisierung von Gesteinspaketen ablesen. Mit ihrer vorzüglichen stratigraphischen, weltweit erkennbaren Qualität sind sie unverzichtbar für die Alterseinstufung polarer Meeressedimente, der vulkanischen Gesteine und Ablagerungen sowie des ozeanischen Untergrundes. Der Umgang mit diesen Stellvertreterdaten der Paläogeologie hat in der zweiten Hälfte des 20. Jahrhunderts zur Geburt einer neuen Fachdisziplin geführt, der Magnetostratigraphie oder Schichtenkunde nach magnetischen Parametern. Die enge Bündelung der Feldlinien in den Polargebieten erzeugt ein besonders gutes stratigraphisches Signal (Intensität), ihr steiles Einfallen (Inklination) eine besonders gut messbare Eigenschaft. Aus den magnetischen Eigenschaften vieler Gesteine lässt sich die Lage der ehemaligen Pole rekonstruieren, und Polwanderkurven zeigen, wie sich die Platten über geologisch lange Zeiträume verschoben haben. Über Raten und Ursachen der vollständigen oder teilweisen Umkehrungen des irdischen Magnetfeldes bestehen noch viele Unklarheiten.

Die Vereisungen zweier Pole: ein Extrem und eine Ausnahme

Die vereinigten Einflüsse der Kräfte aus dem Erdinneren und aus dem Weltraum, die die Umwelt des Planeten Erde prägen, haben in der Erdneuzeit dazu geführt, dass sich sowohl auf der südlichen wie auch auf der nördlichen Hemisphäre isolierte physiographische Einheiten in polarer Position befinden, die unter dem Einfluss der gegenwärtig herrschenden extremen Klimate vereist sind (siehe Abb.). Darüber, wann und warum die Polargebiete in der Erdneuzeit zu vereisen begannen, wird viel gestritten. Die ersten Spuren dieser Vereisung reichen in der Antarktis bis in das Alttertiär, also 40 bis 45 Millionen Jahre zurück, in der Arktis jedoch nur bis in das Jungtertiär zwischen drei und 15 Millionen Jahren vor heute. Beide Polargebiete sind besonders von den häufigen, sich regelmäßig wiederholenden Wechseln zwischen Eiszeiten und Warmzeiten, die auch als Zwischeneiszeiten

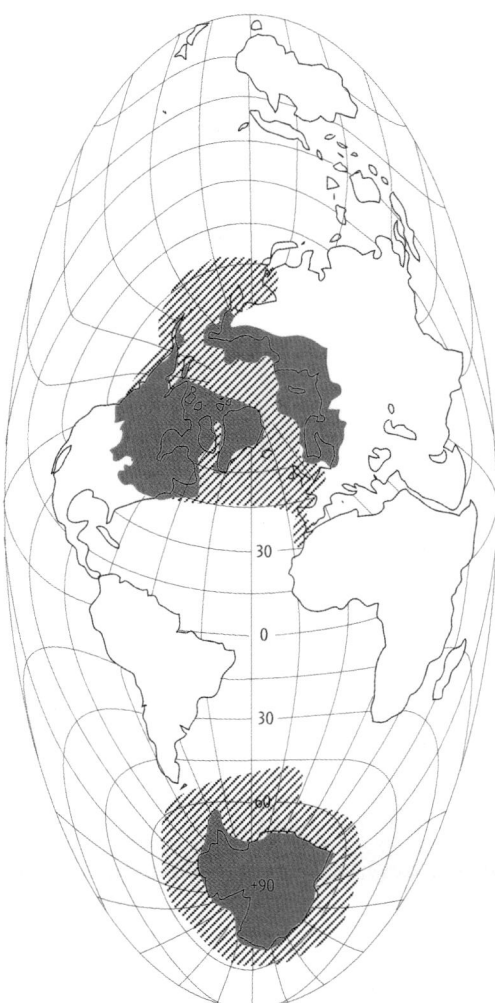

Die plattentektonischen Bewegungen haben in jüngster geologischer Vergangenheit dazu geführt, dass das Nordpolarmeer und die Antarktis klimatisch und ozeanographisch isolierte Gebiete sind. Die Zeichnung stellt die bipolare Vereisung der Erde während des letzten glazialen Maximums vor zirka 20 000 Jahren dar, als Inlandeis die Antarktis und große Teile der zirkum-arktischen Kontinente bedeckte und als riesige Flächen im Nordpolarmeer, im Nordatlantik und -pazifik sowie im Südpolarmeer mit Meereis überzogen waren. Das Bild spiegelt den Kenntnisstand von 1990 (nach Broecker und Denton) wider. Wie Hans-Wolfgang Hubberten in seinem Beitrag darlegt, kann die Hypothese von einer über ganz Nordsibirien ausgedehnten Eisdecke nicht mehr aufrecht erhalten werden.

angesehen werden, betroffen. Die polnahen marinen und terrestrischen Lebensräume haben sich in jüngster geologischer Vergangenheit dramatisch verändert, sowohl was die absoluten Beträge als auch was die zeitlichen Raten der Veränderlichkeit betrifft. Ihre Naturgeschichte zu verstehen und aus ihr Lehren für mögliche Entwicklungen in der Zukunft zu ziehen, ist daher ein besonderes Anliegen der Polar- und Umweltforschung.

Was charakterisiert die geographische Isolation der heutigen Polargebiete?

15

*Adelie-Pinguine auf dem Weg vom Meer zu ihrer Brutkolonie.
Foto: G. Dieckmann*

Auf der nördlichen Halbkugel befindet sich heute ein Tiefseebecken, das Nordpolarmeer, in polarer Position. Es ist fast völlig von Kontinenten und zum Teil sehr weiten Nebenmeeren umgeben. Dieses Becken hat nur einen eingeschränkten Wasseraustausch mit dem Weltmeer. Fast alle Meeresstraßen (kanadisch arktischer Archipel mit Verbindungen zum Baffin- und zum Labradormeer; östliches Barentsmeer zum Europäischen Nordmeer; Beringstraße zwischen Beringmeer und westlichem Nordpolarmeer) sind flach und damit quantitativ verhältnismäßig unwichtig für den Wasseraustausch. Nur die etwa 2,5 Kilometer tiefe Framstraße zwischen den Kontinentalrändern von Nordost-Grönland und Svalbard, die vermutlich ein sehr junges geologisches Alter hat, erlaubt einen bedeutenden Wasseraustausch zwischen dem Nordpolarmeer über das Europäische Nordmeer mit dem Nordatlantik. Von der glazialen Eisbedeckung ist im Wesentlichen nur der grönländische Eisschild erhalten geblieben. Das Nordpolarmeer ist von ein- bis mehrjährigem, im Durchschnitt drei bis sechs Jahre altem, nur ein bis sechs Meter mächtigem Meereis überzogen, dessen regionale Ausdehnung sich durch die Schmelz- und Gefrierprozesse in den arktischen Randmeeren über die Jahreszeiten um die Hälfte reduzieren kann. Es gibt im eigentlichen Nordpolarmeer nur wenige Liefergebiete für Eisberge.

Auf der südlichen Halbkugel liegt ein unter einer gewaltigen Eiskappe erstarrter Kontinent – Antarktika – in polarer Position, der von einem zusammenhängenden Tiefseebecken, dem Südpolarmeer, umgeben ist. Die in ihm zu beobachtende Plattengrenze erlaubt es, neben biologischen und ozeanographischen Gründen auch geologische Argumente zur Definition dieses eigenständigen Naturraumes als Südpolarmeer heranzuziehen. Das Südpolarmeer kann seine Oberflächen- und Tiefwassermassen frei mit den benachbarten Teilbecken des Weltmeeres austauschen. Das Meereis bedeckt jährlich im Südwinter eine Fläche von zirka 20 Millionen Quadratkilometer, die aber im jahreszeitlichen Wechsel bis auf kleine Reste im Südsommer wieder verschwindet. Die Eisschelfe der Antarktis, hauptsächlich im Ross- und Weddellmeer, produzieren riesige, bis zu mehreren hundert Metern mächtige und eine Größe von mehreren hundert Quadratkilometern erreichende Tafeleisberge, die, von Wind und Strom getrieben, weit entfernte Teile des Weltmeeres erreichen können. Ein direkter Ausdruck des Einflusses der Eisschilde und der Meereisbedeckung beider Hemisphären kann in der Morphologie der Meeresböden sowie in der Zusammensetzung der Sedimente gefunden werden. Auf- und Abbau der Eisschilde werden über geologisch kurze Zeiträume ausgeglichen, indem sich die Erdkruste gemäß der sich ändernden Auflast hebt oder senkt. Dementsprechend ist heute die Erdkruste unter der Antarktis und Grönlands deformiert – mit der größten Depression unter dem mächtigsten Teil des Eisschildes. Die Konsequenzen dieser Ausgleichsbewegungen für die Wassertiefen in den Randbereichen der Eisschilde in der Nähe von Schelfgebieten und Kontinentalrändern sind wenig verstanden. Die Bewegungen der Eisschilde haben zu tiefreichender Erosion auf heute oder ehemals eisbedeckten Schelfgebieten geführt, so dass diese Gebiete eine wesentlich größere Wassertiefe aufweisen als Schelfe, die in der Erdneuzeit nicht eisbedeckt waren oder solche in niedrigen Breiten.

Eisschilde (und bis ans Meer reichende Gletscher) kalben aufgrund der »Fließvorgänge« im Eis, aber nicht über ihren gesamten Randbereich, sondern hauptsächlich in Gebieten, in denen die Morphologie des Untergrundes und die Dynamik des Eises zur Bildung von Eisströmen führt. An gebirgigen Küsten können sich aufgrund des Eiseinflusses Fjorde ausprägen, deren innere, übertiefte Becken durch Querrücken vom freien Wasseraustausch mit dem offenen Schelfmeer abgeschnitten sind. Fjorde im engeren Sinne finden sich in heute (Grönland) oder ehemals vereisten Gebieten (zum Beispiel in Norwegen, Neuseeland, Südamerika) sowohl auf der südlichen wie auch der nördlichen Halbkugel; sie stellen einen direkten Hinweis auf das einstige Vorhandensein einer Eisbe-

Feldcamp der Glaziologen auf dem Eisschild.
Foto: H. Oerter

deckung dar. Die von Eisbergen oder vom Meereis mitgerissenen Sedimente schmelzen aus und bilden charakteristische, durch terrigenen, groben Schutt geprägte Ablagerungen auf den Böden der benachbarten polaren und subpolaren Meeresbecken.

Die plattentektonische Konfiguration der polaren Land- und Meeresgebiete mit der sich daraus ergebenden klimatischen Isolation beider Polargebiete, wie wir sie heute kennen, stellt in der Erdgeschichte eine einmalige Situation dar. Szenarios, die in der Erdneuzeit zur Abkühlung der Polargebiete und zur Bildung von Eisschilden führten, wiederholten sich mehrfach und anscheinend in zeitlichen Abständen von zirka 300 Millionen Jahren im Verlaufe des ausreichend dokumentierbaren Zeitraums. Fast alle älteren Beispiele jedoch sind durch Vereisungen nur eines der Polargebiete gekennzeichnet, das von einer großen und wahrscheinlich hoch aufragenden Landmasse bedeckt war. Der Gegenpol befand sich in einem ausgedehnten Tiefseebecken, das vermutlich aufgrund des Zustroms

17

wärmeren Oberflächenwassers aus gemäßigten Breiten nicht weit genug abkühlen konnte, um eine Eisdecke zu bilden.

Die einzige Ausnahme scheint die spät-präkambrische Vereisungsphase vor zirka 600 Millionen Jahren zu sein. Da ungestörte Ozeanböden, die diesen älteren Vereisungsperioden entsprechen, wegen der zyklischen Umwälzung der Ozeanböden in das Erdinnere nicht mehr existieren, kann dafür jedoch kein geologischer Nachweis geführt werden. Die älteren, unipolaren Vereisungen, die sich auf den damals existierenden großen, kontinentalen Landmassen nachweisen lassen, sind durch die Ausdehnung ihrer riesigen Inlandeisschilde gekennzeichnet.

Wie sich die Polargebiete wandelten …
Präkambrium

Die plattentektonischen Modelle, die bisher für das Präkambrium aufgestellt wurden, sind noch umstritten. Deshalb ist auch über die Lage der Pole zu jener Zeit und der zugehörigen Polarmeere nur wenig bekannt. Die publizierten Polwanderkarten zeigen nur breite, sehr vereinfachte Pfade. Die bisher ältesten Vereisungen sind aus dem mittleren Präkambrium mit einem Alter von etwa 2700 bis 2300 Millionen Jahre vor heute beschrieben worden. An Vorkommen vermutlich glazial-mariner Sedimente sind vor allem die von Ontario/Kanada und einige weitere, kleinere Funde in Kanada und den USA zu nennen. Weitere glazial-marine Ablagerungen aus dieser Zeit kennen wir aus Südafrika (aus dem Transvaal) und Westaustralien. Die meisten hier genannten geologischen Abfolgen sind mit kalkigen, ehemals im Meer gebildeten Gesteinen vergesellschaftet. Man kann daher als Ablagerungsraum relativ flache Meeresbecken annehmen.

Am Ende des Präkambriums gab es eine geographisch offensichtlich weitreichende spät-präkambrische Vereisung, die nach berühmten Vorkommen in Nordnorwegen auch als Varanger-Vereisung bezeichnet wird. Ihre Spuren sind weltweit in allen alten Schildgebieten gefunden worden. Neuerdings wird vermutet, dass die Kontinente damals ebenso wie im Permokarbon in einer großen Landmasse gesammelt waren. Die Zeugnisse dieser spät-präkambrischen Vereisung bestehen aus glazial-marinen Sedimenten, die meist in geringen Wassertiefen abgelagert wurden, und Tilliten, den versteinerten Ablagerungen von Rand- und Grundmoränen. Sie finden sich fast überall auf der Welt, wo Gesteine entsprechenden Alters bewahrt worden sind. Man hat sie zunächst als die Reste ehemaliger Gebirgsgletscher interpretiert, da sie häufig in einst tektonisch besonders aktiven Zonen gefunden wurden. In jüngster Zeit wird intensiv darüber spekuliert, ob die Erde so weit abkühlen konnte, dass sie völlig von einem Eispanzer überzogen, also eine so genannte »Schneeballerde« war. Modellrechnungen haben gezeigt, dass Landgebiete und Ozeane zwar weiträumig von Eis bedeckt sein konnten, dass in einem relativ schmalen Streifen entlang des Äquators aber wahrscheinlich doch eine gemäßigte Klimazone existierte, in der das Leben fortbestehen konnte.

Kambrium

In der Zeit 590 bis ungefähr 500 Millionen Jahre vor heute lag der eine Pol im Urpazifik, nahe des Nordostrandes des heutigen Asiens. Der Gegenpol befand sich am Nordwestrand Afrikas. Im dortigen Atlasgebirge findet man im Grenzbereich von Gesteinsformationen, die das Präkambrium und das Kambrium repräsentieren, Kalke, die gegen eine Vereisung dieses Gebietes zu jener Zeit sprechen. Für eine allgemeine Erwärmung nach der spät-präkambrischen Vereisung sprechen auch die riffähnlichen Kalke des Unterkambriums, die in Kalifornien, Labrador, Sibirien, Marokko, Australien und in der Antarktis verbreitet sind.

Für das Mittlere und Obere, also jüngere Kambrium wurden anhand mariner Fossilien Faunenprovinzen aufgestellt. Die europäischen und atlantischen Faunenprovinzen mit Ablagerungen, die überwiegend aus Trümmer- (klastischen) Gesteinen bestehen, scheinen auf eine Abkühlung des Klimas im Bereich des damaligen Südpols hinzuweisen.

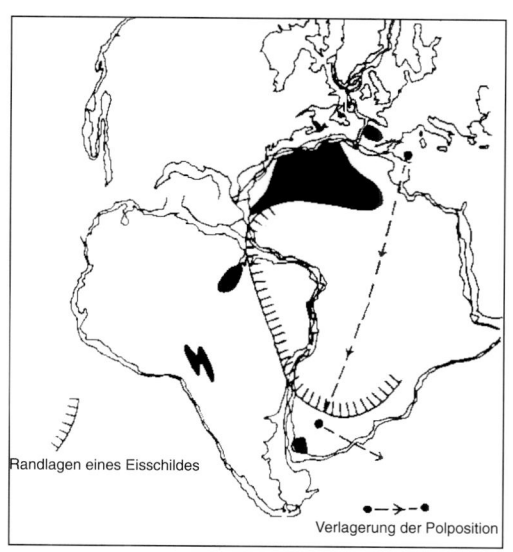

Randlagen eines Eisschildes

Verlagerung der Polposition

Polwanderung I

Im frühen Erdaltertum (Paläozoikum), zur Zeit des Ordoviziums (500 bis 440 Millionen Jahre vor heute), als Afrika und Südamerika noch miteinander verbunden waren, wanderte ein Erdpol von der Nordküste zur Südspitze Afrikas. Das Gebiet der heutigen Sahara war mit einem Eisschild bedeckt. Die dunklen Flecken kennzeichnen nachgewiesene glazialmarine Sedimente des Alt-Paläozoikums. (nach Anderson, 1983)

Ordovizium

In dem darauf folgenden Erdzeitalter, dem Ordovizium, lag der eine Pol im nördlichen Urpazifik, während sich der Gegenpol in oder nahe Nordwestafrikas befand. Während des Früh-Ordoviziums herrschte ein verhältnismäßig gleichförmiges Klima. Anhand von Fossilien wird unter anderem zwischen einer atlantischen (südlichen) und einer pazifischen (nördlichen) Faunenprovinz unterschieden. Die atlantische Provinz stellte dabei eine kühlere Meeresregion in der Nähe des einen Pols dar, mit überwiegend klastischen Gesteinen, deren Fossilien hier nur eine geringe Artenvielfalt aufweisen. Die pazifische Provinz dagegen umschreibt tropische bis subtropische, polferne Meeresgebiete, die durch Kalkgesteine gekennzeichnet wurden.

Gegen Ende des Ordoviziums kühlte das Klima erneut ab, und es bildete sich in der damals im Bereich der heutigen Sahara gelegenen Polarregion ein Eisschild (siehe Abb.). Glazial-marine Sedimente, die aus grobem, mit dem Eis transportiertem Schutt bestehen, finden sich in Nordafrika, Spanien, der Bretagne, in Schottland, Neufundland und Südamerika. Sie deuten auf eine größere Ausdehnung dieser Eiskappe hin,

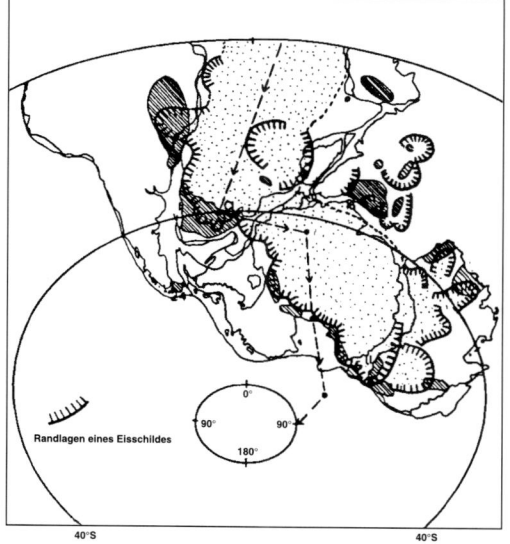

Randlagen eines Eisschildes

Polwanderung II

Während des mittleren Paläozoikums (Silur und Devon zwischen 440 bis 360 Millionen Jahre vor heute) wanderte der Pol von Südafrika zum antarktischen Kontinent. Afrika und Südamerika liegen noch dicht beieinander, Antarktika, Afrika und Australien (rechts) waren wahrscheinlich noch verbunden. Die schraffierten Gebiete stellen glazialmarine Ablagerungen des Jungpaläozoikums dar. Das punktierte Gebiet markiert in etwa die Ausdehnung der kontinentalen Vereisung, die mit ihren zahlreichen Ausbuchtungen offensichtlich im Zuge der relativen Polwanderung von Afrika über die Antarktis fortschritt. Aufgrund stratigraphischer Probleme kann nicht festgestellt werden, ob es sich um große, zusammenhängende Eisschilde handelte, oder ob es sich um die anscheinend isochronen Spuren zahlreicher, sich dynamisch schnell verlagernder, aber relativ kleiner Eisschilde handelte. (nach Anderson, 1983)

19

Bohrplattform des internationalen »Cape Roberts Project« am Westufer des Rossmeeres. Von nur 1,5 bis 2 Meter dickem Meereis aus wurde eine 940 Meter tiefe Bohrung durch Sedimente und den Gesteinsuntergrund der Antarktis abgeteuft, um die Vereisungsgeschichte sowie tektonische Vorgänge bis vor etwa 35 Millionen Jahren (Alttertiär) zu untersuchen.
Foto: C. Kopsch

die durch eine starke Eisbewegung nach Norden charakterisiert wurde. Man kann für die ordovizische Vereisung eine Situation annehmen, wie sie ähnlich in der heutigen Antarktis herrscht. Um den Eisschild bestand eine stellenweise weit über tausend Kilometer breite »polare«, das heißt kalte Meeresregion, die allerdings, nach den fossilen Funden der Bodenfauna zu urteilen, flach war, während rein marine Faunen der gemäßigten bis tropischen Breiten in Richtung auf den damaligen Äquator gefunden wurden.

Silur und Devon

Im Silur und Devon (438 bis 360 Millionen Jahre vor heute) wanderte der vorher in Nordwest-Afrika gelegene Pol nach Südafrika, während der Gegenpol nach wie vor im Urpazifik (Panthalassa) lag. Es fand eine deutliche Erwärmung statt, wofür weltweite Überflutungen und kosmopolitische Faunen sprechen, zum Beispiel treten die ersten Tausendfüßer und Spinnentiere auf, etwas später die ersten Landpflanzen (Nacktfarne). Weit verbreitete Karbonatgesteine und durch Eindunstung entstandene Salze (Evapori-

te) deuten darauf hin, dass das Klima der »nördlichen« Halbkugel warm und niederschlagsarm war. Auf der »südlichen« Halbkugel kann eine eigene Faunenprovinz abgegrenzt werden, die sich im Devon zusammen mit dem ihr nahe liegenden Pol nach Süden verlagerte. Fossilien von Meerestieren, Eisdriftsedimente sowie klastische Sedimentabfolgen (Südafrika, Südamerika) kennzeichnen diese Provinz als Kaltwassergebiet. Es kann davon ausgegangen werden, dass Vereisungen im Silur und Devon regional nur begrenzt waren.

Permokarbon

Schließlich wanderte der »kontinentale« Pol von Südafrika in das Zentrum der mit Afrika als Gondwanakontinent verbundenen Antarktis. Der »ozeanische« Gegenpol lag im Urpazifik vor Laurasia. Dieser auf der »nördlichen« Hemisphäre gelegene Kontinent bildete mit Gondwana einen über Nordwestafrika und Spanien zusammenhängenden Kontinentalblock, wobei eine »Tethys« (abgeleitet von Tethis, altgriechisch, der Gattin des Okeanos) als ein breiter

Golf in diesen riesigen, als Pangäa bezeichneten Kontinent hineinreichte.

Zu Beginn des Karbons (vor 360 Millionen Jahren) war das Klima, ähnlich wie im Devon, ausgeglichen und warm. Erst im Oberkarbon verschärften sich die klimatischen Gegensätze. Um den »kontinentalen« Pol bildeten sich auf Gondwana ausgedehnte und nur in geringer Höhe über dem Meeresspiegel gelegene Inlandeisfelder. Die Spuren der permokarbonen Vereisung konnten im südlichen Südamerika, Südafrika, der Antarktis, Australien und Vorderindien gefunden werden. Die Erkenntnis ihres Zusammenhangs war einst das vielleicht wichtigste Argument für die Kontinentaldrifthypothese Alfred Wegeners. Ihre größte Ausdehnung erreichte die gewaltige Eismasse nahe des Übergangs vom Karbon zum Perm. Mit dem Eis verdriftete Sedimente sind ein kennzeichnendes Merkmal dieser Vereisung. Stellt man die Vorkommen glazial-mariner Sedimente zusammen, wird ersichtlich, dass sich in zahlreichen Regionen unmittelbar an die vereisten Gebiete polare Meere anschlossen. Der Einfluss dieses kalten polaren Randmeeres wurde vermutlich durch warme Meeresströmungen aus dem tropisch-subtropischen Tethysbereich scharf begrenzt.

Auf der dem Gondwanakontinent gegenüberliegenden Halbkugel fand im Permokarbon wahrscheinlich ebenfalls eine allgemeine Abkühlung statt. Möglicherweise ist dies auf eine Polposition in der Nähe des Laurasia-Kontinentalrandes zurückzuführen. Kälteliebende Faunen und Floren breiteten sich aus; glazial-marine Eisdriftsedimente sind in Russland, vor allem in Sibirien festgestellt worden.

Mittel- und spätmesozoische Polargebiete

Im Erdmittelalter und in der frühen Erdneuzeit, die ab 65 Millionen Jahre vor heute anzusetzen ist, waren die Polargebiete im Süden wie im Norden verhältnismäßig warm, wie aus den versteinerten Resten von Pflanzen und Tieren sowohl von Land als auch aus den Meeren zweifelsfrei abgeleitet werden kann. Reste von Sauriern in der Antarktis und von Krokodilen in der Arktis sowie das in Tiefseesedimenten überlie-

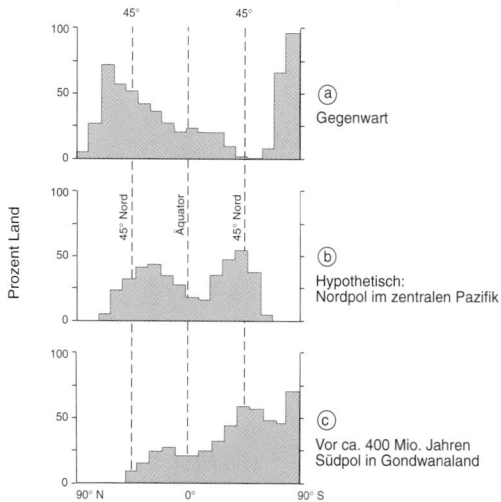

(a) Gegenwart

(b) Hypothetisch: Nordpol im zentralen Pazifik

(c) Vor ca. 400 Mio. Jahren Südpol in Gondwanaland

So sieht die Verteilung der Landoberflächen zu verschiedenen Erdzeitaltern aus, wenn man sie nach Breitengraden ordnet. a zeigt die Landverteilung der Gegenwart; b stellt eine hypothetische Situation dar für den Fall, dass der Nordpol im zentralen Pazifik gelegen hat und die Kontinente in der gleichen geographischen Position wie heute lägen. c: Landverteilung vor zirka 400 Millionen Jahren, als Gondwana noch bestand. (nach Lamb, 1977)

ferte ozeanische Plankton aus dem Südozean und dem Nordpolarmeer sind gute Belege dafür. Sie stehen aber in einem bisher ungelösten Widerspruch zu den Ergebnissen paläo-ozeanographischer Modellierung, die zu der Annahme führen, dass auch während der – global gesehen – klimatisch anscheinend »warmen« Perioden die Polargebiete durch einen steilen Temperaturgradienten von den Klimazonen niedriger Breiten getrennt waren

Die letzte Abbildung zeigt noch einmal, wie sich die »science community« derzeit die Verteilung der Landmassen in Abhängigkeit von den Breitengraden vorstellt. Es ist klar, dass die plattentektonischen Bewegungen im Laufe der Erdgeschichte die geographischen Rahmenbedingungen der verschiedenen Klimate fortlaufend und grundlegend verändert haben und dass diese Veränderungen mit ihrem Einfluss auf die Polargebiete mit in Betracht gezogen werden müssen. Es ist daher keine einfache Frage, ob die kalten und Vereisungen auslösenden Klimaphasen überwiegend durch die inneren Kräfte der Erde verursacht werden, indem plattentektonische Bewegungen zur geographischen Isolation von Polargebieten führen, oder ob Veränderungen des Strahlungshaushaltes der Sonne ein Übergewicht haben.

Jörn Thiede

Alfred Wegener – Grönland und die Idee der Kontinentaldrift bestimmten sein Leben

Alfred Wegener (1.11.1880 - November 1930) im Winterquartier »Borg« an der Ostküste Grönlands 1912.
Fotos: Arktisk Institut, Kopenhagen;
J. Georgi (2)

Es wird oft kolportiert, dass Menschen einer Faszination der Polargebiete erliegen. Auf Wegener scheint das zuzutreffen. Der Namenspatron des deutschen Polarforschungsinstituts bewährte sich auf seinen Expeditionen nicht nur als verantwortungsbewusster Kollege und Wissenschaftler, sondern auch als umsichtiger Organisator und zäher Schlittenreisender.

Wegener beginnt 1899 ein Studium der physikalischen Naturwissenschaften in Berlin und tritt nach der Promotion eine Assistentenstelle am Aeronautischen Observatorium Berlin-Tegel, später Lindenberg, an. 1906 kann er zusammen mit seinem Bruder Kurt einen Rekord im Freiballonflug verbuchen.

Im gleichen Jahr (bis 1908) nimmt er als Meteorologe an der dänischen Ostgrönlandexpedition unter Mylius Erichsen (1872–1907) teil. Er wendet bei seinen Forschungsarbeiten die modernsten Methoden der Zeit an, zum Beispiel vermisst er mittels Ballonaufstiegen mit automatisch registrierenden Instrumenten die Vertikalschichtung der Atmosphäre. Nach der Rückkehr wird Wegener von der dänischen Krone hoch dekoriert. Die Messergebnisse nutzt er für seine Habilitationsschrift.

1910 erscheint Wegeners »Thermodynamik der Atmosphäre«, eine klar gegliederte Publikation mit Lehrbuchcharakter. Der erst dreißigjährige Wissenschaftler entwickelt und beschreibt hier den damaligen Wissensstand und dokumentiert dabei seine Kenntnisse und Fähigkeiten als theoretischer Meteorologe. Nicht zuletzt empfiehlt er sich mit dieser Arbeit für eine Universitätsprofessur. Bis zum Kriegsbeginn 1914 ist er als Dozent in Marburg tätig.

Zusammen mit Johan Peter Koch (1870–1928), dem wesentlich die Finanzierung des Unternehmens gelang, und zwei weiteren Kollegen durchquert Alfred Wegener 1913 das nördliche Grönland, nachdem man zuvor an der Ostküste überwintert hatte. Das Ganze war ein sehr gewagtes, lebensgefährliches Unternehmen, zweifellos Wegeners größte sportliche Leistung. Der wissenschaftliche Wert der Aktion war eher gering. Kaum fünfzehn Jahre später konnte man mit Flugzeugen von jeder Stelle der Grönlandküste einen Einblick auf das Inlandeis gewinnen.

In der Vorbereitungsphase der Ludvig Mylius-Erichsen-Expedition hatte Wegener sich an den Pionier der modernen Meteorologie, Wladimir Köppen (1846–1940), gewandt. Köppen, Abteilungsleiter für Meteorologie an der Deutschen Seewarte, war Experte für hohe Drachenaufstiege mit selbst registrierenden Instrumenten. Er bearbeitete auch klimatologische Fragestellungen. Ab 1910 beschäftigt Wegener der Gedanke der Kontinentalverschiebung, und zweifelos hat er diese Idee speziell unter klimatologischen Aspekten mit Köppen diskutiert. Wegeners erste Veröffentlichungen zu diesem Thema erscheinen 1912, als er sich schon in Ostgrönland aufhält. Dass Wegener, zwar als hervorragender theoretischer Meteorologe bekannt, sich diesem im Kern geologisch-paläontologischen Thema widmete, musste bei den Fachwissenschaftlern auf Widerstand stoßen. Dies war auch ein Grund, weshalb sich Wegener laufend um eine Verbesserung der seine Hypothese stützenden Datenbasis bemüht hat.

Zusätzlich zu seiner Arbeit »Die Entstehung der Kontinente und Ozeane« (erste Ausgabe 1915, es folgten drei erweiterte Ausgaben) verfasst er zusammen mit Köppen »Die Klimate der geologischen Vorzeit« (1924). In diesem Buch kombiniert er seine Verschiebungstheorie mit der Vorstellung einer Polwanderung und kann so systematisch die Entwicklung der Erdoberfläche bis ins Karbon rekonstruieren und mit wichtigen geologischen Beobachtungen in Einklang brin-

gen. Für die Erklärung der quartären Vereisungen griffen die beiden Wissenschaftler auf die von Milutin Milanković (1879–1958) berechneten Strahlungskurven als Folge der Variation der Erdbahndaten zurück.

Die Wegenersche Vorstellung von der Kontinentaldrift unterscheidet sich in einigen Einzelheiten von der heutigen geophysikalischen Lehrmeinung (Seafloorspreading and Subduction). Wegener selbst war sich des wesentlichen Mangels seiner Theorie bewusst – nämlich keine hinreichende Ursache für die Verschiebung aufzeigen zu können. Allerdings gibt es Hinweise darauf, dass er 1929 kurz davor war, auch diesbezüglich einen entscheidenden Beitrag zu der heute akzeptierten Erklärung zu liefern.

In seiner Hamburger Schaffensperiode, 1919 bis 1924 an der Deutschen Seewarte, die überlagert war von seinen klimatologischen und geologisch/paläontologischen Ambitionen, hat sich Wegener weiterhin intensiv mit der Physik der Atmosphäre befasst, die nicht zuletzt unter den Ansprüchen der sich abzeichnenden interkontinentalen Luftfahrt stand. Die Meteorologie machte in dieser Zeit erhebliche Fortschritte – ab 1924 beginnt sich der Frontenbegriff durchzusetzen, der das Aufeinandertreffen von Luftmassen verschiedenen Ursprungs erklärte.

Dieser Themenkomplex, im Zusammenhang mit dem Wunsch, gewisse Regelmäßigkeiten im großräumigen Wettergeschehen über dem Nordatlantik aus topographischen Besonderheiten ableiten zu können (Einfluss Grönlands, speziell die Idee von einer hier erzeugten quasistationären Antizyklone), war ein Hauptauslöser für die Wegenerschen Expeditionen 1929 bis 1931. Zwar zeigten später die Messungen der grönländischen Zentralstation »Eismitte« wenig von einem stationären Grönlandhoch, aber die Forschungen führten in eine Richtung, die speziell das Erkennen des »Jet Stream«-Phänomens, das heißt der mäandrierenden Starkwindbänder in zirka neun Kilometer Höhe, ermöglichte.

Nach der Vorexpedition im Sommer 1929 begann man im Sommer 1930 mit dem Aufbau der drei Stationen – West, Ost und Eismitte. Die Station Eismitte sollte über die Westküste

versorgt werden. Unabhängig operierte die Station an der Ostküste. Unerwartet schlechte Eisverhältnisse verzögerten jedoch den Aufbau eines Basislagers an der Westküste. Die Einrichtung der Station Eismitte drohte ein Fiasko zu werden, zumal die propellergetriebenen Transportschlitten im tiefen Neuschnee und wegen ihrer geringen Motorleistung versagten. Auf einer riskanten, von Pflichtbewusstsein getragenen Versorgungsfahrt mit Hundeschlitten nach »Eismitte« ereilte Wegener und seinen Begleiter Rasmus Villumsen auf dem Rückweg im November (!) 1930 der Tod. Die Wissenschaftler Georgi, Loewe und Sorge überwinterten unter primitivsten Bedingungen in einer Eishöhle auf 71°20'N, 40°W, ohne dass wesentliche Abstriche am Messprogramm gemacht wurden – eine Tat, die weltweit Bewunderung erregte. Die Expedition war weit mehr als die Summe ihrer Sensationen. Trotz der tragischen Ereignisse hatte ihre umfassende wissenschaftliche Planung Vorbildcharakter. Besondere Aufmerksamkeit erregte die Bestimmung der Dicke des grönländischen Eisschildes durch seismische Messungen, bei der Eisdicken von über 2500 Metern abgeleitet wurden.

Wegener war als Gelehrter erstaunlich produktiv und originell, er glaubte an einen wissenschaftlichen Fortschritt. Ohne das Detail zu scheuen, war er stets an der Synthese umfassender Probleme interessiert. Aber – und das ist wichtig zu verstehen, um ihm gerecht zu werden – nicht nur im Sinne des darstellenden Wissenschaftlers, sondern selbst messend und probierend. Dabeisein und agieren, eigene Anschauungen gewinnen, das war ihm wichtig.

Reinhard A. Krause

Schlittentransport der Wegener-Expedition zur Versorgung der Station »Eismitte« im Sommer 1930. Zum ersten Mal wagten sich mit diesem Schlittenzug auch Inuits auf das von ihnen gefürchtete Inlandeis.

Das Grab Alfred Wegeners im Mai 1931. Wegener war auf dem Rückweg von »Eismitte« zur Weststation umgekommen, sein Begleiter Rasmus Villumsen blieb verschollen. Am Bildrand einer der beiden Propellerschlitten, die im September 1930 auf halbem Weg zur Eiskappe versagten.

DIE EISKAPPEN, DER MEERESSPIEGEL UND DAS KLIMA

Blick von den Kottasbergen nach Norden über die weite Ritscherflya (Westantarktis). Fotos: H. Oerter

Wir leben in einer Eiszeit. Diese Tatsache wird einem sofort bewusst, wenn man am Rande des antarktischen Hochplateaus auf einem aus dem Eis ragenden Gipfel der Heimefrontfjella steht und das Panorama betrachtet. Im Süden reicht der Blick über eine sich scheinbar ins Unendliche erstreckende blendend weiße Fläche, deren Horizont nicht klar begrenzt ist, weil er sich im

Himmel verliert. Nach Norden streift der Blick ebenfalls weit über das hier tiefer liegende und in der Oberfläche bewegtere Eis, aus dem hier und da ein vereinzelter Nunatak emporragt, umgeben von ausgedehnten Spaltenzonen, die dem Betrachter signalisieren, dass hier ungeheure und stetige Kräfte wirken. Obwohl auch am Fuß der Felsflanken eine von glitzerndem Schnee bedeckte Oberfläche das Bild prägt, ist dennoch zu erkennen, wie das Eis diese Nunataker umströmt.

Ich bin von Norden gekommen und kann die Spur, die ich mit meinem Skidoo und dem daran gekoppelten Nansenschlitten gezogen habe, als schmales Band weit zurück verfolgen. In der überaus klaren Luft ist die Fernsicht berauschend. Es ist windstill, und obwohl die Lufttemperatur bei minus dreißig Grad liegt, kann ich, gewärmt von den Strahlen der zur Mittagszeit hoch am Himmel stehenden Sonne, mein Brot mit bloßen Fingern verzehren. Ich bin als Geophysiker unterwegs, um die räumlichen Veränderungen des Schwerefeldes der Erde zu messen, weil wir davon neue Daten über die Dichte des Eises und die geologischen Verhältnisse im Untergrund ableiten können. Während ich mich also mit Brot, in der Kälte doch etwas harter Butter und Tiroler Speck stärke, bin ich gefesselt vom Ausblick, den ich hier habe und der mir die Urgewalt des fortwährend vom Inneren der Antarktis zum Rande fließenden Eises vor Augen führt.

Das Eis der Antarktis: Es bedeckt einen Kontinent mit einer Fläche von etwa 14 Millionen Quadratkilometer (etwa so groß wie die USA und Kanada) und weist eine mittlere Dicke von etwa 2500 Meter auf. Die höchste vom Eis bedeckte Region ist etwa 4200 Meter über NN, und die größten Eisdicken liegen bei 4500 Meter. Dies bedeutet, dass sich der Felsuntergrund in großen Gebieten unterhalb des Meeresspiegels befindet – denkt man sich das Eis weg, dann wäre der Kontinent viel kleiner.

Heute sind lediglich annähernd zwei Prozent der Fläche eisfrei; im Wesentlichen sind dies die steilen Flanken von Bergen, die in den randlichen Regionen über das Eis aufragen. Verein-

zelt findet man am Rande auch flache, eisfreie Regionen, wie die Schirmacher-Oase (siehe S. 182). Die Ursache hierfür ist darin zu finden, dass der Nachschub an Eis aus dem Inneren durch Gebirgszüge abgeleitet wird und nicht dorthin gelangt und der Wind den Schneeniederschlag verweht. Auch wenn diese Oasen nicht mit Dattelpalmen aufwarten können, so sind sie doch etwas Besonderes. Meist gibt es dort kleinere Seen, die zwar die längste Zeit des Jahres zugefroren, im Sommer aber ganz oder teilweise offen sind.

Wir haben es also mit einem Kontinent zu tun, der ausschließlich geprägt ist von einer mehrere Kilometer dicken Eisauflage. Dieses Eis wird vom Niederschlag gebildet, der wegen der vorherrschenden tiefen Temperaturen immer als Schnee fällt. So setzt sich in jedem Jahr neuer Schnee auf den Schnee des vergangenen Jahres, und die Schwerkraft sorgt für eine Fließbewegung des Eises, die es vom Innern der Antarktis zum Rand hin bewegt, wo es in Form von großen oder kleinen Eisbergen abbricht.

Im Gleichgewichtszustand – und in diesem befindet sich die Antarktis heute etwa – hält der Verlust an Eis durch das Abbrechen von Eisbergen dem Gewinn durch Niederschlag gerade die Waage. Verfolgt man den Weg einer Schneeflocke, die im Innern der Antarktis fällt, so gerät man zunächst fast senkrecht nach unten, und erst in großer Tiefe ändert sich der Bewegungssinn in Richtung auf den Rand. Diese Fließbewegung ist meist langsam, und so können mehrere hunderttausend Jahre vergehen, bevor unsere Schneeflocke im Eisberg auf dem Ozean schwimmt.

Das Eis der Antarktis ist auch besonders kalt. Wegen der das ganze Jahr über vorherrschenden tiefen Temperaturen – typische Werte der mittleren Jahrestemperaturen liegen zwischen minus 30 und minus 60 Grad Celsius – ist der Niederschlag genauso kalt. Allerdings nimmt die Temperatur mit der Tiefe zu, weil zum einen die Verformung des Eises während des Fließens Reibungswärme erzeugt und zum anderen von unten der stetige Erdwärmestrom das Eis erwärmt. So gibt es Regionen in der Antarktis,

dort, wo in Tiefen um 4000 Meter sehr altes Eis zu finden ist, das entsprechend lange der Wirkung des Erdwärmestroms ausgesetzt war, in denen das Eis an der Basis auch schmelzen kann. Wo das aufliegende Inlandeis vom Kontinent aufs Meer hinausfließt, können sich in großen oder kleinen Buchten die Schelfeise bilden: Größere oder kleinere schwimmende Eisplatten, die durch eine seitliche Begrenzung mechanisch stabilisiert und vor dem Zerfall in Eisberge geschützt werden. An ihrer Unterseite sind sie mit dem »warmen« Wasser des Ozeans im Kontakt und schmelzen dabei von unten her ab. Die beiden größten Schelfeise, das Ross- und das Filchner-Ronne Schelfeis, bedecken jeweils Flächen von fast 500 000 Quadratkilometer. Sie sind zwischen 1000 Meter in Kontinentnähe und ungefähr 200 Meter an der Abbruchkante der Eisberge dick.

Die Antarktis ist riesig groß und für uns Europäer weit weg. Wenn wir aber ein Gefühl für die ungeheure Weite der Antarktis gewinnen wollen, können wir nach Grönland gehen. Das grönländische Inlandeis ist der kleine Bruder der Antarktis, dennoch ist auch dort das Eis bis zu 3500 Meter dick, und es verhält sich in gleicher Art und Weise wie das antarktische Inlandeis. Es gibt aber einen wichtigen Unterschied: Während in der Antarktis oberflächlich kein Eis schmilzt, sind in Grönland zur Sommerzeit die

Feldlager der Schlittenzug-Traverse zu den Kottasbergen bei »Windy Corner« im Februar 1997.

Blick aus dem Fenster des Wohncontainers. Bei Schneedrift bietet ein Windkolk, der sich um den Container bildet, etwas Schutz.

*Kurz vor dem Bug der POLARSTERN bricht am 20. Februar 1988 eine Eiswand nieder. Das Schiff lag zu diesem Zeitpunkt vor der Barriere des Schelfeises östlich der Station »Halley«, um das Basislager einer geologischen Expedition in die Shackleton Range aufzunehmen.
Foto: H. Rappl*

Bohrzelt des Alfred-Wegener-Instituts auf Berkner Island im Südsommer 1994/95.

Randbereiche aufgrund der höheren Lufttemperaturen einem Abschmelzprozess unterworfen. Das Schmelzwasser sammelt sich zunächst in Rinnsalen, die zu Bächen zusammenlaufen und sogar zu kleinen, ins Eis eingegrabenen Flüssen anschwellen. Dieser oberflächliche Abfluss sucht sich dann oft über Gletscherspalten oder Gletschermühlen – kreisrunde Sturztrichter im Eis – einen Weg nach unten. Am Rande des Inlandeises treten an manchen Stellen mächtige Ströme hervor, die auch eine feine Schwebfracht mit sich führen: Zermahlenes Gestein, das durch das beständige Schaben des sich über den Untergrund bewegenden Eises abgehobelt wurde. Trotz dieser Verluste an Eis durch das Abschmelzen und durch das Kalben von Eisbergen ist auch das grönländische Inlandeis heute in etwa in einem Gleichgewichtszustand, weil genügend Schnee fällt.

Betrachten wir die beiden Inlandeise der Antarktis und Grönlands gemeinsam, so können wir Folgendes feststellen: In der Antarktis sind 90 Prozent und in Grönland 9 Prozent des gesamten Eises der Erde gespeichert. Alle Gebirgsgletscher der Erde und die anderen kleineren polaren Eiskappen ergeben zusammen gerade ein Prozent allen Eises. Im Eis der beiden großen Inlandeiskappen sind damit etwa 80 Prozent des gesamten Süßwassers gespeichert. Da diese Speicher ständig Süßwasser als Eisberge oder als Abfluss abgeben, können wir sie auch als erneuerbare Lagerstätte des Rohstoffs Wasser ansehen.

Gleichzeitig beeinflusst eine Veränderung der Eis- oder Wasserspende die Höhe des Meeresspiegels. Würde das grönländische Eis zur Gänze schmelzen, stiege der Meeresspiegel weltweit um etwa sechs Meter an, bei Verschwinden des antarktischen Eises sogar um zirka 64 Meter. Andererseits würde eine Zunahme der gespeicherten Eismassen zu einem Absinken des Meeresspiegels führen. In der heutigen Diskussion um eine künftige Klimaerwärmung und ihre Folgen wird allzu schnell die Schlussfolgerung gezogen: Es wird wärmer – die Polkappen schmelzen – der Meeresspiegel steigt. Nach unseren heutigen Kenntnissen ist diese Schlussfolgerung so nicht zulässig. Zwar wird das Inlandeis Grönlands etwas an Masse verlieren, wenn das Klima wärmer wird, und damit einen Beitrag zum Anstieg des Meeresspiegels liefern

– bis sich ein neues Gleichgewicht einstellt. Diesem Trend aber wird die Antarktis entgegenwirken, so dass er sich relativiert. Dort ist es heute so kalt, dass selbst eine kräftige Erwärmung immer noch nicht zu einem Abschmelzen führt. Die wärmere Luft jedoch kann mehr Feuchtigkeit transportieren, wodurch sich die Niederschläge verstärken, die dann einen Massenzuwachs bewirken. Modellrechnungen ergeben, dass für die nächsten hundert Jahre unter Zugrundelegung der gängigen Klimaszenarien von den Eiskappen Grönlands und der Antarktis, insgesamt gesehen, kein Beitrag zu einem Anstieg des Meeresspiegels zu erwarten ist.

Aber nicht nur in der Balance des Süßwasserhaushaltes haben die großen Eisschilde eine wichtige Funktion. Sie sind auch die Kühlschränke in unserem Klima. Sie beeinflussen den globalen Strahlungshaushalt entscheidend durch ihre weiße Oberfläche, die beinahe die gesamte einfallende kurzwellige Strahlung der Sonne zurück in den Weltraum reflektiert. Dazu kommt, dass Eis und Schnee im Bereich der langwelligen Wärmestrahlung wie ein »schwarzer Körper« mit hohem Ausstrahlungsvermögen wirkt und viel langwellige Energie abgibt. Zusammen mit der wegen der vorherrschenden Kälte sehr trockenen Luft kann diese Energie ungehindert in den Weltraum dringen. Es ist derselbe Effekt, der uns in klaren Winternächten über Schneeoberflächen besonders eisige Temperaturen beschert und den Boden gefrieren lässt. Insgesamt geben also die Eiskappen mehr Wärme ab als sie von oben aufnehmen. Zum weiteren Ausgleich dient dann die Wechselwirkung mit den mittleren und tropischen Breiten.

Für uns heute eröffnen die polaren Eiskappen ein Fenster in die Geschichte des Klimas und der klimawirksamen Prozesse. Hierzu werden Bohrungen durchgeführt, die die Eiskappen durchteufen und eine lückenlose Abfolge der Niederschläge der vergangenen Jahrhunderttausende zur Analyse nach oben bringen. Mit zunehmender Tiefe wird das Eis ja immer älter, und es enthält all das, was mit dem Niederschlag aus der Atmosphäre in vergangener Zeit ausgewaschen

wurde. Neben der chemischen Fracht der Aerosole archiviert das Eis aber auch die Atmosphäre der Vergangenheit; sie wurde in Form von kleinen Luftbläschen beim Übergang von Firn zu Eis eingeschlossen und bleibt erhalten. Wird die Luft aus den Bläschen aufgeschlossen, so lässt sich beispielsweise die natürliche Veränderlichkeit der Konzentrationen von Treibhausgasen, wie Kohlendioxid, Methan und Distickstoffoxid (Lachgas), bestimmen. Nur weil dies möglich ist, sind wir heute in der Lage, genau zu sagen, um wieviel die Konzentration dieser Gase in der Atmosphäre durch menschliches Handeln zugenommen hat. Das Verhältnis der stabilen Isotope der Atome des Wassermoleküls (Deuterium zu Wasserstoff und ^{16}O zu ^{18}O) ist schließlich ein Maß für die Lufttemperaturen zum Zeitpunkt, als der Schnee fiel.

Im Gegensatz zum antarktischen Eisschild finden wir auf Grönland breite Schmelzzonen, wo oberflächlich in einem Sommer bis zu einem Meter Eis abschmilzt. Das Wasser sammelt sich in kleinen Rinnsalen, die sich zu gewaltigen Flusssystemen ausweiten. Hier ein Blick auf den Storstrømmen in Germanialand, Nordostgrönland.

Am Eisrand des Kronprinz-Christian-Landes, Nordost-grönland, bei etwa 80 Grad Nord. Die hellbraune Färbung das Eises hat ihren Ursprung im hohen Staubgehalt, der während der Eiszeit durch Wind eingetragen wurde und der sich unter dem abschmelzenden Eis wiederfindet. Mit Messungen des stabilen Isotops 0-18 konnte nachgewiesen werden, dass der doppelte, braun gefärbte Saum die Grenze zwischen der heutigen Warm-zeit und der letzten Kalt-zeit, also etwa die Zeit vor 11000 Jahren, markiert.

Das Klimaarchiv Eis eröffnet uns daher die Möglichkeit, über die Bestimmung der Lufttemperaturen und der damit einhergehenden Veränderungen der atmosphärischen Zusammensetzung ein Verständnis für die Klimazusammenhänge oder Wechselwirkungen zu entwickeln. Man kann in diesem Archiv lesen wie in einem Buch, allerdings steht in diesem Buch noch nicht jeder Satz in einer uns verständlichen Sprache, und wie bei der Entschlüsselung uns unbekannter Schriftzeichen müssen wir uns langsam voranarbeiten. Dazu sind immer neue Bohrungen notwendig, die uns mehr Information liefern.

Obwohl solch eine, sich meist über mehrere Jahre hinziehende Eisbohrung im Vergleich zu den Schlittenzügen über das Inlandeis einen geregelteren Tagesablauf erfordert, gehören die Bohrkampagnen doch zu den beeindruckendsten Erlebnissen eines Polarforschers, und noch lange stehen einem die Bilder des Camplebens vor Augen: Es ist Sommer in Grönland. In 3200 Meter über dem Meeresspiegel geht die Sonne zwar nachts nicht unter, doch weil sie tiefer am Horizont steht, ist es jetzt, um sieben Uhr morgens, im ungeheizten Zelt ungemütlich, und man muss sich schon überwinden, den mollig warmen Schlafsack zu verlassen, in die Kleidung und Schuhe zu schlüpfen und den Weg durch das Camp des North Greenland Ice Core Drilling Projects (NGRIP) zum Hauptgebäude, einem geräumigen, doppelstöckigen Iglu aus Holz (mit guter Isolierung) zu gehen. Der Schnee knirscht unter den Füßen, und es verspricht wieder ein schöner Tag zu werden.

Im großen Iglu ist der Frühstückstisch bereits gedeckt, und die erste Schicht des Tages sitzt zusammen mit der Nachtschicht, die eben ihre Arbeit beendet hat. Die Nachtschicht hat die Aufgabe, das Bohrloch vom Bohrklein zu säubern, das sich am Vortag angesammelt hatte.

(Über die Schwierigkeiten mit dem Bohrklein wie über den Verlauf der Arbeiten am GRIP und Nord-GRIP berichten auch H. Fischer und J. Kipfstuhl.) Dadurch kann die erste Schicht frisch anfangen und das Bohrgerät, eine etwa elf Meter lange Bohrturbine, einsetzen.

Wenn alles gut läuft, kann man in einer Woche etwa 200 Meter Eiskern lückenlos erbohren. Das scheint zunächst wenig, doch muss man bedenken, dass es, um einen vollen Kerngewinn zu erzielen, auf höchste Präzision und Sorgfalt ankommt. Die Aufgabe wird nicht gerade leichter dadurch, dass man wie in einem Kühlhaus bei Temperaturen zwischen minus 15 und minus 20 Grad arbeitet und auch nicht alle Tätigkeiten mit Handschuhen ausführen kann. Kalte Finger sind also ganz normal. Und, will man die Sonne sehen, muss man nach oben gehen. Die Arbeiten werden nämlich unter der Oberfläche durchgeführt. Dazu wurden lange Gruben in den Schnee gefräst und mit einem einfachen Flachdach abgedeckt, so dass Wind und driftender Schnee nicht mehr stören können. Außerdem sorgt diese Bauweise für gleichbleibend tiefe Temperaturen, die man braucht, um die Eiskerne möglichst im ursprünglichen Zustand zu belassen.

Die Erforschung der polaren Eiskappen stellt auch heute noch eine große Herausforderung dar. Wir haben zwar nicht mehr die harschen Bedingungen des heroischen Zeitalters von Scott und Amundsen zu ertragen, können uns aller technischen Errungenschaften von Fernerkundung aus dem Weltraum, Rechnerkopplung über Satellit, geeigneten Fahrzeugen oder auch Flugzeugen bedienen. Wir müssen uns aber immer noch an die besonderen klimatischen Bedingungen anpassen, mit Sturm und Kälte klarkommen und unter diesen Umständen dafür sorgen, dass wir mit guten wissenschaftlichen Ergebnissen nach Hause kommen. Da wir um die Bedeutung der polaren Eiskappen im Erdsystem wissen, trägt deren weitere Erforschung zum Verständnis dieses Systems bei, zu Einsichten über seine mögliche Verletzlichkeit oder auch Widerstandsfähigkeit durch beziehungsweise gegenüber den Einflüssen, die wir Menschen auf die Eiskappen ausüben. *Heinrich Miller*

Abfluss des Elephantenfußgletschers in Nordostgrönland. Der Gletscher mündet in einen vorwiegend von Schmelzwassern gefüllten Binnensee.

Messung der solaren Rückstrahlung (Albedo) des Inlandeises in einem Ablationsgebiet (Kronprinz-Christian-Land).

Der Ozean als Wärmemaschine unseres Planeten

Wir haben schon in der Schule gehört, dass der Golfstrom die Zentralheizung Europas ist. In der Tat bringt der Golfstrom – genauer gesagt, das Nordatlantische Stromsystem, das den Golfstrom einschließt, aber weit in die Nordpolarregion hineinreicht – eine ungeheure Menge an Energie in die nördlichen Breiten. Über den Äquator werden durch die Meeresströmungen täglich etwa 24 Billionen Kilowattstunden transportiert. Wollten wir diesen Energiefluss mit einem KWh-Preis von zwanzig Pfennig verrechnen, ergäbe das einen Gegenwert von fünf Billionen Mark pro Tag. Dies entspricht annähernd dem Wärmestrom, den die Atmosphäre uns nach Europa liefert.

Der ozeanische Anteil an unserem vergleichsweise milden Klima – Europa liegt auf etwa derselben geographischen Breite wie Alaska! – hat aber eine noch weit gewichtigere Qualität: Der Ozean ist eine langsam arbeitende Wärmemaschine. Einmal in Gang gesetzt, ziehen seine Strömungen schwerfällig und fast unaufhaltsam ihre Bahn. Dennoch gibt es neuralgische Punkte, an denen er sehr empfindlich reagiert. Die Lufthülle unseres Planeten erscheint dagegen als seine zappelige Schwester, immer zu kurzfristigen Wetterkapriolen bereit.

Auch die Mechanismen des Wärmetransports in der nassen und der luftigen Hülle unseres Planeten sind grundsätzlich verschieden. Die Atmosphäre bewerkstelligt den polwärtigen Wärmestrom mittels der schnell wechselnden

Nichts beeinflusst das Klimageschehen in der Atmosphäre so stark wie die Vorgänge an der Oberfläche der Ozeane.
Foto: G. Dieckmann

30

Seerauch, der sich beim Einstrom warmer Luft-massen innerhalb weniger Stunden bildet, trägt Wärme und Feuchtigkeit in die Atmosphäre. Foto: Archiv AWI

Hoch- und Tiefdrucksysteme, die ihren Weg über den Nordatlantik nehmen und mal kaltes, mal warmes Wetter zu uns bringen, aber in der Summe eben einen Wärmeausgleich zwischen den Subtropen und den nördlichen Breiten bewirken. Der Wärmetransport im Ozean dagegen geschieht durch eine tiefreichende, langsame Umwälzbewegung des gesamten Weltmeeres. Sie umfasst die oberflächennahe, im Wesentlichen durch Winde getriebene Zirkulation und die so genannte thermohalin – das heißt durch die Wirkungen der Temperatur (»thermo«) und der Salzgehalte (»salin«) – bedingte Zirkulation.

Der Ozean ist das Schwungrad unseres Klimas

Die physikalischen Eigenschaften des Ozeans, der Atmosphäre und des Meereises bestimmen das kurzfristige Wettergeschehen und langfristig das Klimageschehen auf unserem Planeten. Sie sind die beweglichen Teile der von der Sonne angetriebenen globalen Wärmemaschine. Die für die menschlichen Belange wichtigsten Klimavariablen Temperatur und Niederschlag resultieren im Wesentlichen aus dem Austausch von Wärme und Feuchte zwischen dem Ozean und dem Land. Da der Ozean mehr als 72 Prozent der Erdoberfläche bedeckt und in direktem Kontakt mit der Atmosphäre steht, wird der atmosphärische Zustand vorzugsweise von ozeanischen Bedingungen beeinflusst.

Einige weitere eindrucksvolle Sachverhalte machen die bedeutsame Rolle des Ozeans im Klimageschehen offensichtlich. Er ist für die Atmosphäre eine unbegrenzte Quelle von Wasserdampf. Er gibt, über das Jahr gesehen, etwa sieben Mal soviel Feuchte ab als über Landflächen verdunsten kann. Die Niederschlagsmenge und auch deren regionale Verteilung, das heißt die Lage der Hauptniederschlagsgebiete, ist von ozeanischen Oberflächenbedingungen sowie der Wasser- und Landverteilung abhängig. Des Weiteren: Um die Temperatur eines Kubikmeters Wasser um ein Grad zu erhöhen, werden etwa 1,2 Kilowattstunden benötigt, im Vergleich zur Luft das Viertausendfache. Der Wärmeinhalt der gesamten Luftsäule vom Erdboden bis zum äußersten Rand der Atmosphäre in etwa hundert Kilometer Höhe findet sich daher schon in den obersten drei Metern des Ozeans wieder. Der Ozean stellt somit den bedeutendsten Langzeitspeicher für Wärme auf unserem Planeten dar. Er nimmt etwa doppelt soviel Energie von der Sonne auf wie die Atmosphäre, speichert diese Energie im Sommer und entlässt sie dann durch Abstrahlung, direkte Wärmeübertragung und Verdunstung in die Atmosphäre. Der Ozean ist damit auch die wichtigste Wärmequelle für die oberflächennahen Schichten der Atmosphäre, also für den von uns erfahrenen Teil des Klimasystems.

Die Wärmeabgabe geschieht über das ganze Jahr, der Ausgleich von anomalen Zuständen kann aber über weit längere Zeitspannen stattfinden. Dadurch wirkt der Ozean wie ein Schwungrad im Klimageschehen und mildert Klimaschwankungen der für sich allein auf kurzen Zeitskalen von Tagen und Wochen hektisch reagierenden Atmosphäre. Die Kopplung zwischen beiden bestimmt nicht nur die Klimabedingungen von Saison zu Saison, sondern auch über Jahre bis zu Jahrhunderten. Diese thermische Trägheit des Ozeans zeigt sich auch in räumlichen Klimadifferenzen. Das wird deutlich in dem weitläufig bekannten Unterschied zwischen See- und Landklima. Maximum und Minimum der oberflächennahen Lufttemperatur liegen über dem Meer nicht so weit auseinander wie über dem Land. Der Einfluss der ozeanischen Wärmespeicherung macht sich selbst noch in benachbarten Landgebieten bemerkbar, wenn die über dem Meer aufgeheizten und angefeuchteten Luftmassen dorthin verfrachtet werden.

Bedingt durch die große Wärmekapazität und die im Verhältnis zur Atmosphäre langsame Zirkulation, ergeben sich für die Bewegungen in den oberen Schichten von etwa 1000 Metern charakteristische Zeitskalen von einigen Jahrzehnten, dagegen Zeitskalen von einigen Jahrhunderten bis zu einem Jahrtausend für die Ventilation und Umwälzung der tiefen Schichten bis zum Boden. Weil die Ereignisse in der Atmosphäre so stark an die ozeanischen Oberflächentemperaturen gekoppelt sind, ist das Klimageschehen der Atmosphäre insgesamt an den Ozean gekettet. Umgekehrt beeinflusst Letzteres dessen Zirkulation durch Reibung der Winde an der Wasseroberfläche; aufgrund von Wärmeübertragung und Niederschlag werden der oberflächennahen Ozeanschicht Dichteunterschiede übermittelt. Die Weltmeere speichern somit die vergangenen Zustände der Atmosphäre in ihrem »Langzeitgedächtnis« und prägen als Folge ihrer Trägheit dieses Wissen der zukünftigen Entwicklung des Wetters und Klimas auf.

Die ozeanische Zirkulation hat somit eine zwiespältige Rolle im Klimasystem. Als Feuchte- und Wärmequelle ruft der Ozean einerseits Klimaschwankungen hervor, andererseits dämpft er sie wiederum durch das enorme Speicherpotenzial von Wärme.

Für den Austausch von Wärme, Impuls, Feuchte und Spurengasen (wie dem Treibhausgas Kohlendioxid) ist der Zustand der oberen Schicht des Meeres, der Deckschicht, von unmittelbarer Bedeutung. Ändert sich die Oberflächentemperatur um ein bis zwei Grad in beschränkten Gebieten des Weltmeeres, zum Beispiel dem äquatorialen Pazifik, kann dies über die daraus resultierende Störung der Wärme- und Feuchteaustauschraten die atmosphärische Zirkulation bis in die mittleren Breiten erheblich verändern. Das äußert sich dann in kleineren Schwankungen von Jahr zu Jahr oder dem alle paar Jahre wiederkehrenden El Niño-Phänomen.

Über längere Zeiträume – Dekaden und Jahrhunderte – spielt der Wärmetransport vom Äquator zu den Polen eine wichtige Rolle. Er wird nicht nur durch die Wärme in der Deckschicht bestimmt, sondern durch die gesamte Struktur des Wasserkörpers, also davon, wie die Temperatur vertikal »geschichtet« ist, und von den Strömungen. Alle diese Komponenten – polwärtiger Wärmetransport, Schichtung der Wassermassen und Strömung – sind entscheidend für die Bildung der tiefen ozeanischen Wassermassen; sie werden aber auch, rückwirkend, von dem kalten Tiefenwasser beeinflusst. Die Austauschvorgänge zwischen Oberfläche und Tiefsee nehmen mehrere Jahrhunderte bis etwa ein Jahrtausend in Anspruch. Auf noch längeren Zeitskalen von vielen Jahrtausenden greift der Ozean in die chemische Zusammensetzung der Atmosphäre ein und reguliert darüber – neben anderen Bestandteilen des Klimasystems – den Strahlungshaushalt unseres Planeten.

Schematische Darstellung der globalen ozeanischen Zirkulation. Helle Pfade deuten oberflächennahe Strömungen an, dunkle sind Tiefenströmungen, die durch absinkendes Wasser im Nordatlantik und im Weddellmeer versorgt werden. (Nach W. Broecker und E. Maier-Reimer)

Die Bildung von Wassermassen

Was verstehen wir, ozeanographisch, unter einer »Wassermasse«? Mit diesem Begriff werden größere Wasserkörper mit annähernd gleichem Salzgehalt und gleicher Temperatur bezeichnet, die sie als charakteristische Kenngrößen von anderen Wasserkörpern abgrenzen. Wir unterscheiden grob zwischen etwa einem Dutzend Wassermassen im Weltmeer. Die Bildung spezifischer Wassermassen geschieht vorzugsweise an der Oberfläche des Ozeans, wo Oberflächenwasser durch Konvergenz, also einem Sich-Zuneigen und Ineinanderlaufen von Strömungen, in die Tiefe gepumpt wird oder durch Wärme- und Feuchtabgabe an die Atmosphäre schwer genug wird, so dass es in die Tiefe sinkt und die darunter liegenden leichteren Wasserelemente verdrängt.

Die Abbildung auf S. 35 zeigt als Beispiel die Hauptwassermassen im Atlantischen Ozean. Man unterteilt die tiefere Region grob in das

nordatlantische Tiefenwasser (NADW), das subantarktische Zwischenwasser (SIW) und das antarktische Bodenwasser (AABW). Das nordatlantische Tiefenwasser entsteht durch Abkühlung und Verdunstung des warmen Oberflächenwassers, das mit dem Nordatlantischen Strom in die Grönlandsee gelangt. Das subantarktische Zwischenwasser sinkt an der Antarktischen Konvergenz ab. Das ist jene Ringzone im Südpolarmeer, an der sich das kältere südliche Wasser unter das wärmere nördliche schiebt. Antarktisches Bodenwasser wird durch Abkühlung und Salzausscheidung unter den Meereis- und Schelfeisgebieten um den antarktischen Kontinent gebildet – hauptsächlich im Bereich des Weddellmeeres und des Rossmeeres. Diese Wassermasse gehört zu den schwersten des Weltmeeres und breitet sich von seinem relativ kleinen Entstehungsgebiet in die Bodenschichten aller Ozeane aus.

Es ist erstaunlich, dass unwesentlich erscheinen-

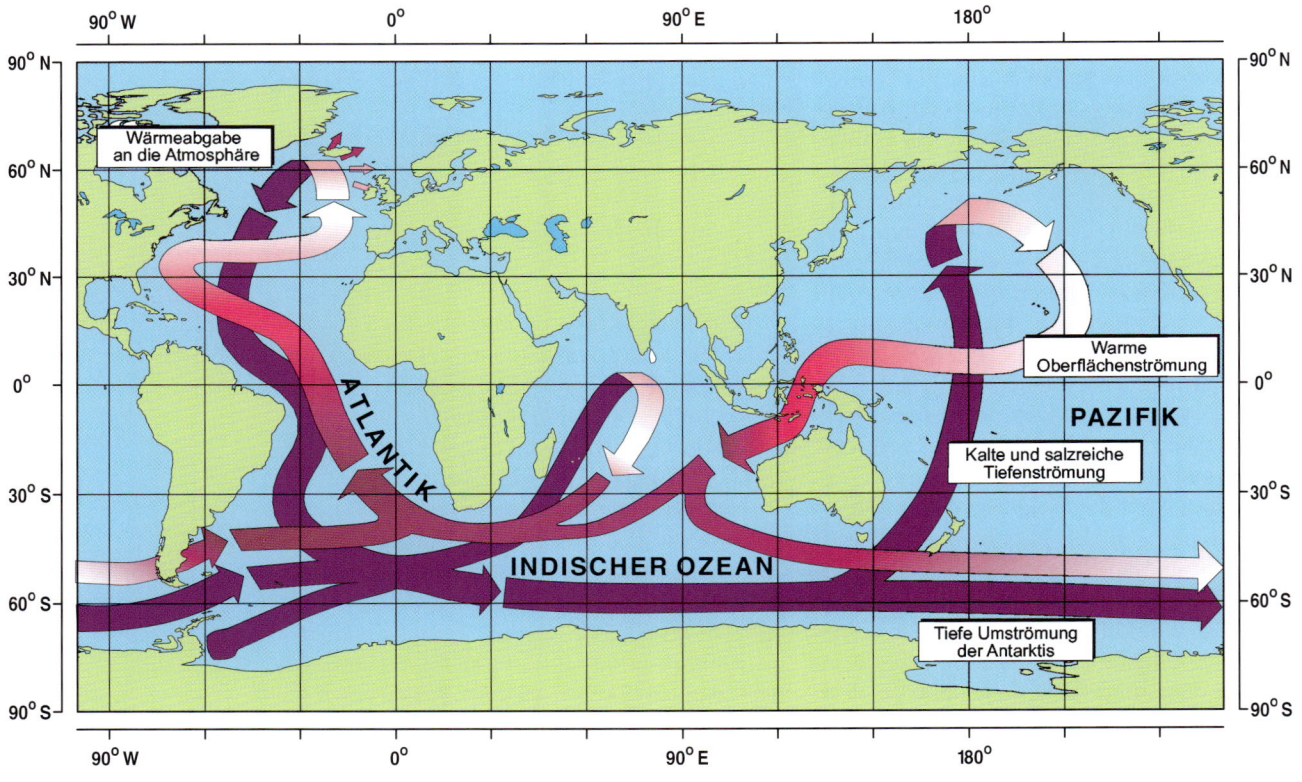

Die kompakten winterlichen Meereisflächen wirken wie eine Dämmschicht. Sie verhindern den Wärmeaustausch zwischen Ozean und Atmosphäre und strahlen Sonnenenergie in den Weltraum zurück.
Foto: H. Grobe

In großen Wasserkörpern kann man charakteristische Wassermassen unterscheiden:

de Abweichungen in der Dichte von Meerwasser diesen vertikalen Aufbau der Wassermassen im Weltozean entscheidend regulieren. So ist zum Beispiel nordatlantisches Tiefenwasser, wenn es sich an der Oberfläche bildet, zunächst schwerer als antarktisches Bodenwasser (auf das Druckniveau der Oberfläche bezogen) und sollte sich daher in den tiefsten Horizont schichten. Beim Absinken führt aber der zunehmende Druck dazu, dass antarktisches Bodenwasser mit seiner spezifischen Temperatur-Salz-Kombination schwerer wird als nordatlantisches Tiefenwasser. Die neu geformten Wassermassen breiten sich – Salzkonzentration und Temperatur beibehaltend – fast so aus wie Strömungen: Sie rutschen auf ihren charakteristischen Dichteflächen in die Tiefe. Die Vermischung quer dazu ist unbedeutend.

Es besteht eine enorme Diskrepanz zwischen dem Volumen, das ein Wasserkörper in der Tiefe einnimmt, und der Fläche, auf der es zum Kontakt mit der Atmosphäre kommt und die damit zum Bildungsprozess beiträgt. So befinden sich die Wassermassen mit Dichten, die größer als 27,5 sind (hier ist das spezifische Gewicht von

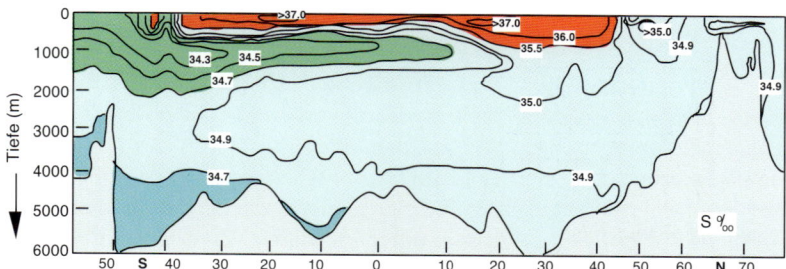

1027,5 kg/m³ gemeint, siehe Abbildung) und zirka 75 Prozent des Volumens des Weltozeans füllen, mit nur vier Prozent der Gesamtoberfläche in Verbindung. Entsprechend haben 30 Volumenprozent des Weltozeans eine Dichte, die schwerer als 27,8 ist, und dieser Teil hat an weniger als einem Prozent der Oberfläche Kontakt zur Atmosphäre. Offensichtlich kontrollieren somit atmosphärische Bedingungen in relativ kleinen und vorzugsweise polaren Gebieten die Bildungsprozesse der tieferen Wassermassen, die thermohalin bedingte Zirkulation und damit die Schichtung von Temperatur und Salzgehalt in großen Bereichen des Ozeans.

Das Bild zeigt die Verteilung des Salzgehaltes auf einem meridionalen Schnitt durch den Atlantischen Ozean von 60° Süd bis 80° Nord und von der Oberfläche bis zum Boden. Die Tiefentopographie ist grau dargestellt. Rot: Warmes Oberflächenwasser. Grün: Antarktisches Zwischenwasser (AIW). Hellgrün: Nordatlantisches Tiefenwasser (NADW). Türkis: Antarktisches Bodenwasser (AABW).

Geräte und Ausrüstungen zum Aufbau einer Eisstation im Weddellmeer sind auf dem Meereis abgesetzt worden. Links auf dem Schlitten eine Messboje für meteorologische Daten und ozeanographische Parameter in der oberflächennahen Wasserschicht.

Eis- und Wasser-Messstationen müssen in einiger Entfernung vom Forschungsschiff errichtet werden, damit die Messdaten unbeeinträchtigt bleiben. Bambusstangen markieren den sicheren Weg zum Schiff.

Das ozeanische Förderband

Stellen wir uns vor, dass Erik der Rote im Jahre 985 auf dem Weg nach Grönland mit seinem Boot ein kleines Wasserpaket an der Oberfläche des Nordpolarmeers derart durchwirbelt hat, dass es durch die kalten Winde abgekühlt wurde und so den »letzten Kick« bekam, um mit leicht erhöhter Dichte in große Tiefen zu sinken. Es macht sich damit auf den Weg der thermohalin getriebenen Tiefenzirkulation des Weltmeeres, einer alle Ozeane umspannenden Umwälzbewegung, die sich symbolisch als globales Förderband darstellt. Unser Wasserpaket würde (siehe Abb. S. 34) in der Tiefe des Atlantiks nahe dem amerikanischen Kontinent in den südpolaren Bereich getrieben. Es hat dort am Antarktischen Zirkumpolarstrom Anteil, der noch genauer zu betrachten sein wird, und kehrt dann nach Aufquellen im Nordpazifik in der Oberflächenströmung durch den indonesischen Archipel, den Indischen Ozean um das Kap der Guten Hoffnung in den Atlantik zurück. Dieses Strömungsband ist freilich stark vereinfacht; unser Paket könnte vielen anderen, weniger prominenten Pfaden folgen, zum Beispiel sich in endlosen Schleifen am Äquator des Atlantik verfangen oder mehrmals um die Antarktis kreisen und um Kap Hoorn zurück in den Südatlantik gelangen.

Dem Namen »Förderband« entsprechend, transportiert diese globale Umwälzung natürlich etwas. Auf dem Abwärtsast im Nordpolarmeer werden Sauerstoff, Kohlendioxid und andere Spurenstoffe mit in die Tiefe verfrachtet, der tiefe Ozean wird hierdurch »belüftet«. Auf dem Weg durch die Weltmeere sammelt unser Wasserpaket aber auch alles auf, was von oben herabrieselt und verbreitet dies in angrenzende Gewässer. Herabrieselt das ausgeschiedene und abgestorbene biologische Material von Meereslebewesen, gewissermaßen ein kontinuierlicher Schauer von Kalkschalen, Kieselalgen und anderen Überbleibseln von Meerestierchen und Pflanzen in der oberflächennahen, biologisch produktiven Wasserschicht. Das Förderband befördert also die biochemischen Spurenstoffe im Ozean, hat aber selbstverständlich auch am Transport von Wärme und Salz Anteil.

Ein ähnliches Förderband wird durch das antarktische Bodenwasser im Südpolarmeer in Gang gesetzt, es ist aber nicht so prominent in der Forschung und auch nicht so einfach geschlossen (siehe Beitrag Fahrbach/Beckmann). Es ist vielmehr ein ganzes System von Schlaufen, mit Abwärtsästen rund um den antarktischen Kontinent und tiefen Transportwegen in allen drei Ozeanen, wo die Wasserpakete dann durch Vermischung und Aufquellen ihre Identität verlieren. Ein solches Schicksal widerfährt aber auch unserem Paket, das Erik der Rote in die Tiefe gedrängt hat: Falls POLARSTERN tausend Jahre später auf einer ihrer Expeditionen ins Nordpolarmeer dieses Paket im Wasserschöpfer hätte, wäre nichts aus der Zeit Eriks des Roten verblieben, vermutlich noch nicht einmal ein Molekül Wasser des ursprünglichen Wassers und seines Spurenstoffinhalts.

Die Wärmemaschine und das Ozeanwetter

Das ozeanische Förderband ist ein wesentlicher Teil der Wärmemaschine unseres Planeten, die, wie beschrieben, den Zustand der Atmosphäre beeinflusst. Im langfristigen Mittel gleichen sich der Nettoeintrag von Energie in den Ozean durch Einstrahlung der Sonne und der Austausch von Wärme mit der Atmosphäre aus. Letzterer kann durch Wärmeabstrahlung im Infrarotbereich, ähnlich wie bei einem Radiator, geschehen, wobei Energie auch direkt in große Höhen der Atmosphäre und in den Weltraum gelangt. Der mit dem Feuchteaustausch verbundene so genannte latente Wärmeübergang entzieht dem Meer durch Verdunstung lokal die Wärme, ist aber solange verborgen (latent), bis die im Wasserdampf gespeicherte Wärme der Atmosphäre bei Regenbildung zur Verfügung gestellt wird. Der Übergang durch turbulenten Austausch erfolgt über die Grenzfläche zwischen den Medien und erwärmt oder kühlt die Luft direkt über dem Wasser. Dieser Austausch so genannter sensibler Wärme hängt von der Differenz zwischen Oberflächentemperatur und Lufttemperatur ab und ist in weiten Bereichen des Oze-

Mit Hilfe eines Laptop in einer beheizten Kiste starten Hannelore Witt und Volker Strass einen akustischen Strömungsmesser.

Um die Wechselwirkungen des Meerwassers mit dem Eis zu untersuchen, wird eine zehn Meter tief reichende Verankerung auf Balken fixiert und durch ein Eisloch abgelassen. Von links: Techniker Ekkehard Schütt, die Ozeanographen Gerd Rohhardt und Andreas Wisotzki.

ans, wie den tropischen und subtropischen Regionen, sehr klein. Dort dominiert der latente Wärmeübergang, der auch im globalen Mittel den größten Beitrag in der Wärmebilanz erbringt.

Das Wort Bilanz spiegelt vor, dass Wärmeeintrag und -verlust exakt gleich sind oder sich wenigstens über einen Jahresgang der Sonneneinstrahlung ausgleichen. Eine solche stimmige Bilanz existiert weder lokal noch für den gesamten Ozean. Lokale Wärmeüberschüsse (oder Defizite) werden durch Wind, Wellen und Wirbel in die Deckschicht der Meere eingemischt, dort gespeichert und durch Strömungen transportiert. Sie gehen zu späteren Zeiten und an anderen Orten wieder in den Austausch mit der Atmosphäre ein. Großräumige Imbalancen, die für lange Zeiten aufrecht erhalten werden, stellen Klimaschwankungen dar. Prozesse, die Wärmespeicherung und Wärmetransport betreffen, sind daher grundlegende Komponenten im Einfluss, den der Ozean auf das Klima hat.

Tropische Gebiete nehmen einen über das ganze Jahr nahezu konstanten Energiebetrag auf, während der Ozean in mittleren Breiten den Überschuss, den er im Sommer erhält, im Winter wieder abgibt. Die Wärmespeicherung erfolgt während des Sommers in den oberen 50 bis 100 Metern der Wassersäule. Die vom Wind erzeugten Turbulenzen sorgen dafür, dass diese Deckschicht nahezu homogen durchmischt ist. Mit Einsetzen der Abkühlungsperiode im Herbst wird die gespeicherte Wärme in die Atmosphäre entlassen, wobei der Energietransport von unten an die Oberfläche wiederum durch Windturbulenz und zusätzlich – als Folge der Oberflächenabkühlung – durch tief reichende Konvektion bewirkt wird.

In höheren geographischen Breiten hat der Ozean an der Oberfläche eine negative Energiebilanz, das heißt, er gibt in der Summe aller Austauschprozesse Energie an die Atmosphäre ab. Der Transport von Wärme aus den Tropen gleicht das Defizit aus, wobei die mittleren Breiten als nahezu verlustfreie Schleuse agieren. In der Sprache der Mathematik gesagt, ist der Wärmetransport über einen Breitenkreis hinweg das Produkt der meridionalen Geschwindigkeit und der Temperatur, summiert über die gesamte Beckenbreite und Tiefe des Ozeans. Er hängt somit von der Struktur der Strömung und der Schichtung von der Oberfläche bis zum Boden ab. Es ist nicht zufällig, dass wir in diesem Zusammenhang in Angleichung an die Meteorologie von einem Ozeanklima und vom Ozeanwetter sprechen, denn man kann den ozeanischen Wärmetransport in Anteile der mittleren großräumigen Zirkulation zerlegen, was dem Klimabegriff entspricht, und in Anteile der klein- und mittelskaligen Turbulenz, welche den Hoch- und Tiefdrucksystemen der Atmosphäre vergleichbar sind, also das Wettergeschehen im Ozean darstellen. Sowohl Feldmessungen als auch Ergebnisse numerischer Modelle deuten darauf hin, dass in den großen Ozeanbecken der Wärmetransport durch das Ozeanklima dominiert, während er im Südpolarmeer, ähnlich wie

in der Atmosphäre, vom Ozeanwetter bewerkstelligt wird.

Kommen wir zurück auf die Frage nach der Bedeutung des Golfstroms für den Wärmetransport im Nordatlantik. Ist der Golfstrom für die Erwärmung des europäischen Klimas verantwortlich? Eine solche Interpretation ist aus mehreren Gründen nicht möglich. Der Golfstrom ist ein Teil der auf den oberen Ozean begrenzten, windgetriebenen, beckenweiten Zirkulationszelle. Das warme Wasser, das im Golfstrom entlang der nordamerikanischen Küste nach Norden bewegt wird, teilt sich in komplexer Weise auf mehrere Strömungssysteme auf, die teilweise als Nordatlantischer Strom nach Norden bis in die Absinkgebiete der Grönlandsee führen und teilweise schon in mittleren Breiten im subtropischen Wirbel rezirkulieren (s. Beitrag R. Gerdes). Aufgrund der Wechselwirkung mit der Atmosphäre und der turbulenten Austauschvorgänge verlieren einzelne Wasserteilchen in der mittleren Zirkulation ihre Identität. So lässt sich nicht mehr feststellen, wo und mit welcher Temperatur das Wasser des Golfstroms wieder nach Süden zurückkommt. Wir dürfen uns das nicht so einfach wie beim Heizungssystem eines Wohnhauses vorstellen, wo der Wärmetransport und die Heizleistung gemessen werden können: Das Wasser wird mit einer bestimmten Temperatur eingespeist, kühlt sich auf dem Weg durch die Heizrohre ab und gelangt vollständig, aber mit einer geringeren Temperatur in den Heizkessel zurück. Die Leistung des Heizsystems ist proportional zu dieser Temperaturdifferenz. Die Frage nach dem Beitrag zum Wärmetransport eines einzelnen Stromsystems hat keine Bedeutung, weil hier keine eindeutige Temperaturdifferenz vorliegt.

Die Eis-Ozean-Connection

Die polaren Regionen sind die größte Wärmesenke des globalen Klimasystems. Hier entweicht gewissermaßen die Wärme wieder in den Weltraum, die der Erde durch Sonneneinstrahlung in tropischen Regionen geliefert und durch ozeanische und atmosphärische Strömungen zu den Polen verfrachtet wird. Der riesige Wärmeum-

satz in der antarktischen Region äußert sich in einer ausgeprägten Wechselbeziehung zwischen den Vorgängen in der Luft, im Wasser und im Eis. Bekannterweise strahlt das Eis deutlich mehr Sonnenenergie in den Weltraum zurück als eine freie Wasserfläche; diese so genannte Albedo beeinflusst nachhaltig den Strahlungshaushalt der Erde. Im Unterschied zu gemäßigten Breiten, wo der Austausch von Feuchte und Wärme zwischen Ozean und Atmosphäre direkt über Verdunstung und Niederschlag erfolgt, sorgt in den Polarregionen hierfür das im Wechsel der Jahreszeiten ablaufende Gefrieren und Schmelzen des Meereises.

Der antarktische Wasserring, auch Südlicher Ozean oder Südpolarmeer genannt, in dem sich diese Vorgänge im Wesentlichen abspielen, erstreckt sich vom Kontinent bis etwa 50° südlicher Breite. Im Norden wird er von der Antarktischen Konvergenz begrenzt, die sich als ein nahezu kontinuierlicher, etwa 50 Kilometer schmaler Wassergürtel um den Kontinent schlängelt. Es gibt weitere solche »Fronten«, die wichtigste ist die Antarktische Front, die bei zirka 60° Süd liegt und den Antarktischen Zirkumpolarstrom (ACC, engl. Antarctic Circumpolar Current) geleitet. An diesen Fronten erfahren die ozeanischen Wassermassen einen abrupten Übergang in ihren physikalischen, chemischen und biologischen Eigenschaften. Wir dürfen sie uns jedoch nicht als feststehende Linien vorstellen; sie verschieben sich andauernd, dehnen sich aus, ziehen sich zurück, bilden gelegentlich Ausbuchtungen.

Südlich des Zirkumpolarstroms pulsiert im Jahresrhythmus das größte Meereisgebiet unseres Planeten. Es bedeckt eine Fläche zwischen vier Millionen Quadratkilometern im Südsommer und 20 Millionen Quadratkilometern im Südwinter. Die maximale Ausdehnung entspricht etwa fünf Prozent der Gesamtfläche des Weltozeans oder der halben Fläche des Nordatlantiks. Die Lufttemperaturen schwanken zwischen plus zwei und minus zehn Grad Celsius, und das in Breiten zwischen 50° und 60°, in denen auf der Nordhemisphäre gemäßigtes Klima herrscht.

Im Inneren des Meereisgürtels können riesige

Messpause an einer Eisstation während des Winterexperiments 1989. Hinter der Kabelrolle Ekkehard Schütt, der hier u.a. die Aufgabe hat, im Stundenrhythmus einen Strömungsmesser per Hand aus dem Wasser zu ziehen und abzulassen. Links Nautiker Helmut Schiel von der POLARSTERN.

Die Datenerfassung aus allen ins Eis gebohrten Messlöchern erfolgt mit mehreren Computern in einem Zelt. Wer Computerwache hat (hier Gerd Rohardt) ist übel dran, weil er sich in der Kälte kaum bewegen kann. Fotos: E. Fahrbach

(bis zur Größe der Nordsee) eisfreie Gebiete entstehen. Die Ursachen für solche mit dem russischen Wort Polynja bezeichneten Wasserflächen sind nicht vollständig bekannt. Auch nahe der Küste gibt es häufig eisfreie Streifen, in denen kalte, vom antarktischen Eisdom herabströmende so genannte katabatische Winde das Meereswasser abkühlen und das dabei auskristallisierende Eis immer wieder von der Küste forttreiben. In den Polynjen verliert der Ozean an die Atmosphäre bis zu fünfzig Mal mehr Wärme als er in äquatorialen Breiten auf gleicher Fläche aus der Sonneneinstrahlung aufnimmt. Die Küstenpolynjen werden als Eisfabrik der Polarmeere angesehen. Durch die Eisbildung bleibt der größte Teil der gelösten Salze im Meerwasser zurück. Das dadurch entstehende schwerere Oberflächenwasser sinkt teilweise bis zum Meeresboden. Im Gegenzug steigt wärmeres Wasser aus den tieferen Schichten des Ozeans an die Oberfläche auf. (Das ist das Grundprinzip der thermohalinen Zirkulation.) Es kommt zum Austausch beziehungsweise zur Neubildung von Tiefenwasser, das man – um im Bild der Wärmemaschine zu bleiben – als den Treibstoff für das globale Förderband bezeichnen kann. Dieses polare Tiefenwasser vor allem sorgt für die Zufuhr von Sauerstoff und Nährstoffen im gesamten Weltmeer. Die Polarmeere sind also auch die »Lungen« des Weltmeeres.

Die hier nur angedeuteten Vorgänge in der ozeanischen und atmosphärischen Zirkulation und der Ausdehnung des Meereises weisen nun keineswegs ein reguläres zeitliches und räumliches Verhalten auf wie etwa einen sich immer wiederholenden Jahreszyklus. Es treten erhebliche nichtperiodische Schwankungen auf: in der Aktivität der um den Kontinent ziehenden Tiefdruckgebiete, der Verwirbelung der ozeanischen Ströme, der Oberflächentemperatur des Ozeans und der Eisausdehnung. So kann die Ausdehnung des Meereises im Maximum von Jahr zu Jahr bis zu zwanzig Prozent schwanken. Es ist dementsprechend schwierig, einen vermuteten langsamen Erwärmungstrend nachzuweisen.

Vergrößert sich die Eisfläche, wird die Atmosphäre zunehmend vom ozeanischen Wärmereservoir abgeschottet. Außerdem erhöht sich der direkt reflektierte Anteil der eingestrahlten Sonnenenergie, der dann für unser Klima ungenutzt in den Weltraum entweicht. Die Luft kühlt ab, und es ergibt sich so die Tendenz, die vorhandene Eisanomalie weiter zu vergrößern. Würden nicht andere Vorgänge im Klimasystem gegensteuern, führte diese so genannte Eis-Albedo-Rückkopplung zur totalen Vereisung der Erde. Diese Rückkopplung kann aber auch eine anfänglich nur reduzierte Eisfläche als Folge einer Klimaerwärmung, wie sie durch den Anstieg des atmosphärischen Kohlendioxids verursacht werden könnte, völlig zum Verschwinden bringen.

Der Eis-Albedo-Rückkopplung wird durch die dem Südpolarmeer spezifische Schichtung der Wassermassen gegengesteuert. Hier lagert kaltes Oberflächenwasser über relativ warmen, salzarmen Schichten in der Tiefe. Aber diese Schichtung ist nicht sehr stabil. Bei Meereisproduktion wird sie durch die beschriebene Tiefenkonvektion durchbrochen; so gelangt das warme Tiefenwasser an die Oberfläche und gibt seine Wärme an die kältere polare Atmosphäre. Dieser Prozess käme in einem wärmeren polaren Klima als heute zum Stillstand, weil das geschmolzene Meereis eine ausgesüßte Oberflächenschicht hinterlässt und die Wassersäule stabiler wird. Die dem Ozean in tropischen Breiten vermittelte Wärme staut sich dann in mittleren Breiten; das führt zu einer langsamen Erwärmung der Wassermassen.

Es gibt eine Reihe anderer solcher Rückkopplungen im Klimasystem, woran polare Komponenten maßgeblich beteiligt sind. In vielen Fällen sind die möglichen Änderungen des globalen Klimas, bei denen polare Regionen eine Rolle spielen, dramatischer als solche, die in mittleren oder tropischen Breiten ausgelöst werden. Eine drastische Änderung unserer Lebensbedingungen würde wohl in der Tat das Abrutschen der westantarktischen Landeismassen in das Meer bedeuten, was sich als Folge einer generellen Klimaerwärmung in einem Zeitraum von 50 bis 200 Jahren abspielen könnte (siehe auch Beitrag H. Miller).

40

Untersuchungen mit globalen Zirkulationsmodellen lassen befürchten, dass klimatische Störungen in dem relativ kleinen Ventilationsfenster der tiefen Wassermassen von nur ein bis zwei Prozent der Gesamtfläche des Weltozeans zu einer drastischen Restrukturierung der ozeanischen Zirkulation mit klimatischen Auswirkungen führen. Solche Störungen könnten eintreten, wenn sich die solare Energiezufuhr ändert, wie während der Eiszeiten, oder durch den von Menschen verursachten Treibhauseffekt. Die Modelle ergeben nach nur kurzzeitigen minimalen Störungen der Süßwasserzufuhr im polaren Oberflächenwasser beziehungsweise einer äquivalenten Änderung des Salzgehalts einen totalen Zusammenbruch des globalen Förderbandes nach einer erschreckend kurzen Zeit von nur einigen Jahrzehnten. Danach würde der Aufbau einer gegenläufigen Zelle im Laufe von wenigen Jahrhunderten folgen.

Wie funktioniert der Antarktische Zirkumpolarstrom?

Der antarktische Wasserring stellt die einzige bedeutende Verbindung zwischen dem Pazifischen, dem Atlantischen und dem Indischen Ozean dar, die einen Austausch von Wassermassen, Wärme, Salzen, Kohlenstoff und weiteren chemischen und biologischen Komponenten zwischen den Ozeanen erlaubt. Der Austausch wird getragen von dem intensivsten und umfangreichsten Strömungssystem des Weltozeans, dem Antarktischen Zirkumpolarstrom (ACC), der mit einem Gesamttransport von etwa 130 Millionen Kubikmetern pro Sekunde und einer Länge von etwa 20000 Kilometern den Kontinent umströmt. Dies sind die größten Wassertransportraten im Weltmeer. Sie sind nur teilweise durch die vorwiegend westlichen und sehr intensiven Winde in dieser unwirtlichen Region zu erklären.

Unser theoretisches Verständnis der ozeanischen Zirkulation bezieht sich vorwiegend auf die großskaligen, windgetriebenen Strömungen in den tiefen Becken, die nur unwesentlich durch die Bodentopographie und kleinerskalige Wirbelvariabilität – das Ozeanwetter – bestimmt

werden. Der Antarktische Zirkumpolarstrom stellt daher in vielfacher Hinsicht eine Ausnahme und eine Herausforderung für Forscher dar: Er ist das einzige Stromsystem, das unbeeinflusst von kontinentalen Barrieren in fast zonaler Richtung den ganzen Erdkreis umfließt. Ein weiteres wichtiges Merkmal ist, dass sich das gesamte Stromsystem im turbulenten mittleren Skalenbereich, das heißt in Flächen zwischen zehn und hundert Kilometern, räumlich und zeitlich extrem stark verändert.

Der Antarktische Zirkumpolarstrom ist auch das einzige ozeanische Strömungssystem, das eine begrenzte Ähnlichkeit mit den globalen atmosphärischen Strömungen aufweist. Eine der grundlegenden Fragestellungen ist das Verständnis der Kräftebalance einer solchen Strömung. In der theoretischen Ozeanographie war die Balance des ACC in der Tat lange Zeit ein Mysterium. Unsere Untersuchungen haben ergeben, dass der durch den Westwind in den Ozean eingebrachte ostwärtige Impuls durch Wirbel in die tiefen Schichten transportiert und dort dem System entzogen wird, indem die Strömung im tiefen Ozean Druckkräfte erzeugt, die den Impuls auf den Meeresboden übertragen. Somit treibt der Wind im Gürtel des Antarktischen Zirkumpolarstroms indirekt die Rotation der Erde an.

Bereits die zuvor beschriebenen Zusammenhänge haben manche Kenntnislücke offenbart. Ein besseres Verständnis des Klimasystems, insbesondere auch der polaren Komponenten, ist dringend erforderlich. Forschung in diesem Bereich benötigt ein umfangreiches Potenzial – komplizierte elektronische Messinstrumente, Forschungsschiffe, Großrechner und auch den Einsatz von Satelliten für die Fernerkundung, beispielsweise der Meereisbedeckung, Bewölkung und der Oberflächenauslenkung des Ozeans. Wesentliche Fortschritte in der Klimaforschung können daher nur in internationaler Kooperation erreicht werden.

Dirk Olbers

eWOCE
Ein elektronischer Daten-
atlas für den Weltozean

Die meereskundlichen Karten in Schulatlanten und populärwissenschaftlichen Zeitschriften, auf denen häufig die Richtungen und Geschwindigkeiten der Wasserströmungen im Weltozean dargestellt sind, erwecken den Eindruck, dass die Zirkulation und Ausbreitung von Wassermassen und Stoffen im Meer genau bekannt und damit die wichtigen Probleme der Meereskunde gelöst seien. Das entspricht leider nicht den Tatsachen. Zwar kennt man schon lange die großräumigen Zirkulationsmuster im Ozean mit ihren teilweise sehr starken Strömen entlang der Küsten, dem Golfstrom, dem Kuroshio und Brasilstrom, und den sehr viel ruhigeren Gebieten im offenen Ozean, die Angaben über Strömungsgeschwindigkeiten, über die Lage und räumliche Ausdehnung der Stromsysteme sind aber nach wie vor sehr ungenau. Noch lückenhafter ist unser Wissen über Strömungen und Vorgänge in der Tiefsee, die den größten Teil des Weltmeeres ausmacht, jedoch bis vor kurzem weitgehend unzugänglich war.

Genaue Zahlenangaben, beispielsweise zum Wärmetransport im Ozean, werden aber dringend gebraucht, um die Rolle der Weltmeere im globalen Klimageschehen zu verstehen. Hierbei genügt es nicht zu wissen, dass – wie im Falle des Golfstroms – Wärme in den Nordatlantik gelangt und entlang der Küste Norwegens bis in den Arktischen Ozean transportiert wird, son-

dern man muss recht genau wissen, wie viel Wärme das ist, wovon der Wärmetransport abhängt und wie er sich möglicherweise in der Zukunft ändern wird. Für das Verständnis biologischer Vorgänge im Ozean und für Abschätzungen von Fischvorkommen und ihrer möglichen Nutzung muss man die marinen Nährstoffkreisläufe verstehen und den Transport von Nährstoffen in die produktive, lichtdurchflutete Oberflächenschicht der Weltmeere genau kennen. Auch hierfür genügt es nicht festzustellen, dass zum Beispiel mit dem aus größerer Tiefe aufsteigenden Wasser entlang der afrikanischen Küste Nährstoffe an die Oberfläche gelangen und für den Fischreichtum vor Namibia sorgen, sondern man muss die dabei auftretenden Nährstofftransporte und ihre Abhängigkeit von Windverhältnissen und anderen Faktoren genau festlegen können. Auch diese Angaben sind gegenwärtig mit großen Fehlern behaftet.

Die nach wie vor beträchtlichen Unsicherheiten bei der Angabe von Wasser-, Wärme- und Stofftransporten im Ozean zu reduzieren ist eine der Aufgaben der Ozeanographie heute und war das Hauptziel des größten jemals durchgeführten internationalen ozeanographischen Forschungsprojektes, des »World Ocean Circulation Experiment« (WOCE). Dieses hatte es sich zum Ziel gemacht, in dem Zehnjahreszeitraum zwischen 1988 und 1998 den gesamten Weltozean mit einem bis dahin nicht dagewesenen Aufwand mittels autonomer Geräte, Satelliten und Forschungsschiffen zu erkunden. An WOCE waren alle industrialisierten Länder der Erde mit über 30 Forschungsschiffen beteiligt. Der finanzielle Aufwand dürfte umgerechnet insgesamt bei mehr als 700 Millionen DM gelegen haben, wovon allein die Bundesrepublik Deutschland mehr als 30 Millionen DM beigetragen hat.

Eines der umfangreichsten Messprogramme innerhalb von WOCE diente der Erkundung der hydrographischen Parameter im Weltmeer. Dabei wurden auf mehr als 270 Schiffsexpeditionen an über 15 000 Positionen (so genannten Stationen) mehr als 350000 Wasserproben genommen und insgesamt über drei Millionen Einzelmessungen durchgeführt. Alle diese Mes-

42

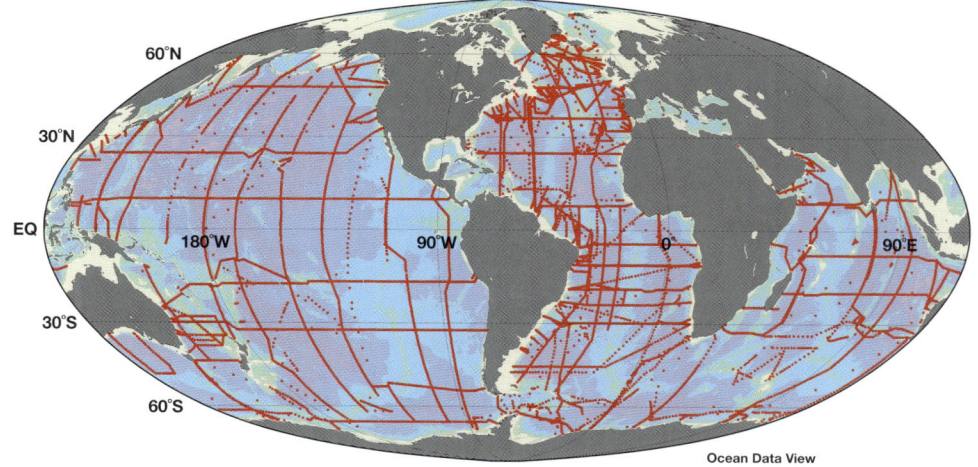

Ocean Data View

Karte der im Rahmen des hydrographischen Programmes von WOCE gemessenen ozeanographischen Stationen.

Die »Rosette« – der Kranzwasserschöpfer – ist das Standardinstrument der Ozeanographen, mit dem auch große Datenmengen des hydrographischen Programms von WOCE gewonnen wurden. Die vierundzwanzig Schöpfer können von Bord des Schiffes aus über Computer-Tastatur einzeln geschlossen werden und enthalten Wasser aus unterschiedlichen Tiefen. Eingesetzt wird der Kranzwasserschöpfer zusammen mit der im Zentrum des Gerätes untergebrachten CTD-Sonde zur Messung von Druck, Temperatur und Salzgehalt sowie verschiedener weiterer Variablen.
Foto: B. Lauer

sungen genügen dem derzeit höchstmöglichen Qualitätsstandard. Neben der Wassertemperatur und dem Salzgehalt wurden an fast allen Proben auch Sauerstoff- und Nährstoffgehalte bestimmt. An immerhin zirka 50 000 Proben hat man die Parameter des marinen Kohlenstoffsystems erfasst. Außerdem haben die Hydrologen eine Vielzahl von »Tracern« untersucht, die nur in Spuren im Meerwasser vorkommen, wobei die aus der Atmosphäre stammenden und für den Ozonabbau in der Stratosphäre verantwortlich gemachten Fluorchlor-Kohlenwasserstoffe (FCKW) mit mehr als 1,5 Millionen Messungen einen besonderen Rang einnehmen.

Die Abbildung zeigt, dass das WOCE-Messprogramm das gesamte Weltmeer abdeckt und entlang der Profilschnitte die Stationenabfolge sehr dicht ist. Tatsächlich wurden in den erwähnten Randstrombereichen Stationsabstände von teilweise weniger als zehn Kilometer gewählt, um auch kleinräumige Strukturen zu erfassen. Hauptarbeitsgebiet der deutschen Ozeanographen war der Südatlantik und das Südpolarmeer, wo mit METEOR und POLARSTERN wesentliche Teile des Beobachtungsprogramms absolviert wurden. Das für die Bildung von Tiefen- und Bodenwasser für den gesamten Weltozean wichtige Weddellmeer in der Antarktis (siehe S. 86ff.) wurde fast ausschließlich mit POLARSTERN erkundet. Mittlerweile sind alle Beobachtungsprogramme von WOCE abgeschlossen. Im Rahmen einer bislang einmaligen Synthese werden die Daten zusammengeführt und zentral

nutzbar gemacht. Bei mehreren hundert am Projekt beteiligten Arbeitsgruppen ist das keine leichte Aufgabe.

Als ein Beitrag des Alfred-Wegener-Instituts zu dieser Synthese wurden alle derzeit verfügbaren Daten des hydrographischen Programmes von WOCE zusammengestellt und in eine spezielle Form gebracht, die die Speicherung der großen Datenmengen auf weit verbreiteten und erschwinglichen Personalcomputern und den unmittelbaren Zugriff auf die Daten jeder beliebigen Station ermöglicht. Mit Hilfe des Softwarepaketes Ocean Data View können diese Daten auf einfache und interaktive Weise analysiert und in vielen verschiedenen Formen graphisch dargestellt werden. Daten und Software zusammen bilden den ersten elektronischen

Datenatlas für den Weltozean: eWOCE. Er bietet alle Funktionen von gedruckten Atlanten und erlaubt durch seine interaktiven Eingriffsmöglichkeiten ein darüber hinausgehendes, kreatives Arbeiten mit den Daten.

Neben der »ernsthaften«, wissenschaftlichen Nutzung der WOCE-Daten, die ein Herunterladen und Installieren von Daten und Software auf dem eigenen Rechner erfordert, können in einer eWOCE-Galerie vorbereitete Graphiken aller gemessenen Softverteilungen entlang der Profilschnitte aus Karten des Atlantiks, Pazifiks, Indischen und Südlichen Ozeans ausgewählt und abgerufen werden. Diese Nutzung von eWOCE ist auf allen Rechnern mit Internetanschluss möglich und setzt keine zusätzlichen Installationen voraus. eWOCE kann unter der Internetadresse http://www.awi-bremerhaven.de/GEO/eWOCE kostenlos bezogen und auf Windows PCs und SUN Solaris Workstations benutzt werden. Die eWOCE-Galerie ist unter http://www.awi-bremerhaven.de/GEO/eWOCE/Galery erreichbar.

Durch den uneingeschränkten und kostenlosen Zugriff sind die WOCE-Daten außer für die Wissenschaft nun auch für Schüler, Studenten und interessierte Laien zugänglich und sollen mit dazu beitragen, das Verständnis für die Zusammenhänge im marinen Teil unserer Umwelt zu vertiefen. In den Abbildungen 1 und 2 sind zwei Beispielgraphiken aus der eWOCE-Galerie dargestellt. Diese beiden Stoffverteilungen sollen im Folgenden kurz beschrieben werden, um anzudeuten, welch großer Informationsgehalt in den Daten steckt, und um die Neugierde für eigene Erkundungen zu wecken. Abbildung 1 zeigt die Salzgehalte entlang eines Süd-Nord-Schnittes durch den Atlantischen Ozean. Für diese Darstellung wurden über 6700 Messwerte von 226 ozeanographischen Stationen verarbeitet. (Die Lage der Proben ist durch kleine Punkte markiert). Um eine solche Datenmenge zu erheben, ist typischerweise eine mehr als zweimonatige Schiffsexpedition nötig. Für die Abbildung sind die Datenzwischenräume mit Hilfe aufwendiger mathematischer Verfahren gefüllt und die Ergebnisse dann durch Far-

ben dargestellt worden (siehe Farbbalken am rechten Rand).

Nicht zufällig findet man die höchsten Salzgehalte in der Nähe der Oberfläche bei etwa 20°S und etwa 30°N, das heißt genau in den Klimazonen, die durch wenig Niederschlag und Wüstenbildung an Land gekennzeichnet sind. An dem »roten Fleck« in zirka 1000 Meter Tiefe bei ungefähr 38°N erkennt der Ozeanograph das salzreiche Mittelmeerwasser, das in der Tiefe durch die Straße von Gibraltar in den Atlantik einströmt und sich nach Westen ausbreitet.

Besonders auffällig ist weiterhin eine Zunge relativ salzarmen Wassers, die von der Oberfläche bei 50°S abtaucht und in etwa 800 Meter Tiefe durch den Südatlantik nach Norden vordringt; es ist das Antarktische Zwischenwasser (im Bild violett bis blau; über die Wasserschichtung im Ozean schreibt Dirk Olbers auf S. 33ff.). Auch am Boden findet man nach Norden strömendes salzarmes Wasser südlichen Ursprungs, das Antarktische Bodenwasser (türkisgrün). Zwischen den beiden antarktischen Wassermassen befindet sich eine fast 3000 Meter mächtige Schicht mit etwas höherem Salzgehalt und offensichtlich nordatlantischem Ursprung (nordatlantisches Tiefenwasser; hellgrün). Bemerkenswert ist dabei eine nach Süden führende Strömung in etwa 1700 Meter Tiefe.

Insgesamt spiegelt sich in Abbildung 1 die als Förderband-Zirkulation bezeichnete großräumige Umwälzung der Wassermassen im Atlantik wider. Dabei strömt Oberflächen- und Zwischenwasser (bis zirka 1000 Meter) nach Norden in den Atlantik. Dort kühlt dieses Wasser in polaren und subpolaren Gebieten aus, sinkt in die Tiefe und strömt im Tiefenbereich zwischen etwa 1000 und 4000 Metern wieder nach Süden.

Das im Nordatlantik von der Oberfläche abgesunkene und nach Süden strömende nordatlantische Tiefenwasser enthält vergleichsweise hohe Konzentrationen von Fluorchlor-Kohlenwasserstoffen, die aus der Atmosphäre aufgenommen wurden. Dadurch können Ozeanographen die FCKW als Marker für dieses Wasser nutzen und dessen Strömungseigenschaften untersu-

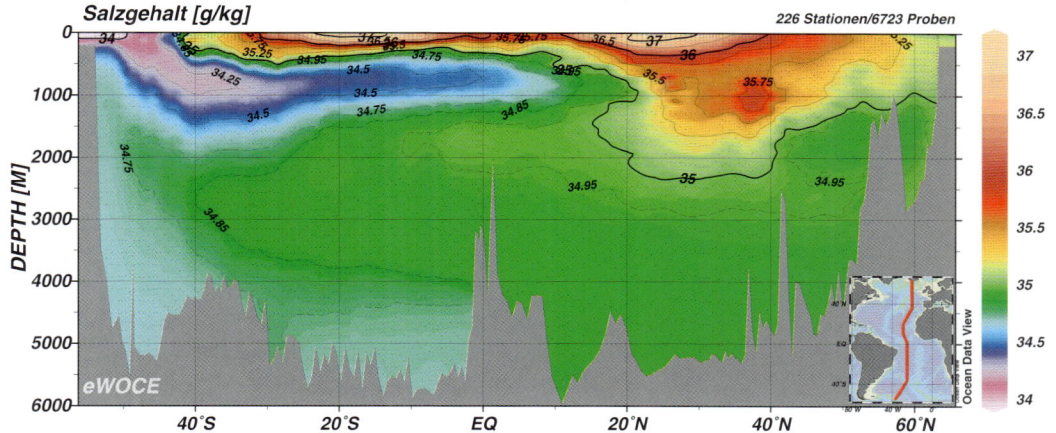

Abb. 1: Salzgehalte entlang eines ozeanographischen Schnittes durch den Atlantik (rote Linie in der kleinen Karte). Die Farben geben den gemessenen Salzgehalt wieder, die grauen Flächen stellen die Topographie des Meeresbodens dar. Für dieses Bild wurden zirka 6700 Einzelmessungen (kleine Punkte) verarbeitet.

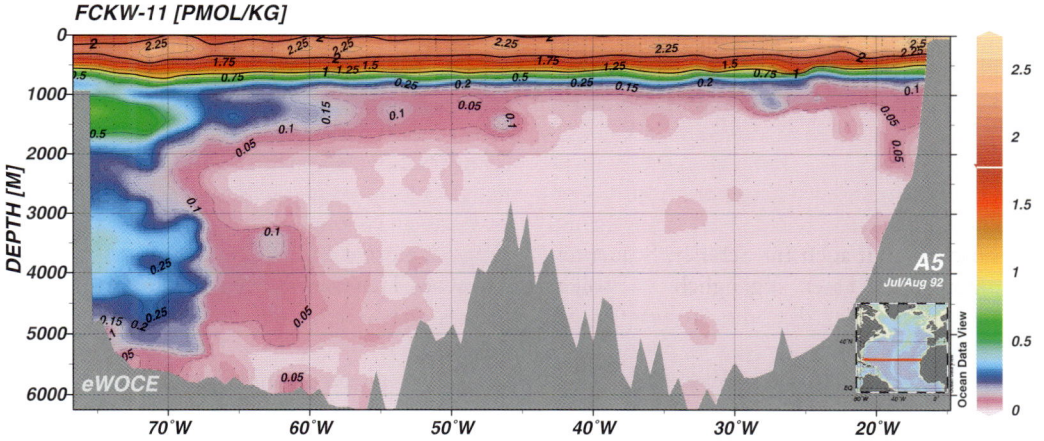

Abb. 2: Konzentrationen des Fluorchlor-Kohlenwasserstoffs FCKW-11 entlang eines Schnittes vom amerikanischen zum afrikanischen Kontinent. Deutlich erkennbar sind hohe FCKW-Konzentrationen in der Nähe der Oberfläche. Die FCKW-Maxima am amerikanischen Kontinentalabhang markieren den oberen und unteren westlichen Randstrom von »jungem« Wasser aus dem Nordatlantik.

chen. In einer Umgebung von Tiefenwasser, das seit Jahrhunderten keinen Kontakt zur Atmosphäre und damit keine Gelegenheit zur FCKW-Kontamination hatte, ist das frisch gebildete nordatlantische Tiefenwasser anhand dieses Markers leicht identifizierbar. Die im Rahmen von WOCE gemessene FCKW-Verteilung entlang eines West-Ost-Schnittes bei 24°N im Nordatlantik (Abbildung 2) zeigt neben den relativ hohen Konzentrationen an der Oberfläche ausgeprägte Maxima am amerikanischen Kontinentalhang in etwa 1500 und 3500 Meter Tiefe, die den oberen und unteren Zweig des nach Süden vordringenden Nordatlantischen Tiefenwassers widerspiegeln. Die FCKW-Messungen verdeutlichen auch, dass die Förderband-Zirkulation des Atlantiks nicht nur an der Oberfläche (Golfstrom), sondern ebenso in der Tiefe durch schmale Randströme geführt wird. Abschätzungen der Geschwindigkeiten in den tiefen westlichen Randströmen haben erstaunlich große Ausbreitungsraten ergeben und belegen, dass die Tiefsee nicht das ruhige Gebiet mit nur gemächlichen Strömungen ist, für das man sie ein Jahrhundert lang gehalten hat.

Reiner Schlitzer

Die »umherirrenden« Algen der marinen Biosphäre

Es wird erzählt, dass wir im Zeitalter der Biologie leben, und in der Tat, spektakuläre Ergebnisse der biologischen Forschung sorgen immer wieder für Schlagzeilen. Zur Zeit werden die größten Schritte in den kleinsten Skalen vollzogen: im Reich der Moleküle und der Zellorgane. Das menschliche Genom ist entschlüsselt: Wir haben die Buchstaben in den Computern, aber den Text noch nicht in den Köpfen. In den kommenden Jahren werden wir lernen, die Wörter zu lesen, die Sätze zu begreifen und schließlich den Text in den Chromosomen zu erkennen. Aber den Sinn werden wir über diesen Weg nicht verstehen, denn Sinn entsteht nur im Kontext – des größeren Ganzen, von dem alle Dinge, auch unsere DNS, Teile sind. Der räumliche und zeitliche Kontext für das Leben ist die Biosphäre und ihre Evolution: Das Ganze, das mehr ist als die Summe der Einzelorganismen und aller Arten, einschließlich der Menschheit. Im Gegensatz zur Molekularbiologie steckt die Biosphärenforschung noch in den Kinderschuhen. Sie ist noch auf der Suche nach Zusammenhängen und befindet sich in einer Phase, in der Visionen heiß diskutiert werden.

Als Biosphäre wird die vom Leben durchsetzte Oberflächenschicht unseres Planeten bezeichnet, in Anlehnung an die viel älteren Begriffe Atmosphäre, Hydrosphäre und Lithosphäre. Die Eigenschaften von Luft, Wasser und Erde werden von physikochemischen Gesetzmäßigkeiten bestimmt, das heißt ihre Dynamik ist vorprogrammiert und kann deswegen verhältnismäßig leicht modelliert werden; nur die kurzen Zeitskalen wie die des Wetters oder von Erdbeben machen Probleme. Leben unterliegt ebenfalls physikochemischen Gesetzmäßigkeiten, aber:

Wegen der Vielzahl von verschiedenen, zusammenwirkenden Organismen entstehen Rückkopplungsschleifen, die das Gesetzeswerk, das der Biosphäre innewohnt, unüberschaubar kompliziert machen. Glücklicherweise scheinen in der Summe ihres Wirkens einfache Regeln zu greifen, die für Gemeinsamkeiten und Harmonien auf übergeordneten Ebenen sorgen. Letztendlich sind biologische Gesetzmäßigkeiten in ihrer Gesamtheit auch vorhersehbar, sonst wäre die Evolution der Einzelorganismen nicht nachzuvollziehen. In den Worten des Evolutionsforschers Theodosius Dobzhansky gesagt: »Nichts macht Sinn in der Biologie, außer im Kontext der Evolution«. Wie wir sehen werden, beeinflusst die Evolution der einzelnen Organismen auch deren Umwelt, die sich dementsprechend ebenfalls verändert.

Justus von Liebig, Wladimir Wernadski und Victor Hensen

Heute, im Zeitalter des Globalismus, ist es leichter, sich eine zusammenhängende und -wirkende, globalumspannende »lebende Schicht« vorzustellen als vor wenigen Jahren. Aber Wladimir Wernadski, der in der Sowjetunion zwischen den Weltkriegen wirkte, entwarf schon 1926 die erste moderne Vision vom Zusammenwirken der Biosphäre. Obwohl er als Wissenschaftler in der Sowjetunion gefeiert wurde, sind seine Hypothesen im Osten wie im Westen weitgehend ignoriert worden. Der von ihm geprägte Begriff »Biogeochemie« fand erst in den siebziger Jahren Eingang in die westliche Wissenschaft. Biogeochemie ist die Lehre von den Kreisläufen der Elemente, aus denen die Organismen bestehen: der biogenen Elemente, allen voran Kohlenstoff, aber auch der Bestandteile des Wassers, Sauerstoff und Wasserstoff, sowie Stickstoff, Phosphor, Schwefel und viele Spurenelemente, unter anderem einige Metalle wie Eisen, Zink, Kupfer und Kobalt.

Dass das Leben alle diese Stoffe für seine Entfaltung braucht, wurde schon im achtzehnten Jahrhundert von Justus von Liebig ermittelt. Er stellte fest, dass die Verfügbarkeit von Stickstoff und Phosphor das Wachstum der Feldfrüchte begrenzte und setzte damit die damalige Landwirtschaft auf eine wissenschaftliche Grundlage. Der Kieler Mediziner Victor Hensen übertrug diese Ideen auf die Fischerei, die schon damals unter Schwankungen der Nutzfischbestände litt. Er nahm an, dass die Größe der Fischbestände durch entsprechende Schwankungen ihrer Nahrung verursacht wird und schickte sich daran, die Produktivität der Meere zu bestimmen. Es war Mitte des neunzehnten Jahrhunderts bekannt, dass das Wasser der Meere eine große Anzahl von winzigen Lebewesen beherbergt, die man damals »Auftrieb« nannte. Hensen prägte 1887 den Namen Plankton für diese Winzlinge. Das Wort stammt aus der »Odyssee« von Homer und bedeutet »Herumirrende«. Er erkannte als Erster, dass die Algen unter ihnen, das Phytoplankton, die Nahrungsgrundlage aller im küstenfernen Meer lebenden Tiere sind. Da er von Haus aus Physiologe war, verstand er das Werden und Vergehen des Planktons als Teil des »Stoffwechsels des Meeres«. Um seine These zu beweisen, entwickelte er – mit großer Sorgfalt – quantitative Methoden zur Erfassung des Planktons. Er durchfischte »Wassersäulen« mit feinmaschigen Netzen und zählte die Planktonzellen unter dem Mikroskop aus, sogar an Bord von kleinen, schaukelnden Schiffen. Die meisten Planktonorganismen waren zu der Zeit schon beschrieben und mit wissenschaftlichen Namen versehen, aber sie wurden nicht in ihrer Gesamtheit betrachtet.

Einige zeitgenössische, einflussreiche Biologen griffen Hensens quantitativen Ansatz als sinnlose »Zählerei« an. In Wirklichkeit wehrten sie sich gegen die Einführung der Mathematik in die Biologie. Hensen schaffte es trotzdem, die quantitative Planktonforschung an der Kieler Universität zu etablieren, und schon um die Jahrhundertwende waren die Grundlagen der marinen Stoffkreisläufe geklärt und die richtigen Fragen gestellt, nämlich: Welche Faktoren begrenzen das Planktonwachstum in den verschiedenen Regionen der Weltmeere?

Eine erste Überraschung ergab sich aus dem Befund, dass die kalten Meere produktiver waren als die warmen, in direkter Umkehrung zu den

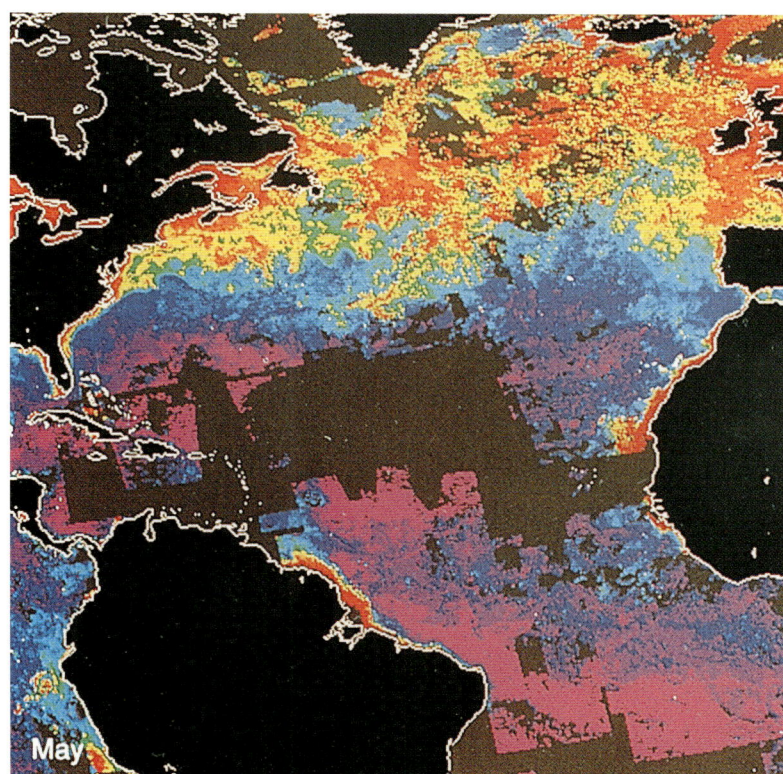

Aus der von Satelliten aufgenommenen Wassertrübung der Ozeane kann die Verteilung der Algenbiomasse erfasst werden. Das Bild zeigt die über zehn Jahre gemittelten Daten der Frühjahrsblüte im Nordatlantik für den Monat Mai. Rot, Orange und Gelb stellen Chlorophyllwerte von 10, 1,5 und 0,8 Milligramm pro Kubikmeter dar. Diese Konzentrationen finden sich vor allem in Kaltwassergebieten nördlich des 40. Breitengrades infolge reichlich vorhandener Nährstoffe. Blau und Lila entsprechen 0,3 beziehungsweise 0,05 Milligramm Chlorophyll pro Kubikmeter. Für die grau-braunen Flecken fehlen Daten.

Verhältnissen an Land. Daraus wurde richtig gefolgert, dass die Verfügbarkeit von Nährstoffen der ausschlaggebende Faktor für die Höhe der biologischen Produktion im Wasser ist. So wurde geklärt, warum die kalten Meere fischreicher sind als die warmen. Aber die Ursachen der schwankenden Fischbestände (abgesehen

47

Eine Schleppnetz-Kombination für größere Planktonfänge wird am Heck von POLARSTERN ausgebracht. Der auffallende Rahmen gehört zu einer Vorrichtung, die verschiedene Netze separat öffnet oder schließt.
Foto: G. Dieckmann

zeiten und die gleichen maximalen und minimalen Werte über diese vier Phasen lassen auf Regelmechanismen schließen, die vermutlich mit der Biosphäre zusammenhängen.

Was der Treibhauseffekt mit dem Plankton zu tun hat, wird deutlich, wenn wir eine Bilanz des Kohlendioxids aufzustellen versuchen. Vor zweihundert Jahren lag der CO_2-Gehalt der Atmosphäre bei 0,028 Prozent; das ist der stabile Wert während der Warmzeiten. Diese Zahl entspricht 600 Gigatonnen Kohlenstoff (eine Gigatonne Gt = Milliarden Tonnen). Die Biosphäre des Landes beläuft sich auf etwa 1000 Gt Biomasse und setzt etwa 100 Gt Kohlenstoff um – die jährliche Produktion von organischem Kohlenstoff durch die Photosynthese der Pflanzen. Sie wird im selben Jahr wieder durch Bakterien, Pilze und Tiere abgebaut. Die Biomasse des gesamten Planktons im Ozean dagegen beträgt nur drei Gt, aber diese Organismen setzen etwa 40 Gt jährlich um! Das Rad des Auf- und Abbaus, der Motor des Lebens, dreht sich im Wasser eben schneller als auf dem Lande. Die CO_2-Aufnahme durch das Plankton kommt also fast schon an die Hälfte des Umsatzes auf dem Lande heran und ist mindestens fünf Mal größer als die Menge, welche die Menschheit ausstößt. Es verwundert deshalb nicht, wenn im Zusammenhang mit dem Treibhauseffekt ein besonderes Augenmerk auf das Plankton gerichtet wird.

Im Ozean ist fünfzig Mal mehr Kohlendioxid in gelöster Form vorhanden als in der Atmosphäre. Allerdings kommt nur etwa ein Prozent davon in Form von gelösten CO_2-Molekülen vor, der Rest ist chemisch gebunden. Der Kohlendioxidgehalt der durchmischten Oberflächenschicht des Ozeans befindet sich im Gleichgewicht mit der Atmosphäre: Steigt oder fällt der CO_2-Gehalt der Atmosphäre, erhöht beziehungsweise senkt sich auch die Konzentration in der Oberflächenschicht, bis sich ein neues Gleichgewicht eingestellt hat. Der jeweilige Gleichgewichtswert wird auch von der Temperatur bestimmt, weil kaltes Wasser mehr Kohlendioxid in Lösung hält als warmes Wasser. Dieser Effekt ist jedem geläufig: Je kälter die Brause, desto mehr prickelnde CO_2-Bläschen entste-

von Überfischung) sind bis heute nicht erkannt worden, trotz großer Fortschritte in den Methoden zur Ermittlung der marinen Produktivität.

Das Plankton und der Treibhauseffekt

Eine neue Fragestellung für die quantitative Planktonforschung entstand mit der Sorge um den wachsenden Kohlendioxidgehalt der Atmosphäre und den damit verbundenen Treibhauseffekt. Genährt wurde die Sorge durch Messungen an Eisbohrkernen aus der Antarktis, die einen nahtlosen Bericht über den Zustand der Atmosphäre, einschließlich des Kohlendioxidgehalts, der letzten 400000 Jahre enthalten. In einer Serie von Arbeiten zeigte ein internationales Forscherteam, dass der Verlauf der Temperatur sich mit dem Kohlendioxidgehalt der Atmosphäre deckte und zwar über vier Warm- und Eiszeiten. Die Temperaturschwankungen betrugen sechs Grad Celsius und die des Kohlendioxids zwischen 0,018 und 0,028 Prozent Anteil an der Atmosphäre. Heute liegt dieser Anteil bei 0,036 Prozent. Und es ist nicht entsprechend viel wärmer geworden! Offensichtlich gibt es keine einfache Beziehung zwischen durchschnittlicher Temperatur und dem CO_2-Gehalt. Aber die Ähnlichkeit des Verlaufs der CO_2-Kurve zwischen den vier Warm- und Kalt-

hen während der Erwärmung im Mund. Durch den Temperaturunterschied findet ein Austausch von CO_2 mit der Atmosphäre statt, getrieben durch die jahreszeitliche Erwärmung und Abkühlung der ozeanischen Oberflächenschicht.

Addieren wir die jährlichen Umsätze, stellen wir fest, dass etwa ein Viertel des gesamten Kohlendioxids in der Atmosphäre jährlich ausgetauscht wird, davon zwei Drittel durch die Biosphäre. Da ist es erstaunlich, dass die CO_2-Kurve überhaupt einen rhythmischen Verlauf zeigt angesichts der heftigen Klimaschwankungen der vergangenen 400000 Jahre. In den Eiszeiten waren große Flächen der heutigen Tropenwälder Savannen, und selbst innerhalb einer Warmzeit verändert sich die Vegetationsdecke ganz erheblich. Trotzdem ist in den 10000 Jahren der jetzigen Warmzeit bis etwa 1850 der CO_2-Gehalt nur von 0,026 auf 0,028 Prozent allmählich gestiegen. Uns geht es hier lediglich darum, auf diese überraschende CO_2-Rhythmik hinzuweisen, wo man eigentlich mehr Chaos erwarten würde. Aus den Bilanzwerten folgt, dass die Biosphäre eine große Pufferkapazität besitzen muss: Schwankungen in einem Teil werden durch Ausgleich in anderen Teilen kompensiert. Gewissermaßen oszilliert die gesamte Biosphäre zwischen zwei stabilen Zuständen, die im CO_2-Gehalt der Atmosphäre zum Ausdruck kommen. Ob das Kohlendioxid eine Triebkraft oder eine Begleiterscheinung der Schwankungen ist, wird zur Zeit untersucht. Auf jeden Fall wird sich zeigen, dass Wechselwirkungen zwischen Land- und Ozeanbiosphäre eine große Rolle spielen.

Der minimale Wert von 0,018 Prozent Kohlendioxid in der Atmosphäre wirkt schon begrenzend auf das Wachstum der meisten Landpflanzen. Da die Eiszeiten wesentlich trockener und die mit Vegetation bedeckten Flächen entsprechend kleiner waren als in den Warmzeiten, muss sich der CO_2-Austausch mit der Landbiosphäre in den Eiszeiten stark verringert haben, was womöglich ein weiteres Absacken des CO_2-Gehalts in der Atmosphäre verhindert hat. Schlüssig ist es nicht ganz, aber Mechanismen, die den maximalen Wert von 0,028 Prozent

Mit der Sinkstofffalle wird der Partikelregen aus oberflächennahen Wasserschichten in die Tiefsee gemessen. Diese Untersuchungen, systematisch betrieben, sollen die Funktionsweise der »biologischen Kohlenstoffpumpe« aufklären helfen.
Foto: G. Dieckmann

erklären, sind noch weniger bekannt, und in der Tat, es gibt starke Hinweise, dass der CO_2-Gehalt zur Zeit der Dinosaurier, das heißt vor etwa 60 Millionen Jahren erheblich höher war und die Erde wärmer: Krokodile und Schildkröten lebten in der Nähe des Nordpols.

Seit dem Beginn des Industriezeitalters steigt der CO_2-Gehalt stetig an, und mit 0,036 Prozent haben wir schon heute einen Wert erreicht, der wohl der höchste der letzten 50 Millionen Jahre ist. Die Menschen setzen etwa 6 Gt Kohlendioxid jährlich frei, von denen etwa die Hälfte in der Atmosphäre akkumuliert und ein Drittel durch den »Brause-Effekt« vom Ozean aufgenommen wird. Der Rest verschwindet in noch unbekannten Senken. Die Suche nach diesen Senken läuft schon seit über fünfzehn Jahren, und obwohl mehrere Mechanismen vorgeschlagen wurden, auch von AWI-Wissenschaftlern, ist noch keine allgemein akzeptierte Lösung für das Problem gefunden worden. Mittlerweile beträgt der »verschwundene« Kohlenstoff über 50 Gt – etwa ein Zwanzigstel der Landbiomasse! Die internationale Wissenschaftlergemeinde hat

So genannte Bongonetze zieht man vertikal durch die Wassersäule. Sie sind, wie die Bongotrommeln, stets im Doppel und eignen sich besonders für Lebendfänge, die später in Hälterungsexperimenten untersucht werden.
Foto: U. Bathmann

in den achtziger Jahren beschlossen, die global gerichtete Forschung zu diesen Fragen von einer zentralen Stelle zu koordinieren. Das in Stockholm eingerichtete Internationale Geosphäre-Biosphäre Programm (IGBP) unterstützt eine Reihe von Projekten, die sich jeweils Teilbereichen des Erdsystems widmen. Die »Joint Global Ocean Flux Study« (JGOFS) ist ein Kernprojekt, das den Beitrag der marinen Biosphäre am globalen Kohlendioxid-Haushalt während der letzten Jahre in verschiedenen Meeresgebieten gemessen hat. Wissenschaftler des Alfred-Wegener-Instituts sind maßgeblich an diesem Projekt beteiligt. Die Ergebnisse werden derzeit zusammengetragen und modelliert. Schon jetzt haben sich viele neue Fragen aufgetan, aber einige Überraschungen sind auch klar zutage getreten. Ziel von JGOFS war die Untersuchung der biologischen Kohlenstoffpumpe, die durch das Phytoplankton betrieben wird. Der erste Schritt im Pumpenkreislauf ist das Wachstum der Algen, das Kohlendioxid in der Oberflächenschicht in Biomasse umwandelt. Hierdurch entsteht ein CO_2-Defizit, das sich wieder ausgleicht, indem neues atmosphärisches CO_2 gelöst wird. Ein Teil der von Algen erzeugten organischen Materie wird in der Oberflächenschicht von Bakterien und Tieren aufgenommen und wieder zu CO_2 veratmet, aber ein Teil sinkt in tiefere Schichten oder bis zum Boden herab und wird erst dort abgebaut. Ein Rest verbleibt im Sediment. Der Teil, der aus der Oberflächenschicht herausfällt, ist für den Kohlenstoffhaushalt von Bedeutung, denn dieser Kohlenstoff ist dem Kreislauf für Jahrhunderte entzogen. Wir wissen jetzt, dass durch den Partikelregen etwa zehn Gigatonnen Kohlendioxid jährlich in die Tiefe gelangen und an anderen Stellen wieder an die Atmosphäre abgegeben werden – abgesehen von den etwa 0,2 Gt, die jährlich im Sediment begraben werden und somit aus dem Kreislauf verschwinden. Kompensiert wird dieser Verlust vermutlich durch Vulkangase.

Die ozeanische Produktivität

Das Bild von unserem Planeten, das vom Mond aufgenommen wurde, zeigt eine leuchtend blaue Kugel vor dem pechschwarzen Hintergrund des Alls. Blau ist die Farbe vom reinen, tiefen Wasser, das über zwei Drittel der Oberfläche bedeckt. Es wäre korrekt, unsere Erde einen Wasserplaneten zu nennen. Die Ozeane sind blau, weil organische Substanz schwerer als Wasser ist. Die herabsinkenden Partikel reißen nicht nur Kohlenstoff in die Tiefe, auch die anderen biogenen Elemente wie Stickstoff und Phosphor werden mitgenommen, was zu einer Verarmung dieser Stoffe in der lichtdurchfluteten Oberflächenschicht führt. Solche verarmten Oberflächenschichten sind typisch für die zwischen den Kontinenten gelagerten, warmen subtropischen Wirbel, die die größte Fläche des Weltmeeres einnehmen. Das warme, daher leichte Wasser verbleibt über Jahre an der Oberfläche und hat über die Zeit fast alle Nährstoffe verloren: Dort wachsen wenig Algen, das Wasser ist klar und sieht im Sonnenschein tiefblau aus. Wo die Oberflächenschicht erneuert wird, das heißt kaltes Wasser aus der Tiefe nach oben treibt, werden neue Nährstoffe an die Oberfläche geliefert und üppiges Planktonwachstum ist das Ergebnis. Dies geschieht in allen kalten Meeresgebieten, aber auch entlang des Äquators, an den westlichen Kontinentalrändern und vor allem in Küstengewässern, wo das Wasser produktiver und daher grüner ist als im benachbarten Ozean. Satelliten können solche Farbunterschiede sehr genau messen und daher die Menge der Partikel und ihre Konzentration bestimmen. Somit ist es möglich, genau zu verfolgen, wie die als Planktonblüten bezeichneten, erhöhten Planktondichten entstehen, sich ausdehnen und wieder abnehmen (Abb. S. 47). Die Daten werden in detailreiche Karten der ozeanischen Produktivität zu verschiedenen Jahreszeiten umgewandelt. Dieser globale Blick, der seit den achtziger Jahren möglich ist, hat das bis dahin von Forschungsschiffen gewonne Bild des Ozeans eindrucksvoll bestätigt, aber auch gezeigt, wie stark der Algenbestand von den kleinräumigen, 10 bis 100 Kilometer umfassenden Bewegungen der Oberflächenschicht beeinflusst wird. Die Gründe für das wolkenartige Erscheinungsbild der Planktonblüten sind gemeinsam von AWI-Physikern und -Biologen untersucht worden (siehe Beitrag Strass/Bathmann).

Es gibt auch Unterschiede in der Produktivität zwischen Meeresgebieten, die nicht mit dem herkömmlichen Bild der Algenlimitierung durch Stickstoff und Phosphor zu erklären sind. Drei Regionen – der Nordpazifik, der äquatoriale Pazifik und der gesamte südliche Ozean sind reich an Nährstoffen, aber arm an Plankton. Dies wurde als ein Paradoxon angesehen, bis John Martin vom Moss Landing Institut in Kalifornien in den achtziger Jahren mit sehr sorgfältigen Messungen bewies, dass diese Gewässer an Eisen verarmt waren. Das hat man schon früher vermutet, aber Martin lieferte den Beweis. Da dieses Element im Wasser sehr schwer löslich ist, muss es ständig nachgeliefert werden. Die Kontinente bestehen durchschnittlich zu zirka zehn Prozent aus Eisen. Wo Meerwasser in Kontakt mit den Kontinentalrändern tritt, ist das Plankton ausreichend versorgt, daher die grüne Farbe der Schelfmeere.

Martin verfocht auch die These, dass der landferne Ozean mit Eisen durch Staub von den Kontinenten versorgt wird. Der Nordatlantik – aufgrund seiner Lage neben der Staubquelle Nordafrika – erfährt alljährlich eine ausgedehnte Phytoplanktonblüte, ebenso der äquatoriale Atlantik, während große Teile des Pazifiks sich von Staubquellen weit entfernt befinden und stets arm an Plankton sind. Er ging noch weiter

und schlug vor, dass die Unterschiede im Kohlendioxid-Gehalt der Atmosphäre zwischen Warm- und Kaltzeiten auf Unterschiede in der Zufuhr von Staub zum Ozean zurückzuführen seien. Da es in den Eiszeiten wesentlich trockener ist und die Winde stärker sind, wird viel mehr Staub aufgewirbelt und den Ozeanen zugeführt als in den feuchten Warmzeiten. Der Staub in den Eisbohrkernen hat dieses Muster deutlich gezeigt. Um seine These zu beweisen, schlug Martin ein Experiment auf offener See vor, denn einige Tonnen Eisensalz würden ausreichen, um ein Gebiet von hundert Quadratkilometern mit einem simulierten Staubfall zu düngen.

Das erste Eisendüngungsexperiment wurde 1992 im äquatorialen Pazifik durchgeführt, aber das Eisen verschwand sehr schnell und, obwohl das Algenwachstum großflächig angeregt wurde, baute sich kaum Biomasse auf. In einem zweiten Experiment wurde Eisen mehrmals demselben Fleck zugeführt – mit frappierendem Erfolg. Das gedüngte Wasser färbte sich durch eine üppige Planktonblüte grün, der CO_2-Gehalt des Wassers nahm entsprechend ab. Über das Schicksal dieser eisengedüngten Biomasse konnte nur festgestellt werden, dass sich allerhand Tiere im Fleck versammelten. Das Experiment musste nach wenigen Wochen abgebrochen werden, da nicht genug Schiffszeit zur Verfügung stand.

Eisen im Südpolarmeer

Im Unterschied zu den nährstoffreichen Gebieten im äquatorialen und im Nordpazifik, deren Nährstoffe zwar langsam, aber im Laufe der Zeit doch vollständig aufgebraucht werden, verschwindet am Nordrand des Südozeans – durch Abtauchen der kalten Oberflächenschicht unter den warmen subtropischen Wirbeln – eine beträchtliche Menge der vom Plankton ungenutzten Nährstoffe in die Tiefe. Dies bedeutet, dass nur in diesem Seegebiet ein Potenzial besteht, die CO_2-Aufnahme durch den Ozean zu erhöhen. Würde der gesamte Nitratgehalt des am Nordrand des Südozeans abtauchenden Wassers in Planktonbiomasse umgewandelt und in die Tiefe transportiert, könnten beträchtliche

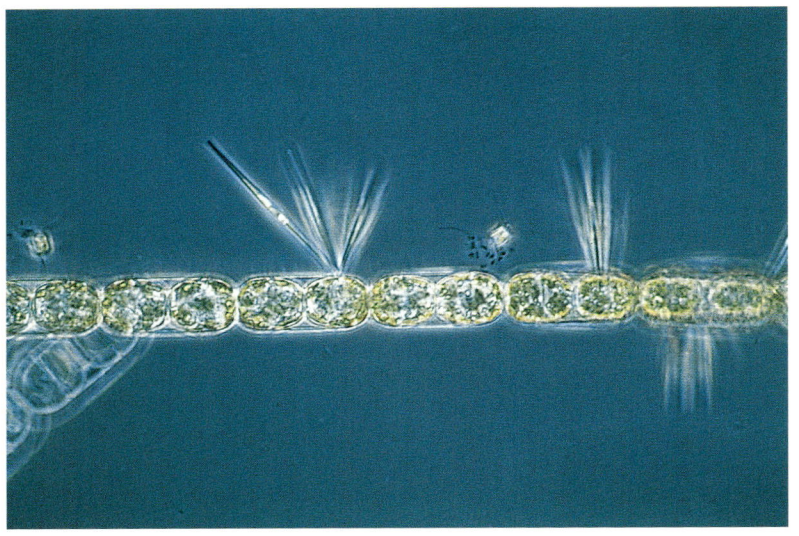

Kieselalgen (Diatomeen) gehören zu den häufigsten im Meer, aber auch im Meereis lebenden Organismen. Im Bild die kettenbildende Melosira arctica (Kettenlänge etwa 0,2 Millimeter), die unter bestimmten Bedingungen zu meterlangen grünen, im Wasser schwebenden Schleiern verwächst (siehe auch Abb. S. 103). Der nadelförmige Aufwuchs ist eine andere Kieselalge (Nietzscheria). Solche Symbiosen sind unter Diatomeen nicht selten.
Foto: R. Gradinger

Mengen Kohlendioxid aus der Atmosphäre aufgenommen werden: etwa die Hälfte des Unterschieds zwischen Warm- und Kaltzeiten.

Die Bedeutung des Eisens im südlichen Ozean wurde schon 1988 während der ersten JGOFS-Fahrt der POLARSTERN untersucht. Damals konnte kein eindeutiges Ergebnis erzielt werden, da sich das Untersuchungsgebiet in der Nähe der Antarktischen Halbinsel befand, wo das Wasser nicht eisenverarmt war. Bei unserer zweiten JGOFS-Fahrt im Frühjahr 1992 steuerten wir den zentralen Südatlantik an und wurden durch ausgedehnte Planktonblüten nördlich der Polarfront überrascht. Sie wuchsen im eisenreichen Wasser, während im eisenarmen Wasser südlich der Front die Planktonkonzentrationen sehr gering waren. Das Eisen nördlich der Front stammte eindeutig vom Staub, dessen Herkunft zwar unklar blieb, aber möglicherweise von den vielen Eisbergen ausgeschmolzen wurde, die zu der Zeit das Untersuchungsgebiet durchpflügten. Während der dritten Fahrt im Südsommer 1995/96 wurde der »Normalfall« angetroffen: Es waren keine Eisberge unterwegs, die Eisen- und Algenkonzentrationen waren deutlich niedriger, und es sanken wesentlich weniger Partikel in die Tiefe ab als während der zweiten Fahrt.

Das erste Eisendüngungsexperiment im Süd-

ozean wurde 1999 von einem neuseeländischen Schiff aus durchgeführt. Innerhalb einer Woche wuchs im kalten Wasser eine Planktonblüte heran, die sich stark vom umgebenden, nichtgedüngten Wasser abhob. Der CO_2-Gehalt des Oberflächenwassers nahm stark ab. Auch hier war die Schiffszeit zu kurz, um zu verfolgen, wie sich die erhöhte Algenbiomasse auf das Gesamtsystem auswirkt und was mit dem umgewandelten Kohlendioxid geschieht. Während der ganzen Zeit sperrte dichte Bewölkung den Blick aus dem Weltall, aber als die Wolkendecke vier Wochen nach der Düngung kurz aufbrach, wurde ein langgezogener Fleck von zirka 300 Quadratkilometer Ausdehnung mit hoher Phytoplanktonbiomasse im Satellitenbild gesichtet. Der kringelförmige Fleck konnte nur vom Experiment stammen.

Normalerweise verschwinden Algenblüten relativ bald nach Verbrauch der Nährstoffe: Ein Teil wird aufgefressen, der Rest bildet Flocken und sinkt herab. Das Eisen war bestimmt längst verbraucht, als die Blüte im Oberflächenwasser gesichtet wurde. Warum sind die Algen nicht abgesunken? Die winzigen Krebstiere, die von Algen leben, waren schon vor dem Experiment in nur geringer Zahl vorhanden. Ob sie später auf das geschenkte Nahrungsangebot reagiert haben, blieb unklar. Angesichts des unbekannten Schicksals der Algenblüte stellte sich die Frage, ob diese Biomasse überhaupt abgesunken ist oder stattdessen in der Oberflächenschicht wieder zu CO_2 abgebaut wurde – mit Nulleffekt auf den atmosphärischen Austausch. Diese entscheidende Frage war offen geblieben.

Die Experimente haben gezeigt, dass es möglich ist, mit wenigen Tonnen Eisen eine Planktonblüte von 300 Quadratkilometer Ausdehnung im offenen Meer zu erzeugen. Hiermit wird der Menschheit eine neue Möglichkeit der Umweltmanipulation in die Hand gegeben, deren langfristige Auswirkungen allerdings noch nicht absehbar sind. Deshalb hat die Wissenschaftlergemeinde eine skeptische Haltung angenommen; sie mahnt zur Vorsicht. Unternehmer sind weniger zimperlich, und es sind schon Firmen gegründet, Patente angemeldet und Lizenzen von Inselnationen erworben worden, um die Eisendüngung im großen Stil durchzuführen. Ein Wundermittel ist es keinesfalls, denn einfache Rechnungen zeigen, dass nur bescheidene Mengen kurzfristig über diesen Weg »entsorgt« werden können. Es gibt einen großen Forschungsbedarf, um die Entwicklung in vernünftige Bahnen zu lenken. Eins bleibt sicher: In eisenreichen Küstenmeeren wie der Nordsee wird die Eisendüngung keinen Effekt haben.

Für die Planktonforschung eröffnet die Eisendüngung aber auch eine neue Dimension: den Übergang von einer beobachtenden zu einer experimentellen Wissenschaft. Bisher wurden ökologische Prozesse vom Schiff messend verfolgt und mit kleinen Experimenten an Bord begleitet. Nun kann ein repräsentativer Teil eines ozeanischen Ökosystems manipuliert werden, zum Beispiel indem ein natürlicher Staubeinfall simuliert wird, um die Reaktion des Planktons mit dem Zustand der Umgebung zu vergleichen. Für die Bakterien und Tiere des Planktons dürfte das erhöhte Nahrungsangebot auf das Wachstum anregend wirken. Aber nicht alle Organismen werden im gleichen Maße reagieren, und es wird zu Verschiebungen in der Struktur des Nahrungsnetzes kommen. In den bisherigen Experimenten bestimmte nur eine Gruppe – die Kieselalgen – die Planktonblüten. Im Südozeanexperiment war es fast nur eine Art. Was diese Alge vor den anderen auszeichnet, ist noch zu ermitteln. Kieselalgen (Diatomeen) benötigen gelöste Kieselsäure für den Aufbau ihrer Schalen. Bei geringen Konzentrationen dieses Stoffs – wie am Nordrand des Südozeans normal – wird ihr Wachstum nach Verbrauch der Kieselsäure beendet; ob andere Algenarten dann zunehmen, ist unbekannt. Nicht unwahrscheinlich ist, dass sich Kalkalgen vermehren, deren Einfluss auf den CO_2-Haushalt erheblich geringer ausfallen würde. Auf jeden Fall können mit den experimentell gewonnenen Erkenntnissen Hypothesen getestet, Vorhersagen getroffen und der Beitrag der marinen Biosphäre im globalen Kohlenstoffhaushalt klarer definiert werden.

In diesem Sinne wurde im Südfrühjahr 2000 ein weiteres Eisendüngungsexperiment (EISENEX)

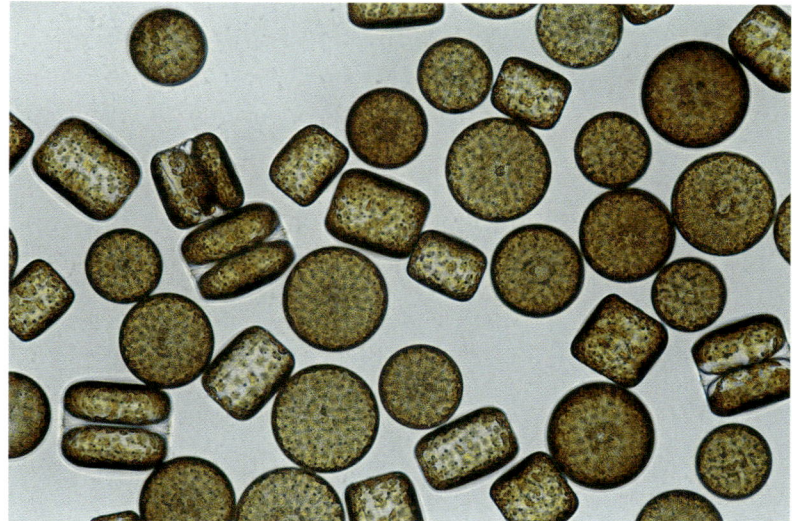

im Südatlantik mit POLARSTERN durchgeführt, woran sich neben Wissenschaftlern des AWI Kollegen aus den Niederlanden, Großbritannien und zwölf weiteren Ländern beteiligten. EISENEX erbrachte den Beweis für die lange umstrittene These, dass die Fruchtbarkeit des Meeres durch die Zufuhr von windgetragenem eisenhaltigem Staub aus den Kontinenten geregelt wird.

Zunächst mussten die Ozeanographen mit Hilfe von Strömungsmessern einen relativ ortsfesten Wirbel im Polarstrom finden. In dessen strömungsarmem »Auge« wurde die Eisenlösung vom fahrenden Schiff spiralförmig ausgebracht. Es entstand ein mit zehn Tonnen gelöstem Eisensulfatsalz gedüngter, kreisförmiger Fleck von sieben Kilometern Durchmesser. Trotz der vielen Stürme gelang es, den Fleck immer wieder zu finden. Im Laufe von drei Wochen hatte er sich auf eine Fläche von 500 Quadratkilometern ausgedehnt.

Bereits zwei Tage nach der Eisendüngung hatte sich das Wachstum der Algen verdoppelt, und als die POLARSTERN aus dem Experimentiergebiet abfuhr, konnten wir vier Mal mehr Algen-Biomasse nachweisen als im ungedüngten Wasser der Umgebung. Auch diesmal erwiesen sich die drei Wochen, die für die Untersuchung der Blü-

Viele Kieselalgen haben zentrische Formen, so die Gattung Coscinodiscus, deren Individuen wie Schachteln aussehen, von oben rund, von der Seite viereckig. Die Zellen im Doppelpack befinden sich in der Teilung.
Foto: R. Crawford, F. Hinz

te zur Verfügung standen, als zu kurz, um die Auswirkungen auf das Ökosystem vollständig zu erkennen. Mit ziemlicher Sicherheit dürfen wir annehmen, dass der Wachstumsschub noch einige Wochen angehalten hat.

Bemerkenswert ist, dass die während des Experiments aufkommenden heftigen Stürme den eisenerzeugten Wachstumsschub der Planktonalgen offenbar nicht hemmten. Auch der heftige Fraßdruck, der durch die Frühjahrsvermehrung der Planktontierchen ausgeübt wurde, vermochte nicht, die Algenblüte einzuschränken. Mit EISENEX können wir nun als gesichert ansehen, dass allein Eisenmangel die Vermehrung des Planktons im Südpolarmeer begrenzt. Wenn dem etwa 1000 Kilometer breiten, nach Osten strömenden Wassergürtel, dem Zirkumpolarstrom, im globalen Kohlendioxidhaushalt eine entscheidende Bedeutung zukommt, so wird sie von der Produktivität der Algen bestimmt.

Die Ökologie des Planktons

Das Plankton setzt sich aus zwei Organismenkategorien zusammen: Autotrophe – das sind Selbst-Ernährer oder Pflanzen, die Lichtenergie nutzen, um ihre Nahrung aus anorganischen Bestandteilen aufzubauen –, und Heterotrophe, Anderweitig-Ernährer, die alle anderen Organismen umfassen. Die Rolle der Pflanzen nehmen einzellige Algen ein, die Chlorophyll besitzen und organische Substanz aus Nährstoffen mittels Photosynthese erzeugen. Diese organische Substanz wird von den Heterotrophen genutzt – Bakterien, einzellige »Tiere« (Protozoen) und mehrere Gruppen von höheren Tieren. Dabei werden Nährstoffe freigesetzt, die die Algen wieder für ihr Wachstum verwenden. Die Biomassen der Auto- und Heterotrophen liegen in etwa der gleichen Größenordnung vor. In nährstoffbegrenzten Gebieten des Ozeans bringen alle Tiere zusammen sogar mehr Biomasse auf die Waage als die Algen, die sie ernähren. Für uns Landbewohner ist diese Situation ein Paradoxon. Sind die ozeanischen Wiesen etwa überweidet?

Will man terrestrische mit planktischen Pflanzen vergleichen, so muss man ausschließlich die grünen Blattzellen betrachten, denn alle anderen Teile der Landpflanzen – Blätter, Äste, Stämme, Wurzeln – sind schließlich durch die Tätigkeit der grünen Zellen gebaut worden. Man stelle sich eine Pflanzenwelt, bestehend nur aus grünen Blattzellen – nackt und frei schwebend – vor, und man hat eine ungefähre Ahnung vom Leben des Planktons. Landökosysteme unterscheiden sich grundlegend von pelagischen Systemen (der Umwelt des Planktons) durch gewaltige Mengen von Stützsubstanzen wie Holz und Zellulose, die eine Menge Kohlenstoff enthalten und das System puffern. Frei schwebende Algenzellen benötigen keine Stützsubstanz und besitzen eine ähnliche Zusammensetzung wie Bakterien und Tiere: nämlich zu etwa fünfzig Prozent Eiweiß. Dies gilt übrigens auch für nackte Blattzellen. Diese Überlegung macht klar, warum die Umsatzraten im Meer auf dem gleichen Niveau der terrestrischen Systeme liegen, bei nur einem Hundertstel der Biomasse.

Da das Plankton unter stickstoffarmen Bedingungen, wie sie typisch sind für die größte Fläche des Ozeans, weltweit ähnlich zusammengesetzt ist, müssen diese Ökosystemstrukturen – auch ohne Puffer – stabil sein. Es ist anzunehmen, dass Auto- und Heterotrophe eng miteinander verzahnt sind und dass die von Algen produzierte Substanz zügig und effizient rezirkuliert wird. Die Wachstumsrate der Algen wird von der Zufuhrrate des begrenzenden Stoffs geregelt; Letztere wiederum wird von der Abbaurate organischer Substanz durch Heterotrophe bestimmt: Aufbau = Abbau im geschlossenen Kreislauf, der sich auf Tagesbasis dreht. Planktonblüten entstehen, wenn die Ressourcen – Licht und alle Nährstoffe – im Überschuss vorliegen. Nur die Algenarten, die schneller wachsen als sie weggefressen werden, tragen zur erhöhten Biomasse bei. Wie schon erläutert, verschwinden Blüten innerhalb von Wochen nach Erschöpfung eines Nährstoffs: Zurück bleibt das rezirkulierende System, das während der Blüte in den Hintergrund gedrängt wurde. Die Artenzusammensetzung der Einzeller wechselt etwa monatlich, wobei die verschiedenen Arten

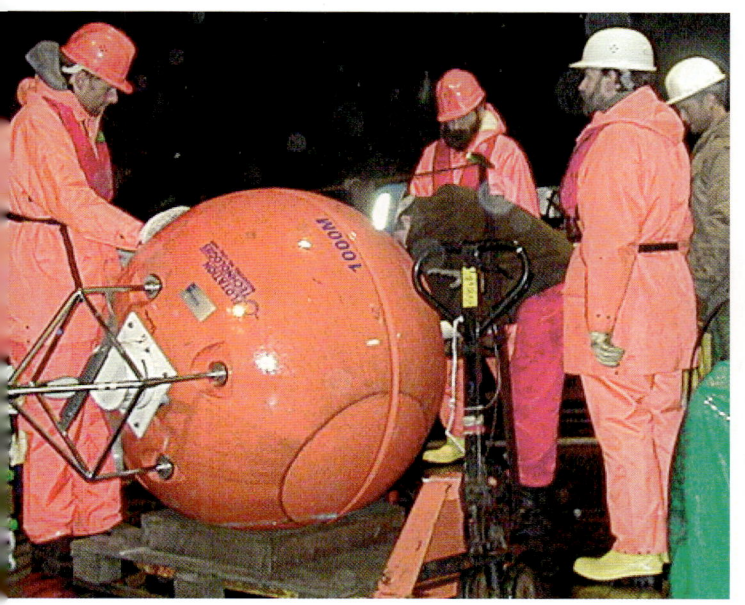

bestimmte Jahreszeiten zu bevorzugen scheinen. Welche Faktoren diesen Wechsel treiben und wie die Arten an bestimmte Jahreszeiten angepasst sind, ist heute noch unbekannt, aber für die Stoffkreisläufe der biogenen Elemente von größter Bedeutung.

Die Algen des Phytoplanktons bestehen ausschließlich aus Einzellern, aber ihre stammesgeschichtliche Vielfalt ist wesentlich größer als die der Landpflanzen. Die Bandbreite der Unterschiede und Verwandtschaften innerhalb aller zur Photosynthese befähigten Organismen ist erst in den letzten Jahren durch Untersuchung des genetischen Materials zutage getreten. Dass alle Landpflanzen, von den Moosen bis zu den Bäumen, miteinander verwandt sind, wurde mit den neuen Methoden bestätigt, wie auch die bisherige Vermutung, dass alle höheren Tiere und Pilze von einem jeweils anderen Zweig der Evolution abstammen. Die Überraschung boten die Einzeller, denn das bisherige Bild, das auf Pigmentzusammensetzung aufgebaut war, ist über den Haufen geworfen worden. AWI-Wissenschaftler sind maßgeblich daran beteiligt gewesen. Es zeigte sich, dass »Algen« von verschiedenen Zweigen der Evolution stammen, die voneinander ebenso entfernt sind, wie jeder dieser Zweige vom Zweig der Tiere oder Landpflanzen. Etwa sechs solcher Zweige haben zu dem geführt, was wir als ozeanisches Phytoplankton bezeichnen, und jede Gruppe beeinflusst ihre Umwelt auf eine andere Weise.

Das Phytoplankton des südlichen Ozeans

Zwei Algengruppen beherrschen das Phytoplankton des Südpolarmeeres: erstens Kieselalgen, die in einem ziselierten Gehäuse aus Silizium leben und daher gelöste Kieselsäure als essentiellen Nährstoff benötigen. Zweitens die koloniebildende Haptophytengattung *Phaeocystis* – wie AWI-Untersuchungen zeigten, im Südpolarmeer nur durch eine Art, *P. antarctica*, vertreten –, die sich vor etwa zehn Millionen Jahren von ihrer nördlichen Verwandten abgetrennt haben muss. Während Kieselalgen in den meisten Blüten dominieren – auch innerhalb des Meereises – sind Phaeocystisblüten eher in Kontinentnähe zu beobachten.

Die kugeligen Kolonien von *Phaeocystis* wurden bisher als Geleekugeln angesehen, aber unsere Arbeitsgruppen konnten zeigen, dass sie mit einer sehr widerstandsfähigen Haut umgeben

*Im »Auge« eines Strömungswirbels zwischen Südafrika und der Antarktis haben Wissenschaftler und Besatzung der POLARSTERN im Südsommer 2001 einen kreisförmigen Fleck von sieben Kilometer Durchmesser mit gelöstem Eisensulfatsalz gedüngt. Im Zentrum des Versuchsgebietes wurde eine große Boje ausgesetzt. Danach strömten, bei langsamer Fahrt und spiralförmigem Kurs, 50 Kubikmeter Salzlösung übers Heck.
Foto: U. Bathmann*

Tag und Nacht haben die Portugiesin Marie-Josef Messias und die Norwegerin Ingunn Skjelvan von der University of East Anglia in Norwich während des Düngungsexperiments an einem Gaschromatographen auf POLARSTERN den mit 40 Gramm Schwefelhexafluorid markierten Fleck verfolgt.
Foto: U. Bathmann

und daher eher als wässrige Beutel zu betrachten sind. Wir vermuten, dass diese Haut einen effektiven Schutz gegen Krankheitserreger (Viren sind auch im Meer häufig), aber auch gegen Fraß durch Protozoen und kleinere Tiere bietet. Vermutlich deshalb kann *Phaeocystis* große Blütenteppiche bilden. Die Kolonien sind mit bloßem Auge gerade noch sichtbar, während die Koloniezellen jeweils kleiner als ein hundertstel Millimeter sind. Diese Algen geben beträchtliche Mengen von schwefelhaltigen Gasen ab, die im Niederschlag bei der Neumayer-Station deutlich messbar sind. Die feinen Schwefelpartikel in der Luft dienen als Keimzellen für die Wolkenbildung, weshalb den Algen klimawirksame Eigenschaften zugeschrieben werden. Die Mengen an Schwefel, die von den frühsommerlichen Phaeocystisblüten der Nordsee (es handelt sich um die Art *P. globusa*) ausgeschieden werden, liegen in der gleichen Größenordnung wie die Emissionen aus der Industrie. Diese Algen erzeugen sauren Regen. Die Funktion des schwefelhaltigen Moleküls für die Alge ist nicht bekannt.

Kieselalgen sind im ozeanischen Phytoplankton mit etwa tausend Arten vertreten, die sich in Form und Größe stark unterscheiden. Die kleinsten sind wenige tausendstel Millimeter groß, während die größten im Millimeterbereich liegen. Die Größenunterschiede zwischen Moosen und Bäumen spannen die gleiche Bandbreite. Die Formenvielfalt ist überwältigend: Es gibt lange Nadeln und runde Schachteln, welche mit langen Borsten, andere mit kurzen Stacheln und einige glatte. Die Funktion dieser Formen kennen wir nicht. Nach einer alten Lehrmeinung, die ich nicht teile, handelt es sich bloß um Launen der Natur. Kieselalgen sind für die meisten Planktonblüten im Meer verantwortlich, so kommt ihnen eine besondere Bedeutung sowohl für die marinen Nahrungsnetze als auch für den Kohlenstoffhaushalt zu. Die Arten, die in den Gewässern um den antarktischen Kontinent leben, weisen viele Ähnlichkeiten mit denen anderer Ozeane auf. Aber die Kieselalgenarten im Zirkumpolarstrom gehören zu den größten der Weltmeere und haben andere Eigenschaften. Die Tatsache, dass Kieselalgen große Biomassen aufbauen, deutet darauf hin, dass sie weniger Fraßfeinde haben als die anderen, nicht verkieselten Algen. Bei den Eisenexperimenten vermehrten sich auch andere Arten schnell, aber diese bauten sehr viel weniger Biomasse als die Kieselalgen auf. Die kleinen Krebse des Zooplanktons, die die Schalen dieser Algen mit ihren Kiefern und Muskelmägen knacken können und bisweilen Kieselalgenblüten dezimieren, haben jedoch ausgeprägte Lebenszyklen und können nicht schnell auf ein erhöhtes Nahrungsangebot reagieren. Es gibt eine Reihe von Einzellern, die sich auf den Fraß von Kieselalgen spezialisiert haben. Sie scheinen aber bevorzugte Beute der kleinen Krebse zu sein und sind nur selten häufig genug, um eine Kieselalgenblüte zu dezimieren. So rieseln ungenutzte Kieselalgenzellen mitsamt ihrer kohlenstoffhaltigen Zellsubstanz am Ende der Blüte in die Tiefe hinab; sie spielen somit eine entscheidende Rolle im globalen Kohlenstoffhaushalt.

In der Regel lösen sich die Schalen der meisten Kieselalgen schon in der Oberflächenschicht auf, wodurch Kieselsäure im Kreislauf gehalten wird.

Aber einige Algen des Südozeans bauen solche dicke Schalen, dass sie den langen Weg bis zum Meeresgrund überdauern und dort begraben werden. Die Sedimente unter dem Zirkumpolarstrom bestehen fast ausschließlich aus Schalen von wenigen Kieselalgenarten. Die dickschaligen Arten versenken diesen Nährstoff aus dem Kreislauf und bestimmen somit den Siliziumhaushalt im Ozean, der an gelöster Kieselsäure stark untersättigt ist. Silizium wird in geringen Mengen vom Kontinentalgestein gelöst und durch die Flüsse ins Meer getragen. Angeblich entspricht die Zufuhrrate der Ablagerung im Sediment, das heißt, der Siliziumkreislauf im Ozean befindet sich im Gleichgewicht. Merkwürdig ist wieder, dass zwei völlig verschiedene Prozesse – der Flusszutrag und die Ablagerung im Südpolarmeer – sich die Waage zu halten scheinen. Die Art, die bei dem neuseeländischen Experiment die Algenbiomasse beherrschte, baut besonders dicke Schalen und leistet einen wesentlichen Beitrag zu den Sedimenten unterhalb des Zirkumpolarstroms. Da dieser Gürtel die größte Senke für Kieselsäure im Ozean darstellt, kommt dieser Art mit dem Namen *Fragilariopsis kerguelensis* (siehe Abb. S. 58) eine globale Bedeutung zu.

Hier liegt auch ein wesentliches Problem für die Eisendüngung als CO_2-Entsorgung: Das an Stickstoff und Phosphor reiche Wasser, das an der Nordgrenze des Südozeans abtaucht und Ziel der Düngung wäre, ist wegen der Tätigkeit der dickschaligen Algen an Silizium verarmt. Da das gelöste Silizium schon im Frühsommer erschöpft ist, können dort Kieselalgenblüten nur im Frühjahr stattfinden. Es gibt aber Hinweise, dass bei ausreichender Eisenversorgung die Schalen derselben Arten erheblich dünner sind. Somit könnte theoretisch mehr Kohlenstoff pro Silizium in die Tiefe befördert werden, falls die Algen nach der Blüte wirklich absinken.

Die Evolution des Planktons – eine Evolution der Stoffflüsse

Während die Evolution der Landpflanzen anhand der reichen Fossilienfunde recht gut belegt ist. Dagegen gibt es nur spärliche Informationen über die ozeanischen Algen, weil der Meeresboden – im Gegensatz zu den Kontinenten – im Laufe der Erdgeschichte mehrmals erzeugt und verschluckt worden ist: Die ältesten Meeressedimente sind nur 200 Millionen Jahre alt, aber Algen gibt es schon seit über 3,5 Milliarden Jahren. Moderne Methoden ermöglichen eine Rekonstruktion der Evolutionswege anhand der genetischen Information in den heute noch vorkommenden Algen.

Die ältesten »Algen« sind eigentlich Bakterien, die noch keinen Zellkern entwickelt haben. Diese Gruppe hieß früher Blaualgen, heute werden sie Cyanobakterien genannt. Sie sind weit verbreitet und kommen aus ungeklärten Gründen nur im Südozean nicht vor. In den warmen Gewässern gibt es wenige Arten von Cyanobakterien, die Stickstoff aus dem stabilen molekularen Zustand (80 Prozent der Atmosphäre) spalten können und in organische Substanz einbauen. Dieses Kunststück vollbringen nur diese Arten. Somit stellen sie »fixierten« Stickstoff den ozeanischen Ökosystemen zur Verfügung. Da sie einen sehr hohen Eisenbedarf haben, wird vermutet, dass die Stickstofffixierung im Meer durch Eisen limitiert ist.

Trotz ihrer vielfältigen Herkunft haben alle »Algen« eine Eigenschaft gemeinsam: das Zaubermolekül Chlorophyll. Nur mittels dieses Moleküls kann Lichtenergie verwendet werden, um Wasser in seine Bestandteile Sauerstoff und Wasserstoff zu spalten. Der Wasserstoff wird an CO_2 gebunden, wodurch organische Substanz aufgebaut werden kann, während der Sauerstoff als Abfallprodukt freigesetzt wird. Dieser Prozess wurde schon in grauer Vorzeit »erfunden«, vermutlich als andere Wasserstoffquellen wie Methan und Schwefelwasserstoff zur Neige gingen. Zu Beginn der Erdgeschichte waren diese reduzierten Gase wesentlicher Bestandteil der Atmosphäre. Unter solchen Bedingungen ist Eisen leicht löslich, und war daher in großen Mengen im Meer vohanden. Die vorherrschenden Organismentypen von damals existieren heute nur noch in sauerstofffreien Milieus, zum Beispiel im Watt oder im tiefen Wasserkörper von überdüngten Seen. Diese Organismen wan-

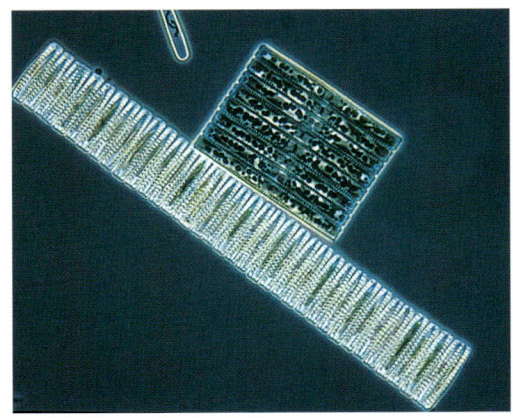

Manchmal steht eine einzelne Spezies beispielhaft für einen ganzen Prozess. Das linke Bild zeigt zwei Arten der Kieselalgengattung Fragilariopsis. Die lange Kette ist F. kerguelensis, jene Art, die sehr dicke Silikatschalen bildet, deshalb auf den Meeresboden sinkt und für den globalen Kohlenstoffkreislauf Bedeutung haben könnte. Im Eisdüngungs-Experiment hat sie eine besonders starke Blüte entfaltet. Diese Befunde berechtigen, Fragilariopsis kerguelensis als eine Schlüsselart zu betrachten und modellhaft zu untersuchen.
Foto: R. Crawford

Das mittlere Bild ist ein computergeneriertes Modell des gläsernen Panzers einer einzelnen F. kerguelensis, das dem natürlichen Aussehen sehr nahe kommt. Auf Seite 59 ein Computermodell der »finiten Elemente« eines F.-kerguelensis-Segments. Derartige Modelle werden, wie auch in der Autoindustrie üblich, verwendet, um virtuelle Crashtests durchzuführen. Erste Versuche offenbaren außerordentlich stabile statische Eigenschaften dieser Struktur.
Abb.: Hamm, Springe, Jurcojc

deln Nitrat, die häufigste verfügbare Form von Stickstoff, in den stabilen, molekularen Zustand zurück und spielen somit ebenfalls eine entscheidende Rolle im Stickstoffhaushalt. Das Erbe dieser Organismen der Frühzeit sind die vielen auf Eisen aufgebauten Enzymsysteme, die noch heute in fast allen Organismen vorkommen.

Mit der stetigen Freisetzung von Sauerstoff als Abfallprodukt jener Organismen, die sich mittels Chlorophyll ernährten, wurde die damalige Atmosphäre allmählich »vergiftet«. Je mehr die Sauerstoffkonzentration anstieg, desto weitgehender wurden die leicht löslichen Eisensalze zu schwer löslichem Eisenoxid (Rost) umgewandelt; Eisen wurde allmählich zur Mangelware im Ozean.

Gleichzeitig konnte die Evolution der heute lebenden, Sauerstoff verbrauchenden Organismen beginnen. Algen, wie auch alle höheren Lebewesen, sind aus verschiedenen, ehemals unabhängigen Organismen zusammengesetzt. So wird Photosynthese ausschließlich in kleinen Körperchen − Zellorganellen − betrieben, die sich innerhalb der Pflanzen- oder Algenzellen befinden. Diese Chloroplasten stammen allesamt von ehemals freilebenden Cyanobakterien, die von anderen Zellen einverleibt wurden und für den Erhalt von beiden sorgen mussten. Dafür bekamen sie Schutz vor anderen Organismen und, in Landpflanzen, sehr viel mehr Ressourcen zugeführt. Bäume sind letztendlich Stütz- und Versorgungssysteme der Chloroplasten.

Man kann auch anders argumentieren: dass die Bäume Chloroplasten einsetzen, um sich zu ernähren. Es handelt sich also um eine Vereinigung zum Vorteil von beiden − eine echte Symbiose. Ähnlich ist es mit den höheren Algen, aber die Vorteile, die die verschiedenen Algenzellen ihren Chloroplasten bieten, sind nur vage verstanden.

Der amerikanische Biologe Lynn Margulis formulierte die Symbiontentheorie der Evolution in den siebziger Jahren − damals eine revolutionäre Hypothese. Es dauerte ein Jahrzehnt, bevor die Theorie allgemein akzeptiert wurde, und heute wissen wir, dass der Prozess der Symbiose bei den Einzellern nie aufgehört hat. Es gibt sogar Wimper- und Geißeltierchen, die Algen fressen, aber deren Chloroplasten eine Weile behalten und für sich arbeiten lassen, bevor sie verdaut werden. Viele Algengruppen verfügen über Chloroplasten, die noch Zeichen von früheren Besitzern in Form von Hüllen und genetischem Material tragen. Bis zu vier »Hüllen«, jeweils das Übrigbleibsel einer Übernahme, sind gefunden worden. Unklar ist, ob das genetische Material der »Zwischenalgen« noch dienlich ist oder lediglich ein funktionsloses Relikt darstellt. Die weitere Erforschung dieser Zusammenhänge wird die Lebensweise von Algenzellen aufklären und die Beziehung zwischen Form und Funktion verstehen helfen. Für die Ökologen wird das Plankton dadurch viel komplizierter, weil die saubere Trennung von Auto- und

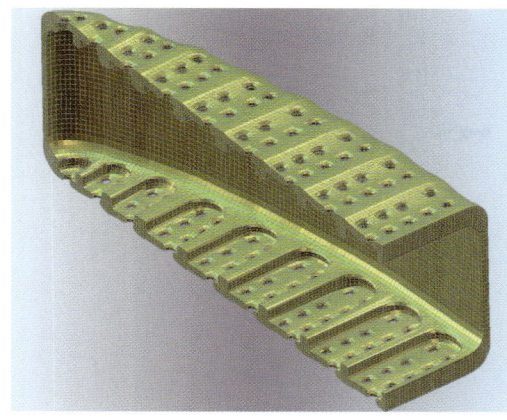

Heterotrophen nicht mehr möglich ist. Mit Ausnahme der Diatomeen sind die meisten marinen Algengruppen mixotroph, das heißt, sie können sich auch von Partikeln ernähren. Der Übergang zwischen »Tieren« und »Pflanzen« des einzelligen Planktons wird fließend.

Die weitere Evolution des Planktons hat ebenfalls die Umweltbedingungen verändert, zwar nicht so drastisch, wie beim Übergang zur sauerstoffreichen Atmosphäre, aber das Plankton hat durchaus das Klima der Erde beeinflusst und wird es weiter beeinflussen. Schon aus dem Weltraum ist zu erkennen, dass auf unserer Erde das blühende Leben herrscht, denn anders ist die Zusammensetzung der Atmosphäre – weit entfernt vom thermodynamischen Gleichgewicht – nicht zu erklären. Die Atmosphären der Nachbarplaneten Mars und Venus sind im thermodynamischen Gleichgewicht und sind tot. Man kann die These, dass die Planktongemeinschaften ein Ergebnis der Umweltbedingungen sind, auch umkehren: Die Umweltbedingungen werden, zumindest teilweise, durch das Plankton geschaffen.

Die Gaia-Hypothese

Der erste Biologe, der sich unserem Planeten aus der Sicht des Weltraums näherte, war James Lovelock, der Schöpfer der Gaia-Theorie. Gaia war die griechische Erdgöttin, und diese mystisch gehauchte Metapher stammt vom bekannten Schriftsteller William Golding, der in einem Dorf in Cornwall als Nachbar von Lovelock lebt und Autor des Buchs »Lord of the Flies« ist. Lovelock selbst ist ein Erfinder und stolz darauf, selbstständig und daher unabhängig zu sein. Er hat sich auf den Bau von Messgeräten spezialisiert, die sehr geringe Spuren von bestimmten Substanzen erfassen können. Er war es, der erstmalig nachwies, dass Planktonalgen größere Mengen Schwefel an die Atmosphäre abgeben. Er hat Geräte im Auftrag der NASA entwickelt, womit man vom Satelliten aus bestimmen kann, wie die Atmosphäre der Planeten zusammengesetzt ist. Die Messergebnisse zeigen, dass unsere Atmosphäre sich grundlegend von denen der benachbarten Planeten Mars und Venus unterscheidet. Lovelock argumentiert, das Leben selbst schaffe sich die eigenen Existenzbedingungen, indem es die Zusammensetzung der Atmosphäre und daher den Wärmehaushalt der Erde bestimmt. Dies ist die Quintessenz der Gaia-Theorie, die allerdings von vielen Wissenschaftlern nicht akzeptiert wird, denn das Wie ist noch nicht geklärt.

Ob das Leben hilfreicher Gast oder gestaltender Wirt auf unserem Planeten ist, wird sich in den kommenden Jahren zeigen, wenn die Triebkräfte der Klima-Oszillationen hinreichend geklärt sind. Trotz der Erwärmung der Sonne um etwa ein Drittel, trotz der Erschütterungen durch Kometeneinschläge, trotz atemberaubender Klimaschwankungen hat sich das Leben seit fast vier Milliarden Jahren auf der Erde gehalten. Wo und wie sich das Leben entwickelt hat, ist zwar noch ein Buch mit sieben Siegeln, aber dass die Biosphäre die Bedingungen auf unserem Planeten stark beeinflusst und weitgehend auch aktiv mitgestaltet, ist nicht mehr von der Hand zu weisen.

Victor Smetacek

MEERESTIERE IM KLIMAWECHSEL
Ursachen von Abwanderung und Hitzetod

Meeresorganismen sind in ihrem Lebensraum ortstypischen Temperaturen ausgesetzt. In der Hochantarktis liegt die Wassertemperatur an der Oberfläche des Meeres zwischen minus 1,9 und einem Grad Celsius; sie verändert sich jahreszeitlich nur gering. In den gemäßigten Breiten schwanken die Werte dagegen über einen weiten Bereich zwischen minus 1,9 Grad in extremen Wintern und mehr als 20 Grad Celsius im Sommer. In den flachen Lagunen der Tropen treten schließlich hohe Temperaturen von über 40 Grad auf, und wo die Gezeiten Meeresboden freilegen, gehen die Extremwerte in allen Gebieten noch über die Werte der Wassertemperaturen hinaus. Mit zunehmender Tiefe nehmen die Temperaturschwankungen ab, auch an Orten sehr hoher Oberflächentemperaturen, bis in der Tiefsee ganzjährig stabile Temperaturen von plus zwei bis vier Grad erreicht werden.

In all diesen Meeresräumen leben wechselwarme Tiere, das heißt, ihre Körpertemperatur entspricht etwa der Temperatur des Wassers, in dem sie leben. Es gibt jedoch keine Art, die in sämtlichen Bereichen niedriger und hoher Temperaturen vorkommt. Obwohl einige mobile Arten wie Thunfische, Kalmare oder Haie weite Wanderungen unternehmen, ist auch unter diesen Tieren keine Art bekannt, die von den Polen bis zu den Tropen verbreitet wäre. Im Gegensatz dazu können manche Meeressäuger und Vögel – also Warmblüter: einige Wale, Seeschwalben – sehr wohl in allen geographischen Breiten leben oder sie zumindest durchwandern, zum Beispiel die Tropen auf dem Weg von der Antarktis bis in die Arktis. Ausdrücklich ausgenommen von

dieser Betrachtung seien hier Tiefseeorganismen, die von den Polen bis in die Tropen überwiegend in einem niedrigen Temperaturspektrum leben und denen, zum Beispiel den Riesenkalmaren, bei stabil niedrigen Temperaturen und hoher Mobilität eine globale Verbreitung möglich wäre. In vielen Fällen, so eben auch bei den Riesenkalmaren, wissen wir noch nicht, wie weit diese Arten tatsächlich verbreitet sind.

Auch unter Fischen und Wirbellosen gibt es Arten, die in weit auseinander liegenden geographischen Breiten existieren, andere kommen nur in eng umgrenzten Regionen vor. Generell stellt sich dem Biologen die Frage, welche Faktoren die geographische Verbreitung von Tieren bestimmen. Damit sind für jede Art spezifische Fragen verbunden: Wie und warum haben sie sich an ihren Lebensraum angepasst? Wie und warum haben sie sich ausschließlich auf diesen Lebensraum spezialisiert? Hier spielen die Meeresströmungen, die Wassertiefe, der Salzgehalt, das Nahrungsangebot und die Konkurrenz um die Nahrung sowie die (überwiegende) Lebensweise am Meeresboden, das heißt im Benthal, oder im freien Wasser, im Pelagial, eine wichtige Rolle, aber auch das Organisationsniveau oder der Bauplan der Tiere: ob es sich um einen Schwamm handelt, eine Seeanemone, einen Wurm, eine Schnecke, eine Muschel, einen Krebs, eine Garnele oder einen Fisch. Tiere sind als erwachsene Organismen entweder sesshaft oder bewegen sich mit extrem verschiedenen Methoden fort. Dabei erreichen sie einen mehr oder weniger großen Aktionsradius. Dies gilt auch für ihre Fortpflanzungsstadien (Eier oder Spermien) sowie die unterschiedlichen Lebensstadien (zum Beispiel Larven im Unterschied zu den Erwachsenen), wobei die Lebensweise von Larven und erwachsenen Tieren völlig verschieden sein kann. Entscheidend für die Verbreitung ist also auch, welche Strecken eine Art durch Wanderung oder Verdriften zurücklegt und ob Fortpflanzungs-, Larvenstadien oder erwachsene Tiere in der Lage sind, geographische Barrieren wie Tiefseegräben oder die zirkum-antarktische Meeresströmung, die die antarktischen Gewässer isoliert, zu überwinden.

Das Forschungsschiff HEINCKE, nach dem Gründungsdirektor der Biologischen Anstalt Helgoland Friedrich Heincke benannt, wird vor allem für biologische und hydrologische Expeditionen eingesetzt. Das geräuscharme Schiff mit weitgehend vibrationsfreien Arbeitsplätzen kann bis zu zwölf Wissenschaftler aufnehmen und hat einen Aktionsradius von 7500 Seemeilen. Foto: Archiv BAH

Spezialisierung auf ein Temperaturfenster

Ausschlaggebend für die großräumige Verbreitung von Meerestieren ist jedoch sehr wahrscheinlich das Temperaturregime eines Lebensraums und das Temperaturgefälle von den Tropen in die Polargebiete. Schon auf den ersten Blick liegt nahe, dass die weite Bewegungsfreiheit der Vögel und Meeressäuger in ihrer gleichbleibend hohen Körpertemperatur begründet ist. Bei großen Unterschieden zwischen der Wasser- und der Körpertemperatur müssen diese Tiere Maßnahmen ergreifen, um sich von der kalten Umgebung zu isolieren oder in einer heißen Umgebung Wärme abzuführen. Aber die meisten Meeresbewohner sind wechselwarme Tiere. Überraschenderweise ist über die Ursachen der temperaturabhängigen geographischen Verbreitung wechselwarmer Tiere noch wenig bekannt.

Offensichtlich ist aber, dass wechselwarme Arten nicht in der Lage sind, das gesamte Temperaturspektrum der Meere abzudecken. Sie müssen sich auf ein mehr oder weniger breites Temperaturfenster spezialisieren. Tiere der Antarktis leben in einem extrem engen Temperaturbereich, während Tiere in gemäßigten Breiten weite Temperaturschwankungen tolerieren können.

Der heutige Zustand ist dabei nur vorläufiger Endpunkt einer erdgeschichtlichen Entwicklung. Aus dem Urzustand eines mehr oder weniger gleichmäßig warmen marinen Lebensraumes ergab sich mit der Kontinentaldrift, der Entwicklung der Meeresströmungen und den globalen Klimaschwankungen schließlich die heute vorliegende Vielfalt der Klimazonen und damit auch der Temperaturgradient von den Tropen in die Polargebiete. Die Folge waren entsprechende Verschiebungen in den Lebensgemeinschaften. In einigen Lebensräumen verschwanden Tiergruppen mit den Änderungen der Temperatur. In anderen haben sich die Tiere über zum Teil lange geologische Zeiträume auf die jeweiligen Temperaturräume und Lebensweisen spezialisiert. Schließlich wurden aus Populationen einer Art neue, voneinander getrennte Arten, die sich untereinander nicht mehr fortpflanzen konnten (s. Beitrag Julian Gutt).

Die Antarktis hat sich während der letzten zwanzig Millionen Jahre der Erdgeschichte kontinuierlich abgekühlt. Die weitaus meisten Meeresfische und auch die am Boden lebenden Krebse waren nicht in der Lage, sich an die permanent niedrigen Temperaturen und die damit einher-

Entleeren des Grund-schleppnetzes an Bord der HEINCKE.
Foto: T. Fischer

gehenden Lebensbedingungen, den ausgeprägten Wechsel zwischen lichtreichen Sommern und lichtarmen Wintern bei starker Vereisung, anzupassen. Damit nahm die Zahl der Fischfamilien drastisch ab. Unter den am Boden lebenden Krebsen verblieben nur einzelne Arten in einigen »Warmwasseroasen« mit Temperaturen über null Grad. Ansonsten wurde ihr Platz im Ökosystem von Flohkrebsen, Asseln und einigen Garnelenarten eingenommen. Manche dieser Tiere erreichen in den Polargebieten beeindruckende Körpergrößen. Das gleiche Phänomen findet man in der Arktis, wenn auch aufgrund der weniger einheitlichen Temperaturen weniger deutlich. In beiden Polarmeeren sind demnach bodenlebende Krebse dort nicht vorhanden, wo Wassertemperaturen am Gefrierpunkt vorliegen.

Die Spezialisierung auf ein bestimmtes Temperaturregime und die begrenzte Fähigkeit der Anpassung an sich ändernde Temperaturen führt also dazu, dass sich klimabedingte Temperaturverschiebungen stark auf die marinen Lebensgemeinschaften auswirken. Dies ist vor dem Hintergrund der Diskussion über die derzeitig festzustellende globale Erwärmung eine ganz aktuelle Frage. In den Tropen sind in den letz-

ten Jahren Korallenriffe abgestorben, wohl deswegen, weil für die Korallentiere die Grenzen der Wärmetoleranz überschritten wurden. Aus Meeresgebieten wie der Nordsee sind aufgrund der globalen Erwärmung kälteliebende Arten in höhere Breiten abgewandert und wärmeliebende Arten haben ihren Platz eingenommen. Zunächst ist dies ein natürlicher Vorgang, denn Klimaschwankungen sind in der Erdgeschichte normal.

Auch der Mensch ist von solchem Wandel betroffen. Ändern sich, klimatisch bedingt, die Wassertemperaturen und damit die Lebensgrundlagen der Meerestiere, kann das einen Einfluss auf die Fischerei haben und zu sinkenden, an einigen Orten vielleicht auch zu steigenden Erträgen führen. Vor allem in Kanada und den USA wurde diese Frage in den letzten Jahren sowohl in der Politik als auch in der Wissenschaft lebhaft diskutiert. Der drastische Rückgang der Kabeljaubestände vor der nordamerikanischen Ostküste und der Lachsbestände vor der Westküste haben Politik und Wirtschaft alarmiert. Diese Einbrüche werden nicht nur durch Überfischung erklärt, sondern es wird auch ein Zusammenhang mit der globalen Erwärmung erwogen. Dabei kam es im Meeresgebiet um Neufundland auch zu einer geringen Abkühlung von etwa einem Grad, weil sich Wasserströmungen verschoben haben. Überlegt wird, ob die Abkühlung ein Grund dafür ist, dass die überfischten kanadischen Kabeljaubestände sich nicht oder nur sehr langsam erholen.

Auch für europäische Gewässer sieht man seit langem einen Zusammenhang zwischen der Wassertemperatur und der Veränderung von Fischbeständen. In Perioden mit milden Wintern und warmen Sommern wandern Arten wie Meeräschen oder Hornhechte, die sonst nur weiter südlich gefunden werden, in das Wattenmeer ein. Eher kälteliebende Arten wie der Kabeljau wandern in solchen Perioden zumindest zeitweise in die nördlicheren Regionen der Nordsee. Außerdem ist ihre Fortpflanzung bei zu starker Erwärmung beeinträchtigt. Standfische wie die Aalmutter verbleiben dagegen im Wattenmeer und sind dementsprechend bedroht, wenn sie sich nicht in vollem Umfang anpassen können. Dies ist bei der Aalmutter offensichtlich der Fall, denn in heißen Sommern sterben vor allem die großen Individuen dieser Art. Klimabedingte Verschiebungen im Spektrum der Arten sind dann vorübergehend, wenn auf warme Perioden wieder kältere Sommer und Winter folgen. Es deutet sich hier aber bereits an, was uns erwartet, wenn sich die Wassertemperatur nachhaltig erhöht. In den beschriebenen Fällen sind die ursächlichen Zusammenhänge zwischen der Wassertemperatur und dem Rückgang, beziehungsweise dem vermehrten Auftreten von Arten bisher weitgehend unklar.

Um hier weiterzukommen, bedarf es der intensiven Zusammenarbeit von Ökologie und Physiologie. In der Ökologie gilt es zu ermitteln, wie sich die Lebensgrundlagen (zum Beispiel Verfügbarkeit von Nahrung) für eine Art, sowie ihre Produktivität (Vermehrung und Wachstum) im Lebensraum verändern. Außerdem ist die Frage zu klären, welche Lebensstadien vorrangig betroffen sind und wie weit eine temperaturabhängige Verschiebung von Verbreitungsgrenzen erfolgt.

Für den Kabeljau zeigt die mathematische Modellierung eine klare Beziehung zwischen klimatisch bedingten Temperaturschwankungen

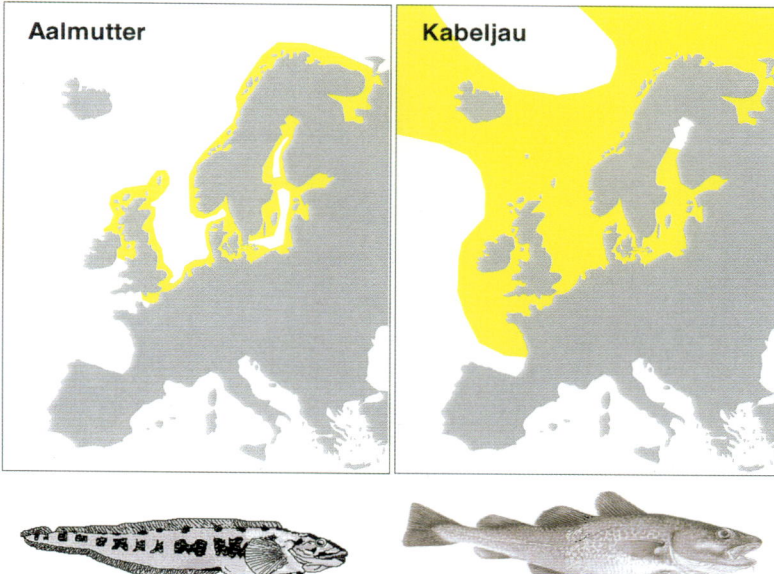

und der Zahl der Nachkommen an der Kola-Halbinsel (Beringsee), in der Nordsee und in der Ostsee (siehe Abbildung). Vor der norwegischen Küste, in der Arktis, im Weißen Meer und der südlichen Nordsee wurden Kabeljau und Aalmuttern gefangen und vermessen. Diese Felddaten lieferten die Grundlage, um Wachstumsleistung und Fruchtbarkeit im Lebensraum zu ermitteln. Wachstumsraten ergaben sich aus Gewicht und Körperlänge der Fische im Vergleich zur Zahl der Wachstumsringe auf den Ohrknöcheln (Otolithen). Die Anzahl der Eier in den Gonaden beim Kabeljau und die Zahl der

Verbreitungsgebiete von Aalmutter und Kabeljau. Die Aalmutter kann als so genannter Standfisch mit einem begrenzten Lebensraum im Flachwasser und im Wattenmeer den Temperaturen vor Ort nicht ausweichen. Beim Kabeljau ist zu beobachten, dass er bei einer Erwärmung in die kälteren Regionen des Nordens abwandert.

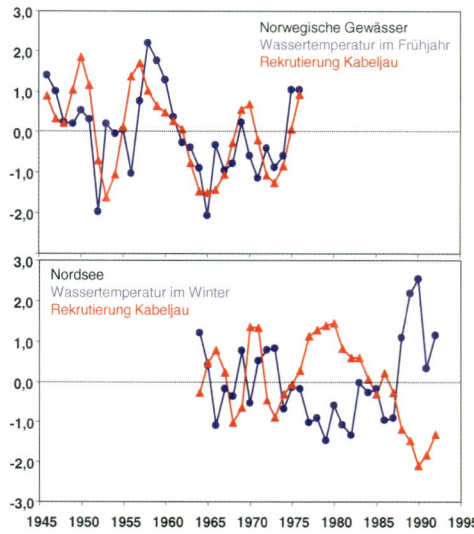

Die Menge des Nachwuchses (Rekrutierung) beim Kabeljau hängt von den Wassertemperaturen ab. In der Darstellung ist der langjährige Durchschnitt der Rekrutierung auf Null gesetzt, Abweichungen nach unten und oben sind in einer logarithmischen Skala gezeigt.

In den arktischen Gewässern Norwegens (oben) verringert sich die Anzahl der Nachkommen, wenn das Wasser abkühlt; mit einer Erwärmung steigt sie an. Da der Nordsee-Kabeljau am oberen Ende des Temperaturfensters lebt, hat er Nachwuchsprobleme, wenn das Wasser

wärmer wird; deutlich in den Jahren 1989 – 1990 zu erkennen. Kühlt das Wasser der Nordsee ab (1975 – 1982), geht es ihm besser, und die Menge des Nachwuchses nimmt zu.

Larven bei der Aalmutter spiegeln die Fruchtbarkeit dieser Arten wider. Vergleichend dazu haben wir das Wachstum der Tiere im Labor bei verschiedenen Temperaturen untersucht, und zwar an norwegischem Küstenkabeljau, arktischem Kabeljau und an Kabeljau aus der südlichen Deutschen Bucht. Sowohl Feld- als auch Labordaten zeigten für Kabeljau- und Aalmutter-Populationen in kälteren Gewässern ein deutlich niedrigeres Wachstum als für die Populationen aus der südlichen Nordsee. Dabei ist die Wachstumsleistung im Lebensraum identisch mit der im Labor. Dies legt nahe, dass das Wachstum im Freiland nicht durch Nahrung begrenzt wird. Überraschenderweise ist bei allen untersuchten Kabeljaupopulationen trotz unterschiedlicher Temperaturen im Lebensraum die Wachstumsrate bei 10°C optimal. Die optimale Wachstumsrate nimmt jedoch bei Fischen aus

Unten: Lebende Meerestiere werden in einem speziell entwickelten Aquariencontainer auf POLARSTERN zu den Laboratorien in Deutschland transportiert. Der Biologe Boris Klein ist am AWI für die Haltung und den Tiertransport verantwortlich. Die Aquarien können in drei Etagen zwischen vertikalen Trägern eingehängt werden. Sie sind mit Deckeln verschlossen, damit sich der Inhalt der Becken bei stürmischer See nicht auf den Fußboden ergießt. Fotos: B. Sirenko

Ganz oben: Für Lebendfänge werden Reusen verwendet, die um einen Auftriebskörper angeordnet sind. Mit diesem Gerät wurden zum Beispiel Aalmuttern aus einer Tiefe von etwa 500 Metern für physiologische Untersuchungen gefangen.

Oben: Das Benthosnetz ist geleert und das Suchen beginnt. Welche Organismen kommen vor? In welcher Dichte? Gibt es Raritäten? Jeder Wissenschaftler sammelt das für seine Aufgabe notwendige Probenmaterial.

nördlichen Breiten ab, und zwar sowohl im Labor als auch im Feld. Dies lässt stark auf einen genetischen Unterschied zwischen den Populationen schließen, der auch bei identischen Laborbedingungen nicht überwunden werden kann. Es ist in der Literatur gut belegt, dass sich der genetische Austausch zwischen Kabeljaupopulationen schon dadurch in engen Grenzen hält, dass jede Population andere Laichgebiete bevorzugt.

Auch die Fruchtbarkeit ist bei den Fischbeständen im Norden geringer als bei Fischen aus der Nord- und Ostsee. Eine Aalmutter aus dem deutschen Wattenmeer hat nach zwei Jahren 60 bis 100 Nachkommen. Diese Fruchtbarkeit erreichen Aalmuttern aus dem kälteren Weißen Meer erst im Alter von fünf bis sechs Jahren. Für den Kabeljau belegen Feld- und Labordaten, dass in der Kälte weniger Energie für Wachstum und Fortpflanzung zur Verfügung steht. Jedoch wird bei Temperaturen über zehn Grad, wie sie im Sommer in der Nordsee schnell erreicht werden, die Produktivität der Tiere ebenfalls eingeschränkt. Optimale Wachstums- und Reproduktionsbedingungen sind also nur in einem relativ engen Fenster zwischen sechs und zehn Grad Celsius zu finden. Zu starke Erwärmung wäre demnach ein wichtiger Grund für den in den letzten Jahren festgestellten Rückgang beim Kabeljaunachwuchs der Nordsee.

Diese Befunde erklären aber noch nicht, warum der Kabeljau auf dieses enge Temperaturfenster spezialisiert ist. Um solch eine ökologische Frage beantworten zu können, müssen physiologische Untersuchungen einbezogen werden. Hier steht die Aufklärung von Mechanismen im Vordergrund, die das Toleranzfenster einer Art auf einen bestimmten Temperaturbereich festlegen. Außerdem gilt es zu ermitteln, durch welche biochemischen Mechanismen Tiere sich an veränderte Temperaturen anpassen und wie dieser Anpassungsprozess ausgelöst, aber auch wodurch er begrenzt wird. Letztlich stellt sich die Frage, wodurch eine veränderte Produktivität erklärt werden kann und ob die Biochemie der Temperaturanpassung hierbei eine Rolle spielt. Welche Prozesse ziehen so viel Energie ab, dass weniger Energie für Wachstum und Fortpflanzung zur Verfügung steht?

Grenzen der Kälteanpassung bei Fischen und Krebstieren

In der Evolution der Organismen kann das Leben in warmen Meeren als ursprünglich angesehen werden. Sich an die permanent niedrigen Temperaturen der Polargebiete anzupassen ist daher eine besondere Herausforderung, der offensichtlich nicht alle Tiergruppen gewachsen waren. Einigen Fischarten ist die Anpassung an niedrigste Wassertemperaturen der Antarktis und der Arktis gelungen, indem sie Gefrierschutzproteine produzieren. Die Ausbildung der Fähigkeit, solch spezielle Eiweiße synthetisieren zu können, muss als ein Schlüsselereignis der Evolution betrachtet werden. Die Gefrierschutzproteine wurden nur von wenigen Fischfamilien jeweils neu erfunden, und nur diese konnten in polaren Regionen überleben.

Der Gefrierpunkt der Körperflüssigkeiten von Fischen liegt wie bei fast allen Wirbeltieren bei etwa minus 0,9 Grad Celsius. In Polargebieten aber leben Fische bei Wassertemperaturen von bis zu minus 1,9 Grad. Für sie besteht also ständig die Gefahr, dass ihnen das Blut gefriert, und es bilden sich tatsächlich kleinste Eiskristalle in ihrem Körper. Die Gefrierschutzproteine lagern sich an die Eiskristalle an und behindern ihr weiteres Wachstum. Sie können aber die ständige Neuentstehung der Eiskristalle nicht verhindern, so dass die Komplexe aus Eis und Protein vom Organismus beseitigt werden müssen. Wie das geschieht, ist noch unklar.

Wirbellose Tiere aus dem Meer der Antarktis haben das Problem des Einfrierens nicht, weil die Salzkonzentrationen in ihren Körperflüssigkeiten ebenso hoch sind wie im Meerwasser. Deshalb gefrieren auch ihre Körperflüssigkeiten erst bei weniger als minus 1,9 Grad Celsius. Trotzdem hat sich zum Beispiel die Gruppe der am Boden lebenden Krebse nicht ausreichend an die niedrigen Wassertemperaturen anpassen können, wohingegen die Garnelen auch bei minus 1,9 Grad Celsius vertreten sind. Konkret stellt sich die Frage, warum zum Beispiel die

Kälteanpassung des Wattwurms (Pierwurm) Arenicola marina (Bild links). TcI und TcII geben die untere beziehungsweise obere kritische Temperatur an; der Bereich dazwischen ist das so genannte Temperaturfenster, in dem das Tier alle Aktivitäten uneingeschränkt ausüben kann.
Jenseits der kritischen Temperaturen haben die Tiere zu wenig Sauerstoff zur Verfügung, um ihren Energiebedarf zu decken, so dass sie anaeroben Stoffwechsel zu Hilfe nehmen. Als charakteristisches Endprodukt der sauerstofffreien Energiegewinnung sammelt sich im Gewebe Acetat an (gemessen in Mikromol pro Gramm Frischgewicht). Die Zeichnung verdeutlicht den krassen Anstieg des Acetats beiderseits der optimalen Lebenstemperatur und wie sich das Temperaturfenster verschiebt: jahreszeitlich bei der Nordseepopulation vom Sommer zum Winter und geographisch zwischen Nordsee und dem Weißen Meer nördlich des Polarkreises.
Foto: T. Fischer

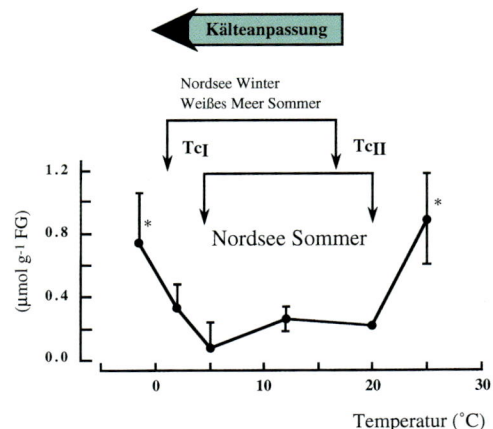

Strandkrabbe in unserem Wattenmeer mit seinen schwankenden Temperaturen überleben kann, aber nicht in der Antarktis oder Arktis bei konstant niedrigen Temperaturen.

Auf der Suche nach der Ursache konzentrierten wir uns auf das Magnesium, einen Mineralstoff, der im Meer in hohen Konzentrationen vorliegt. Alle Energie übertragenden biochemischen Reaktionen sind von der Anwesenheit des Magnesiums abhängig. Außerdem dämpft Magnesium in hoher Dosierung die Aktivität des Nervensystems bis hin zur Betäubung. Magnesium entspannt die Muskulatur und führt letztlich zur muskulären Inaktivität. Interessanterweise hat sich in den letzten Jahren immer mehr die Erkenntnis durchgesetzt, dass der in industrialisierten Regionen lebende Mensch unter Magnesiummangel leidet. Es gibt inzwischen etliche pharmazeutische Präparate, die diesen Mangel ausgleichen sollen, und es wird sogar darüber nachgedacht, Magnesium ebenso wie Fluor dem Trinkwasser zuzusetzen. Dieses Problem haben Meerestiere nicht: Im Meer liegt Magnesium eher in zu hoher Konzentration vor und dringt ständig in den Organismus ein.

Um dem Magnesiumüberschuss zu entgehen, scheiden die lebhaften Meerestiere, zum Beispiel Fische und die höher entwickelten Krebse und Garnelen, aber auch Asseln und Flohkrebse, das überflüssige Magnesium wieder aus. Bei Krebsen und Garnelen ist das Aktivitätsniveau der einzelnen Arten sogar eng mit der Fähigkeit zur aktiven Magnesiumregulation verknüpft: Je höher die Konzentration in der Blutflüssigkeit, desto niedriger ist die Bewegungsaktivität der Tiere. Es verwundert daher nicht, dass die schwimmenden Garnelen ebenso wie die aktiven Flohkrebse und Asseln die Magnesiumkonzentration in ihrer Blutflüssigkeit deutlich unter der des umgebenden Meerwassers halten, während die weniger aktiven, am Boden lebenden Krebse höhere Magnesiumgehalte in ihrem Körper tolerieren. Dies wird aber bei niedrigen Temperaturen zum Problem, da der Einstrom des Magnesiums weitgehend unvermindert erfolgt, während die aktive Ausscheidung als biochemische Reaktion in der Kälte stark gedrosselt ist. Hinzu kommt, dass die Magnesiumwirkung unterhalb einer Temperatur von zwei bis drei Grad drastisch zunimmt.

Unsere Beobachtungen zeigen, dass das Aktivitätsniveau der am Boden lebenden Krebse durch die Magnesiumkonzentration beeinflusst werden kann. Sobald wir in Laborversuchen das Magnesium reduzierten, steigerte sich die spontane Aktivität der Tiere, einhergehend mit einem Anstieg der Herzfrequenz und des Sauerstoffverbrauchs sowie einer besseren Durchblutung der Gewebe. Diese Steigerung wird vielfach erst unterhalb von zwei bis drei Grad sichtbar. Bei reduzierten Magnesiumgehalten behielten die Tiere auch unter den niedrigen, in Polarmeeren vorherrschenden Temperaturen ihre Aktivität. Die mangelnde Fähigkeit zur Magnesiumregulation scheint also ein wichtiger Grund dafür zu sein, dass die gesamte Gruppe der am Boden lebenden Krebse sich nicht an polare Temperaturen anpassen konnte.

Die Beispiele belegen, wie die Unfähigkeit, Gefrierschutzproteine zu bilden, beziehungsweise eine unzureichende Magnesiumregulation der Kälteanpassung spezifische Grenzen setzt, die einzelne Tiergruppen im Verlauf der Evolution nicht überwinden konnten. Andere Grenzen sind denkbar, aber noch nicht bekannt. Diese eher gruppenspezifischen Anpassungsgrenzen zeigen jedoch noch nicht, worin der eigentliche Hauptprozess der Temperaturanpassung besteht, der für alle Tiere gleichermaßen zu bewältigen sein sollte. Sie erklären auch noch nicht, warum Tiere sich auf ein bestimmtes Temperaturfenster spezialisieren und wie diese Spezialisierung erfolgt.

Nutzen und Kosten der Spezialisierung auf ein Temperaturfenster

Die Konzentration auf ein bestimmtes Temperaturregime kann auch bei den Warmblütern der Meere zu finden sein. In den Polargebieten liegt dies zum Teil sicherlich daran, dass die Tiere sich auf die Nahrungssuche auf und unter dem Eis spezialisiert haben. Hier müssen sich Warmblüter jedoch gegen die extreme Kälte schützen. Sie erreichen dies durch eine gute Isolierung des Körperkerns von der Außentemperatur. Einige Pinguinarten zum Beispiel überwintern in der Antarktis und schützen sich gegen die niedrigen Lufttemperaturen mit Hilfe einer dicken Fettschicht in Kombination mit einem dichten, luftgefüllten Federkleid. Da sie deutlich kleiner sind als Meeressäuger, muss die Isolierung besonders gut sein, denn die Gefahr des Auskühlens ist bei kleinen Organismen viel höher. Die für Polargebiete optimale Isolierung wäre einem erfolgreichen Überleben in wärmeren Zonen abträg-

lich, sie würde dort zur Überhitzung des Körpers führen. Als Preis für die erfolgreiche Anpassung an extreme Kälte mag diese Spezialisierung einer von mehreren Gründen sein, warum die Pinguine die Kaltwassergebiete der südlichen Halbkugel nicht verlassen.

Die obligatorische Spezialisierung auf ein bestimmtes, mehr oder weniger breites Temperaturfenster charakterisiert auch die wechselwarmen Meerestiere. Auch hier wäre der Preis für das optimierte Leben in einem Temperaturbereich das Unvermögen, bei anderen Temperaturen zu überleben. So haben sich die polaren Tiere an niedrigste Temperaturen angepasst, sie stoßen aber bereits bei Temperaturen über vier bis sechs Grad an ihre Lebensgrenzen. Schauen wir dagegen an unsere Küste, in das flache Wasser des Wattenmeeres, so finden wir hier Fischarten, die sowohl im Winter bei niedrigen Temperaturen als auch im Sommer leben, wenn das Wasser der flachen Priele durchaus Temperaturen von über 23 Grad erreichen kann. Diese Tiere können sich zwar im Winter nicht fortpflanzen, sie besitzen aber im Vergleich zu ihren Verwandten in der Antarktis oder auch der Tiefsee die Fähigkeit, ihr Toleranzfenster deutlich zu verschieben oder zu erweitern.

Schon diese Betrachtung legt nahe, dass die oberen und unteren Grenzen der Toleranzfenster unterschiedlich weit voneinander entfernt sein

Die Außenstelle des Zoologischen Instituts St. Petersburg bei Chupa, an der Westküste des Weißen Meeres, war einer der Stützpunkte, die es den Biologen ermöglichten, die Lebensbedingungen der Tiere in kalten arktischen Gewässern zu untersuchen. Foto: F. Mark

können. Ändern sich die Temperaturen, werden die Toleranzgrenzen verschoben, wobei die obere und untere kritische Grenze sich zugleich nach oben oder unten verschieben. Dies erfolgt auf unterschiedlichen Zeitskalen bei der jahreszeitlichen und bei der von der geographischen Breite abhängigen Temperaturanpassung. Letztere ist in evolutiven Zeiträumen erfolgt, und es ist wahrscheinlich, dass zum Beispiel antarktische Tiere die Fähigkeit zu einer kurzfristigen Temperaturanpassung verloren haben. Könnten wir in diesem Zusammenhang einen Prozess identifizieren, der sowohl die untere als auch die obere Toleranzgrenze beeinflusst und verändert, so handelte es sich voraussichtlich um einen Schlüsselprozess der Temperaturanpassung.

Sauerstoffmangel kennzeichnet die Grenzen der Temperaturtoleranz

In den letzten Jahren haben wir auch auf diese Frage erste Antworten gefunden; wir glauben damit dem grundlegenden Verständnis näher gekommen zu sein, wie sich Klimaänderungen auf die geographische Verbreitung von Tieren auswirken. Darauf aufbauend erklären diese Mechanismen möglicherweise auch Veränderungen innerhalb der Energiehaushalte, mit Folgen für die temperaturbedingte Veränderung von Wachstum und Vermehrung. Letztere sind die ökologischen Schlüsselprozesse, welche den Erfolg einer Art im Lebensraum mitbestimmen. Den weitaus meisten physiologischen Vorgängen liegen biochemische Reaktionen zugrunde, bei denen zum Beispiel Nahrungsenergie in Muskelaktivität umgesetzt oder Nahrung in Speichersubstanzen wie Fette umgewandelt wird. Auch die beschriebene Magnesiumausscheidung ist ein biochemischer Vorgang. Als physikalischer Prozess ist in der Physiologie die Diffusion von hoher Bedeutung: Eine Substanz bewegt sich spontan von Orten hoher zu Orten niedriger Konzentration – bis die Konzentration ausgeglichen ist. Durch Diffusion erfolgt das Eindringen von Magnesium in den Organismus. Sie ist auch der entscheidende Prozess für die Aufnahme von Sauerstoff. Das Heranbringen des Sauerstoffs an das Atemorgan – Lunge oder Kieme – und die Verteilung im Organismus durch das Blut wird zudem durch Atemmuskulatur und Herzaktivität unterstützt, also durch biochemisch erzeugte Muskelkraft.

Biochemische Reaktionen sind in höherem Maße temperaturabhängig als physikalische Vorgänge. Generell wird eine biochemische Reaktion in der Kälte in stärkerem Maße gedrosselt, in der Wärme in stärkerem Maße gesteigert als ein physikalischer Prozess. Schon deshalb wachsen viele Tierarten in der Kälte der Polargebiete viel langsamer und produzieren viel weniger Nachwuchs pro Jahr als vergleichbare Arten in Gebieten mit einem wärmeren Klima. Umgekehrt benötigen Tiere in warmen Gewässern mehr Sauerstoff als solche in der Kälte. Damit ist die Bedeutung der Temperatur aber noch nicht völlig verstanden. Die Frage ist, inwieweit Tiere diese Temperatureffekte ausgleichen und dementsprechend ihren biochemischen Apparat der Lebensraumtemperatur anpassen.

Bei allen untersuchten Tieren aus verschiedenen Gruppen (Würmer, Krebse, Muscheln, Tintenfische, Fische) konnten wir feststellen, dass sie sowohl an der niedrigen als auch an der hohen Toleranzgrenze an Sauerstoffknappheit litten, und dies, obwohl im Wasser genügend Sauerstoff vorlag! Es darf als eine entscheidende Einsicht in die Mechanismen, die im Sinne eines allgemein gültigen Prinzips die Temperaturtoleranz wasserlebender Tiere begrenzen, festgehalten werden, dass der Sauerstoffmangel die physiologische Temperaturgrenze für eine Art bestimmt. Sie wird als deren kritische Temperatur bezeichnet. An diesem Punkt gewinnen die Tiere zusätzliche Energie aus Stoffwechselwegen, die zwar keinen Sauerstoff benötigen, dafür aber nur sehr wenig Energie liefern. Aufgrund der geringen Energieausbeute ist die Nutzung dieses Stoffwechsels zeitlich begrenzt. Auch aus dieser Sicht scheint also die Versorgung mit Sauerstoff eine zentrale Rolle für die Temperaturtoleranz zu spielen.

Wir haben deshalb die Sauerstoffaufnahme über die Kiemen, den Sauerstofftransport durch das Herz-Kreislaufsystem und die Sauerstoffverbrennung in den Geweben untersucht. Die Sauerstoffspannung im Blut zeigt an, wie gut die Versorgung des Organismus mit Sauerstoff durch Atmung, Ventilation und Diffusion ist. Sie gibt den Anteil des gelösten, ungebundenen Sauerstoffs an. Eine hohe Sauerstoffspannung im Blut gewährleistet bei niedriger Spannung im Gewebe eine hohe Diffusionsrate in die Zellen und damit eine gute Versorgung. Um dies zu messen, haben wir in Seespinnen und Kabeljau kleine Sensoren implantiert. Die Puls- und Atemraten wurden bei der Seespinne kontinuierlich mit einem Infrarotsensor aufgezeichnet, der dem Tier auf den Panzer geklebt wurde. Die Ergebnisse belegen, dass die Temperatur einen großen Einfluss auf die Sauerstoffversorgung der Gewebe hat, bedingt durch die beschriebene starke Temperaturabhängigkeit von Atmung und Blutkreislauf. Bei niedrigen Temperaturen kamen beide Prozesse praktisch zum Erliegen. Bei hohen Temperaturen wurden hohe Atem- und Pulsraten erreicht, die nicht mehr gesteigert werden konnten. Die Sauerstoffspannung in der Blutflüssigkeit der Seespinne war in einem Temperaturfenster zwischen 8 und 18 Grad am höchsten und nahm auf beiden Seiten dieses Bereiches allmählich ab. Bei Abkühlung ging dies mit nachlassender Herz- und Atemaktivität einher. Bei Erwärmung spiegelte sich hier der steigende Sauerstoffbedarf wider: Atmung und Kreislauf waren zunehmend nicht mehr in der Lage, die Sauerstoffspannung auf einem hohen Niveau zu stabilisieren; damit nahm die Sauerstoffversorgung der Gewebe ab, bis schließlich jenseits der oberen kritischen Temperatur kein Sauerstoff mehr nachweisbar war.

Diesem Befund entspricht auch ein Anstieg des Sauerstoffverbrauches mit der Temperatur, wie er bei Aalmuttern aus der Antarktis und der Nordsee festgestellt wurde. Bemerkenswert ist, dass dieser Anstieg bei antarktischen Arten schneller erfolgte. Dementsprechend war bei den antarktischen Tieren die Schwelle, bei der eine Anhäufung von Bernsteinsäure in der Leber das einsetzende Sauerstoffdefizit anzeigt, schon um 9 Grad Celsius, bei den Nordsee-Aalmuttern dagegen erst bei 22 Grad erreicht.

Sauerstofflimitierung scheint also das gesuchte einheitliche Prinzip zu sein, das die Grenzen der Temperaturtoleranz sowohl in der Kälte als auch in der Wärme erklären kann. Die kritischen Temperaturen, bei denen kein Sauerstoff mehr im Gewebe nachweisbar ist, sind, abhängig vom Breitengrad, zwischen den Arten und Populationen verschieden; sie stehen eindeutig in Beziehung zur geographischen Verbreitung. Einige Arten verschieben das Toleranzfenster mit den jahreszeitlich vorherrschenden Temperaturen. Die Leistung von Atmung und Kreislauf spielt eine bedeutende, wenn nicht die entscheidende Rolle beim Einstellen auf eine bestimmte Temperaturtoleranz. Dabei erinnert die Abhängigkeit der Sauerstoffspannung von der Temperatur sehr an die Merkmale des »Toleranzgesetzes«, das V. E. Shelford bereits 1913 und 1931 entwickelt hat, das aber bisher noch nicht durch physiologische Merkmale belegt werden konnte.

Die Sauerstoffspannung und damit die Sauerstoffverfügbarkeit war bei den Seespinnen in einem Temperaturbereich zwischen 8 und 18 Grad optimal. In diesem Bereich ist auch die Fähigkeit des Tieres am größten, seine Aktivität zu steigern und mehr Sauerstoff zu verbrauchen. Bei niedrigeren und höheren Temperaturen lässt diese Fähigkeit nach, angezeigt durch fortschreitend abnehmende Werte der Sauerstoffspannung. Schließlich werden jenseits der kritischen

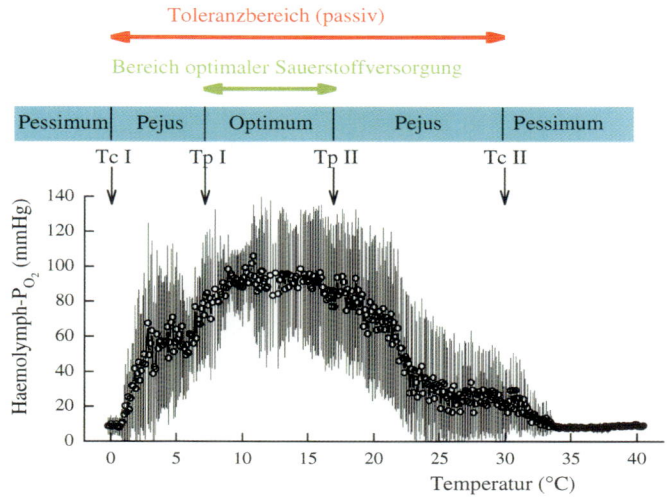

Die Grafik zeigt am Beispiel einer Seespinne, dass der Sauerstoffgehalt in der Blutflüssigkeit (Haemolymphe) für die Temperatur-Toleranz der Tiere entscheidend ist. Die kritischen Temperaturen (TcI und TcII) stellen extreme Temperaturgrenzen dar, die das Tier gerade noch aushält, um passiv zu existieren. Der Temperaturbereich des Lebensraumes ist dagegen durch eine optimale Sauerstoffversorgung gekennzeichnet. Die Sauerstoffspannung (Partialdruck P in Millimeter Quecksilbersäule) beginnt schon jenseits dieses Optimalbereiches zu sinken, so dass die Aktivität des Tieres lange vor Erreichen der kritischen Temperatur eingeschränkt wird. Dieser Grenzwert wird als Pejus-Temperatur (TpI und TpII) bezeichnet, lateinisch »schlechter werdend«. Im Pessimum stirbt das Tier nach kurzer Zeit.

69

Temperaturen die Pessimum-Bereiche erreicht, und das Überleben wird zu einer Frage der Zeit. Bei der Kälteanpassung muss die kritische Temperatur nach unten verschoben werden, um ausreichende Energiereserven zu bewahren. Dabei spielen die Mitochondrien eine entscheidende Rolle. Sie sind die Kraftwerke jeder Zelle, die unter Sauerstoffverbrauch Nahrung verbrennen und Energie für die zellulären Arbeiten zur Verfügung stellen. In der Kälte finden sich bei Fischen und Wirbellosen häufig erhöhte Anzahlen von Mitochondrien in den verschiedenen Geweben. Unsere Hypothese ist, dass die Kapazität der Mitochondrien zur Energieproduktion an der unteren kritischen Temperatur unzureichend werden kann und zu einem Versagen der Atmungs- und Kreislaufsysteme führt. Diesem Versagen wirkt die Vermehrung der Mitochondrien entgegen.

Aber was in der Kälte positiv ist, kann sich in der Wärme nachteilig auswirken. Mit der Anzahl der Mitochondrien erhöht sich der Sauerstoffbedarf des Gewebes auch im Ruhezustand, weil Mitochondrien auch »im Leerlauf«, wenn keine Arbeit anliegt, Sauerstoff verbrauchen. Mehr als die Hälfte des Ruheumsatzes eines Gewebes kann auf den mitochondrialen Leerlauf zurückgeführt werden. Wenn schließlich die Kapazitäten der Atmung und des Kreislaufs nicht mehr ausreichen, diesen Sauerstoffbedarf zu decken, leiden die Tiere auch bei hohen Temperaturen unter Sauerstoffmangel. Hinzu kommt, dass den Zellen bei hohen Mitochondrienzahlen weniger Raum für die kontraktilen Muskelproteine bleibt. Zwar kann das Herz größer werden, um dies auszugleichen – tatsächlich ist das bei antarktischen Fischen der Fall –, doch ist auch dieser Prozess begrenzt, und netto nimmt die Kraftentwicklung ab. Dies mag dazu beitragen, dass bei polaren Tieren das Temperaturfenster so eng ist. Die Schwellenwerte sowie die Breite des Toleranzfensters werden also durch die Mitochondriendichte und ihre Kapazität zum Sauerstoffumsatz und zur Energieproduktion, aber auch durch ihren Sauerstoffbedarf im Leerlauf festgelegt.

Im Lichte dieser Überlegungen erhält auch die unzureichende Magnesiumregulation bei den am Boden lebenden Krebsen der Polargebiete eine neue Bedeutung. Hohe Magnesiumwerte in der Kälte behindern offensichtlich Atmung und Kreislauf dabei, eine genügende Versorgung mit Sauerstoff aufrechtzuerhalten. Diese Schwelle kann durch die Anreicherung von Mitochondrien nicht überwunden werden.

Energiehaushalt und Konsequenzen einer Klimaerwärmung

Auch Tiere müssen mit der verfügbaren Energie haushalten, das heißt, die Energiemengen für die wichtigen physiologischen Arbeiten und schließlich Wachstum und Fortpflanzung sind begrenzt. Der Kabeljau aus hohen Breitengraden wächst auch bei gleichen Temperaturen langsamer als beispielsweise die Nordsee-Population (siehe Seite 64). Dies zeigt eine für das Wachstum ungünstige Veränderung des Energiehaushalts an. Selbst die Fruchtbarkeit ist bei nördlichen Kabeljau- und Aalmutterpopulationen erniedrigt. Natürlich kann Nahrungsenergie nur dann auf Wachstum und Reproduktion verteilt werden, wenn der Energiebedarf für die Erhaltung des Organismus gedeckt ist, einschließlich der Kosten für Schwimmen und Nahrungsaufnahme. Damit stellt sich die Frage, welche energieverbrauchenden Vorgänge in der Kälte so erhöht sind, dass weniger Energie für Wachstum und Reproduktion verfügbar bleibt.

Ist eine Tierart der Notwendigkeit ausgeliefert, sich der Kälte anzupassen, das heißt, bei gleichbleibend breitem Toleranzfenster die obere und untere Toleranzgrenze herabzusetzen, muss sie die Mitochondriendichte und folglich die Leistung des Sauerstoff verbrauchenden Stoffwechsels erhöhen. Gleichzeitig steigen die Kosten für die Erhaltung der Mitochondrien. Dies spiegelt sich häufig auch in ansteigenden Raten des Sauerstoffverbrauchs während des Winters wider. Ein kältebedingter Anstieg der Stoffwechselrate könnte vermieden oder gemildert werden, wenn 1. die Leerlaufkosten der Mitochondrien gedrosselt werden oder wenn 2. nach Bezahlung der Grundkosten weniger Energie für andere Prozesse bereitgestellt wird. Die zweite Option scheint für Tiere in gemäßigten Breiten zu gelten. Hier finden Wachstum und Fortpflanzung ausschließlich im Sommer statt. Antarktische Tiere dagegen wachsen und pflanzen sich bei niedrigen Temperaturen fort. Sie haben wohl die erste Option gewählt und die Leerlaufkosten gedrosselt. Der Preis, den sie dafür zahlen: Sie erreichen nicht mehr die Stoffwechselraten von Tieren aus gemäßigten Breiten und den Tropen. Die Konsequenz wäre auch ein enges Toleranzfenster.

Kabeljau und Aalmutter aus nördlichen Breiten haben wahrscheinlich einen Mittelweg eingeschlagen. Niedrige Temperaturen während des gesamten Jahres könnten aufgrund höherer Kosten der Kälteanpassung zu einer Verminderung der Wachstumsleistung und Fruchtbarkeit geführt haben.

Zusammengefasst, scheinen folgende Kompromisse in den Kosten und Nutzen bei der Einstellung der thermischen Toleranzgrenzen beteiligt zu sein: Kälteanpassung einer Population führt zu einer höheren Mitochondriendichte und somit zu erhöhten mitochondrialen Erhaltungskosten bei konstant breitem Toleranzfenster. Selbst innerhalb einer Art können solche Unterschiede zwischen den Populationen genetisch festgelegt sein. Dies würde nicht nur artspezifische oder sogar populationsspezifische Unterschiede in der Temperaturempfindlichkeit erklären, sondern auch Unterschiede in Wachstumsleistung und Fruchtbarkeit.

Für den atlantischen Kabeljau und die Aalmutter wird die globale Erwärmung zu einer Verschiebung der Populationen nach Norden und zu ihrem Aussterben in der Nordsee und im Wattenmeer führen. Wenn die Wassertemperaturen ansteigen, werden diese Arten in nördlicheren Breiten zunehmende Wachstumsleistungen und Fruchtbarkeit zeigen. Abnehmende

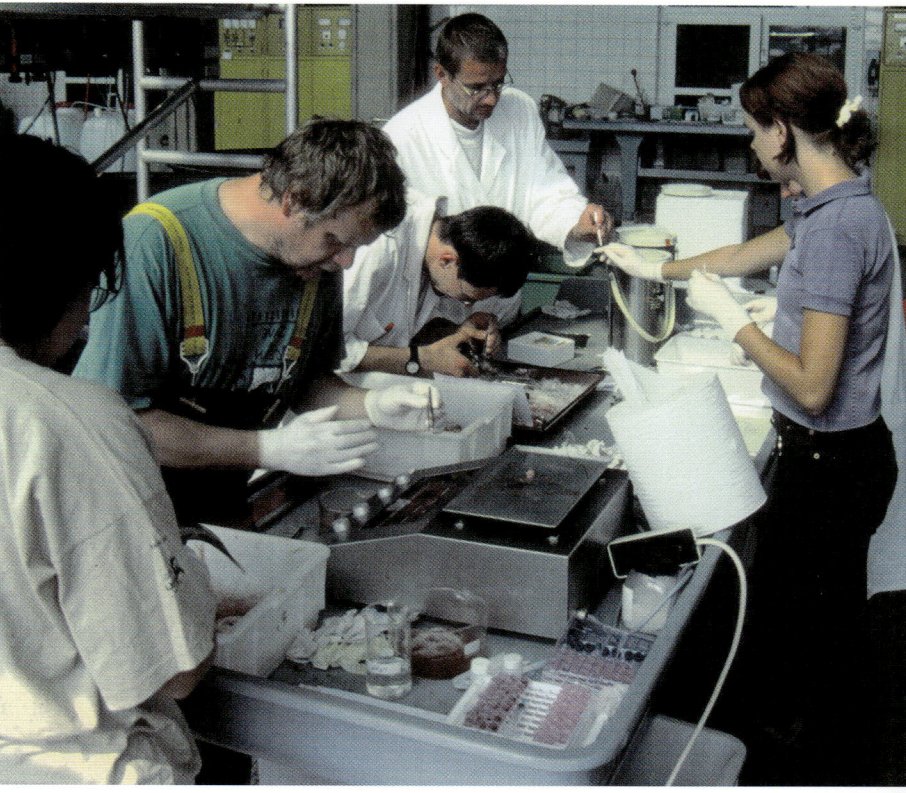

Mitochondriendichten sollten dazu führen, dass die Produktivität über das Maß zunimmt, welches aus dem Effekt der Erwärmung allein zu erwarten wäre. Sollten jedoch die arktischen Wassertemperaturen unverändert niedrig bleiben, dann werden die begrenzte Wachstumsleistung und Fruchtbarkeit im Norden die eingeschränkte geographische Verbreitung nicht ausgleichen. Schon dadurch wäre die fischereiliche Nutzung stark eingeschränkt.

Hans-Otto Pörtner, Rainer Knust,
Franz-Josef Sartoris

Nach Abschluss der Wachstumsexperimente mit Kabeljau in der Biologischen Anstalt Helgoland werden nicht nur Körpergewicht und Länge festgestellt, es werden auch innere Organe vermessen und Gewebeproben für biochemische Untersuchungen entnommen. Rainer Knust (links) präpariert Gehörknöchelchen der Fische, an denen das Alter bestimmt werden kann. Im weißen Kittel Franz-Josef Sartoris, der sich auf temperaturphysiologische Untersuchungen spezialisiert hat. Foto: T. Fischer

DIE ANTARKTIS

Immer wieder verwechseln manche Leser Arktis und Antarktis. Dabei ist es so einfach. Wird ein geographisches Gebiet entdeckt oder machen sich kluge Leute zu irgendeinem Zeitpunkt bewusst, dass es sich bei dem, was sie beobachten, um ein wesenseigenes Gebilde handelt, geben sie ihm einen Namen. Die frühen Horizont-Erweiterungen, zu Beginn der Neuzeit von den seefahrenden Nationen Europas unternommen, beflügelten enorm die geographischen Wissenschaften, und so kam es, dass zuerst die Karten der Nordhalbkugel der Erde beschrieben wurden. Weil der Anti-Name nicht vor dem Namen dagewesen sein kann, ist klar: Das Nordpolargebiet nannten sie »die Arktis«. Was ihr entgegen liegt, am Gegenpol im Süden, ist die Ant-Arktis.

Aber wie kam es zu dem Namen »Arktis«? Manchmal genügt schon eine Vermutung, die dann den neuen Begriff gebiert. So war es bei den alten Griechen. In der Schiffsführung gewandt, orientierten sie sich bereits sehr gut nach Sternen und Sternbildern. Dass der Polarstern unwandelbar im Norden steht, wussten sie; dass er zum Sternbild des Großen Bären gehört, hatten sie sich ausgedacht. Im Griechischen heißt Bär und auch Großer Bär »arktos«. Deshalb nannten sie das Land unter dem Großen Bären arktos oder arktikos, nördlich. Der Mythos von fruchtbaren Ländereien in der Arktis wie übrigens auch in der Antarktis hielt sich noch über Jahrtausende.

Der Begriffsgeschichte folgend, müsste der regionale Teil unseres Buches im Norden beginnen. Aber wie so oft, setzt das reale Leben von Mal zu Mal neu an. Und hinter den Zufällen, die auch den Forschern, mehr als sie wahrhaben wollen, neue Wege öffnen, verbergen sich nicht selten politische Erwägungen. Nach dem Zweiten Weltkrieg beteiligten sich ab 1959 zum ersten Mal wieder deutsche Wissenschaftler aus dem östlichen Teil unseres Landes kontinuierlich an der Südpolarforschung. Sie sahen darin eine Gelegenheit, die Beschränkungen des Blockdenkens und die Isolation von der sciense community zu durchbrechen. 1980 stieg die Bundesrepublik Deutschland, mit sehr viel größerem Engagement auf Seiten der Politik, in die Polarforschung ein. Ihr galt es, wie von diesem Zeitpunkt an auch den ostdeutschen Wissenschaftlern, den Verpflichtungen des Antarktisvertrages nachzukommen. Das Alfred-Wegener-Institut wurde gegründet, die POLARSTERN in Dienst gestellt, eine Forschungsstation gebaut, wo man überwintern konnte. So kam es, dass zu Beginn der deutschen Nachkriegs-Polarforschung der Schwerpunkt der Aktivitäten in der Antarktis lag.

Die Neumayer-Station auf dem Ekström-Schelfeis

Orientierungsskizze des Stationsleiters von »Neumayer«, Dezember 1996. Nachdem zwei Eisberge (oben) von der Nordkante des Ekström-Schelfeises abgebrochen waren, musste über mögliche neue Anlegestellen für POLARSTERN informiert werden. NM: Neumayer-Station. GvN: Ort der alten Station »Georg von Neumayer«. Am Westrand der Atkabucht bei Punkt 9 ist die Hauptanlegestelle. Für den Fall, dass die Bucht zugefroren ist, kann eine Entladung auf Meereis bei 12 oder 11 erwogen werden. 7 ist die »Pier« an der Eisbarriere, die angefahren wird, wenn die Eisverhältnisse in der Atkabucht ungünstig sind. Von dort über die Wegpunkte 4 und 3, beziehungsweise von 8, wo sich das Winterlager befindet (Container, Schlitten, Treibstoffreserven), führen markierte Trassen zur Station.

Ein Untergang auf Raten

Es war nicht anders zu erwarten; es war geplant: Die erste Polarforschungsstation der Bundesrepublik Deutschland »Georg von Neumayer« musste im Eis versinken. 1980/81 als Röhrenkonstruktion errichtet, hatte man ihr eine Lebensdauer von ungefähr zehn Jahren gegeben. Und tatsächlich zeigten sich im Winter 1990/91 die ersten größeren Schäden: Dellen und Risse, verbogene Träger. Zu jener Zeit überwinterten neun Frauen in der Station – die erste weibliche Polarcrew. Ihnen war manchmal nicht geheuer, wenn sie ein lauter Knall aus dem Schlaf aufschreckte, weil wieder ein Bolzen an den Stahlträgern gerissen war.

Die Berechnung des Zeitpunktes, an dem die Station voraussichtlich aufgegeben werden müsste, war einfach: Mit der Wahl des Ekström-Schelfeises als Standort war klar, dass sie allmählich ins Eis absinken und oben mit einem jährlichen Schneezutrag von etwa 80 Zentimetern zugedeckt würde, das hatten Glaziologen exakt gemessen. Zum Jahresende 1990 lag die Oberkante der Stahlröhre neun Meter unter der Schneeoberfläche. Einstiegsschächte und Entlüfterrohre mussten bereits mehrmals verlängert werden.

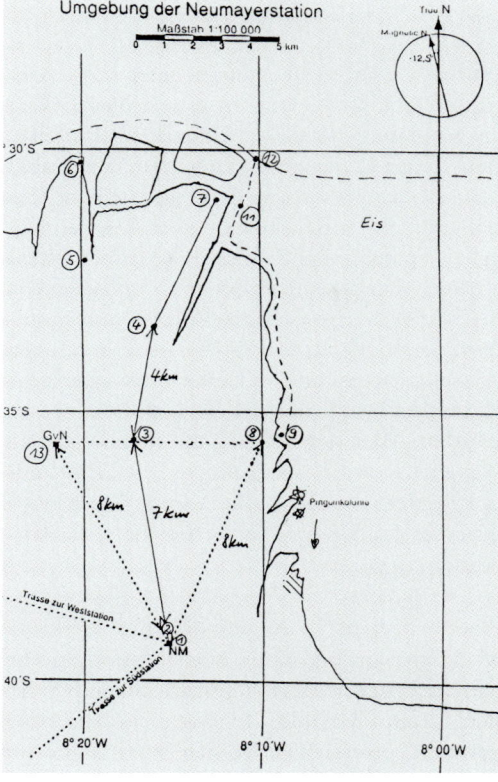

Blick von Südosten auf die Neumayer-Station ein Jahr nach der Vollendung. Der Containerkomplex ist von Treibschnee überdeckt, hebt sich aber noch von der Oberfläche ab. Die beiden Aufbauten links schützen die Treppentürme zur Station. Rechts die Seitenwand des Ausfahrtstores für die Fahrzeuge. Dazwischen vier Entlüfterrohre, eines mit Satelliten-Telefonanlage. Foto: N. Müller

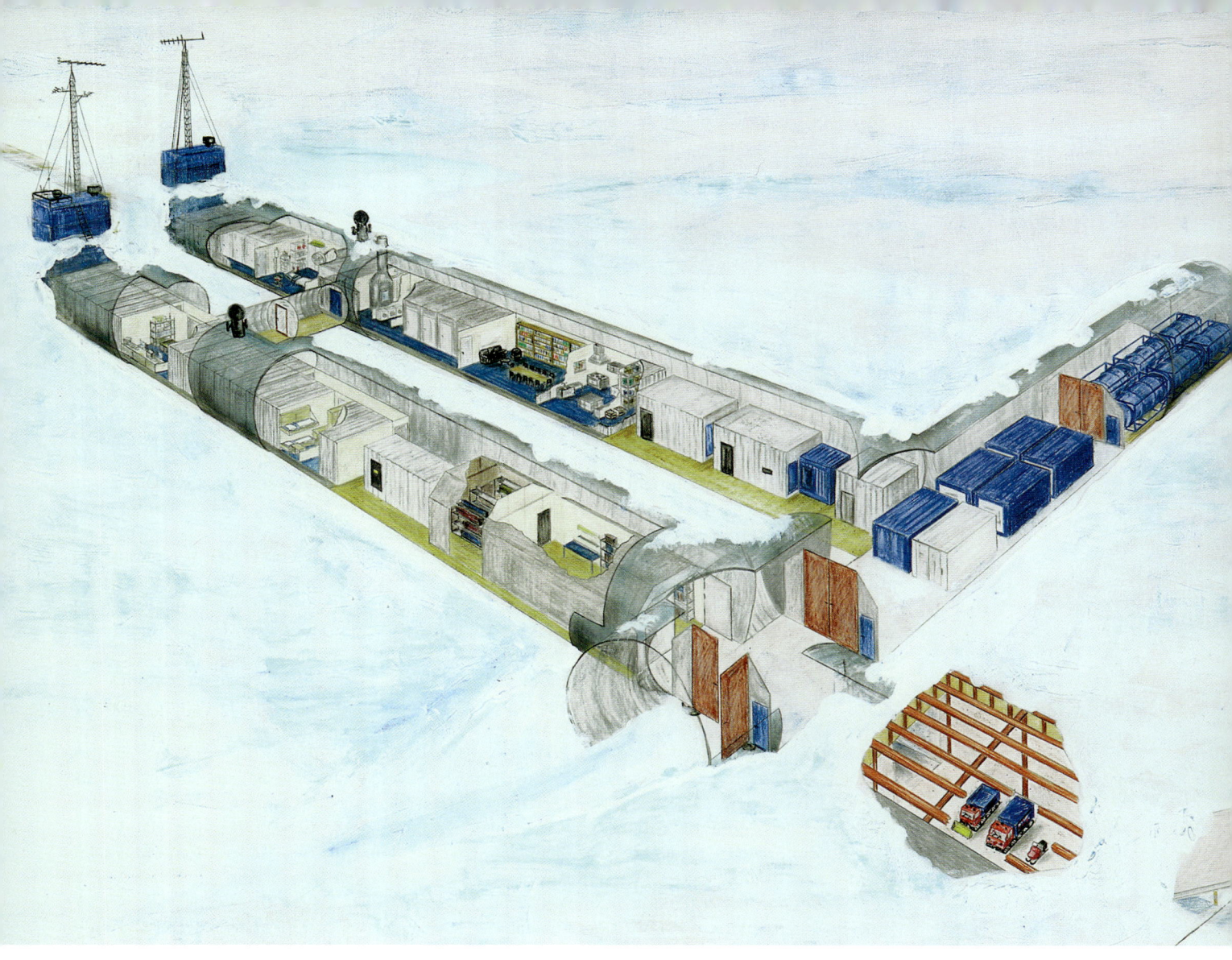

Was man nicht so genau kalkulieren konnte, war der seitliche Druck des ungleichmäßig nach Norden fließenden Eises. Er hatte die beiden 50 Meter langen Röhren zu bananenförmigen Körpern deformiert. Das Ekström-Schelfeis bewegt sich im Durchschnitt 150 Meter pro Jahr zur Eiskante hin, wo es »kalbt«, wo also mal größere, mal kleinere Eisberge abbrechen und ins Meer driften. Auch »Georg von Neumayer« ist in den zehn Jahren seiner Existenz 1500 Meter nach Norden gewandert. Bis zur Eiskante waren es zuletzt noch über fünf Kilometer. Das hätte, theoretisch, für weitere zwanzig Jahre gereicht – wenn nicht die Gefahr des Zerquetschens bestanden hätte.

Wie es zur Entscheidung kam, die Maulwurfvariante zu bevorzugen, statt auf Stelzen über Tage zu bauen und zu arbeiten, schildert der damalige Direktor des Alfred-Wegener-Instituts Gotthilf Hempel auf Seite 345. Dass man die Station nicht auf einen festen Ort, sondern partout auf Schelfeis setzen wollte, hing mit der Forschungskonzeption des AWI zusammen. Schelfeise, diese 200 bis 300 Meter mächtigen Tafeln, die sich vom antarktischen Kontinent über die Küstenlinie aufs Meer hinausschieben, sind von

Aufbau und Einrichtung der Neumayer-Station. Die Querröhre und die Fahrzeughalle unter der Schneeoberfläche liegen nach Norden. Hier ist auch der Zugang, wenn man über die Trasse von der Schiffsanlegestelle am Rand des Ekström-Schelfeises kommt. Graphik: S. Schadwinkel

Für die Röhren wurde sieben Millimeter dickes, gewelltes und entsprechend dem Durchmesser von 8,38 Metern geformtes Stahlblech verwendet. Insgesamt sind Röhren in einer Länge von 275 Metern montiert worden. Foto: R. Stark

Die ersten Segmente der Röhrenkonstruktion werden im Januar 1992 zusammengesetzt. Foto: H. Kohnen

weitreichendem Einfluss auf den Ozean (s. Beitrag D. Olbers). Eine Station auf solch schwimmendem Untergrund ermöglichte es, die mit dem 1982 in Dienst gestellten Forschungseisbrecher POLARSTERN gewonnenen marinen Daten lückenlos an die Stationsbeobachtungen anzuschließen.

Natürlich waren damit Risiken verbunden. Die großen Schelfeise des atlantischen Sektors gefährden nicht nur wegen der ständigen Eispressungen den Erhalt einer Polarstation, sie sind auch schwer zu erreichen. Ursprünglich war für »Georg von Neumayer« ein Standort weiter südlich auf dem Filchner-Ronne-Schelfeis vorgesehen. Dieses sehr wetterlaunige Gebiet wird in der alten Literatur als »Friedhof der Antarktis« bezeichnet: Mehrere Expeditionen fanden dort ein dramatisches Ende – so die des englischen Polarforschers Ernest Henry Shackleton 1909; der deutsche Geodät und Geograph Wilhelm Filchner scheiterte 1912 in diesem Winkel des Weddellmeeres.

Auch die 1980 gecharterten drei Schiffe POLARSIRKEL, GOTLAND II und TITAN mit der Baumannschaft und dem Baumaterial waren nicht an die Eisbarriere herangekommen; ein dicker Packeisgürtel hinderte sie. Der Konvoi musste in die Atkabucht des Ekström-Schelfeises östlich von Kap Norwegia ausweichen. So wurde »Georg von Neumayer« schließlich auf 70° 37' Süd, 8° 22' West errichtet. Am ursprünglich vorgesehenen Platz entstand ein Jahr später die Sommerstation »Filchner«; die deutschen Wissenschaftler wollten auf die Erforschung der zweitgrößten Schelfeistafel der Erde nicht verzichten.

»Georg von Neumayer« hat alle Erwartungen erfüllt. Das Ekström-Schelfeis erwies sich als eine ergiebige Region für die Polarwissenschaften. Es ist auch ein verhältnismäßig günstiger Ausgangspunkt für kontinentale Expeditionen auf die Inlandeiskappe und zu den westlichen Gebirgen Neuschwabenlands. Der Forschungsstandort sollte erhalten bleiben. Demzufolge musste nun in kurzer Zeit eine neue Station konzipiert und gebaut werden, die – einer internationalen Abmachung gemäß, wonach die identische Bezeichnung für unterschiedliche logistische Basen untersagt ist –, den Namen »Neumayer« erhielt. Für die Bauarbeiten selbst kam nur ein äußerst schmales Zeitfenster im Südsommer in Frage, genau betrachtet nur die Monate Januar und Februar, weil die Schiffe erst durch das allmählich im Dezember aufbrechende Meereis gelangen mussten. Und es war ungewiss, ob das Wetter nicht vielleicht alle Ablaufpläne über den Haufen wirft. Nicht zu unterschätzen die pekuniären Bedingungen: das erforderliche Geld fristgemäß zu bekommen.

1990 bis zur Einweihung der neuen Station im März 1992 waren Schicksalsjahre der deutschen Polarforschung. Auch mit Blick in Richtung Osten. Die DDR hatte zum gleichen Zeitpunkt einen Neubau ihrer Station »Georg Forster« in der Schirmacher-Oase (Dronning Maud Land) vorgesehen. Die ersten Teile waren bereits gefertigt, als das politische Regime kollabierte. Dass das vereinigte Deutschland innerhalb weniger Jahre nicht die Kosten für zwei neue Polarstationen aufbringen konnte, war einer der in der durchaus kontroversen Diskussion um »Georg Forster« vorgebrachten Gründe, weshalb die ostdeutsche Station aufgegeben wurde.

Der Wettlauf gegen die Zeit beginnt

Die Neumayer-Station besteht in ihrem Kernbereich aus zwei parallel liegenden Stahlröhren mit einem Durchmesser von 8,38 Metern. Diesmal jedoch sind sie unterschiedlich lang, 94 und 86 Meter, und im Unterschied zur früheren Konstruktion hat man keinen elliptischen, sondern einen kreisrunden Querschnitt für die Röhren gewählt. Dadurch widerstehen sie dem

Eisdruck besser, man kann die Träger für die Container besser justieren, und es hat außerdem den Vorteil, dass die Techniker in den Versorgungsgängen unter den Fußböden fast aufrecht gehen können, während sie in der alten Station kriechen mussten. Ein 15 Meter langer Tunnel verbindet die Hauptröhren miteinander. Im Norden schließt sich ein 95 Meter langer, querliegender Röhrentrakt für Proviant, Tank- und Abfallcontainer an. Ihm vorgelagert, über einen 60 Meter langen Tunnel zu erreichen, ist die Halle für Fahrzeuge und Gerät. Deren Dach ist höhenverstellbar, und die Ausfahrt für die Pistenbullis kann mit einer Luke geschlossen werden, so dass sie nicht mehr wie bei der alten Station nach jedem Schneesturm zugeweht wird und mit einer Schneefräse freigelegt werden muss.

Dieses Konzept war von der Planungsfirma Polarmar, Bremerhaven, und deren Geschäftsführer Dietrich Enß entwickelt worden. Hauptauftragnehmer war die Hamburger Firma Christiani & Nielsen, die schon »Georg von Neumayer« gebaut hatte und die gemeinsam mit der Bremerhavener Firma J. Heinrich Kramer für die Ausführung sorgte.

Im Juni 1991 hatten Journalisten Gelegenheit, in den Hallen der Kramer GmbH am Fischereihafen Vormontage und Probeaufbau der Station zu verfolgen. Überall wurde gesägt, geschraubt, gehämmert und verkabelt. Eine Reihe Wohn- und Arbeitscontainer war bereits zu einem langen Trakt zusammengefügt worden. Konstrukteur Dietrich Enß erklärte, dass er in seinem ersten Entwurf die Gebäude auf mechanisch verlängerbare Stelzen stellen wollte, um wie bei der Filchner-Station sowohl ein Absinken ins Eis als auch ein Zuwehen durch Schnee zu vermeiden. Er habe auch der Verführung nicht widerstehen können, den künftigen Nutzern einen Blick durchs Fenster zu gönnen; Landschaft zu sehen, Tageslicht, auch wenn es manchmal nur diffus durch den Schneesturm scheint, ist eben doch reizvoller, als in einer Art U-Boot von der Außenwelt abgeschottet zu sein. Aber dann griff man auf das bewährte Röhrenprojekt zurück; der Stelzenbau wäre zu teuer geworden, und bei

der Größe der Station wäre das jährliche Anheben der Plattformen nicht nur sehr mühsam gewesen, es hätte auch einen – noch dazu vom Wetter abhängigen – höheren Personaleinsatz erfordert.

Noch vor Weihnachten 1991 brach das bugverstärkte schwedische Versorgungsschiff ICECRYSTAL mit 2200 Tonnen Material und Maschinen sowie 44 Bauarbeitern an Bord zur Atkabucht auf. Der Wettlauf gegen die Zeit begann. Die Antarktis zeigte schon bei der Anfahrt ihre eisigen Zähne. Ein breiter Packeisstreifen, der sich trotz des Sommers nicht aufgelöst hatte, versperrte den Zugang zur vorgesehenen Entladestelle. Die Einsatzleitung entschloss sich, die gesamte Fracht zehn Kilometer über das Meereis zu transportieren bis zu einer etwas flacheren Stelle der Eisbarriere, wo es eine natürliche Auffahrt gab; von dort waren es noch acht Kilometer bis zum geplanten Standort. ICECRYSTAL kam erst mit zwei Wochen Verspätung an das Ekström-Schelfeis heran. Dadurch war der mit 62 Tagen ohnehin aufs knappste durchkalkulierte Zeitplan gefährdet. Wenn die Skeptiker, die bezweifelten, dass ein so großes Objekt auf einer weltabgeschiedenen Eistafel in nur einer Sommersaison errichtet werden könne, am Ende eines Besseren belehrt wurden, war das der exzellenten logistischen Koordination und dem

In die Röhren, die nur eine Schutzhülle für die eigentliche Forschungsstation sind, werden vorgefertigte und bereits weitgehend ausgestattete Container eingefahren.
Foto: H.-J. Thull

77

*In der gleichen Sommer-
kampagne wurde das
Geophysikalische Obser-
vatorium etwa einen
Kilometer von der Station
entfernt gebaut. Über
den Niedergang in der
vertikalen Verschalung
gelangen die Wissen-
schaftler zu den For-
schungscontainern unter
der Eisoberfläche.*

entbehrungsreichen Einsatz des Bautrupps vor Ort zu danken.

Gearbeitet wurde in der Regel zwölf Stunden, dann folgten zwölf Stunden Ruhe. Aber wann hält sich das Wetter am Rande des antarktischen Kontinents schon an Betriebsregeln? Das Schlimmste war der Wind, der den Schnee aufwirbelt und die Kristalle wie Nadeln ins Gesicht treibt. Mitunter zwang der dichte Fegschnee die Männer in ihre provisorischen Unterkünfte, weil sie kaum noch etwas erkennen konnten. Nach kurzer Zeit war das ordentlich abgelegte Baumaterial im weißen Einerlei verschwunden. Da half nur der Computer. Das gesamte Lager war in Planquadrate aufgeteilt, mit Fahnen markiert, jedes Bauteil mit seinem Standort registriert. »Wenn wir etwas suchten, brauchten wir nur den Computer nach den Koordinaten zu fragen und zu buddeln«, berichtet ein Beteiligter. Angeblich sei nicht eine der 30000 bis 40000 Schrauben verloren gegangen.

Durch Sturm und Schneedrift bedingte Ausfallzeiten mussten schnellstens aufgeholt werden. Manchmal haben die Monteure von Kramer sowie von Christiani & Nielsen und die Techniker des AWI 16 Stunden durchgehalten. Bei oft eisigen Temperaturen. Vertretbar und überhaupt möglich waren die Bauarbeiten nur bis minus 25 Grad und einer Windstärke von 60 Stundenkilometern; an etlichen Tagen war man nahe daran. So dass es eigentlich nur eine Regel gab: Gutwetterzeit ist Arbeitszeit.

Am 3. März konnte Richtfest gefeiert werden. Danach begann schon der Umzug aus der alten Station. Was noch verwendbar war, wurde mit Schlittengespannen zu »Neumayer« gefahren. Inzwischen lag auch die POLARSTERN, die mit der Expedition ANT X ein volles Forschungsprogramm zu absolvieren hatte, an der Eisbarriere. Sie brachte zweimal Nachschub für die Baustelle, auch frisches Obst aus Kapstadt und 200 Kästen Bier – der Bierverbrauch von Bauarbeitern in der Einsamkeit war unterschätzt worden. Bis Mitte März mussten alle Transporte abgeschlossen sein, danach geht nichts mehr; dann beginnen die Winterstürme, und die Atkabucht friert wieder zu. Am 31. März 1992 wurde die Station mittels eines virtuellen Festaktes via Satellitenbild offiziell eingeweiht. Dieses Datum gilt als Eröffnung von »Neumayer«.

Ein Heim für 14 Monate

Die Hauptbasis der deutschen Polarforscher in Antarktika liegt acht Kilometer von der Eiskante und etwa acht Kilometer von der alten Station entfernt. Sie befand sich zur Eröffnung auf 70°40' Süd, 8°15' West. Bis zum Jahre 2000 ist sie 1,5 Kilometer nach Norden gedriftet. Der Standort ist gründlich ausgesucht worden; die Glaziologen haben über viele Jahre die Fließgeschwindigkeit verschiedener Segmente des Ekström-Schelfei-

Ein Gag, ein Orientierungspunkt, ein surrealistisches Symbol? Die Deutsche Telekom hatte eine Glasfaser-Kabelstrecke für die Neumayer-Station bezahlt, das AWI hat sie getestet und genutzt. Ein Geophysiker fand, dass eine ausgemusterte Telefonzelle ein vieldeutiges Sinnbild sei und brachte sie auf die Eiskappe neben das Observatorium. Fotos: A. Eckstaller

ses gemessen, in so genannten Deformationsfiguren wurden die Scherkräfte geodätisch bestimmt. Der Baugrund ist verhältnismäßig ruhig. Die voraussichtliche Lebensdauer von »Neumayer« wird mit 15 Jahren angegeben.

Nähert man sich der Station von der Eiskante des Ekström-Schelfeises – und es gibt nur diesen einen Zugang –, hat man die Wahl, je nach Liegeplatz der Polarstern fünf oder fünfzehn Minuten mit dem Hubschrauber zu fliegen oder in einen Pistenbulli zu steigen. Nach Süden und Westen erstreckt sich eine endlos weite, allem Anschein nach völlig glatte Schneefläche. Der Horizont: Wie mit einem Lineal gezogen – so eintönig hat man sich die Eiswüste nicht in den schlimmsten Träumen vorgestellt. Kommt man von der Spitze des Schelfeises, kann man die Bruchkante zur Atkabucht nur ahnen. Dort beleben einige kantige Eisberge das Bild. Und voraus weist eine Reihe von Bambusstangen mit kleinen schwarzen Fahnen den Weg zur Station. Die Stofffetzen zittern im Wind, ihre Säume sind schon ganz ausgefranst von den heftigen Stürmen.

Die Fahrt im Pistenbulli verläuft nicht so ruhig, wie man vielleicht vermuten könnte. Sie ist ein ständiges leichtes Auf und Ab. Was über die Weite glatt aussah, hat Bodenwellen. Nach einer Stunde sieht man in der Ferne ein paar schwarze Punkte. Man muss schon ziemlich nahe heran sein, um unterscheiden zu können: Das sind die beiden überbauten Einstiegsschächte in die Station, das sind parkende Pistenbullis, dazwischen die Entlüfterröhren mit den seltsamen seitlichen Abzügen, die das Eindringen von Treibschnee verhindern. Dann steht man vor der offenen Luke zur Fahrzeughalle und gelangt, immer noch auf Schnee, aber nun unter einem Dach, vor die Türen der Werkstatt.

Neben den Wohncontainern enthalten die Röhren ein großzügig ausgestattetes Hospital, eine Messe mit Küche, einen weiteren kleinen Aufenthaltsraum, Fotolabor, Funkstation und selbstverständlich alle technischen Ingredienzen, die zur Erhaltung des Lebensraumes notwendig sind. Zu den Laboratorien für Meteorologie und Geophysik sind im Neubau ein chemisches und

ein biologisches Laboratorium hinzugekommen. Die Innenausstattung ist etwas großzügiger als bei der alten Station, vor allem im technischen Bereich. Die Gesamtfläche beträgt 2200 Quadratmeter; 765 davon sind klimatisiert. In »Neumayer« können elf Personen bequem überwintern. Meist beschränkt sich die Gruppe jedoch auf neun Personen: vier Wissenschaftler, drei Techniker, einen Koch und den Arzt, der das Team leitet. Sie bleiben 14 bis 15 Monate. In der Sommersaison bietet die Station maximal 50 Personen Unterkunft.

Höchste Priorität galt von Anfang an der Umweltverträglichkeit. Sowohl beim Betrieb und Verlassen der alten Station wie beim Neubau. Schon damals wurde außer Dieselöl an deutschen Polarstationen nichts verbrannt, obwohl dies das Madrider Protokoll zum Schutz der Antarktis bis zum Jahre 2000 noch erlaubt hätte. Deutschland hielt, im Unterschied zu anderen Ländern, bereits die 1985 vom Wissenschaftlichen Komitee für Antarktisforschung (SCAR) empfohlenen Maßnahmen zum Umweltschutz strikt ein. Außer Grauwässern wird alles aus der Antarktis abtransportiert, was

Ein vom Eis eingedrückter Teil des Treppenhauses im Hauptzugang der alten Station »Georg von Neumayer« drei Jahre nach dem Verlassen. Foto: F. Schuster

Die Windkraftanlage mit einer Leistung von 20 Kilowatt pro Stunde entlastet die Dieselgeneratoren. Sie wurde in der Hochschule Bremerhaven entwickelt und ist in ihrer Art einmalig. Jede herkömmliche Anlage würden die antarktischen Stürme sofort zerstören. Das in Schleswig-Holstein erprobte Modell hat drei Rotorblätter mit einem Gewicht von 200 Kilogramm, die in 15 Meter Höhe um eine vertikale Achse kreisen. Foto: S. Günther

nicht gebraucht wird, selbst Küchenabfall und seit 1997, seit es die biologische Kläranlage gibt, auch feste Fäkalien in luftdicht verschweißten Behältern.

Gemäß der Madrider Konvention ist in der auf die Bauphase folgenden Saison (1993) der versunkene Gebäudekomplex gänzlich ausgeschlachtet und der gesamte Inhalt per Schiff verfrachtet worden. Die Röhren jedoch konnten nicht geborgen werden; sie hätten aus dem Eis herausgesprengt werden müssen, was der Umwelt mehr geschadet als genutzt hätte.

In der neuen Station wurden nur umweltneutrale Materialien verbaut. Die beiden Dieselgeneratoren (je 100 Kilowatt elektrische Leistung) und das Notstromaggregat (50 Kilowatt) haben Abgasfilter auf Katalysatorbasis. Die gereinigte Abluft heizt die Räume. Wasser wird in einer Schneeschmelze gewonnen, die mit dem Kühlwasser der Diesel aufgeheizt wird. Die am alten Standort bewährte Windkraftanlage mit 20 Kilowatt Leistung wurde umgesetzt; sie spart etwa 165000 Liter Treibstoff im Jahr.

Zur neuen Station gehören außer den Hauptgebäuden mit den beiden zehn Meter hohen Empfangs- und Sendeantennen ein meteorologisches Messfeld (s. Beitrag G. König-Langlo) sowie, etwa 1,5 Kilometer von den Unterkünften entfernt, das Observatorium für atmosphärische Spurenstoffe (s. Beitrag R. Weller).

Ebenfalls etwas abgelegen, um Störeinflüssen der Station zu entgehen, entstand das neue geophysikalische Observatorium (s. Abb. S. 78). Zu ihm gehören zwei automatische Außenstationen, 50 Kilometer südlich und 90 Kilometer südöstlich von »Neumayer«. Die geophysikalischen Instrumente registrieren, wie sich das Magnetfeld und das Schwerefeld der Erde (Letzteres vor allem durch die Gezeiten) verändern. Hauptsächlich aber werden Erdbeben aus der ganzen Welt und verhältnismäßig schwache

Beben aus der Region aufgezeichnet. Früher dachte man, dass es in der Antarktis gar keine Erdbeben gäbe – eine Ansicht, die der geringen Anzahl von Messstationen auf der Südhemisphäre geschuldet war. Besonders seit 1997, seit ein kreisförmig angelegtes Array aus 16 Seismometern auf dem »Watzmann« installiert wurde, sozusagen eine Antenne für seismische Wellen mit einem Durchmesser von zwei Kilometern, konnte die Anzahl der registrierten Beben von monatlich 50 auf bis zu 600 im Jahre 2000 erhöht werden. Dabei zeichnen sich deutlich zwei Bebenzentren ab: Im Osten der Jutul-Penck-Graben, der den Jutulstraumen-Gletscher geleitet, im Westen eine Störzone bei Kap Norwegia: sie liegt in der Verlängerung des Wegener-Canyons (siehe S. 97/98). Über die Mechanismen, die diese seismischen Aktivitäten auslösen, ist noch nichts bekannt.

Die wissenschaftlichen Programme auf »Neumayer« umfassen also im Wesentlichen meteorologische, geophysikalische und luftchemische Langzeituntersuchungen sowie tiefenseismische, geodätische und andere Messaktionen zur Bestimmung der Eisverhältnisse und des Untergrundes. Von der ehemaligen DDR-Station »Georg Forster« wurde die 1985 gestartete, sehr dichte Messreihe der vertikalen Ozonsondierung mittels Ballonen übernommen (s. S. 143 bis 150). Hinzu gekommen sind auch umfangreiche Messungen des Strahlungshaushaltes der Erde. Die Mehrzahl dieser Forschungen ist in ein dichtes Netz internationaler Programme eingebunden.

Den Bau der Neumayer-Station hat das Bundesforschungsministerium mit 20 Millionen DM finanziert, »which is a relatively small sum«, wie das renommierte Wissenschaftsmagazin »Science« schrieb. Ins Verhältnis zu den bisher erbrachten Forschungsergebnissen gesetzt, wohl eine berechtigte Bemerkung.   *Gert Lange*

Der Förderer der Südpolarforschung: Georg von Neumayer

Georg von Neumayer (21.6.1826 – 25.5.1909)

Georg von Neumayer, dessen Andenken die deutschen Polarforscher wahren, indem sie ihre Überwinterungsstation in der Antarktis nach ihm benannten, hat nie die Eisflächen des Südpolarkontinents oder des Nordpolarmeeres gesehen. Dennoch hat er als Organisator wissenschaftlicher Unternehmen großen Einfluss auf die internationale Polarforschung gehabt.

Seine berufliche Laufbahn begann, nachdem er das Lyzeum in Speyer besucht hatte, mit dem Studium an der Polytechnischen Hochschule München und auf der Sternwarte in Bogenhausen. Trotz seiner akademischen Ausbildung ließ sich Neumayer durch nichts von seinem Wunsch abbringen, Seemann zu werden beziehungsweise für die Seefahrt tätig zu sein. Da er keine Aufnahme in der neu gegründeten deutschen Bundesmarine fand (und auch nicht in der holländischen und amerikanischen Marine), nahm er eine Stelle als Volontär »gegen mäßige Bezahlung« auf der Hamburger Bark LUISE an.

Seine erste Seereise führte ihn nach Brasilien; sie endete Mitte April 1851 in Hamburg. Bedingt durch seine Vorkenntnisse und das freundschaftliche Entgegenkommen des damaligen Direktors der Hamburger Sternwarte und Seefahrtsschule Carl Rümker (1788 – 1862) konnte Neumayer fünf Wochen später bereits das Steuermannspatent in Händen halten. Als die österreichische Marine reorganisiert wurde, hoffte er dort auf eine Anstellung. Nach monatelangem Warten in Triest, wo er Privatunterricht in Navigation erteilte, wurde ihm angeboten, als Lehrer an der Decksoffiziersschule zu unterrichten. Da er jedoch nach praktischer Erfahrung im Seedienst strebte, lehnte er ab.

Ende 1853, von einer Australienreise zurückgekehrt, bemühte sich Neumayer, Förderer für ein geophysikalisches und meteorologisches Observatorium zu gewinnen, das er in Australien einrichten wollte. Unter anderem erwärmte sich König Max von Bayern für diese Idee, und 1857 konnte Neumayer nach umfangreichen Vorbereitungen tatsächlich in Melbourne ein Observatorium eröffnen.

1870 erhielt Neumayer nach eigener Aussage die Berufung zum Leiter einer österreichischen Antarktisexpedition. Als sich 1871 die österreichischen Pläne, unter anderem durch den Tod W. von Tegetthoffs, zerschlugen, wandte er sich nach Hamburg und schloss sich Wilhelm von Freeden (1822 – 1894) an mit dem Ziel, die Seewarte zu erweitern und zu einem Reichsinstitut umzuwandeln. Ein Vortrag am 3. Februar 1872 in Berlin über Kompassdeviation brachte Neumayer die Erfüllung in seinem Karrierestreben: Im Juli des gleichen Jahres wurde er Mitglied des Hydrographischen Bureaus der kaiserlichen Admiralität, im Dezember »Hydrograph der Admiralität«.

Diese Position eröffnete ihm erstmals ein forschungspolitisches Betätigungsfeld. Es ist unstreitig, dass Neumayer die treibende Kraft und der wissenschaftliche Kopf bei der Ausrichtung der Reichsexpedition mit der Gazelle (1874 – 1876) war. Das Ziel der Gazelle-Expedition war die Beobachtung des Venusdurchgangs vor der Sonnenscheibe, wobei die Kerguelen im Südindik als Stützpunkt für die Messungen dienten. Zweifellos hat Neumayer versucht, diese Expedition nach dem Vorbild der britischen CHALLANGER-Expedition zu erweitern.

Von 1875 bis 1903 war Neumayer Leiter des Reichsinstituts Deutsche Seewarte, das er zu einer international anerkannten Institution ausbaute. Die geophysikalische und nautische Messtechnik verdankt ihm viele innovative Beiträge und Anregungen. Als Mitglied mehrerer Kommissionen, unter anderem der zur wissenschaftlichen Begutachtung der Polarforschung, machte er seinen Einfluss geltend. Er war viele Jahre stellvertretender Vorsitzender der Gesellschaft für Erdkunde zu Berlin. Auch das Zustandekommen des ersten Internationalen Polarjahres 1882/83, das Carl Weyprecht (1838 – 1881) angeregt hatte, war wesentlich sein Verdienst.

Reinhard A. Krause

Das Weddellmeer – Eiskaltes Fenster der Tiefsee zur Atmosphäre

Das Forschungsschiff POLARSTERN beim Zerkleinern des Meereises im Weddellmeer, damit eine ozeanographische Verankerung an der Oberfläche auftauchen kann.
Fotos: E. Fahrbach

Polternd und knirschend bahnt sich die POLARSTERN ihren Weg durch das Weddellmeer. Hier, an der Ostküste der Antarktischen Halbinsel, sammelt sich das Meereis, das mit den Winden und dem Strömungssystem des Weddellwirbels nach Westen getrieben wird. Die Schollen türmen sich zu bizarren Rücken auf, die zwar von den Adeliepinguinen als abwechslungsreiche

Tummelplätze geschätzt werden, aber dem Schiff das Vorankommen fast unmöglich machen. Tief unter dem Meereis fließt das kalte Bodenwasser nach Norden, das der Gegenstand unserer Bemühungen und Gedanken ist. Die physikalischen Ozeanographen an Bord wollen den Durchstrom dieser Wassermasse messen, denn das Weddellmeer trägt zum Umsatz der Wärmekraftmaschine Ozean bei. Wie stark der Antrieb ist, der auf die globale ozeanische Zirkulation wirkt, und wie er zustande kommt, soll durch die POLARSTERN-Fahrten aufgeklärt werden.

Um das nach Norden fließende Bodenwasser zu erkennen und zu bestimmen, werden Geräte ausgebracht, die ein bis zwei Jahre lang die Meeresströmung und die Wassertemperatur im Zweistundentakt registrieren. Dazu bedient man sich so genannter Verankerungen: An einem Seil, das von Auftriebskörpern – Unterwasserluftballons aus Glas oder Stahl – in der Wassersäule senkrecht gehalten wird und mit einem Grundgewicht auf dem Meeresboden verankert ist, sind in unterschiedlicher Tiefe Messgeräte befestigt. Der enorme technische Aufwand, der dabei betrieben werden muss, hat zur Folge, dass im Weddellmeer, einem Gebiet von der dreifachen Fläche Deutschlands und Frankreichs zusammen, nur wenige Messreihen gewonnen werden können und dass um jeden einzelnen Messpunkt mit letzter Hingabe gekämpft wird. Das Aufnehmen einer solchen Gerätekette im eisbedeckten Polarmeer ist eine der aufregendsten Aktionen, schließlich entscheidet sich in diesen Stunden, ob die Ozeanographen Messergebnisse gewinnen oder nicht.

Damit sich die Verankerung an die Oberfläche drängeln kann, muss die POLARSTERN zunächst in dem Gebiet, in dem die auftreibende Verankerung erwartet wird, das Eis in kleine Stücke brechen. Dazu donnert der Eisbrecher in voller Fahrt entlang eines vorausberechneten Gitterkurses durch die Eisfläche. Im Anschluss daran werden besonders widerstandsfähige Schollen noch einmal gezielt angefahren und zerkleinert. Bei dieser Operation muss berücksichtigt werden, dass die Eisdecke nicht still liegt, sondern

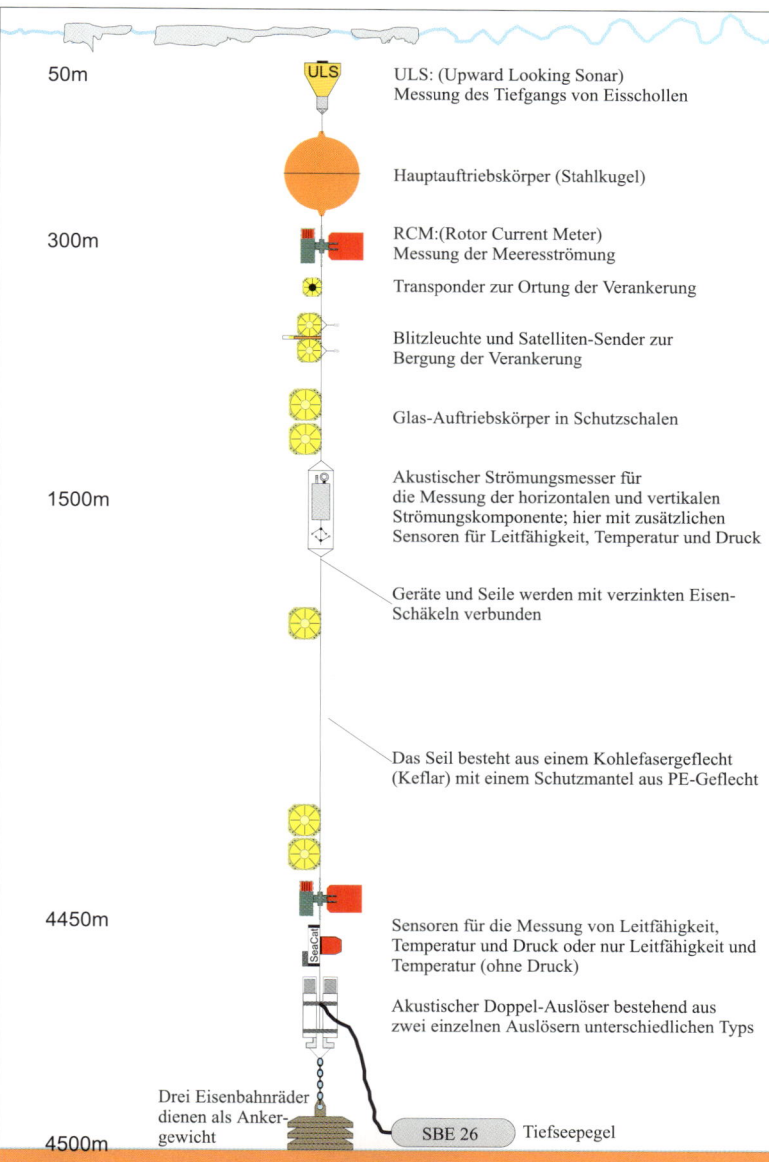

50m — ULS: (Upward Looking Sonar) Messung des Tiefgangs von Eisschollen

Hauptauftriebskörper (Stahlkugel)

300m — RCM: (Rotor Current Meter) Messung der Meeresströmung

Transponder zur Ortung der Verankerung

Blitzleuchte und Satelliten-Sender zur Bergung der Verankerung

Glas-Auftriebskörper in Schutzschalen

1500m — Akustischer Strömungsmesser für die Messung der horizontalen und vertikalen Strömungskomponente; hier mit zusätzlichen Sensoren für Leitfähigkeit, Temperatur und Druck

Geräte und Seile werden mit verzinkten Eisen-Schäkeln verbunden

Das Seil besteht aus einem Kohlefasergeflecht (Keflar) mit einem Schutzmantel aus PE-Geflecht

4450m — Sensoren für die Messung von Leitfähigkeit, Temperatur und Druck oder nur Leitfähigkeit und Temperatur (ohne Druck)

Akustischer Doppel-Auslöser bestehend aus zwei einzelnen Auslösern unterschiedlichen Typs

Drei Eisenbahnräder dienen als Anker-gewicht

4500m — SBE 26 — Tiefseepegel

Ausbringen einer Verankerung während der Winter-Weddellwirbel-Studie 1989. Die mit roten und gelben Plastikschalen umgebenen Auftriebskörper haben im Inneren je eine druckfeste Glaskugel. Sie sind bis zu 6000 Meter Tiefe einsetzbar und tragen die Geräte, wie den im Bild sichtbaren Strömungsmesser, in bestimmten Wassertiefen.
Rechts: Schematische Darstellung einer ozeanographischen Tiefsee-Verankerung.

mit Wind und Strom driftet. Deshalb wird die Lage und Größe der freigebrochenen Fläche so geplant, dass sie sich zum richtigen Zeitpunkt über der Verankerung befindet.

Alle vier Maschinen der POLARSTERN sind zugeschaltet, und nach einer Stunde ist die vormals gleichförmige Eisfläche in einen Brei verwandelt. Das Hydrophon der Ozeanographen geht

Vom »Mummy-Chair« aus versucht ein Matrose, eine Seilverbindung zur wiedergefundenen Messkette herzustellen.

Aufnahme einer Verankerung während der Expedition ANT X, 1992.

Einschäkeln einer Verankerung ans Windenseil. Der auf dem obersten Auftriebskörper gemalte Adventskranz weist auf den Tag der Aktion im Jahre 1990 hin. Das zylindrische Teil darüber ist der akustische Auslöser, mit dem die Gerätekette vom Windenseil getrennt und auf Grund gesetzt wird.

über die Bordwand zu Wasser. Mit diesem Unterwasserlautsprecher werden Schallpulse ausgesendet, die die Auslösevorrichtung der Verankerung über dem Meeresgrund aus ihrem zweijährigen Schlaf wecken. An der Folge der Schallpulse erkennt der Auslöser, dass es sich um kein zufälliges Geräusch handelt, sondern um ein nur für ihn bestimmtes Signal. Die Elektronik setzt die vom Schiff aus gegebenen Befehle um und quittiert den Vollzug ebenfalls durch eine Pulsfolge, die an Bord empfangen werden kann. Doch häufig erlaubt es das Schiffsgeräusch nicht, die Rückmeldung eindeutig zu identifizieren, obwohl die Maschinen gedrosselt und die Propeller ausgekuppelt werden. Dann muss im guten Glauben an die fortgeschrittene Technik ausgelöst werden. Das ist im offenen Wasser kein Problem, da die auftauchende Verankerung an der Meeresoberfläche meist gut zu erkennen ist. Im Meereis kann es der Anfang einer stunden-, ja sogar tagelangen nervenzehrenden Suche werden.

Gespannt erwartet die Besatzung, dass sich die ersten Auftriebskörper als orangerote Bälle zwischen den Eistrümmern zeigen. Doch nichts geschieht. Mit mehr oder weniger geübten Augen, mit und ohne Feldstecher, wird die Oberfläche von Brücke und Deck aus abgesucht – nichts ist zu sehen. Das Jagdfieber geht um, und nicht nur der Finderlohn in Form einer Flasche Sekt verdoppelt die Aufmerksamkeit, sondern auch das Gefühl, dass hier ein Schatz an Geräten und Messdaten darauf wartet, gehoben zu werden. Auch vom Krähennest aus ist nichts zu erkennen. Die Spannung steigt, eigentlich müssten doch schon mehrere Teile zu sehen sein, was ist denn passiert? Da meldet sich über Sprechfunk der Posten vom Peildeck: Der Satellitensender auf dem obersten Auftriebskörper hat sich gemeldet! Also hat die Verankerung die Oberfläche erreicht. Querab vom Schiff müsste die Topboje zu sehen sein, doch offensichtlich hat sie sich hinter einer Eisscholle versteckt.

Dies ist die Stunde des Helikopterpiloten. Der steht schon bereit und hat auf seinen Einsatz gewartet. Schnell ist der Helikopter mit einer

Auf offener See kann die aufgetauchte Verankerung mit dem Schlauchboot zum Schiff gezogen werden.

Gruppe von Spähern an Bord in der Luft und fliegt einen Suchkurs um die Sollposition. Endlich kommt die erlösende Botschaft. Die Boje ist nur zu erkennen, wenn sich der Helikopter genau über ihr befindet. Sie hängt am Rande des aufgebrochenen Feldes in einem Berg aufgetürmter Schollenstücke so, dass die Antenne gerade freigekommen ist und senden kann. Der Pilot gibt die genaue Position zum Schiff durch und behält die Boje weiter im Blick.

An Bord müssen nun die Schiffspropeller wieder eingekuppelt und eine weitere Maschine zugeschaltet werden, damit sich die POLARSTERN kraftvoll, aber auch vorsichtig an die Position heranschieben kann. Dadurch bewegt sich das Eis, die Boje kommt frei und taucht nun als leuchtender Farbtupfer in der weißen Landschaft auf. Trotz der Freude über die gefundene Boje wird die Eisfläche mit größter Aufmerksamkeit weiter beobachtet. Erst wenn mehrere Teile gesichtet werden, wissen wir, wie sich die Geräte an der Meeresoberfläche in die Strömung gelegt haben. Dann kann sich das Schiff nähern, ohne Gefahr zu laufen, dass unter dem Eis liegende Teile in die Propeller geraten.

Die Versuche, die Boje in die Nähe der Bordwand zu bekommen, um sie mit dem Wurfanker zu erreichen, schlagen fehl. Immer wieder schieben sich Eisschollen zwischen Schiff und Boje. Da hilft nur der »Mammy-Chair«, ein Förderkorb, der an den Kran gehängt wird. Ein Matrose steigt hinein und begibt sich auf die luftige Reise zur Boje. Von der Gondel aus lässt er den Wurfanker neben die Boje fallen und zieht ihn vorsichtig unter das Trägerseil. Der Korb wird zurückgeschwenkt und das Seil über den Spillkopf gelegt. Langsam nähert sich die Verankerung der Bordwand. Inzwischen hat der farbige Fremdkörper auch das Interesse einer Weddellrobbe geweckt. Sie umkreist die Boje und beschließt nach kurzem, ihr keine weitere Aufmerksamkeit zu widmen.

Das erste Paket mit Auftriebskörpern und Messgeräten taucht aus dem Wasser auf und wird bis an die Reling gehievt, an den Kran gehängt und an Deck gehoben. Erleichterung ist allen ins Gesicht geschrieben. Zwar ist der erste Schritt getan, doch nun folgen mehr als 3000 Meter Verankerungsseil, die mühsam eingeholt und auf Kabeltrommeln gespult werden müssen. Freundlich nennt man die hilfreiche Winde, die das Ablegen riesiger Berge schwarzen Kabels an Deck erspart, den »Blauen Klaus«. Wenn ein Messgerät oder eine weitere Reihe von Auftriebskörpern in Sicht kommt, reduziert der Windenfahrer die Hievgeschwindigkeit. Dann wird die Last an den Kran übergeben und vom Verankerungsseil getrennt. Währenddessen springen immer wieder die Seitenstrahler der POLARSTERN an – starke Propeller in Düsen an Bug und Heck quer zur Schiffslängsachse –, um mit einem schäumenden Wasserschwall die Eisbrocken von der Schiffsseite zu spülen und freies Wasser zu schaffen.

Nach einigen Stunden liegen alle Geräte an Deck. Sie werden gereinigt und ins Labor gebracht, wo sie die gespeicherte Datenflut an einen Computer übergeben. Die Kratzspuren am Auftriebskragen des Eisecholots zeigen, dass wir mal wieder Glück gehabt haben. Zwar hat ein Eisberg die Verankerung gestreift, und die Druckregistrierung wird zeigen, wie weit sie in die Tiefe gedrückt wurde, doch offensichtlich hat sie diese Begegnung gut überstanden.

Die Freude ist groß über die erfolgreiche Aufnahme der Geräte, doch nach einer kurzen Pause zum Aufwärmen und zum Abendessen geht die Arbeit weiter. Der antarktische Sommer beschert uns 24 Stunden Licht. Die tiefstehende Sonne taucht die Eisflächen in einen bläulichen Lichtschimmer, in den goldig glitzernde Flächen offenen Wassers eingebettet sind. Trotz der romantischen Szenerie muss die neue Verankerung vorbereitet werden, und das Grundgewicht, bestehend aus drei Eisenbahnrädern, geht über Bord. Langsam wird die Verankerungsleine gefiert. Immer wieder wird sie kurzzeitig entlastet, damit wir die Messgeräte einschäkeln können, denn nun hängt das volle Gewicht von einer Tonne am Seil. Nach mehreren Stunden ist nur noch das Eischolot an Bord, das an oberster Stelle, genau 150 Meter unter der Meeresoberfläche, platziert werden muss.

Dann werden die Tiefenangaben aller Echolote überprüft, und das Ergebnis bestätigt, was wir schon vermutet hatten: dass die Solltiefe nicht erreicht ist. Die Verankerung muss bei voller Streckung des Seils genau vom Meeresboden bis zur Position des Echolotes 150 Meter unter der Meeresoberfläche reichen. Während des mehrstündigen Aussetzens der Geräte ist wieder die Schiffsdrift zu berücksichtigen. Sie war geringer, als wir berechnet hatten, und nun schiebt sich POLARSTERN mit zwei Knoten Geschwindigkeit und der Verankerung an der Seite in Richtung abnehmender Wassertiefe. Auf der Brücke erzeugt das Fächerlot eine Karte des Meeresbodens in der Umgebung des Schiffes auf dem Bildschirm. Aufmerksam verfolgen wir den Markierungspunkt für die aktuelle Position der POLARSTERN, wie er sich langsam zur angekreuzten Sollposition hin bewegt.

Als die richtige Tiefe erreicht ist, wird die Verankerung mit einer Winde probehalber am Boden aufgesetzt. Konzentriert richten sich alle Augen im Windenleitstand auf die Anzeige, die die Belastung des Seils registriert. Endlich ist es so weit: Ein Sprung in der Lastkurve zeigt an, dass das Grundgewicht in der erwarteten Tiefe am Boden aufsitzt. Die Verankerung wird noch einmal um fünf Meter angehoben, dann trennt sie der Befehl an den akustischen Auslöser vom Windendraht. Das Erzittern des Drahts zeigt allen an Deck, dass die Auslegung erfolgreich abgeschlossen ist. Nun arbeiten die Messgeräte in der Tiefe des Ozeans. Während die POLARSTERN zur nächsten Station fährt, kann man die wohlverdiente Entspannung ganz nach Bedarf in der Sauna oder in der Bordbar »Zillertal« finden.

Wie das Tiefenwasser und Bodenwasser entsteht

Mit Messungen alleine kann nur ein unvollständiges Bild der Strömungs- und Temperatur- und Salzgehaltsverhältnisse und deren Veränderungen gewonnen werden. Sie sind aber von ganz besonderer Bedeutung, da in diesem Meeresgebiet eine der Quellen des Antarktischen Bodenwassers zu suchen ist. Diese Wassermasse, deren Einfluss im Nordatlantik bis in die Breiten Europas nachgewiesen werden kann, trägt zur Erneuerung des Tiefenwassers im Weltmeer bei und ist ein wichtiges Glied in der globalen thermohalinen Zirkulation (siehe S. 32, S. 40). Veränderungen im Antarktischen Bodenwasser können durch gegenwärtige Klimaschwankungen verursacht werden und sich auch auf zukünftige Veränderungen des Klimas auswirken. Deshalb versuchen die Ozeanographen, Messwerte und Rechnungen mit Computermodellen zu verbinden, um zu verstehen, wie sich in diesem Meeresgebiet die von Norden einströmenden Wassermassen im Austausch mit der Atmosphäre und durch die Meereisbildung verändern und als dichtes, sauerstoffreiches Bodenwasser ins Weltmeer zurückkehren.

Die Strömungen im Weddellmeer sind durch einen großräumigen Wirbel bestimmt, der im Osten durch Wasser gespeist wird, das aus dem Zirkumpolarstrom stammt. Dieses verhältnismäßig warme und salzreiche Zirkumpolare Tiefenwasser ist im Weddellmeer in der Temperatur- und Salzgehaltsverteilung (Abb. S. 87) als je ein Temperaturmaximum vor der Ost- und Westküste zu erkennen. In der Antarktischen Divergenz, die durch den Übergang vom Westwindgürtel zum küstennahen Ostwindregime hervorgerufen wird, steigt es langsam auf und erreicht die Meeresoberfläche. Dort verliert es einen Teil seiner Wärme an die Atmosphäre. Gleichzeitig nimmt aber auch der Salzgehalt ab, da im Weddellmeer der Niederschlag die Verdunstung überwiegt. Im Weddellwirbel wird das Wasser an der östlichen Küste nach Süden geführt und folgt nun dem Antarktischen Küstenstrom nach Westen. Hier kommt es in Kontakt mit den riesigen Schelfeisgebieten. Es

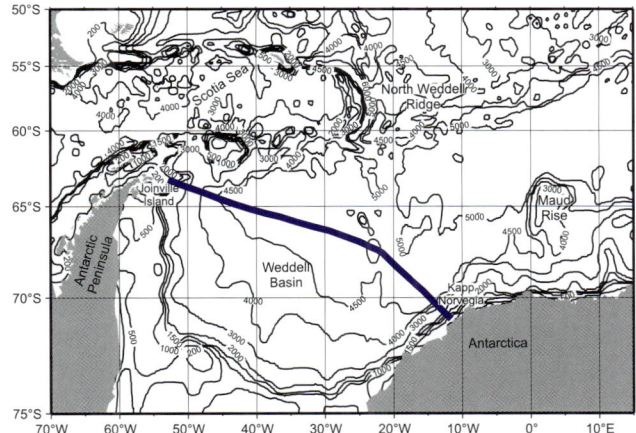

Auf einem Vertikalschnitt durch das Weddellmeer wurde die Verteilung der Temperatur (links unten) und des Salzgehaltes (rechts unten) im Wasserkörper ermittelt. Am westlichen Kontinentalabhang vor der Küste der Antarktischen Halbinsel (links) ist als schmaler Streifen das ausströmende Weddellmeer-Bodenwasser zu erkennen.

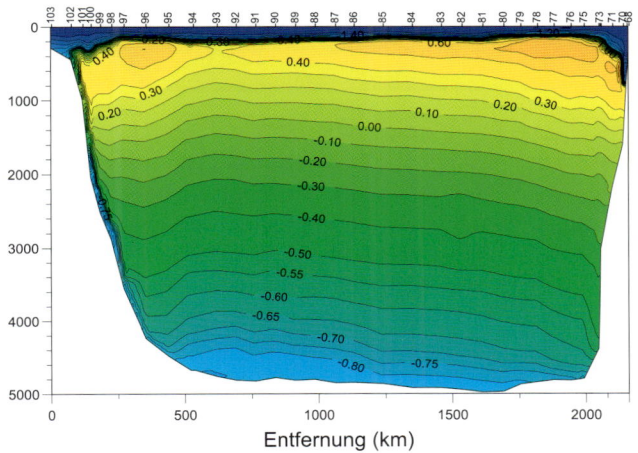

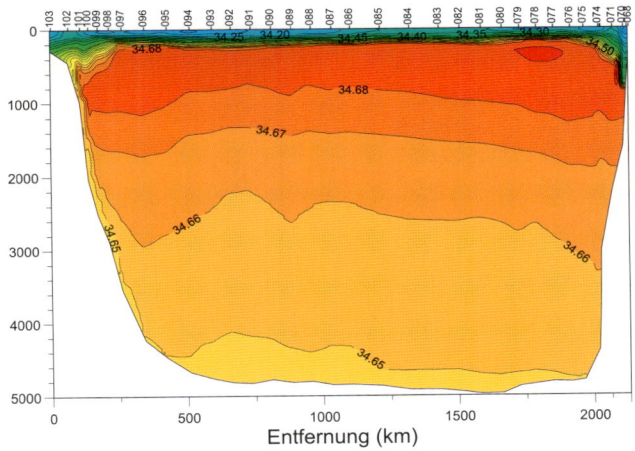

verliert die verbliebene Wärme an das Schelfeis, bis es den Gefrierpunkt erreicht hat. Durch das tauende Schelfeis wird ihm weiterhin Süßwasser zugeführt. Insgesamt nimmt die Dichte so weit ab, dass es der großräumigen Zirkulation als leichter Wasserkörper an der Oberfläche folgt. Muss das Wasser weite Schelfgebiete bis zum Schelfeis überqueren, verliert es seine ganze verfügbare Wärme schon an die Atmosphäre, bevor es das Schelfeis erreicht hat. Strömt es nun in die Schelfeis-Kaverne, den bis zu 1500 Meter tiefen und 1000 Kilometer breiten Wasserkörper, der zwischen dem Schelfeis, dem Meeresboden und dem Kontinent eingeschlossen ist, so kommt die Abnahme des Gefrierpunkts mit dem Druck zur Wirkung. Dadurch bleibt Wasser in der Kaverne flüssig, das vor dem Schelfeis an der Meeresoberfläche schon lange zu Eis gefroren wäre. Es

strömt bis in Küstennähe unter das Schelfeis und führt zu weiterem Abschmelzen. Durch die Süßwasserzufuhr aus dem Eis nimmt die Dichte ab, wodurch sich die Zirkulationsrichtung ändert und das Wasser wieder nach außen strömt. Beim Aufsteigen nimmt auch der Druck ab, und es bilden sich Eisplättchen, die im Wasser aufsteigen. Sie verfestigen sich an der Unterseite des Schelfeises, wodurch so genanntes marines Schelfeis entsteht. Diese durch Schmelzen und Gefrieren hervorgerufene Zirkulation wird als Schelfeispumpe (Abb. S. 88) bezeichnet.

Ein Teil des unterkühlten Wassers erreicht das freie Wasser und wird am Ausgang des Filchner-Grabens als so genanntes Eisschelfwasser mit einer Temperatur von minus 2,2°C beobachtet. Schwimmt dieses Wasser auf, bilden sich ebenfalls Eisplättchen, die zur Meeresoberfläche stei-

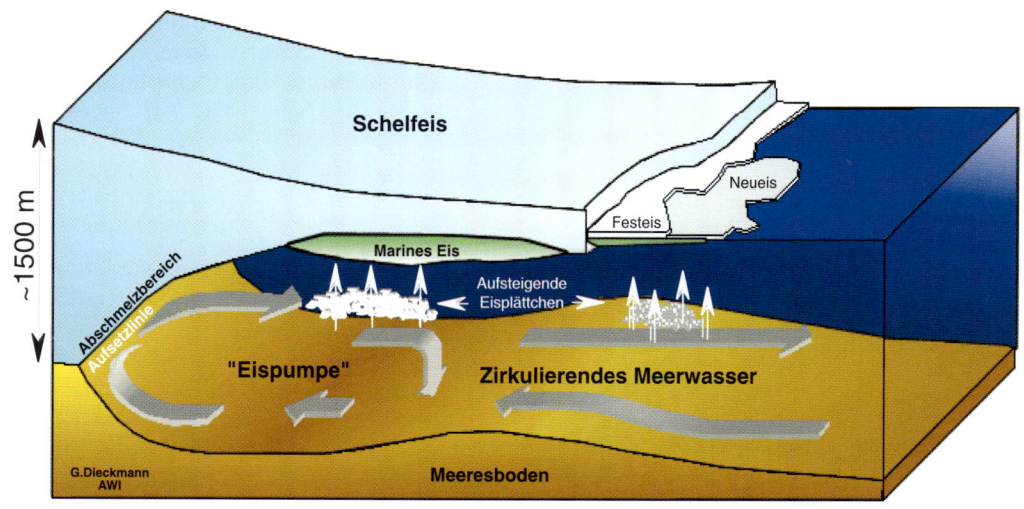

*Aus dem südlichen Ozean
strömt salzreiches Meer-
wasser unter das Schelfeis,
das sich seinerseits, vom
kontinentalen (Inland-)Eis
genährt, langsam ins Meer
vorschiebt. In der Nähe der
Aufsetzlinie des Schelfeises
schmelzen in Kontakt mit
dem Wasser große Men-
gen Eis ab. Dadurch min-
dert sich der Salzgehalt,
das Wasser wird leichter
und bewegt sich längs der
Schelfeisunterseite nach
oben. Da es bis auf minus
2,7° C unterkühlt worden
ist, bilden sich bei nun
geringerem Druck in der
Wassersäule Eiskristalle,
die zu Plättchen anwach-
sen. Die Eisplättchen steigen aufgrund ihrer geringeren Dichte im Vergleich zu
Wasser auf. Sie sammeln
und verfestigen sich unter
dem Schelfeis zu einer
Schicht marinen Schelfei-
ses (grün). Mit dem Auskristallisieren von Plättcheneis
reichert sich wieder Salz
im Meerwasser an, so
dass es schwerer wird, zu
Boden sinkt und zur Auf-
setzlinie zurückfließt, um
dort erneut Eis abzu-
schmelzen. Ein Teil des zir-
kulierenden Wassers ver-
lässt die Schelfeis-Kaverne
und bringt unterkühltes
Wasser in den freien Oze-
an, wo es ebenfalls Plättcheneis bilden kann.
(Grafik: G. Dieckmann)*

gen. Der Teil des Eisschelfwassers, der dicht genug ist, folgt der Neigung des Kontinentalabhangs und sinkt, sich vermischend mit Umgebungswasser, als Weddellmeer-Bodenwasser in die Tiefsee ab.

Ein anderer Teil des Weddellmeer-Bodenwassers entsteht, indem das Wasser auf dem Schelf durch Meereisbildung seinen Salzgehalt so weit erhöht, bis es dichter als das von Norden eingeströmte Wasser geworden ist. Dann kann es vom Schelf unter diese Wassermasse absinken und, sich auch wieder mit Umgebungswasser mischend, ebenfalls Weddellmeer-Bodenwasser bilden. Das Bodenwasser kann die Kaverne allerdings nicht verlassen, da es unterhalb der Schwellen liegt, die das Weddellmeer nach Norden abschließen. Diese werden nur vom Tiefenwasser überquert, das einerseits durch Vermischung zwischen absinkendem Schelfwasser oder Bodenwasser und Umgebungswasser entsteht, andererseits aber von Osten in das Weddellmeer einströmt und, nachdem es im Küstenstrom weite Strecken zurückgelegt hat, von der Antarktischen Halbinsel nach Norden kanalisiert wird.

Ein besonderer Fall tritt ein, wenn durch Veränderung der atmosphärischen Bedingungen über dem Weddellmeer oder den Einstrom von Norden die Wasserschichtung im östlichen Weddellmeer so schwach wird, dass es zu einem tiefreichenden Wasseraustausch (Konvektion) kommt. Dann kann Weddellmeer-Tiefenwasser wahrscheinlich direkt im offenen Ozean gebildet werden. Die Konvektion bringt warmes Wasser an die Meeresoberfläche, was zum Schmelzen des Meereises führt. Dadurch kann sich eine riesige Fläche offenen Wassers, eine so genannte Polynja bilden, wie sie in den siebziger Jahren westlich der Maudkuppe auf Satellitenbildern beobachtet wurde. Allerdings ist die große Polynja bis heute nicht wieder beobachtet worden, so dass davon auszugehen ist, dass sie eine Ausnahmesituation darstellt.

Ein Computerexperiment öffnet das Fenster

Zwar haben die zur See fahrenden Ozeanographen eine bemerkenswerte Fähigkeit entwickelt, aus den wenigen Messungen weitreichende Schlussfolgerungen zu ziehen. Manches bleibt aber spekulativer als es Wissenschaftlern lieb ist. Hier ist dann der andere Typus von Ozeanographen gefragt, der, gelegentlich als »Lehnsessel-Ozeanograph« gehänselt, vor dem Bildschirm seines Rechners sitzt, um sich dem Ozean mit Hilfe von mathematischen Gleichungen zu nähern, die Strömungen und Wellen, Eisbildung und Eisschmelze beschreiben.

Dazu müssen die Gleichungen zunächst in eine

für den Rechner verständliche Form gebracht, sozusagen verdaulich gemacht werden. So wird der kontinuierliche Ozean auf ein Gitternetz übertragen, dessen Maschenweite durch die Computerkapazitäten bestimmt ist. Damit entfernt man sich allerdings ein weiteres Stück vom realen Weltmeer. Deshalb ist der Abgleich zwischen den Modellergebnissen und den Messungen immer ein wichtiger Schritt vor der Auswertung.

Das Betreiben eines solchen Modells entspricht nun keineswegs einem Computerspiel, sondern erfordert hohe Kreativität bei der Umsetzung von Vorgängen, deren Gesetzmäßigkeiten in Computerprogrammen nicht vollständig wiedergegeben werden können. Zum Beispiel muss man Prozesse behandeln, die auf so kleinem Raum stattfinden, dass sie durch das Gitternetz des Modells fielen, wenn sie nicht anderweitig berücksichtigt würden. Hier sind physikalisches Verständnis, Kenntnisse des numerischen Handwerkszeugs, aber auch Intuition gefragt, bis eine Simulation erreicht wird, die als weitgehend korrektes Abbild der Realität gelten kann. Allein die Weiterentwicklung von Modellen trägt inzwischen viel zum Verständnis der Systems Eis–Ozean–Atmosphäre bei.

Noch interessanter wird es, wenn man erstmals ein zusammenhängendes »Gesamtbild« des Weddellmeers vor sich hat und physikalische Fragestellungen beantworten kann, indem man mit Modellrechnungen gezielte Experimente ausführt. Zum Beispiel lassen sich die »Öffnungs- und Schließmechanismen« des »Fensters« zwischen Tiefsee und Atmosphäre untersuchen. Dabei stellte sich heraus, dass starke Südwinde das »Fenster« öffnen können, indem sie das Meereis nach Norden wegtreiben, und dass dann ausgedehnte Wasserflächen in Kontakt mit der kalten Luft kommen. Dadurch geht dem Meer viel Wärme verloren. Das Meereis verhält sich wie ein Thermostat, der versucht, das Fenster wieder zu schließen, indem sich neues Eis bildet; die Fensterscheibe wird »milchig« und undurchlässig für Strahlung und Wärme. Der Salzgehalt des Wassers nimmt bei der Meereisbildung zu. Das so erzeugte kalte, salzhaltige und sauerstoffreiche Wasser kann dann absinken und zur Belüftung des tiefen Ozeans beitragen.

Dies geschieht regelmäßig in jedem Winter, doch keineswegs jedes Jahr im gleichen Ausmaß. Die Klimarechnungen der Modelle zeigen, dass alle vier Jahre eine besonders große Menge dichten Wassers erzeugt wird, was auf regelmäßige

Eine »Eisstation« zur Untersuchung hydrographischer Verhältnisse unmittelbar unter dem Meereis. Über die Löcher im Eis sind Dreibeine aufgestellt, mit deren Hilfe Messgeräte abgesenkt und gehoben werden.

atmosphärische Schwankungen zurückzuführen ist. Die Regelmäßigkeit ermöglicht grobe Vorhersagen der Eisverhältnisse im Weddellmeer, was die Unwägbarkeiten einer Schiffsreise in die Antarktis verringert.

Wenn wir uns als Wasserteilchen treiben lassen

Wohin aber wird das neu gebildete, dichte Wasser verfrachtet? Die numerische Modellierung erlaubt es, einzelne Teilchen im Strömungsfeld der Meere zu verfolgen. Begleiten wir also eine Gruppe von Wasserteilchen, die sich in den flachen Schelfgebieten des inneren Weddellmeers eben noch an der Meeresoberfläche befanden. Abgekühlt und mit Salz angereichert, sind sie dichter als die Nachbarn unter ihnen und sinken, der Schwerkraft folgend, ab. In Bodennähe (300 bis 500 Meter Tiefe) folgen sie der Bodenneigung zur Schelfkante hin. Diese hangabwärts gerichtete Bewegung wird durch die Rotation der Erde nach links abgelenkt, bis die Teilchen weitgehend den Tiefenlinien des Kontinentalabhangs folgen. Auf diese Weise gelangen sie aus dem südlichen Weddellmeer entlang der Antarktischen Halbinsel nach Norden.

Andere Teilchen müssen erst einen Umweg durch die Kavernen der Schelfeisgebiete machen, bevor sie, um einige Jahre verspätet, ihren Weg nach Norden antreten. Dabei treffen sie auf untermeerische Hügel, Rücken, Schluchten und Canyons, die um-, durch- oder überströmt werden. Einige Teilchen werden zur mehrfachen Umrundung der Hügel gezwungen oder in Canyons, gleichsam in »Unterwasserfällen«, in größere Tiefe gerissen. So dauert es mindestens ein Jahr, bis die Teilchen nach ihrem letzten Kontakt mit der Meeresoberfläche im inneren Weddellmeer an der Nordspitze der Antarktischen Halbinsel ankommen. Unterwegs sind sie entweder langsam und stetig oder in

kräftigen und turbulenten Hangabwärtsströmungen immer tiefer gesunken, und eine Gruppe ähnlich dichter Kameraden vom Schelfgebiet unter dem Larsen-Eisschelf hat sich zu ihnen gesellt.

Ihr weiteres Schicksal wird davon bestimmt, ob sie es schaffen, westlich der Süd-Sandwich-Inseln durch eine der flacheren Passagen des untermeerischen Rückens, der das Weddellmeer nach Norden begrenzt, zu entkommen. Dies gelingt nur relativ wenigen Teilchen, die dann in die Tiefen des Weltozeans bis auf etwa 53 Grad nördlicher Breite im Atlantik vordringen können, wo sie ihre eindeutige Identität als »Weddellmeer-Abkömmlinge« verlieren. Denjenigen unter ihnen, die schon unter die Schwellentiefen gesunken sind, bleibt noch eine Möglichkeit zum Verlassen des Weddellmeers durch den Süd-Sandwich-Graben, wo noch eine andere, tiefere Tür nach Norden offen steht.

Die Mehrzahl der Teilchen aber bleibt im Weddellmeer und kommt auf ihrem weiteren Weg im Uhrzeigersinn sogar dem Ort ihres letzten Oberflächenkontaktes ziemlich nahe, diesmal jedoch nicht auf dem Schelf, sondern im benachbarten Tiefseebecken. Dort können sie Jahrzehnte lang zirkulieren, bis sie in den »Aufwärts-Lift« im Zentrum des Weddellwirbels geraten und langsam wieder in Oberflächennähe kommen, wo sie erneut Kälte und Salz und Sauerstoff aufnehmen können. Die entwischten Teilchen aber werden ersetzt durch Nachfolger aus dem antarktischen Wasserring.

Diese – fiktiven – Lebenswege von Wasserteilchen im und aus dem Weddellmeer sind das Ergebnis der Kombination von Messungen, theoretischen Überlegungen und Modellrechnungen und haben so natürlich nicht stattgefunden. Ähnlichkeiten mit tatsächlich existierenden Wasserteilchen sind allerdings beabsichtigt.

Eberhard Fahrbach, Aike Beckmann

DIE ERSTE DEUTSCHE SÜDPOLAREXPEDITION

Erich von Drygalski
(9.2.1865 – 10.1.1949)

Vierunddreißig Jahre alt war Erich von Drygalski, als ihm die Leitung der ersten deutschen Südpolarexpedition anvertraut wurde. Aus der Familie eines Gymnasiallehrers kommend, hatte er in Königsberg Mathematik, Physik und Geographie studiert, aber in Berlin bei dem Geographen Ferdinand von Richthofen promoviert – über ein Thema, das noch heute aktuell ist: die Deformation des Erdkörpers durch die Eiszeiten. Darauf nahm er eine Assistentenstelle am Geodätischen Institut auf dem Potsdamer Telegrafenberg an, und bereits in den Jahren 1891 bis 1893 führten ihn zwei Expeditionen nach Westgrönland. Nach seiner Habilitation über die Ergebnisse der Grönlandfahrten war er Privatdozent an der Berliner Universität und baute gemeinsam mit dem Nationalökonomen E. von Halle das Institut und Museum für Meereskunde in Berlin auf.

Drygalski gehörte auf dem 11. Geographentag 1895 in Bremen zu den Mitgründern der Deutschen Kommission für Südpolarforschung. Diesem Gremium oblag es, die erste wissenschaftliche Mission Deutschlands in die Antarktis zu planen. Obwohl die Kommission ursprünglich eine überwiegend private Finanzierung der Forschungsreise vorsah, wurden die Kosten im Wesentlichen aus öffentlichen Mitteln beglichen. Sowohl ernste logistische Diskrepanzen, als auch die Frage des Zielgebietes, überlagerten die lange Vorbereitungszeit. Man entschied sich für den Bau eines Spezialschiffes, der GAUSS, und wählte als Ziel die Gegend um 90 Grad Ost. Hinsichtlich der Logistik setzte sich Drygalski gegen Neumayer durch, der eine Expedition mit zwei Schiffen forderte, während Neumayers Vorstellung vom Zielgebiet verwirklicht wurde; schon seit den siebziger Jahren hatte er den indischen Sektor propagiert, wo er einen Südeinschnitt in den antarktischen Kontinent postulierte.

Am 11. August 1901 verließ der Dreimastschoner GAUSS mit Hilfsmaschine (325 PS) den Hafen von Kiel. Am 21. Februar des folgenden Jahres wurde der Südpolarkontinent erreicht. Die Expedition erkundete die Küste und nannte sie Kaiser-Wilhelm-II.-Land. Fast alle damals etablierten Fachdisziplinen waren an intensiven wissenschaftlichen Studien beteiligt. Während des Aufstiegs eines Fesselballons wurden meteorologische Daten gewonnen – und der Gaußberg entdeckt. Er wurde auf einem Schlittenmarsch erreicht, bestiegen und als junger, ruhender Vulkan angesehen. Das wahrscheinlich wichtigste Ergebnis der Expedition war, dass es Drygalski bereits damals gelang nachzuweisen, dass polares Wasser vom Schelfmeer aus nordwärts bis

*Die GAUSS nach ihrer Rück-
kehr aus der Antarktis in
der Kieler Förde.*

etwa 50 Grad südlicher Breite geführt wird und
von dort in großer Tiefe bis über den Äquator
gelangt.

Man kann es als Ironie des Schicksals auffassen,
dass Drygalski den tatsächlich existierenden Südeinschnitt in Antarktika zwischen 70 und 80
Grad Ost, das Amery-Becken, nur knapp ver-
fehlte. Die Ausforschung dieses Gebietes hätte
ihn vor der Kritik bewahrt, zu wenig geographische Entdeckungen vorweisen zu können. In
Kapstadt bemühte sich Drygalski um eine Verlängerung der Expedition, die ihm aber nicht
zugestanden wurde. Vielmehr wurde die GAUSS
nach ihrer Rückkehr nach Kanada verkauft (wo

sie noch 25 Jahre Dienst tat), womit einer
Weiterführung der deutschen Polarforschung
das wichtigste Werkzeug entzogen war.

Die Herausgabe des zwanzigbändigen Expeditionswerkes mit zwei Atlanten stellte eine bei-
spielgebende, äußerst akkurate und engagierte
editorische Leistung dar; sie erstreckte sich bis
1931. Seit 1906 hatte Drygalski eine Professur für
Geographie in München inne. Bis zu seiner
Emeritierung 1934 war er noch als Experte und
Ratgeber, der sowohl in der Arktis als auch in der
Antarktis überwintert hatte, mit Polarforschung
befasst. Und im Sommersemester 1947 hat er tatsächlich nochmals Vorlesungen gehalten.

Reinhard A. Krause

EISBERGE –
DIE SIRENEN SÜDPOLARER
MEERE

Eisberge erlangten durch den tragischen Untergang der TITANIC im Jahre 1912 weltweites Interesse. Doch schon vor dieser Katastrophe kollidierten in Randgebieten der Polarmeere immer wieder Schiffe mit Eisbergen. Bereits aus dem Jahre 1893 ist überliefert, dass die englische Bark AETHELBERTH mit einem Eisberg zusammenstieß. Die Mannschaft flüchtete in die Rettungsboote, konnte ihr Schiff aber wieder flott machen. Im Jahre 1907 verschwanden auf der Passage um Kap Hoorn spurlos vier Schiffe. Das britische Seeamt kam zu der Auffassung, dass sie in eine Eisbergdrift zwischen den Falkland-Inseln und Staaten Island geraten waren und leck geschlagen wurden. Der Schiffshistoriker Walter Kozian hat sich die Mühe gemacht, alte Kapitänsaufzeichnungen und die frühen Eismeldungen der Deutschen Seewarte zu studieren und kommt zu dem Schluss: »Wie viele Segelschiffe auf ihren Fahrten um Kap Hoorn den Eistriften zum Opfer fielen, lässt sich nur erahnen. Sie verschwanden spurlos in den Weiten des Atlantiks.«

Die Schönheit und majestätische Erscheinung der Eisberge zieht jedoch jeden Betrachter in ihren Bann und lässt die von ihnen ausgehenden Gefahren für einen Moment vergessen. Sie begeisterte Künstler wie Caspar David Friedrich oder den amerikanischen Maler Alan Campbell, der 1994 an einer Expedition des Forschungseisbrechers N. B. PALMER ins Amundsen- und Bellingshausenmeer teilnahm, um die Brillanz der kristallinen Berge im Wechselspiel der Farben festzuhalten. Und jedes Mal, wenn vor POLARSTERN auf ihrer alljährlichen Fahrt nach Süden die ersten Eisberge auftauchen, stürmen die jungen Polarforscher an Deck, um sie zu bewundern und zu fotografieren. Es ist, als ginge von ihnen eine geheimnisvolle Kraft aus, wie von den Sirenengesängen, die Odysseus auf seinen Fahrten über die Meere anlockten.

Spitze eines gekenterten Eisberges. Derart bizarre Strukturen können sich auf einer dem Wind ausgesetzten Oberfläche nicht bilden.
Foto: H. Hellmer

Typische Form eines direkt an der Küste abgebrochenen, stark zerklüfteten Eisberges, vermutlich vom Schweitzer-Gletscher im südöstlichen Weddellmeer. Foto: W. Dimmler

In den letzten Jahrzehnten haben Eisberge neben ihrer Bedeutung für die Schifffahrt auch ein ökonomisches Interesse geweckt: Vielleicht könnten sie als große gefrorene Süßwasserreserven die zu erwartenden Probleme mit der Trinkwasserversorgung in den ariden Ländern, wo die Verdunstung höher ist als der Niederschlag, lösen helfen? Dass es sich bei den Eisbergdriften um beachtliche Transportströme gefrorenen Süßwassers handelt, brachte die Wissenschaftler noch auf eine andere Idee: Mit dem Abschmelzen der Eisberge geht dieses Süßwasser in den Kreislauf der Ozeane ein. Dadurch vermindert sich zumindest regional der Salzgehalt des Meerwassers. Eisberge müssen demzufolge auch als ein Einflussfaktor angesehen werden, der die Meeresströmungen verändern kann. Diese Betrachtungsweise ist ganz neu.

Die Glaziologen unterscheiden zwei Arten von Eisbergen. Die einen brechen direkt an der Küste ab, vor allem an den Gletscherzungen der mächtigen, durch die Gestalt des Untergrundes geleiteten Eisströme, die sich aus dem Inland langsam auf das Meer zu bewegen. Sie sind verhältnismäßig klein und haben ein bizarres Aussehen. Die anderen entstehen an den Schelfeisen, jenen ausgedehnten Eistafeln, die sich, von mächtigen Inlandgletschern genährt, mit einer Geschwindigkeit von etwa einem Kilometer im Jahr mehrere hundert Kilometer weit auf das Meer hinaus schieben. Die Geologen betrachten sie als einen Schelf, da sie mit dem Kontinent verbunden sind. Einen Schelf, der auf dem Wasser schwimmt, weil Eis leichter als Wasser ist. In beiden Fällen sorgt das Auf und Ab der Gezeiten dafür, dass es zum Bruch kommt, auch an den massiven Eisschelfen. Nach einem uns noch unbekannten Rhythmus bilden sich tiefe Risse

(Spalten), an denen sich irgendwann die endgültige Trennung vollziehen wird. Dann entstehen Tafeleisberge, die sich durch ihre Größe und eine glatte Oberfläche auszeichnen. Sie können Ausmaße erreichen, die der Fläche des Bundeslandes Hessen entsprechen. Oft ist aber der Tiefgang dieser Kolosse zu groß, um den teilweise nur 300 Meter tiefen Sedimentschelf zu überqueren. So liegen sie manchmal bis zu mehreren Jahren fest, verlieren an Gewicht und zerfallen, bevor sie dann mit Geschwindigkeiten von bis zu 15 Kilometern am Tag im offenen Meer unterwegs sind. Besonders hier aber sind die Berge, bedingt durch höhere Oberflächentemperaturen und stärkeren Wellengang, erheblichem Gewichtsverlust und Zerfall ausgesetzt.

An dieser Stelle beginnen die neuen Überlegungen der Wissenschaftler. Die allein dem Weddellmeer durch Eisbergschmelzen zugeführte Süßwassermenge wird auf 410 Gigatonnen Eis pro Jahr geschätzt (eine Gigatonne sind zehn Milliarden Tonnen). Das entspricht einem Süßwassertransport von 13000 m³/s. Zum Vergleich: Der Rhein transportiert im Mittel 2200 m³/s. Der Süßwassereintrag durch Eisbergschmelzen ist also eine bedeutende Menge, die zusammen mit dem Niederschlag über dem Ozean und dem Schmelzen und Gefrieren des Meereises den Salzgehalt der Oberflächenschicht und damit deren Dichte bestimmt. Nimmt der Salzgehalt in dieser Schicht ab, weil die Anzahl schmelzender Eisberge zunimmt, so kann sich die Wassersäule zusätzlich stabilisieren, das bedeutet, dass kein oder nur wenig Wasser absinkt, wie das zur Zeit in den polaren und subpolaren Meeresgebieten der Fall ist. Man muss sich das so vorstellen: In einer stabilen Wassersäule, zum Beispiel in den Tropen, haben wir oben leichtes und darunter schweres, salzreiches Wasser. Ist die Wassersäule nicht stabil, kommt es zu großräumigen Absinkbewegungen, zur Konvektion der Wassermassen. Das Weddellmeer ist nur »leicht stabil«. Wenn an der Oberfläche mehr Süßwasser eingeschmolzen wird, stabilisiert sich die Schichtung des Wassers, und die Konvektion wird schwächer. Dies hätte Auswirkungen auf den gesamten Weltozean, da das Tiefen- und Bodenwasser, das durch das Absinken gebildet wird, als Teil der globalen Ozeanzirkulation dessen untere Stockwerke erneuert. Verändern sich zusätzlich noch die Charakteristika dieser Wassermassen, so würde sich nicht nur das globale Zirkulationsmuster, sondern auch das globale Klima ändern. Wir haben Modelle untersucht, in denen wir den Süßwassereintrag im Weddellmeer erhöht haben. Dadurch brach die ganze Konvektion zusammen. Die »Tiefenwasserpumpe« (siehe S. 86) hörte auf zu arbeiten.

Nun versteht man vielleicht, weshalb das Alfred-Wegener-Institut die Eisbergdrift im Weddellmeer erforscht. Sehr große Eisberge kann man auf Satellitenbildern verfolgen, doch die meisten sind dafür zu klein. Trotzdem stellen sie einen bedeutenden Teil der Gesamtmasse dar. Seit 1999 bemüht sich das AWI, mittelgroße Eisberge mit Sendern zu versehen, die in regelmäßigen Zeitabständen ihre Position melden. Das geht freilich nicht ohne ein spezielles Flugprogramm. Die Piloten der auf POLARSTERN stationierten Hubschrauber haben hierbei schon oft ihre Professionalität bewiesen. Vom Schiff aus wird ein Tafeleisberg erspäht, der für das Aussetzen einer Driftboje geeignet erscheint. Tafeleisberge sind etwa fünfzig Meter hoch und haben eine Kantenlänge von mehreren hundert Metern bis zu einem Kilometer. Zwei Ozeanologen sind inzwischen in ihre Überlebensanzüge geschlüpft, die bei allen Flügen über das Meer vorgeschrieben sind. Sender, Eisbohrer, Werkzeug werden im Gepäckraum des Helikopters verstaut. Dann geht es los. Mehrmals umkreist der Pilot den Eisberg; gemeinsam inspizieren wir die Oberfläche aus der Luft nach Spalten und Verwerfungen. Dasselbe geschieht noch einmal im Tiefflug.

Dann die Landung, geschwindes Auspacken der Geräte. Wir bohren ein Loch von etwa einem Meter Länge in das harte Eis und kommen dabei ordentlich ins Schwitzen. Dann wird eines der 16 cm dicken Rohre mit dem Sender darin versenkt. Zwar schaut der Rohrschaft noch einen Meter über die Schneeoberfläche und obenauf wird noch ein Temperatur- und Luftdruckmesser gesetzt, aber mit den Füßen im Eis übersteht die Driftstation die stärksten Stürme. Das ganze dauert nicht länger als zwanzig Minuten. Dabei hat man nicht das Gefühl, auf einem schwimmenden Eisblock zu arbeiten, der sich nach der einen oder anderen Seite neigen könnte.

Sobald der Sender eingeschaltet ist, werden die Signale über Satelliten an eine zentrale Empfangsstation in Toulouse, Frankreich, weitergegeben und dort im so genannten ARGOS-Programm gesammelt. Aus den bis zu zwei Jahren täglich eintreffenden Positionsdaten rekonstru-

Die Meereskundler Lutz Sellmann und Holger Lemcke auf einem Tafeleisberg beim Aufbau eines Positionssenders.
Foto: L. Sellmann

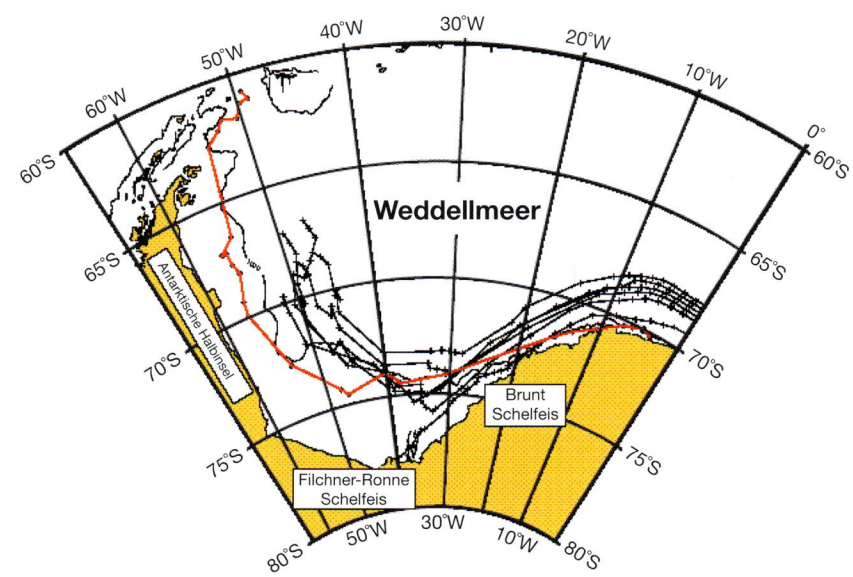

Vergleich von berechneten Driftstrecken (schwarz) für ein Ensemble von Modelleisbergen mit der beobachteten Drift des Eisberges C-7 (rot). Für die Simulation wurde ein Start gleich großer Eisberge von verschiedenen Positionen des Nullmeridians angenommen. Kreuze markieren die modellierten Positionen im 30-tägigen Abstand, Kreise die beobachteten C-7-Positionen. Die von C-7 innerhalb von zwei Jahren zurückgelegte Strecke konnte von den Modelleisbergen in diesem Zeitraum nicht bewältigt werden, da besonders im westlichen Weddellmeer der Einfluss der Winde und des Meereises noch stärker berücksichtigt werden muss.

iert das AWI die über Hunderte bis Tausende von Kilometern langen Driftstrecken der Eisberge. Daraus lassen sich die Hauptzugbahnen erkennen, Gebiete häufigen Strandens als flache kontinentale Schelfregionen identifizieren und, meist mit dem Verlust des Senders zu bezahlen, die Orte des Zerfalls ermitteln, an denen die großen Süßwassermengen in die Oberflächenschichten des Ozeans gelangen.

Ein anderes Hilfmittel, die Driftstrecken der Eisberge zu bestimmen, sind computergestützte Rechnungen. Dazu werden mathematische Modelle aufgestellt, in denen die Kräfte berechnet werden, die Meeresströmungen, Winde und Meereis auf die Eisberge ausüben. Die Eisberge selbst bieten dem Wind nur eine geringe Angriffsfläche, doch sobald sie im kompakten Meereis eingebettet sind, wirkt dieses wie ein riesiges Segel und verstärkt den Windschub auf die Eisberge. Da besonders die Wechselwirkung zwischen Meereis und Eisberg noch nicht vollständig verstanden ist, wird eine Verbesserung der verwendeten Parameter dadurch erreicht, dass die Modellergebnisse mit beobachteten Driftbahnen verglichen werden.

Bisher sind jedoch nur zwei riesige Eisberge auf ihrem Weg durch das gesamte Weddellmeer von

Satelliten aus verfolgt worden. Wir haben unser Modell mit dem Kurs des Eisberges C-7 verglichen, weil wir über den Zeitraum, in dem er durch das Weddellmeer gedriftet ist, atmosphärische Antriebsdaten haben. Es zeigt sich, dass das numerische Modell die Wanderung der Eisberge realistisch berechnet. Ab etwa 42° West gibt es Abweichungen; unsere Modellberge driften von da an eher nach Norden als der C-7. Das kann mit kleinskaligen Einflüssen zu tun haben, die wir (noch) nicht erfassen können, oder mit der beschriebenen Segelwirkung des Meereises.

Derzeit berechnen wir die Bahnen kleiner Eisberge, von der Größe der mit unseren Sendern bestückten. Zugleich wird das Schmelzen an der Grenzfläche zwischen Eisberg und Ozean berücksichtigt, um den Gesamteintrag des Süßwassers und die räumliche Verteilung zu bestimmen. Mithilfe dieses Modells können künftig Zugbahnen und eventuelle Konzentrationen von Eisbergen vorhergesagt werden, was, sollte es dazu kommen, das »Einfangen« und den Transport in wärmere Regionen erleichtern würde. Vorerst geht es darum, die Einflüsse des Eisbergschmelzens auf die Tiefenwasserbildung zu ermessen.

Hartmut H. Hellmer, Eberhard Fahrbach

Karten und Bilder des Meeresbodens

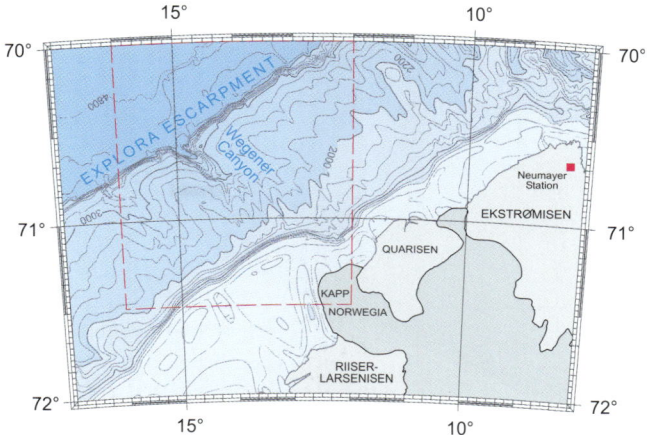

Die Form des Meeresbodens war für den Menschen bis vor wenigen Jahrzehnten nur in den flachen Gebieten von direktem Interesse, nämlich für die Schifffahrt und für die Fischerei. Das hat sich heute grundlegend geändert. Besonders im Zusammenhang mit den aktuellen Fragen der Klima- und Umweltforschung werden Daten über die Topographie des Meeresbodens dringend benötigt. Die Polarmeere nehmen hierbei eine Schlüsselposition ein.

Die Bathymetrie ist die Wissenschaft von der Messung, Beschreibung, Analyse und Interpretation der Strukturen der Meeresbodentopographie. Dazu gehört das Anfertigen von Meeresbodenkarten und ihre Visualisierung, zum Beispiel in Form von perspektivischen Darstellungen. Die Bathymetrie ist anwendungsbezogene interdisziplinäre Forschung.

Die Formen und Strukturen des Meeresbodens sind viel ausgeprägter als die Topographie der sichtbaren Erdoberfläche. Auf den Ozeanböden gibt es höhere Berge als über dem Meeresniveau. Beispiele erreichen im Pazifik der Mauna Loa und der Mauna Kea Höhen von mehr als elf Kilometer über der Tiefsee, während der Mount Everest nur knapp neun Kilometer hoch ist. Weil die Erdbeschleunigung in der Tiefsee höher ist, bewirken die Strömungen, potenziert durch den hohen Wasserdruck, auch stärkere Erosionsprozesse als auf der Erdoberfläche. Demgegenüber ist die Erdkruste unter den Ozeanen erheblich dünner als unter den Kontinenten. Dadurch sind die physikalischen Prozesse, die zur Entwicklung und Gestaltung von Bodenformen im submarinen Bereich beitragen, hier viel ausgeprägter. Unterseeische Vulkanausbrüche, gewaltige Rutschungen und Geröllfelder können dramatische Ereignisse auslösen, zum Beispiel neue Inseln entstehen lassen oder Tsunamis verursachen, die in der Vergangenheit schon Küstenstädte vernichtet haben.

Um den Meeresboden zu vermessen, benutzt man seitwärtsschauende Sonarsysteme, so genannte Fächersonare. 1977 wurde erstmals auf einem französischen Forschungsschiff, der Jean Charcot, das bis dahin nur für militärische Zwecke in den USA eingesetzte Fächersonar Seabeam eingebaut. Die beeindruckenden Ergebnisse der Tiefseekartierungen bewirkten, dass innerhalb weniger Jahre zahlreiche hochseegehende Forschungsschiffe Seabeam-Systeme erhielten, so auch 1981 das deutsche Rohstoff-Forschungsschiff Sonne.

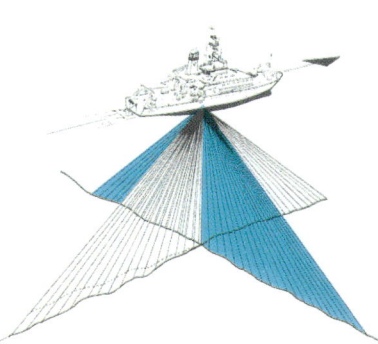

1989 wurde auf der Polarstern die Seabeam-Anlage durch das in Deutschland mit Unterstützung des Forschungsministeriums entwickelte Fächerlot Hydrosweep ersetzt. Dieses zur der Zeit weltweit leistungsfähigste und modernste Fächersonarsystem hat einen Öffnungswinkel des Sonarfächers von 90 Grad. Das erlaubt, den Meeresboden kontinuierlich in einer Streifenbreite abzutasten, die der doppelten Wassertiefe unter dem Schiff entspricht. Der Sonarfächer setzt sich aus 59 einzelnen Sonarstrahlen (Pre-Formed-Beams) zusammen. Jeder Strahl hat einen effektiven Öffnungswinkel von zirka zwei Grad. Bei 3000 Meter Wassertiefe wird pro Einheit eine Fläche mit einem Durchmesser von etwa hundert Metern akustisch abgetastet.

Eine Besonderheit der Hydrosweep-Anlage ist die Kreuzfächer-Kalibrierung, bei der durch Drehung des Messfächers um 90 Grad ein Tie-

Perspektivische Darstellung des Wegener-Canyon-Bereiches am antarktischen Kontinentalhang. Das Bild entstand im Computer aus vielen Millionen einzelner Messwerte, die zu etwa sechs Millionen Rasterwerten komprimiert wurden. Die Seitenlängen entsprechen ungefähr 150 mal 170 Kilometern.
Bild: AWI-Bathymetrie

fenprofil in Fahrtrichtung gemessen wird (siehe Abb. S. 97).

Dadurch kann die mittlere Schallgeschwindigkeit in dem jeweiligen Wasserkörper, den das Schiff befährt, ermittelt werden. Da die Wassersäule »geschichtet« ist, wird der Sonarstrahl, ähnlich wie ein Lichtstrahl, abgelenkt – eine Refraktion, die man herausrechnen muss, um von den seitwärts geführten Strahlen wahre Tiefenwerte zu bekommen. Der Zentralbeam, der senkrecht vom Schiff nach unten geht, hat diese Abweichungen nicht. Das Prinzip beruht darauf, dass man die während der Fahrt gemessenen Tiefen der Zentralbeams fortlaufend vergleicht mit den Tiefen, die von den schräg nach hinten (wo die Tiefen bekannt sind) und nach vorn abgehenden Sonarstrahlen abgeleitet werden.

Die Hydrosweep-Anlage wurde in den vergangenen Jahren vom Hersteller mit Unterstützung des AWI in wesentlichen technischen Aspekten weiter entwickelt. Hydrosweep liefert neben den Tiefenwerten zusätzlich Messdaten, die zur Bestimmung der Rückstreueigenschaften des Meeresbodens (Backscatter) genutzt werden. Aus den aufgezeichneten Rückstreuamplituden der Sonarstrahlen kann unter Zuhilfenahme von Bodenproben darauf geschlossen werden, wie die unterschiedlichen Sedimentmuster und die Rauigkeit des Meeresbodens verteilt sind. Hochauflösende Sonarbilder (Sidescan) anzufertigen, vergleichbar mit Radarbildern im sichtbaren Bereich, ist ebenfalls möglich.

Der Wegener-Canyon

Der Wegener-Canyon wurde während der Forschungsfahrten der POLARSTERN 1985/86 im Gebiet des Explora-Escarpments im östlichen Weddellmeer entdeckt. Die Vermessung ergab, dass der Canyon mit zirka 1650 Metern die gleiche Tiefe aufweist, wie der Grand Canyon in den USA. Er ist jedoch nur 35 Kilometer lang. Die

Breite beläuft sich etwa auf zehn Kilometer. Der südwestliche Hang ist außerordentlich steil; er hat zum Teil Geländeneigungen von mehr als 30 Prozent.

Im Verlauf späterer POLARSTERN-Fahrten wurde das Vermessungsgebiet ständig erweitert, um den gesamten antarktischen Kontinentalhang großräumig zu kartieren. Alle Tiefendaten wurden in ein Digitales Geländemodell (DGM) eingerechnet, das für die Kartenherstellung, die Ableitung dreidimensionaler Bilder und für die Berechnung von Hangneigungskarten genutzt wird. Aus diesem DGM haben wir ein neues bathymetrisches Kartenwerk des Weddellmeeres im Maßstab 1:1 Million erstellt, dem der Kartenausschnitt auf Seite 97 entnommen ist.

Der Blick vom Weddellmeer auf den antarktischen Kontinentalhang lässt vor allem in der perspektivischen Darstellung die Besonderheiten gegenüber anderen Kontinentalrändern, die in der Regel nur einen Hangbereich aufweisen, deutlich werden. Der antarktische Kontinentalhang ist in fünf Struktureinheiten aufgeteilt. Der obere Schelf, beginnend an der antarktischen Schelfeiskante, weist Tiefen bis zu 600 Meter auf. Es schließt sich der obere Schelfhang mit einem Tiefenbereich zwischen 600 und 1600 Metern an. Der nur schwach geneigte mittlere Kontinentalhang mit Tiefen zwischen 1600 und 3000 Metern ist von vielen Einschnitten und Tälern durchzogen, die bis zu 200 Meter tief sind. Am augenfälligsten ist der bis in die Tiefsee-Ebene des Weddellmeeres steil abfallende untere Kontinentalhang, das Explora-Escarpment, mit Tiefen zwischen 3000 und 4400 Metern.

Der Heinz-Kohnen-Seamount

Immer wieder werden mit dem Fächersonar neue unterseeische Berge, Seamounts, entdeckt. Mitten in der Tiefsee ragen sie empor wie Felsschlösser. Manchmal ist es reiner Zufall, wenn man sie findet, wie in der Nacht vom 15. zum 16. November 1997. POLARSTERN befand sich auf der Anreise von Kapstadt zur Neumayer-Station. Der wachhabende Hydrosweep-Operateur hatte sich auf eine ruhige Wache eingestellt, denn der zehn Kilometer breite Streifen, den das

Fächersonar vom Meeresboden auf dem Monitor abbildete, zeigte kaum Änderungen in den Wassertiefen. Auch die neueste Meeresbodenkarte wies in diesem Gebiet nur Tiefsee-Ebenen aus. Plötzlich zeigten die äußeren zehn Sonarstrahlen einen starken Anstieg des Meeresbodens. Ein Hinweis auf einen Seamount. Fahrtleiter und Kapitän waren sich sofort einig, eine kurze Schleife zu fahren, um die verdächtige Erhöhung zu vermessen.

Seamounts mitten in der Tiefsee haben etwas Geheimnisvolles; wie sie entstanden sind, ist manchmal schwierig festzustellen. Oft sind sie vulkanischen Ursprungs, es kann sich aber auch um Teile älterer kontinentaler oder ozeanischer Kruste handeln, die, wie zum Beispiel Helgoland, aus dem Meeresboden und sogar über die Meeresoberfläche als Inseln herausragen. Die Vermessung des neu entdeckten Seamounts zeigte jedoch sehr rasch, dass es sich hier um einen Vulkankegel handelte. Sehr deutlich ist auf der südöstlichen Seite an den topographischen Formen zu erkennen, welchen Weg die ausfließende Lava genommen hat. An den Hängen, besonders rechts im Bild, und in der unmittelbaren Umgebung des Seamounts sind viele Nebenkrater zu erkennen. Der Seamount weist gegenüber der Tiefsee eine Höhe von 2200 Metern auf und ist damit höher als der Vesuv. Nach der Vermessung und ersten Diskussionen über die Entstehungsgeschichte stellte sich die Frage nach einem Namen. Einstimmig entschieden wir uns für »Heinz-Kohnen-Seamount«, denn dieser Gipfel liegt genau auf der Fahrtroute zwischen Kapstadt und der Neumayer-Station, die Heinz Kohnen, der Leiter vieler Antarktisexpeditionen, oft befahren hat.

Für die Meeresgeologen, die zumeist mit verschiedenen Loten Ablagerungen am Meeresboden beproben, werden großmaßstäbige Karten der Topographie benötigt, um den Einfluss der Bodenformen auf die Sedimentation qualitativ beurteilen zu können, oder auch, um einen möglichen Gesteins-»Aufschluss« zu orten, wenn sie mit einer Gesteinsdredge gröberes Material zu bergen hoffen. Darüber hinaus enthält der Meeresboden, tief eingeprägt, Informationen

über die geologische Entwicklungsgeschichte der Erde. Die marine Geophysik braucht zur Interpretation reflexionsseismischer Messungen räumliche Tiefeninformationen entlang der seismischen Profile. Für die Modellierung dynamischer Prozesse im gekoppelten System Ozean-Geosphäre sind genaueste Kenntnisse der Meeresbodentopographie von entscheidender Bedeutung, denn sie steuert zu einem großen Teil den Wassermassenaustausch zwischen der Tiefsee und den Schelfmeeren.

Langfristig besteht die Aufgabe der Bathymetrie darin, Kartenwerke in den Polargebieten zu erarbeiten und zu vervollkommnen. In der Arktis wurde durch systematische Vermessungen mit Fächersonar in der Framstraße seit 1984 der Framstraßenatlas 1:100 000 erstellt, der jetzt in digitaler Form vorliegt. Die zwölf Karten überdecken ein Gebiet von 150 mal 230 Kilometer in der zentralen Framstraße. In der Antarktis haben wir auf der Grundlage aller verfügbaren Tiefendaten die »AWI Bathymetric Chart of the Weddell Sea« erarbeitet. Das Kartenwerk besteht aus neun Karten im Maßstab 1 : 1 Million und umfasst das Gebiet vom antarktischen Kontinent bis 60 Grad Süd und von der Antarktischen Halbinsel bis zum Nullmeridian. Es liefert einen detaillierten Einblick in die komplexe Morphologie des Weddellmeeres und seiner Randbereiche. Von allen Kartengebieten wurden digitale Geländemodelle berechnet, die unter anderem für die geowissenschaftliche und ozeanographische Modellierung dringend benötigt werden.

Hans Werner Schenke

Dreidimensionale Abbildung des Heinz-Kohnen-Seamounts auf 57°37' Süd, 5°43' Ost. Der räumliche Eindruck entsteht durch die »Schummerung«, mit der auf elektronischen Medien eine Schattenwirkung erzeugt wird.
Bild: AWI-Bathymetrie

WILHELM FILCHNER ERREICHT DAS SÜDLICHE WEDDELLMEER

*Wilhelm Filchner
(13.9.1877 – 7.5.1957)*

Filchner wurde noch während seiner Ausbildung zum Militäroffizier zu einer bekannten Persönlichkeit. Sein als Privatreisender unternommener waghalsiger »Ritt über den Pamir« war in aller Munde, das daraus resultierende Buch ein beachtlicher Erfolg. Nachdem er sich intensiven Studien zum Vermessungswesen und verwandten Gebieten gewidmet hatte, ging er 1903 bis 1905 auf seine erste Tibetreise, mit der er seinen Ruhm als Asienforscher begründete.
Der Plan zu einer Antarktisexpedition nahm im Jahre 1910 Gestalt an. Filchner behauptete sich mit seinen Vorstellungen sehr geschickt gegen den immer stärker werdenden nationalistischen Wahn, als erste den Südpol zu erreichen. Spätestens nach der erfolgreichen Expedition Ernest Shackletons, der sich, vom Victorialand ausgehend, 1909 bis auf hundert Kilometer dem Pol genähert hatte, war erkennbar, dass der Marsch zum Pol keinerlei bedeutende geographische Entdeckungen erwarten ließ. Die Lage des Pols auf einer weitgehend homogenen, strukturlosen Eiskalotte war definitiv festgestellt, das folgende Polrennen bereits durch Shackletons Ergebnisse zu einem sportlichen Ereignis degradiert.
Filchners Forscherdrang lag der Wunsch nach Aufklärung eines interessanten geographischen Problems zugrunde. Es sollte festgestellt werden, von welcher Art die Verbindung zwischen West- und Ostantarktis ist. »Land oder See ?« so lautete die Frage. Um das Visionäre an Filchners Plan richtig würdigen zu können, sei daran erinnert, dass der Charakter des Weddellmeeres damals noch völlig unbekannt, ja die Bezeichnung »Weddell-See« eigentlich ein hypothetischer Begriff war. Filchner fand starke private

und öffentliche Zuwendungen. Seine britischen Kollegen Scott und Shackleton unterstützten ihn durch Rat und Tat. Zunächst dachte Filchner daran, mit zwei Expeditionsgruppen sowohl vom Rossmeer als auch vom Weddellmeer aus vorzugehen – eine Absicht, die dann fallengelassen wurde. Auch die Idee eines Zusammentreffens mit Scotts Leuten wurde wegen absehbarer Undurchführbarkeit nicht weiter verfolgt.
Das Expeditionsschiff DEUTSCHLAND verließ Anfang Mai 1911 Bremerhaven. Nach Aufenthalten in Buenos Aires und Südgeorgien wurde Anfang Januar das eigentliche Operationsgebiet erreicht. Folgt man Filchners Schilderung des Fahrtverlaufs, die erst 1922 erschien, so litt die

Expedition unter großen internen Querelen. Dennoch war ihr ein Erfolg beschieden. Sie konnte bis in den südlichsten Bereich des Weddellmeeres vordringen (78°S 40°W), wo man eine Stelle fand, über die Baumaterial und andere Fracht auf das Schelfeis geschafft wurde. Das Stationshaus war auf dem Schelfeis schon gerichtet, als es infolge einer Springflut zu großflächigen Ablösungen des Eises kam. Zwar gelang es, einen Teil des Materials zu retten, aber eine erneute Landung konnte nicht bewerkstelligt werden. In den ersten Märztagen 1912 beschloss Filchner, das Weddellmeer zu verlassen und auf Südgeorgien zu überwintern. Die Flucht endete auf 73°30' Süd, 33° West. Die DEUTSCHLAND fror im Packeis fest. 264 Tage war die Mannschaft der Eisdrift ausgeliefert. Deren Verlauf dokumentierte die Existenz eines großen ozeanischen Stromes, des Weddellwirbels.

Der ursprüngliche Plan (Beteiligung von zwei Expeditionskorps) wurde 1914 von Ernest Shackleton aufgegriffen. Shackleton konnte jedoch nicht die Schelfeiskante des südlichen Weddellmeeres erreichen. Sein Schiff hielt den Eispressungen nicht stand und wurde zerquetscht. Nur mit Mühe gelang damals die Rettung der Expeditionsmitglieder. Letztendlich haben Edmund Hillary und Vivian Ernest Fuchs (Neuseeland/Großbritannien) 1954 Filchners Plan durch ihre legendäre Expedition verwirklicht.

Reinhard A. Krause

Filchners Expeditionsschiff DEUTSCHLAND an einer Packeiskante im Weddellmeer.

Das Eis im Meer ist voller Leben

Eigentlich ist die Entdeckung der Antarktis beziehungsweise des vorgelagerten Packeisgürtels den winzigen Algen zu danken, auch wenn sich seinerzeit niemand dessen bewusst war. Mir blieb dieser Zusammenhang anfangs ebenfalls verborgen. Als man mich kurz nach der Einstellung als Meeresbiologe am AWI fragte, ob ich meine Arbeiten nicht auf das Meereis ausdehnen möchte, antwortete ich: »Was soll ich als Biologe im Meereis forschen, dort lebt doch nichts?« Die Frage kam von Gotthilf Hempel, der gerade von seiner ersten Antarktisreise mit der POLARSTERN zurückgekehrt war und begeistert über braun gefärbtes Meereis berichtete. Bis zu diesem Zeitpunkt hatte ich wenig Erfahrung mit der Polarforschung und noch geringere Vorstellungen über das Meereis, da ich mich auf Seetang an der Küste Südafrikas, meines Herkunftslandes, spezialisiert hatte. Ich sagte zögerlich zu und wollte mir bei der nächsten Expedition in die Antarktis das Meereis erst einmal näher anschauen. Zusammen mit Manfred Lange, einem Meereisphysiker, planten wir unsere erste Expedition. Ich hatte meine Kenntnisse über das Meereis inzwischen um einiges erweitert, dennoch wussten wir nicht, was uns erwartet.

Schließlich war es so weit, und wir liefen mit POLARSTERN von Kapstadt aus in Richtung Weddellmeer. Nach einer rauen, zehntägigen Anreise durch die stürmischsten Gegenden der Erde hörte das Schiff fast schlagartig auf zu schaukeln, und es polterte kräftig gegen die Bordwand. Manfred und ich rannten aus unserer Kammer an Deck. Wir waren endlich umgeben von unserem Forschungsobjekt, dem Meereis. Weit und breit eine weiße Landschaft und bis auf ein paar Seeschwalben und Kaptauben und die interessierten Kollegen an Bord kein Leben in Sicht. In diesem Moment steuerte die POLARSTERN aber schon die nächste Scholle an, es krachte wieder, und vor uns zerbrach und kenterte eine riesige Eisscholle. Wir trauten unseren Augen nicht. Das Eis war an der unteren Seite dunkelbraun, als hätte die Stewardess ihren gesamten Kaffeevorrat aufs Eis gekippt. Dazu kam, dass auf der gekenterten Scholle hunderte von kleinen Krebsen, die wir später als Krill identifizierten, verzweifelt versuchten, wieder ins Wasser zu springen.

Wir baten sofort um die Gelegenheit, eine Probe dieses seltsamen Eises zu bekommen. Und tatsächlich – das Meereis lebte. In einem aufgetauten Stückchen des Eises, unter dem Mikroskop betrachtet, wimmelte es von Tierchen zwischen einer noch größeren Vielfalt von Kiesel- und anderen einzelligen Algen.

Mit der Entdeckungsgeschichte der südpolaren Regionen haben die Algen insofern zu tun, da sie in der Antarktis die Nahrungsgrundlage des Krill darstellen. Der wiederum wird von Walen und Robben gefressen, die schließlich im neunzehnten Jahrhundert von Robben- und Walfängern bis an die Packeisgrenze gejagt wurden. Diese mehr dem kommerziellen Interesse gehorchenden frühen »Entdecker« folgten, nicht anders als die Wale, der Spur der Algen und des Krill, ohne es zu wissen. Und erst recht nicht wussten sie, dass das Packeis, das den Wal- und Robbenfängern bloß ein Hindernis darbot, nicht nur Zufluchtsort und Ruhestätte für Pinguine und Robben ist, sondern zusätzlich zum Ozean ein Lebensraum für Mikroorganismen und Kieselalgen und somit eine zweite Weidestätte für den Krill.

Aber wie kann eine auf den ersten Blick lebensfeindliche Umgebung eine so arten- und zahlreiche Lebensgemeinschaft beherbergen? Welche Bedeutung hat sie für die polaren Ökosysteme? Diese Fragen wurden für meine Kollegen und mich zu einem zentralen Motiv unserer For-

Wie kommen die Lebewesen ins Eis?
Zu Beginn des Winters entsteht auf der Oberfläche des Südpolarmeeres das dünnblättrige Frazileis, zwischen dem ein Teil des Planktons nicht mehr entrinnen kann, und es bilden sich Eis-»Pfannkuchen«, die zu ersten, kleinen Schollen zusammenbacken (oben).
Einen anderen Zugang in das Meereis finden die Algen sowie weitere Ein- und Mehrzeller unter dem Festeis: Das in unterkühltem Wasser auskristallisierende Plättcheneis (Mitte) treibt nach oben und nimmt dabei Kleinlebewesen mit. Unter bestimmten Bedingungen konzentrieren sich unter der Meereisdecke Algenmatten (unten), die aus einem Gemisch von Plättcheneis-Waben und meist Kolonie bildenden Spezies bestehen. Der dunkle Streifen im Bild zeigt den Meeresboden.
Fotos: J. Plötz,
C.W. Sullivan (2)

schung. Seit den achtziger Jahren wurden die wissenschaftlichen Arbeiten in den Polargebieten, insbesondere im Packeis, durch den Einsatz von eisbrechenden Forschungsschiffen erleichtert. Der erste, 1983 ausschließlich für die Forschung konstruierte Eisbrecher war die POLARSTERN. Im Jahr darauf fingen wir mit den biologischen Untersuchungen auf dem Meereis an. Oberflächlich sieht das Meereis aus wie eine einheitlich gefrorene weiße Masse. Aus der Nähe betrachtet, wird jedoch eine komplexe Struktur erkenntlich. Oben, wo Temperaturen bis zu minus 50 Grad Celsius erreicht werden, ist das Meereis meist mit einer Lage Schnee bedeckt. Dadurch wirkt es von außen wie eine unendliche öde Landschaft. Tatsächlich ist das Eis aber unter dem Schnee löchrig wie ein großer Schweizer Käse. Von beachtlichen, metergroßen Kavernen zwischen den überlagerten Schollen bis hin zu millimeterfeinen, fast unsichtbaren Poren finden sich alle denkbaren Hohlräume. Das Meereis wird im Herbst, wenn es sich bildet, von pflanzlichen und tierischen Plankton-Organismen besiedelt. Eiskalte Winde wehen vom Kontinent und kühlen die Meeresoberflä-

Hubschrauberlandung auf dem Meereis, um die Eisbiologen von der Bohrstelle abzuholen. Foto: G. Dieckmann

che ab. Es entstehen winzige Eiskristalle, das so genannte Frazileis. Diese Eisblättchen werden von der Wasserbewegung in die Tiefe gedrückt, wo sie sich mit dem Plankton vermischen. Da sie eine geringere Dichte als das Wasser haben, treiben die Kristalle zusammen mit dem dazwischen verfangenen Plankton wieder an die Oberfläche. Nach kurzer Zeit frieren sie zusammen und bilden das Pfannkucheneis – kleine bis metergroße Eisteller, die dann mehr als 50 Zentimeter dick sein können. Nach mehreren Stunden bis zu einigen Tagen, bedingt durch Luft- und Wassertemperatur, frieren auch diese »Pfannkuchen« zu einer geschlossenen Eisdecke zusammen. Im weiteren Verlauf kommt durch stark variierende meteorologische Bedingungen und Strömungen Bewegung in die geschlossene Eisdecke. Sie wird zusammengeschoben oder auseinandergezerrt.

Die feinen Poren im Eis entstehen beim Gefrieren des Meerwassers: Dabei scheiden sich die Salze aus dem Meerwasser ab. Die Lösung trennt sich in gefrorenes Süßwasser und eine hochkonzentrierte Sole, die zwischen den Kristallen gefangen bleibt und sich in Poren oder Kanälen sammelt.

Auf diese Weise ist ein Lebensraum entstanden, denn zusammen mit der Sole sind auch die Organismen in den Poren gefangen. Die Poren werden zur neuen Heimstätte. Innerhalb von einigen Tagen bis Wochen vermehren sich die Organismen so rasant, dass ihre Kolonien an der bräunlichen Verfärbung des Meereises zu erkennen sind.

Inzwischen haben wir und andere Forscher mehr als hundert Kieselalgen- und andere Algenarten im Eis identifiziert. Aber auch Bakterien gibt es in Hülle und Fülle in diesem Lebensraum. Aus dem Plankton gesellen sich noch vereinzelte Kleinkrebse und Würmer sowie deren Larven hinzu.

Die Eroberung des Eises hat die Erfindungsgabe des Lebens vor hohe Herausforderungen gestellt. Im Meereis ist es meistens ziemlich dunkel und sehr kalt, und die Porenräume und Kanäle sind sehr salzig. Die Salzkonzentration kann hier in Abhängigkeit von der Temperatur 150 Gramm pro Liter übersteigen. Seewasser enthält im Durchschnitt nur etwa 34 Gramm Salz pro Liter! Doch auf diese starken Veränderungen im Vergleich zum Leben vor dem Eis haben sich die Organismen auf verschiedene Art und Weise eingestellt. Wie der Autofahrer im Winter Glykol in den Kühler gibt, schützen sie sich mit organischen Mitteln, die entweder das Gefrieren der Umgebung oder des Organismus selbst verhindern. Wir haben entdeckt, dass viele Arten hohe Konzentrationen organischer Moleküle produzieren, die als Gefrierhemmer wirken und die Membranen und Organellen vor der extremen Kälte schützen. Im Zelleninneren tragen die Aminosäure Prolin und so genannte Dimethylsulfoniopropionate (DMSP) dazu bei, das osmotische Gleichgewicht zu erhalten. Andernfalls würde die höhere Salzkonzentration der Sole sämtliches Wasser aus der Zelle herausziehen und sie austrocknen. (Über Fragen der Temperaturanpassung mittels Gefrierschutzproteinen siehe S. 65.)

Der häufig auftretende Mangel an Nährstoffen – das sind für das Wachstum der Algen wichtige Salze wie Nitrat und Phosphat – ist ein zusätzliches Problem, mit dem die Organismen des Meereises konfrontiert sind. Zwar verfügen sie am Boden der Schollen über einen ständigen Zustrom von Nährstoffen aus dem Wasser. Doch in den mittleren Schichten verlangsamt sich das Wachstum bald, wenn nach dem ersten Vermehrungsschub wichtige Nährstoffe aufgebraucht sind. Insbesondere Nitrate, Phosphate und Silikate werden schnell knapp.

Das verfügbare Licht ist ein weiterer Faktor, der das Wachstum einschränkt oder steuert. Zusam-

Eine »kleine Eisstation«, an der das Probennahmegerät ADONIS unter das Eis geführt und über eine Schlauchkombination planktonreiche Wasserproben gesammelt werden.
Foto: G. Dieckmann

men mit unseren amerikanischen Kollegen an der University of Southern California konnten wir nachweisen, dass sich Meereisalgen durch die Menge bestimmter Licht einfangender Pigmente von anderen Artgenossen aus dem umliegenden Ozean unterscheiden. Zum Beispiel verfügen Kieselalgen im Meereis über höhere Konzentrationen an Chlorophyll und anderen Photosynthese-Pigmenten, um in dem stark verschatteten Lebensraum zu existieren.

Wie die Organismen im Eis mit dem wenigen verfügbaren Licht zurecht kommen, beschäftigt uns nach wie vor. Es gibt unterschiedliche Auffassungen darüber, wieviel Licht in das Innere des Meereises dringt, und Modellrechnungen, die anhand der physikalischen Gegebenheiten des Meereises das Lichtangebot zu erfassen suchen, stimmen mit den gemessenen Daten nicht überein. Wir vermuten, dass die Eisorganismen die physikalischen Bedingungen ihres Lebens zum Teil selbst so beeinflussen, dass mehr Licht in die abgelegenen Bereiche des Eises gelangt. Oder dass die bisher angewandten physikalischen Gesetze die wirklichen Prozesse – wie das Gefrieren, die Kristallanordnung und den Einschluss von Luft und anderen Partikeln – nur ungenügend erfassen. Die Amerikaner glauben zum Beispiel, dass die Organismen Substanzen freisetzen, welche die Oberfläche der Eiskristalle aufrauen und damit die Lichtstreuung verstärken. So bewirken sie, falls die Hypothese stimmt, dass das Licht tiefer in das Eis eindringt.

Die Temperatur ist ein weiterer Faktor, der das Wachstum der Organismen stark beeinträchti-

Vorsicht und Umsicht sind auf nicht so großen Eisschollen angesagt. Auch sie beherbergen eine spezielle Lebensgemeinschaft.
Foto: E. Fahrbach

gen kann. In Experimenten konnten wir nachweisen, dass verschiedene Eisalgen es schaffen, noch bei minus 5,5 Grad zu wachsen. Manche halten noch tiefere Temperaturen aus, wachsen jedoch nicht. Einige Dinoflagellaten bilden Zysten – robuste, dickwandige Schlafzellen, die den stressigen Bedingungen im Eis widerstehen können. Schmilzt das Eis, keimen die Zysten und bringen normale Zellen hervor.

An der Unterseite des Eises gedeihen die Kiesel- und anderen Algen am besten. Hier ist ihre Nähe zum Wasser und eine ausreichende Versorgung mit Nährsalzen gewährleistet. So exponiert zu

Die Hohlräume im Meereis können bis zu 20 Prozent des Volumens einnehmen. Um sie darzustellen, wurden Eisproben zentrifugiert und die Kanälchen unter Vakuumbedingungen mit einem dünnflüssigen Monomer verfüllt, das unter UV-Licht aushärtet. Elektronenmikroskopische Aufnahme. Der weiße Balken entspricht einem Millimeter. Foto: J. Weißenberger

sein, bringt aber nicht nur Vorteile mit sich. Die Eisalgen sind, wie schon erwähnt, die Nahrungsgrundlage und besondere Leckerbissen für den Krill, der die Antarktis, nicht zuletzt wegen der energiereichen Kieselalgen, zu Milliarden bevölkert. Da das Plankton, von dem sich diese Kleinkrebse normalerweise im Sommer ernähren, zu Beginn des Winters knapp wird, sammelt sich der Krill in den Spalten und Klüften zwischen den Eisschollen und am Boden des Meereises. Eine Analyse des Mageninhaltes hat gezeigt, dass der Krill im Winter fast ausnahmslos Eisalgen verzehrt. Die Krebse weiden die Algen mit phänomenaler Geschwindigkeit ab. Diese erfolgreiche Ausnutzung der Nahrung im Wasser wie auch im Meereis hat den Krill zu einem zentralen Organismus im antarktischen Nahrungsnetz werden lassen. Nach Schätzungen beträgt die gesamte Biomasse an Krill etwa 1,35 Milliarden Tonnen. Zum Vergleich: Alle Menschen der Erde »wiegen« zusammen nur etwa 0,3 Milliarden Tonnen. Die riesige Menge des kleinen Krills lockt die großen Räuber ins Eis. Pinguine, Robben und die Wale der südlichen Ozeane zwängen sich zwischen die Schollen, sobald das Packeis im Frühjahr und Sommer aufbricht, um dort nach dem Krill zu jagen.

Wenn mit dem Einzug des Frühlings die Temperaturen steigen, wird das Eis weicher, und die Kanäle und Poren weiten sich. Dann erreicht das Algenwachstum seinen Höhepunkt. Normalerweise enthält das Meerwasser im Sommer nicht mehr als etwa fünf Mikrogramm Chlorophyll pro Liter. Wir konnten im Eis bis 1000 Mikrogramm Chlorophyll pro Liter messen! Mit anderen Worten gesagt: In wenigen Zentimetern Eis befindet sich mitunter genauso viel Biomasse wie in mehreren hundert Metern Wassersäule. Das Eis färbt sich dann dunkelbraun, fast schwarz, was ein weiteres Abschmelzen zur Folge hat, weil die dunklen Partikel Licht absorbieren und sich sowie ihre Umgebung erwärmen. Das hat auf den Massenhaushalt des Eises keinen großen Einfluss, wohl aber auf den biologischen Kreislauf: Die vor allem in den unteren Schichten des Eises konzentrierten Zellen werden nach dem Winter sehr schnell ins Wasser freigesetzt;

sie sind das »Saatgut« für die Algenblüten im freien Ozean.

Mehr als 80 Prozent des Meereises um den südlichen Kontinent schmelzen und verschwinden jedes Jahr vollständig. Dann müssen sich die Organismen, die den Winter im Eis überdauert haben, auf ein Leben im Meer umstellen. Jetzt sind sie anderen Umweltbedingungen, wie Strömungen und Räubern, ausgesetzt. Nach einigen Monaten schließt sich der Kreis, und es beginnt auf ein Neues das Leben im Meereis.

Um an unsere Proben zu kommen, bedarf es eines hohen Maßes an Organisation und Vorbereitung. Die Einsätze in der Antarktis sind mit unzähligen logistischen Schwierigkeiten verbunden. Das Probensammeln umfasst alle möglichen Varianten: von Ausflügen mit einem Schlauchboot, um die Neueisbildung zu untersuchen, über das Absetzen auf entlegenen Eisschollen mit Hubschraubern bis hin zum Baumeln aus einem so genannten Mummy Chair, einem Förderkorb am Kranhaken der POLARSTERN, wodurch wir mit Haken und Netzen an treibende Eisproben gelangen. Die gängigste Methode ist jedoch das Betreten des Packeises von der POLARSTERN aus, um in gewissem Abstand des Schiffes eine »Eisstation« einzurichten. Leider können wir uns das Wetter und die Tageszeit für die Eisstationen nicht aussuchen. Es ist überflüssig zu sagen, dass die Lufttemperaturen fast immer unter null Grad liegen. Wie die Eskimos in warme Klamotten gehüllt, gehen wir über das Eis. Zum Herausbohren der Eiskerne werden speziell angefertigte Eiskernbohrer, von kleinen Benzinmotoren angetrieben, eingesetzt. Mit flauschigen, klobigen Handschuhen stecken wir den Bohrer zusammen. Nicht selten frieren uns die Geräte ein, denn auch das Meerwasser gefriert an der eisigen Luft. Danach zersägen wir die Kerne schnell in zehn bis zwanzig Zentimeter große Abschnitte und verpacken sie in Dosen. Die Proben werden in Kühltaschen aufbewahrt und später im Schiffslabor untersucht. Neben dem eigentlichen Probensammeln müssen viele Eigenschaften des Meereises gemessen werden, zum Beispiel Schneeauflage, Temperatur, Mächtigkeiten, sowie Umweltparameter wie Lufttemperatur und Strahlung. Dies bedeutet, dass jeweils ein ganzes Team von Wissenschaftlern und Freiwilligen aufs Eis geht. Für die Besatzung der POLARSTERN oder Kollegen, die sonst die Planken des Schiffes nicht verlassen können, eine willkommene und begehrte Gelegenheit, unseren stolzen Forschungseisbrecher aus einer anderen Perspektive zu sehen und zu fotografieren. Oft wird dann vor lauter Begeisterung vergessen, dass sie auf dem Eis sind, um uns zu helfen.

Für ihre Arbeiten im Meereis müssen sich die Wissenschaftler meistens eigene Geräte und Instrumente entwickeln. Der Fantasie sind da keine Grenzen gesetzt. Selten gibt es Werkzeug von der Stange. Selbst die Bohrer sind Einzelanfertigungen, die in kleinen Werkstätten nach unseren Vorgaben angefertigt werden. Auch der Probennehmer, mit dem wir durch kleine Bohrlöcher unter das Eis gelangen. Er besteht aus zusammengesetzten Rohren, in denen sich Schläuche befinden, über die wir aus unterschiedlichen Tiefen fast störungsfrei Wasser- und Organismenproben zwischen den Eiskristallen aufsaugen können. Die Amerikaner sind immer sehr darauf bedacht, Kürzel für ihre Arbeiten oder Projekte zu erfinden; sie haben das Gerät nach meinem amerikanischen Kollegen und mir ADONIS genannt – sicher um der attraktiven Erscheinung zweier Entwickler Rechnung zu tragen: Arrigo-Dieckmann-Original-Nutrient-Ice-Sampler.

Ganz ohne Risiko betreten wir das Meereis nicht. Der heimtückische Schnee bildet eine verführerisch einladende Oberfläche, unter der die Beschaffenheit des Eises nicht zu erkennen ist. Trotz aller Vorsicht kann man unangenehm überrascht werden. So ist es mir schon passiert, dass ich nach wenigen Metern auf »festem Boden« plötzlich bis zum Hals in einem schwammigen Eissumpf stand. Die warme Polarkleidung und die Nähe der Kollegen hat Schlimmeres verhindert. Im Gegensatz zu den vielen heimischen Organismen der Polarregion überlebt ein Mensch nur wenige Minuten die Eiseskälte der Antarktis. Es ist daher oberstes Gebot, eine »Überlebenskiste« mit aufs Eis zu nehmen. Da-

rin befinden sich Notrationen, ein Zelt und weitere Gegenstände, die einen mehrtägigen Aufenthalt auf dem Meereis ermöglichen, falls wir wegen dichten Nebels oder aus irgendeinem anderen Grund nicht mehr sofort zum Schiff finden würden.

Die Forschung der letzten Jahre hat uns sehr viele neue Erkenntnisse über die Bedeutung des alljährlichen Meereis-Kreislaufs gebracht, nicht nur für das Ökosystem der polaren Gebiete, sondern auch für die Meeresströmungen und das globale Klima. Die zunehmende Sorge um die globale Erwärmung und die möglichen Folgen für die Meereisbedeckung sind Themen, die auch für uns eine neue Herausforderung darstellen. Welche Folgen hätte eine höhere Durchschnittstemperatur für die Eisbedeckung? Würde die Meereisbedeckung, wie die meisten Experten erwarten, geringer ausfallen oder könnte ein damit verbundener höherer Niederschlag zu einer noch größeren jährlichen Eisbedeckung führen? Was könnte dies alles für die vielen Pflanzen und Tiere bedeuten, die ihr Leben in und auf dem Meereis verbringen? Solche und noch viele andere Fragen werden in der Zukunft nicht nur uns, sondern auch noch den wissenschaftlichen Nachwuchs beschäftigen.

Gerhard Dieckmann

Tauchgang zur Beobachtung des Krill unter dem Meereis. Im Wasser der Autor.
Foto: Archiv AWI

WETTER UND WOLKEN IM OZEAN

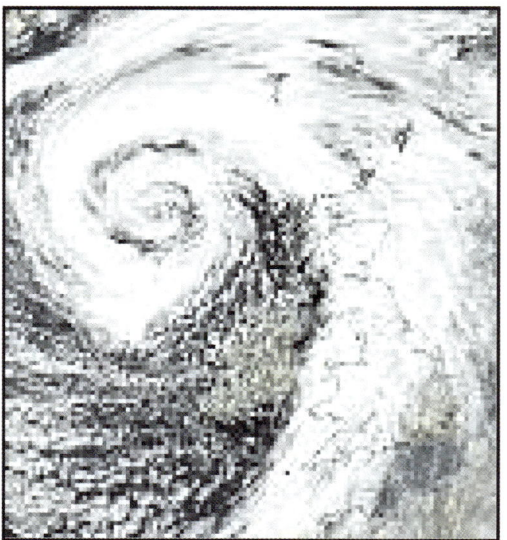

Die Bilder ähneln sich: Oben eine Aufnahme der Phytoplankton-Konzentration in einem Planquadrat von 170 mal 170 Kilometer Kantenlänge im Zirkumpolarstrom südlich von Tasmanien. Unten eine Wolkenverteilung über dem Nordatlantik und Westeuropa.

Mit den ersten, vor nunmehr etwa zwanzig Jahren entstandenen Bildern, die satellitengetragene Kameras von der Färbung des Ozeans machten, wurden Strukturen sichtbar, die denen der großräumigen Wolkenverteilungen in der Atmosphäre überaus ähnelten: langgezogene, wellenförmige Bänder oder konzentrische, wirbelartige Spiralen. Wie derartige Wolkenansammlungen in der Atmosphäre entstehen, ist klar: Dort, wo warme und kalte Luftmassen zusammenstoßen, bilden sich so genannte Fronten. Warme und feuchte Luft schiebt sich über die schwerere, kältere, steigt über der Dichtegrenze auf und kühlt dabei ab. Bis es schließlich zur Tröpfchenbildung durch Kondensation von Wasserdampf kommt und frontale Wolkenfelder entstehen. Was aber ist die Ursache der an solche Wolkenverteilungen erinnernden Strukturen im Ozean? Und was überhaupt lässt sie sichtbar werden?

Die letzte Frage war schnell beantwortet: Das Phytoplankton, mikroskopisch kleine, meist einzellige und frei im Wasser schwebende Algen, die aufgrund ihres Chlorophyllgehaltes eine eindeutige Grünfärbung hervorrufen, bildet die Farbschleier. Die erste Frage aber, die nach der Ursache, war – und ist – wesentlich schwerer zu beantworten. Die Grundlage hingegen, auf der wir einer Klärung näher kommen können, gehört eher zum Allgemeinwissen, nämlich, dass Pflanzen – aus denen sich das Phytoplankton (phyto = lateinisch Pflanze) zusammensetzt – zum Wachstum Licht und Nährsalze brauchen; andere Voraussetzungen für das Wachstum sind im Meer überreichlich erfüllt: Kohlendioxyd und Wasser gibt es genug. Welche Vorgänge aber regulieren, wieviel Nährsalze und Licht verfügbar sind?

Antworten darauf lassen sich aus Satellitenbildern nicht gewinnen. Dafür sind viele Untersuchungen von Forschungsschiffen aus erforderlich, mit denen sich auch die tieferen Wasserschichten unterhalb der Oberfläche erkunden lassen. Der erhebliche Einsatz von Forschungsmitteln, also Steuergeldern, ist gerechtfertigt, geht es doch – über das Verständnis von sichtbaren Mustern in der Verteilung des Phytoplanktons hinaus – um nichts weniger als die Frage nach den Lebensgrundlagen im Meer. Ist es doch die Photosynthese des Phytoplanktons, durch die organische Substanz aufgebaut wird, von der die meisten marinen Lebewesen, einschließlich der Fische, Seevögel und Meeressäuger, abhängen.

Außer als Grundlage der marinen Nahrungsnetze spielt das Phytoplankton auch für das Klima des Planeten Erde eine wichtige Rolle. Es nimmt, wie Victor Smetacek in seinem Beitrag genauer dargelegt hat, Kohlendioxyd auf und wandelt es in organische Kohlenstoffverbindungen um. Dabei sinkt die Konzentration des in der oberen Wasserschicht gelösten Kohlendioxyds, und das Wasser kann eine weitere Menge dieses Treibhausgases aus der Luft aufnehmen. Parallel zur Aufnahme von Kohlendioxyd wird Sauerstoff freigesetzt; mehr als 50 Prozent des jährlich weltweit natürlich produzierten Sauerstoffs auf der Erde stammen vom Phytoplankton in den Meeren. Wir Menschen profitieren also direkt, zum Beispiel über den Fischfang, und indirekt, über die Zusammensetzung der Erdatmosphäre, von der Primärproduktion des Phytoplanktons. Wenn wir nun klären wollen, welche Vorgänge die Verfügbarkeit von Licht und Nährsalzen und damit die Wachstumsbedingungen des Phytoplanktons regulieren, müssen wir uns zunächst deren typische Verteilung vergegenwärtigen. Wir wollen uns dabei auf den offenen Ozean konzentrieren. Weil die Küsten und flachen Schelfgebiete fern liegen, sind Flusswassereinträge, Gezeiten und die vorherrschende Windrichtung relativ zur Küstenlinie hier unbedeutend und komplizieren die Verteilung von Licht und Nährstoffen nicht zusätzlich.

Das Lichtangebot ist natürlich in Oberflächen-

Ein »Schleppfisch« wird über das Heck von POLARSTERN ausgesetzt. Das Gerät enthält Sensoren, um dessen Tiefe, die Wassertemperatur, den Salzgehalt, die Dichte sowie die Chlorophyll-Konzentration zu bestimmen, manchmal ergänzt um Messinstrumente für das einfallende Sonnenlicht sowie die Anzahl und Größenverteilung von Plankton. Nach dem Aussetzen wird der Instrumententräger an einem langen Kabel hinter dem fahrenden Schiff geschleppt; dabei taucht er beständig zwischen der Wasseroberfläche und einigen hundert Metern Tiefe auf und ab. Foto: U. Bathmann

nähe am höchsten; Wasser absorbiert Sonnenlicht, so dass selbst in absolut klarem, an seiner tiefblauen Farbe erkennbarem Meerwasser unterhalb etwa hundert Metern das dort ankommende Licht nicht mehr für die Photosynthese ausreicht. Normalerweise, und im offenen Meer vor allem dadurch bedingt, dass das vorhandene Phytoplankton selbst Sonnenlicht absorbiert, nimmt die Einstrahlung sehr viel schneller mit der Tiefe ab. Schon unterhalb weniger als zehn Meter sind die Lichtverhältnisse für die Photosynthese nicht mehr ausreichend. Nun halten sich Phytoplanktonzellen allerdings nicht ständig in der gleichen Tiefe auf. Vielmehr werden sie, vor allem durch Windeinwirkung, beständig über verschiedene Tiefenbereiche umverteilt – allerdings nur in den oberen Zehnermetern, der so genannten Deckschicht, in denen sich der Windangriff noch auswirkt.

Die Nährsalze sind jedoch typischerweise genau anders verteilt als das Licht: in Oberflächennähe gering konzentriert und mit der Tiefe zunehmend. Dass dies so ist, liegt allerdings an nichts anderem als am Phytoplankton selbst: Dort, wo es aufgrund ausreichenden Lichtangebots am besten gedeiht, werden auch die meisten Nährsalze aufgenommen. Mit dem Absterben und Absinken des Phytoplanktons werden die biologisch gebundenen Elemente in größere Tiefen transportiert und dort durch Remineralisation wieder als Nährsalz freigesetzt.

Das Paradebeispiel für ein Meeresgebiet mit Nährsalzarmut nahe der Oberfläche ist der Nordatlantik. Genau dort konnten erstmals schlüssige Erklärungen für das Anfachen der Phytoplankton-Primärproduktion in wirbelartigen Bändern gefunden werden. Und tatsächlich sind die dafür verantwortlichen physikalischen Vorgänge grundsätzlich die gleichen wie die, die in der Atmosphäre die Wolkenbildung antreiben.

Immer dann, wenn unterschiedlich dichte, das heißt kalte und warme oder salzreiche und salzarme Wassermassen aufeinandertreffen, entsteht ein horizontaler Druckunterschied. Das Wasser strebt nun danach, vom Bereich höheren Druckes in Richtung niedrigeren Druckes zu fließen. Auf der rotierenden Erde jedoch erzwingt die Corioliskraft eine Strömung entlang der Wassermassengrenze, die eine Front im Ozean definiert. Da eine Front nie ganz unbeeinflusst ist von Strömungen in der Umgebung, wird sie gestört und fängt an, wellenförmige horizontale Auslenkungen von ihrer Hauptstromrichtung zu bilden. Irgendwann werden diese Wellen instabil, die Auslenkungen werden immer größer und schnüren sich dann als ringförmige Wirbel ab. Der Zerfall in Wirbel, die im offenen Ozean meist einen Durchmesser von ungefähr hundert Kilometern haben, bewirkt letztendlich die Auflösung der ursprünglichen Front. Im weiteren Bewegungsablauf aber treffen Wirbel aufeinander, zwischen ihnen entsteht eine neue Front, und der Kreislauf beginnt von vorn. Das Bilden, Auflösen und Neubilden von Fronten ist ein sich ständig wiederholender Prozess.

Immer dann, wenn sich Fronten bilden oder auflösen, wenn sich die vorwiegend nur horizontale Strömung in Stärke und Richtung ändert, werden wegen der Erhaltung des Drehimpulses auch Vertikalbewegungen, Auf- und Abtrieb, erzwungen. Mit dem Auftrieb kommen Nährsalze nach oben bis in die lichtdurchfluteten Wasserschichten, wo sie bei Mangel durch das Phytoplankton begierig aufgenommen werden und dessen Wachstum anregen. Der Auftrieb ist auf eng umrissene Bereiche begrenzt. Bei einem wellenförmigen Mäandrieren einer Front ist maximal die Hälfte einer Mäanderwellenlänge durch Auftrieb gekennzeichnet, und aktive, starke und sich verändernde Fronten liegen nicht dicht an dicht, sondern eher um ein Mehrfaches der Frontenbreite voneinander getrennt.

Mit dem Auftrieb erfolgt auch die Anregung des Wachstums lokal begrenzt, so dass die Verteilung des Phytoplanktons direkt die des Auftriebs widerspiegeln sollte. Aber so ist es nicht. Denn für das Wachstum benötigt das Phytoplankton Zeit, für seine Verdopplung meist einige Tage, und in dieser Zeit wird das Phytoplankton mit der Horizontalströmung von etwa zehn Zentimetern pro Sekunde durch ein einzelnes Auftriebsgebiet von üblicherweise wenigen zehn Kilometern Ausdehnung hindurch getrieben. Es bilden sich also eher bänderartige Strukturen stromab eines Auftriebsgebietes. Erfolgt der Auftrieb und damit die Anregung des Wachstums an dem Mäander einer Front, so entstehen wellenförmige Bänder erhöhter Phytoplankton-Konzentration. Bei Auftrieb am Rand eines Wirbels bilden sich eher konzentrische Spiralen.

Das, was wir Landbewohner als Wetter wahrnehmen, weist zwischen den Klimazonen charakteristische Unterschiede auf. Der Westwindgürtel der mittleren Breitengrade beispielsweise, unter dem auch Deutschland liegt, ist geprägt durch sehr wechselhaftes Wetter. Hier lösen sich Hochdruckrücken und Tiefdrucktröge beständig ab, mit den Fronten zwischen ihnen ziehen

Zeitliche Veränderungen an einem bestimmten Punkt lassen sich durch Messinstrumente registrieren, die über einen längeren Zeitraum – bis zu zwei Jahren – im Ozean verankert werden. Hier wird gerade eine Sedimentfalle im Meer als Teil einer Verankerung ausgelegt. Eine Sedimentfalle entspricht einem Niederschlagsmesser – einem Gerät, das alles auffängt, was aus Wolken herausfällt.
Fotos: U. Bathmann

Im unteren Bild geht der oberste Teil einer Verankerung, ein großer Auftriebskörper, zu Wasser. Er trägt in diesem Fall zusätzlich einen akustischen Strömungsmesser, der die vertikale Verteilung der Strömungskomponenten in mehreren hundert Metern Wasser darüber messen kann.

Niederschlagsfelder heran und wechseln sich mit trockenen Perioden ab. Die natürliche Erdoberfläche hier ist bis auf wenige Extremlagen wie Hochgebirge nahezu geschlossen von Vegetation bedeckt. Im Gegensatz dazu sind die Subtropen durch beständige Hochdrucklagen gekennzeichnet; es regnet selten, und Wüsten prägen die Landschaftsformen.

Interessanterweise ist festzustellen, dass auch im Ozean in den Zonen, in denen sich Hoch- und Tiefdruckgebiete beständig ablösen, viel Phytoplankton wächst. Hier sind dies die Grenzen zwischen den polaren, subpolaren und subtropischen Wassermassen mit ihren Strombändern hoher Wirbelaktivität. Dazu gehört im Nordatlantik der Golfstrom mit seinen Ausläufern. Auf der Südhalbkugel ist es vor allem der Zirkumpolarstrom mit seinen den antarktischen Kontinent umfassenden Fronten.

Allerdings gibt es einen wesentlichen Unterschied zwischen dem Südpolarmeer und dem Nordatlantik: Das Südpolarmeer ist überaus reich an Nährsalzen, zumindest an Nitrat und Phosphat, die vom Phytoplankton in großer Menge benötigt werden. Für die Anregung der Primärproduktion an den Fronten im Zirkumpolarstrom muss es also noch eine andere Ursache geben als den im Nordatlantik so bedeutenden Nährsalzauftrieb.

Gerade wegen seines Reichtums an Nährsalzen ist das Südpolarmeer überaus bedeutsam für die Entwicklung des Klimas der Erde. Die vorhandenen Nährsalze nämlich würden wesentlich mehr Primärproduktion erlauben als gegenwärtig stattfindet. Wären also die Gründe, die gegenwärtig die Photosynthese begrenzen, nicht gegeben, so könnte eine wesentlich größere Menge von Kohlendioxyd durch das Phytoplankton aufgenommen werden. Unterschiede in der Konzentration von Kohlendioxid in der Erdatmosphäre sind aus der Erdgeschichte bekannt: In den Warmzeiten wie heute wies die Atmosphäre etwa vierzig Prozent mehr Kohlendioxid auf als während der Eiszeiten. Es gibt eine ganze Reihe von Ansätzen, die Unterschiede in der Kohlendioxidkonzentration der Atmosphäre im Wechsel von Warm- und Eiszeiten zu erklären versuchen, indem sie sich auf Veränderungen der Primärproduktion des Phytoplanktons im Südpolarmeer stützen.

Was aber ist gegenwärtig die Ursache für die Verteilungsmuster der Primärproduktion des Südpolarmeeres? Warum finden wir an den Fronten des Zirkumpolarstroms höhere Phytoplankton-Konzentrationen als weiter südlich, wo es eher noch mehr Nährstoffe gibt? Um das zu verstehen, hat das Alfred-Wegener-Institut im Laufe der vergangenen Jahre detaillierte Untersuchungen mit dem Forschungsschiff POLARSTERN unternommen. Solche Messfahrten haben viele spannende Momente: Wird das Wetter einigermaßen mitspielen, so dass wir unser Messprogramm wie geplant durchführen können, oder werden schwere Stürme unsere Arbeit an unerwartet vielen Tagen behindern? Werden die verschiedenen Wissenschaftsdisziplinen, Arbeitsgruppen und Einzelpersonen an Bord gut kooperieren? Werden wir die Front, deren physikalische Eigenschaften und biologische Produktivität wir untersuchen wollen, überhaupt finden?

Wir hoffen, dass die Messgeräte alle reibungslos funktionieren und wir keine Verluste hinnehmen müssen. Dies ist vor allem bei Geräten, die für längere Zeit im Ozean verankert werden, nie ganz auszuschließen. Ganz bang wird einem um die teuren High-Tech-Vehikel, wenn mit einem Messsystem im Schlepp des Schiffes zwischen Geräteverankerungen Slalom gefahren wird. Eine derartige Messstrategie denkt man sich natürlich nicht wegen des besonderen Nervenkitzels aus, sondern weil sich dadurch ein besonders wertvoller Datensatz gewinnen lässt, der es erlaubt, sowohl räumliche als auch zeitliche Veränderungen zu dokumentieren. Lösen sich dann die Spannungen nach einer erfolgreichen Forschungsreise, auf der eine Fülle guter Daten gesammelt werden konnte, schließt sich sogleich die aufregende wissenschaftliche Frage an: Werden die neuen Messungen unsere Hypothesen, unsere Vorstellungen von den physikalischen, chemischen und biologischen Abläufen im Ozean bestätigen? Oder müssen wir sie revidieren oder gar verwerfen, weil sie dem Vergleich mit der Realität nicht standhalten?

Auf unseren Expeditionen im Südpolarmeer haben wir in Nähe der Fronten häufig eine vergleichsweise flache Deckschicht vorgefunden. Dass Phytoplankton bei geringer Tiefe der winddurchmischten Schicht besser gedeiht, ist plausibel. Denn wie eingangs dargelegt, werden Phytoplanktonzellen innerhalb der Deckschicht ständig umverteilt. Und da das Licht mit zunehmender Tiefe immer schwächer wird, ist das Lichtangebot, das einer einzelnen Phytoplanktonzelle im Verlauf eines Tages zur Verfügung steht, natürlich größer, wenn die Deckschicht flacher ist. In der Weite des Südpolarmeers sind wegen des meist starken und über eine große Fläche angreifenden Windes jedoch große Deckschichttiefen die Regel. Lichtmangel aufgrund vorwiegend tiefer Durchmischung sehen wir als einen Hauptgrund für die allgemein niedrige

Primärproduktion des Phytoplanktons im Südpolarmeer an.

Welche Erklärung aber gibt es dafür, dass an
Fronten flachere Deckschichten auftreten als
anderswo? Aus unseren Messungen erhielten wir
Hinweise darauf, dass dafür Überschichtungen
entscheidend sind; das heißt, dass warmes oder
salzarmes und damit leichtes Wasser von der
einen Seite der Front auf die andere gelangt und
sich dort über das kältere oder salzreichere und
damit dichtere Wasser legt. Dadurch entsteht in
Oberflächennähe ein vertikaler Dichteunter-

*Körperlicher Ausgleich für
die Autoren: Der Biologe
Ulrich Bathmann und der
Physiker Volker Strass (von
links) sowie der Physiker
Boris Cisewski halten ein
Gerät zur Aufzeichnung
von Zeitreihen der Kohlen-
dioxid-Konzentration im
Meerwasser bereit, das
mit einer Verankerung
ausgebracht wird.
Foto: Ch. Klaas*

*Wenn der Kranzwasser-
schöpfer gefüllt an Deck
ist, werden die Wasser-
schöpfer sogleich von
den Vertretern der ver-
schiedenen Arbeitsgrup-
pen umlagert, die Pro-
ben daraus für ihre spe-
ziellen Analysen abzap-
fen. Ein strenges Proto-
koll regelt die Reihenfolge des Zapfens: Zuerst
füllen diejenigen ihre
Proben ab, die sich für
leicht flüchtige, gelöste
Gase wie Kohlendioxid
und Sauerstoff interes-
sieren. Danach folgen
jene, die Partikeln wie
dem Phytoplankton, das
zum Absinken neigt,
nachspüren. Zum
Schluss kommen die an
gelösten Salzen Interes-
sierten zum Zuge, wie
die Nährstoffchemiker
und Physiker. Insgesamt
regelt das Zapfprotokoll
die Reihenfolge von bis
zu zwanzig verschie-
denen Probenahmen.
Foto: U. Bathmann*

schied, der der Vermischung durch den Wind entgegenwirkt und das Entstehen flacher Deckschichten begünstigt.

Daran, dass es zu solchen Überschichtungen kommt, haben genau die gleichen dynamischen Prozesse Anteil, die bei zeitlichen Veränderungen einer Front Auf- und Abtrieb erzeugen. Denn Auf- und Abtrieb verlangen nach einer Ausgleichsbewegung, nach einer horizontalen Strömung, mit der an der Oberfläche Wasser vom Auftriebsgebiet zum Abtriebsgebiet geleitet wird. In größerer Tiefe muss die Ausgleichsbewegung genau entgegengesetzt verlaufen, vom Abtriebs- ins Auftriebsgebiet. Liegt das Auftriebsgebiet auf der Seite der Front mit dem leichten Wasser, so wird durch die Ausgleichsbewegung leichtes Wasser an der Oberfläche zum Abtriebsgebiet gelenkt; es legt sich dabei über das dichtere Wasser, das in größerer Tiefe entgegenströmt.

Durch verschiedene Anordnungen von Auf- und Abtriebsgebieten relativ zur Front gibt es außer der geschilderten, die dazu führt, dass sich die Deckschicht verflacht, auch den anderen Fall, der eine Deckschichtvertiefung begünstigt. Wenn allerdings aufgrund tiefer Durchmischung und damit Lichtmangels sowieso schon keine Photosynthese möglich ist, dann hat eine weitere Vertiefung keinen weiteren negativen Effekt. Die Verflachung der Deckschicht kann jedoch einen starken positiven Effekt für die Primärproduktion haben. Die Dynamik von Fronten, physikalisch gesehen genau der gleiche Prozess, der für die Anregung der Primärproduktion im nährstoffarmen Nordatlantik eindeutig identifiziert wurde, prägt offensichtlich auch die Verteilungsmuster im Südpolarmeer, wo eher Lichtmangel aufgrund tiefer Durchmischung die Photosynthese behindert. Allerdings herrscht im Südpolarmeer auch Mangel an einem Spurennährstoff, nämlich gelöstem Eisen (siehe S. 51 ff.). Das Wechselspiel von Auf- und Abtrieb beeinflusst darüber hinaus das Absinken von Phytoplankton und bewirkt damit einen Transport von gebundenem Kohlenstoff in die Tiefe des Ozeans. Wird durch Auftrieb und Überschichtung die Primärproduktion angeregt, so wird bei Abtrieb Phytoplankton mit in die Tiefe gerissen. Allerdings reicht die Abtriebsbewegung an einer Front meist nur bis in einige hundert Meter Tiefe. Aufgrund von Lichtmangel verschlechtern sich dann die Lebensbedingungen drastisch, so dass es zu massenhaftem Absterben kommen kann.

Außer dem Abtrieb gibt es eine Reihe anderer Gründe für eine Verschlechterung der Lebensbedingungen von Phytoplankton, beispielsweise nachlassende Sonneneinstrahlung im Herbst oder ein Ausbleiben der Nährsalzzufuhr. Wenn sich die Lebensbedingungen verschlechtern oder das Phytoplankton gar abstirbt, verliert es seine Fähigkeit zu schweben und sinkt unter Wirkung der Schwerkraft ab.

Mit dem Absinken, der Sedimentation von Phytoplankton haben wir eine weitere Parallele zu Vorgängen in der Atmosphäre, nämlich die, dass aus Wolken irgendwann auch Niederschlag fällt. Das Absinken von Phytoplankton kann in starken Einzelereignissen, regelrechten Schauern, erfolgen oder auch eher gleichmäßig wie ein Landregen über einen längeren Zeitraum verteilt.

Bislang haben wir auf physikalische Übereinstimmungen bei dynamischen Vorgängen hingewiesen, die sowohl in der Atmosphäre als auch im Ozean zur Entstehung von Wolken beitragen. Jedoch sind die Wolken im Meer biologischer Natur. Und hinsichtlich der Biologie sind Atmosphäre und Ozean grundsätzlich verschieden. Es gibt nämlich kein einziges Lebewesen, das ausschließlich in der Atmosphäre lebt; die Atmosphäre schafft lediglich die – allerdings wesentlichen – Randbedingungen für Leben, sowohl an Land als auch im Wasser. Das Meer aber ist selbst Lebensraum; der bei weitem überwiegende Teil von Lebewesen im offenen Meer – Viren, Bakterien und Pilze, Pflanzen und die ganze Familienvielfalt des Zooplanktons, Krebstiere, Weichtiere und Quallenartige, sowie Fische und Meeressäuger wie Wale – verbringt seinen kompletten Lebenszyklus, und das Generation für Generation, im offenen Wasser, ohne jemals in Kontakt mit festen Strukturen wie Küsten oder dem Meeresboden zu kommen.

Und es gibt noch einen anderen, in diesem Zusammenhang wichtigen Unterschied zwischen Atmosphäre und Ozean. Die Vorgänge, die zur Bildung und Auflösung von Fronten führen, sind in Atmosphäre und Ozean zwar dieselben, aber die Ausdehnung, die entstehenden Skalen sind unterschiedlich. Hoch- und Tiefdruckgebiete in der Atmosphäre haben typischerweise einen Durchmesser in der Größenordnung von tausend Kilometern, aber sie bestehen nur für einige Tage. Deren Gegenstück im Ozean, die mittelskaligen Wirbel, sind mit zirka hundert Kilometern wesentlich kleiner, aber sie existieren über einen deutlich längeren Zeitraum von mehreren Monaten.

Diese Existenz über längere Zeit ermöglicht es, dass sich innerhalb solcher Strukturen Lebensgemeinschaften entwickeln, die sich von der in dem kalten oder auch warmen Wirbel nebenan deutlich unterscheiden. Dies gilt vor allem für die untersten Stufen im Nahrungsgefüge, für Pflanzen und Tiere, Bakterien und Pilze, die zu starkem Wachstum und schnellem Generationswechsel fähig sind. Wir selbst haben im Zirkumpolarstrom schon über Distanzen von nur wenigen Breitengraden, also wenigen hundert Kilometern, mehrere verschiedene Wirbel und Strombänder angetroffen, in denen jeweils eine andere Phytoplanktonart dominierte; und auch die vorherrschende Art des von Tieren gebildeten Planktons war in den verschiedenen Wasserkörpern unterschiedlich. Es gab Situationen, in denen dieses Zooplankton so zahlreich war, dass alles Phytoplankton weggefressen wurde bis auf eine Art mit nadelförmiger, stark verkieselter und harter Außenschale, die dadurch ähnlich wie Disteln oder Kakteen geschützt ist, verzehrt zu werden.

Die Strukturen der Lebensgemeinschaften, die Wechselwirkungen zwischen Pflanzen, Tieren sowie Bakterien haben großen Einfluss darauf, ob und in welcher Form Niederschlag aus den Phytoplankton-Wolken fällt und wie weit er fallen wird, ob bis zum Meeresboden, oder ob er sich schon auf dem Weg dorthin wieder auflöst. Die Struktur der Lebensgemeinschaft beeinflusst auch, ob der Niederschlag in Form einzelner Phytoplanktonzellen erfolgt oder als so genannter Meeresschnee, gebildet aus verklumpten Zellverbänden. Ein Analogon zu Hagel kann durch Zooplankton verursacht werden, das einen Teil des gefressenen Phytoplanktons unverdaut wieder ausscheidet. Bei bestimmten Arten von Ruderfußkrebsen sind die Kotballen stark verdichtet und fallen besonders schnell, wobei die Wahrscheinlichkeit steigt, dass sie ohne Substanzverlust den Meeresboden erreichen.

Von der Fähigkeit, Niederschlag im Ozean vorherzusagen, wie wir das von den atmosphärischen Wettermodellen kennen, sind wir noch weit entfernt. Dazu sind die Zusammenhänge zu komplex und erst im Ansatz verstanden. Noch wissen wir nicht einmal über die unterschiedlichen Umweltansprüche der verschiedenen Phyto- und Zooplanktonarten hinreichend Bescheid. Niederschlagsereignisse im Ozean vorauszusagen ist auch noch kein Ziel für die nächsten Jahre. Modellrechnungen sind aber vorzüglich geeignet, Hypothesen, unsere Vorstellungen über Zusammenhänge, auf ihre Plausibilität hin zu überprüfen und auf dem Wege herauszufinden, welche Vorgänge die wesentlichen sind. Was durch Modellrechnungen auf leistungsstarken Computern schon gelingt, ist, das Entstehen von Phytoplankton-Wolken an Fronten und durch Wirbelaktivität zu simulieren, zumindest für begrenzte Meeresgebiete und für Phytoplankton mit ganz allgemeinen, nicht artenspezifischen Eigenschaften. Dies ist ein wichtiger Schritt auf dem Weg, Computermodelle zu erstellen, die einerseits eine Prognose der Entwicklung ozeanischer Ökosysteme im Verlauf von natürlichen oder vom Menschen verursachten Klimaveränderungen erlauben. Andererseits können dadurch Klimavariationen aussagekräftiger dargestellt werden, indem die Rückkopplung der biologischen Kohlenstoffpumpe auf den Kohlendioxidgehalt der Atmosphäre einbezogen wird.

Volker H. Strass, Ulrich V. Bathmann

Kalt, lang, langsam – Leben am antarktischen Meeresboden

Säugetiere, Vögel, einige Reptilien und wenige andere Tierarten verfügen über die Fähigkeit, ihre Körpertemperatur selbst zu regulieren. Die meisten Tiere unserer Welt sind hingegen »wechselwarm«. Ihre Körpertemperatur wird durch die Temperatur der Umgebung bestimmt. Was bedeutet das für diese Tiere? Ein kleines Experiment wird es Ihnen zeigen: Fangen Sie eine Stubenfliege und setzen Sie sie für eine halbe Stunde in den Kühlschrank. Sie werden feststellen, dass die Fliege, die zuvor bei zwanzig Grad Celsius extrem reaktionsschnell war, sich nach dem kurzen Aufenthalt bei acht Grad Celsius recht langsam und wie gehemmt bewegt. Sobald sie sich aber wieder aufgewärmt hat, ist sie so schnell wie zuvor.

Was ist mit der Fliege passiert? Wir wissen, dass alle Lebensfunktionen letztendlich auf biochemischen Reaktionen beruhen. Die Geschwindigkeit dieser Reaktionen hängt von der Temperatur ab; je kälter es ist, desto langsamer laufen sie ab. Und genau das geschieht mit der Fliege; bei acht Grad sieht sie langsamer, sie denkt langsamer, und sie bewegt sich langsamer. Vom subjektiven Standpunkt der Fliege aus hingegen passiert plötzlich alles um sie herum in rasender Geschwindigkeit; die Zeitabläufe ihrer Außenwelt haben sich ja nicht geändert.

Die Temperatur des Südpolarmeeres liegt in der Regel um null Grad und kann bis auf minus 1,8 Grad, den Gefrierpunkt von Meerwasser, sinken. Können wechselwarme Tiere hier leben? Offensichtlich ja, denn auf dem Meeresboden rund um den antarktischen Kontinent finden sich Lebensgemeinschaften, die in ihrer Artenvielfalt fast an tropische Korallenriffe heranreichen.

Nun sind zwanzig Millionen Jahre Evolution – etwa so lange existiert das Südpolarmeer bereits – etwas anderes als dreißig Minuten im Kühlschrank. Haben die antarktischen Tiere in dieser langen Zeit Mittel und Wege gefunden, sich an ihre allmählich kälter werdende Umwelt anzupassen und die Verlangsamung ihrer Lebensfunktionen zu kompensieren? Das ist, soweit wir bisher wissen, bei einigen Organismen und einigen Lebensfunktionen der Fall.

So haben zum Beispiel Fische aus der Antarktis einen höheren Grundstoffwechsel als andere Fische, die auf die gleiche niedrige Temperatur abgekühlt werden. Bei den antarktischen Fischen ist sozusagen die »Leerlauf-Drehzahl« ein bisschen höher eingestellt, so dass ihre Lebensfunktionen etwas schneller ablaufen, als wir aufgrund der Temperatur erwarten würden. In einigen antarktischen Krebsen und Stachelhäutern haben wir Enzyme gefunden, die unter niedrigen Temperaturen besser funktionieren als die gleichen Enzyme bei verwandten Arten aus unseren Breiten.

All diese Anpassungen reichen noch lange nicht aus, um den Effekt der Verlangsamung, den die niedrigen Temperaturen bewirken, auch nur teilweise zu kompensieren. Vielleicht ist das aber auch ganz gut so, denn antarktische Organismen, vor allem die auf dem Meeresboden lebenden Tiere, haben ein weiteres Problem: Ihre Nahrung kommt zu einem großen Teil aus den oberflächennahen Wasserschichten. Dort entwickelt sich im Sommer bei ausreichend Sonnenlicht eine Lebensgemeinschaft aus einzelligen Pflanzen und ihren Konsumenten. Von dort sinkt fressbares Material auf den Meeresboden. Der Polarsommer ist jedoch extrem kurz, so dass nur während weniger Wochen im Jahr frische Nahrung produziert wird. Je nachdem, wie gut ein Tier am Boden andere Nahrungsquellen, zum Beispiel Bakterien oder Aas, nutzen kann, ist die Devise für die meisten Monate des Jahres: Sparsam leben! Sparsam lebt, wer langsam lebt und so weniger Energie verbraucht. Das ist für ein wechselwarmes Tier bei niedrigen Temperaturen natürlich einfacher als bei hohen. (Welche Schwierigkeiten ein Warmblüter damit hat und wie er doch mit der Kälte fertig wird, beschreiben Joachim Plötz und Koautoren in ihrem Beitrag über Weddellrobben.)

Unter diesen besonderen Bedingungen des Südpolarmeeres – niedrige Temperatur und jahreszeitlich stark beschränktes Nahrungsangebot – sollten wir also wechselwarme Organismen finden, die einen niedrigen Stoffwechsel haben, die langsam wachsen, und die dementsprechend außergewöhnlich alt werden. Und in der Tat entsprechen viele der von uns bisher untersuchten wirbellosen Arten diesem Bild.

Die antarktischen Seeigel *Sterechinus neumayeri* (siehe Abb.) und *Sterechinus antarcticus* unterscheiden sich in Aussehen und Lebensweise kaum von ihren in gemäßigten Breiten vorkommenden Verwandten, deren Lebensspanne, je nach Art, zwischen fünf und zehn Jahren beträgt, in denen sie auf eine Größe von sechs bis zwölf Zentimeter Durchmesser heranwachsen. Die beiden *Sterechinus*-Arten hingegen benötigen gut vierzig beziehungsweise siebzig Jahre, um ihre Endgröße von nur etwa sieben Zentimeter zu erreichen!

Das antarktische Moostierchen *Cellaria incula*, ein koloniebildender Organismus mit Kalkskelett, der wie ein kleiner Busch aussieht, wächst etwa acht Millimeter pro Jahr und kann über vierzehn Jahre alt werden. Die nah verwandte Art *Cellaria sinuosa* aus dem Ärmelkanal wächst fünfmal so schnell und wird nur etwa zwei Jahre alt.

Und noch ein Beispiel: Die antarktische Garnele *Chorismus antarcticus* braucht sieben Jahre, um ihre Endlänge von etwa 21 Millimeter zu erreichen. Garnelen aus unseren Breiten werden meist nicht ganz so groß, sie leben aber auch nur etwa drei Jahre.

Bei einigen antarktischen Arten, etwa bestimmten Schwämmen, haben wir den Verdacht, dass einzelne Individuen weit über hundert Jahre alt werden können. Dies alles deutet an, dass antarktisches Leben auf ganz anderen Zeitskalen abläuft, als wir sie aus unseren Meeresgebieten

gewohnt sind, wo kaum ein wirbelloses Tier älter als zehn Jahre wird. Antarktische Bodentiere leben langsamer und deutlich länger, ihr zeitlicher Horizont ist allenfalls mit dem der Bäume und Sträucher in unseren Wäldern vergleichbar. Entsprechend behutsam sollten wir mit diesen außergewöhnlichen Organismen und ihrem Lebensraum umgehen.

Thomas Brey

Der Seeigel Sterechinus neumayeri *in seinem Lebensraum am Boden des Weddellmeeres in zirka hundert Meter Wassertiefe. Die bläulichen »Bäumchen« im Hintergrund sind Hydrozoen, koloniebildende Nesseltiere.*
Foto: J. Gutt

Sind Klimaschwankungen der Antriebsmotor für den Artenreichtum im Südpolarmeer?

Meter Tiefe reichenden Kontinentalsockels ist die Menge der dort lebenden größeren Tiere, die stellenweise das Sediment völlig bedecken. Auf den zweiten Blick ist es die Formen- und Artenvielfalt, die noch immer so manchen erfahrenen Biologen in Staunen versetzt. Strukturiert wird dieser Lebensraum gebietsweise durch tonnen- oder vasenförmige Schwämme von einer Höhe bis zu zwei Metern, andere Arten können in ihrer Gestalt auch an Kohlköpfe oder Kartoffeln erinnern. Bizarr verästelte Moostierchen tragen ihren Namen deshalb zu Recht, weil sie den Meeresboden in dichten Polstern besiedeln. Wesentlich feingliedriger muten peitschenförmige Hornkorallen und Seefedern an, die sich in der bodennahen Meeresströmung wie Schilf im Wind wiegen. Wie Blumenkohl oder Pilze sprießen Kolonien von Seescheiden aus dem Boden, während ihre einzeln lebenden Verwandten mit ihrem glasig durchscheinenden Körper rasch zu ungewöhnlicher Größe heranwachsen können.

Stellt man sich ein solches dreidimensionales, nur aus Tieren bestehendes Gebilde als miniaturisiertes Abbild einer Parklandschaft unter Wasser vor, so waren in der bisherigen Beschreibung bewegliche Lebensformen noch nicht berücksichtigt. Längliche Seegurken und Borstenwür-

Verschiedene Schwämme im Vordergrund und Hornkorallen (Bildmitte) erzeugen durch ihre aufrechte Wuchsform einen dreidimensionalen Lebensraum am Meeresboden.

Dieser vielarmige Seestern (rechts) kann sogar sehr bewegliche, im freien Wasser schwimmende Leuchtgarnelen, den Krill, fangen.

Betrachtet man das spärliche Leben auf dem mächtigen Eisschild, bekommt man von der Antarktis unweigerlich den Eindruck einer lebensfeindlichen weißen Wüste, die nur durch einige mit quirliger Betriebsamkeit erfüllte Robben- und Pinguinkolonien unterbrochen wird. Allerdings leben diese Tiere ausschließlich in Küstennähe und verbringen einen wesentlichen Teil ihres Lebens im Meer, wo sie auch ihre Nahrung beziehen. Folgt man den Geländekonturen unter die Wasseroberfläche, könnte sich dem Betrachter wohl kein größerer Kontrast offenbaren. Für Laien ebenso wie für Wissenschaftler ist der Anblick der Tierwelt am küstennahen Meeresboden immer wieder genauso überraschend wie faszinierend.

Das vielleicht auffälligste Merkmal des bis in 600

118

mer winden sich wie Baumschlangen durch das Gerüst der Moostierchen oder von flaschenbürstenförmigen Hornkorallen. Schlangensterne strecken ihre serpentinenartig gebogenen Arme in die Höhe, um Plankton zu fangen. Haarsterne nehmen einen Ortswechsel durch den ästhetisch ondulierenden Peitschenschlag ihrer filigran gefiederten Arme vor. Wenn sie anschließend wie ein Fallschirm nach unten segeln und auf einem erhöhten Standort, zum Beispiel einem Felsbrocken oder einem Schwamm landen, haben sie einen für die filtrierende Nahrungsaufnahme besonders günstigen Platz gefunden.

Zu einer lebhaften Dynamik, die in einem Baumbestand an Land durch Vögel und Insekten hervorgerufen wird, tragen unter Wasser insbesondere Flohkrebse bei. Sie haben es in der Antarktis zu einer großen Fülle verschiedener Lebensformen gebracht, die sich vor allem in ihrer Ernährung unterscheiden. Als Folgeerscheinung haben sie dann auch ein ganz unterschiedliches Verhalten entwickelt, und ihre äußere Form hat sich entsprechend angepasst. Einige zum Beispiel nisten sich dauerhaft auf der Oberfläche von Schwämmen in kleine, von ihnen selbst geschaffene Höhlen ein und filtrieren von dort mit pulsierendem Schlag ihrer Gliedmaßen das Wasser. Sie haben dadurch eine halbrunde Gestalt angenommen und sind relativ klein geblieben. Andere knabbern die kalkigen Äste der Moostierchen an und ernähren sich dabei von deren fast mikroskopisch winzigen Polypen, aus denen sich eine Kolonie zu Tausenden zusammensetzt. Flohkrebse, die eine solche ökologische Nische besetzen, haben oft einen schützenden Panzer, der entweder schneeweiß und porzellanartig glatt ist, gelb-orange-farbene Flecken aufweist oder ganz rot gefärbt sein kann und lange bizarre Fortsätze trägt. Die größte Anzahl dieser Krebstiere ist aber darauf spezialisiert, Tierkadaver innerhalb kürzester Zeit zu skelettieren, womit sie nicht nur zu ihrer eigenen Ernährung beitragen. Früher hätte man eine solche wichtige Stellung im Ökosystem als die »Gesundheitspolizei« bezeichnet, dieser Begriff ist jedoch durch modernere Ausdrücke

Ein auf der Seite liegender Glasschwamm dient Haarsternen als Siedlungssubstrat.

Antarktische Eisfische sparen in dem eiskalten Wasser Energie, indem sie auf den roten Blutfarbstoff Hämoglobin, der zu einer gewissen Zähflüssigkeit führt, »verzichten«.

Einige Moostierchen können nach mechanischen Störungen durch Eisbergstrandungen als Erste den Meeresboden sehr erfolgreich wiederbesiedeln.
Fotos: J. Gutt

wie »biologisches Recycling« oder »organischer Stoffkreislauf« ersetzt worden.

Bei Bedarf schnell schwimmende Fische leben in dem kalten Wasser dann besonders effizient, wenn sie Energie einsparen können. Daher nutzen viele Arten die beschriebene, durch festsitzende Tiere entstandene dreidimensionale Struktur, um sich darauf niederzulassen und das umgebende »Gelände« sowohl nach Feinden als auch nach geeigneter Nahrung zu beobachten, ohne sich hektisch hin und her bewegen zu müssen. Wenn Gefahr droht oder wenn sie für ihre Nachkommen einen besonders geschützten Platz brauchen, können sie sich zeitweise auch in die Höhlung der Glasschwämme oder ins »tierische Unterholz« zurückziehen.

Hat sich bei einem Meeresforscher erst einmal

Diese Haarsterne beginnen gerade, ihre gefiederten Arme peitschenartig zu bewegen, um einen Standortwechsel vorzunehmen.

Alle Aufnahmen stammen aus einer Wassertiefe von 200 bis 400 Metern. Sie wurden im atlantischen Segment des antarktischen Ringozeans beziehungsweise westlich der Antarktischen Halbinsel im pazifischen Sektor aufgenommen.
Fotos: A. Starmans, J. Gutt

die Begeisterung für das Neue gelegt, geht er daran, die biologische Vielfalt am antarktischen Meeresboden mit wissenschaftlicher Nüchternheit zu beschreiben. Generationen von Experten haben sich damit bereits beschäftigt, und es wird noch sehr lange dauern, bis uns auch nur die einzelnen Bausteine dieses Lebensraums näherungsweise bekannt sind. Zwischendurch streut der Meeresökologe aber immer wieder gerne etwas Salz in die Suppe solcher eher buchhalterischen Tätigkeit, indem er hinterfragt, wie diese oder jene Strukturen, Verhaltensweisen, biologischen Wechselbeziehungen oder die Einzigartigkeit sogar dieses gesamten Lebensraumes zu erklären sind. Um dabei den Fortschritt der Arbeit zu beschleunigen, haben wir bereits in einer frühen Phase am Alfred-Wegener-Institut die bildgebenden Methoden Unterwasserfotografie und -video eingeführt. Die Geräte werden entweder einfach an einem Seil senkrecht zum Meeresboden hinabgelassen oder hinter dem Forschungsschiff geschleppt. Mit Kameras bestückte Bodengreifer ermöglichen neuerdings eine optisch überwachte und somit viel gezieltere Probennahme als bisher. Ein ferngesteuertes Unterwasserfahrzeug wird schon seit den

achtziger Jahren regelmäßig bei biologischen Expeditionen eingesetzt. Es liefert stundenlange, sich über viele Kilometer erstreckende Beobachtungen, die wesentlich zum Verständnis ökologischer Funktionen und der Entwicklung des Artenreichtums in beiden Polargebieten beigetragen haben.

Die Antworten nach der Herkunft der Lebensvielfalt kommen grundsätzlich entweder aus der Evolutionsforschung und betreffen eine sehr lange Zeitspanne von Millionen von Jahren oder aus der Ökologie, die kurzfristige Prozesse betrachtet. In diesem Zusammenhang ergeben sich zwei Kernfragen. Warum können Tiere überhaupt bei andauernd unter dem Gefrierpunkt liegenden Temperaturen in einem die meiste Zeit des Jahres eisbedeckten Meer so erfolgreich sein? Dabei gilt, dass es sich bei diesen Umweltbedingungen nur aus menschlicher Sicht um extreme und unwirtliche Verhältnisse handelt. Die meisten dort lebenden Tiere haben sich daran so gut angepasst, dass für sie eine auf uns viel angenehmer wirkende Wärme von vielleicht 25 °C absolut tödlich wirken würde. Durch welche speziellen Eigenschaften die vielen Tierarten gegenüber den polaren Verhältnissen so gut gerüstet sind, versuchen unsere Physiologen zu klären (siehe S. 65 – 71).

Bei der zweiten Frage, wie sich in der Antarktis ein im globalen Vergleich nur noch durch tropische Korallenriffe deutlich übertroffener Artenreichtum entwickelt hat, stößt man auf einen zunächst schwer erklärbaren Widerspruch. Ist für ein Ökosystem eine nachhaltigere Katastrophe vorstellbar, als das, was mit der Fauna des antarktischen Kontinentalsockels während der Eiszeiten passiert, nämlich, dass ihr der Lebensraum fast völlig entzogen wird? Der auf dem Kontinent lastende Eisschild schob sich nämlich mehrmals in den vergangenen Millionen Jahren so weit aufs Meer hinaus, dass er im Küstenbereich den Meeresboden bis zu einer Tiefe von ungefähr 400 Metern fast völlig abhobelte und dort für jeweils Jahrtausende liegen blieb. Erst zu Beginn einer nachfolgenden Warmzeit steht dieser Lebensraum dann wieder zur Verfügung. Diese Verhältnisse sind jedoch eigentlich nichts

Besonderes. Das Vordringen und Zurückweichen von Eismassen gibt es genauso auf der
Nordhalbkugel. Dort haben die Tiere und Pflanzen bei einer globalen Abkühlung der Erde
jedoch die Möglichkeit, entlang der Küsten nach
Süden auszuweichen und sich bei einer Erwärmung des Wassers wieder in den kälteren Norden auszubreiten. Die Antarktis ist allerdings
von einem Ringozean umgeben, so dass während der Eiszeiten ein Teil der Arten, die heute
entlang der Küste vorkommen, sich in kleine,
nicht von Eismassen bedeckte Refugien auf dem
Kontinentalsockel zurückzieht oder auf die weit
nördlich gelegenen subantarktischen Inseln und
an die Spitze Südamerikas auswandert. Einige
leben dann wohl auch unter deutlich veränderten Bedingungen in der Tiefe.

Insbesondere wegen dieser vordergründig als
äußerst schwierig einzuschätzenden Umstände,
die ausgerechnet während der letzten Eiszeit sehr
stark ausgeprägt waren, überrascht die antarktische Unterwasserwelt wegen ihrer Fülle den
Betrachter immer wieder von neuem. Es gibt für
diesen vermeintlichen Widerspruch jedoch eine
schlüssige Erklärung, die auf Erfahrungen und
Beobachtungen beruht. Die entscheidenden
biologischen Prozesse am Meeresboden beziehen sich allerdings auf eine so lange Zeitspanne,
dass dabei kein Mensch zusehen kann, es handelt
sich also um eine Interpretation wissenschaftlicher Ergebnisse. Der allgemein dafür verwendete Fachbegriff ist »Vikarianz«, in unserem speziellen Fall, bei dem der Wechsel zwischen Eis-
und Warmzeiten die entscheidende Rolle spielt,
spricht man auch von der »Klima–Diversitäts–
Pumpe«. Die Diversität (Mannigfaltigkeit) eines
Ökosystems wird allgemein dann als hoch angesehen, wenn es viele Arten gibt und die einzelnen Tiere relativ gleichmäßig auf die Arten verteilt sind. Die nebenstehende Abbildung soll verdeutlichen, wie sich, auf das Wesentlichste reduziert, Evolutionsbiologen eine Erhöhung der
Lebensvielfalt trotz oder sogar gerade wegen der
katastrophalen Umstände vorstellen.

Gehen wir davon aus, dass zunächst nur eine Art
(orange) auf dem Kontinentalsockel gleichmäßig
verbreitet ist (a). Der Eisschild dehnt sich zu

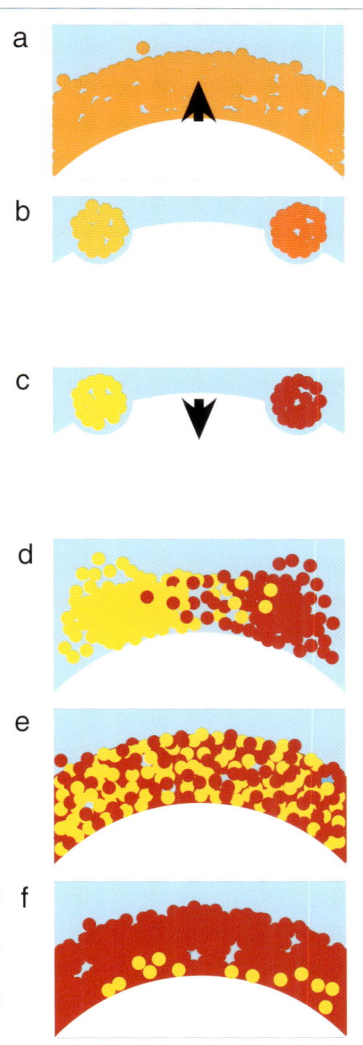

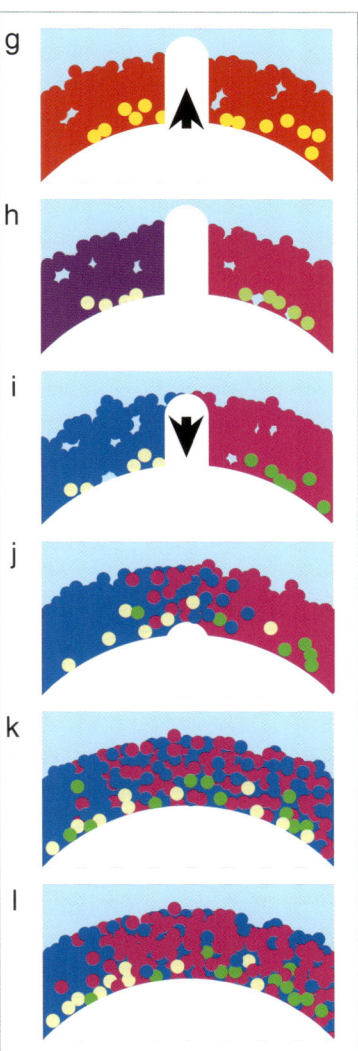

Wie sich Lebensvielfalt in der Antarktis
entwickelt:
Es gibt Hinweise darauf, dass die »Kli-
ma-Diversitäts-Pumpe« am antarktischen Meeresboden besonders nachhaltig als Antriebsmotor für den Artenreichtum wirkt. In der Abbildung ist
das Südpolarmeer hellblau gefärbt.
Der sich ausdehnende und wieder
zurückziehende Eisschild ist als Ausschnitt des Kontinents in Aufsicht weiß
dargestellt, ebenso wie eine Eiszunge
in der rechten Hälfte. Die verschiedenen Arten, deren Individuen oder
Kolonien sind als kleine Kreise durch
verschiedene Farben gekennzeichnet. Die Arten entwickeln sich ständig weiter, verändern hier also ihre
Farbe.
a – f zeigt die Entstehung neuer
Tierarten aus einer gegebenen Art
während und nach einer Eiszeit. g – l
zeichnet die Änderung der Artenvielfalt infolge eines kleinräumigen Eis-
vorstoßes nach. (Nähere Beschreibung im Text. Grafik: J. Gutt)

Beginn einer Eiszeit nach Norden aus und trennt den bisher homogenen Bestand in zwei Teilpopulationen, zwischen denen es von nun an keinen Austausch mehr gibt (b). Die ursprünglich orangene Art entwickelt sich entweder in nicht von Eis besetzten hochantarktischen Gebieten oder auf subantarktischen Inseln kontinuierlich weiter (c). Am Ende der Eiszeit, wenn das Eis wieder seine Ausgangslage erreicht, beginnen sich die Individuen der roten und gelben Gruppe zu vermischen (d). Sie können sich aber untereinander nicht mehr fortpflanzen. Es sind durch die räumliche Trennung einer Population also zwei Arten entstanden, die bald darauf nebeneinander in vielleicht gleichem Mengenverhältnis vorkommen (e). Damit ist eine maximale Diversität erreicht. Es braucht nun noch viele Jahre, vielleicht bei der antarktischen Langsamkeit der Generationsfolgen sogar Jahrtausende, bis die an ihre Umwelt besser angepasste Art die andere gebietsweise verdrängt. In unserem Beispiel ist die rote Art in dieser Phase am stärksten vertreten, während die gelbe zahlenmäßig ausgedünnt nur noch in der Nähe des Kontinents vorkommt (f). So wird die Diversität durch den Selektionsprozess wieder etwas reduziert.

Ebenso können kleinräumige Eisvorschübe auch während einer Warmzeit auf die Evolution wirken. Sie lassen sich bis weit in die klimatische Jugend der Antarktis vor zirka 30 Millionen Jahren zurückverfolgen, als es noch keinen beständigen Wechsel von Warm- und Eiszeiten gab. Dabei sind in dem Schema auf Seite 121 die Populationen der jeweils roten und gelben Arten getrennt worden (g) und mit einer Ausnahme entwickeln sich diese wieder unabhängig voneinander stetig weiter, von rot über violett nach blau, von rot über rosa nach pink und von gelb nach grün (h – i). Nur die gelbe Population in der linken Hälfte verändert sich unwesentlich; sie kann später als Beispielfall für eine entwicklungsbiologisch alte Art oder sogar für ein lebendes Fossil dienen. Wenn sich die Eisbarriere zurückzieht, mischen sich wiederum die Individuen der nun aus den Teilpopulationen entstandenen insgesamt vier Arten (j), und ein neues Diversitätsmaximum wird erreicht (k). Nur am linken Bildrand hat sich die pinkfarbige Art nicht durchgesetzt.

Die antarktische Meeresbodenfauna könnte sich aktuell in einem solchen Stadium befinden. Es gibt nämlich innerhalb verschiedener Tiergruppen nicht nur eine deutliche Auftrennung in die oben beschriebene Menge von Lebensformen, die sich in Verhaltens-, Ernährungs- und Fortpflanzungsweisen sowie in der äußeren Gestalt deutlich voneinander unterscheiden, sondern es gibt auch erstaunlich viele offensichtlich nahe verwandte, sich stark ähnelnde Arten. Insbesondere für Tiere, die sich als Filtrierer ernähren und am Boden festsitzen, sind auffällige Unterschiede bisher noch gar nicht nachgewiesen worden, und sie sind auch nur schwer vorstellbar. Bei solchen so genannten Zwillingsarten würde es sich in der Abbildung einerseits um die in Pink und Blau sowie andererseits die davon verwandtschaftlich abgesetzten in Grün und Gelb handeln. Wenn sich dieser Lebensraum und die dort vorkommenden Tiere ohne besondere Störungen über weitere Jahrtausende fortentwickeln (l), ist wieder eine lokale Auslese der am besten angepassten (pinkfarbigen) zu erwarten.

Zusätzlich trägt die Anpassung von Arten untereinander zur Entstehung neuer Arten bei, wenn dieser Prozess nicht von einer Selektion überlagert ist, die durch eine unberechenbar wechselhafte Umwelt ausgelöst wird. Stabile Bedingungen, wie wir sie in der Antarktis tatsächlich vorfinden, spielen für die Evolution im Meer also auch eine wichtige Rolle. Dies ist an besonders fein aufeinander abgestimmten biologischen Wechselbeziehungen, zum Beispiel zwischen Räubern und Beute oder Wirtstieren und Parasiten sowie Symbionten, abzulesen. Ein solches komplexes System kann sich aber auch entwickeln, wenn es kurzfristige und räumlich begrenzte Störungen gibt, zum Beispiel verursacht durch Eisbergstrandungen. Letztendlich scheint gerade die Ausgewogenheit zwischen natürlichen Katastrophen und einer stabilen Umwelt den beachtlichen Artenreichtum am antarktischen Meeresboden hervorgebracht zu haben.

Julian Gutt

DIE MAGELLAN-ANTARKTIS-CONNECTION

Kontinentaldrift live

Magellanregion: Der Name des »Cono Sur«, des Südzipfels von Südamerika, weckt Assoziationen an das sturmumtoste Kap Hoorn, Ort unzähliger Segelschifftragödien; an das finstere Feuerland, auf dessen Hügeln einst die Feuer der »patagones« loderten, der Großfüße, die sich mit Guanako-Fellen gegen die allgegenwärtige Kälte und Feuchtigkeit schützten; an die Magellanstraße mit ihren Fjorden und Buchten, durch deren trügerische Untiefen, widrige Strömungen, unvermittelt hereinbrechende Stürme der wagemutige Entdecker sich auf der Suche nach dem Stillen Ozean quälte. Touristen, die die Magellanregion bereist haben, mögen auch an die endlosen Steppen der Pampa denken, auf Hunderte von Kilometern nur Büschelgras und Weidezäune; Guanakos, Füchse, Pumas und Greifvögel in der Kordillerenregion; Nandus, Gürteltiere und Skunks in der Pampa; Humboldt-Pinguine und Pelzrobben an der Küste…

Das alles war jedoch nicht mehr als interessante Hintergrundinformation, als wir uns 1993 entschlossen, mit dem kleinen Schiff des Alfred-Wegener-Instituts, der nur vierzig Meter langen VICTOR HENSEN, eine Expedition in die Magellanregion zu unternehmen. Uns ging es um etwas ganz anderes: Wir wollten herausfinden, wie stark sich die Tier- und Pflanzengemeinschaften in den Meeren der Antarktis und der Magellanregion heute noch ähneln.

Diese Frage ergibt sich aus der geologischen Geschichte der beiden Kontinente Südamerika

*Legendenumwoben, von tief ziehenden Wolken in eine mystische Stimmung versetzt: die Halbinsel Tierra del Fuego an der Südspitze Südamerikas.
Foto: W. Arntz*

123

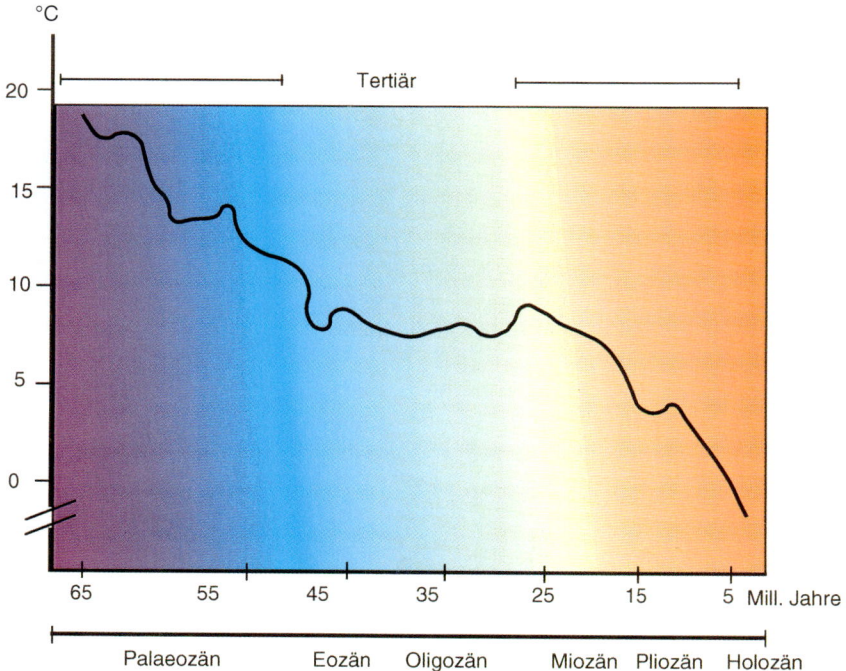

°C

Tertiär

65 55 45 35 25 15 5 Mill. Jahre

Palaeozän   Eozän Oligozän   Miozän Pliozän Holozän

Änderung der Wassertemperatur im südlichen Ozean während des Tertiärs. Die Rekonstruktion des Temperaturverlaufs erfolgte über die Sauerstoff-Isotopenzusammensetzung von Foraminiferen (Kalkschalern) der verschiedenen Epochen (verändert nach Kennett).

und Antarktika. Sie sind heute durch eine fast tausend Kilometer breite Meeresstraße, die Drake-Passage, und bis zu 5000 Meter tiefes Wasser getrennt. Unter den gegenwärtigen Umständen existiert auch ein deutliches Temperaturgefälle zwischen dem Nordzipfel Antarktikas, der Antarktischen Halbinsel, und dem Cono Sur. Zwei große Ringströme um die Antarktis – die mächtige, über den ganzen Pazifik anrollende Westwinddrift und die antarktisnahe, entgegengesetzte Ostwinddrift – wirken isolierend und erschweren jedweden Austausch. Vor über 30 Millionen Jahren waren die beiden Kontinente, Restbrocken des gewaltigen südlichen Urkontinents Gondwana, noch über ausgedehnte Flachwasserbrücken verbunden; sie dürften eine weitgehend identische Fauna und Flora aufgewiesen haben. Von dem ursprünglich viel größeren Gondwana hatten sich bereits Afrika, Arabien, der indische Subkontinent, Neuseeland und Australien abgespalten. Vor etwa 30 Millionen Jahren begannen die Antarktische Halbinsel und die Magellanregion sich voneinander zu entfernen.

Kontinente driften nicht über Nacht auseinander; das war bereits Alfred Wegener klar, als er die Hypothese von der Kontinentaldrift entwickelte. Angaben über den Zeitpunkt, wann sich die Drake-Passage geöffnet hat, gehen in der Literatur erheblich auseinander, und der Prozess der Öffnung selbst dürfte sich auch über mindestens zehn Millionen Jahre hingezogen haben. Die Straße besteht somit als Tiefwassergebiet und wirksames Einfallstor für die Westwinddrift sicherlich noch keine 20 Millionen Jahre – auf geologischen Zeitskalen nicht mehr als ein Augenblick.

Da ist es sehr spannend, zu ergründen, was die Evolution in diesen zwanzig Millionen Jahren in einem Kaltwassergebiet zustande gebracht hat. Über die klimatische Entwicklung des Südpolarmeeres wissen wir, dass die Temperaturen zum Kreide-Tertiär-Übergang noch zwischen 15 und 20 Grad Celsius lagen. Nach allmählichem Rückgang in der ersten Hälfte des Tertiärs und einer drastischen Absenkung zu Beginn des Oligozäns, die mit der Bildung einer ausgedehnten und dauerhaften Eiskappe auf dem antarktischen Kontinent zusammenhängt, sanken die Temperaturen im mittleren Miozän (vor zirka 12 Millionen Jahre) beständig weiter und erreichten vor etwa fünf Millionen Jahren, zu Beginn des Pliozän, die Null-Grad-Marke. Das Pliozän (bis zwei Millionen Jahre vor heute) war durch ein wechselhaftes Klima gekennzeichnet, es gab mehrfach Erwärmungen, bis im Pleistozän, der Periode der Eiszeiten, die Wassertemperaturen auf die heutigen Werte absanken, die im Jahresmittel bei fast minus zwei Grad an der Antarktischen Halbinsel und bei sieben bis elf Grad im Magellangebiet liegen. Seit den fünfziger Jahren des vergangenen Jahrhunderts ist es zu einer leichten Erhöhung der Lufttemperaturen auf dem antarktischen Kontinent gekommen, die bislang aber nur etwa ein Grad beträgt.

Die niedrigen Umgebungstemperaturen sind deshalb wichtig, weil die Evolutionsforscher bis heute nicht genau wissen, ob die Neubildung von Arten unter diesen Kaltwasserbedingungen verzögert wird. In extrem kaltem Wasser verlangsamen sich Wachstumsprozesse und Genera-

Schlechtwetter: Innerhalb von Minuten kommt es zu dramatischen Wetterumschwüngen mit bizarren Lichtspielen am Himmel. In diesen Gewässern, hier im Beagle-Kanal, ist Meeresforschung ein Abenteuer.

tionenfolge, wenn sich nicht spezifische Anpassungen zum Beispiel im enzymatischen Bereich entwickelt haben.

Auf der antarktischen Seite dürfte vor allem das Vorrücken und Zurückweichen der Eiskappe in Kalt- beziehungsweise Warmzeiten Bedingungen geschaffen haben, unter denen Arten ausgelöscht wurden oder eine Neubesiedlung erfolgen konnte. Auf der patagonischen Seite hingegen war die marine Fauna und Flora einem viel stärkeren Konkurrenzdruck im Austausch mit der nördlich angrenzenden peruanischen Region ausgesetzt. Natürlich kann man nicht ausschließen, dass es auch nach der Trennung von Antarktis und Magellanregion zu gelegentlichen Austauschvorgängen gekommen ist; durch Auslöschung freiwerdende Nischen erzeugen nicht nur einen Druck in Richtung Neubildung von Arten vor Ort, sondern fördern auch eine Neubesiedlung aus Nachbargebieten. Theoretisch könnte der Austausch über den Tiefseeboden erfolgt sein – was aber nur für Tiefseeorganismen und so genannte »eurybathe« Arten möglich ist, die über einen weiten Tiefenbereich lebensfähig sind; oder über den Scotia-Bogen – wobei das

Die VICTOR HENSEN in Postkartenschönheit vor der Reise.
Foto: AWI-Archiv

Springen von Insel zu Insel von Organismen des Flachwassers und der Wassersäule gegen die Westwinddrift sehr schwierig sein dürfte. Auch aktives Schwimmen und Verdriftung von Larven- oder Driftstadien kommen in Frage – hierbei wäre wiederum ein Transport senkrecht zur Richtung der Ringströme sehr erschwert. Es spricht also alles dafür, dass nicht allzuviele Arten

*Jeder, der von Südameri-
ka in die Antarktis reist,
muss zunächst die oft-
mals stürmische 1000
Kilometer breite und fast
5000 Meter tiefe Drake-
Passage queren, in
deren Mitte die Polarfront
verläuft, die kaltes ant-
arktisches und wärmeres
subantarktisches Ober-
flächenwasser scharf
voneinander trennt. In
der oberen Graphik sind
die unterschiedlichen
Qualitäten der Wasser-
körper am Salzgehalt
und der Temperatur
ersichtlich.*

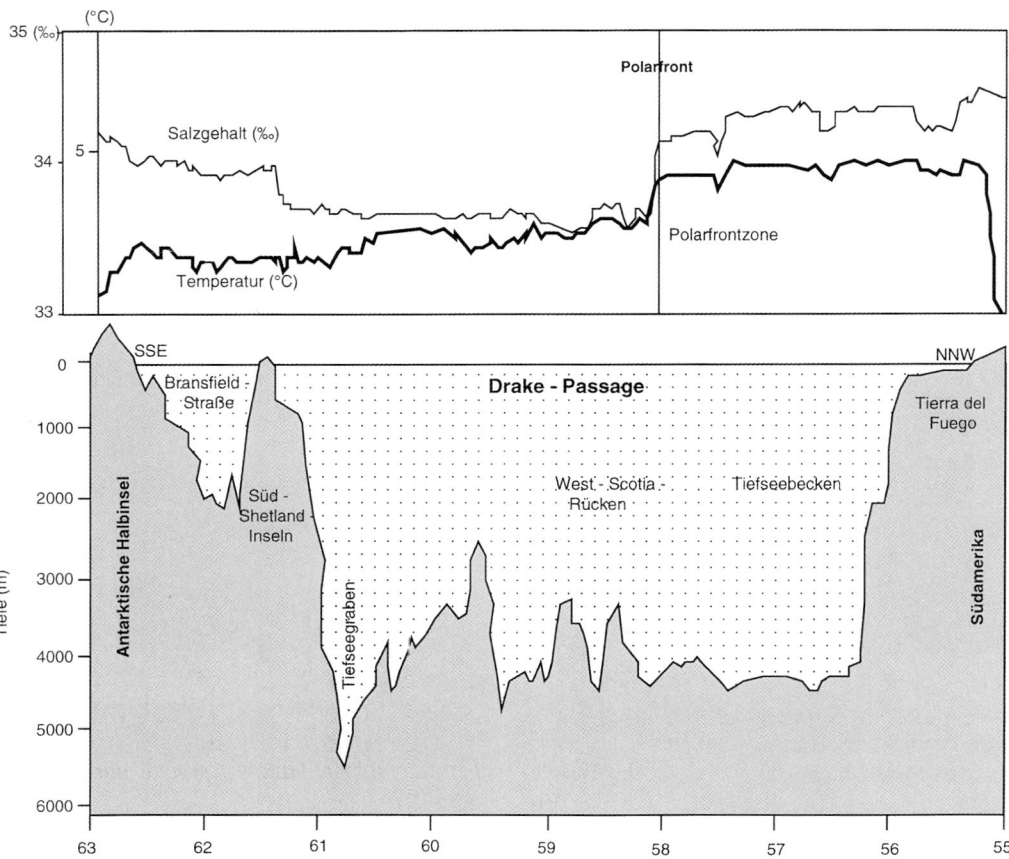

den »Sprung« über die Drake-Passage nach deren
vollständiger Entwicklung geschafft haben dürften und dass die derzeitige faunistische und flo-
ristische Zusammensetzung auf beiden Seiten in
erster Linie eine Folge von Vorgängen in situ ist.

Die VICTOR HENSEN-Expedition

Ziel der VICTOR HENSEN-Expedition war es,
vor Ort im Magellangebiet zu klären, wie weit
sich das marine Ökosystem der Region seit der
Trennung von dem der Antarktis entfernt hat.
Eine solche Unternehmung bedarf internationaler Kooperation zwischen Partnern, die sowohl über Antarktis- als auch über Magellan-
erfahrung verfügen, zwischen Ökologen, Evolutionsbiologen und Paläontologen, zwischen
Spezialisten für Wassersäule und Bodenfauna…

Die Vorbereitung der Expedition wurde dadurch
begünstigt, dass der Erstautor 1993/94 ein For-
schungssemester an der Universität Concepción
(Chile) verbrachte, was auch den Beginn der
Arbeiten in Chile und den Erhalt einer Arbeits-
genehmigung für das Schiff sehr erleichterte. Als
sich herauskristallisierte, dass die Italiener, die
ausgezeichnete Erfahrungen in der Antarktis
(Rossmeer) und in der Magellanstraße einbringen konnten, der dritte starke Partner werden
würden, stand der Name fest: Joint Chilean-
German-Italian Magellan VICTOR HENSEN
Campaign.
Die VICTOR HENSEN verließ am 6. September
1994 Bremerhaven und erreichte nach ruhiger
Atlantiküberquerung am 19. September den bra-
silianischen Hafen Recife. Wie einst Magellan

fuhr das Schiff dann entlang der südamerikanischen Ostküste über Montevideo bis zum Ostausgang der Magellanstraße und durch die beiden Meerengen zum chilenischen Hafen Punta Arenas. Vom 17. Oktober an, dem eigentlichen Expeditionsbeginn, bestimmten wissenschaftliche Programme den weiteren Fahrtverlauf bis zum 26. November. An diesem Tag lief die VICTOR HENSEN aus der Magellanstraße in den Atlantik aus, um vor Brasilien ein weiteres Kooperationsprojekt in Angriff zu nehmen.

Die Wissenschaftler – insgesamt waren es auf dieser Expedition aufgrund häufigen Wechsels 47 aus sechs Ländern, davon 24 Chilenen – schifften sich erst in Punta Arenas oder später in Puerto Williams auf der Insel Navarino ein, um die zeitraubende Anreise auf dem Schiff zu vermeiden. Wir hatten Expeditionsphasen, in denen VICTOR HENSEN fast täglich in die Häfen zurückkehrte und auch Tauchergruppen, die von Land und vom Schlauchboot aus operierten, unterstützte. Während der längeren Fahrtabschnitte in den Westen der Magellanstraße, durch die Kanäle Magdalena, Balleneros und Beagle sowie im Seegebiet südlich des Beaglekanals bis zum Kap Hoorn war die Zahl der Wissenschaftler an Bord aufgrund der Kojenanzahl auf maximal zwölf begrenzt.

Die Expedition durch die Wasserstraßen der Magellanregion in das Gebiet südlich des Beaglekanals und bis zum Kap Hoorn war wegen der eigentümlichen Mischung aus reicher Natur, grandioser Landschaft und unkalkulierbarer Witterung auch für die vielgereisten Fahrensleute unter uns ein besonderes Erlebnis. Hier einige Auszüge aus dem Tagebuch des Fahrtleiters:

»9 Uhr morgens. Die Nacht über haben die Planktologen gut gearbeitet, aber seit 5 Uhr nimmt der Wind stetig zu. Wir liegen in Sichtweite vor Punta Arenas, etwa 2 km von der Mole entfernt. Über uns blauer Himmel, aber das Wasser ist eher weiß von den Brechern, und immer wieder färbt es sich grau, wenn der Sturm die Gischt über das Meer zu uns heranträgt. Wir haben volle 9 Windstärken, aber die Böen treiben den Zeiger des Messgerätes immer wieder auf 55, gelegentlich auf 60 Knoten, das ist Stärke 11. Der Hafen ist schon wieder gesperrt. Wenn wir jetzt an die Pier gingen, würde es unweigerlich Bruch geben. So wettern wir erstmal ab.…«

»Seit gestern Abend bin ich mit den Planktologen auf Dauerstation vor Punta Arenas… Die Fahrtleiterkammer liegt neben der des Kapitäns, ziemlich weit vorn und oben, bekommt das Stampfen und Rollen also immer voll mit. Seekrank wird man nach ein paar Tagen Eingewöhnung nicht mehr, aber man fühlt sich ziemlich dumm im Kopf. Von Zeit zu Zeit reißt es den Bug aus dem Wasser und läßt ihn mit großer Wucht aufklatschen. Dabei rasen die Wolken mit ungeheurer Geschwindigkeit an meinem Frontfenster vorbei, und im Moment des Eintauchens überblicke ich die gesamte Küste. Da muss ich heute abend hin, denn Dieter Gerdes (der dort seine Proben bearbeitete) feiert seinen Geburtstag…«

»Die Echolotprofile hier im Westen der Magellanstraße können einen Fischer das Fürchten lehren. Auf wenigen Dutzend Metern Fahrtstrecke steigt eine Felsnadel von 400 m Tiefe bis auf 120 m unter die Oberfläche, fällt ebenso steil ab, steigt erneut an… Da kann man bloß hoffen, dass die chilenische Marine wenigstens die oberflächennahen Spitzen erfaßt hat, und zum Glück hat die VICTOR HENSEN ja auch nur viereinhalb Meter Tiefgang…«

»Langsam kriege ich Ehrfurcht vor den hiesigen Wettergöttern: So schnell schlägt das Wetter in keiner anderen Gegend der Welt um. Vorhin, vor Kap Froward, zog eine kleine Front durch und verwandelte das zuvor fast spiegelglatte Wasser innerhalb von 20 Minuten in einen Hexenkessel…«

»Heute sind wir den Paso Ancho nach Süden und über den Magdalena-Kanal in den Kanal Cockburn gefahren… An den Ufern nackte, von der Eiszeit glatt geschliffene Felsen, braune, kurzstoppelige Pflanzendecke und die windgebeugten Wäldchen in Lee. Gelegentlich ein Delphin oder ein Magellanpinguin am Schiff und über uns die endlosen Kreise der Sturmvögel und Albatrosse… Die Planktologen nehmen Wasserschöpfer. Ein Glück, dass es heute nicht aus Südwest kachelt! Voraus ist bereits der offene Pazifik zu sehen. Diese Mündung des Kanals Cockburn nennt sich »Schlund der Furien«, nach ein paar (für ahnungslose Seeleute tödlichen) Inselchen weiter draußen benannt, die in der leichten Dünung überhaupt nicht bedrohlich wirken. Etwas weiter in Richtung Kap Hoorn kommt

Wie mag Magellan zumute gewesen sein, als er sich im Jahre 1520 auf der Suche nach einer Passage durch die engen Kanäle des Cono Sur tastete, mit Schiffen, die nicht kreuzen konnten, vor jeder Biegung gewärtig, doch wieder in eine Sackgasse geraten zu sein? Sein Denkmal steht in Punta Arenas, dem Ausgangs- und Endpunkt der VICTOR HENSEN-Expedition 1994.

Einholen des Agassiztrawls mit reichem Fang von Bodenorganismen im Netz.

die »Milchstraße«, deren Inseln nach Darwin vor lauter Gischt meist nicht zu sehen sind. Wie viele Schiffe mag es hier, dicht vor der rettenden Einfahrt, schon auf die Felsen geworfen haben!...«

»Die Wände des Beaglekanals steigen fast senkrecht aus dem je nach Wetterlage sattgrünen bis bleigrauen Wasser hervor. Die unteren Hänge sind meist mit kärglichen Südbuchenwäldern bestanden, die um diese Jahreszeit frisches Laub treiben. Zwischen den Südbuchen bedecken nur dünne Grasnarben und Moospolster die Felsen. Weiter oben werden die Felsen kahl und gehen in die Schnee- und Eiszone über, die in eindrucksvollen Gipfeln endet... Schon Charles Darwin beschreibt diese Zonierung an den Hängen des Beagle. Für Touristen und Fotografen ist diese Landschaft ein Dorado, ganz zu schweigen von den zahlreichen Gletschern, die trotz klimabedingten Rückgangs immer noch gewaltige türkisfarbene Eismassen tragen. Für den Seemann

bedeutet sie schwieriges Arbeiten: Innerhalb weniger Meter Annäherung an die Küste steigt der Boden unter dem Schiff steil von 200 m auf 60 m an, Tiefenmessungen außerhalb der Kanalsohle existieren selbst auf den Spezialkarten unserer Lotsen nicht. Kapitän und Steuermann schwitzen auf jeder etwas flacheren Station Blut und Wasser, und statt durch das Fernglas die Kondore zu beobachten, welche die Aufmerksamkeit aller anderen an Bord fesseln, starren sie ins Wasser und sehen im Geiste Felsnadeln an die Oberfläche wachsen...«

»Die unruhige Bodentopographie und die kräftige Strömung im Beagle machen uns das Arbeiten nicht leicht. Der Steert des Agassiztrawls (ein Schleppnetz, das über den Boden gezogen wird) kriegt die ersten Löcher, aus denen uns der kostbare Fang wieder entweicht, Martins (Rauschert) Dredgenrahmen gewinnt langsam die Form eines Flitzebogens, Dieter (Gerdes) nimmt öfter mal nur Wasser mit seinem ›Steinbeißer‹, und die Plastikrohre von Kais (George) Multigreifer werden allmählich breitgeklopft und ausgefranst. Nur Julian (Gutt) macht weiter Unterwasserfotos wie ein Weltmeister, aber natürlich käme auch er gern viel näher an das Ufer heran...«

»Im Arbeitsgebiet südlich des Beaglekanals setzt sich das Problem der ›unreinen Gründe‹ fort... Manchmal sieht man stundenlang nur Felsspitzen auf dem Echolot, und wenn man trotzdem aussetzt, fetzen die Brocken das Netz aus dem Agassiztrawl, der Steinbeißer hämmert seine Rohre fruchtlos auf den harten Grund, die Dredge verwandelt sich in ein Knäuel, und die Plastikrohre des Multicorers werden immer kürzer und stumpfer. Die Falten auf Kapitän Klaaßens Stirn graben sich noch tiefer ein, und der wortkarge friesische Bootsmann wird noch schweigsamer...«

»Während der Nacht zum Montag sollte sich das Schiff langsam der Station am Kontinentalrand nähern. Noch vor Mitternacht briste es jedoch kräftig auf. Wir wurden in unseren Kojen herumgeworfen und fanden kaum Schlaf. Der Bug krachte immer wieder aus luftiger Höhe mit dumpfem Schlag gegen die anlaufenden Wellen, der Wind heulte zum Gotterbarmen in der Takelage und jagte den Regen prasselnd gegen die Fenster. Gegen Morgen gab der Lotse auf und änderte den Kurs in Richtung Westen, wo uns die Wollaston-Inseln ein wenig Schutz gaben. In Lee der Inseln wetterten wir den windigen Tag ab und verholten uns dabei immer weiter nach Süden, weil der Wind im Uhrzeigersinn drehte.

*Eine typische Vergesell-
schaftung am Boden des
Weddellmeer-Schelfes:
Auf einer Hornkoralle –
sozusagen in der Bel-
Etage, um besten Zugriff
auf vorbeiströmende
Nahrungspartikel zu
haben – leben Haar-
sterne (unten links) und
durch ihre fast weißen
Arme auffallende
Schlangensterne.
Foto: J. Gutt*

*Schließlich waren wir nur noch drei Stunden vom Kap
Hoorn entfernt und fassten den Entschluss, uns diese
Gelegenheit nicht entgehen zu lassen… Der Lotse
kannte einige Schleichwege, auf denen wir weitgehend
windgeschützt dichter an das Kap herankamen: Enge
Kanäle zwischen wetterblanken Felsen ohne jede höhere Vegetation, von Eis und Brandung abgeschliffen oder
als schroffe Felsnasen aus der Gischt ragend. Die
Beleuchtung war undramatisch trüb, als wir aus dem
letzten Schlauch herauskamen und uns erneut heftigem
Seegang ausgesetzt sahen, aber nun hatten wir das Kap
bereits vor Augen: Alptraum aller Seeleute, besonders
in unserer Reiserichtung, von Ost nach West. Die kleine VICTOR HENSEN stampfte und rollte tapfer eine
gute Stunde an dem finsteren grünen Felsen vorbei. Alle
an Bord, Wissenschaft wie Besatzung, standen andäch-
tig auf der Steuerbordseite und ließen im Geiste spuki-
ge Seemannsgeschichten Revue passieren. Dieses Kap
belebt wie kein anderes die Imagination! Alle Orte am
Rande der Welt – Lands End, Finisterre, Hope, Agulhas – haben einen eigentümlichen Reiz, aber keiner von
ihnen führt dem Seefahrer menschliche Ohnmacht
gegenüber dem mächtigen Ozean so eindringlich vor
Augen wie das Kap Hoorn…«*

Die anderen Expeditionen

Die VICTOR HENSEN-Expedition im Jahre 1994
markierte für das AWI den Beginn der Arbeiten
in der Magellanregion und brachte die umfangreichsten Proben und Daten. Die Erkundungen
wurden 1996 durch einen Einsatz der POLAR-
STERN südlich des Beaglekanals sowie in den
Jahren 1995 bis 1997 durch verschiedene Reisen
der chilenischen VIDAL GORMAZ unter deutscher Beteiligung fortgeführt.

Hinsichtlich der Antarktis konnten wir 1994
bereits auf die Ergebnisse mehrerer Expeditionen der POLARSTERN in das südliche Weddellmeer zurückgreifen, vor allem auf die EPOS-
Reise 1988/89 (über diese Expedition berichtet
Gotthilf Hempel auf Seite 348) und ihre Vor-
läufer, welche biogeographische Grundlagen für
die Kenntnis antarktischer Arten und Organismengemeinschaften auf dem Weddellmeerschelf
geliefert hatten. In den Jahren 1996, 1998 und
2000 (EASIZ I-III; engl. Ecology of the Antarctic Sea Ice Zone) arbeitete die POLARSTERN
erneut auf dem Schelf des Weddellmeeres, auf
EASIZ II und III auch an der Antarktischen

*Auf einem Glasschwamm der Gattung Rossella sitzt ein Haarstern. Im Schwamm hat sich eine Seegurke versteckt.
Foto: J. Gutt*

Halbinsel, in allen Fällen mit starker internationaler Beteiligung. Seit 1991 befassen wir uns mit antarktischen Flachwassergemeinschaften im Rahmen einer deutsch-argentinischen Kooperation, für die 1993 das Dallmann-Labor an der Station »Teniente Jubany« auf King George Island errichtet wurde.

Unsere ausländischen Partner konnten sich ebenfalls auf Material von Schiffsexpeditionen und Küstenstationen stützen. Die VIDAL GORMAZ wurde bereits erwähnt; an der Magellanstraße wird Küstenbiologie von chilenischer Seite auch vom Instituto de la Patagonia der Magellán-Universität in Punta Arenas betrieben. Für die Argentinier spielt das CADIC (Centro Austral de Investigaciones Cientificas) in Ushuaia am Beagle-Kanal diese Rolle, und auch das Instituto Antártico Argentino in Buenos Aires arbeitet mit uns in Jubany zusammen. Die Italiener haben in der Magellanstraße von den Schiffen CARIBOO und ITALICA aus gearbeitet und sind Spezialisten für das Rossmeer mit ihrer Station »Terra Nova«. Die Spanier haben von

der HESPÉRIDES aus den Scotia-Bogen faunistisch untersucht.

Im April 1997 trafen sich die VICTOR HENSEN-Fahrtteilnehmer und andere am Thema Interessierte an der Magellan-Universität in Punta Arenas zu einem vom Instituto de la Patagonia gemeinsam mit dem AWI organisierten Symposium und Workshop. Dieses Treffen von über hundert Meeresbiologen war der erste internationale Versuch, Magellan- und Antarktisforschung thematisch miteinander zu verknüpfen. Die Teilnehmer interessierte vor allem die eine Frage: Wie ähnlich sind sich die Ökosysteme im marinen Milieu heute noch?

Sinn und Unsinn der »Glockenkurve«

Ein biogeographischer Vergleich der Meeresgebiete zweier Kontinente kann nicht in wenigen Jahren abschließend geklärt werden, aber das Puzzle der verschiedenen biologischen Ansätze ergibt bereits jetzt ein sehr informatives Bild. So können wir jetzt zum Beispiel mit Sicherheit sagen, dass die in jedem Lehrbuch zu findende,

130

oft zitierte »Glockenkurve« des Artenreichtums, die für die Tropen die höchste Anzahl der Arten und eine stete Abnahme in Richtung der Pole suggeriert, für den Übergang Magellangebiet-Antarktis überwiegend nicht gilt. Viele Taxa sind in der Antarktis deutlich artenreicher. Andererseits gibt es aber auch Gruppen, die in der vergleichsweise kleinen Magellanprovinz einen größeren Artenreichtum aufweisen als im Weddellmeer. Insgesamt finden wir trotz der frappanten Ähnlichkeit einiger Gruppen wie zum Beispiel der Stachelhäuter heute zwei recht unterschiedliche marine Ökosysteme nördlich und südlich der Drake-Passage: Zwanzig Millionen Jahre führen auch in polaren und subpolaren Bereichen zu starken Veränderungen.

Wer die Tierwelt beider Ökosysteme vergleichen will, muss allerdings auch die unterschiedlichen nicht-biologischen Faktoren berücksichtigen, welche diese Systeme charakterisieren. Die hydrographischen Eigenschaften der antarktischen Gewässer sind ungewöhnlich konstant, vor allem im Hinblick auf Schwankungen von Temperatur, gelöstem Sauerstoff und Salzgehalt in Bodennähe, und die starken jahreszeitlichen Wechsel von Lichteinfall und Meereisbedeckung sind zumindest vorhersagbar. Letzteres gilt auch für die durch diese Faktoren gesteuerte Primärproduktion mit sehr kurzen, aber intensiven Perioden der Nahrungszufuhr zum Meeresboden im Sommer. Störungen der Bodentiergemeinschaften werden in erster Linie durch strandende Eisberge (in Tiefen zwischen etwa 150 und 300 Metern) und Matscheis, kleinere Eisbrocken sowie im Flachwasser durch (am Boden festgefrorenes) Ankereis verursacht.

In den Gewässern der Magellanregion ist die Hydrographie wesentlich heterogener, und die Schwankungen sind deutlicher. Saisonal kann der Salzgehalt durch Schmelzwasserzufuhr von den Gletschern um bis zu 20 Promille fluktuieren, und auch die Wassertemperaturen, meist zwischen fünf und zehn Grad Celsius, schwanken viel stärker als 20 bis 25 Breitengrade weiter südlich. Erhebliche regionale Unterschiede bestehen zum Beispiel zwischen der Magellanstraße und dem mit dem Beaglekanal zusam-

menhängenden Gewässersystem. Die Primärproduktion erstreckt sich über einen wesentlich längeren Zeitraum des Jahres. Störungen werden in diesem Ökosystem nur in sehr geringem Maß durch Eis, aber lokal durch Fischerei, Ölförderung und andere Faktoren verursacht.

Die unterschiedlichen Umweltbedingungen prägen natürlich nicht nur die Tier- und Pflanzenwelt am Meeresboden, sondern auch die im Wasser treibenden kleinen Organismen, das Plankton. Beiderseits der Drake-Passage besteht das Zooplankton aus nur wenigen dominanten Arten, die aber zum Teil hohe Dichten aufweisen. So machen im östlichen Weddellmeer die Ruderfußkrebse (Copepoden) neben den »Riesen« Krill und Salpen bis zur Hälfte der Zooplankton-Biomasse aus. 85 Prozent der Copepodenmasse entfallen auf die beiden relativ großen Arten *Calanoides propinquus* und *Calanus acutus*, die sich von Algen ernähren. Ein vergleichsweise geringer Prozentsatz der antarktischen Bodentiere entsendet frei schwimmende Larven ins Wasser; direkte Entwicklung und Brutpflege sind vorherrschende Reproduktionsstrategien. Dagegen kommen in der Magellanregion, vor allem im Frühjahr, bis zu 50 Prozent des Zooplanktons als frei schwimmende Bodentierlarven vor, insbesondere Larven von Zehnfüßer-Krebsen, Borstenwürmern und Stachelhäutern. Bei den am Boden lebenden Organismen ist zunächst auffällig, dass die im magellanischen Flachwasser wie auch um die anderen Südkontinente vorherrschenden Brauntange der Gattung *Macrocystis* in der Antarktis völlig fehlen. Im Gebiet des hochantarktischen Schelfeises im Weddellmeer scheint es überhaupt keine Makroalgen zu geben; nicht etwa wegen der niedrigen Wassertemperaturen, sondern wegen zu großer Wassertiefen – bei McMurdo im Rossmeer, wo es Flachwasser gibt, kommen sie nämlich vor. Auch an der Antarktischen Halbinsel und um die Inseln des Scotia-Bogens finden sich Makroalgen, aber sie erreichen nie eine so überwältigende Dominanz wie in der Magellanregion. Die magellanischen Bodentiere zeigen in ihrer Artenzusammensetzung Ähnlichkeiten sowohl mit der nördlich angrenzenden Peru-Panama-

Der chilenische Lotse Kapitän Juan Echeverría hat die kleine VICTOR HEN-SEN sicher durch Stürme und Untiefen geführt. Hier am Ort vieler Tragödien: vor Kap Hoorn.

Zehnfußkrebse (Munida subrugosa), auf dem Bild vermutlich strömungsorientiert, sind Verwandte der Einsiedlerkrebse. Sie dominieren vielerorts die Bodentiergemeinschaft in magellanischen Gewässern. Südlich der Polarfront fehlen sie fast völlig.
Foto: J. Gutt

Untergruppen der Zehnfüßer vorkommen und echte Krabben (Brachyura) sowie Einsiedlerverwandte (Anomura) das Benthos über weite Strecken dominieren, leben auf dem Weddellmeerschelf heute – im Gegensatz noch zum frühen Tertiär – ausschließlich Garnelen. Die letzte Gruppe der »reptanten«, das heißt nicht schwimmenden Dekapoden, die sich noch ansatzweise in die Hochantarktis vorwagt, sind mit ganz wenigen Arten die Steinkrabben (Lithodidae), aber auch sie erreichen nicht mehr den Weddellmeerschelf.

Wie ist ein solches Verbreitungsmuster zu erklären? Offenbar sind die Dekapoden im Verlauf des Tertiärs, vermutlich durch Vereisung der Schelfbereiche, aus der Antarktis weitgehend oder völlig vertrieben worden. Nur den Garnelen und einigen Steinkrabben ist es gelungen, später wieder einzuwandern. Auf den ersten Blick ist nicht erklärlich, warum die Brachyuren, Anomuren sowie die Hummer- und Langustenverwandten das nicht geschafft haben, obwohl sie alle ähnliche Lebensstrategien aufweisen; die Weibchen tragen zum Beispiel durchweg ihre Eier unter dem Hinterleib und lassen sie spät, fast schon als »kleine Adulte«, schlüpfen. Die Lösung dieses Rätsels scheint der AWI-Mitarbeiter Markus Frederich in seiner Doktorarbeit gefunden zu haben: Die verschiedenen Dekapodengruppen unterscheiden sich deutlich in der Fähigkeit, die Magnesiumkonzentrationen in der Blutflüssigkeit zu regulieren (siehe auch S. 66). Hohe Magnesiumkonzentrationen verringern bei sehr niedrigen Wassertemperaturen entscheidend die Aktivität. Während die Garnelen mit wenig Magnesium im Blut die Hochantarktis zurückeroberten, müssen die Taschenkrebse am Nordhang der Drake-Passage warten, bis ein globaler Klimawechsel die polaren Gewässer erwärmt.

Ein umgekehrtes Verbreitungsmuster – gegen den Verlauf der »Glockenkurve« deutlich mehr Arten in polwärtiger Richtung – zeigen die Schwämme, Moostiere, Stachelhäuter, Borstenwürmer sowie einige Krebstier-Unterordnungen wie bestimmte Asseln und Flohkrebse, die im Südpolarmeer stürmisch evolviert sind – vielleicht nach einer weitgehenden Auslöschung

Provinz als auch mit jener der Antarktis. Da unsere Datendecke aus dem Bereich der Antarktischen Halbinsel noch relativ dünn ist, müssen wir Vergleiche vor allem mit dem Weddellmeer anstellen, weil dieses Gebiet auf POLARSTERN-Fahrten intensiv bearbeitet worden ist. Die klassische Glockenkurve des Artenreichtums scheint außer für bestimmte Kalkschaler (Muscheln, Foraminiferen), aus deren Vorkommen dieser Verbreitungstyp abgeleitet wurde, nur für wenige Gruppen zu gelten. Dazu gehören die in der Antarktis fehlenden Heuschreckenkrebse, die Seepocken und ihre Verwandten (Seepocken und »Entenmuscheln« kommen südlich der Polarfront nur noch mit sehr wenigen Arten vor) und die Zehnfüßer-Krebse.

Die Zehnfüßer-Krebse (Dekapoden) sind ein besonders gutes Beispiel für eine Gruppe, deren Artenvielfalt mit zunehmender geographischer Breite abnimmt. Aus dem Südpolarmeer sind südlich der Subtropenfront 98 am Meeresboden und in der Wassersäule lebende Arten beschrieben, aus der Magellanregion 50. Südlich der Polarfront sind es noch 29 Arten (von denen sechs auf Kontinentalhang und Tiefsee beschränkt sind), auf dem Weddellmeerschelf nur noch acht Arten, von denen fünf am Boden und drei im freien Wasser leben.

Während in der Magellanregion noch alle

etwa der erwähnten Krebsgruppen, so dass die wenigen überlebenden Arten auf verringerte Konkurrenz und viele freie Nischen trafen, die durch Bildung neuer Arten besetzt werden konnten. So stehen den nur 44 bisher aus der Magellanregion beschriebenen Schwämmen etwa 300 bekannte antarktische Arten gegenüber. Die Anzahl der Moostierchenarten steigt kontinuierlich von Nordchile (127 Arten) über das Magellangebiet (205) bis zur Antarktischen Halbinsel (bisher 225 Arten) an. Sie dürfte in der Hochantarktis, wo Moostierchen ein wesentliches Strukturelement der auf dem Sediment lebenden »Epifauna«-Gemeinschaften sind, noch höher liegen.

Auch die meisten Stachelhäuter folgen diesem Verbreitungsschema. Haarsterne, die an der Antarktischen Halbinsel und im Weddellmeer sehr häufig auftreten, spielen in der Magellanregion eine ganz untergeordnete Rolle. Auf dem Kontinentalhang vor dem Beaglekanal haben wir ein einziges Exemplar gefunden. Den 22 Schlangensternarten aus der Magellanregion stehen fast doppelt so viele Arten aus dem Weddellmeer gegenüber. Das VICTOR HENSEN-Material enthielt nur 21 Seesternarten; auch hier ist die Zahl der antarktischen Arten sehr viel höher, man schätzt sie auf zirka 60. Die Relation bei Seeigeln und Seegurken bedarf noch der Überarbeitung, sieht aber vermutlich ähnlich aus.

Als »Peracarida« werden bestimmte höhere Krebstiere zusammengefasst, die überwiegend in der Antarktis deutlich reicher an Arten sind als im Magellanbereich. Besonders krass ist der Unterschied bei den artenreichen Asseln (Isopoda) und Flohkrebsen (Amphipoda), wo die Relation bei zwei bis drei zu eins liegt. An Asseln sind aus der Antarktis 365 Arten bekannt (allerdings sind die subantarktischen Inseln in dieser Zahl enthalten), an Flohkrebsen 531 Arten (ohne Inseln); für die Magellanregion liegen die Zahlen bei 123 beziehungsweise etwa 200. Bei Cumaceen und Scherenasseln (Tanaidacea) ist das Gefälle mit 56 zu 33 beziehungsweise 50 zu 36 noch deutlich, bei den Schwebgarnelen (Mysidacea) verwischt es sich (37:31). Natürlich sind alle diese Zahlen vorläufig, weil auf jeder

weiterer Expedition neue Arten entdeckt werden, aber die Tendenz hat sich in den letzten Jahren nicht verändert.

Die Gründe für die meist höheren Artenzahlen in der Südpolarregion sind keineswegs klar. Der antarktische Ringozean ist natürlich von wesentlich größerer Ausdehnung als die Magellanregion, aber das Gefälle bleibt offenkundig, wenn man größere Flächen des Südpolarmeeres nördlich der Polarfront in den Vergleich einbezieht. Sowohl die Konstanz der antarktischen Umwelt als auch die Störungen, die sich durch Verschiebung der Eisbedeckung des Schelfs und durch strandende Eisberge ergeben, sind als Argument angeführt worden, um den höheren Artenreichtum in der Antarktis zu erklären. Vielleicht wirken diese antagonistischen Faktoren auf verschiedene Taxa auch in unterschiedlicher Weise.

Für manche Großtaxa scheint es keinen ausgeprägten Gradienten des Artenreichtums in eine Richtung zu geben; er ist im Magellangebiet und in der Antarktis annähernd gleich. Dazu gehören bestimmte Nesseltiere (Hydroidpolypen) und die Weichtiere (Mollusca), deren Artenzahl in beiden Regionen um 400 beträgt.

Interessant ist auch, inwieweit einzelne Arten nur in begrenzten Gebieten leben – wir sprechen in solchem Fall von »endemischen« Vorkommen – oder ob sie sich über einen weiteren Bereich ausbreiten, inwieweit sich die Arten verschiedener Gebiete also überlappen. Endemismen sind überwiegend Indikatoren einer Entwicklung vor Ort, zum Beispiel durch Artenneubildung nach einer umweltbedingten Auslöschung. So gibt es unter den antarktischen Garnelen eine einzige endemische Art: *Eualus kinzeri*. Alle anderen Garnelen müssen aus den umliegenden Gebieten eingewandert sein. Insgesamt zeigt das Südpolarmeer südlich der Polarfront als ein weitgehend isoliertes Gebiet einen deutlich höheren Anteil an endemischen Arten als die Magellanregion. In einzelnen Gruppen liegen die Endemismen im weltweiten Maßstab außerordentlich hoch, bei mehr als 70 oder 80 Prozent. Aber diese Zahlen werden sich mit zunehmendem Probenumfang vermutlich reduzieren – sie spiegeln häufig nur die unzureichende vergleichende Probennahme wider.

Mehr als 4000 Tiere auf einem Quadratmeter

Unterschiede zwischen den Gemeinschaften der Bodentiere verschiedener Gebiete definieren sich nicht allein über das Artenspektrum, sondern auch darin, wie dicht die Organismen leben, in welcher Anzahl sie auftreten, wie groß sie sind, wie wohl oder weniger gut sie ernährt sind, kurz: welche Biomassen sie »auf die Waage« bringen. Diese Parameter können erheblich variieren. Auch innerhalb eines Gebiets ist die Verteilung der Organismen nicht ausgeglichen; sie hängt von nicht-biologischen und biologischen Faktoren ab und ist meist fleckenhaft. Die Magellanregion mit ihren Kanälen, Fjorden, Seen und offenen Schelfbereichen sowie weite Areale der antarktischen Schelfbereiche mit unterschiedlichem Eiseinfluss geben dafür gute Beispiele.

Betrachtet man die Tierwelt der Magellanregion als Ganzes, so zeigt sich, dass sie von Nord nach Süd zunehmend der antarktischen Fauna ähnlicher wird. Das heißt, die gesamte Region, vor allem ihr südlichster Teil, muss als ein Übergangsgebiet angesehen werden. Zwar weichen in beiden Regionen die Gesamt-Organismendichten und -Biomassen wenig voneinander ab; deutliche Unterschiede in beiden Kenngrößen bestehen aber, wenn wir uns einzelne Taxa ansehen. Innerhalb der magellanischen Subsysteme – Magellanstraße, Beaglekanal und offener atlantischer Kontinentalschelf – variieren die Tierdichten (Abundanzen) zwischen 1600 bis 4800 Individuen pro Quadratmeter. Das unterscheidet sich nicht sehr von der Tierdichte des südöstlichen Weddellmeerschelfs, wo in vergleichbaren Wassertiefen etwa 4300 Tiere auf einem Quadratmeter leben. Vergleichbares gilt für die Biomassen, die in den magellanischen Kanälen zwischen etwa 100 und 300 Gramm Feuchtgewicht pro Quadratmeter und auf dem Weddellmeerschelf im Mittel bei 290 Gramm pro Quadratmeter liegen.

Die genauere Betrachtung von Dichte und Bio-

masse einzelner Taxa offenbart, dass zum Beispiel Schwämme in der Magellanregion in Bezug auf ihre Biomasse kaum von Bedeutung sind, wohingegen sie auf dem Schelf des Weddellmeeres über die Hälfte des Gewichts ausmachen. Umgekehrt ist der Biomasseanteil von Mollusken auf dem Weddellmeerschelf sehr gering, beträgt aber in der Magellanregion, die sehr dicht mit Muscheln besiedelt ist, gebietsweise bis zu 72 Prozent. Derartige Unterschiede äußern sich auch in einer unterschiedlichen Produktivität der Bodentiergemeinschaften: Thomas Brey und Dieter Gerdes haben die jährliche Produktion der am Boden lebenden Tiere in der Magellanregion mit 5,1 Gramm Kohlenstoff und für den Schelf des Weddellmeeres mit 3,6 Gramm Kohlenstoff pro Quadratmeter berechnet.

Diese Unterschiede bedingen schließlich auch sehr unterschiedlich strukturierte Gemeinschaften. So können insbesondere Schwämme, die maximale Größen von nahezu einem Meter erreichen, in Kombination mit Moostierchen, Seescheiden, Nesseltieren und Haarsternen eine dichte Schicht von filtrierenden Tieren auf dem Meeresboden bilden, oft unterlegt von einem dicken Schwamm-Nadelfilz. Diese Epifauna-Gemeinschaften sind für weite Schelfbereiche in der Hochantarktis typisch, in der Magellanregion fehlen sie. Hier wiederum finden wir in den flacheren Gebieten die bereits erwähnten dichten Wälder der riesigen Braunalge Macrocystis, die für viele Bodentiere einen eigenen Lebensraum darstellt. In größeren Tiefen haben wir mehr echte Weichböden, die es allerdings auch noch im Gebiet der Antarktischen Halbinsel gibt.

Biogeographie ist problematisch

Es sei nicht verschwiegen, dass ein biogeographischer Ansatz wie der hier beschriebene mit erheblichen Schwierigkeiten zu kämpfen hat. Die zu vergleichenden Gebiete haben riesige Ausmaße, und selbst bei Probennahmen über Jahrzehnte und seitens vieler Partner ist ein vollständiges Erfassen nicht möglich. Erschwerend kommt hinzu, dass verschiedene Geräte mit unterschiedlichen Probenflächen, Eindringtiefen, Netzöffnungen und Maschenweiten ganz unterschiedliche Fraktionen der Organismen aufsammeln und daher nicht ohne weiteres zu vergleichen sind. Daraus resultieren manchmal voneinander abweichende Aussagen der Wissenschaftler und so mancher müßige Streit. Nur die komplementäre Betrachtung der Befunde aus allen Geräteeinsätzen erlaubt einigermaßen sichere Schlussfolgerungen bei solchen Vergleichen, wie sie im Rahmen des Magellanprojekts durchgeführt werden.

Angesichts der geringen Popularität der traditionellen Taxonomie in den vergangenen Jahren, die zum Teil auch selbstverschuldet war, weil sich die Systematiker nicht um den Bedarf der Ökologen scherten, fehlt es heute einerseits an Spezialisten für viele Organismengruppen. Andererseits sind ökologische Bewertungen wie etwa Vergleiche der Biodiversität nur auf der Basis guter Artentrennung möglich. So bleibt die Ökologie häufig beim Betrachten von Großgruppen stehen, die aber nur begrenzte Aussagen erlaubt, und die Aufsammlungen einer Expedition »ruhen« dann so lange bei den verschiedenen Experten, bis eine zusammenfassende Behandlung nicht mehr möglich ist. Abgesehen von der Tatsache, dass es hinsichtlich der Bedeutung der Biodiversitätsforschung in letzter Zeit zu einem Umdenken gekommen ist, ist der einzige Lichtblick die Molekulargenetik, die einen erfreulichen Aufschwung genommen und biogeographische Vergleiche mit einer neuen zeitlichen Dimension ausgestattet hat. Mit Hilfe der neuen Techniken ist es nicht nur möglich, Arten sicher zu unterscheiden, sondern es können auch Aussagen über den Zeitpunkt ihrer Trennung, über das Verlöschen alter und das Entstehen neuer Arten gemacht werden. Dieser Zeitpunkt kann dann wieder zu Befunden der Paläowissenschaften Klimatologie, Ozeanographie, Geologie, Glaziologie und Geophysik in Beziehung gesetzt werden, um die Ursachen für die beobachteten Prozesse zu ergründen.

Von Geologie und Paläontologie werden große Anstrengungen unternommen, den genauen Zeitpunkt der endgültigen Trennung von Antarktis und Südamerika (und natürlich auch der anderen Reste von Gondwana) herauszufinden. Möglicherweise sind die heutigen Bedingungen endgültig erst im späten Miozän, also vor zehn bis zwölf Millionen Jahren, entstanden. Das würde dem antarktischen Polarsystem ein wesentlich geringeres Alter zuweisen als bisher meist angenommen. Aber es wäre immer noch sehr viel älter als das arktische System oder gar Nord- und Ostsee, deren heutige Bedingungen sich erst nach der letzten Eiszeit zu entwickeln begannen. Für Evolutionsforscher sind diese Unterschiede von großer Bedeutung, weil das geologische Alter eines Ökosystems offenbar etwas mit der Artenvielfalt und Komplexität der Organismengemeinschaften zu tun hat.

Wir indessen können erst einmal zusammenfassend feststellen, dass sich die einstmals identische Organismenwelt der beiden früher zusammenhängenden Kontinente in allen Kriterien, die wir zurate ziehen – nach Artenzusammensetzung, Dominanz und Biomasseanteil einzelner Taxa sowie hinsichtlich der Struktur der Benthosgemeinschaften – in den vergangenen zwanzig Millionen Jahren auseinander entwickelt hat. Natürlich muss diese Aussage noch in Bezug auf viele Details überprüft und vervollständigt werden. Es bleibt also noch genug Arbeit für weitere Expeditionen. Die nächsten Schritte, mit dem biogeographischen Vergleich Magellanregion – Antarktis weiterzukommen, werden POLARSTERN-Expeditionen im Bereich des Scotia-Bogens sein.

Wolf Arntz, Dieter Gerdes

WARMBLÜTER IM EIS: WEDDELLROBBEN

Die Weddellrobbe ist ein bemerkenswertes Beispiel für die vollkommene Anpassung eines Warmblüters an einen außergewöhnlichen Lebensraum – die eisbedeckten Küstengewässer der Hochantarktis. Gigantische Massen von Inlandeis werden durch ständigen Nachschub in das Meer gedrückt. Schwimmendes, etwa zweihundert Meter mächtiges Schelfeis überlagert die Küste weiträumig, und es fehlen Strände und Flachwasserzonen, wie sie etwa an der Westflanke der Antarktischen Halbinsel zu finden sind. Bereits an der Schelfeiskante, dort wo kontinentales Süßwassereis und Meereis aufein-

anderstoßen und die Robben sich besonders häufig einfinden, liegt der Meeresboden oftmals in mehr als vierhundert Meter Tiefe. Eisige Luft, eiskaltes Wasser, eiskalte Nahrung, dazu hoher Druck und Dunkelheit beim Tauchen in großen Wassertiefen – das Leben im Meer ist schwierig für einen Warmblüter und erfordert spezielle Anpassungen, die natürlich bei allen Robbenarten vorhanden sind, bei der Weddellrobbe aber eine extreme Ausformung erreichen.

Dass Weddellrobben der Kälte gewachsen sind, verdanken sie einer gehörigen Portion Fett, dem so genannten Blubber. Rund eine halbe Tonne schwer und drei Meter lang ist eine ausgewachsene Weddellrobbe. Sind die Tiere gut in Form, dann ist das Fettpolster bis zu zehn Zentimeter dick und macht mehr als ein Drittel des Körpergewichts aus. Das Fett lagert größtenteils unter der Haut und dient zugleich als Wärmedämmung, Kalorienlieferant für nahrungsarme Zeiten und Quelle für die Milchproduktion. Im zeitigen Frühjahr, etwa ab Mitte Oktober, zwängen sich die trächtigen Weibchen sichtlich erschöpft durch die engen Spalten auf das Eis hinauf und bringen ihr dreißig Kilogramm schweres Junges zur Welt. Es bleiben nur sechs Wochen Zeit, bis der Sprössling mit dem Vierfachen seines Geburtsgewichts in die Selbstständigkeit entlassen wird. Entsprechend konzentriert ist die Energie, die beim Säugen weitergegeben wird: Milch mit über dreißig Prozent Fettgehalt, dickflüssig wie Mayonnaise. Gleichzeitig specken die Robbenmütter bis auf zwei Drittel ihres Gewichts ab, denn während der Säugezeit nehmen sie keine Nahrung zu sich. Im Dezember werden sie von neuem begattet und widmen sich nun im Meer der eigenen Regeneration.

Die Entdeckung der Langsamkeit

Wasser ist ihr Element, denn zum Schwimmen sind Robben gebaut. Hier verbringen sie die meiste Zeit ihres Lebens: Beutefang, Rivalitätskämpfe und Paarung – alles findet unter dem Meereis statt. Im Vergleich zu den schnellen und wendigen Seelöwen und Seebären sind Weddellrobben zwar langsame, dafür aber ausdauernde Schwimmer. Die kräftigen Hinterflipper sorgen

für den Schub. Den Kopf leicht eingezogen und die kurzen Vorderflipper eng angelegt, gleiten sie gemächlich unter den Eisspalten entlang. Sieben Kilometer in der Stunde, also zwei Meter pro Sekunde schaffen sie, immerhin so schnell wie ein Wettkampfschwimmer, wenn er sein Äußerstes gibt, um den Sieg zu erringen. Übermäßige Schnelligkeit, gar bis zur Verausgabung getrieben, kostet zusätzliche Energie, und das kann sich ein mit der Kälte lebender Warmblüter kaum leisten, denn Energie ist teuer in der Antarktis. Außerdem würde es der beutejagenden Robbe in ihrem gut isolierenden Speckmantel zu warm, sie würde allzuleicht überhitzen. Und auch das wäre ihr abträglich, denn nur bei gleichbleibender Körpertemperatur um 37 Grad Celsius bleiben das Nervensystem und die Muskulatur leistungsfähig. Langsamkeit ist deshalb ihr Lebensstil – eine wesentliche Voraussetzung für die optimale Nutzung der Leistungsreserve Fett, und zugleich sorgt Fett im Wasser dafür, dass die Robbe ohne großen Kraftaufwand Auftrieb bekommt.

Weddellrobben sind exzellente Taucher. Bereits in den sechziger Jahren haben amerikanische Wissenschaftler Tauchtiefen bis zu 700 Meter nachgewiesen. Die Robbe schafft diese enorme Leistung mit einer Reihe morphologischer und physiologischer Anpassungen. So werden der besonders flexibel gebaute Brustkorb beim Abtauchen durch den stetig ansteigenden Wasserdruck von bis zu 70 bar zusammengedrückt und gleichzeitig die Atemgase aus der Lunge herausgepresst. Man spricht hierbei von einem physiologischen »Kollaps« der Lunge – also kein

Eine zwei Tage alte Weddellrobbe. Die Muttertiere bringen ihr Junges auf dem Eis zur Welt. Nach sechs Wochen Säugezeit muss es lernen, die Nahrung im Meer selbst zu erbeuten.

Linke Seite: Tagsüber ruhen die Robben auf dem Eis, nachts verschwinden sie ins Meer. Fotos: J. Plötz

Während der ersten Lebenswochen drängt sich das Junge eng an die Mutter. Dieses Verhalten beugt Wärmeverlusten vor und hilft Energie sparen.

Krankheitsbild, sondern ein lebensnotwendiger Schutzmechanismus, der die Gefahr einer Stickstoffnarkose mit dramatischen Folgen wie Lähmungen und Wahrnehmungsstörungen abwendet. Auch ist bekannt, dass der Stoffwechsel beim Tauchen nicht etwa angekurbelt, sondern erheblich gedrosselt wird. Nachweislich nimmt die Herzschlagfrequenz mit zunehmender Tiefe ab, ein Phänomen, das sogar zum kurzfristigen Herzstillstand führt und mit einer reduzierten Blutversorgung der meisten Organe einhergeht. Das Gehirn ist hierbei ausgenommen.

Für einen beutejagenden Taucher erscheint es zweckmäßig, so lange wie möglich unter Wasser zu bleiben. Übliche Tauchzeiten liegen bei der Weddellrobbe um die zwanzig Minuten. Danach wird der im Blut und Muskelgewebe gespeicherte Sauerstoffvorrat knapp – die Robbe benötigt frische Luft und taucht auf. Nach nur wenigen kräftigen Atemzügen sind die Sauerstoffreserven erneuert, und dann geht's wieder hinab in die Tiefe.

Für längere Tauchgänge von über dreißig Minuten Dauer verfügt die Robbe zusätzlich über eine Art Notschaltung: Sie schaltet auf anaeroben, also sauerstofflosen Stoffwechsel um und mobilisiert Energiereserven, mit denen das Tier in Extremfällen über eine Stunde unter Wasser bleiben kann. Allerdings sind längere »anaerobe Tauchgänge« energetisch ungünstig, da die Energieanlieferung für die Muskelarbeit der tauchenden Robbe bei anaeroben Stoffwechselprozessen etwa zehn bis zwanzig Mal geringer ist als beim üblichen »sauerstoffgetriebenen« Stoffwechsel. Zudem nimmt die Länge der Atempausen im Verhältnis zur Tauchdauer überproportional zu. Der Grund: Die Sauerstoffschuld im Muskelgewebe führt zu einer verstärkten Produktion von Milchsäure, die durch längeres Verschnaufen an der Oberfläche wieder abgebaut werden muss.

Extrem langes Tauchen ist also keineswegs von Vorteil, denn unter dem Strich bleibt der Robbe weniger Zeit für die Beutesuche. Daher versteht es sich von selbst, dass sie im Normalfall von energiesparenden »aeroben Tauchgängen« Gebrauch macht, denn auch beim Beutefang darf prinzipiell nicht mehr Energie verbraucht werden, als die Mahlzeiten während einer Aktivphase letztendlich einbringen. Das Leben der Weddellrobbe ist auf Kälte eingestellt; von allen Säugetieren hat sie sich am weitesten nach Süden vorgewagt, und wie die wenigen Beispiele zeigen, ist das Einsparen von Energie ihr Überlebensrezept. So erklärt sich ein ganz erstaunlicher Befund, nämlich dass der Energiebedarf tauchender Weddellrobben um das Vier- bis Sechsfache niedriger liegt als bei landlebenden Säugetieren im Ruhezustand.

Forschungsalltag im Drescher-Inlet

Die Tauchphysiologie der Weddellrobbe ist hinreichend untersucht, so dass wir jetzt über einige ihrer erstaunlichen Anpassungen recht gut Bescheid wissen. Dennoch, für den ökologisch interessierten Wissenschaftler gibt es Gründe genug, das Leben der Robben in den schwer zugänglichen, eisbedeckten Küstengebieten der Hochantarktis zu erforschen, und jedes Ergebnis eröffnet weitere, mindestens ebenso interessante Fragen.

Die rasante Entwicklung in der Mikrochiptechnik hat auch vor der Robbenforschung nicht Halt gemacht, denn sie ermöglicht neue, faszinierende Einblicke in ihre Unterwasserwelt. Auf früheren Expeditionen bekamen wir alle Informationen über die Ernährung der Weddellrobbe nur, indem wir die Mageninhalte untersuchten. Jetzt wenden wir für diese Arbeiten miniaturisierte Datenspeicher am lebenden, möglichst wenig beeinträchtigten Tier an. Besonders interessiert uns, welche biologischen und physikalischen Prozesse im und unter dem Meereis das Tauchverhalten und die Ernährung der Robben beeinflussen. Um solche ökologischen Zusammenhänge zu klären, begeben wir uns mit Planktonforschern, Fischereibiologen und Meeresphysikern auf gemeinsame Expeditionen und diskutieren anschließend die Ergebnisse. Nur das Zusammenwirken verschiedener Arbeitsgruppen ermöglicht es, die Energieflüsse im marinen Nahrungsnetz der Antarktis bis hin zu den schwergewichtigen Konsumenten zu entschlüsseln.

Als wir uns auf die POLARSTERN-Expedition im Jahr 1998 vorbereiteten, war unser Wunschzettel lang – wie vor jeder Reise in die Antarktis. Vor allem benötigten wir einen zuverlässigen elektronischen Tauchtiefenrekorder. Druckfest,

Eine geschlossene Eisdecke zwingt die Robbe an ihr Atemloch – nur die Nase schaut heraus. Nach wenigen Minuten zum Atemholen gleitet sie wieder hinab in die Tiefe.

wasserdicht, kältebeständig und möglichst klein muss er sein. Die Messdaten sollen Aussagen über die Nahrungssuche der Robbe in Abhängigkeit von Tauchtiefe, Tauchdauer und Tageszeit ermöglichen. Auch soll die Datenaufzeichnung über mehrere Tage durchlaufend und in möglichst hoher Auflösung erfolgen. Eine Elektronikfirma entwickelte die Speicherplatine, und das Gehäuse dafür fräste eine Firma für Feinmechanik – eigens spezialisiert auf druckdichte Titangehäuse für den Flugzeugbau. Das Endprodukt kann sich sehen lassen: Zwölf Zentimeter kurz und nur achtzehn Millimeter im Durchmesser – ein mit Schraubverschlüssen abgedichtetes Metallröhrchen, vollgepackt mit Knopfbatterien, Steckkontakten, Verbindungskabeln, Drucksensor-Platine und einem Spei-

Ein Glücksfall für den Biologen: Die auf dem Eis erbrochene Mahlzeit einer Robbe: 230 Silberfische mit einem Gesamtgewicht von knapp acht Kilogramm. Die Fische wurden mit den Zähnen gepackt und vollständig geschluckt.

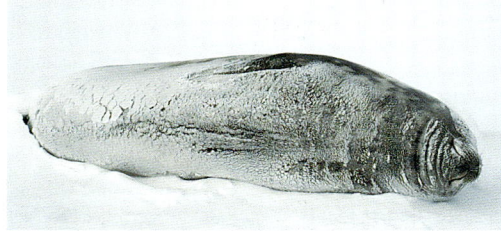

Auch auf King George Island an der Spitze der Antarktischen Halbinsel haben AWI-Biologen Robbenstudien betrieben. Sie konnten sich dabei auf das Dallmann-Laboratorium an der argentinischen Station »Jubany« stützen. Es wurde 1993 errichtet und ist nach dem Kapitän Eduard Dallmann (1830 – 1896) benannt, der als (wenig erfolgreicher) Wal- und Robbenfänger zahlreiche geographische Entdeckungen machte.
Foto: S. Kühne

Wer Ruhe bewahrt, ist in grimmiger Kälte am besten dran. Wenn es stürmt, bleiben die Robben regungslos liegen. Driftschnee auf dem Fell ist durchaus willkommen als zusätzlicher Dämmstoff.

cherchip, dessen Kapazität für eine Einsatzdauer von zwölf Tagen reicht. Um den Tiefenmesser im Fell auf dem Rücken der Robbe mit einem Kunstharzkleber sicher anbringen zu können, war noch eine kleine Matte aus flexiblem Gazematerial erforderlich. Angefertigt hat sie uns ein Schneider – nach Maß versteht sich. Eichungen der Messgeräte, Testversuche in der Druckkammer, Entwicklung von Computerprogrammen und weitere Tüftelarbeiten waren noch zu erledigen – und wie immer – bis kurz vor der Abreise in den Süden.

Dem ersten Einsatz des Tauchrekorders sahen wir gespannt entgegen. Anfang Februar, zwanzig Grad unter Null, Hochsommer in der Antarktis. Rote Glasfaser-Iglus, auch Tomaten genannt, waren schon während der Anreise an Bord der POLARSTERN komplett montiert und vom Helikopter mitsamt unserer Ausrüstung auf das Eis gesetzt worden. Als sicherer Standort erwies sich der rückwärtige Bereich eines zwanzig Kilometer langen Einschnitts im Riiser-Larsen-Schelf-

eis, das Drescher-Inlet an der Ostküste des Weddellmeeres. (Es wurde nach dem Biologen Dr. Eberhard Drescher benannt.) Das Camp wird zügig aufgebaut und eingerichtet. So können wir schon am nächsten Morgen mit dem Schneemobil und vollgepackten Nansenschlitten das Inlet erkunden. Zur besseren Orientierung bei schlechter Sicht werden die zwei Kilometer bis zur Schelfeiskante ausgeflaggt. Von dort geht die Fahrt über eine von Stürmen angewehte Schneerampe aufregend steil abwärts auf das dreißig Meter tiefer liegende, gefrorene Meer.

Während der ersten Woche kommen wir mit der Arbeit gut voran. An sonnigen Tagen, und die sind rar in der Antarktis, trocknet das Haarkleid der Robben besonders schnell. Günstig auch für uns, denn zum Aufkleben der Tauchrekorder darf das Fell der Tiere nicht feucht sein. Das Anbringen der Geräte verläuft problemlos, da unser Veterinär die Robben zuvor fachgerecht narkotisiert. Auch die Rückgewinnung der ersten Datenspeicher ist erfolgreich. Dabei machen wir uns die Eigenschaft zunutze, dass Weddellrobben ausgesprochen gebietstreu sind und nach ihren Unterwasserausflügen wieder auf das Eis kommen, manchmal genau dorthin, wo wir sie Tage zuvor mit den Geräten sozusagen auf Erkundungstour geschickt haben. Die Tauchrekorder werden vorsichtig von den Tieren abgenommen, durch neue ausgetauscht, und dann geht es zurück zum Camp, zur spannenden Datenauslese am Computer. Ausflüge zu den Liegeplätzen der Robben sind für jeden Tag eingeplant, vorausgesetzt, das Wetter stimmt; es ist für schnelle Umschwünge bekannt. Und fürwahr – exakt am Freitag den Dreizehnten erwischt uns ein Sturmtief mit schwerer Schneedrift.

Drifttage sind Eintopftage – und dafür gibt es einen triftigen Grund, denn Mahlzeiten aus der Dose erzeugen weniger Abwasch. Das Leben in den engen, mit Proviant, Arbeitskleidung und Gerätschaften vollgestopften Iglus ist gewöhnungsbedürftig. Heizen mit Gas, Strümpfe trocknen, Schnee schmelzen für das Kaffeewasser – all unsere Aktivitäten finden auf wenigen Quadratmetern statt und dienen überwiegend, um es einmal physiologisch auszudrücken, der

Wärmeerzeugung und dem Schutz vor Wärmeverlust. Draußen knattern die Markierungsfahnen im Wind, feine Eiskristalle peitschen durch die Luft und nehmen jede Sicht. Arbeit im Freien ist jetzt unmöglich – wir sind auf den Schutz der Iglus angewiesen. Schneemobile und Schlitten versinken in brusthohen Schneewehen. Im einigermaßen warmen Kücheniglu machen wir es uns bei einem heißen Trunk gemütlich. Der Gang in die Schlafiglus fällt uns danach recht schwer. Dort wird nicht geheizt, und die Temperaturen liegen weit unter Null. Im Schlafsack warm eingepackt, zeigen wir der eisigen Polarnacht die kalte Schulter. Gut zu wissen, dass mehrere Robben mit unseren Messgeräten im Meer sind und für die Wissenschaft fleißig tauchen. Dann meldet die Bordwetterwarte der POLARSTERN über Funk, dass das Sturmtief nur noch einen Tag anhalten wird. Nach sechs Tagen ist es endlich so weit, Antarktika zeigt sich von der besseren Seite: Gleißender Sonnenschein, Windstille und angenehm trockene Kälte. Von der Station folgt unser Blick dem Inlet hinaus auf die offene See. Mächtige Tafeleisberge ziehen vorbei in Richtung Südwesten. Hin und wieder ein heftiges Donnern – es sind große Brocken, die aus der Eiskante des Inlets brechen und ins Meer stürzen.

Der Sturm hat das Meereis in Bewegung gebracht. Weite Bereiche des Inlets sind aufgebrochen und schmelzendes Trümmereis treibt in die offene See. Die Robben finden sich jetzt zu Hunderten im rückwärtigen Bereich des Inlets ein, dort wo stabiles Meereis sichere Ruheplätze garantiert. Nicht alle Eisspalten sind für einen bequemen Ausstieg aus dem Wasser geeignet – für die dicken Speckwalzen sind sie oft zu eng. Da viele Tiere zwangsläufig dieselben Ausgänge benutzen, kommt es dort zu Engpässen. Staus ereignen sich besonders in den frühen Morgenstunden, wenn die Robben den inneren Drang verspüren, nach ihren nächtlichen Beutezügen das Meer zu verlassen. Und das geschieht jeden Tag ziemlich pünktlich ab 7.00 Uhr, wie unsere Messdaten belegen. Wenn die Robben erst mal auf dem Eis sind, verteilen sie sich und legen längere Ruhepausen von durchschnittlich acht

Stunden ein. Aber es gibt immer Tiere, die sich auch während der Mittagsstunden im Wasser aufhalten. Wahrscheinlich holen sie sich noch mal einen Nachschlag.

Es riecht nach Fisch

Unsere täglichen Suchaktionen im zertrümmerten, von Spalten durchsetzten Meereis gestalten sich recht mühsam. Für die Beute jagenden Robben sind Tage mit heftigem Eisaufbruch offenbar ergiebiger, denn es riecht kräftig nach Fisch. Das bedeutet Nahrung im Überfluss, und oftmals fressen die Robben mehr als sie verdauen können – so manche Fischmahlzeit wird an den Liegeplätzen der Robben wieder erbrochen. Neben Gräten und anderen Nahrungsresten finden wir auf dem Eis auch massenhaft unverdaute, völlig intakte Beutetiere: Antarktische Silberfische, auch *Pleuragramma antarcticum* genannt (siehe Abb. S. 139). Die heringsähnlichen Fische sind kleinere, dafür aber sehr fettreiche Happen von durchschnittlich dreißig Gramm. Gelegentlich ziehen sie in größeren Schwärmen unter dem Meereis an der Küste entlang. Das sind dann Masttage für die Weddellrobben, und sie stellen ihr Tauchverhalten darauf ein.

Das Tauchprofil zeigt es eindeutig: Weddellrobben sind überwiegend dämmerungs- und nachtaktive Beutejäger. Durchschnittlich 16 Stunden täglich sind sie im Wasser. Spätestens alle zwanzig Minuten tauchen sie in den Eisspalten auf, um nach nur wenigen kräftigen Atemzügen wieder tief ins Meer hinabzugleiten – ein deutlicher Hinweis, dass die Robben in der Regel von den

Biologencamp auf dem Schelfeis. Die Schneedrift flaut bereits ab. Die Iglus dienen für mehrere Wochen als Unterkunft und Arbeitsräume.

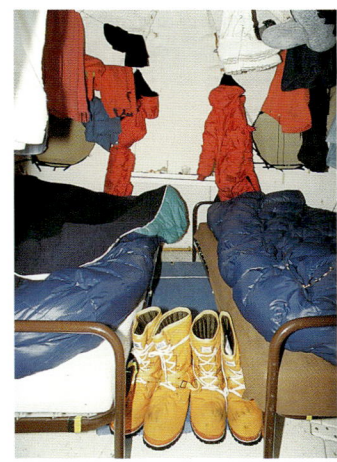

Blick in einen der Iglus zum Schlafen. Das Trocknen der Stiefel, Filzsocken und anderen Kleidungsstücke darf nie außer Acht gelassen werden.

141

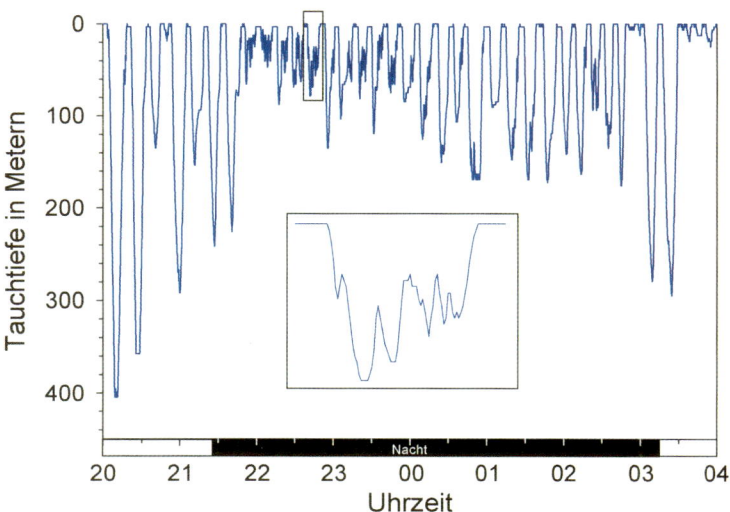

Der blaue Schrieb zeichnet die Tauchgänge einer Weddellrobbe innerhalb von acht Stunden nach. Nachts wird vorwiegend in den oberen Etagen des Meeres gefischt. Das Zackenmuster im Ausschnitt verweist auf eine intensive Beutejagd.

Energie sparenden »aeroben Tauchgängen« Gebrauch machen. Die Hälfte der Zeit wird für das geradlinige Ab- und Auftauchen benötigt, für die eigentliche Nahrungssuche bleiben den Tieren pro Tauchgang weniger als zehn Minuten. Das abgebildete Aktivitätsmuster mit der regelmäßigen Tauchabfolge ist ebenso typisch wie das feine Zackenmuster (im Ausschnitt der Abbildung), das der Datenspeicher nach Erreichen des jeweiligen Tiefenmaximums registrierte. Dieses auffällige Tauchverhalten lässt auf intensive Beutejagd besonders in den oberen Etagen des Meeres schließen.

Bemerkenswert ist auch die stufenweise fortschreitende Veränderung in den Tiefen aufeinanderfolgender Tauchgänge. Offenbar folgte die Robbe auf ihren nächtlichen Beutezügen der Vertikalwanderung von Fischen, die ihrem Räuber gewissermaßen entgegenschwimmen, um nachts nahe der Meeresoberfläche ihrerseits Nahrung aufzuspüren. Auch für die Fischereibiologen an Bord der POLARSTERN waren die nächtlichen Fänge im freien Wasser deutlich erfolgreicher als am Meeresboden. Von Rainer Knust und Alexander Schröder erhielten wir über Funk die Bestätigung: Massenhaft Silberfische in den Netzen! Und die Fischmägen sind prallvoll – vor allem von Krill und anderen Kleinkrebsen, die sich wiederum von Algen

ernähren. Das alles ereignete sich an Tagen mit starkem Eisaufbruch – und Meereis lebt. Unzähliges Kleingetier nistet mitten im Eis, Algen färben manche Schichten kaffeebraun. Auch an der Eisunterseite hängen Schlieren von Algenmatten, die von Kleinkrebsen abgeweidet werden. Bricht die Eisdecke auf, dann werden Algen und andere Meereisorganismen in großen Mengen freigesetzt, wie die Proben aus den Sedimentfallen der Algenforscher Gerhard Dieckmann (siehe S. 102) und David Thomas belegen.

Nahrung im Meer ist ungleich verteilt, und nur in bestimmten Tiefenbereichen lohnt es sich für Robben zu fischen. Dreh- und Angelpunkt für die Tauchaktivitäten ist ein physikalisches Phänomen: Die so genannte Dichtesprungschicht – gekennzeichnet durch eine sprunghafte Abnahme der Temperatur und Zunahme des Salzgehalts etwa zwischen 150 und 300 Meter Tiefe. Oberhalb dieser stabilen Sprungschicht ist der Wasserkörper nach dem Eisaufbruch vertikal durchmischt und deshalb leicht erwärmt. Dieser Tiefenbereich wird bevorzugt aufgesucht – und hier ist nur eine Art für die Ernährung der Robben von Bedeutung: der Antarktische Silberfisch.

Die Erwärmung des Wassers ist nur geringfügig und mag auf den ersten Blick unwesentlich erscheinen. Jedoch hat sie auf die Vertikalverteilung von Fischen und auch deren Beutetiere, die Kleinkrebse, einen offenbar wichtigen Einfluss, denn nur wenige der von uns beobachteten Robben tauchten in die kältere Sprungschicht zwischen 150 bis 300 Meter Tiefe. Hier lohnte sich die Nahrungssuche für die Robben kaum. Sie kehrten entweder zurück zur Oberfläche oder tauchten noch tiefer, hinunter bis zum Meeresboden, der im Drescher-Inlet in etwa 350 bis 450 Metern Tiefe liegt. Aber auch dort ist Nahrung nicht allgegenwärtig, und nicht überall und zu jeder Zeit gibt es am Meeresgrund reichlich Fisch zu holen. Das weiß jeder erfahrene Grundschleppnetz-Fischer und stellt seine Fangmethode darauf ein. Und auch die Weddellrobbe muss in der Lage sein, hohe Fischaufkommen am Meeresboden aufzuspüren, damit sich der Weg in die Tiefe lohnt.

Joachim Plötz, Horst Bornemann, Sven Ramdohr

142

Ozon –
Die Geschichte
einer
Verfehlung und
ihrer Korrektur

Die Abnahme des stratosphärischen Ozons im südpolaren Frühjahr, im Volksmund mit dem etwas irreführenden Wort Ozonloch bedacht, hat Wissenschaftler vieler Nationen auf den Plan gerufen. Zwar ist der Anteil dieser Form des Sauerstoffes, die aus drei lose miteinander verbundenen Atomen besteht, an den Atmosphärengasen verschwindend gering (eins zu eine Million Teilchen). Doch das reicht aus, die meiste »harte« Ultraviolettstrahlung der Sonne von der Erdoberfläche fernzuhalten. Ohne diesen Schutz wären ganze Ökosysteme gefährdet, würden Hautkrebs, grauer Star und Immunschwächen stark zunehmen. Selbst das Phytoplankton, die Grundlage allen Lebens im Meer, wäre bedroht. Die früheste zusammenhängende, mithin alle Jahreszeiten umfassende Datenfolge aus der Antarktis stammt von der ehemals ostdeutschen Station »Georg Forster« in der Schirmacher-Oase (zentrales Königin-Maud-Land), wo seit 1985 ohne Unterbrechung wöchentlich eine Sonde aufgelassen wurde. In den Monaten Oktober bis Dezember starteten bis zu drei Sonden pro Woche, weil sich da die atmosphärische Zirkulation umstellt. Der wissenschaftliche Wert dieser Messreihe veranlasste das Alfred-Wegener-Institut für Polar- und Meeresforschung, die ballongebundenen Ozonsondierungen in das Programm der Station »Neumayer« aufzunehmen, nachdem der Überwinterungsbetrieb auf »Georg Forster« eingestellt worden ist. So zeichnet die Story der Ballonaufstiege an beiden Stationen zugleich ein Kapitel deutscher Vereinigung im Eis der Antarktis nach.

Wie die Ozonanomalie entdeckt wurde

Manche Observationen, sind sie langlebig und bedeutsam genug, repräsentieren auch ein Stück Wissenschaftsgeschichte. Es war ein seltsamer Zufall, dass am 15. Mai 1985 die erste Ozonsonde der Langzeitreihe an der Forster-Station aufstieg – einen Tag vor Erscheinen jener »Nature«-Ausgabe, in der Joseph C. Farman vom British Antarctic Survey seinen Artikel »Large losses of total ozone in Antarctica« veröffentlichte,

Ozonsondenstart der »Forster«-Messreihe vom Ballonstartpavillon der russischen Station Nowolasarewskaja im Jahre 1988. Foto: A. Herber

*Start eines Ozonsonden-gespanns an der Neu-mayer-Station im Jahre 1998. Ein so windstilles, freundliches Wetter wie auf dem Bild ist jedoch äußerst selten. Der Container befindet sich etwa 200 Meter von der Station entfernt, damit verstärkte Schneezuträge am Stationsort vermieden werden.
Foto: J. Lieser*

Zu diesem Zeitpunkt hatte sich niemand sonst der Mühe unterzogen, derartige Sondierungen regelmäßig vorzunehmen. Das Thema galt international als nicht mehr besonders ergiebig, denn in den vergangenen zwanzig Jahren hatte man das jahreszeitliche Verhalten des Ozons über der Antarktis im Wesentlichen aufgeklärt: Es schwankte zwischen einem Maximum im Polarsommer (November bis Januar) und einem natürlichen – also von menschlichen Aktivitäten nicht merklich mitbestimmten – Minimum nach dem Polarwinter zwischen September und November.

Farman und Mitarbeiter hatten sich noch einmal die auf den Stationen Argentine Island und Halley Bay von Oktober 1957 bis März 1984 gewonnenen Daten für das Gesamtozon angesehen. Diesmal aber strichen sie nicht die Extremwerte aus der Datenreihe, wie es sonst üblich ist, weil man unterstellt, dass die krassen Ausrutscher auf Messfehler beruhen. Es waren keine Messfehler! Die nachträgliche Analyse ergab eine Ozonabnahme mit Beginn der achtziger Jahre. Messungen des Gesamtozons über einem Ort sagen jedoch nichts darüber aus, in welchen Höhen sich das »Ozonloch« auftut. Erst recht bedarf die Klärung, wie und warum der Ozonschwund so und nicht anders abläuft, einer vertikal möglichst gut aufgelösten Sondierung. Ballonaufstiege mit angehängter Messsonde sind dafür nach wie vor am geeignetsten.

Die Hypothese von der chemischen Ozonzerstörung aufgrund des Eintrags von Fluorchlor-Kohlenwasserstoffen und der Freisetzung von Chlor, das die dreiatomigen Sauerstoffmoleküle in einer katalytischen Gasphasenreaktion aufspaltet, war schon seit einigen Jahren diskutiert worden; auch Farman erwog solche Reaktionen. Nach theoretischen Überlegungen erwartete man den Ozonabbau in Höhen zwischen 30 und 40 Kilometern. Die erste Messkampagne in der Schirmacher-Oase, die Peter Plessing vom Meteorologischen Hauptobservatorium Potsdam durchführte, ergab jedoch, dass das meiste Ozon unterhalb von 20 Kilometern Höhe verschwand. Das war mit der zu Rate gezogenen Gasphasenchemie unerklärlich. Der Zusammen-

der zur Sensation wurde. Die Vorbereitungen für dieses Forschungsprogramm begannen schon 1983/84, also viel früher als die Debatte über das später als Ozonloch bezeichnete Phänomen. Dieser Umstand ermöglichte es dem DDR-Vertreter in der Arbeitsgruppe Physik der oberen Atmosphäre des internationalen Wissenschaftlichen Komitees für Antarktisforschung, bereits 1986 auf einer Konferenz in San Diego (Kalifornien) zum ersten Mal detailliert die vertikale Struktur der während des antarktischen Frühjahrs auftretenden Anomalie über die gesamte Dauer ihres Bestehens darzustellen.

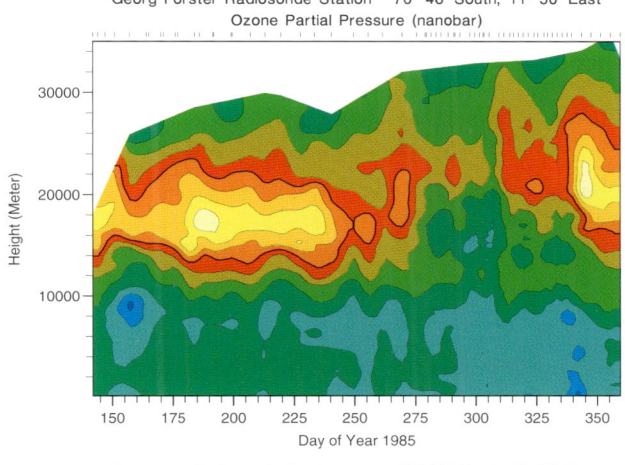

Georg Forster Radiosonde Station   70° 46' South, 11° 50' East
Ozone Partial Pressure (nanobar)
Day of Year 1985

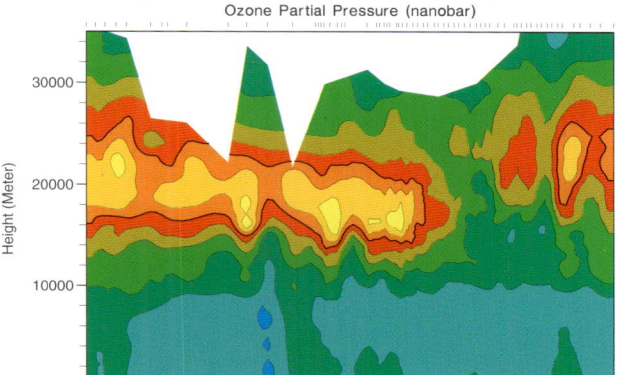

Georg Forster Radiosonde Station   70° 46' South, 11° 50' East
Ozone Partial Pressure (nanobar)
Day of Year 1990

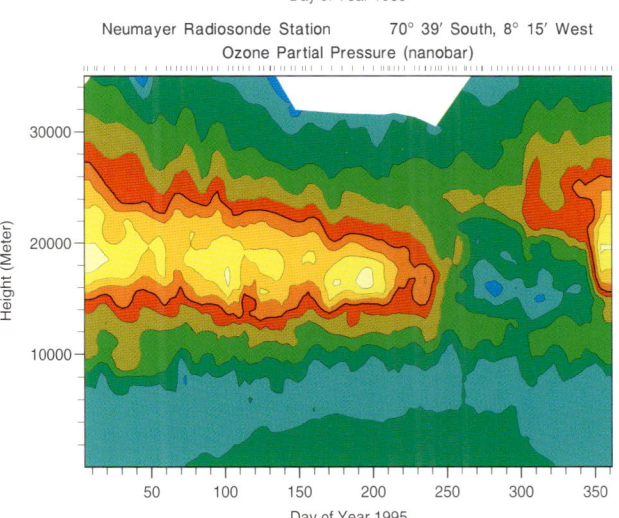
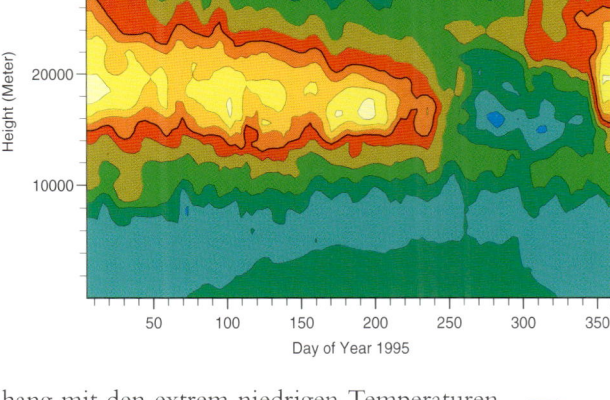

Neumayer Radiosonde Station   70° 39' South, 8° 15' West
Ozone Partial Pressure (nanobar)
Day of Year 1995

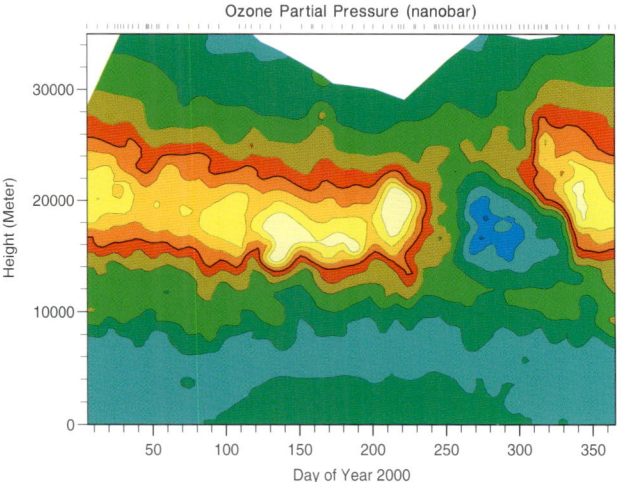

Ozone Partial Pressure (nanobar)
Day of Year 2000

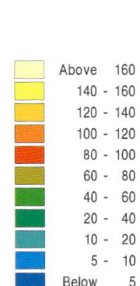

Above	160
140 -	160
120 -	140
100 -	120
80 -	100
60 -	80
40 -	60
20 -	40
10 -	20
5 -	10
Below	5

hang mit den extrem niedrigen Temperaturen sowie mit Aerosolen und polaren Stratosphärenwolken, die sich bei dieser Kälte bilden, wurde erst später erkannt.

Seit 1987 starten die Amerikaner auf der Amundsen-Scott-Basis am Südpol und nach einer Unterbrechung (1985/86) auch die Japaner wieder auf ihrer Station Syowa im östlichen Enderbyland zumindest in den Frühjahrs- und Sommermonaten regelmäßig Ballon-Ozonsonden. Zusammen mit der auf »Georg Forster« und »Neumayer« sowie auf der argentinisch-finnischen Station Marambio (Arktische Halbinsel) gewonnenen Messreihen sind dies, von wenigen

Veränderung der Ozonschicht über den Stationen »Georg Forster« und »Neumayer« im Verlauf der letzten 15 Jahre. Dargestellt sind Linien und Flächen gleichen Ozonpartialdrucks. Das Diagramm basiert auf den zirka wöchentlich durchgeführten Ballonsondierungen. Jede Sondierung ist durch einen kleinen vertikalen Strich oberhalb des Diagramms angezeigt.

Deutlich erkennbar ist die Reduktion des Ozons zwischen etwa dem 250. und 325. Tag des jeweiligen Jahres; das entspricht dem antarktischen Frühjahr vom September bis November/Dezember. War der Ozonschwund im Zeitraum 1985 und 1990 (oben) noch moderat, so konnte in den neunziger Jahren die totale Vernichtung der Ozonschicht beobachtet werden. Bildlich dargestellt, ergibt sich in diesem Bereich ein so genanntes »Ozonloch«, wie es im Jahresgang 2000 besonders markant ausgeprägt ist.

Einzelstarts abgesehen, die einzigen Sondierungen, auf denen unser Wissen über die vertikale Verteilung des Ozons auf dem antarktischen Kontinent beruht.

Beginn der Langzeitmessungen

Die Aktivitäten der ostdeutschen Polarforscher ergaben sich zu einem nicht geringen Teil mehr aus dem persönlichen Engagement einzelner Wissenschaftler als aus institutionellen Konzepten. In diesem Falle war es der Atmosphärenphysiker Hartwig Gernandt, Gründer der erst später nach dem Völkerkundler, Reiseschriftsteller und Jakobiner Georg Forster (1754 bis 1794; siehe S. 180) benannten Station in der Schirmacher-Oase, der im Meteorologischen Dienst der DDR immer wieder auf Ozonsondierungen in der Antarktis drängte. Errichtet wurde die Station auf einer Geröllfläche für ein ehrgeiziges dreijähriges Ionosphären-Forschungsprogramm der Ostberliner Akademie der Wissenschaften. Immerhin konnten dort bereits 1976, als gerade der erste Winter überstanden war, einige Ballons aufsteigen.

Die Druckwerte der Ozonagramme fügten sich in die damalige Kenntnis über die Konzentration des Gases im Höhenverlauf ein. Wichtiger war, dass sich damit die in den Akademie-Werkstätten in Berlin entwickelte und produzierte Sonde für Polareinsätze bewährt hatte, denn die Ozon-Messtechnik steckte international noch in den Kinderschuhen. Seit 1974 wurde sie routinemäßig vom Aerologischen Observatorium Lindenberg in Ostbrandenburg genutzt und mit nur geringfügigen Abwandlungen bis 1992 auch in der Antarktis verwendet.

Dem Instrument lag ein von dem Amerikaner A. W. Brewer adaptiertes elektrochemisches Nachweisprinzip zugrunde. Als Messgröße für den Ozongehalt der Luft dient der Strom, der in einer Kaliumjodid-Lösung fließt, wenn die Ozonmoleküle jeweils ein Sauerstoffatom zur Oxidation des Kaliums abgeben. Durch die Messzelle, in der ein Platingitter als Kathode und ein Silberdraht als Anode wirken, drückt dafür eine kleine Pumpe permanent ein bestimmtes Volumen Außenluft pro Zeiteinheit. Der Gleichstrom von einer Stärke einiger Mikroampere wird in einen proportionalen Wechselstrom im Tonfrequenzbereich umgesetzt und dermaßen verstärkt, dass das Signal zusammen mit den üblichen meteorologischen Daten zur Bodenstation übertragen werden kann.

Als die DDR-Führung Anfang der achtziger Jahre die Forschung in der Antarktis intensivieren wollte, starteten Gernandt und der damalige Direktor des Lindenberger Observatoriums, Peter Glöde, die erste ganzjährige Ozon-Messkampagne. Zwar dachte man noch nicht an eine Frühjahrsanomalie, wollte aber einen Befund des Japaners Shigeru Chubachi überprüfen, der bei einigen Sondenaufstiegen an der Station Syowa 1982 eine abnorme Verminderung des stratosphärischen Ozongehaltes im Oktober festgestellt hatte; ansonsten wurden die Aktivitäten in der Schirmacher-Oase als Langzeit-Grunddatenprogramm angesehen.

Hilfe bot die benachbarte sowjetische Station Nowolasarewskaja mit ihrer nicht eben modernen, noch mit Röhren ausgestatteten Empfangsanlage. Es gab zwar eine die gesamte Südpolarforschung betreffende Kooperation mit dem Leningrader (heute St. Petersburger) Arktischen und Antarktischen Forschungsinstitut, aber vor Ort bewirkten vor allem guter Wille und einige Kästen Radeberger Pilsner, dass die Russen das DDR-Gerät an ihre normale aerologische Sonde hängten, etwas mehr Wasserstoff in die Ballons füllten und im Frühjahr einige zusätzliche Aufstiege gewährleisteten.

Die letzte Sonde der Forster-Station startete im Januar 1992, die erste der Neumayer-Station im März des gleichen Jahres. Parallele Messungen über einige Zeit wären günstig gewesen; aber die damalige ältere, 1991 aufgegebene Neumayer-Station hatte keine Ballonfüllhalle für die Ozon-Gespanne, und die ostdeutschen Forscher verloren in der Turbulenz des Zusammenbruchs der DDR und des sehr geschwinden Beitritts zur Bundesrepublik ihren Geldgeber, so dass sie ihre Messreihe auch nicht bis zur Inbetriebnahme der neuen Neumayer-Station auf dem Ekström-Schelfeis fortsetzen konnten.

Für die Beschreibung der vertikalen Ozonverteilung in der Stratosphäre war der Wechsel des Startplatzes unerheblich: Die Neumayer- und die Forster-Station liegen auf der gleichen geographischen Breite und weniger als 20 Längengrade auseinander; ihre Position zum Polarwirbel und den mittleren Zirkulationsströmen oberhalb der Tropopause ist ähnlich. Selbst der Vergleich der Ozondaten zwischen den Aufstiegsorten Schirmacher-Oase und Syowa mit einem Längenunterschied von 30 Grad hat wenig Abweichungen in den mittleren Profilen gezeigt. Die jetzt an der Neumayer-Station gewonnenen Ozondaten können deshalb zusammen mit den ostdeutschen Daten als eine einheitliche Messreihe angesehen werden.

An der Neumayer-Station wird die von dem Amerikaner Walter D. Komhyr entwickelte, für Routinemessungen international gebräuchliche ECC-Sonde (electrochemical concentration cell) verwendet. Sie nutzt ebenfalls die Fähigkeit des Ozons, in einer Kaliumjodid-Lösung Jod freizusetzen. In der ECC-Sonde sind jedoch Anoden- und Kathodenzelle durch eine permeable Wand getrennt; dadurch verläuft die Reaktion stabiler, und die Zelle zeigt die Ozonkonzentration genauer an als die Brewer-Sonde.

Die Frühjahrsminima

An der Forster-Neumayer-Messreihe zeigt sich, dass die Ozonreduktion des Frühjahrs seit 1985 regelmäßig, jedoch mit gewissen zeitlichen und räumlichen Unterschieden, in Höhen zwischen 12 und 24 Kilometern wiederkehrt. Am stärksten ist die Abnahme im Druckniveau um 70 Hektopascal, was etwa einer Höhe von 18 Kilometern entspricht.

Dass dies eben in diesem Bereich geschieht und nicht darüber oder darunter, bestätigt die Realität jener Reaktionsketten, welche die Luftchemiker in ihren Stratosphäre-Modellen als Ursache für die Ozonabnahme angenommen haben. Vorbereitet werden diese Prozesse jedoch während der Polarnacht: Sie setzen Temperaturen unter minus 80 Grad Celsius und Aerosole in der Stratosphäre voraus, aus denen sich die polaren stratosphärischen Wolken bilden (siehe S. 268). Steigt nach dem langen, dunklen Winter wieder die Sonne über den Horizont, löst ihre Strahlung den katalytischen Ozonabbau aus. Oberhalb von 25 und unterhalb von 12 Kilometern Höhe dominieren diese Reaktionen nicht, unter anderem weil in diesen Luftschichten keine solchen Wolken entstehen.

Im Höhenbereich der Frühjahrsminima zeigt der Ozon-Partialdruck einen deutlicheren Abnahmetrend. In den neunziger Jahren verschwand die etwa vier Kilometer mächtige Schicht des natürlichen Maximums fast vollständig. An einzelnen Tagen reduziert sich der Ozongehalt in diesen Höhen auf Null.

Jeweils im Oktober erreicht der Ozonabbau den Endzustand (siehe Abb. S. 145). Der bisher niedrigste Monatsmittelwert auf »Neumayer« wurde im Oktober 1997 in etwa 16 Kilometer Höhe gemessen. Die Minima, für sich betrachtet, zeigen insgesamt ebenfalls eine zunehmende Reduktion des Ozons, jedoch keinen linearen Trend; dazwischen liegen Jahre eines relativen Anstiegs.

Die dramatischsten Veränderungen in der unteren Stratosphäre geschehen im September. Mit Ausnahme des Jahres 1988, in dem die Luftmassen etwas anders als sonst zirkulierten, gibt es in diesem Monat seit Beginn der Messreihe einen krassen Abnahmetrend. Die Messwerte waren in den neunziger Jahren bereits im September an fast allen Tagen über den gesamten Höhenbereich der Ozonschicht nur etwa halb so hoch wie im September 1985.

Aber die Zerstörung des Ozons beginnt nach dem Erscheinen der Sonne schon im August in Höhen oberhalb von 20 Kilometern, setzt sich nach unten fort und bewirkt dann das nach Null tendierende Minimum der Ozonkonzentration im Oktober in einer Höhe von 15 Kilometern. Der intensive Abbau erfasste in den letzten Jahren immer tiefer gelegene Schichten.

Bemerkenswert und alarmierend, was die möglichen Folgen betrifft: Der Ozonabbau beginnt zu einem immer früheren Zeitpunkt nach der Polarnacht. Das kann durch eine Intensivierung der luftchemischen Prozesse und damit durch eine höhere Chlorkonzentration verursacht sein. Denkbar ist allerdings auch, dass durch eine stär-

*Weg von der Neumayer-
Station zur Ballonfüllhalle.
Foto: G. König-Langlo*

weitgehend gelungen. Im Süden stehen solche Untersuchungen noch aus.

Die Regenerierung der Ozonschicht in der Antarktis im November/Dezember beispielsweise ist ein rein dynamisches Phänomen. Die atmosphärische Zirkulation ändert sich dann: Der Polarwirbel, in der Fachliteratur als Vortex bezeichnet, bricht auf. Ozonreiche Luft strömt aus mittleren Breiten in die Polargebiete. Dadurch können aber auch ozonarme Luftmassen aus dem einstigen Wirbelbereich regional in mittlere Breiten gedrängt werden; dann sind die Folgen des antarktischen Ozonabbaus, insbesondere eine stärkere UV-Einstrahlung der Sonne, in Ländern wie Neuseeland und Südafrika zu beobachten.

Aber wann und wie der Polarwirbel sich auflöst, das ist von Jahr zu Jahr unterschiedlich und wird durch planetare Wellenaktivitäten beeinflusst. Der Wirbel ist auch nicht immer gleich stabil und verlagert sich horizontal, wie Satellitenbilder anschaulich zu erkennen geben. Diese dynamischen Effekte können eine Ursache für die Schwankungen in den jährlichen Oktober-Minima der Ozonkonzentration sein, wie sie an den Stationen Forster und Neumayer registriert wurden. Beide Messorte haben normalerweise den inneren Rand des Polarwirbels über sich. Verschiebt er sich geringfügig, sondieren sie unter Umständen andere Luftmassen. Das macht Standorte im Grenzbereich des Vortex für die Erforschung globaler Transportvorgänge – einschließlich der Verfrachtung von Ozon – und deren Einfluss auf die polare Ozonchemie besonders interessant. Die Dynamik kann die chemischen Prozesse beschleunigen, verzögern oder sogar kompensieren.

Wie die Messreihen belegen, hat sich die Stratosphäre in den letzten beiden Dekaden deutlich abgekühlt. Am stärksten sanken die Temperaturen im polaren Frühjahr. Auf diese Weise ist ein Teufelskreis in Gang gesetzt, den die Wissenschaftler vornehm »positive Rückkopplung« nennen: Seit Ozon in den beschriebenen Höhen zerstört wird, kühlt die Stratosphäre ab, weil weniger Moleküle vorhanden sind, die das kurzwellige Spektrum der Sonnenstrahlung absor-

kere Isolation der Luftmassen innerhalb des Polarwirbels die chemischen Prozesse nur weniger gestört ablaufen. Vielleicht wirken beide Ursachen parallel, denn der im Wesentlichen chemisch bedingte Abbau des stratosphärischen Ozons über Antarktika wird von globalen Zirkulationsprozessen überlagert. Aber wie? Beides zu trennen bemühen sich die Atmosphärenphysiker der Forschungsstelle Potsdam des Alfred-Wegener-Instituts. Mit den Match-Kampagnen (siehe S. 272ff.) ist das für das Nordpolargebiet

bieren. Durch die tieferen Temperaturen verstärkt sich der Polarwirbel und lässt weniger warme, ozonhaltige Luft aus mittleren Breiten ins Zentrum des Wirbels gelangen. Der Ozongehalt nimmt noch mehr ab, die Temperaturen sinken weiter. Dadurch verlängert sich der Zeitbereich, in dem sich kalte polare stratosphärische Wolken bilden können, die wiederum den katalytischen Ozonabbau fördern.

Politische Implikationen

Trotz der noch offenen Fragen: Die verheerende Rolle der Fluorchlor-Kohlenwasserstoffe (FCKW) beim Ozonabbau ist eindeutig geklärt. Sie wurde im Ergebnis aufwendiger Flugzeugmessungen und in Laborexperimenten nachgewiesen. Der im Max-Planck-Institut für Chemie in Mainz arbeitende Meteorologe Paul Crutzen hat für diese Leistung 1995 den Nobelpreis bekommen. Wurden die FCKW in den siebziger Jahren als ein Segen betrachtet, weil sie mit fast keiner anderen chemischen Substanz reagierten und als Kühl- und Treibmittel bestens geeignet waren, ist sich die Weltgemeinschaft heute einig, dass sie ein Fluch für die Klimaentwicklung sind. Man hatte bei ihrer Einführung in die Produktion nicht bedacht, was mit diesen Stoffen geschieht, wenn sie in die Atmosphäre entweichen. Die Vorstellung, ein so gut wie nicht reaktionsfähiges Gas könne vom »Ende der Welt« her Schaden anrichten, überstieg selbst die Phantasie der Chaostheoretiker, die gern erklären, wie ein in sich geschlossenes System vom Rande her zum Einsturz gebracht werden kann. Die Atmosphärenphysiker dürfen sich zugute halten, frühzeitig auf die Gefahren hingewiesen zu haben. Mit ihren Messreihen brachten sie Fakten in die öffentliche Diskussion ein, die nicht vom Tisch zu wischen waren und die politische Entscheidungen verlangten. Das führte 1987 zu der im Montrealer Protokoll beschlossenen Vereinbarung von 24 Staaten und der Europäischen Union, die Produktion von FCKW und sieben weiteren ozongefährdenden Stoffen bis zum Jahre 1999 zu halbieren. Sie trat 1989 in Kraft, wurde aber aufgrund der alarmierenden Daten, die von den Ozonforschern vorgelegt

wurden, und durch massiven Druck der Umweltorganisationen im Juni 1990 auf der Londoner Konferenz der Unterzeichnerstaaten verschärft. Wurden 1986, kurz vor der Konferenz in Montreal, noch eine Million Tonnen FCKW in die Atmosphäre geblasen, als sei sie eine unendliche Müllkippe, sank der Ausstoß bis 1995 auf 150 000 Tonnen. Heute werden, mit geringfügigen Ausnahmen für medizinische Zwecke, keine Fluorchlor-Kohlenwasserstoffe mehr produziert. Einen derartigen Erfolg in so kurzer Zeit hat es in der Geschichte der Umweltforschung noch nie gegeben.

Erste positive Auswirkungen sind wahrzunehmen. Bis sich die Ozonschicht erholt hat, wird es zwar noch zwanzig oder dreißig Jahre dauern, aber seit 1991 steigt die Konzentration der FCKW in der Atmosphäre nicht mehr an; die Kurve biegt in eine Gerade ab. Die Polarforschung und, aufs Ganze gesehen, die Nutzung der Antarktis als ökologisches Frühwarnsystem hat ein Umdenken, ein Umsteuern bewirkt, auch in der Politik, in der Wirtschaft und der internationalen Rechtsprechung, das ohne den Einsatz der Atmosphärenforscher gewiss sehr viel später und erst nach sehr viel weitergehenden Schäden, als wir sie heute kennen, eingetreten wäre.

Neue Beobachtungen

In den letzten Jahren deuten sich zusätzlich Veränderungen oberhalb und unterhalb des beobachteten Frühjahrsminimums an.

Das bisher immer noch vorhandene Ozon oberhalb der Tropopause, also in nur etwa zehn Kilometer Höhe, beginnt jeweils im Oktober zu schwinden. Es blieb bisher offen, ob dafür dieselben chemischen Prozesse wie in den Luftschichten darüber oder andere Vorgänge verantwortlich zu machen sind. Diskutiert wird, ob vulkanisches Aerosol, das von den mächtigen Ausbrüchen des Pinatubo (siehe S. 281) und des Cerro Hudson im Jahre 1991 stammt, in diesen Höhen Ozon direkt abbaut. Bereits auf den Ausbruch des El Chichon von 1982 folgte eine Ozonabnahme in diesem Höhenbereich, und amerikanische Ballonsonden hatten vulkanische Aerosole dort in hoher Konzentration nachge-

Mit großer Sorgfalt wird hier die automatische Schließvorrichtung des Füllventils geprüft.

Die meist starken Ost-winde an der Neu-mayer-Station verlan-gen sekundenschnelle Reaktionen des Start-teams und legen das Sondengespann sofort quer.

wiesen. Postuliert man einen ursächlichen Zusammenhang, ergibt sich aber die Frage, warum die zusätzliche Reduktion nur im Oktober stattfindet und nicht auch im September. Die Vorgänge beim Frühjahrsminimum scheinen davon unberührt zu sein.

Oberhalb von 25 Kilometern Höhe waren die Ozonkonzentrationen in den zurückliegenden Jahren mehr oder weniger gleich. In diesem Bereich finden nach heutigem Kenntnisstand keine heterogenen chemischen Prozesse statt, die den natürlichen Jahresgang des Ozons stören könnten: Dort dominiert die Dynamik. Seit 1990 nimmt jedoch auch in diesen Schichten, das heißt oberhalb der Frühjahrsanomalie, das Ozon ab. Und zwar über dem Südpol gleichermaßen wie über dem Nordpol. Das muss andere Gründe haben als die bisher bekannten. Bemerkenswert auch, dass sich dieser Ozonschwund nicht nur im Frühjahr wie beim »Ozonloch«, sondern sogar im Polarwinter andeutet. Manche Wissenschaftler werten das gleichzeitige Auftreten dieses unverstandenen Phänomens in beiden Polargebieten als einen Hinweis darauf, dass sich die globalen Transportprozesse des Ozons verändert haben, vielleicht schon als Folge des durch den Menschen verstärkten Treibhauseffektes.

Es könnte aber auch das Signal einer natürlichen Variabilität sein, die wir noch nicht kennen. Denn ob dies ein gänzlich neues Phänomen ist, lässt sich aus der immer noch relativ kurzen Messreihe nicht erkennen. In der Atmosphäre gibt es Oszillationen mit Perioden von elf, zwanzig und mehr Jahren, deren Ursachen bisher wenig untersucht worden sind. »Die gesamte atmosphärische Zirkulation versteht man erst recht ungenügend«, sagt Hartwig Gernandt.

»Wir haben bei der Erforschung des Ozongehalts vermutlich mit vielen nicht linearen Überlagerungen und Effekten aufgrund unterschiedlichster Schwingungen zu rechnen, die sich offensichtlich auch in einzelnen Höhenbereichen unterschiedlich auswirken können. Die Dynamik, wie sich die Luftmassen bewegen und verändern, scheint die Ozonverteilung stärker und vielfältiger zu steuern, als man das bisher angenommen hat.«

Eine Zeitlang sah es so aus, als gingen die Schwankungen des Oktober-Ozonminimums von Jahr zu Jahr mit jenen der stratosphärischen Zirkulation in den Tropen einher. Doch seit Ende der achtziger Jahre wurde dieses annähernd zweijährige Auf und Ab der Ozonminima nicht mehr beobachtet. »Die luftchemischen Prozesse sind jetzt in der Antarktis derart gravierend, dass sie die Dynamik wahrscheinlich weitgehend überdecken«, meint Gert König-Langlo, der seit 1992 die Ozonsondierungen am Meteorologischen Observatorium des AWI auf dem Ekström-Schelfeis betreut.

An der Neumayer-Station soll die vertikale Ozonverteilung über mehrere Sonnenfleckenzyklen gemessen werden, damit man, soweit möglich, die Einflüsse langzeitiger atmosphärischer Schwingungen erkennen kann. Indes untersuchen die Forscher des Alfred-Wegener-Instituts die stratosphärischen Vorgänge in beiden Polargebieten weitgehend mit gleichen Methoden, um die erheblichen Unterschiede und deren Gründe besser zu verstehen. Des weiteren interessiert sie die meridionale Zirkulation im Zusammenhang sowohl mit den kräftigen Ozonflüssen aus den Tropen in die Polargebiete wie mit den Rückwirkungen des polaren Ozonabbaus auf die mittleren Breiten.

Seit das Montrealer Abkommen zum Schutz der Ozonschicht und zum Verbot der FCKW-Herstellung in Kraft ist, haben die Ballonsondierungen auf »Neumayer« noch eine andere, eine sozusagen von der Politik sanktionierte Funktion hinzubekommen: Sie überwachen den Heilungsprozess der Stratosphäre. Ein erfreulicher Wandel.

Gert Lange

Das Meteorologische Observatorium

oder

Von der Geduld der wissenschaftlichen Langstreckenläufer

Peng! Und wir sitzen alle im Dunkeln, fünf Meter unter der Schneeoberfläche des Ekström-Schelfeises in den Röhren der Neumayer-Station. Panik kommt nicht auf. Die Notbeleuchtung ist angesprungen. Dennoch, so richtig durchatmen können wir erst wieder, als das Licht angeht und das leise Summen der Lüfter die bedrückende Stille beendet.

Was war geschehen? Der Germanische Lloyd – eine Art TÜV für Schiffe und solch ungewöhnliche Objekte wie ein Hausschiff unter Eis – hatte den Ausfall der Stromgeneratoren simuliert. Erfolgreich. Alle Systeme funktionierten korrekt, und nicht ein einziges Bit unserer meteorologischen Registrierungen ist verloren gegangen.

So soll es sein. Ein Observatorium lebt davon, dass die Daten lückenlos und kontinuierlich aufgezeichnet werden. Und – das muss nicht besonders betont werden, aber es macht einen Großteil der Mühen und auch der Sorgen aus – in möglichst hoher Qualität. An der Neumayer-Station wurde damit bereits 1981 begonnen. Zusammen mit einem Kollegen hatte ich die große Chance, frisch von der Universität kommend, das Meteorologie-Observatorium der Neumayer-Station zu konzipieren, aufzubauen und ein Jahr lang zu betreiben. Fast zwanzig Jah-

re danach bin ich wieder hier und staune, was sich in der Zwischenzeit alles geändert hat.

Rechner spielten zu Beginn der Messungen keine wesentliche Rolle. Als Meteorologe trat ich damals alle drei Stunden vor die Tür, stapfte zu einer Wetterhütte, um die Messwerte für Lufttemperatur und Feuchtigkeit abzulesen und kritzelte alles, mit einem dicken Handschuh angetan und einem kältetauglichen Bleistift ausgerüstet, in eine Kladde. Mit geübtem Blick wurden die Wettererscheinungen und Wolken klassifiziert sowie die Wolkenhöhe und Sichtweite grob abgeschätzt. Zurück in der Station gehörte dann noch das vorsichtige Klopfen am Barometer zur Messroutine. Per Hand wurden all diese Daten in einen internationalen Austausch-Code gewandelt und vom Funker unverzüglich über einen Kurzwellensender ausgestrahlt.

Solche Wetterobservationen – in unserem Jargon »Obse« genannt – werden in allen meteorologischen Stationen sämtlicher Länder identisch und zur gleichen Zeit durchgeführt und unverzüglich ausgetauscht. Die so zusammengestellten Datensätze bilden nach wie vor die Grundlage für alle Wetterkarten und Wettervorhersagen.

Jetzt, zwanzig Jahre später, blicke ich auf die vielen Rechner, die soeben den Stromausfall dank aufwendiger technischer Tricks überstanden haben. Und ich wundere mich im Nachhinein, wie dieses weltweite meteorologische Datennetz bereits lange vor dem Internet- und Computerzeitalter funktionieren konnte. Heute messen wir an der Neumayer-Station ein Vielfaches an Parametern. Zu den dreistündigen Obsen sind tägliche Wetterballonaufstiege, wöchentliche Ozonsondierungen sowie umfangreiche Strahlungsmessungen hinzugekommen. Das alles bewältigt jetzt ein einziger Überwinterer, der darüber hinaus auch noch Satellitenbilder aufzeichnet und die kurzfristige Wettervorhersage für Stationsunternehmungen, etwa für Schlittenzüge oder den Einsatz der Polarflugzeuge, vornehmen muss.

Es ist völlig klar: Dieser Fortschritt wäre ohne elektronische Datenverarbeitung nicht denkbar. Ein Obs wird heute vollautomatisch am Rechner erstellt. Elektrisch ablesbare Instrumente auf

Etwas geblendet, der Meteorologe Bernd Loose unter dem Strahlungsstativ. Im Hintergrund der Gerätemast für die Messung von Temperatur, Luftfeuchte und Wind. Foto: H. Schmidt

dem Messfeld, Analog-Digital-Wandler und eine Vielzahl von ineinander verschachtelten Rechnerprogrammen haben Bleistift und Kladde verdrängt und ersparen einem kalte Hände. Natürlich wird auch das Codieren der Messdaten in die international üblichen Obs-Codes heute viel zuverlässiger von einem Rechner durchgeführt als es ein Meteorologe machen würde. Auch der Funker wird nicht mehr gebraucht: Per E-Mail und Datenleitung findet der Obs via Satellit pünktlich seinen Weg in die Datenzentren und ist bereits wenige Sekunden später weltweit abrufbar, unter anderem im Internet (http://www.awi-bremerhaven.de/MET/Neumayer/Obse.html).

Aber vollautomatisch erzeugte Obse sind prinzipiell lückenhaft. Trotz Wolkenhöhenlaser, Sonnenscheinindikator, Wetterkamera und anderer hochtechnisierter Helferlein bedürfen so einfache Dinge wie zum Beispiel die Klassifikation der Wolkenarten oder Wettererscheinungen nach wie vor des geschulten Auges professioneller Meteorologen. Der Gang vor die Tür, der Blick zum Himmel gehören nach wie vor zu den Aufgaben. Und zwar alle drei Stunden von 9 Uhr morgens bis 24 Uhr mitternachts, sieben Tage die Woche, gut vier Wochen im Monat, 12 Monate im Jahr..., bis die Ablösung kommt. Nur in der Nacht, wenn zum Drei-Uhr- und Sechs-Uhr-Termin in der Station alles schläft, übernimmt Kollege Computer im Rahmen seiner Möglichkeiten die volle Verantwortung. Wird es je dazu kommen, dass eine Antarktisstation vollautomatisch betrieben werden kann?

Heidi Schmid steht in voller Montur in der Tür und reißt mich aus meinen Gedanken. Schnee klebt in ihren Haaren, die zwischen Kapuze und beschlagener Skibrille hervorschauen. Der Sturm hat ihr den Ballon aus der Hand gerissen und die Radiosonde zerstört. Heidi flucht wie ein Rohrspatz und bittet mich, ihr beim zweiten Startversuch zu helfen.

Es muss jetzt alles ganz schnell gehen, schließlich sollen die aus dem Ballonaufstieg gewonnenen Höhenprofile von Lufttemperatur, Luftfeuchte, Windgeschwindigkeit und Windrichtung bis 12 Uhr ausgewertet im GTS (Global Telecommunication System), dem weltumspannenden meteorologischen Datennetz, vorliegen. Zum Glück ist für heute nur ein normaler Radiosondenflug vorgesehen. Bei dem Sturm mit Geschwindigkeiten um die 25 Meter pro Sekunde hätten wir keine Chance, die noch größeren Ballone für Ozonsonden in die Luft zu bekommen.

Der etwa 200 Meter lange Weg zur Ballonfüllhalle ist ein Erlebnis. Man sieht im aufgewirbelten Schnee nichts und hört nur das starke Pfeifen des Windes. Wir tasten uns entlang einer Handleine, mehr stolpernd als gehend, durch die Schneewehen. Auch in der Ballonfüllhalle herrscht der brausende Lärm des Sturms. Doch Wind und Schneedrift bleiben draußen. Heidi füllt eilig den Ballon; es ist der 395. ihrer Überwinterung. Wir knoten die Radiosonde mit den

Messgeräten an. Dann schnell die Tür auf, ein irres Zerren am Ballon, und schon verschwindet das Gespann im weißen Tosen. Es vergehen keine zwei Sekunden, und wir sehen wieder nur Schnee in wilden Wirbeln vorübersausen.

Per Funk hören wir aus der Station, dass diesmal der Start geklappt hat. Das ist erst gewiss, wenn die ersten Radiosondensignale aus einer Höhe von etwa fünfzig Metern eintreffen. Zufrieden kämpfen wir uns in unser trautes Domizil zurück. Die Sonde fliegt zwei Stunden und erreicht eine Höhe von 35 Kilometer, dann platzt der Ballon, weil er dem Druckabfall nicht mehr standhält. An den Werten auf dem Monitor erkennen wir, dass der starke Ostwind nur bodennah existiert. Oberhalb von 5000 Metern messen wir sogar leichten Westwind. Das ist einigermaßen typisch für die Situation über »Neumayer«. Messfehler sind nicht erkennbar, und so kann Heidi die Daten termingerecht ins GTS übertragen. Wenig später erhalten wir die Rückmeldung: Ein kleines rotes Pünktchen in einer Weltkarte des Europäischen Zentrums für mittelfristige Wettervorhersage (ECMWF) verrät, dass unsere Messung als eines von zirka 500 Puzzelsteinchen seinen langen Weg in die globale Wetteranalyse gefunden hat.

Das war seit Beginn der Radiosondierungen an der Neumayer-Station im Jahre 1983 der 6153. erfolgreiche Radiosondenaufstieg. Vielleicht muss man selbst einmal an einer Polarstation überwintert haben, um ermessen zu können, wie viel Aufwand in solch einer Zeitserie steckt. Und wofür das alles? Ein Grund ist sicherlich, die Modelle der Wettervorhersage zu verbessern, nach denen weltweit alle Meteorologen ihre Prognosen errechnen. Speziell in polaren Gebieten, wo es nur wenige Beobachtungsstationen gibt, sind diese Modelle dringend darauf angewiesen, dass das grobmaschige Messnetz verfeinert wird. Das Alfred-Wegener-Institut trägt dazu sowohl an »Neumayer« als auch in der Arktis an der Koldewey-Station sowie auf dem Forschungseisbrecher POLARSTERN bei.

Viel wichtiger ist jedoch der Nutzen dieser Zeitserien für die Klimaforschung. Lange Messreihen von meteorologischen Observatorien helfen, das

Der Sonnenfolger mit den beiden Schattenkeulen. Ganz rechts auf der abstehenden Plattform ein Pyranometer, das die diffuse Sonnenstrahlung misst. Links daneben ein Pyrgeometer; es erfasst langwellige Strahlungsanteile des Himmels, die sog. Gegenstrahlung. Der silbrig glänzende Zylinder oberhalb des Schattenarmes ist ein Pyrheliometer (griech. pyros, Feuer und helios, Sonne). Dieses Gerät blickt genau in die Sonne und liefert Daten zu den kurzwelligen Strahlungsanteilen, die den direkten Weg (Direktstrahlung) von der Sonne zur Erde genommen haben. Foto: G. König-Langlo

Klima und die natürliche Veränderung seiner Komponenten zu erforschen und gegebenenfalls vorhandene Trends aufzudecken. Speziell in der datenarmen Antarktis, die zudem noch nach dem bisherigen Wissensstand besonders sensibel auf globale Änderungen reagiert, haben die wenigen langen, kontinuierlichen Messreihen eine besondere Bedeutung. Die Entdeckung des »Ozonlochs« Mitte der achtziger Jahre ist dafür ein beeindruckendes Beispiel.

Weiterhin werden Observatoriumsdaten herangezogen, um Klimamodelle und Satellitenmessungen zu überprüfen. In den meteorologischen Datenbanken des AWI sind mittlerweile 150000 Observationen, 20000 Radiosondierungen sowie 350000 Strahlungsmessungen gespeichert. Mittels Internet ist der gesamte Datensatz interaktiv zugänglich. Über tausend Anfragen pro Monat aus aller Welt belegen eindrucksvoll das Interesse an diesem Datenpool.

Es ist Zeit zum Essen. Doch wo steckt Heidi? Ach ja, es ist zwölf Uhr, der nächste Termin ist fällig. Die Kontinuität! Am Nachmittag hat sich das Wetter schlagartig gebessert. »Wie vorhergesagt«, frohlockt Heidi. Sie hatte bereits am frühen Morgen die aktuellsten Wettervorhersage-Karten aus England und Amerika erhalten sowie diverse Bilder von Satelliten aufgezeichnet, die über »Neumayer« hinwegfliegen, und eine

Temperaturtrends

Anzeichen einer Erwärmung der Atmosphäre in mittleren Breiten haben die Diskussion über Auswirkungen des menschlich verursachten Treibhauseffektes entfacht. Die Jahresmittel der Lufttemperatur über zwei Dekaden an der Neumayer-Station zeigen zwar von Jahr zu Jahr erhebliche Schwankungen, aber im Durchschnitt haben sie sich kaum verändert. Im Gegensatz dazu hat sich die Stratosphäre über dem Südpolargebiet im gleichen Zeitraum stark abgekühlt (untere Kurve, rechte Skala). Dieser Trend ist durch die teilweise Zerstörung der Ozonschicht verursacht, die immer weniger Strahlung absorbiert. (Nach G. König-Langlo)

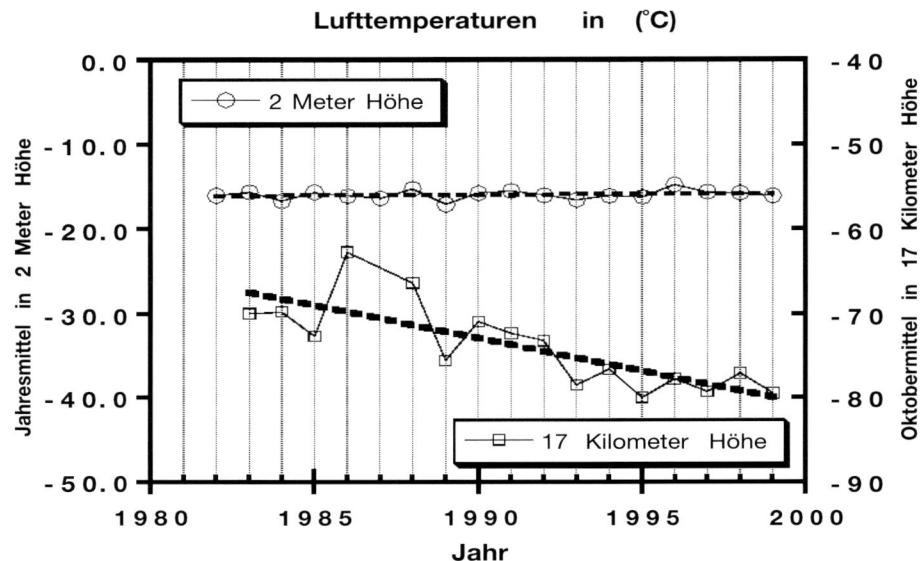

durchgreifende Wetterbesserung prognostiziert. »In drei Stunden ist Flugwetter«, ergänzt sie. Erst langsam fangen wir an, ihr zu glauben. Die große Luke der Fahrzeughalle wird hochgekurbelt, die beiden zur Zeit bei »Neumayer« stationierten Forschungsflugzeuge werden vom Schnee befreit und startklar gemacht.

Wieder drängen sich Erinnerungen auf. Während meiner Überwinterung gab es weder Satellitenbilder noch Vorhersagekarten. Aber auch keine Piloten, die eine exakte Vorhersage der Sichtbedingungen in Flughöhe von uns erwarteten.

Speziell die Verbesserung der Kommunikationsmittel hat den Stationsalltag völlig verändert. Damals waren wir fast vollständig vom störanfälligen Kurzwellenfunk abhängig. Morsen war durchaus der übliche Weg, Wetterdaten zu übertragen. Doch selbst das klappte nicht immer und war sehr mühsam. Wir waren vom Rest der Welt derart abgeschottet, dass der Spruch des Tages auf dem täglich abzureißenden Kalenderblatt die Bedeutung einer Zeitung bekam. Heute ist die Station mittels einer permanenten Rechnerkopplung via Satelliten-

standleitung ausgestattet. Informationen überschwemmen die Station. E-Mail, Internet, Telefonieren zu jeder Tages- und Nachtzeit. Für die Meteorologie und ihrem Bedürfnis nach aktuellem Datenaustausch ein Quantensprung.

Unsere Röhrenstation hat keine Fenster. Nur der Blick auf die Monitore verrät, dass der Sturm vorbei ist. Der Wolkenhöhenlaser sowie der Sonnenscheinindikator signalisieren: Kaiserwetter. Doch wieso zeigt die Direktstrahlung noch immer null Watt pro Quadratmeter an? Da stimmt etwas nicht. Sollte der Sonnenfolger, eine Mechanik, die das Messgerät automatisch dem Lauf der Sonne folgen lässt, den Stromausfall nicht überstanden haben? Mit einem Funkgerät ausgerüstet, begebe ich mich zum Messfeld. Tatsächlich: Der Sonnenfolger hat seinen Dienst quittiert. Statt das Gerät zur Erfassung der direkten Sonnenstrahlung, sowie ein Sonnenfotometer auf 0,5 Grad genau der Sonne nachzuführen und weitere Strahlungssensoren auf seiner Rückenplatte exakt zu beschatten, ragen die Schattenkeulen orientierungslos in den Himmel (siehe Abbildung S. 153).

Über Funk bitte ich Heidi in der Station, den

Befehl zum Neustart des Sonnenfolgers auszulösen. Ich schaue zu, wie die Schattenkeulen wilde Kreise ziehen, bis sie exakt ihre richtige Position gefunden haben und entsprechend auch die direkten Komponenten der Sonnenstrahlung richtig erfasst werden. Ein kleines Wunderding, dieser Roboter. Vorbei sind die Zeiten, in denen die Überwinterer bei Kaiserwetter stundenlang manuell die Geräte der Sonne nachführen mussten. Unsere derzeitige Datenausbeute ist um Größenordnungen höher, die Qualität besser, der zeitliche Aufwand geringer.

Die Strahlungsvorgänge an und über der Erdoberfläche werden von uns genau so sorgsam registriert wie die »klassischen« meteorologischen Daten der Temperatur, Luftfeuchte usw. Sie beeinflussen den Wärmehaushalt der Erde, also das natürliche Klima, in dem wir leben. Nun dürfen wir uns das nicht so einfach vorstellen wie bei einer stufenlosen Regelung nur einer Einflussgröße. Auf die Erdoberfläche wirken verschiedene Strahlungsströme ein. Da gibt es die direkte Sonneneinstrahlung, die diffuse Himmelsstrahlung, gewissermaßen eine Hintergrundstrahlung, die aus allen Himmelsrichtungen auf die Erde trifft, schließlich die unsichtbare langwellige Strahlung der Atmosphäre. Diese einfallenden Strahlungsflüsse erwärmen die Erde. Die vom Boden reflektierte Strahlung – sie ist auf Schneeoberflächen sehr hoch und wird Reflexstrahlung genannt – und die unsichtbare langwellige Ausstrahlung der Erde wirken abkühlend. Das alles lässt sich in einer Bilanzgleichung festhalten, es ist also mathematisch zugänglich – vorausgesetzt, wir haben genau gemessen.

Nach den bisherigen Ergebnissen ist die Strahlungsbilanz von Antarktika im Jahresdurchschnitt negativ, das heißt, dass durch Reflexion und Ausstrahlung der Oberfläche mehr Wärme abgegeben als zugeführt wird. Demnach müsste der Eiskontinent immer kälter werden – wenn nicht aus nördlichen Breiten stammende Luftmassen Wärme herantransportierten, die einen Ausgleich bewirken. Die negative Strahlungsbilanz an den Polen und der entsprechende Strahlungsüberschuss in den Tropen sind der »Brennstoff«, der den Wettermotor unserer Erde – allgemein Zirkulation genannt – in Schwung hält. Änderungen im Strahlungshaushalt wirken sich deshalb direkt auf unser gesamtes Klimasystem aus.

Die Strahlungsmessungen an der Neumayer-Station finden daher im Rahmen eines großen, international angelegten Netzwerkes statt, des Baseline Surface Radiation Network (BSRN) der Welt-Meteorologie-Organisation (WMO). Dieses Messnetz verfolgt drei Ziele: Es soll mögliche Veränderungen im Strahlungshaushalt durch globale Wechsel (global change), zum Beispiel den Anstieg des Kohlendioxids, erfassen. Es soll Datensätze bereitstellen, mit denen Klimamodelle überprüft und verbessert werden können, und letztlich dienen sie dazu, Satellitenmessungen zu kalibrieren, das heißt »gültig zu machen«, indem man sie durch Vergleich mit Bodendaten lesbar macht.

In diesem allerhöchsten Ansprüchen unterliegenden Messnetz sind weltweit nur zwanzig Stationen eingebunden. Davon nur fünf in Polargebieten. Das AWI betreibt deren zwei: »Neumayer« in der Antarktis und »Koldewey« in der Arktis. Beide sind gleichartig ausgerüstet. Im World Radiation Monitoring Center in Zürich werden die minütlich gemittelten Strahlungsmessungen, Radiosondenprofile und Wetterbeobachtungen aller BSRN-Stationen zusammengetragen. Dieses Archiv steht jedem Wissenschaftler, der im Weltklima-Forschungsprogramm der WMO arbeitet, zur Verfügung.

In die Station zurückgekehrt, sehe ich Heidi am Rechner sitzen. Sie löscht die durch den Ausfall des Sonnenfolgers entstandenen Fehlmessungen. Betroffen davon war zum Glück nur die letzte halbe Stunde, zuvor gab es ja keinen Sonnenschein, dem es zu folgen galt. Wäre solch ein Fehler in einem vollautomatisierten Observatorium auch so schnell entdeckt und behoben worden? Mir kommen Zweifel, und ich bin froh, dass auf »Neumayer« nicht Automaten und Rechner die Qualität der Messungen bestimmen, sondern der Mensch.

Gert König-Langlo

Das Spurenstoff-Observatorium: Auf der Suche nach »Rosetta«

Lassen Sie sich nicht von der pastoralen Sonnenuntergangsstimmung auf Polarfotos täuschen! Auch nicht von den gleißend himmelblauen Aufnahmen der wunderschönen Bildbände, die den Eindruck erwecken, als sei die Antarktis ein etwas kühles, aber doch freundliches Eldorado für schaulustige Urlauber! In jenen Regionen sind Stürme »normales Wetter«. Dann freilich ließe sich auf Bildern außer einem eintönigen Weiß, verursacht vom aufgewirbelten Schnee, nichts mehr erkennen. Der manchmal flockige, manchmal staubfeine Schnee kann innerhalb weniger Stunden große Container zuwehen und dringt durch jede Ritze, natürlich auch in die Kleidung, wenn man gezwungen ist, sich dem Treiben auszusetzen. Mein erster anderthalb Kilometer langer Marsch unter solchen Bedingungen von der Neumayer-Station zu jenem Stelzenbau auf der Abbildung machte mir nachhaltig klar, welche Anstrengung die Überwinterer auf sich nehmen, da sie auch während der Polarnacht diesen Weg täglich gehen müssen. Das bescheidene Domizil ist das Spurenstoff-Observatorium des Alfred-Wegener-Instituts, kurz Spuso genannt.

Weshalb muten wir schon seit zwanzig Jahren den Überwinterern diese Anstrengung zu? Es ist bekannt, dass sich das Inlandeis der Antarktis als ein natürliches Archiv erwiesen hat, in dem die Klimageschichte und die Zusammensetzung der Erdatmosphäre bis etwa 500000 Jahre vor heute konserviert sind. Uns Luftchemiker interessieren vor allem die Aerosole, die im polaren Eis als »Verunreinigung«, und zwar chronologisch geschichtet, deponiert werden. Eine Rekonstruktion der Klimageschichte aus Spurenstoffprofilen, wie sie die Glaziologen an Eisbohrkernen vornehmen, stellt sie nämlich vor ein Problem, das mit der Entzifferung ägyptischer Hieroglyphen vergleichbar ist: Die Schriftzeichen kannte man, wusste sie aber lange Zeit nicht zu deuten. Erst im Jahre 1799, als im Zuge der napoleonischen Eroberung Ägyptens eine mit Hieroglyphen beschriebene Basalttafel bei Rosetta (Rashid) gefunden wurde, konnte J. F. Champollion die rätselhaften Zeichen der alten Ägypter bis 1822 entziffern. Der Zufall wollte es, dass auf diesem so genannten Rosetta-Stein die griechische Übersetzung daneben stand. Auch für unser Problem gibt es einen »Rosetta-Stein«: Die Zeitskala der Ablagerungen atmosphärischer Spurenstoffe im Eis. Um sie zu ermitteln, muss man die luftchemischen und meteorologischen Prozesse der Region kennen, verbunden mit der Frage, wie und woher Spurenstoffe in die Antarktis transportiert und wie sie ins Eis eingelagert werden.

Unser Spuso ist zur Zeit das einzige Observatorium in der Antarktis, das sich konzentriert diesen Fragen widmet. Um die Kompetenz und junge Leute aus der Hochschulforschung einzubeziehen, gibt es eine wissenschaftliche Liaison

Das Spurenstoff-Observatorium südlich der Neumayer-Station nach der Modernisierung im Jahr 1995. Links das alte, inzwischen abgebaute Observatorium. Foto: A. Minikin

zwischen dem Institut für Umweltphysik der Universität Heidelberg und dem Alfred-Wegener-Institut. Seit 1983 werden kontinuierliche und einige für das Südpolargebiet einmalige Datenreihen gewonnen. Gemessen werden Treibhausgase wie Wasserdampf, Kohlendioxid, Methan und Lachgas, die Aerosol- und bodennahe Ozonkonzentrationen, die chemische Zusammensetzung des Aerosols. Darüber hinaus sammeln die Spuso-Betreuer Proben für Spurenstoffanalysen an frischem Schnee und am Firn.

Das erste Spurenstoff-Observatorium wurde auf Initiative der Heidelberger Umweltphysiker bereits an der ehemaligen, im Eis versunkenen Station »Georg von Neumayer« in Betrieb genommen. Das neue Observatorium, im Südsommer 1994/95 errichtet, besteht aus zwei miteinander verbundenen Containern, die auf einer Stahlplattform einige Meter über der Schneeoberfläche montiert sind. Es steht auf Stelzen, die alle zwei oder drei Jahre um 1,5 Meter erhöht werden, damit der Treibschnee unter dem Bau ungehindert verdriften kann. Das Gebäude wird über ein Kabel von der 1500 Meter nördlich befindlichen Hauptstation mit Strom versorgt. Außerdem liegt unter dem Schnee ein Glasfaserkabel, das die Rechner des Observatoriums mit »Neumayer« vernetzt. Der weite Abstand zur Hauptstation ist notwendig, damit die Luft- und Schneeproben nicht durch unser eigenes Tun verunreinigt werden. Spuso wird vor Ort von einem Überwinterer betreut, gewöhnlich einem Luftchemiker oder Meteorologen. Er muss, meist allein, nur bei extrem schlechtem Wetter aus Sicherheitsgründen zu zweit, täglich mindestens einmal den oft mühsamen Weg auf sich nehmen, um die Arbeitsweise der Geräte zu kontrollieren.

Das Ganze hat, neben dem Auffinden der Zeitskala für Ablagerungen im Eis, noch einen anderen Hintergund. Wir sind uns oft nicht bewusst, welchen Schatz wir in der »Reinheit« eines Mediums haben. Wo gibt es noch naturreine, vom Menschen unbeeinflusste oder fast unbeeinflusste Elemente? Gleich ob Luft, Wasser oder Schnee – wir brauchen ja, um die Auswirkungen

Auf dem Weg an der Handleine zum Observatorium bei immer noch erträglichem Schneesturm.
Foto: Archiv AWI

von Industrie, Verkehr, Konsumsmog erfassen zu können, ein »Grundnormal«, mit dem wir vergleichen. Nur an wenigen Orten der Erde noch, insbesondere in der Hochantarktis, finden wir die Qualität »Reinheit«, die für die Wissenschaft und als Messlatte für zivilisationsbedingte Veränderungen von unschätzbarem Wert ist. Eine Reinheit, die wir möglichst erhalten, die wir aber auch kennen müssen.

Die Luft über der Antarktis ist außerordentlich sauber: Konzentrationen von atmosphärischen Spurenstoffen wie Stickoxide, Schwefeldioxid, Ruß und sonstige Aerosole liegen typischer Weise um tausend Mal bis eine Million Mal niedriger als in industrialisierten Regionen. Luftchemische Messungen in der Antarktis zielen also in der Regel auf eine Dokumentation gerade dieses natürlichen Zustandes der Atmosphäre. So versteht man, dass bereits geringste lokale Verunreinigungen, die von der Forschungsstation ausgehen, insbesondere Verbrennungsabgase von Generatoren und Fahrzeugen,

Der Physiker Andreas Minikin beim Sammeln von Aerosol. Die Umgebungsluft wird durch eine kaminartige Konstruktion auf dem Dach angesaugt und über verschiedene Filter in die tellerartigen Plexiglashalter geleitet. Etwa 20000 Kubikmeter Luft müssen einen Filter passieren, bevor er für die Analysen in Bremerhaven oder Heidelberg verpackt werden kann.
Foto: H. Oerter

die Messungen empfindlich stören können. Deshalb hat man, abgesehen vom Abstand des Observatoriums zur Station, verschiedene Sicherheitsmaßnahmen ergriffen. So werden Windrichtung, Windgeschwindigkeit und die Partikelkonzentrationen der Luft fortlaufend überwacht. Steigt zum Beispiel die Partikelkonzentration über einen typischen natürlichen Wert an oder weht der Wind aus Richtung der Hauptstation, werden die Probenahmen automatisch unterbrochen.

Was kann man nun aus solchen Messungen erfahren? Nehmen wir ein Beispiel aus der marinen Biologie, von der man zunächst annehmen könnte, sie wirke kaum auf die Atmosphäre zurück. Aber so ist es nicht. Das pflanzliche Plankton im Ozean scheidet ein Spurengas aus, das für den natürlichen Schwefelkreislauf außerordentlich bedeutsam ist: das Dimethylsulfid (DMS). Es wird in den unteren Schichten der Atmosphäre durch Sonnenlicht zur Oxidation angeregt, man ne »verbrennt« also, hauptsächlich zu Schwefelsäure, und zu einem kleineren Anteil entsteht Methansulfonsäure (MSA). Diese natürlichen Säuren liegen als Teilchen vor und

gehen ins Aerosol ein. Sie sind entscheidend an der Wolkenbildung beteiligt und beeinflussen somit unser Klima.

An der Neumayer-Station werden die Schwefelverbindungen seit 1983 analysiert. Sie zeigen beide einen parallel zueinander verlaufenden, sehr ausgeprägten Jahresgang mit Höchstwerten im Südsommer, wenn die Sonne hoch steht und das Meereis sich weitgehend zurückgezogen hat, was sowohl die Algenblüten als auch photochemische Reaktionen begünstigt. Aus diesem Grunde sind die Sommerniederschläge in der Antarktis – ohne menschlichen Einfluss – sauer. (Sie erreichen ph-Werte von 4,0. Als »sauren Regen« in Mitteleuropa bezeichnet man Niederschläge mit pH-Werten von kleiner als 5,0.)

Wir haben unsere Sulfatmessreihe mit den Daten anderer Forschergruppen verglichen und die Ausgangssubstanz Dimethylsulfid auch an der Neumayer-Station über lange Zeit direkt gemessen. Dabei stellten wir fest, dass die atmosphärischen Konzentrationen der Folgeprodukte Schwefelsäure und Methansulfonsäure nicht nur die lokale Aktivität der marinen Biosphäre widerspiegeln, sondern die des ganzen südlichen Ozeans. Das ist für die Rekonstruktion von Paläo-Umweltbedingungen anhand antarktischer Eiskerne bedeutsam: Abgesehen von den sporadisch auftretenden Vulkanausbrüchen, die durch hohe Schwefelsäurekonzentrationen in Eiskernen dokumentiert werden, scheint die biologische Aktivität und dadurch vermittelt auch die Meereisbedeckung des südlichen Ozeans in den Sulfatprofilen der Eiskerne archiviert zu sein.

Auch für andere Spurenstoffe konnten durch die Messungen im Spuso Grundlagen geschaffen werden, die eine Interpretation von Spurenstoffprofilen in antarktischen Eiskernen ermöglicht. Noch ist vieles ungeklärt, zum Beispiel die Herkunft von natürlichen Nitraten, die sich in den Eiskernen finden. Aber die Wissenschaft lebt ja von den Fragen. Zur Zeit sind eben, um wieder auf das Bild des Anfangs zurückzukommen, erst einige Hieroglyphen entziffert.

Rolf Weller

GONDWANA-AUFBRUCH: AUS DEM PUZZLE WIRD EIN BILD

Im letzten Jahrhundert ist die Antarktis vor allem durch die spektakulären Expeditionen von Ernest Shackleton, Robert Falcon Scott und Roald Amundsen (»Der Wettlauf zum Südpol«) in das Bewusstsein der Menschen gedrungen. Man glaubte, dass in den Polargebieten die letzten großen Entdeckungen auf unserem Globus möglich wären. Die stark national geprägten Staaten versuchten, sich ihren heroischen Anteil daran zu sichern. Nach dem erstmaligen Erreichen des Südpols durch Roald Amundsen im Dezember 1911 erlahmte das Interesse der Öffentlichkeit an der Antarktis, und die wirtschaftlichen Krisensituationen sowie die beiden Weltkriege waren nicht gerade angetan, die Menschen für Probleme der Polregionen zu begeistern.

Erst das Internationale Geophysikalische Jahr 1957/58 und der darauf folgende Antarktisvertrag von 1961 schufen die Grundlage der modernen wissenschaftlichen Erforschung der Antarktis und der friedlichen Zusammenarbeit aller interessierten Nationen auf diesem Kontinent. Die Anteilnahme der Öffentlichkeit an den polaren Erkundungen nahm wieder zu, und selbst der »magische Punkt« Südpol, das unsägliche Leiden auf den Fußmärschen der frühen Abenteurer und ihr oft tragisches Ende ließen sich in der aufkeimenden Informationsgesellschaft des zuende gehenden Millenniums wieder gut verkaufen.

Für die Geowissenschaften ist der weiße Kontinent ein harter Brocken: 98 Prozent seiner Oberfläche sind mit einem bis zu vier Kilometer dicken Eispanzer bedeckt. Nur zwei Prozent des Bodens sind schnee- und eisfrei. Dies reicht natürlich nicht aus, um verlässliche Aussagen

über die Gesteine unter dem Eis und die vergangene geologische Entwicklung eines ganzen Kontinents zu treffen. Aber auch die Erforschung der Südpolarmeere wird durch komplizierte Eisverhältnisse erschwert. Das Weddellmeer ist aufgrund seiner dichten und stellenweise dauerhaften Eisbedeckung das schwierigste Seegebiet auf der südlichen Hemisphäre. Es umfasst eine Fläche von etwa fünf Millionen Quadratkilometern und ist damit neunmal größer als die uns besser vertraute Nordsee. 1823 hatte sich sein Namensgeber, der amerikanische Robbenfänger James Weddell, von den Süd-Sandwich-Inseln aufgemacht und war bis 74 Grad südlicher Breite vorgedrungen. Er war wieder heimgekehrt und konnte von seiner Entdeckung eines bis dahin unbekannten Meeres berichten. Die wenigen Expeditionen, die nach Weddells Reise in dieses Gebiet stattfanden, endeten größtenteils tragisch. Am bekanntesten ist sicherlich die Expedition von Ernest Shackleton im Jahre 1915, weniger wegen ihrer wissenschaftlichen Ausbeute als wegen der schier unglaublichen Ausdauer ihrer Teilnehmer. Nachdem ihr Schiff ENDURANCE vom Packeis

Das Gestell mit den Luftpulsern zur Schallerzeugung wird über den Heckgalgen ausgebracht. Zwei Auftriebskörper tragen die Last, während das Schiff die Messstrecke abfährt, knapp unter der Wasseroberfläche. Links Uwe Grundmann, 1. Offizier auf POLARSTERN, der auf dem Arbeitsdeck das Sagen hat. Rechts Allround-Techniker Erich Dunker. Foto: G. Lange

Der 3000 Meter lange Streamer, ein Messkabel, in dem sich die Hydrophone für die Aufnahme der Schallsignale befinden, wird von der Hauptwinde abgerollt und zu Wasser gelassen. Damit das Kabel in annähernd gleichbleibender Wassertiefe hinter dem Schiff geschleppt werden kann, regulieren Schwimmkörper den Auftrieb.
Fotos: J. Rogenhagen

Die seismischen Daten werden bereits an Bord von POLARSTERN komprimiert, auf Bildschirmen sichtbar gemacht und ausgedruckt. Die Geophysikerin Hajnal Borus wälzt hier mit Oliver Ritzmann offenbar ein Rechnerproblem.

zermalmt wurde und die Gruppe zwei unfreiwillige Überwinterungen auf dem Meereis überstehen musste, konnten sich die britischen Forscher mit viel Glück und unter enormen körperlichen Qualen auf eine Walfangstation in der Scotia-See retten. Auch deutsche Forscher hatten schon mit dem Weddellmeer Bekanntschaft gemacht. Vier Jahre vor Shackleton war das Expeditionsschiff DEUTSCHLAND der zweiten deutschen Antarktisexpedition unter Wilhelm Filchner im Packeis des Weddellmeeres gefangen gewesen, aber nach einer neun Monate währenden Drift nach Norden wieder freigekommen.

Doch warum interessieren sich die Geophysiker heute für das Weddellmeer? Gegen Ende der sechziger Jahre zeichnete sich eine Revolution in den Geowissenschaften ab. Die Kontinentalverschiebungstheorie des deutschen Geophysikers Alfred Wegener konnte erstmals durch direkte Messungen bestätigt werden. Wiederkehrende Muster der Magnetisierung der Gesteine unter den Ozeanen zeigten, dass sich die Kontinente in der geologischen Vergangenheit erheblich auf dem Erdball verschoben haben müssen und auch heute noch in Bewegung befinden. Aufbauend auf Wegeners Theorie ließen sich nun seit langem bekannte Naturerscheinungen, wie Vulkanausbrüche und Erdbeben, neu und stimmig als Indizien für die Dynamik der Erdkruste interpretieren.

Im Gegensatz zu Wegeners Annahmen sind jedoch nicht die Kontinente allein die beweglichen Elemente, sondern so genannte Lithosphärenplatten, zu denen auch die Ozeane gehören. Die neue Sichtweise über den Aufbau der Erde regte weltweite Aktivitäten bei den Geophysikern an. Welchen Weg nahmen die Kontinente in welcher geologischen Epoche?

Schnell wurde deutlich, dass die heutigen Kontinente der Südhalbkugel – Afrika, Südamerika, Australien und die Antarktis – sowie Indien und Madagaskar bis vor zirka 180 Millionen Jahren eine riesige und zusammenhängende Landmasse gebildet hatten, den Superkontinent Gondwana (»Land der Gonden«, benannt nach einem alten Königreich in Indien; siehe auch S. 20). Dies zeigten magnetische Messungen vor den Küsten Südamerikas, Afrikas und der Antarktis. Auch die wenigen vorhandenen geologischen Aufschlüsse auf dem antarktischen Kontinent stimmten gut mit denen des südlichen Afrika beziehungsweise von Patagonien in Südamerika überein. Die Antarktis lag im Zentrum von Gondwana. Diese Antarktis hätte Shackleton nicht wiedererkannt; sie war eher nach dem Geschmack des berühmten Afrika-Reisenden Livingstone, denn Funde von Kohlevorkommen weisen auf tropische und subtropische Waldgebiete hin.

Die antarktischen Lebensbedingungen in der Kreidezeit beispielsweise unterschieden sich radikal von den heutigen. Dinosaurier durchstreiften üppige Wälder und wanderten von dem heutigen Südamerika quer durch die Antarktis bis nach Australien, ohne ein Meer zu kreuzen, denn der Atlantische Ozean existierte noch gar nicht. Aber auch kein Gletscher oder ein mächtiger Eispanzer, wie wir ihn heute in der Antarktis vorfinden, störte die damaligen Bewohner. Was hat sich seit der Kreidezeit bis heute so massiv verändert, dass ein ganzer Kontinent unter Eis begraben wird? Und warum nur dort? Ab wann begann die Vereisung der Antarktis und was löste sie aus? Es muss etwas mit der Drift der Lithosphärenplatten zu tun haben, dies war schnell klar. Aber zu Beginn der Kreidezeit ist die Antarktis als einzelner Kontinent ja noch gar nicht vorhanden.

Heute weiß man, dass das Auseinanderbrechen des Superkontinentes Gondwana vor zirka 180 Millionen Jahren im Bereich des Weddellmeeres begann. Dieses Alter zeigen Datierungen an vulkanischen Gesteinen in der Ostantarktis nahe der Küste zum Weddellmeer. Zunächst lösten sich Südamerika und Afrika in einem Stück von Gondwana: Der Superkontinent war in zwei Teile gespalten. Im weiteren Verlauf trennten sich Madagaskar, Indien und letztlich Australien und Neuseeland vom Kernstück Antarktis. Der Zerfall Gondwanas endete vor etwa 30 Millionen Jahren mit der Öffnung der Drake-Passage; sie trennte die letzte Landverbindung zwischen Südamerika und der Antarktis. Erst seit es diesen Tiefwassergraben gibt, ist die Antarktis ein isolierter Kontinent.

Das schrittweise Abtrennen der umgebenden Kontinente von der Antarktis hatte radikale Auswirkungen: Zwischen der Antarktis und ihren davondriftenden Nachbarkontinenten entstanden immer breitere und tiefe Seestraßen, die sich nach dem Lösen der letzten Landverbindung zu einem zirkumpolaren Ozean vereinigten. Es wird angenommen, dass die ozeanographische und thermische Isolation der Antarktis der endgültige Auslöser für die kontinentale Vereisung war (s. Beitrag Jörn Thiede). Auch wenn es heutzutage ein allgemein akzeptiertes, grobes Modell für die Vorgänge gibt, welche die jeweilige geographische Lage der Antarktis relativ zu ihren Nachbarn Südamerika und Afrika im Verlauf der Erdgeschichte plausibel machen, sind die Daten im Detail mehrdeutig. Vor allem für den frühen Zeitraum des Gondwana-Aufbruchs zwischen 180 und 100 Millionen Jahren vor heute kannten wir bis vor kurzem vom Weddellmeer keine magnetischen Daten, die zuverlässig beschreiben, wie sich die Kontinente bewegt haben. Diese Unsicherheit hatte eine Fülle von unterschiedlichen plattentektonischen Rekonstruktionsversuchen für den Aufbruch des Gondwana-Kontinents und die Öffnung des Weddellmeeres zur Folge. Die Antwort auf die Frage, wie es wirklich war, lässt sich nur vor Ort finden.

Mit Luftpulsern und Hydrophonketten auf hoher See

Die geophysikalische Forschung mit bugverstärkten Forschungsschiffen im Weddellmeer begann vor zirka dreißig Jahren. Ziel war es, aus den Sedimenten am Meeresboden die Geschichte der Ablagerungen in der Antarktis vor und während ihrer andauernden Vereisung zu erfassen und mit dem Auseinanderbrechen von Gondwana in Verbindung zu bringen. Welche Spuren haben diese Vorgänge in den Sedimentablagerungen hinterlassen und wie sind sie im Detail zu verstehen?

In den Jahren 1977/78 führten das norwegische Forschungsschiff POLARSIRKEL und das deutsche Explorationsschiff EXPLORA die ersten systematischen geophysikalischen Untersuchungen der Erdkruste in dieser Region durch. Seit Beginn der achtziger Jahre steht mit dem Forschungseisbrecher POLARSTERN ein sehr viel geeigneteres Instrument zur Verfügung. POLARSTERN fährt regelmäßig ins Weddellmeer, um, neben anderen Programmen, geophysikalische Untersuchungen zu ermöglichen.

Bei geophysikalischen Messungen auf See geht es darum, die Mächtigkeit und die Schichtung der Sedimentgesteine sowie die darunterliegende ozeanische Kruste zu erkunden. Obwohl dieser untermeerische Teil der Erde gar nicht so weit von uns entfernt liegt und nur einen Bruchteil des gesamten Erdradius darstellt, ist er dennoch für den Menschen unzugänglicher als der Weltraum. Nur mit dem erheblichen Aufwand von Tiefbohrungen gelingt es, daraus punktuell Proben zu entnehmen. Die Geophysik aber verfügt über mehrere Methoden, um vom Schiff aus Informationen über den geologischen Aufbau des Untergrundes zu erhalten. Hierbei spielen die Messverfahren der Seismik eine herausragen-

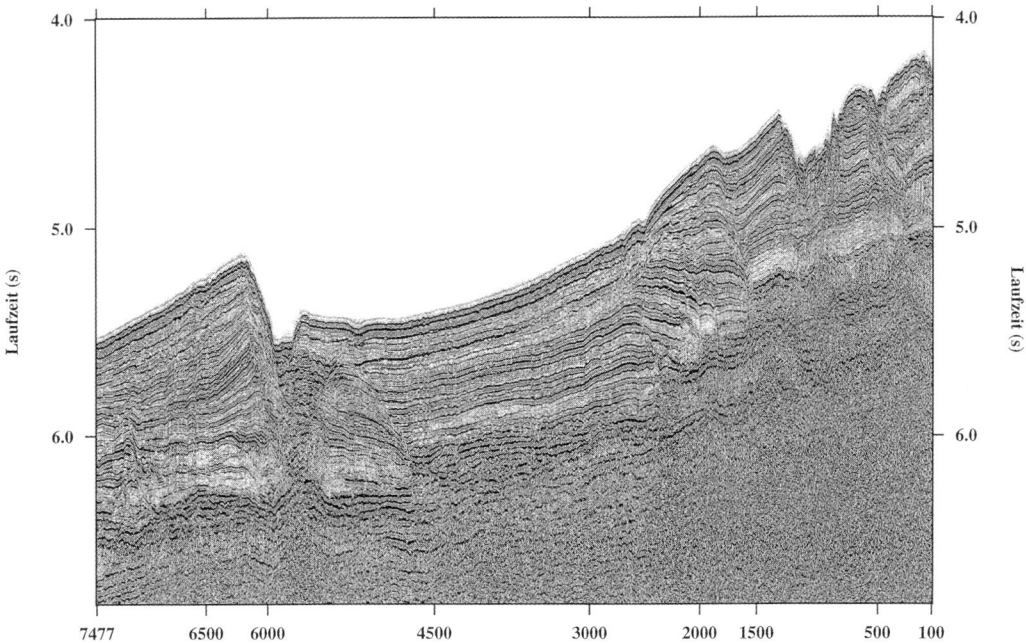

Seismisches Profil AWI 92020 aus dem Weddellmeer in Nordwest-Südost-Richtung über den Kontinentalrand der Antarktis. Das Profil ist 300 Kilometer lang, das heißt, der Meeresboden und die darunterliegenden Schichten sind im Bild stark überhöht. Die Vertiefungen der Oberfläche markieren durch die Meeresströmung geformte Rinnen. Die Ziffernfolge am unteren Rand gibt die »Schussnummern« wieder: die mit Luftpulsern alle 15 Sekunden ausgelösten Schallwellen. Dargestellt sind die vom Untergrund reflektierten Schallsignale. Schichtgrenzen in den Sedimentgesteinen bilden sich als durchgehende Linien ab. Das noch tiefer liegende Sediment zeigt kaum noch eine durchgehende Schichtung, was auf gröberes Material hindeutet.

de Rolle. Mit Hilfe künstlich angeregter elastischer Wellen können die Sedimentstrukturen unterhalb des Meeresbodens abgebildet werden. Am Heck der Polarstern befindet sich neben dem Arbeitsdeck ein großer Kompressor, der auf der Backbordseite einen eigenen Raum beansprucht. Über mehrere Zuleitungen fördert diese Kraftmaschine stark komprimierte Luft in so genannte Luftpulser, die an einem Stahlgestell hinter dem Schiff im Wasser hängen. Auf ein elektronisches Signal öffnen sich die Luftpulser, und die mit 200 bar komprimierte Pressluft wird schlagartig in das umgebende Wasser freigesetzt. Während einer Profilfahrt schleppt das Schiff sowohl die Luftpulser als auch die komplette Aufnahmesensorik langsam, in der Regel mit einer Geschwindigkeit von fünf Knoten (etwa 10 km/h), durch das Wasser. Dabei wird, elektronisch gesteuert, exakt alle fünfzehn Sekunden ein wohldefinierter Knall ausgelöst; »es wird geschossen«, wie der Geophysiker sagt.

Mit dem »Schuss« breitet sich von den Luftpulsern eine Kugelwelle in alle Richtungen aus. Der größte Teil der Welle verliert sich im Wasser seitlich oder nach oben und liefert dem Wissenschaftler keine Informationen. Ein Teil der Welle läuft aber mit einer Geschwindigkeit von 1500 Metern pro Sekunde nach unten in Richtung der Tiefsee und trifft dort auf das erste Hindernis, den Meeresboden. Hier geht wiederum ein großer Teil der Wellenenergie verloren, denn wie eine Wand reflektiert der Meeresboden die Welle nach oben. Ein kleiner Teil der Wellenenergie dringt aber in den Meeresboden und pflanzt sich in den Sedimentgesteinen mit einer für den Gesteinstyp charakteristischen Schallgeschwindigkeit fort.

Jedesmal wenn die Welle auf weitere interne Schichtgrenzen in den Gesteinen trifft, wird sie zu einem Teil nach oben reflektiert. Je tiefer die Schichtgrenze liegt, desto länger braucht die reflektierte Welle für ihren Rückweg zur Oberfläche beziehungsweise zum Schiff. Die zurückgekehrten Signale aus großer Tiefe sind im Vergleich zum Quellsignal des Luftschusses natürlich sehr stark abgeschwächt. Sie treffen auf spezielle, hinter dem Schiff knapp unter der Meeresoberfläche schwimmende Sensoren (Hydrophone), die auf feinste Druckschwankungen im Wasser reagieren. Diese Hydrophone sind in einem bis zu 3000 Meter langen, armdicken Messkabel, dem so genannten Streamer, angeordnet, der in einem Plastikschlauch steckt und hinter dem Schiff geschleppt wird. Insgesamt befinden sich mehr als 3000 Hydrophone im Streamer, um die schwachen Signale zu erfassen und in elektrische Spannung umzusetzen. Die Daten werden durch den Streamer zum Schiff geleitet, in einem Registrierraum digitalisiert, auf Magnetbändern gespeichert und als Seismogramm ausgedruckt.

Im Gegensatz zu den frühen Expeditionen ist das Packeis im Weddellmeer für POLARSTERN als Träger der Messgeräte keine Bedrohung. Der Eisbrecher mit seinen bis zu fünf Zentimeter dicken Stahlwänden ist stabil genug, auch härteste Eispressungen oder sogar eine unfreiwillige Überwinterung im Packeis zu überstehen. Für die Seismik mit ihrem langen geschleppten Messsystem sind die Eisverhältnisse im Untersuchungsgebiet aber entscheidend. Wie so häufig in der Polarforschung liegen gerade die interessanten Strukturen in Regionen, die mit mehr oder weniger dichtem Eis bedeckt sind. Selbst bei langsamer Fahrt ist es sehr risikoreich, ein nahezu 3000 Meter langes, dickes Kabel durch ein Gewirr von Eisschollen und offenen Wasserflächen zu schleppen. Nur in ganz extremen Eisgebieten kürzen wir den Streamer auf eine Länge von 500 oder 300 Meter. Erstaunlicherweise haben die Expeditionen der vergangenen Dekade gezeigt, dass der Streamer kaum Gefahr läuft, beschädigt zu werden. Selbst einen unfreiwilligen Ritt über die scharfkantigen Eisschollen hat das dünnhäutige Messkabel schon überstanden. Vielmehr sind es die Zuleitungen zu den Luftpulsern, die beim Einsatz immer wieder vom Eis aufgerissen und aufgescheuert werden. Das führt dann zu Druckverlusten und kompletten Ausfällen der Signalerzeugung. Die Messzeit an Bord ist sehr knapp, deshalb müssen Schäden weitab jeder Reparaturwerft sofort behoben werden. Im Eis rechnen die Wachgänger der Arbeitsgruppe Geophysik zu jeder Tages- und Nachtzeit damit, in Windeseile auf dem Arbeitsdeck stehen zu müssen. Dieser abrupte Wechsel zwischen der warmen Koje und dem scharfen,

kalten Wind auf dem Arbeitsdeck ist heutzutage noch eine der größten Unannehmlichkeiten, die einen Polarforscher an Bord von POLARSTERN erwartet. Aber die modernen Expeditionen sind kaum noch vergleichbar mit den wagemutigen und heroischen Fahrten ins Weddellmeer fast hundert Jahre zuvor.

Bei einem Ausfall heißt es zunächst: »All hands on deck!« – und zügig werden Druckluftschläuche, Zuleitungen und Elektrokabel gewechselt und abgedichtet. Meldet der Bootsmann, dass alle Geräte wieder klar im Wasser sind, nimmt POLARSTERN erneut langsame Fahrt auf, der erste Schuss wird »gezündet«, die Messung geht weiter. Nach der etwa zwei bis drei Stunden dauernden Reparatur bleibt nun auch mal Zeit, um von der Reling aus den Blick auf die Eislandschaft zu genießen. Vielleicht ist ja ein Sonnenuntergang zu sehen. Ein freier Rundumblick über das Meereis bis zum Horizont und einmalige Farben begleiten das Naturschauspiel. Im normalen Messbetrieb sind rund um die Uhr jeweils zwei wachhabende Geophysiker für vier Stunden zur Kontrolle im Registrierraum und auf dem Deck anwesend. Sie haben die Datenaufzeichnung und auf einem Monitor auch die Messsysteme im Wasser hinter dem Schiff ständig im Blick. Eine ruhige Wache bedeutet für sie, dass die geschleppten Geräte die Eisfahrt ohne Ausfälle überstehen.

Auf Messflug im Helikopter

Bei zwei anderen geophysikalischen Messverfahren, der Magnetik und der Gravimetrie, droht den Messgeräten vom Eis keine Gefahr. Es sind Potenzialfeldverfahren, gemessen wird das Magnetfeld und das Schwerefeld der Erde. Variationen in der Magnetisierung und in der Dichte der Gesteine in der Erdkruste beeinflussen diese Felder und äußern sich in so genannten Anomalien der Felder. Indem man solche Anomalien misst, kann man zusätzliche Aussagen über den Aufbau der obersten Erdkruste machen. Aber die Messergebnisse der Potenzialfeldverfahren sind prinzipiell mehrdeutig; das macht die Schwierigkeit der Interpretation aus. Nur ein Verbund aller geophysikalischen Methoden ermöglicht eine

der Sensor an einem vierzig Meter langen Kabel unter dem Helikopter durch die Luft. Die zugehörige Messelektronik wird in der Kabine mitgeführt und von dort aus bedient. Da der Helikopter nur bei guten Flugbedingungen starten kann, sind die Magnetikmessungen extrem wetterabhängig – und das in einem Gebiet ohne »normale« Wettervorhersage und mit raschen Wetteränderungen. Immer wieder muss der Pilot auf Anraten des Meteorologen der POLARSTERN die Messflüge kurzfristig verschieben, ganz absagen oder dann doch freigeben. In der Antarktis bestimmt das Wetter die Tätigkeit, diese Erfahrung machen viele an Bord von POLARSTERN zum ersten Male. Die zum Flug eingeteilten Geophysiker brauchen eine gehörige Portion Geduld.

Ist der Start freigegeben, hebt sich der Helikopter laut dröhnend und auffallend langsam einige Meter in die Luft. Der Sensor, der in einem aerodynamisch geformten Holzgehäuse steckt, wird von einem Techniker auf dem Deck vorsichtig mitgefiert, bis der Helikopter das Gerät aus seinen Armen lupft und »die Bombe« (Jargon) frei schwebt. Das ist Maßarbeit für den Piloten. Während des mehrstündigen Fluges sitzt der Geophysiker eingezwängt in einen wasserdichten Überlebensanzug auf der Rückbank der Kabine. Dort bedient er den Bordcomputer und beobachtet den Verlauf der Messungen – über Stunden eine ermüdende Aufgabe, die nur ab und zu ein Blick durch das Seitenfenster auf einen bizarren Eisberg in der grauen See unterbricht. Anstrengender sind die Magnetikmessungen für den Piloten: Er muss stundenlang mit gleichbleibender Geschwindigkeit geradeaus fliegen und die vorgegebene Flughöhe halten. Trotz der wenig spektakulären und eintönigen Tätigkeit sind die Helikopterflüge eine willkommene Abwechslung vom Bordalltag. Während der mehrwöchigen Expedition stellen sie die einzige Möglichkeit dar, das Schiff zu verlassen. Und wer möchte nicht einmal die herrlichen Eisfelder von oben betrachten?

Die gravimetrischen Messungen nehmen die Geophysiker automatisch von Bord aus vor. Alle zehn Sekunden wird vom Schiffsgravimeter ein

Während des Magnetikfluges überwacht der Geophysiker in der Kabine des Helikopters die Messungen.

Ein Helikopter startet von POLARSTERN zum Magnetik-Messflug. Rechts der aerodynamisch verkleidete Sensor, der beim Fliegen an einem 40 Meter langen Kabel über das Untersuchungsgebiet schwebt.

optimale Beschreibung der Untergrundstrukturen. In den küstennahen Regionen des Weddellmeeres werden die magnetischen und gravimetrischen Messungen von POLARSTERN mit Messflugzeugen des AWI erweitert. Die Polarflugzeuge operieren von der Neumayer-Station aus und können sehr viel schneller als POLARSTERN erheblich größere Flächen vermessen. Da ihre Reichweite aber beschränkt ist, werden sie nur in Küstennähe eingesetzt.

Auf den POLARSTERN-Expeditionen werden die Magnetikmessungen mit den an Bord stationierten Helikoptern durchgeführt. Dabei schwebt während der bis zu 200 Kilometer langen Flüge

Messwert in der zentralen Datenerfassung gespeichert. Das Gravimeter reagiert sehr empfindlich auf die Beschleunigungen des Schiffes. Deshalb ist es an der ruhigsten Stelle installiert, im Schnittpunkt der Schiffsachsen unter der Wasserlinie. Mittels spezieller Dämpfungs- und Filterverfahren kann es auch bei rauem Seegang messen. Es läuft so zuverlässig, dass die Expeditionsteilnehmer es meist nur bei den routinemäßigen Kontrollgängen sehen.

Die ersten Ergebnisse aller geophysikalischen Messungen stehen nach einer umfangreichen Datenbearbeitung in speziellen Großrechnern schon an Bord zur Verfügung. So ist es möglich, den weiteren Fahrtverlauf abzustimmen. Die vielseitige Tätigkeit eines Geophysikers auf POLARSTERN reicht von der Mechanikerarbeit auf dem Arbeitsdeck über Helikopterflüge bis zur Datenbearbeitung an Großrechnern und ersten Interpretationen der Ergebnisse. Zusammen mit der einmaligen Natur der Antarktis wird so für alle eine geophysikalische Forschungsreise zu einem unvergesslichen Erlebnis. Dass der Einsatz von moderner Technik in den Polargebieten auch heute noch Risiken birgt, tritt oft in den Hintergrund.

Gondwana brach später auf als bisher angenommen

Mit Abschluss der Forschungssaison 1999/2000 hat sich unser Wissen über den Aufbruch des Kontinents Gondwana und die anschließende Drift der beteiligten Kontinente enorm erweitert. Die neuen Magnetikmessungen im Weddellmeer in Verbindung mit den Daten, die von Polarflugzeugen vor den Küsten der Ostantarktis gewonnen wurden, erlauben jetzt eine zweifelsfreie Datierung des Gondwana-Aufbruchs. Auch die ursprüngliche Position der drei beteiligten Lithosphärenplatten Ostantarktika, Afrika und Südamerika zueinander und die frühe Phase ihrer Drift ist nunmehr aufgedeckt. Die älteste ozeanische Kruste in dem Messgebiet haben wir im südwestlichen Weddellmeer und der östlich angrenzenden Riiser-Larsen-See gefunden. Diese Kruste ist etwa 160 Millionen Jahre alt und markiert das erste Aufreißen des Kontinents.

Die Abspaltung Südamerikas/Südafrikas von der Ostantarktis vollzog sich aber nicht in einem Schritt. Die kontinentale Kruste riss gewissermaßen wie ein ruckweise geöffneter Reißverschluss zwischen den beiden benachbarten und damals gerade neu gebildeten Meeren Weddellmeer und Riiser-Larsen-See auf. Im Zeitraum von etwa einer Million Jahren schritt dieser Riss durch Gondwana 65 Kilometer von Westen nach Osten fort, im Mittel also 6,5 Zentimeter pro Jahr. An der Trennstelle bildete sich durch magmatische Ausflüsse weitere ozeanische Kruste, und so entstand der Südatlantik. Für die Dinosaurier in Gondwana ging dies nur unmerklich vor sich. Im Vergleich zu den geologischen Zeitläufen sind die biologischen Lebensspannen

Um mit dem Schiffsgravimeter vorgenommene Messungen des Schwerefeldes der Erde interpretieren zu können, müssen sie an den Schwerewert eines festen Punktes »angeschlossen« werden.

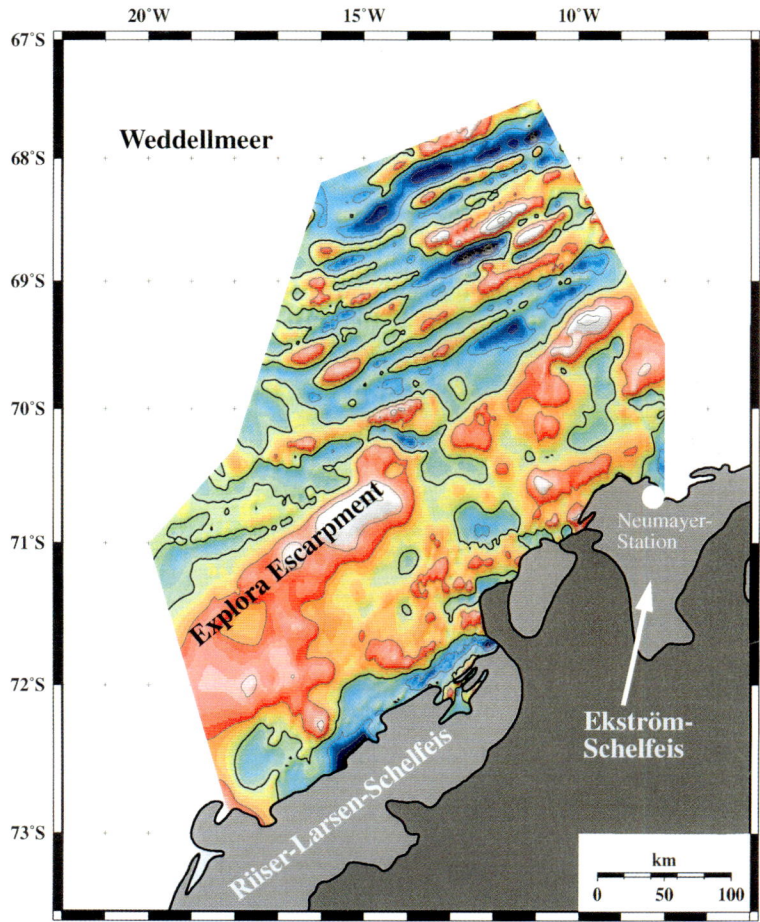

Das Resultat der Magnetikmessungen mit Polarflugzeugen des AWI aus drei Forschungskampagnen. Die farbig dargestellte Meeresfläche zeigt das Muster von magnetischen Anomalien, das heißt, der Abweichungen vom Normalfeld, vor der Küste Antarktikas im östlichen Weddellmeer. Besonders starke Anomalien erscheinen rot, negative Anomalien blau. Das Explora Escarpment ist eine markante Steilstufe mit einem Höhenunterschied von etwa 2000 Metern. Im nördlichen Teil zeigen sich die Anomalien des Erdmagnetfeldes als bänderförmige Strukturen. Sie sind bei der Neubildung von ozeanischer Kruste entstanden und ermöglichen Schlussfolgerungen über die Bewegungsrichtung und Driftgeschwindigkeit der Kontinente nach dem Aufbruch Gondwanas.

innerhalb einer Generation viel zu kurz, um solche Veränderungen zu registrieren. Auch heute spüren wir nichts davon, dass sich zum Beispiel Nordamerika und Europa langsam voneinander entfernen.

Die Magnetikmessungen im Weddellmeer zeigen, dass sich Südamerika/Südafrika erst vor zirka 135 Millionen Jahren endgültig von der Ostantarktis getrennt haben. Dies ist bedeutend später als die bisher angenomme Datierung von 180 bis 160 Millionen Jahren vor heute. Als falsch hat es sich erwiesen, dass die Abspaltung Südamerikas mit Afrika von der Antarktis bereits vor 160 Millionen Jahren beendet gewesen sei. Tatsächlich zog sich der Prozess über mehr als 40 Millionen Jahre hin. Er war von intensivem Vulkanismus und vermutlich heftigen Erdbeben begleitet. Seismische Messungen an den Kontinentalrändern der Antarktis deuten auf mächtige Lagen von vulkanischen Gesteinen in der Tiefe. Der Vulkanismus dürfte ähnlich stark gewesen sein wie die uns bekannte vulkanische Aktivität auf Island heutzutage. Es stellt sich aber die Frage, ob der Gondwana-Aufbruch über den langen Zeitraum von 40 Millionen Jahren ständig von Vulkanismus begleitet war. Welchen Einfluss dieser Vulkanismus auf Klima und Umwelt gehabt hat, lässt sich noch nicht abschätzen. Dazu müssen die Vorkommen und die zeitliche Abfolge der vulkanischen Gesteine an den Rändern der Antarktis besser bekannt werden – eine Problematik zukünftiger Forschung.

Mit den geophysikalischen Untersuchungen des AWI werden die bisher unklaren plattentektonischen Rekonstruktionen der Region detailliert verbessert. Damit ergeben sich auch neue Vorstellungen über den Verlauf der Meeresströmungen und die Vereisungsgeschichte der kontinentalen Antarktis. Die kontinuierlichen Untersuchungen im Weddellmeer unter Einsatz aller geophysikalischen Methoden über nunmehr zehn Jahre hinweg haben einen Durchbruch in der Erforschung des Gondwana-Aufbruchs ermöglicht. Und so unglaublich es klingt, der Schlüssel hierzu lag und liegt vor den Küsten der Antarktis, unter dem Packeis des Weddellmeeres.

Johannes Rogenhagen, Wilfried Jokat

Sedimente des Meeres – Bibliotheken der Umweltgeschichte

Was im Weddellmeer zum Spätquartär geschah

22. Januar 1983: Mittags um zwölf Uhr verlässt FS POLARSTERN den Hafen von Kapstadt mit Kurs auf die Atkabucht. Es ist ihre erste Reise zum antarktischen Kontinent, genauso wie für die vier Geologen, die – wie auch ihre Kollegen aus anderen naturwissenschaftlichen Disziplinen – mit großen Erwartungen, aber sehr begrenzter Erfahrung, was die Antarktis ihnen bieten, ihnen abfordern wird, an Bord gekommen sind. Auf der Höhe der Bouvet-Insel werden die ersten Eisberge gesichtet und – eine gewisse Enttäuschung liegt in den Augen der Geologen. Die Eisberge sind eindrucksvoll, wunderschön, ungeheuer formenreich, meist blendend weiß, teilweise blass blau oder leuchtend türkis. Aber wo ist das von den Gletschern der Alpen bekannte eingeschlossene Geröll- und Gesteinsmaterial, das, vom Eis aufgenommen, transportiert und irgendwo als Moräne wieder abgelagert, Aufschluss geben kann über die geologischen Verhältnisse in seinem Herkunftsgebiet? Wir haben doch wenigstens einige schuttgespickte Eisberge erwartet, nicht aber nur sauberes Eis. Die Geschichte mit dem »eistransportierten Material«, dem IRD (ice rafted detritus), haben wir später rasch gelernt; sie ist uns in verschiedenen Facetten und Zusammenhängen immer wieder begegnet. Nur an der Unterseite der

mehr als drei Kilometer mächtigen Eiskappe der Antarktis und ihrer Gletscher hobelt das Eis den Felsuntergrund ab, wenn es sich auf die Küste zubewegt, und trägt den Schutt mit sich fort. Dort, wo das Inlandeis sich in einer breiten Zone vom Untergrund löst und als Schelfeis auf dem Meer aufzuschwimmen beginnt, an der »grounding line« oder »Aufsetzlinie«, schmilzt es an der Unterseite, und das meiste Gesteinsmaterial wird schon in der Nähe dieser Zone abgeladen, so dass die von der Eiskante losbrechenden Tafeleisberge nur noch ganz geringe Mengen davon enthalten.

Nicht mehr weit von der Atkabucht entfernt tauchen geschlossene Eisschollenfelder auf. Beim Durchfahren, jetzt im Sommer, zerbricht das Eis in schmutzig aussehende gelb-braune Stücke. Aber es ist kein Schmutz, wie uns fachkundige Biologen rasch belehren, sondern es sind einzellige Algen und Tiere, die im Meereis leben. Und, so denken wir Geologen weiter, die jetzt aus dem schmelzenden Eis herausfallen, in einem kontinuierlichen Strom zum Meeresboden sinken und dort zu Sediment werden.

Angelangt in der Atkabucht, umgibt uns als eine

Auf dem Achterdeck der POLARSTERN bereitet ein Matrose den großen Bodengreifer zum Einsatz vor. Das Gerät hat mehrere radial angeordnete Greifkästen, die Sedimentproben vom Meeresboden aufnehmen.
Fotos: H. Grobe

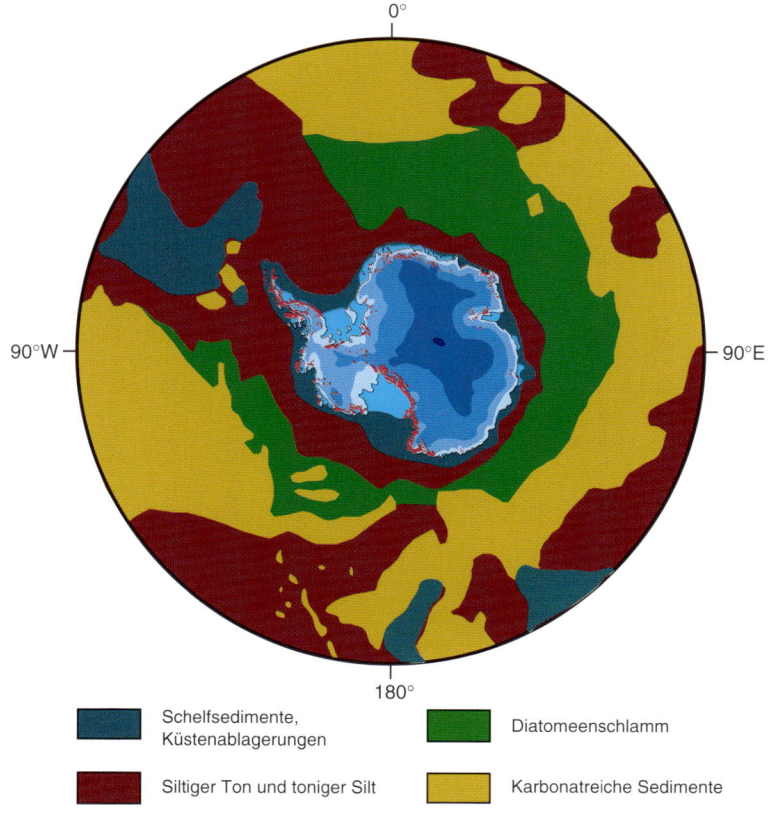

Schelfsedimente,
Küstenablagerungen

Siltiger Ton und toniger Silt

Diatomeenschlamm

Karbonatreiche Sedimente

Schematische Gliederung nach Oberflächensedimenten im Südpolarmeer. Im Flachwasserbereich des Kontinents lagern hauptsächlich terrigene Sedimente, die vom Eistransport bestimmt werden. Der Silt- und Tonfazies im tieferen Wasser (braun) schließt sich ein Gürtel mit einem relativ kieselreichen Sediment (grün) an. Die roten Flecken auf dem Kontinent stellen eisfreie Regionen dar, die rein blauen Flächen sind Schelfeise.

fast geschlossene Mauer die Kante des Schelfeises. Nur an den niedrigsten Stellen ragt die POLARSTERN mit ihren höheren Aufbauten darüber hinaus. Wo man auch hinschaut: mächtiges, hartes, rein weißes, sauberes Eis, dort, wo man in Risse oder Spalten etwas hineinsehen kann, hellblau bis türkis, kalt schimmernd.

Rasch wird uns in dieser Umgebung klar: Das in gewaltigen Mengen vorhandene Eis beherrscht im Weddellmeer alles und übt auf die hier ablaufenden Prozesse unmittelbar einen prägenden Einfluss aus! Der riesige Inlandeisschild transportiert den Schutt vom Kontinent zum Meer, wo er vom Schelfeis und Eisbergen, die an den Eisschelfkanten und Gletscherzungen kalben, über große Entfernungen entlang ihrer Driftroute über den Ozean verteilt wird. Als Meereis wiederum bildet das Eis in sich selbst einen ganz besonderen Lebensraum mit einer spezifischen

Flora und Fauna (s. Beitrag G. Dieckmann S. 102). Über seine hohe Rückstrahlung des Sonnenlichts und durch seine abschattende Wirkung beinflusst das Eis zudem sehr direkt auch den darunter liegenden Lebensraum im oberflächennahen Wasser.

Unsere Neugier auf dieses für uns bislang nur sehr vage bekannte Sedimentationssystem, seine Besonderheiten und die dabei ablaufenden Prozesse ist sofort geweckt. Woran können wir die verschiedenen Auswirkungen des Eises aber erkennen? Mit welchen Spuren dokumentiert es sich im Sediment?

Das Sedimentationssystem interessierte uns vor allem in seinem geologisch-zeitlichen Verlauf. Ursachen und Auswirkungen der krassen Klimaschwankungen in jüngster geologischer Vergangenheit, das zyklische Anwachsen und Vergehen der Eismassen auf den Kontinenten und das davon beeinflusste Fallen und Ansteigen des Meeresspiegels sind Grundfragen der Paläoklimaforschung. Auch sind sie im Zusammenhang mit derzeitigen und zukünftigen Veränderungen des globalen Klimas von Interesse; sie liefern den geschichtlichen Hintergrund zur aktuellen Klimadiskussion.

Wir hatten uns vorgenommen, aus den Sedimenten die Geschichte eines großen Meeresgebietes herauszulesen, zu verstehen und modellhaft zu beschreiben. Unser rückwärtiger Einblick sollte möglichst weit ins Quartär hinein reichen, jenen Zeitraum, der die letzten zwei Millionen Jahre umfasst – eine spannende Ära, in der dramatische Wechsel zwischen Warm- und Kaltzeiten das Klima und das Landschaftsbild prägten, Pflanzen- und Tierwelt extrem variierten und sich der Homo sapiens entwickelte.

Nachdem die Forschungsstation »Georg-von-Neumayer« in der Atkabucht versorgt ist, geht es auf Kurs in unser erstes Arbeitsgebiet vor Kap Norwegia. Dort fährt POLARSTERN ein Profil senkrecht zur Küste über den Kontinentalhang hinaus ins Weddellmeer, und wir nehmen mit einem Schwerelot – einem langen Stechrohr, das mit hohem Gewicht in den Meeresboden getrieben wird – Sedimentkerne auf, vom Schelf bis in eine Wassertiefe von etwa 4000 Metern. Wir sind auf dieser Reise noch drei weitere Profile abgefahren und haben Sedimentkerne von insgesamt 430 Meter Länge geborgen. Dieses reichhaltige Probenmaterial war für die nächsten Jahre die Grundlage für Studien, an denen sich mehrere Fachdisziplinen beteiligten und die in einer Zusammenschau ein Sedimentationsmodell für den Kontinentalrand des östlichen Weddellmeeres in seinem Wechsel zwischen Kaltzeiten und Warmzeiten ergeben haben.

Dass wir den Sedimenten so große Aufmerksamkeit widmen, hat einen einleuchtenden Grund: Die Geschichte des polaren Südozeans und ebenso die des antarktischen Kontinents ist am vollständigsten in den Sedimenten der Tiefsee dokumentiert. In den Ablagerungen des Meeres liegt der Schlüssel, je nach Methode des Vorgehens sogar ein ganzer Schlüsselbund, der uns Einsichten eröffnet zum Beispiel über die Wechselwirkungen zwischen Klima und Vereisung, Meereis und Biosphäre oder Ozeanographie und Sedimentbildung. Der Kieler Meeresgeologe Eugen Seibold hat die Sedimente einmal sehr treffend als das Gedächtnis des Meeres bezeichnet.

Um die Veränderungen im Sediment über geologisch lange Zeiträume zu verstehen, ist es zunächst einmal wichtig, das Meeresgebiet räumlich zu gliedern. Im Weddellmeer besitzt besonders der Küstenbereich für die hydrographischen und geologischen Prozesse eine steuernde Funktion, die man sich immer wieder vergegenwärtigen muss. Das auf dem Kontinent aufliegende Eis fließt mit Geschwindigkeiten von einigen Metern pro Tag auf die Küste zu. In der Aufsetzzone verliert das Eis den Bodenkontakt und beginnt, noch mit dem kontinentalen Eisschild fest verbunden, auf dem Meerwasser zu schwimmen; das mit dem Eis herangetragene Gesteinsmaterial schmilzt nahe der Grundlinie weitgehend aus. In vielen Bereichen der Küste entstehen Schelfeise, von denen die für die Antarktis typischen sauberen, geröllarmen Tafeleisberge kalben. Die sowohl mit den Jahreszeiten als auch mit den Klimazyklen stark schwankende Ausdehnung des Meereises hängt von den Durchschnittstemperaturen und dem Wärme-

fluss im Ozean ab. Im offenen Meer beeinflussen hydrographische Zonen und Fronten die biologische Produktion insbesondere im Oberflächenwasser. Alle diese Grenzen variieren mit unterschiedlicher Frequenz und Amplitude in Abhängigkeit von den klimatischen Bedingungen. Sie finden sich in den Sedimenten am Meeresboden wieder, so dass deren Studium letztendlich ein geglättetes Bild der Verschiebung dieser Grenzen ergibt und damit wiederum deren Rekonstruktion über geologische Zeiten ermöglicht.

In den Sedimenten vom Kontinentalrand, einem Bereich, in dem Kryosphäre, Hydrosphäre und Geosphäre auf engem Raum verzahnt sind, können schon geringe Änderungen der Umweltbedingungen mit sehr deutlichen Signalen im Sedi-

Ein Kastengreifer mit einer Oberflächenprobe des Meeresbodens wird abgesetzt. Der Kasten bringt etwa ein Achtel Kubikmeter ungestörtes Sediment an Deck.

In gemeinsamer Anstrengung holen Matrosen und Wissenschaftler eine Verankerung an Bord. Die für ein Jahr ausgelegten Sedimentfallen dienen der Quantifizierung des Sedimenteintrages ins Südpolarmeer.

ment dokumentiert werden. Der Geologe ist dann in der Lage, so genannte Fazies zu unterscheiden; darunter versteht man die Gesamtheit aller Merkmale eines Sediments. Die Fazies können unterschiedlichen Ablagerungsräumen und -bedingungen zugeordnet werden. Wie sehr die Bildung spezieller Sedimentfazies im Verlauf der Erdgeschichte vom komplexen Miteinander der jeweils herrschenden klimatischen, hydrologischen und glaziologischen Bedingungen abhängt, wird in diesem Verzahnungsbereich besonders deutlich.

Die Gegebenheiten am Kontinentalrand vor der Atkabucht über die Gegend von Kap Norwegia bis zum Filchner-Schelfeis sind der äußere Rahmen für unsere Untersuchungen der glaziomarinen Sedimentation und damit für ein Modell der Umweltverhältnisse in Zeit und Raum. Dieses Modell erfasst einen Klimazyklus von mehr als 100000 Jahren. Es verdeutlicht, wie und unter welchen Bedingungen sich die verschiedenen Sedimentfazies in ihren jeweiligen Ablagerungsräumen gebildet haben. Sie sagen demzufolge etwas darüber aus, wie zu unterschiedlichen Zeiten das Meereis verteilt war, wo die Schelfeiskante lag, wie hoch oder niedrig der Meeresspiegel war, und sie geben Auskunft über die hydrographischen Verhältnisse einschließlich der davon beeinflussten biologischen Produktion im Weddellmeer.

In langwieriger analytischer Kleinarbeit haben wir im Labor die zahlreichen Sedimentkerne, die unter oft widrigen Umständen im Weddellmeer geborgen wurden, bearbeitet, haben jeden Kern in zentimeterdicke Probenscheibchen unterteilt, die Proben geschlämmt, getrocknet und gesiebt, unter dem Mikroskop die einzelnen Partikel bestimmt und ausgezählt sowie die Zusammensetzung der feinsten Fraktion, die Tonminerale, röntgenographisch dokumentiert. Schließlich wurden die Analysenwerte jeweils eines Sedimentkerns in zahlreichen Verteilungskurven aufgetragen und mit denen der anderen Kerne verglichen. Ein in allen Sedimentkernen ähnliches Verteilungsmuster erlaubte es uns, endlich ein kohärentes Bild von den Sedimentationsverhältnissen im Wechsel von Kaltzeiten

und Warmzeiten zu zeichnen. Die dem Bild zugrunde liegenden Parameter entstehen durch spezifische Vorgänge und unter besonderen Verhältnissen; sie stellen deshalb in ihrer Variabilität Stellvertreterdaten dar (englisch: Proxies) für die Intensität eben dieser Prozesse und der sie begleitenden Umweltverhältnisse. Das eistransportierte Gesteinsmaterial in den Sedimenten, der »ice rafted detritus« (IRD), ist ein solcher Proxy. Er steht für die Häufigkeit von Eisbergen, für das Kalben an der Front der Eisschilde und Schelfeise, für die Eisdynamik und damit auch für das Verhalten der auf dem Kontinent vorhandenen Eismassen insgesamt.

Die Kaltzeit im Weddellmeer

Die in allen unseren Kernen im Verlauf einer Kaltzeit zu beobachtende Abnahme der Menge an eistransportiertem Material beschreibt die Ausdehnung des antarktischen Eisschildes als Folge des sinkenden Meeresspiegels. Dies führte auch dazu, dass die bislang schwimmenden Schelfeise auf den breiten Schelfbereichen aufsetzten. Der damit einhergehende Eisrückstau bewirkte eine deutliche Verdickung des antarktischen Eisschildes, während am langsam vorrückenden Eisrand das Kalben von Eisbergen unterblieb und damit die Sedimentanlieferung durch das Eis in diesem Bereich stark abnahm. Erst wenn die Eisfront die Schelfkante erreicht hat, wird das vom vorrückenden Eisschild herantransportierte und auf dem Schelf aufgearbeitete Sediment nach episodischen Kalbungsereignissen aus den driftenden Eisbergen freigegeben und über dem oberen Kontinentalhang abgelagert. Gelegentlich entstehen hier Rutschungen oder Trübeströme, die das Material, der Schwerkraft folgend, den Kontinentalhang hinabtransportieren, teilweise auch über weite Entfernungen bis in die Tiefsee schütten und als so genannte Turbidite absetzen, im Sedimentkern meist an ihrer ausgeprägten Kornsortierung zu erkennen.

Die Meereisdecke war in Kontinentnähe während der Kaltzeiten vermutlich längerfristig geschlossen und als Festeis mit dem vom Kontinent herabgleitenden Schelfeis verbunden. Eine

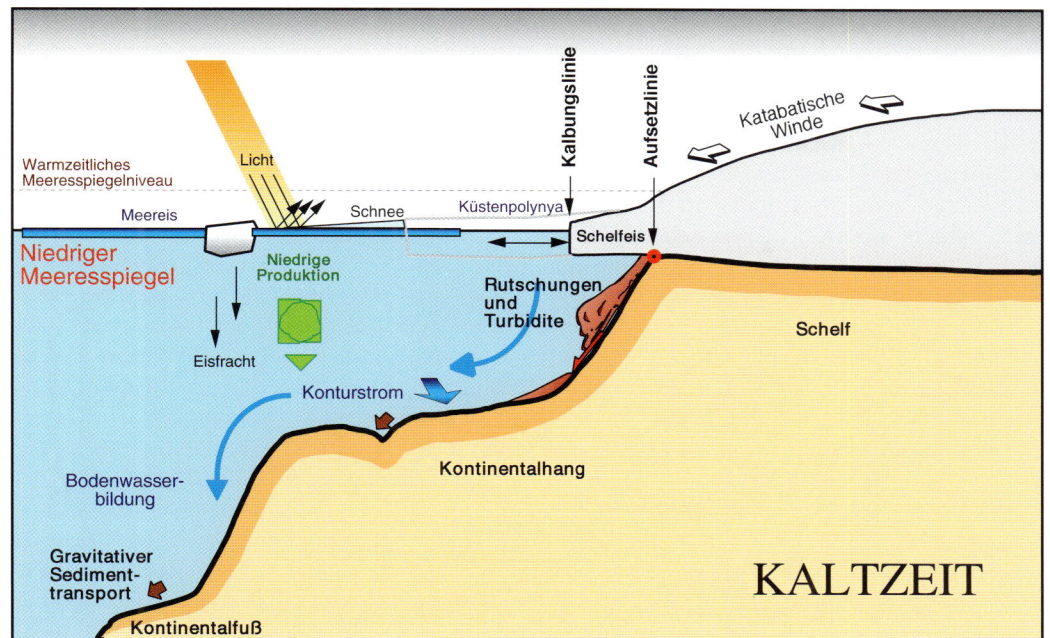

Sedimentationsverhält-
nisse am antarktischen
Kontinentalhang wäh-
rend eines glazialen
Maximums. Der konti-
nentale Eisschild sitzt
dem Schelf auf und löst
sich erst an der Schelf-
kante vom Untergrund.
Der Meeresspiegel ist
gesunken, die biologi-
sche Produktion gering.
Sie besteht vorwiegend
aus kalkschaligen Fora-
miniferen.

mächtige Schneedecke verhinderte nahezu jeg-
liches Eindringen von Licht in das Oberflächenwasser. Diese Phase ist somit durch das Fehlen jeglicher Mikrofossilien im Sediment
gekennzeichnet. Der Geologe, den aufgeschnittenen und geglätteten Bohrkern vor sich,
erkennt diese Situation an dem gleichmäßigen,
feinkörnigen Sediment, das ausschließlich durch
seitliche Strömungen herangetragen wurde und
in der Röntgenaufnahme in den laminierten
Schichten keinerlei Anzeichen für Leben am und
im Meeresboden aufweist.

Auch die Produktion von kaltem, salzreicherem
Bodenwasser wird vermutlich durch die
geschlossene Meereisdecke und der mit dem
absinkenden Meeresspiegel einhergehenden
Verringerung der schwimmenden Schelfeisflä-
chen stark eingeschränkt, obwohl es hierzu noch
sehr unterschiedliche Ansichten gibt. Episodi-
sche kalte Fallwinde, so genannte katabatische
Winde, die mit großer Kraft vom über 2000
Meter hoch aufragenden Inlandeis auf das Meer
hinauswehen, können dagegen vor dem Rand
des Inlandeises das Meereis aufreißen und eine
große eisfreie Wasserfläche, eine Polynja, schaf-

fen. Besteht eine solche Polynja ausreichend lange, so kann in ihr eine spezifische Flora und Fauna entstehen und mit ihren fossil erhaltungsfä-
higen Schalenresten sogar im Sediment nachgewiesen werden. Die kalten katabatischen Stürme
fördern in der Polynja eine permanente Neueisbildung, so dass das Oberflächenwasser salzreicher und schwerer wird. Es sinkt am Kontinentalrand ab, und es entsteht, zumindest episodisch, ein Bodenwasserstrom.

Wie weit das Meereis in der Vergangenheit über
größere Regionen verbreitet war, konnte bis vor
kurzer Zeit nur ungenau abgeschätzt werden.
Die Erkenntnis, dass die Gehäuseteile bestimmter Kieselalgen (Diatomeen) als Indikatoren, also
als Proxies für die Meereisbedeckung dienen
können, hat hier einen großen Fortschritt gebracht. Dabei zeigen die Ergebnisse, dass das
winterliche Meereis sich während früherer Kaltzeiten im östlichen Weddellmeer etwa fünf bis
sieben Breitengrade, entsprechend 550 bis 750
Kilometer, gegenüber heute weiter nach Norden
ausgebreitet hat. Das heißt, die winterliche Eisgrenze lag während der letzten Kaltzeit vor
20000 Jahren ungefähr dort, wo sich heute das

kalte, polare Wasser unter das wärmere Oberflächenwasser schiebt, dem Bereich der Polarfrontzone zwischen etwa dem 46. und 48. Breitengrad.

Ist das Meer ständig mit Eis bedeckt, verfügen die im Oberflächenwasser lebenden Organismen nicht mehr über ausreichend Licht; die Folge ist eine deutliche Abnahme der biologischen Produktion und damit auch der Sedimentation von Schalenresten. Im Verlauf der Abkühlung von einer Warmzeit zur Kaltzeit spiegelt die Abnahme des Gehalts an Mikrofossilien im Sediment den kontinuierlichen Rückgang der Produktion durch die zunehmende Meereisbedeckung wider. Auch die Artenzusammensetzung ändert sich; in den kaltzeitlichen Ablagerungen finden wir vorwiegend kalkschalige Foraminiferen (Kammerlinge, s. Beitrag A. Mackensen), während in wärmeren Klimaperioden verstärkt Kieselalgen vorkommen.

Der Wechsel zur Warmzeit

Der Übergang von einer Kaltzeit zu einer Warmzeit läuft nach geologischen Maßstäben sehr rasch in weniger als 10 000 Jahren mit einer entsprechenden Dramatik ab, die auch in unseren Sedimentkernen zu erkennen ist. Innerhalb weniger Zentimeter hat das mehr oder weniger eintönige grau-grüne Sediment plötzlich etwas zu bieten! Der Anteil an eistransportiertem Material steigt enorm an, teilweise am geglätteten Kern mit bloßem Auge zu erkennen. Verantwortlich dafür ist der durch das Abschmelzen der Eismassen auf der Nordhalbkugel rasch ansteigende Meeresspiegel; er hebt die randlichen Teile des antarktischen Eisschildes an, lässt sie aufschwimmen und in sehr kurzer Zeit in zahllose Eisberge zerbrechen, die an ihrer Unterseite große Mengen Sediment aus dem Untergrund mitreißen und während ihrer Drift über das Weddellmeer verteilen. Der Anstieg des Meeresspiegels führt zu einem verhältnismäßig schnellen Rückzug der Aufsetzlinie des Eises und damit zur Bildung ausgedehnter Schelfeisgebiete, wie wir sie heute beispielsweise im Filchner-Ronne-Schelfeis im Süden des Weddellmeeres oder im Ekström-Schelfeis, dem Standort der Neumayer-Station, vorfinden. Der Massenverlust des antarktischen Eisschildes durch das Aufschwimmen seiner randlichen Tei-

Sedimentationsverhältnisse am antarktischen Kontinentalhang während der Warmzeit. Die Aufsetzlinie des Eisschildes ist nach Süden verschoben, so dass sich unter Schelfeisen Meereskavernen bilden, in denen kaltes Bodenwasser entsteht. Es gibt viele Eisberge. Das Meereis löst sich im Sommer fast gänzlich auf. Dadurch ist die biologische Primärproduktion – symbolisiert durch Foraminifere und Radiolarie – hoch.

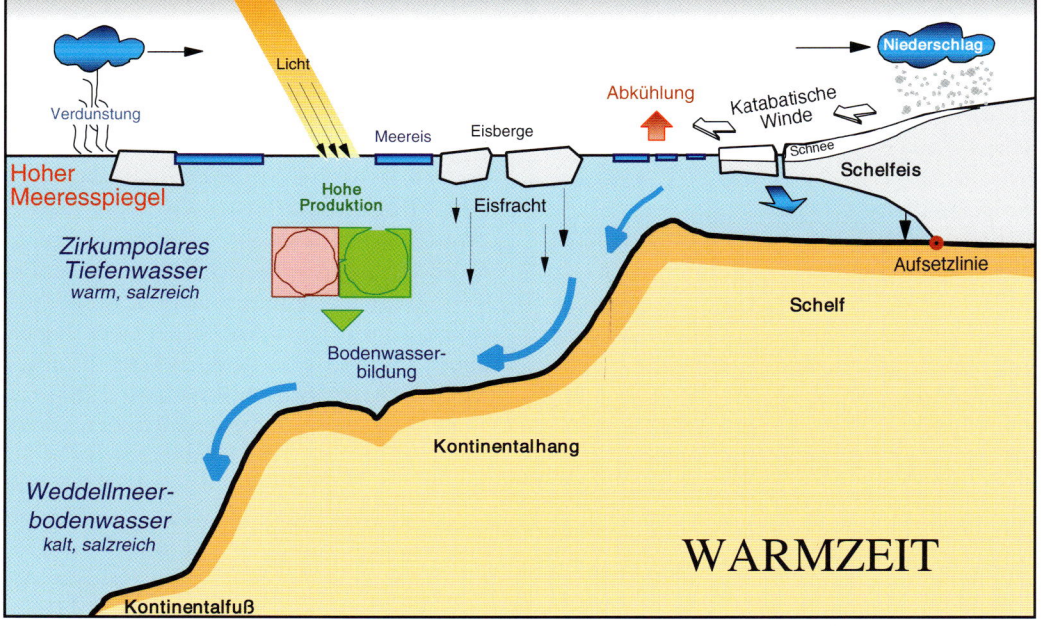

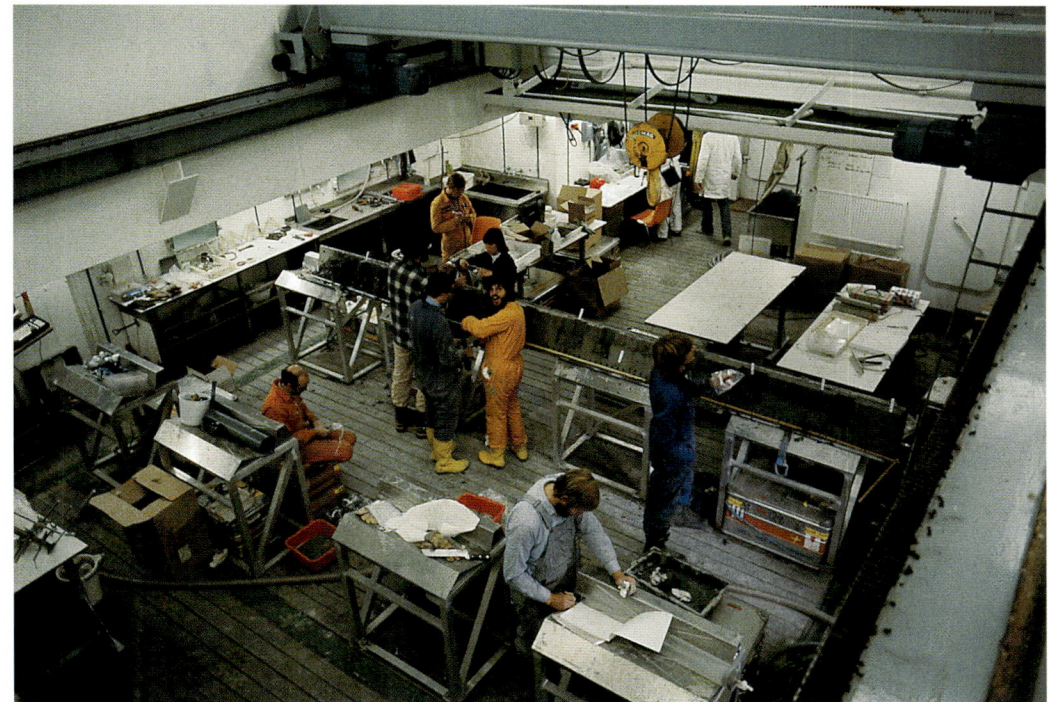

Das große Nasslabor auf POLARSTERN dient im Wesentlichen der ersten Aufarbeitung frisch gewonnener Sediment-kerne. Hier beproben und beschreiben Meeresgeo-logen einen fünf Meter langen Kern aus dem Kastenlot.

le, verbunden mit umfangreichen Kalbungs-prozessen und der Bildung von Schelfeisen, bewirkt, dass sich der Gleichgewichtszustand des Kontinents neu einstellt. Vor allem die Schelf-bereiche des entlasteten Kontinentalrandes beginnen sich zu heben, und durch die Rück-verlagerung der Aufsetzlinie verbreitert sich der Schelf. Die verbesserten Umweltbedingungen ermöglichen die Entwicklung einer reichen Bodenfauna. Auf vielen Expeditionen erfreuten wir uns an dem herrlich vielfältigen »Bewuchs« auf dem Sediment, das der Kastengreifer aus einem Viertel Quadratmeter des Meeresbodens gestanzt und an Bord geholt hatte. Stellenweise werden durch die zahlreich siedelnden Tiere ausgedehnte Kalksedimente gebildet, häufig vorwiegend aus den filigranen Skeletten der Moostierchen bestehend. Oft setzen sich die Sedimente auch aus dem Nadelfilz von Kiesel-schwämmen zusammen. Durch strömungsbe-dingte, selektive Umlagerungen von Feinmate-rial und Sedimenttransport durch Eisberge kann eine sehr abwechslungsreiche Schelf-Sediment-

fazies entstehen. Erst wenn die Schelfeise auf eine stabile Größe geschrumpft sind und sich der Massenhaushalt des Eisschildes auf die neue Umwelt von Temperatur, Niederschlag und Meeresspiegel eingestellt hat, stabilisieren sich auch die Sedimentationsverhältnisse.

Das antarktische Meereis unterliegt während einer Warmzeit ausgeprägten jahreszeitlichen Schwankungen. In den Sommermonaten ist das Oberflächenwasser ausreichend durchlichtet und eine höhere Produktion von kalkigem und kieseligem Plankton wird ermöglicht – das Milieu des schmutzig-braunen Meereises, wie es uns zu Beginn der Reise vor der Atkabucht begegnet ist! Das kieselige Plankton ist im Sedi-ment als Mikrofossilien von Kieselalgen und Radiolarien überliefert. Zusammen mit einem deutlichen Anteil an eistransportiertem Materi-al nutzen wir es als Proxy für den Höhepunkt jeder Warmzeit. Ein rascher Blick durch das Mikroskop im Messraum der POLARSTERN zeigt, dass in allen Kernen die obersten Dezime-ter der Sedimentabfolge reich an kieseligen

Vergleich verschiedener für die Rekonstruktion des Paläoklimas bedeutsamer Faktoren und Messreihen. Der Zeitraum der letzten 160000 Jahre untergliedert sich in zwei Warmzeiten und zwei Kaltzeiten (graue Bänder), verursacht durch Veränderungen der Erdbahn und die dadurch bedingte Variation der Sonneneinstrahlung (Insolation). Als Referenz dient der an der russischen Inlandstation Wostok gewonnene, bis zu einer Tiefe von 3538 Metern datierbare Eiskern. Der Kohlendioxidgehalt der Atmosphäre wurde aus Luftblasen dieses Kerns bestimmt, die Temperatur aus Schwankungen der isotopischen Zusammensetzung des Eises. Während des Klimaoptimums war es zwei Grad wärmer, in Kaltzeiten bis zu sechs Grad kälter als heute.

Der Gehalt an kieseligen Mikrofossilien in Sedimenten aus der Polarfrontzone zeigt die erhöhte Bioproduktion während der Warmzeiten. Auch der Kalkgehalt in den Sedimenten folgt im Wesentlichen den Klimazyklen. Fossile Kieselalgen, die im Meereis leben und nach ihrem Tod zu Boden sinken, geben Auskunft über die Verschiebung der nördlichen Meereisgrenze.

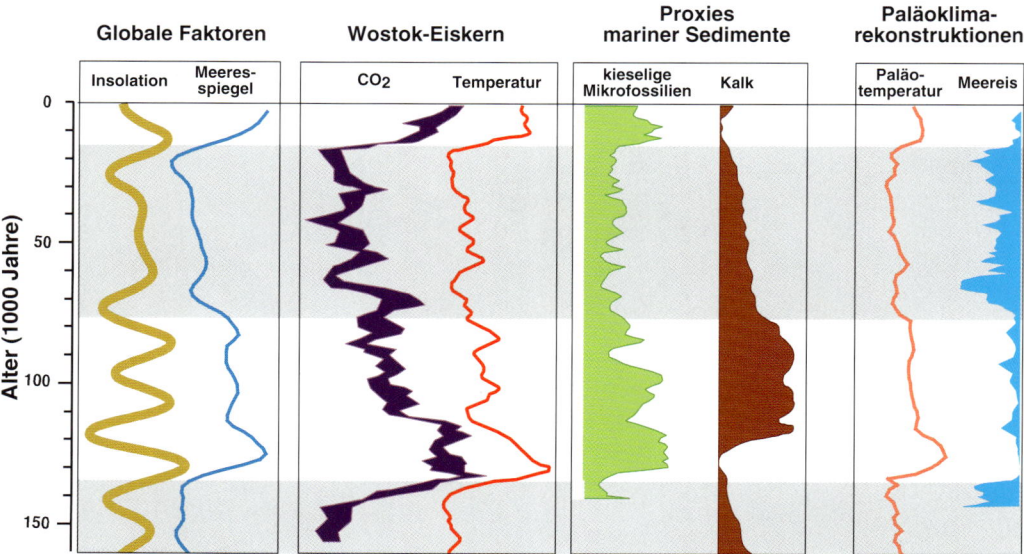

Mikroorganismen sind; sie sind typisch für die Ablagerungen der Warmzeit und repräsentieren das Holozän, den Zeitabschnitt der letzten zehntausend Jahre, in dem wir leben.

Die recht typischen Verteilungen der Korngrößen in warmzeitlichen Sedimenten weisen zudem, besonders im Bereich der großen Schelfeise, auf Strömungseinfluss und damit auf die Bildung von Bodenwasser hin. Sowohl das Auskristallisieren von Meereis in der durch ablandige, kalte katabatische Winde entstandenen Polynja, als auch die Zirkulation von Wassermassen unter den Schelfeisen führt zur Abkühlung und einer Zunahme des Salzgehaltes. Das somit schwerer werdende Wasser sinkt am Kontinentalhang in die Tiefe und fließt als Antarktisches Bodenwasser durch den Atlantik bis weit nach Norden in den Nordatlantik hinein (s. Beiträge D. Olbers und E. Fahrbach/A. Beckmann). Kalkschaliges Plankton wird ebenso im Oberflächenwasser produziert und trägt zur Sedimentation bei. Bereits bei der visuellen Beschreibung unserer Sedimentkerne konnten wir in vielen Kernen zyklische, hell olivgraue, kalkreiche Abschnitte beobachten. Im Mikroskop zeigte sich rasch, dass für den Kalkreichtum fast ausschließlich die Gehäuse einer für die polaren Meere typischen einzelligen Planktontierart verantwortlich sind: Die Foraminifere *Neogloboquadrina pachyderma* ist in diesen Abschnitten besonders häufig vertreten. Der Kalkgehalt in diesen Lagen kann bis zu 25 Prozent erreichen und ist, ebenso wie das Vorkommen kieseliger Mikrofossilien, eine Stellvertreter-Messgröße für die biologische Produktion und damit ein weiterer Baustein zur Rekonstruktion der Umweltverhältnisse während dieses Zeitabschnittes.

Die wesentlichen großräumigen und langzeitigen Zusammenhänge des glazialmarinen Sedimentationsgeschehens haben wir den Sedimentkernen zwischen Atkabucht und Kap Norwegia entlockt. Viele Fragen nach Ursachen und Zusammenhängen sind jedoch noch unbeantwortet, zum einen weil geeignete Anzeiger, die Proxies, fehlen, zum anderen weil bekanntlich in der Forschung eine Antwort etliche neue Fragen nach sich zieht. Welche Bedeutung beispielsweise inzwischen die besagten Foraminiferen für die Rekonstruktion der Umweltbedingungen im Weddellmeer, aber auch für die präzise zeitliche Einstufung erlangt haben, beschreibt Andreas Mackensen im folgenden Beitrag.

Dieter K. Fütterer, Hannes Grobe

Am geglätteten Sedimentkern sind die unterschiedlichen Ablagerungen, die sich im Laufe der Zeit auf dem Meeresboden abgesetzt haben, deutlich zu erkennen. Der Geologe Norbert Nowaczyk dokumentiert einen mit dem Kastenlot gewonnenen »geologischen Aufschluss an Deck«, bevor er für die Entnahme spezieller Proben freigegeben wird.

Im Kernarchiv des Alfred-Wegener-Instituts werden derzeit acht Kilometer Sedimentkerne gelagert, die auf Expeditionen ins Nord- und Südpolarmeer gewonnen wurden. Sie stehen für Untersuchungen durch die internationale Wissenschaftsgemeinschaft zur Verfügung.

Foraminiferen
Das Gedächtnis der
Erdgeschichte

Es ist recht selten, dass einzellige Lebewesen in Zeitungen und Zeitschriften oder gar in der Wissenschaftssendung einer Fernsehanstalt erwähnt werden. Wenn überhaupt, dann handelte es sich bisher meist um Krankheitserreger. Das hat sich in den letzten Jahren etwas geändert. Seit sich die Menschen um das Klima sorgen und dafür interessieren, wie sich Klima und Umweltbedingungen in der Vergangenheit geändert haben, beachtet man die Winzlinge des Weltmeeres mehr als zuvor. Einerseits weil sie durch ihren massenhaften Stoffwechsel selbst klimarelevant sind, andererseits weil einige von ihnen als ergiebige Klima-Datenspeicher genutzt werden können.

In dieser Eigenschaft hat eine Tiergruppe geradezu Furore gemacht. Jeder zweite oder dritte Bericht über das Paläoklima nennt ihren – wie es sich für einen Star gehört – klangvollen Namen: Foraminiferen. Der Wortstamm besagt schon einiges über diese einzelligen Meerestiere: »foramen« heißt auf lateinisch Loch, und »ferre« tragen. (Die Wortschöpfung geht auf den französischen Biologen Alcide Charles Victor d'Orbigny zurück.) Es sind »Löcherträger«, die man im Deutschen wegen ihrer gekammerten Gehäuse manchmal auch Kammerlinge oder Kammertiere nennt. Die Gehäusekammern sind untereinander mit Öffnungen oder, wenn man so will, durch Löcher verbunden – deshalb eben »Löcherträger«. Foraminiferen besiedeln in großer Anzahl seit dem Erdaltertum die Meeresböden und seit der mittleren Jurazeit auch die oberen Wasserschichten des Weltozeans. Aus der gesam-

ten Erdgeschichte kennt man mehr als 40000 Foraminiferenarten. In den heutigen Meeren leben etwa 4000 Arten, davon wiederum nur 40 planktisch, das heißt in den oberen paar hundert Metern der Wassersäule treibend. Einen Eindruck von der ungeheuren Formenvielfalt der heute lebenden Arten vermitteln die Abbildungen auf S. 178.

Die überaus meisten Arten bauen sich kleine, gegliederte Gehäuse aus Kalziumkarbonat oder aus winzigen Sandkörnchen, die sie zusammenkleben. Diese Gehäuse werden üblicherweise nur Bruchteile eines Millimeters groß. Es gibt aber, und es gab auch immer Gruppen, deren Individuen mehrere Zentimeter messen. Viele Foraminiferen ernähren sich hauptsächlich von Kieselalgen. Mit Hilfe von strahlenartig weit ins Wasser greifenden »Fangarmen« (Pseudopodien) führen sie die Algen an das Gehäuse heran. Die Zellkörper der großen Diatomeen werden »ausgesaugt«, die kleineren Arten vollständig in das Gehäuse gezogen.

Foraminiferen erregten schon frühzeitig das Interesse aufmerksamer Beobachter. So stammt die erste schriftlich überlieferte Erwähnung bereits aus dem fünften Jahrhundert vor Christus. Damals beschrieb Herodot Großforaminiferen in den Bausteinen der ägyptischen Pyramiden, ohne sie jedoch als versteinerte Gehäuse von Organismen zu erkennen. Diese Erkenntnis folgte erst 2000 Jahre später und wird Georg Bauer aus Sachsen zugeschrieben, dem meist nur unter seinem latinisierten Namen bekannten Georgius Agricola. Anfang der zwanziger Jahre des vergangenen Jahrhunderts wurden Foraminiferen für die Erdölindustrie zu einem unverzichtbaren Hilfsmittel für die Alterseinstufung bei der Suche und Erkundung von fossilen Kohlenwasserstoffen. Die ökonomische Bedeutung dieser Mikrofossilien hat jedoch stark abgenommen, weil die großen Öl- und Gasvorkommen im Wesentlichen bekannt und erforscht sind. Heutzutage nutzt die moderne Paläoklimaforschung die Foraminiferen, um Umweltbedingungen vergangener Zeiträume zu rekonstruieren. Wie alle Organismen leben auch Foraminiferen in bestimmten Artengemeinschaften. Im Verlauf geologischer Zeiträume haben sich sowohl die Zusammensetzung der Gemeinschaften als auch die Formen einzelner Taxa immer wieder verändert. Das spricht für eine hohe Sensibilität auf sich ändernde Umweltbedingungen. Ein Paradebeispiel für die Differenzierung entsprechend der Umgebungstemperatur ist die im freien Wasser lebende Foraminifere *Neogloboquadrina pachyderma*, die ihr spiralförmig angeordnetes Kammergehäuse im kalten Wasser linksdrehend, in wärmeren Gewässern rechtsdrehend baut. Werden solche Beziehungen von lebenden Populationen zu ihrer jeweiligen Umwelt erfasst und kausale Zusammenhänge erkannt, lassen sich auch umgekehrt aus der Artenverteilung fossiler Gehäuse in den Sedimenten Rückschlüsse auf das damalige, die Tiere umgebende Milieu ziehen. Dazu muss man allerdings die Arten mit Hilfe aufwendiger Rechenverfahren zu Vergesellschaftungen zusammenfassen und dann zu gemessenen Umweltparametern in Beziehung setzen: zu Salzgehalt und Temperatur der Wasserkörper, der Verteilung der Korngrößen und dem Kalkgehalt der Sedimente, sowie zu Strömungsgeschwindigkeiten und Fruchtbarkeit bestimmter Meeresregionen. Auf dieser Grundlage kann man dem Vorkommen bestimmter Foraminiferen-Gruppen sozusagen ein spezifisches marines »Wetter« zuordnen und demzufolge dann aus fossilen Faunen in Sedimentkernen die Lage von Wasserkörpern und die Intensität ozeanischer Stromsysteme im Wechsel von Warm- und Kaltzeiten rekonstruieren. Dies wiederum erlaubt fundierte Rückschlüsse auf das jeweilige Paläoklima.

Nachdem ich mich mehr als zehn Jahre mit der Artenzusammensetzung und der paläontologischen Interpretation von Foraminiferen beschäftigt habe, nutze ich heute meist eine weitere, für die Paläoumweltforschung ungeheuer wichtige »Fähigkeit« dieser einzelligen Kalkschaler: Foraminiferen spiegeln nämlich auch in der Chemie ihrer Gehäuse spezifische Umweltbedingungen wider. Gelingt es, die isotopenchemische Zusammensetzung fossiler Foraminiferengehäuse zu bestimmen und über Messwerte aus dem heutigen Ozean zu eichen, so lassen sich Salzgehalt, Temperatur und andere Umweltparameter von längst vergangenen Weltmeeren bestimmen. Das Verhältnis zwischen den stabilen Isotopen des Sauerstoffs ^{18}O und ^{16}O in den Schalen der Foraminiferen lässt Rückschlüsse auf die Temperatur des Ozeans und das Volumen der kontinentalen Eismassen zu. Das Verhältnis der Kohlenstoffisotope ^{13}C zu ^{12}C spiegelt das Isotopenverhältnis im umgebenden Meerwasser wider und sagt etwas über die Fruchtbarkeit des Meeres aus. Diese Eigenschaften haben sich die Klimaforscher zunutze gemacht; Foraminiferen sind, indem sie mit ihren Gehäusen das Material für eine detaillierte Sauerstoff- und Kohlenstoff-Isotopenstratigraphie liefern, das wohl wichtigste Werkzeug der Paläoklimatologen. Wir erhalten durch diese Methoden so genannte Proxies, »Stellvertreter-Messgrößen«, die für viele ozeanographische und klimatologische Parameter stehen.

Die erstaunliche Vielfalt und weite Verbreitung der Foraminiferen in nahezu jedem marinen Milieu zwischen Tiefsee und Brackwasser-Randmeer ermöglicht es, auch aus kleinen Gesteinsproben der meisten Sedimente eine genügende Anzahl von Exemplaren für quantitative und statistisch gesicherte Untersuchungen zu isolieren. Jedoch sind wegen der geringen Mengen des zu untersuchenden Materials und der äußerst feinen Unterschiede in den zu messenden Größen im Einzelnen sehr aufwendige und empfindliche Messvorgänge nötig, die nur mit sehr sensitiven und teuren physikalisch-chemischen Methoden in größeren Labors und mit besonders ausgebildetem Personal durchgeführt werden können. Ständig verbesserte Verfahren und Geräte führen zu immer weiter verfeinerten Analysen und verlässlicheren Ergebnissen, die zumindest für die letzten 400000 Jahre eine einigermaßen gesicherte Vorstellung zulassen, wie die Paläotemperatur in den Weltmeeren verteilt war und damit, wie das Paläoklima sich entwickelt hat – dies alles letztlich abgeleitet aus den fossilen Kalkgehäusen der »behausten Amöben«. Voraussetzung für die zeitliche Einordnung fossiler Kalkschalen ist natürlich, dass man eine Standard-Sauerstoffisotopenkurve hat, die wir uns im Fall der Foraminiferen durch Glättung

Die Foraminifere Orbulina universa lebt in Symbiose mit Mikroalgen.
Foto: H. J. Spero

Die ungeheure Formenvielfalt, mit der Foraminiferen ihre Gehäuse bauen, gleicht einem Wunder der Natur, zumal wenn man bedenkt, dass es immer nur eine einzige Zelle ist, die solche Gehäuse zustande bringt. Sie sind zwischen 100 und 250 Mikrometer groß.

1 Neogloboquadrina pachyderma: *Plank-tische Foraminifere, in der oberen Wasser-säule der hohen Breiten lebend, charakte-ristisch für kalte polare und subpolare Wassermassen.*

2 Angulogerina angulosa: *Benthische Foraminifere, auf und im obersten Zenti-meter des Sediments lebende Art, die besonders an starke Wasserströmungen auf dem Kontinentalschelf und am oberen Kontinentalhang angepasst ist.*

3 Elphidium subarcticum: *Diese ben-thische Form ist häufig auf dem Kontinen-talschelf des arktischen Raumes zu finden.*

4 Nuttallides umbonifer: *Benthische Foraminifere, charakteristisch für kalk-aggressives, tiefes antarktisches Boden-wasser.*

5 Fursenkoina earlandi *lebt mehrere Zenti-meter tief im Sediment und kann zeit-weise ohne Sauerstoff auskommen. Charakteristisch für sehr fruchtbare Meeresregionen.*

6 Reophax spiculifer: *Benthische Foramini-fere, die ihr Gehäuse ausschließlich aus am Meeresboden zusammengeklaubten Schwammnadeln aufbaut.*

7 Quinqueloculina sp.: *Benthische Forami-nifere, die zur Gruppe der porzellan-schali-gen Arten gehört. Sie sondert glatte und glänzende Gehäusewände aus Kalzit ab.*

8 Reophax bilocularis *lebt ebenfalls im Meeresboden und setzt ihr Gehäuse aus Sandkörnern und Tonpartikeln zusammen. Aufnahmen: A. Mackensen*

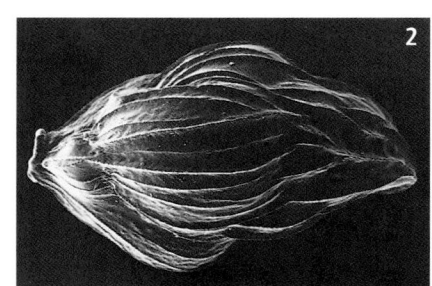

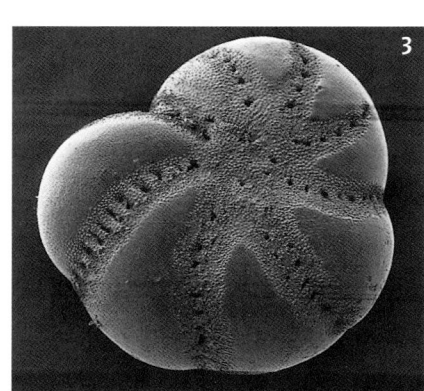

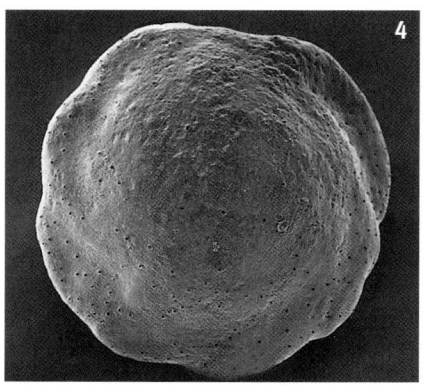

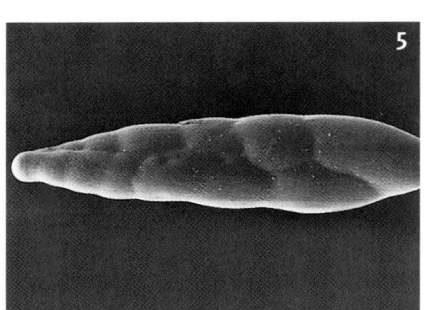

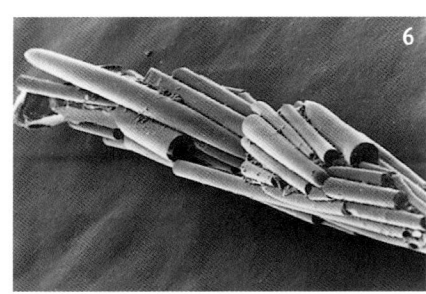

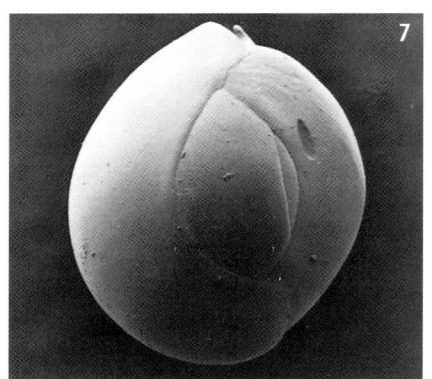

und Stapelung von mehreren Messreihen aus verschiedenen Ozeanen erst erarbeiten mussten. Lange Zeit konnten die Sedimente südlich der antarktischen Polarfrontzone nicht bearbeitet werden, weil ihr Karbonatanteil meist sehr gering ist. 1988 gelang es uns, an einem mit dem Schwerelot gewonnenen Sedimentkern die erste vollständige Isotopenkurve für Foraminiferen-Gehäuse südlich der Polarfrontzone über einen Zeitraum von 250000 Jahren zu messen. Wolf Arntz und Dieter Gerdes geben in ihrem Beitrag (siehe S. 124) ein weiteres Beispiel, wie mit Hilfe von Sauerstoff-Isotopenverhältnissen in Foraminiferen die Veränderung der Wassertemperaturen in einer Region bestimmt wurden.

Eine Episode aus der eigenen Forschung verdeutlicht, wie auch Detailergebnisse dazu beitragen können, das Verständnis globaler Zusammenhänge im Klimawechsel zwischen den letzten Eis- und Warmzeiten entscheidend voranzubringen. Das Verhältnis der stabilen Kohlenstoffisotope im tiefen Meerwasser wird durch bakterielle Abbauprozesse verändert. Das ursprüngliche Signal (das ursprüngliche Isotopenverhältnis), das im Oberflächenwasser einmal im Austausch mit der Atmosphäre eingegeben wurde, verändert sich dadurch mit fortschreitender Zeit, also mit zunehmendem Alter einer Wassermasse; das ist berechenbar. Benthische Foraminiferen, die im tiefen Ozean auf dem Meeresboden ihr kalkiges Gehäuse aufbauen, speichern das Kohlenstoff-Isotopenverhältnis der Wassermasse, die sie an diesem Ort umgibt. Aus dem spezifischen Isotopenverhältnis im Foraminiferen-Gehäuse am jeweiligen Ort lässt sich daher das jeweilige Alter des tiefen Wasserkörpers abschätzen. So ist es möglich, weltweit die unterschiedlichen Alter der tiefen Wassermassen zu erkennen, zu kartieren und dadurch deren Bewegungsrichtung und -weg in heutigen Weltmeeren vom Ursprung an zu verfolgen.

Nach dem gleichen Prinzip kann man dann auch mit Hilfe fossiler Foraminiferengehäuse und deren Isotopenzusammensetzung das Alter der verschiedenen Wassermassen und die globale Zirkulation längst vergangener Ozeane rekonstruieren. Anhand der Proben, die wir mit Hilfe von POLARSTERN aus den antarktischen Meeren gesammelt haben, und dank der hervorragenden analytischen Möglichkeiten zu Hause in Bremerhaven konnten wir einen lange ungeklärten Widerspruch zwischen verschiedenen Paläoumweltanzeigern und den darauf fußenden Rekonstruktionen der Meereszirkulation während der Eiszeit lösen: Heute stammt tiefes Wasser im Wesentlichen aus dem Europäischen Nordmeer, strömt durch den Atlantik nach Süden und wird dann um die Antarktis herum in den Indischen und letztlich in den Pazifischen Ozean transportiert. Für die Zeit vor ungefähr 20000 Jahren, zum Höhepunkt der letzten Eiszeit, zeigen die Kohlenstoff-Isotopenverhältnisse der benthischen Foraminiferen jedoch das älteste Tiefenwasser der damaligen Weltmeere um die Antarktis an, nicht im Pazifik wie heute. Das würde bedeuten, dass die globale Tiefenwasserzirkulation völlig anders als heute gewesen sein müsste. Andere Umweltanzeiger wie die Zusammensetzung der Spurenelemente in denselben Foraminiferengehäusen stimmen jedoch nicht mit diesem Befund überein, so dass es lange Zeit nicht zu entscheiden war, wie die Verhältnisse in der letzten Eiszeit wirklich waren. Man kann dann letztlich auch nicht erklären, welche Mechanismen genau das Klimasystem in der Vergangenheit gesteuert oder wesentlich geprägt haben.

Wir konnten nun nachweisen, dass eine regionale Besonderheit im antarktischen Meeresraum dazu führt, dass die benthischen Foraminiferen nicht das Kohlenstoff-Isotopensignal des Bodenwassers aufnehmen, sondern das einer dünnen Lage sich auf dem Meeresboden zersetzender Algen. Natürlich habe ich mich gefreut, als ich aus der Fachliteratur erfuhr, dass es einen »Mackensen-Effekt« gibt, der die Abweichungen erklärlich macht. Damit stand fest: Auch zum Höhepunkt der letzten Vereisung befand sich das weltweit älteste Bodenwasser nicht in der Antarktis, und die ozeanische Boden- und Tiefenwasserzirkulation unterschied sich zwar wesentlich von der heutigen, jedoch nicht so radikal wie zuvor vermutet.

Andreas Mackensen

Das Ende des Traumes vom sagenhaften Südland

Georg Forster beschrieb als erster Deutscher die Antarktis

Der als führender deutscher Jakobiner vor allem im Zusammenhang mit der Mainzer Republik (1793) in die Geschichte eingegangene Philosoph und Schriftsteller Georg Forster hat in jungen Jahren an der zweiten Weltumseglung des englischen Seereisenden James Cook teilgenommen. Sie dauerte fast drei Jahre, vom 13. Juli 1772 bis zum 30. Juni 1775, und sollte die Frage beantworten, ob es den sagenhaften Südkontinent gibt, der seit zwei Jahrhunderten in Schriften und phantasievollen Karten immer wieder auftauchte.

Georg Forster war, als er an Bord des Segelschiffes RESOLUTION den englischen Hafen Plymouth verließ, siebzehn Jahre alt. Die ungewöhnliche Reise verdankte er seinem Vater, dem Botaniker und Ethnologen Johann Reinhold Forster. Als ihm die Stelle des begleitenden Naturforschers angeboten wurde, wollte er seinen ältesten Sohn als Gehilfen mitnehmen. Die Admiralität hatte nichts dagegen einzuwenden. Cook umschiffte den gesamten antarktischen Kontinent, von dessen Existenz er freilich nur etwas ahnte. Vermutlich haben die Expeditionsteilnehmer einmal eine Landerhebung gesehen,

die Kohler-Bergkette oder die Höhen der Thurston-Halbinsel in der Westantarktis, aber sie wussten die Eisgebirge nicht als Land zu deuten. Sie sichteten nur Eis.

Es muss eine entsetzlich anstrengende Fahrt gewesen sein. Die RESOLUTION, ein für das Kreuzen im Eismeer höchst ungeeigneter, gebrechlicher Kohlefrachter, entging mehrmals nur mit knapper Not einer Kollision. »...oft sahen wir die Sonne zu vierzehn Tagen und drei Wochen nicht«, schrieb Forster in seinen Erinnerungen »Cook der Entdecker«. »Umringt von unzähligen Eismassen, die wie schwimmende Inseln aus dem Meer hervorragten und nur desto gefährlicher waren, weil sie ihre Stelle verändern konnten, sahen wir sie oft nicht eher, als bis es fast zu spät war, das Schiff umzulenken; und wieviel Mal mögen wir nicht, ohne es zu wissen, in der Dunkelheit dem Untergange nur eben entronnen sein!«

Dreimal fuhr die RESOLUTION über den Polarkreis hinaus. Am 30. Januar 1774 erreichte sie den 71. Breitengrad. Noch kein Mensch war so weit nach Süden vorgedrungen. Wieder erzwangen riesige Eismassen die Umkehr. Am Ende der Reise schrieb Cook in sein Tagebuch: »Das Risiko, das der eingeht, welcher eine Küste in diesem unbekannten und vereisten Meere erforschen will, ist so groß, dass ich mich erdreisten könnte zu sagen, niemand wird sich jemals weiter vorwagen, als ich getan habe, und dass jene Länder, welche im Süden liegen mögen, niemals erforscht werden.«

Diese pessimistischen Aussagen haben die weitere Erforschung der südpolaren Gebiete erst einmal für einige Jahrzehnte aufgeschoben. Das unvorstellbare Ausmaß der Vereisung wirkte wie ein Schock. Aber die Ergebnisse der bis dahin weitesten Seereise – die überwundene Distanz entsprach dem dreifachen Erdumfang – halfen, das geographische Bild der Südhalbkugel der Erde zu klären. Von nun ab stand fest, dass es ein exotisches, Reichtum und Handel versprechendes Südland nicht geben konnte.

Für Georg Forster verband sich mit dieser Reise nicht nur der Eintritt ins Leben der Erwachsenen, sondern vor allem der Beginn seiner eigenen wissenschaftlichen Arbeiten. Zwischen Tropen und Eismeer wuchs er zu einem der großen Forschungsreisenden heran. Hatte er schon zuvor an der Seite seines Vaters eine einjährige Russlandreise miterlebt und bei ethnologischen, historischen und botanischen Studien geholfen, so schrieb er jetzt sehr aufmerksam naturkundliche Beobachtungen nieder, sammelte und aquarellierte neu entdeckte Pflanzen.

Als die englische Admiralität dem Vater die Herausgabe einer offiziellen Reisebeschreibung untersagte, übernahm es Georg, der an das Verbot nicht gebunden war, zwei Bände »Johann Reinhold Forsters Reise um die Welt … Beschrieben und herausgegeben von seinem Sohn und Reisegefährten Georg Forster« zusammenzustellen. Das Werk erschien in England und im Berliner Verlag Spener. Es machte ihn mit einem Schlag in Europa bekannt. Alexander von Humboldt, der sich als Schüler Georg Forsters betrachtete, hob die Bedeutung des Werkes für die Geographie hervor und schrieb von einer neuen Ära wissenschaftlichen Reisens, die nun bevorstehe.

Nach langen, deprimierenden Übersetzungsarbeiten in England und einer Zeit finanzieller Not wurde Forster Professor für Naturkunde in Kassel und in Wilna. Ab 1786 war er Mitglied der Preußischen Akademie der Wissenschaften zu Berlin. 1788 nahm er eine Tätigkeit als Erster Bibliothekar in Mainz auf. Dort begann seine Auseinandersetzung mit philosophischen und politischen Problemen. Die Französische Revolution 1789 bis 1794 stellt ihn in die Reihe der bedeutendsten Revolutionäre seiner Zeit. Er war in Mainz Mitbegründer der ersten bürgerlichen Republik auf deutschem Boden und hat auch nach ihrer Zerschlagung durch Preußen von Paris aus für die Ideale einer radikalen Demokratie gefochten.   *G.L.*

Johann Reinhold Forster (1729 – 1798) und Georg Forster (1754 – 1794) während ihrer Weltreise beim Zeichnen eines Vogels. Gemälde von John Francis Rigaud, London 1780; Sammlung Peter Rheinberger, Vaduz

181

ANTARKTISCHE OASEN

Wie in den Sandwüsten Afrikas bezeichnet man auch in Antarktika Gebiete, die sich von ihrer natürlichen Umgebung unterscheiden, als Oasen. Das sind auf dem Südpolarkontinent eisfreie Fels- und Geröllflächen, oft mit zahlreichen Süßwasserseen bedeckt, die im Winter teilweise bis zum Boden gefrieren. Aber nicht jeder eisfreie Landstrich verdient den Namen Oase. Entscheidend ist, ob die Region durch die erhöhte Strahlungsabsorption des freiliegenden Gesteins ein im Vergleich zur Umgebung milderes Mikroklima hat. Unter diesen Bedingungen siedelt sich eine spärliche Flora an, vor allem Flechten, seltener Moosspezies und im Wasser Algen, einige Seevögel und Raubmöwen flattern umher, weshalb die hart gesottenen Polarforscher, die auf dem Inlandeis arbeiten, etwas ironisch von der »Riviera« sprechen, wenn sie eine antarktische Oase meinen, zumal diese Oasen sich meist in Küstennähe befinden. Freilich ist es dort im Winter auch kalt und stürmisch und trotz der Seen trocken. Insofern stimmt die Namenswahl, denn ringsherum ist wirklich Wüste, Trockenwüste, Kältewüste. Antarktische Oasen sind begehrt als Standorte für Forschungsstationen, aber meist schwer zu erreichen. Oft trennt sie ein breites Schelfeisgebiet vom Südpolarmeer. In ihnen lassen sich die sensiblen klimatisch bedingten Veränderungen am Rande einer »eiszeitlichen« Landschaft besonders gut studieren.

G.L.

Lageskizze der Untersee-Oase. Der Untersee wurde in den ersten Jahren meist mittels Traktoren-Schlittenzügen mit angehängtem Wohnmobil über teils gefährliche, von Spalten durchzogene Eisfelder erreicht. Später überbrückten russische Transporthubschrauber die Distanz.

EXOTISCH, BELEBT, IM EIS VERSTECKT: DER UNTERSEE

Der mit Ausrüstung – Zelte, Schlafsäcke, Verpflegung, ein Fass Treibstoff, ein Bohrgerät befinden sich darunter – und uns fünf Expeditionsteilnehmern bis zur Decke vollgestopfte russische Lastenhubschrauber vom Typ MI-8 schwenkt mit ohrenbetäubendem Gedröhn in den Talkessel des Untersees ein. Wir waren am 30. Januar 1995 vom russischen Forschungsschiff AKADEMIK FJODOROW gestartet, das an der Schelfeiskante vor Kap Ostry lag. Der Flug über den antarktischen Eisschild dauerte 45 Minuten, und nun sind wir, nach mehrmaligem Aufschub wegen schlechten Wetters, endlich am Ziel unserer Wünsche, einer bezaubernden Gebirgslandschaft, die einige von uns bereits aus früheren Expeditionen kennen. Die Suche nach einem geeigneten Landeplatz ist gar nicht so einfach, denn der See ist von fast 3000 Meter hohen Bergen umgeben, und auf den schmalen Uferstreifen liegen kubikmetergroße Gesteinsblöcke herum. Nachdem sich die Staubwolke gelegt hat, sehen wir einen einigermaßen ebenen Platz inmitten eines wüsten Haufens von Moränenschutt. In dieser so genannten Gebirgsoase (im Unterschied zu den Küstenoasen), schlagen wir für einen Monat unser Zeltlager auf, um dem Untersee, dem größten Süßwassersee im Innern des antarktischen Kontinents, ein weiteres Stück seiner Geheimnisse zu entreißen.

Das Camp der 1995er Expedition am Ufer des Untersees. Fotos: U. Wand

183

Mit Hilfe eines Schmelzrahmens, durch den heißes Wasser fließt, wird das Eis des Untersees durchbohrt. Das hohe Gestell führt und stabilisiert im Bohrloch den Schmelzrahmen; seine Länge entspricht ungefähr der Dicke der Eisschicht. Neben dem propangeheizten Durchlauferhitzer links der Isotopenphysiker Wolf-Dieter Hermichen, rechts der Geologe Martin Melles.

Die drei Meter dicke Eisschicht ist durchlöchert. Günter Schwarz (links) lässt einen Ruttner-Schöpfer hinab, mit dem Wasserproben gewonnen werden. An der Winde Martin Melles.

Die Daten dieses ständig eisbedeckten Sees sind schnell aufgezählt: größte bisher gemessene Wassertiefe 147 m, Länge 6,5 km, Breite 2,5 km, Fläche 11,4 km² (fast sechs Mal so groß wie die Insel Helgoland), Alter unbekannt. Entdeckt wurde der Untersee von der »Schwabenland«-Expedition (Deutsche Antarktische Expedition 1938/39). Die Fachwelt hegte damals erhebliche Zweifel an der Existenz des nur anhand von Luftbildern prophezeiten Sees. Wie sollte auch in einem solch rauen Klima, bei Temperaturen um minus 20 Grad im Jahresmittel, flüssiges Wasser im Form eines beständigen Sees vorkommen? Erst dreißig Jahre später konnten sich russische Polarforscher von der Existenz des Sees vor Ort überzeugen und eine, allerdings spärliche Beschreibung geben. In der Folgezeit waren vor allem ostdeutsche Polarforscher mehrmals und meist auf dem gefährlichen Landweg zu diesem einzigartigen See aufgebrochen. Damals sind wir mit Kettenschleppern über das mit Gletscherspalten und Schneesümpfen gespickte Inlandeis gefahren.

Es zeigte sich, dass der See auch im Sommer noch mit einer drei Meter, stellenweise bis zu fünf Meter dicken Eisdecke versiegelt ist. Sein Wasser ist außerordentlich klar und stark alkalisch. Die Temperatur unter einem Grad Celsius dürfte selbst Eisbader abschrecken. An der tiefen Kühlung des Wassers ist der angrenzende Anutschin-Gletscher schuld, der im umgekehrten Richtungssinn, also nach Süden, fließt und den Untersee im Norden staut und mit Schmelzwasser speist.

Der See gab uns Rätsel auf: Wie kann es sein, dass er bei der anhaltend extremen Kälte nicht bis zum Boden gefriert? Und zweitens: Das Schmelzwasser der Umgebung ist nahezu salzfrei. Im Seewasser aber maßen wir einen verhältnismäßig hohen Salzgehalt von 300 Milligramm pro Liter; das kommt einem guten Trinkwasser gleich. Wie war das zu erklären? Da es hier keine anderen Salzquellen als die des Schmelzwassers gibt, kommt nur eine »Eindickung« des Wassers als Ursache in Frage. Der heutige See ist nach unseren Berechnungen der Verdunstungsrest einer etwa fünfzig Mal größeren Wassermenge. Aber das Wasser verdunstet nicht direkt, weil der See ganzjährig eisbedeckt ist. Der Wasserverlust wird durch Sublimation verursacht, das heißt, das Eis geht an seiner Oberfläche direkt in Wasserdampf über, und an der Unterseite des Eises friert immer wieder neues Wasser an, so dass der See durch diesen kuriosen Mechanismus ständig Wasser verliert. Das wenige gelöste Salz bleibt zurück und hat sich im Laufe der Jahrtausende im Seewasser angereichert.

Die Frage nach der Erhaltung des Sees trotz seiner starken Unterkühlung im Winter klärte sich auf ganz normale Weise. Die Einstrahlungsenergie der Sonne im Sommer reicht aus, um das Wasser flüssig zu halten. Vor allem wird durch die Erwärmung der eisfreien Uferzonen und durch die einfließenden Schmelzwasser offenbar genügend Energie zugeführt.

Uns interessiert diesmal ganz besonders eine Stelle im Südteil des Untersees, an der wir im Sommer 1991/92 eine zwanzig Meter dicke Bodenwasserschicht entdeckt hatten, die völlig sauerstofffrei war. Den damals aus dieser Schicht entnommenen Proben entströmte der bestialische Gestank nach faulen Eiern – typisch für Schwefelwasserstoffgas und ein Anzeichen für bakterielle Tätigkeit. An allen anderen Stellen des Sees, die wir seinerzeit anbohrten, war das Wasser bis zum Seegrund mit Sauerstoff gesättigt. Also nehmen wir uns jetzt erst einmal vor, die Umgebung dieser »Kloake« näher zu untersuchen. Eine Karte mit Wassertiefen, erstellt auf früheren Expeditionen, macht uns stutzig, denn sie zeigt in diesem Teil des Sees eine Wassertiefe von 40 Metern an; wir messen dagegen 100 Meter! Anlass für uns, der Sache im wahrsten Sinne des Wortes auf den Grund zu gehen.

In den nächsten Tagen sind wir emsig damit beschäftigt, eine genaue Karte der Wassertiefen anzufertigen. Das bedeutet schweißtreibendes Eisbohren; es ist auch mit einem Motorbohrer keine leichte Arbeit, eine durchschnittlich drei Meter dicke Eisdecke von der Größe des Sees gewissermaßen in eine Scheibe Schweizer Käse zu verwandeln. Das Messen der Wassertiefen mit Hilfe eines Echolotes sowie der genauen Lage der Bohrpunkte – wir haben zum Glück einen versierten Geometer in unserer Mannschaft – sind dagegen reines Kinderspiel. Die Mühe lohnt sich: Wir überbieten den Tiefenrekord des Sees um 22 Meter, das heißt, die größ-

te Wassertiefe liegt nun bei 169 Metern, und auch der Seegrund an der »Kloake« ist genau vermessen. Wie schon vermutet, ist das Relief des Seebodens viel bewegter als ursprünglich geglaubt. Hier im Südteil des Sees befindet sich eine Teilsenke, die in ihrem Tiefsten mit dem übelriechenden Wasser gefüllt ist.

Anschließend lassen wir Sonden hinab, um etwas über die physikalischen und chemischen Eigenschaften des Wassers, wie Temperatur, Salzgehalt und Sauerstoffkonzentration, zu erfahren. Begierig registrieren wir die Anzeigen. Sobald die »Kloake« erreicht ist, spielen die Messwerte verrückt: Die Temperatur steigt auf vier Grad an! Der Salzgehalt nimmt deutlich zu, der Gehalt an gelöstem Sauerstoff dagegen auf Null ab. Jetzt sind wir gespannt, was uns die Wasserproben verraten werden, die wir mit einem speziellen Schöpfer in bestimmten Abständen aus dem Wasser zutage fördern. Sie werden teils vor Ort in unserem zeitweilig zum Labor umfunktionierten Küchenzelt untersucht, teils für spätere aufwendigere Analysen konserviert.

Wolodja Samarkin, unser russischer Gastwissenschaftler, der mit den Methanmessungen an einem nicht mehr ganz neuen, vorsintflutlich anmutenden Gasmessgerät, einem so genannten Gaschromatographen, beschäftigt ist, springt plötzlich vor Überraschung und Freude fast an die Decke des Zeltes. Eine solche Konzentration gelösten Methans im Wasser eines Sees ist ihm noch nie unter die Augen gekommen – ein Dreiviertelliter Methangas gelöst in einem Liter Wasser, das ist Weltrekord! Selbst der ostafrikanische Kiwu-See, der wegen seines hohen Methangehaltes als Gaslagerstätte gilt, kann da nicht mithalten. Ein willkommener Anlass, diese Entdeckung am Abend mit einem Tee plus Rum zu feiern. Die umgekehrte Reihenfolge wäre wohl zutreffender; mit fortschreitender Teestunde entstehen nicht ganz ernst zu nehmende Pläne, wie man das Methan zur Heizung unserer Zelte nutzen könnte.

Wir finden weiter heraus, dass der Methangehalt mit der Wassertiefe stetig zunimmt. Offenbar entweicht das Gas aus den Ablagerungen am Seeboden. Dort müssen – spätere Laboruntersuchungen bestätigen dies – unter Sauerstoffabschluss Bakterien am Werke sein, die organisches Material oder auch Kohlendioxid anknabbern und zu Methan verarbeiten. Eine andere Herkunft des Methans schließen wir aus. Weitere bakterielle Konsorten haben sich auf das gelöste Sulfat spezialisiert und verarbeiten es unter Energiegewinn zu Schwefelwasserstoff, der unsere Nasen so arg strapaziert. Andere Bakterien wiederum verspeisen das eben gebildete Methan und oxidieren es zu Kohlendioxid. Eine winzige, gefräßige Gemeinschaft, von deren Existenz im Untersee wir keine Ahnung hatten. Diese Entdeckung verdeutlicht uns, dass selbst unter extremen Bedingungen bestimmte Lebensformen ihre Nische finden können. Nicht ganz unbegründet nutzen Wissenschaftler daher antarktische Seen als Vergleichsgebiete für die Suche nach Leben auf anderen Planeten.

Freilich werfen die Befunde eine neue Frage auf: Wie kommen diese methanbildenden Bakterien überhaupt in den Untersee? Das können wir uns nicht erklären. Da sie bekanntlich keinen Sauerstoff vertragen, ist ihr »Einflug« vom Ozean her wohl auszuschließen. Dass sie als ein Relikt aus erdgeschichtlicher Vorzeit, als es noch keine Sauerstoff-Atmosphäre gab, in dieser Abgeschiedenheit erhalten geblieben sind, ist auch schwer vorstellbar.

Manchmal, wenn die Geräusche der Arbeit verhallt sind, am immer noch helllichten »Abend«, wenn auch der Wind nicht mehr über die Berge pfeift, ist es unheimlich still in der Oase. Da kommen einem doch mitunter zwiespältige Gefühle bei dem Gedanken, dass die nächsten Menschen 150 Kilometer von uns entfernt wohnen. Sehr bald jedoch bemerken wir, dass wir gar nicht allein auf weiter Flur sind. Die Moränen rings um den See haben Tausende brütender Schneesturmvögel okkupiert. Diese schneeweißen, zierlichen Seevögel zählen zu den am weitesten nach Süden vorstoßenden Lebewesen, neben den sie begleitenden Raubmöwen. Selbst im lebensfeindlichen antarktischen Winter halten sie sich in der Packeiszone auf, die den Eiskontinent fest umklammert. Im Sommer suchen sie dann die eisfreien Gebiete auf dem antarktischen Festland auf, um hier für Nachwuchs zu sorgen.

Nicht zuletzt wegen ihres extremen unwirtlichen und abgelegenen Lebensraumes wissen wir noch nicht viel über diese Vogelspezies. Mit einer weniger angenehmen Eigenart, um nicht zu sagen Unart dieser Vögel machen wir bald Bekanntschaft. Auf dem täglichen Weg zum See und zurück werden wir beim Passieren der im Schutt verborgenen Nisthöhlen des öfteren mit wahren Kanonaden ausgespuckten Magenöls attackiert. Dieses im Tierreich wohl nur noch von Lamas bekannte Verhalten beschert uns

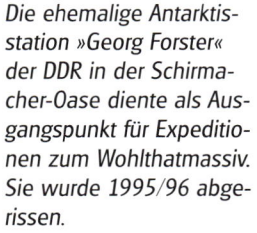

Die ehemalige Antarktisstation »Georg Forster« der DDR in der Schirmacher-Oase diente als Ausgangspunkt für Expeditionen zum Wohlthatmassiv. Sie wurde 1995/96 abgerissen.
Foto: H. Gernandt

nicht nur ölige Flecke auf der Kleidung, sondern auch den lange anhaftenden Geruch nach Fischtran. Natürlich ist das Bespucken von Menschen nicht der Zweck des Magenöls, sondern nur eine Art Abwehr gegenüber Störenfrieden und Notwehr gegen Feinde, wie Raubmöwen. Vor allem aber dient es als Babynahrung für die Jungvögel. Aus allerlei Meeresgetier, das die Schneesturmvögel aus dem Polarmeer fischen, werden die Fettsubstanzen extrahiert und dann in Form von »Magenöl« als haltbares, energiereiches Nahrungskonzentrat in einem speziellen Organ der Vögel gespeichert.

Die Schneesturmvögel scheinen allerdings ziemlich verschwenderisch mit diesem Öl umzugehen, denn nicht alles landet in den Mägen der Jungvögel, sondern es besudelt in weitem Umkreis der Nisthöhlen den Untergrund. So kann man mitunter bis zu einem halben Meter dicke organische Ablagerungen finden, die aus gealtertem, verfestigtem Magenöl bestehen, vermengt mit Federresten, Guano, mumifizierten Jungvögeln und nicht ausgebrüteten Eiern.

Man sagt dieser wachsartigen Substanz, in Anlehnung an mittelasiatische Naturmedizin »Mumijo« genannt, wundersame Heilwirkungen nach, zum Beispiel bei Knochenbrüchen, Ekzemen und schwer heilenden Wunden. Manche schätzen Mumijo auch als Viagra-Ersatz, eine Wirkung, die wir vor Ort leider nicht testen konnten und an die wir auch nicht glauben. Als Wissenschaftler haben wir ein ganz anderes Interesse an der exotischen Substanz. Wir kamen vor einiger Zeit auf die Idee, dieses organische, also kohlenstoffhaltige Material einer Radiokohlenstoffanalyse zu unterziehen, um herauszufinden, seit wann die Vögel beziehungsweise deren Vorfahren an ihren Nistplätzen mit der Spuckerei begonnen haben. Es stellte sich heraus, dass dies an einigen Brutplätzen bereits vor 40000 Jahren war. Die logische Schlussfolgerung: Da die Vögel nur auf eisfreien Flecken brüten, kann hier seit dieser Zeit kein Gletschereis gelegen haben. Das ist erstaunlich, weil man damit in den Zeithorizont der letzten Kaltzeit hineinkommt – in Europa als Weichsel-Kaltzeit bekannt –, deren Ende um etwa 10000 Jah-

Und so sehen die kleinen Spucker aus, die das Mumijo produzieren: ein Schneesturmvogel in seiner Bruthöhle.

Eine Kuriosität im Gebirge rings um den Untersee: Mumijo. Diese verfestigten, geschichteten Ablagerungen von Magenöl, das die Schneesturmvögel ausspucken, markieren den Besiedlungsbeginn und somit die Eisfreiheit des Untergrundes.

re vor heute angesetzt wird. Von der Vorstellung, dass während dieser besonders kalten Eiszeit alle Flächen Antarktikas von einem im Vergleich zu heute viel dickeren Eispanzer überschoben waren, muss man sich also trennen. Das hat auch die Untersuchung der Seesedimente in der Schirmacher-Oase etwa 120 Kilometer nördlich des Untersees bestätigt.

In den antarktischen Gebirgsregionen sind Moränen im Umfeld von Gletschern beliebte Brutplätze der Schneesturmvögel. Mit dem Rückgang des Eises durch Klimaerwärmung entstehen neue Moränenfelder, die von den Vögeln rasch fürs Brutgeschäft besiedelt werden. Das brachte uns auf den Gedanken, das Alter verschiedener Nistplätze zu bestimmen, um Hinweise über das Mindestalter der Moränen und damit über die Geschichte des Eisrückgangs zu gewinnen. Es stellte sich nach den Radiokohlenstoff-Datierungen tatsächlich eine sinnvolle zeitliche Abfolge der Moränen im Umkreis des Untersees heraus. Eine ganz nützliche Verwendung des als Naturmedizin mystifizierten Mumijo, wie wir meinen.

Ulrich Wand

DER BUNGER-OASE AUF DEN GRUND GEGANGEN

Breite Gezeitenspalte in der Eisdecke der Transkriptionsbucht, einem Epischelfsee am Westrand der Bunger-Oase. Fotos: M. Melles

Beim Anflug hatten wir vermutlich den gleichen ersten Eindruck von der Bunger-Oase wie der amerikanische Pilot David E. Bunger, der dieses Landgebiet während eines Erkundungsfluges 1947 als Erster zu Gesicht bekam. Die braunen, nur von wenigen Flechten und Moosen bewachsenen Flächen hoben sich deutlich von der umgebenden Eiswüste ab. Im Südosten sahen wir das Inlandeis ansteigen, im Süden, Westen und Nordosten die zerklüfteten, auf das Land

zuströmenden Gletscher und im Norden das schwimmende Schelfeis, das die Oase vom offenen Ozean in etwa 50 Kilometer Entfernung trennt. Einige der zahlreichen Binnenseen in der Oase waren bereits eisfrei. Sie bildeten mit ihrem strahlenden Blau einen angenehmen Kontrast zum Braun und Weiß von Fels und Schnee.

Der russische Transporthubschrauber, der uns soeben mit unserer schweren Feldtechnik auf der Geographen-Insel, im äußersten Nordwesten der Bunger-Oase, abgesetzt hatte, schraubt sich nur wenige Meter entfernt unter ohrenbetäubendem Lärm in die Höhe. Die Rotorblätter entwickeln dabei einen so gewaltigen Druck, dass wir uns bäuchlings auf den Haufen unserer Ausrüstung werfen, um die leichten Seesäcke und Zelte vor dem Wegwehen und uns vor den herumwirbelnden Kieskörnern zu schützen. Als der Wind nachlässt, stehen wir auf und schauen dem Hubschrauber nach, bis wir ihn am Horizont nicht mehr erkennen. Noch einige Minuten danach hören wir sein konstantes Dröhnen, aber dann ist es still. Wir sind allein.

Die monatelangen Vorbereitungen für diese Expedition, der Flug nach Kapstadt, die fünf-

wöchige Reise auf dem russischen Forschungs-schiff AKADEMIK FJODOROW in einer engen 4-Bett-Kammer, der Hubschrauberflug über die letzten 250 Kilometer vom Schiff bis hierher – all das ist nun vergessen. Jetzt heißt es, das Zelt-lager aufzubauen und schnell arbeitsfähig zu wer-den. Die Bedingungen hätten nicht besser sein können: Es ist etwa minus zehn Grad kalt, aber sonnig und fast völlig windstill. Einige Stunden später blicken wir auf die aufgebauten und ein-gerichteten Zelte, das fahrbereite Schneemobil (ein Skidoo), die montierten Schlitten und die funktionsbereiten Probennahme- und Messge-räte. Keiner hatte gemerkt, dass es schon späte Nacht geworden war. Das lag mehr an unserer Aufregung als an der Tatsache, dass es um diese Jahreszeit in der Antarktis nicht dunkel wird.

Die Wasserkörper, die die große zusammenhän-gende Landmasse im Süden der Oase von den Inseln im Norden trennen, waren noch voll-ständig mit hellem Eis bedeckt. Diese so genann-ten Epischelfseen sind ganz ungewöhnliche geo-graphische Gebilde. Sie sind, streng genommen, auch Binnenseen, denn das mehrere hundert Meter mächtige Schelfeis schnürt sie vom offe-nen Meer ab. Aber unter der Schelfeisplatte und Teilen der Gletscher haben sie eine Verbindung zum Ozean. Dadurch wirken sich die Gezeiten des Meeres auf den Seespiegel aus; er hebt und senkt sich um gut einen Meter, was bereits aus der Luft an den unregelmäßigen Spalten und Eispressungen im Uferbereich zu erkennen ist.

Die Landseen und die Epischelfseen der Bunger-Oase sind das hauptsächliche Ziel unserer Expe-dition. In ihnen werden kontinuierlich, Jahr für Jahr, Partikel abgelagert und zu Sedimentpake-ten am Grund aufgeschichtet. Die Sedimente bestehen vor allem aus Mineralen und Ge-steinsbruchstücken, die durch Wind, Eis und Schmelzwasser vom Land zugeführt wurden, sowie aus Resten von abgestorbenen Pflanzen und Tieren, die in dem Wasser gelebt haben. Dabei wird die Sedimentation sowohl des mine-ralischen als auch des biogenen Anteils von den Klima- und Umweltbedingungen gesteuert, die zum Zeitpunkt der Ablagerung herrschten. Haben sich diese Bedingungen im Laufe der Zeit

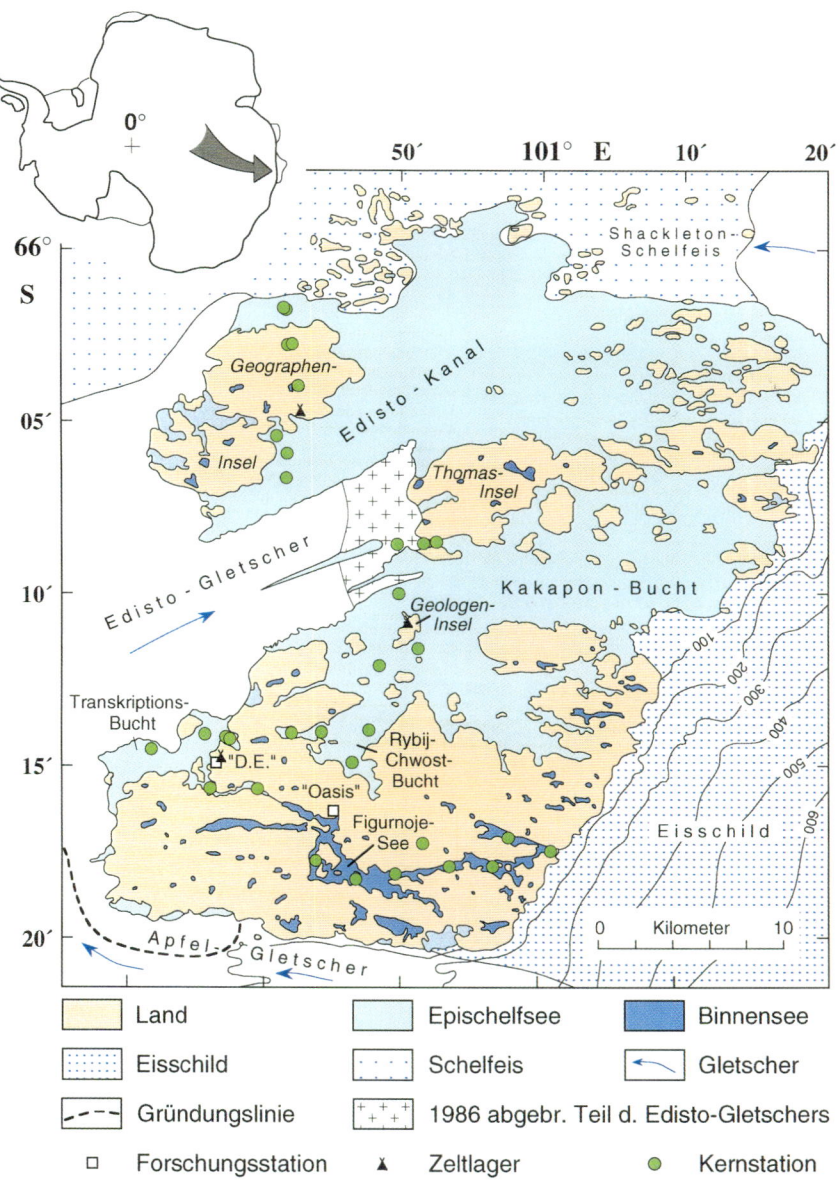

verändert, so lässt sich das von uns Geologen aus der jeweils anderen Zusammensetzung der Sedimentabfolgen rekonstruieren. Gelingt es zusätzlich, die Sedimentschichten zeitlich ein-zustufen, beispielsweise durch Datierung des organischen Kohlenstoffs oder durch Zählung von Jahreslagen, können wir aus den Sediment-abfolgen die Klima- und Umweltgeschichte der Region wie aus einem Buch ablesen. Die Ergeb-nisse lehren uns dann, wie so eine Oase am Ran-

Die Bunger-Oase in der Ostantarktis – Arbeitsge-biet der 1994er Expedi-tion.

Das Lager auf der Geographen-Insel. Die russische Jurte war heizbar und diente als Küchenzelt. Geschlafen wurde in den kleinen Kuppelzelten.

Arbeit mit der mobilen Bohrplattform auf einem vereisten See.

Mit aufblasbaren Schwimmkörpern versehen, kann die Bohrplattform auch auf offenen Gewässern eingesetzt werden.

grundes sehr weichen, wasserreichen Sedimenten zu bekommen, wird ein Schwerelot eingesetzt. Das Gerät wird mit einer Handwinde, die an einem Dreibein montiert ist, bis zum Grund hinabgelassen und dringt dort durch sein Eigengewicht in den Schlamm ein. Beim Herausziehen schließen sich die Enden des Kernrohres, so dass die ausgestochenen Sedimente beim Transport nach oben nicht herausrutschen können. Die tieferen, nach unten schnell fester und zäher werdenden Ablagerungen beproben wir mit einem Kolbenlot. Bei diesem Gerät wird ein langes Kernrohr mit einem Schlaggewicht in das Sediment getrieben, indem das Gewicht über ein separates Seil angehoben und dann auf eine Platte am Kopf des Kolbenlotes fallen gelassen wird. Ein drittes Seil kontrolliert den Beginn des eigentlichen Kernens. Wird dieses Seil arretiert, während das Kolbenlot weiter in den Boden vorstößt, löst sich an der Spitze des Gerätes ein Kolben, über dem das Kernrohr weiter in die Sedimente vorgeschoben wird. Das hat zum einen den Effekt, dass sich ein Unterdruck aufbaut, der eine vollständige Aufnahme der Ablagerungen garantiert, zum anderen ermöglicht es ein zielgenaues Beproben von Sedimenten in großen Tiefen, was ansonsten mit dem drei Meter langen Kernrohr nicht möglich wäre. Durch das Herausstechen von mehreren, einander überlappenden Sedimentsequenzen kann auf diese Weise eine sehr lange, lückenlose Abfolge gewonnen werden.

Uns war von vornherein klar, dass ein einzelner Sedimentkern nur eingeschränkte Informationen zur Geschichte der Bunger-Oase würde liefern können. Um regionale Unterschiede entschlüsseln zu können, beispielsweise wie sich die verschiedenen Eismassen bewegt haben, brauchen wir möglichst viele Kerne, die sich über die

de der größten Inlandeismasse der Erde auf vergangene Klimaänderungen reagiert hat, und damit letztlich, wie sich der Rand des Inlandeises bei einer zukünftigen Klimaveränderung verhalten wird.

Aber zunächst gilt es, die Sedimentabfolgen vom Grund der Seen ungestört zu gewinnen. Dazu steht uns eine raffinierte Technik zur Verfügung. Um Proben aus den an der Oberfläche des See-

gesamte Oase verteilen. Das erfordert ein hohes Maß an Mobilität, in einem fast 1000 Quadratkilometer großen Gebiet aus Felsen, Wasser und Eis ohne jegliche Infrastruktur.

Nach der ersten Erkundung der Geographen-Insel zeigt sich, dass wir die Position des Zeltlagers gut gewählt haben. Direkt vor den Zelten befindet sich eine langgezogene Schneewehe, über die wir mit dem Skidoo und den angehängten Schlitten problemlos zum zugefrorenen Edistokanal fahren können. Nach Norden zieht sich eine weitere Schneewehe über die gesamte Insel, so dass auch die dort befindlichen Seen ohne aufwendige Fußmärsche erreichbar sind. Lediglich das Überqueren der Gezeitenspalten und Presseisrücken im Übergang vom Land zur Eisdecke der Epischelfseen gestaltet sich etwas schwierig. Da gibt es schon mal nasse Füße oder wir müssen Rampen schlagen, über die wir die etwa drei mal vier Meter große, mit Kufen versehene Arbeitsplattform auf das Eis ziehen können. Auf die Plattform ist das Dreibein mit den Handwinden geschraubt. Durch eine Aussparung im Boden können wir so an den verschiedenen Stellen die Kerngeräte durch ins Eis gebohrte Löcher zu Wasser lassen, ohne jedes Mal die Technik auf- und abbauen zu müssen. Bei der Kernentnahme in den Epischelfseen müssen wir allerdings zunächst Lehrgeld zahlen. Es dauert eine Weile, bis wir herausfinden, warum die Geräte dort nicht funktionieren wollten. Sie füllten sich beim Herunterlassen an der Oberfläche mit Süßwasser, das sich durch das beginnende Abtauen der Eisdecke bildet, und sind dann in dem minus 1,4 Grad kaltem Salzwasser am Boden eingefroren. Das Problem – erst einmal erkannt – ließ sich leicht lösen, indem wir die Geräte vor dem Einsatz mit Salzwasser füllten.

Nach acht Tagen auf der Geographen-Insel stehen uns dann noch ein zweites Mal die Hubschrauber der AKADEMIK FJODOROW zur Verfügung. Das Schiff kam, nachdem es die einige hundert Kilometer westlich der Bunger-Oase gelegene Station Mirny versorgt hatte, noch einmal in Flugentfernung. Wir nutzen die Gelegenheit, uns in den Südteil der Oase umsetzen zu lassen.

Ein Teil der Ausrüstung wird zum nächsten Untersuchungsobjekt geflogen, der Rest zur russischen Sommerstation »Oasis«. Diese Station liegt am Nordufer des Figurnoje-Sees, der sich, tief eingeschnitten, über den gesamten Südteil der Oase erstreckt, vom Inlandeis im Osten bis zur Transkriptionsbucht im Westen. Sie besteht aus einer Dieselelektrostation und fünf sehr einfachen, parallel zur Hauptwindrichtung in einer Reihe angeordneten Hütten. Eine Lücke in dieser Reihe kennzeichnet die Lage einer sechsten Hütte, die zwei Jahre zuvor einem mächtigen Wintersturm zum Opfer gefallen war. Von ihr blieb außer dem Fundament aus zusammengetragenen Steinen und den abgerissenen, zur Verankerung gedachten Stahlseilen nichts übrig. Insgesamt macht die Station einen wenig ansehnlichen Eindruck. Nachdem wir aber die vernagelten Türen und Fenster geöffnet und innen einiges entrümpelt und umgebaut haben, bietet sie gegenüber dem Zeltlager doch einen gewissen Komfort. Dazu trägt auch die obligatorische russische Banja (Sauna) bei. Sie lässt sich zwar trotz Nutzung der gesamten verfügbaren Stromleistung nicht über vierzig Grad erwärmen, bietet aber ausreichend warmes Wasser für die dringend erforderliche Großwäsche der Kleidung und, ganz besonders, unserer strapazierten Körper.

Frisch gereinigt und einmal richtig ausgeschla-

Eine erfrischendere Toilette kann es kaum geben.

Das Lager an der australischen Station »David Edgeworth«. Im Hintergrund die eisbedeckte Transkriptionsbucht mit Gezeitenspalten an der Uferlinie.

fen, nehmen wir unser nächstes Ziel, einen kleinen See nördlich des Figurnoje-Sees, in Angriff. Dieser See liegt nur gut fünf Kilometer Luftlinie von »Oasis« entfernt und kann daher mit täglichen Fußmärschen erreicht werden. Das kostet zwar viel Kraft und Zeit, erspart uns aber den erneuten Aufbau und Betrieb eines Zeltlagers. Der See hatte schon beim Kartenstudium unsere Aufmerksamkeit erregt. Er liegt weit entfernt vom heutigen Eisrand in einem rundherum geschlossen Talkessel, hat keinen Abfluss, nur ein kleines Einzugsgebiet mit Zuflüssen von Schneewehen und keine Verbindung zu anderen Seen. Daher sollten seine Sedimente von Veränderungen in den geographischen Gegegenheiten weitestgehend unbeeinflusst sein. Vielmehr sollten sie über Schwankungen in der biogenen Produktion und des Seespiegels die Klimaänderungen der Vergangenheit besonders gut widerspiegeln.

Durch seine geringe Größe hatte sich der See so weit aufgeheizt, dass er bereits vollständig eisfrei war. Deshalb müssen wir diesmal unser Floß einsetzen. Dabei kommt wieder die bekannte Arbeitsplattform mit dem Dreibein zur Geltung, sie wird jedoch nicht mit Kufen versehen, sondern mit vier aufblasbaren Schwimmkörpern. Ein Außenbordmotor macht auch diese schwimmende Variante der Plattform sehr mobil. Allerdings ist die sichere Positionierung mit dem Setzen von vier Ankern weitaus aufwendiger als beim Arbeiten von einer stationären Eisdecke. Am Ende einer Woche haben wir die Zuflüsse und den Wasserkörper des Sees nach allen Regeln der Kunst untersucht. Außerdem wird eine 4,7 Meter mächtige Sedimentabfolge beprobt, die mit einer Moräne an der Basis, gut sortierten minerogenen Sedimenten darüber und biogenen, aus Algen, Bakterien und Wassermoosen bestehenden Ablagerungen im oberen Bereich die gesamte Geschichte von der letzten Eisbedeckung über den Eisrückzug bis zu den heutigen Bedingungen reflektiert.

Die Zeit an dem kleinen See nutzt unser russischer Mechaniker an »Oasis«, ein altes Kettenfahrzeug, einen »Westechod«, wieder in Gang zu setzen, das man vor Jahren zur Station

gebracht hat. Damit sind wir nun auch auf Land mobil. Mit mehreren Fuhren transportieren wir unsere Ausrüstung zunächst zurück nach »Oasis« und dann weiter an den Westrand der Oase zur Transkriptionsbucht. Dort richten wir das zweite Zeltlager an der australischen Sommerstation »David Edgeworth« ein. Diese Station, bestehend aus sehr leichten, roten Glasfasergebäuden in Igluform, von uns als Tomaten bezeichnet, wurde 1985 errichtet und eine Saison lang für Feldarbeiten genutzt. Am Ende haben die Australier sie nicht abgebaut, weil auch für die folgenden Jahre Expeditionen geplant waren, die aber, weil die Oase so schwierig zu erreichen ist, erst in der Saison 1995/96, also zwei Jahre nach unserer Expedition, zustande kommen sollten. Für uns ist die Station eine willkommene Hilfe. Allerdings wollen wir sie nicht einfach ungefragt besetzen, obwohl wir sie – üblich in der Antarktis – unverschlossen vorfinden. Wir beschränken uns darauf, unsere Schlafzelte in der Nähe aufzubauen und einen der Iglus als Küchen- und Arbeitsraum zu nutzen. Das erspart uns das Küchenzelt und gibt uns die Sicherheit, bei einem Sturm notfalls Unterschlupf zu haben. Da die Station unmittelbar am Ufer der Transkriptionsbucht errichtet wurde und dieser Epischelfsee ganzjährig eisbedeckt ist, können wir von nun an wieder bequem unseren Skidoo und die Schlitten nutzen und in den kommenden Tagen die bis zu hundert Meter tiefe Bucht an mehreren Stellen beproben. Wir stoßen auf sehr wechselhafte Sedimentabfolgen, deren spätere Bearbeitung wiederholte Vorstöße und Rückzüge des Edistogletschers nördlich der Transkriptionsbucht belegen.

Nach Abschluss der Arbeiten setzen wir mit dem Kettenfahrzeug die Feldtechnik über eine schmale Landzunge zum Westrand der eisbedeckten Rybij-Chwost-Bucht um. Nun ist wieder »Oasis« unsere Basis. Von der Station aus können wir zu Fuß recht einfach das Südufer der Bucht erreichen, wo der Skidoo und die Schlitten über Nacht geparkt werden. In den nächsten Tagen bearbeiten wir drei Stationen im Westen und Norden der Bucht. Dabei stoßen wir auf Sedimente, wie sie eigentlich für antarktische

Küstengewässer typisch sind. Sie enthalten eine reiche marine Lebewelt, einschließlich Muscheln, Algen und Seeigeln, und sind von sedimentfressenden Krebsen und Würmern kräftig durchwühlt. Die Wasserwege unter den Eismassen im Norden der Oase zum offenen Meer müssen demnach so groß sein, dass in dieser Region der Zustrom von Meerwasser den Zufluss von süßen Schmelzwassern übersteigt.

Die eigentliche Überraschung erwartete uns allerdings erst an der vierten Station, im Südteil der Rybij-Chwost-Bucht. Dort zeigen unsere hydrologischen Messungen, dass eine zehn Meter dicke Wasserschicht oberhalb des Sedimentes in 90 Meter Tiefe zwar einen für Meerwasser normalen Salzgehalt hat, aber keinerlei Sauerstoff enthält. Die zutage geförderten Sedimente bestehen erwartungsgemäß aus stinkendem Faulschlamm, der außer an diese Bedingungen angepasste Bakterien keinerlei Leben enthält. Da so ein Sediment dem Außenstehenden zunächst wenig attraktiv erscheinen mag, dürfte es verwundern, dass wir, nicht anders als es Ulrich Wand am Untersee ergangen ist (s. Seite 185), bei dem Anblick in helle Aufregung verfallen. Der große Vorteil des Faulschlammes für uns Geologen liegt darin, dass die organischen Bestandteile, die in dem lichtdurchfluteten Oberflächenwasser gebildet werden, beim Herabsinken zum Boden in dem sauerstofffreien Wasser nicht durch Oxidation aufgelöst oder durch am Boden lebende Organismen gefressen werden. Wechselnde Konzentrationen des organischen Materials in den Sedimenten spiegeln daher in diesem Fall sehr direkt die biologische Produktion im Oberflächenwasser wider, die wiederum hauptsächlich von den Temperaturbedingungen zum Zeitpunkt des Absinkens abhängig ist. Wir sind daher sehr froh, als wir den Faulschlamm nicht nur an der Oberfläche vorfinden, sondern auch in den Lotkernen von tieferen Sedimentschichten.

Allerdings gestaltet sich die Probennahme ungewohnt aufwendig. Da wir Sorge haben, dass sich der empfindliche, sehr wasserreiche Schlamm in den Kernrohren beim späteren Transport durchmischen könnte, entschließen wir uns, die Kerne direkt nach der Probennahme in zwei Zentimeter dicke Scheiben aufzuteilen und in Probendöschen zu verpacken. Das kostet sehr viel Zeit und bereitet uns in dem eisigen Wind schmerzend kalte Finger, da das Geschirr nach jeder Probe mit Wasser gespült werden muss, um Verunreinigungen auszuschließen. Am vierten Tag endlich dringen wir in etwa zwölf Meter Tiefe in stärker minerogene Sedimente vor, die dann bald von einer Moräne nach unten abgeschlossen werden. Damit haben wir den längsten Seesedimentkern der Antarktis gezogen, ein Kern, der sich später als Referenzarchiv für die Klimaentwicklung in der Oase während der letzten etwa 10000 Jahre herausstellten sollte.

Beflügelt durch dieses tolle Ergebnis und durch die Tatsache, dass die Rybij-Chwost-Bucht aufgrund der ungewöhnlich niedrigen Temperaturen noch immer eine geschlossene Eisdecke aufweist, obwohl sie normalerweise um diese Jahreszeit schon eisfrei ist, entschließen wir uns, in den folgenden Tagen weiter nach Norden vorzudringen. Dazu wären allerdings die täglichen Anreisen von »Oasis« zu zeitaufwendig, so dass wir ein weiteres Zeltlager einrichten müssen. Die Geologen-Insel, etwa auf halbem Weg zwischen der Rybij-Chwost-Bucht und der Thomasinsel, erscheint uns dafür als der beste Standort. Von dort können wir ohne lange Anfahrtzeiten den westlichen Teil der Kakaponbucht erkunden. Wir stoßen bis zur Thomasinsel vor, in ein Gebiet, das bis zu einem großen Kalbungsereignis 1986 noch vom Edistogletscher bedeckt war.

Dieser Expeditionsabschnitt liefert uns besonders schöne Eindrücke von der Landschaft, er ist aber auch eine ständige Gratwanderung zwischen wissenschaftlichem Ehrgeiz und Sorge um die eigene Sicherheit. Die Eisdecke auf der westlichen Kakaponbucht wird zunehmend dünner. Auf neuen Fahrtrouten stoppen wir daher alle paar hundert Meter und prüfen mit dem Eispickel die Festigkeit des Eises, bevor wir uns entscheiden weiterzufahren. Außerdem gibt es zwischen den kleinen Inseln und am Rand der treibenden Eisberge eine Vielzahl von Gezeitenspalten, die mit dem Skidoo und den Schlit-

Zeltlager auf der Geologeninsel. Blick nach Nordwest. Auf dem Eis der Skidoo in Bereitschaft. Vor dem Horizont Eisberge des Edistogletschers.

ten manchmal nur schwer zu überqueren sind. Glücklicherweise erkennen wir die Spalten auch bei schlechter Sicht häufig daran, dass dort Robben auf dem Eis dösen, die die Spalten als Zugang zum Wasser nutzen. Die Robben sind ein ungeklärtes Phänomen der Bunger-Oase. Obwohl sie echte Tauchkünstler sind, können auch sie das 50 Kilometer breite Schelfeis bis zum offenen Ozean nicht überwinden. Es müssen daher in der Vergangenheit einmal Bedingungen geherrscht haben, die den Robben ein Vordringen bis in die Oase ermöglichten. Außerdem müssen seitdem ununterbrochen ausreichend große, marin dominierte Epischelfseen existiert haben, deren Fische eine gesunde Robbenpopulation ernähren konnten.

Als wir nach einigen Tagen westlich der Thomasinsel auf eine große offene Wasserfläche stoßen, wird uns doch etwas mulmig zumute. Wir entscheiden schweren Herzens, unser Zeltlager aufzulösen und nach »Oasis« zurückzukehren. Der Zeitpunkt des Aufbruchs hätte nicht besser gewählt sein können. Kaum in der Station angekommen, setzt ein mächtiger, drei Tage andauernder Sturm ein, der, wie sich später herausstellt, das Eis auf der Kakaponbucht fast vollständig zerstört. Wären wir nur einen Tag später aufgebrochen, dann wäre uns der Rückzug zum Südteil der Oase abgeschnitten gewesen.

In die Freude darüber, dass uns vier Wochen Däumchendrehen auf der Geologen-Insel bis zum Eintreffen der Hubschrauber erspart geblieben ist, mischt sich aber bald auch Enttäuschung, da der Sturm auch große Teile des sich gerade neu gebildeten Eises auf dem Figurnoje-See, unserem letzten Untersuchungsobjekt, zerstört hat. Der See zeigt eine Mischung aus offenen Wasserflächen und teilweise noch vorhandenem Alteis, das den Sommer überdauert hat. Da er unter diesen Bedingungen weder mit der schwimmenden, noch mit der kufenbestückten Plattformvariante begehbar ist, müssen wir warten, bis sich auf den Wasserflächen erneut eine sichere Eisdecke gebildet hat.

Nur vier Tage später – wir haben die Zeit für eine weitere Probenstation in der Transkriptionsbucht genutzt – können wir das Neueis unmittelbar vor »Oasis« betreten und mit den Arbeiten auf dem Figurnoje-See beginnen. Der geplante schnelle Vorstoß zum Eisschild am Ostende des Sees wird aber schon bald gestoppt, da es an mehreren flachen Engstellen noch immer Wasserflächen gibt, die trotz der inzwischen auf minus zehn bis zwanzig Grad gesunkenen Temperaturen durch einen permanenten Austausch von Wasser zwischen den Teilbecken des Sees länger offen gehalten werden. So können wir uns nur langsam nach Osten vorarbeiten. Dabei freuen wir uns einerseits über die geringen Temperaturen, da sie uns zunehmend den Weg ebnen, andererseits machen sie uns und unserer Technik aber auch das Leben schwer, weil die Winden immer wieder mit einem Gasbrenner vom Eis befreit werden müssen und die Sedimentkerne im Kernrohr einzufrieren drohen, ehe wir sie bergen können. Sitzt ein Kern wieder einmal fest, bleibt uns gar nichts anderes übrig, als schnellstens zur Station zu fahren und ihn erst in der warmen Banja zu verpacken.

Der ausklingende antarktische Sommer kündigt sich aber nicht nur durch sinkende Temperaturen an, sondern auch durch einen weiteren Sturm, der uns mit Windgeschwindigkeiten bis zu 40 m/sec volle drei Tage auf »Oasis« festhält. Als wir am vierten Tag endlich unsere Nasen wieder vor die Tür stecken können, zeigt sich die

Bescherung: Auf dem Figurnoje-See unmittelbar vor der Station ist das Eis vollständig verschwunden. Das bedeutet, dass wir mit dem Skidoo und Teilen unserer Ausrüstung von der Plattform etwa in der Mitte des Sees abgeschnitten sind. Alles muss nun auf einem abenteuerlichen Ritt mit dem Kettenfahrzeug über die Berge geschafft werden. Dort finden wir zu unserer Erleichterung die auf einer Alteisscholle verankerte Plattform unversehrt vor; ein großes Glück, da der Sturm sogar das mehr als einen Meter dicke Eis bis auf weniger als dreißig Meter an die Plattform heran aufgerissen hat. Auch der dicke Eispanzer aus gefrorener Gischt, der unsere Geräte bis zur Spitze des Dreibeins überzieht, lässt erahnen, wie es hier zugegangen sein mag. Obwohl nur ein Tag vergangen ist, hat sich auf den Wasserflächen aber schon wieder eine tragfähige Eisdecke gebildet. Wir können also unsere Arbeiten fortsetzen – wenngleich nicht für allzu lange, denn weitere Stürme treiben uns dann endgültig nach »Oasis« zurück und sorgen schließlich dafür, dass die Rückführung der Gerätetechnik zu einem körperlichen Gewaltakt wird, von dem wir uns erst auf dem Schiff erholen.

Auf der Heimreise ahnen wir noch nicht, dass die Laboruntersuchungen an den Sedimentproben Erkenntnisse hervorbringen, die die Bunger-Oase zu einem Modellfall dafür machen, wie eisfreie Küstenregionen in der Antarktis auf vergangene und zukünftige Klimaveränderungen reagieren.

Die Oase hat in den letzten 10000 Jahren eine wechselvolle Klimageschichte erfahren. Nach einer frühen Warmphase bis etwa 7500 Jahre vor heute gingen die Temperaturen deutlich zurück. Vor etwa 4500 begannen sie wieder zu steigen bis zu einem Maximum zwischen 3500 und 2500 Jahren vor heute. Danach setzte eine abrupte Abkühlung ein, die abgeschwächt bis in die heutige Zeit anhält. Damit unterscheidet sich die Klimaentwicklung in der Bunger-Oase deutlich von der Entwicklung auf dem zentralen Eisschild, die sehr gut in den langen Eisbohrkernen von dort dokumentiert ist. Die Daten vom Inlandeis können also nur sehr eingeschränkt

genutzt werden, wenn wir die klimatischen Einflüsse auf den Eisrand verstehen wollen.

Die Warmphasen in der Bunger-Oase bewirkten ein stärkeres Abschmelzen des Eises, und damit einen Eisabbau, der die Zufuhr aus dem Hinterland überwog. Entscheidend dafür, wie sich der Eisrand verschoben hat, waren aber weniger die regionalen Klimaschwankungen, sondern viel mehr die Veränderungen des Meeresspiegels. Die Höhe des Meeresspiegels wird durch Schwankungen im globalen Eisvolumen gesteuert und durch Bewegungen der Erdkruste in Küstennähe als Folge der veränderten Eislast. Bis vor etwa 7000 Jahren stieg der Meeresspiegel in der Oase allmählich auf etwa zehn Meter über den heutigen Stand an. Das bewirkte, dass Teile des von der Inlandeiskappe herabströmenden kontinentalen Eises im Wasser aufschwammen, an Stabilität verloren und durch abbrechende Eisberge rasch abgebaut wurden. Umgekehrt führte der anschließend sinkende Meeresspiegel wieder zur Stabilisierung des Eises und zu einem erneuten Eisvorstoß im Westen der Bunger-Oase.

Martin Melles

Sehr weiche Sedimente werden nicht im Kernrohr transportiert, sondern bereits im Gelände in zwei Zentimeter dicke Scheiben geschnitten und in kleine Dosen gefüllt. Von links: der Chemiker Paul Overduin, der Paläogeograph Sergej Werkulich, Techniker Artur Zielke und der Geologe Thomas Kulbe.

Die Schwabenland-
Expedition

*Oberregierungsrat
Kapitän Alfred Ritscher
im Jahre 1938*

Wer sich noch wenig mit Polargeschichte befasst hat und seinen Blick über die Landkarte der Ostantarktis gleiten lässt, wundert sich, dass es im atlantischen Sektor ein Gebiet gibt, in dem es nur so wimmelt von deutschen Namen. Sie stammen von der »Dritten Deutschen Antarktischen Expedition« 1938/39 mit der SCHWABENLAND. Die meisten Bezeichnungen erinnern an Teilnehmer der Expedition. Kottas-, Kraul- und Gruberberge zum Beispiel: Alfred Kottas war Kapitän der SCHWABENLAND, Otto Kraul der Eislotse, Erich Gruber ein Funker. Es gibt ein Mühlig-Hofmann-Gebirge, einen Humboldt-Gletscher, ein Wohlthat-Massiv… Nach Alfred Ritscher, dem Leiter der Expedition, wurde ein weiter Streifen des Inlandeises benannt.

Die SCHWABENLAND hatte im Dezember 1938 Hamburg verlassen. Sie operierte knapp zwei Wochen vor Dronning Maud Land und lag bereits im April 1939 wieder an der Pier in Cuxhaven. Die Motivation für dieses in technischer Hinsicht grandiose Unternehmen war die Sicherung des Walfangs für die auf sieben Mutterschiffe und 53 Fangboote (1939) angewachsene deutsche Walfangflotte, und die Fahrt hatte ein politisches Anliegen: Deutschland wollte sich

»ein Mitspracherecht und seinen gebührenden Anteil bei der kommenden Aufteilung der Antarktis unter den Großmächten (zu) sichern«, wie Alfred Ritscher schrieb.

Zunächst beinahe heimlich betrieben, wurde die Expedition aggressiv gegen andere Anspruchsstaaten ins Konzept der nationalsozialistischen Propaganda eingebaut. Es besteht auch kein Zweifel, dass die Bemühungen des Ernährungsministeriums – einem internationalen Trend folgend –, mit Walfang die Fettversorgung des Landes zu stabilisieren, von einigen Protagonisten des Staates bereits mit Blick auf die Kriegsvorbereitungen gefördert wurden. Vor allem dem Oberkommando der Luftwaffe war Walöl als Ausgangsstoff für die Glycerin- und damit die Sprengstoffproduktion wichtig. Aus diesen Gründen hat man sich später zurückgehalten, die wissenschaftlichen Ergebnisse der SCHWABENLAND-Aktion zu würdigen.

Im Vergleich zu vorangegangenen Expeditionen bestand der Zugewinn an Know-how und speziellem Wissen – neben einigen ozeanographischen Untersuchungen – in der perfekten Kombination von Flug- und Schiffslogistik sowie in der Anwendung modernster Verfahren der Bildmesstechnik (Fotogrammetrie) für die Polarforschung.

Mit der SCHWABENLAND stand der Expedition ein neuer Schiffstyp zur Verfügung, ein so genannter Flugzeugstützpunkt. Ab 1934 setzte die Deutsche Lufthansa solche Schiffe auf den ersten planmäßigen Transatlantikflügen mit Dornier-Flugbooten als schwimmende Tankstellen ein. Die Maschinen wasserten neben dem Schiff, wurden an Bord gehievt, betankt und starteten, auf einer 31,6 Meter langen Schlittenbahn vorbeschleunigt, mit Hilfe eines Katapultes.

Die herausragende wissenschaftliche Leistung der Expedition bestand in den sieben Messflügen mit den beiden Flugbooten der SCHWABENLAND. Darin waren von Carl Zeiss Jena konstruierte Bildmessgeräte eingebaut worden, mit denen die Kameraleute Max Bundermann und Siegfried Sauter 11600 Luftbildaufnahmen eines Sektors zwischen 10 Grad West und 20 Grad Ost anfertigten. Fotogrammetrisch erfasst wurde ein Gebiet von 350000 Quadratkilometern. Zusätzlich erlaubten 2285 Meter Filmaufnahmen Einblick in einen Teil der Antarktis, den vorher niemand gesehen hatte. Schon die Flüge und vor allem die Auswertung des Materials erbrachten eine Vielzahl geographischer Entdeckungen, unter anderem wurde die »Schirmacher-Seenplatte«, nach dem Piloten Richard Schirmacher benannt, und der Untersee entdeckt (siehe S. 183). Die kartographischen Aufnahmen waren von einer Güte, dass die zwischen Schirmacher-Oase und Wohlthatmassiv agierenden Polarforscher der DDR sie zur Planung ihrer Motorschlittenzüge verwenden konnten.

G. L.

Katapultabschuss eines Dornier-Flugbootes von der SCHWABENLAND

Richard Schirmacher ist mit seinem Flugboot BOREAS *von einem Fernflug zurückgekehrt.*

STERNMARSCH DER WISSEN-SCHAFTEN AUF DAS EISPLATEAU

Die Erschließung des Bohrpunktes
DML 05 – »Kohnen-Station«

Das ockerfarbig unterlegte Gebiet und der gleichfarbige Stern im Osten Antarktikas auf Dome Concordia markieren die Aktionsfelder von EPICA (European Project for Ice Coring in Antarctica). Auf der hervorgehobenen Fläche, die den größten Teil des Dronning-Maud-Landes einnimmt, wurden mittels Messflügen die Eisdicken bestimmt. Die Vorerkundung wies DML 05 als den am besten geeigneten Bohrpunkt aus. Von den Stationen »Neumayer« (Deutschland), Terra Nova Bay (Italien) und Dumont d'Urville (Frankreich) aus werden die Bohrcamps versorgt.

I. Dronning-Maud-Land

Das Innere von Dronning-Maud-Land war bis vor kurzem ein weißer Fleck auf der Landkarte. Nicht etwa weil es bis in Höhen über 3000 Meter mit Eis bedeckt ist, sondern weil wir bislang kaum wussten, wie dick das Eis dort ist und welche Gestalt der Untergrund hat, wieviel Schnee jährlich auf dem Inlandeis abgelagert wird und welche Inhaltsstoffe sich darin finden lassen. Dronning-Maud-Land erstreckt sich von der antarktischen Küstenlinie etwa zwischen 20° westlicher und 20° östlicher Länge weit in den Kontinent hinein bis zum 80. südlichen Breitengrad. Der Rand des Kontinents ist durchgehend von Schelfeisen gesäumt, die sich 80 bis 100 Kilometer nach Norden ausdehnen. Nur an wenigen Stellen erreicht aufliegendes Inlandeis, als Eishöcker kenntlich, direkt die Küstenlinie. Von den Schelfeisen steigt man ziemlich steil auf ein erstes Eisplateau, das sich auf Höhen zwischen 500 und 1500 Metern bis zu 300

Grafik: AWI/D. Steinhage

Kilometer weit nach Süden erstreckt. Dieses Eisplateau füllt mehrere Becken aus, deren Abfluss in verschiedenen Schelfeisen mündet. Die Ritscherflya ist dort das größte zusammenhängende Eisgebiet, und sie muss gequert werden, will man von der Neumayer-Station über das Ekströmschelfeis in Richtung des inneren Inlandeises fahren.

Am südlichen Rand der Ritscherflya erhebt sich die 500 bis 800 Meter aus dem Eis herausragende Gebirgsschwelle der Maudheimvidda mit ihren eisfreien Gipfeln, die sich in drei Gebirgszüge aufteilt. Nördlich der östlichsten Berggruppe der Heimefrontfjella, den Kottasbergen, ist bereits 1995/96 das Kottasbasislager errichtet worden. Es wird auf den großen Schlittentraversen als letzter Stützpunkt vor dem Anstieg zum Inlandeisplateau des Dronning-Maud-Landes angefahren. Das Plateau selbst, als Wegener-Inlandeis bezeichnet, erreicht Höhen bis zu 3500 Meter über dem Meeresspiegel. Nur in schmalen Durchlässen zwischen den Gebirgsketten Heimefrontfjella, Kirwanveggen, Sverdrupfjella und dem Mühlig-Hofmann-Gebirge kann das Eis nach Norden abfließen.

II. EPICA

Wissenschaftler aus zwölf Staaten arbeiten im European Project for Ice Coring in Antarctica (EPICA) zusammen. EPICA will aus dem Archiv des antarktischen Inlandeises die Klimageschichte der letzten 400 000 Jahre entschlüsseln. Die Frage ist, ob sich das Klima in der nördlichen Hemisphäre in dieser Zeit genauso verhalten hat wie in der südlichen. Auf konkrete Befunde bezogen: ob sich das Datenarchiv des grönländischen Inlandeises, das wir mit den GRIP- und Nord-GRIP-Bohrungen erschlossen haben (s. Beitrag H. Fischer/ J. Kipfstuhl), mit dem der Antarktis deckt. Wir möchten wissen, wie und eventuell wie unterschiedlich die Antarktis das Klimasignal gespeichert hat.

An zwei Orten der Antarktis sollen deshalb das Inlandeis bis zum Untergrund durchteuft und zwei Eiskerne zu Tage gefördert werden. Die beiden Regionen Dome Concordia und Dronning-Maud-Land wurden als mögliche Bohrstellen ausgewählt. Dabei wollte man an Orte mit unterschiedlich hohem jährlichem Schneezutrag gehen und der Niederschlag sollte die Bohrpunkte über jeweils unterschiedliche Transportwege erreichen. Dome Concordia ist noch niederschlagsärmer als die ausersehene Stelle in Dronning-Maud-Land, und man kann davon ausgehen, dass die Luftmassen, die dorthin gelangen, vom Pazifik beeinflusst sind, während die Luftmassen in Dronning-Maud-Land vom Atlantik geprägt werden.

Die logistische Federführung für die Bohrung auf Dome Concordia haben Italien und Frankreich übernommen, die mit der italienischen Sommerstation Terra Nova und der französischen Überwinterungsstation Dumont d'Urville eine gute Ausgangsbasis für ein solches Unternehmen besitzen. Auf Dome C hatte ein internationales Team bereits in früheren Jahren in der Nähe des eigentlichen Gipfelpunktes Dome Concordia eine 906 Meter tiefe Bohrung abgeteuft. Eismächtigkeiten, Oberflächentopographie und Akkumulationsraten waren ausreichend bekannt, so dass nach einer kurzen Vorerkundung 1997/1998 mit der ersten EPICA-Tiefbohrung begonnen werden konnte. Im ersten Jahr wurden 870 Meter Kern erbohrt. Dann verklemmte sich der Bohrer im Loch. Als er sich auch im Folgejahr nicht lösen ließ, hat man die Bohreinrichtung umgesetzt, und im Südsommer 1999/2000 war wieder ein neuer Bohrer einsatzbereit.

Dronning-Maud-Land war im Vergleich dazu terra incognita. Um einen geeigneten Bohrpunkt auswählen zu können, musste das weitgehend unbekannte Gebiet erst geophysikalisch und glaziologisch erkundet werden. Im Südsommer 1996/97 brach eine norwegisch-schwedisch-niederländische Arbeitsgruppe von der norwegischen Sommerstation Troll in die Weiten des Inlandeises auf. Troll liegt am Westausläufer des Mühlig-Hofmann-Gebirges etwa 200 Kilometer von der Eiskante entfernt. Die Expedition stieß im Osten des Untersuchungsgebietes bis 75 Grad südlicher Breite und 15 Grad östlicher Länge vor. Im Folgejahr startete die gleiche Gruppe am Riiser-Larsen-Schelfeis und fuhr

über die schwedischen Sommerstationen Wasa und Svea bis 76 Grad südlicher Breite und 8 Grad westlicher Länge. Der Weg der Kollegen von British Antarctic Survey führte in derselben Saison vom östlichen Coats Land bis 77 Grad südlicher Breite und 7 Grad westlicher Länge. Das dazwischen liegende Gebiet im Westen, begrenzt durch die Heimefrontfjella, im Norden vom 74. Breitengrad und im Süden vom 76. Breitengrad, wurde vom AWI mit Traversen und Feldlandungen des Polarflugzeuges Polar-4 erschlossen. Der Punkt DML06 (nach Dronning-Maud-Land benannt) bei 75° 0,04'S, 8° 0,32'E war bis dahin der östlichste und mit 3200 Meter über Meeresspiegel am höchsten gelegene Messpunkt.

Durch die Mission der Satelliten ERS1 und 2 hat sich uns Anfang der neunziger Jahre die Oberflächenform des Amundsen- und Wegenerisen erschlossen. Aus der Geometrie der Oberfläche lassen sich Höhenlinien konstruieren; daraus konnte in groben Zügen die Fließrichtung des

Auf verschiedenen Routen erschlossen deutsche, norwegische, schwedische, niederländische und britische Wissenschaftler über mehrere Jahre das Inlandeis von Dronning-Maud-Land. Die Gebirge Heimefrontfjella, Kirwanveggen und H.U. Sverdrupfjella bilden den Gebirgszug der Maudheimvidda. Sie durchstoßen mit ihren Gipfeln das Eis, und die steilen Nordflanken ragen als eine bis zu 500 Meter hohe markante Geländestufe auf.

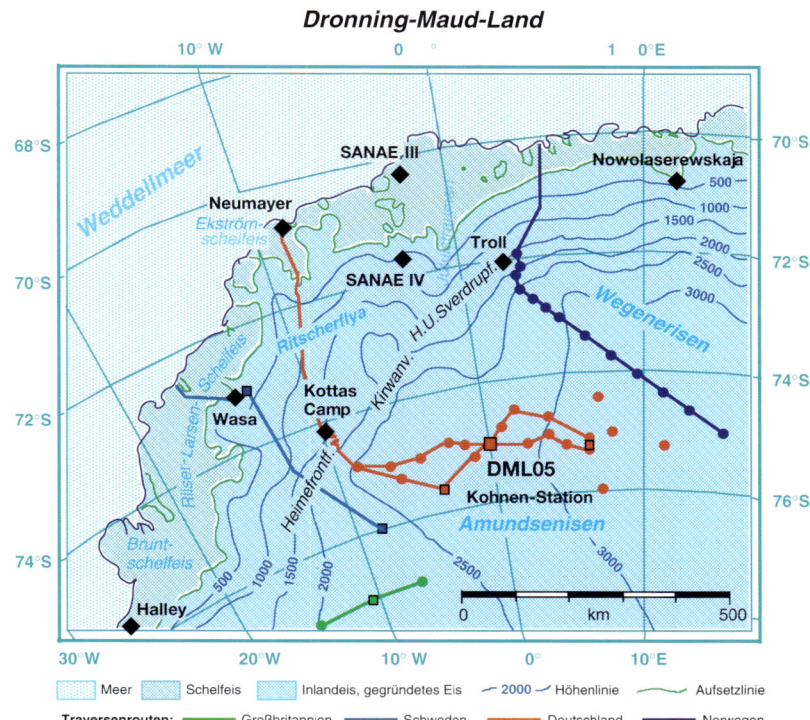

Dronning-Maud-Land

Der Schlittenzug der Dronning-Maud-Land-Traverse 1999/2000 kurz vor den Kottasbergen und dem Abstieg vom Amundsenisen zur Ritscherflya. Hier erlebten die Fahrtteilnehmer bei minus 30 Grad den ersten Sonnenuntergang der Saison. Im Hintergrund (Norden), links neben den Fahrzeugen, ist am Horizont der Semberget zu erkennen, eine Felskuppe zwischen Heimefrontfjella und Kirwanveggen. Fotos: H. Oerter

Eises abgeleitet werden. Der aus diesen Messungen erstellte Datensatz ist seither die Grundlage für alle weiteren Untersuchungen. Er war auch für unsere große Schlittenzugtraverse, die dritte ihrer Art, zur Jahrhundertwende 1999/2000 eine unersetzliche Hilfe.

III. Aufbruch

Am Morgen des 10. Dezember 1999 liegt das südafrikanische Forschungs- und Versorgungsschiff S.A. AGULHAS an der Meereiskante vor der Atkabucht. Das Überwinterungsteam der Neumayer-Station empfängt uns, die zehn Teilnehmer der Millenniums-Traverse nach Dronning-Maud-Land und das neue Überwinterungsteam, sehr herzlich. Nach vierzehn Tagen Seereise können wir endlich an Land oder besser gesagt aufs Eis gehen. Bis zum Abend ist das Schiff entladen, die Container sind mit Pistenbully-Fahrzeugen zur Neumayer-Station oder doch wenigstens vom Meereis auf das Schelfeis gezogen worden. Während die Neuankömmlinge in der Station willkommen geheißen werden, versucht S.A. AGULHAS mit voller Kraft wieder einen Weg aus dem dichter gewordenen Packeis vor der Atkabucht zu finden.

Uns drängt es, so schnell wie möglich auf das Inlandeis zu gelangen. Doch obwohl schon viel Vorarbeit vom Überwinterungsteam in den zurückliegenden Wochen geleistet worden war, bleibt noch etliches zu tun, bevor die Fahrt beginnen kann. Die Pistenbullies standen den Winter über bei der Station und müssen von Marc Blattner, dem Mechaniker der Firma Kässbohrer, gründlich inspiziert werden. Denn auf sie müssen wir uns in den nächsten Wochen verlassen können. Christian Lukait und Jens Köh-

ler unterstützen Marc bei den Wartungsarbeiten. Andreas Brehme überwacht das Füllen der Treibstoffcontainer, und unser Koch Adolf Ackermann, genannt Adi, arrangiert alle Lebensmittel so, dass sie bei der richtigen Temperatur gestaut werden – Frostempfindliches innen, Tiefgekühltes außen – und während der Fahrt auch leicht zugänglich sind. Der Arzt Eberhard Kohlberg, der später zu unserem Feldcamp nachfliegen wird, um uns im Notfall medizinisch versorgen zu können, hat einen Koffer mit Medikamenten und Erste-Hilfe-Material vorbereitet und erläutert uns den Inhalt und seine Anwendungsmöglichkeiten. Cord Drücker behält den Überblick über all die Dinge, die aus Stationsbeständen noch ausgeliehen werden müssen und setzt seine sorgfältige Einsatzplanung für die Schlittengespanne zusammen mit Mathias Meyer in die Tat um. So bereitete jeder in etwa den Bereich vor, für den er dann auch auf der Traversenfahrt und im Feldcamp verantwortlich ist. Am späten Nachmittag des 16. Dezember stehen alle Schlittengespanne abfahrtsbereit vor der Rampe der Fahrzeughalle. Das gut gelaunte Team stellt sich für ein Abschiedsfoto den auch mit unseren Fotoapparaten behängten, auf »Neumayer« zurückbleibenden Kollegen. Herzliches Händeschütteln. Lebt wohl und bleibt gesund! Bis zum Wiedersehen Ende Februar!

Von »Neumayer« fahren wir bei bewölktem Himmel los. Unsere erste Tagesetappe ist nur kurz, etwa 33 Kilometer bis zum ersten Tankstopp. Da es bereits spät geworden ist, richten wir uns für die Nacht ein. Getankt wird aus dem mitgeführten Tankcontainer, mit Tankschlauch und Zapfpistole, fast wie an einer normalen

Tankstelle. Bis alle Schlitten richtig stehen, die Fahrzeuge und Container mit unserem Reisegenerator verkabelt und das Klohäuschen aufgestellt sind, vergeht noch etwas Zeit, die unser Koch Adi nützt, um ein spätes Abendessen vorzubereiten. Der herzhaft laute Dank, mit dem wir ihn verlegen machen, ist nicht nur ein Tribut unseres hungrigen Magens.

Für den zweiten Tag haben wir uns die Distanz von drei Tankfüllungen, insgesamt etwa 120 Kilometer, vorgenommen und bis Mitternacht auch tatsächlich geschafft. Der Weg führt in den ersten 90 Kilometern über das flache, aber holprige Ekströmschelfeis, dann folgt der Anstieg zum auf festem Boden aufliegenden Inlandeis, der Ritscherflya. Nach 30 Kilometern, beim Wegpunkt »km70«, werde ich als der »Traversensenior« und Jungforscher Michael Huke mit einem Skidoo (kleiner Motorschlitten) und zwei Nansenschlitten abgesetzt. Wir fahren nun neben, bald aber schon hinter den Schlittengespannen her, um die 775 Bambusstangen der Trassenmarkierung nachzumessen und gegebenenfalls zu erneuern. Aus diesen Messungen wird der Schneezutrag längs der gesamten Trasse bestimmt. An jeder fünften Stange füllen wir Schneeproben von der Oberfläche in ein sauberes Plastikdöschen. Das Wetter bleibt uns den Tag wohlgesonnen, und bei abendlicher Wolkenstimmung fahren wir den Anstieg zur Ritscherflya hoch. Weit hinter uns leuchten die Schlittenspuren. Auch wenn sich die Sonne manchmal hinter den Wolken versteckt, unter geht sie in den nächsten Wochen nicht.

IV. Akkumulationsraten

Das Nachmessen des Schneezutrags an den Pegelstangen ist sozusagen die leichteste Übung, um eine Frage zu beantworten, die für die Interpretation von Bohrkerndaten, wie wir sie mit EPICA gewinnen wollen, von entscheidender Bedeutung ist: Wieviel Schnee muss in einem Jahr fallen, um einen so gewaltigen Eiskörper wie die Ritscherflya und das noch mächtigere Wegener-Inlandeis zu formen? Es mag überraschen, dass es im Mittel nur etwa 20 Zentimeter Schnee pro Jahr sind, die in unserem Untersuchungsgebiet niedergehen. Dies entspricht einer Wassermenge von 65 Millimetern oder 65 Kilogramm pro Quadratmeter und Jahr. Das Alter der untersten Eisschichten am ausersehenen Bohrpunkt wird auf etwa 250000 Jahre geschätzt. Das heißt nun nicht, dass das Land vorher eisfrei gewesen wäre, sondern nur, dass das ältere Eis bereits zur Küste abgeflossen ist.

Wie aber lassen sich die Akkumulationsraten aus früheren Jahren bestimmen? Dies gelingt, wenn im Firn- und Eiskörper die einzelnen Jahresschichten erkannt werden. Da sich durch die jahreszeitlich wechselnden Witterungsverhältnisse und die Schneemetamorphose in Sommerschneeschichten grobkörnigere Eiskristalle finden als in den feinkörnigen, windverpressten Winterschneeschichten, kann man den Wechsel der stratigrafischen Merkmale in einem handgegrabenen Schneeschacht gut in den ersten Metern verfolgen. Aber einen Schneeschacht tiefer als dreieinhalb Meter zu graben ist meist zu aufwändig, gewöhnlich gräbt man zwei Meter tiefe Gruben. Ergänzt werden diese Schneeschachtstudien noch durch chemische Analysen und die Bestimmung des Isotopengehaltes an Schneeproben aus den einzelnen Schichten. Die großräumigen Zirkulationssysteme in der Antarktis bewirken, dass der Niederschlag im Verlauf eines Jahres aus unterschiedlichen Quellgebieten stammt, so dass unterschiedliche Ionen zu verschiedenen Zeiten dominieren. So sind zum Beispiel die Konzentrationen an Chlorid im Winterschnee am höchsten, die höchsten Sulfatkonzentrationen werden normalerweise im Frühsommer gemessen. Der Gehalt an dem stabilen Sauerstoffisotop O-18 verändert sich mit der Temperatur, bei der der Niederschlag gebil-

In den Kottasbergen. Zwischen den Schatten schaut der kleine Weigel-Nunatak aus dem Schnee heraus. Er wurde mehrfach als GPS-Messpunkt und auch für seismische Messungen benützt, da er mit dem Pistenbully angefahren werden kann und leicht zugänglich ist.

det wird. Er ist in kalten Zeiten, sei es Winter oder Eiszeit, niedriger als in warmen Zeiten, also Sommer oder Warmzeit. Diese jahreszeitliche Markierung des Schnees erlaubt es, in den Eisbohrkernen Jahresschichten vergleichbar den Baumjahrringen zu identifizieren.

Im Südsommer 1997/98 haben wir entlang einer insgesamt 2000 Kilometer langen Traversenroute an zwanzig Positionen auf dem Amundsenisen bis in mehr als 30 Meter Tiefe gebohrt. Die ältesten erbohrten Schichten waren alle mindestens 200 Jahre alt und schlossen die Jahre 1810 und 1816 ein. Die Schneeschichten dieser beiden Jahre sind eindeutig durch zwei gewaltige Vulkanausbrüche markiert, wovon der geschichtlich jüngere dem Ausbruch des Tambora in Indonesien im Jahre 1815 zugeordnet wird. Die deponierten Sulfationen lassen sich nicht nur chemisch nachweisen, sondern sie verstärken auch die elektrische Leitfähigkeit des Eises so stark, dass bei der Bestimmung der dielektrischen Eigenschaften des Eiskerns in diesen Schichten ein deutliches Maximum auftaucht. Diese Signatur im Eis machte es möglich, den Schneezutrag an allen Positionen über einen Zeitraum von fast zwei Jahrhunderten bestimmen und vergleichen zu können. Vom 1997/98er Schlittenzug brachten wir noch drei tiefere Eiskerne mit 110, 130 und 150 Metern Länge zur

Neumayer-Station und in die heimatlichen Labors. Sie lassen Akkumulations- und Temperaturschwankungen zurück bis zum Beginn unserer Zeitrechnung erkennen.

In Dronning-Maud-Land wurden in bewährter Zusammenarbeit mit dem GSF-Forschungszentrum für Umwelt und Gesundheit, München, wie das AWI ein Mitglied der Hermann-von-Helmholtz-Gemeinschaft Deutscher Forschungszentren, schon seit Jahren Isotopengehalte an Schneeproben zwischen Küste und Inlandeis gemessen. Aus diesen Untersuchungen konnte die Temperaturrelation für die entsprechenden Isotopenverhältnisse des Sauerstoffs im Eis des Dronning-Maud-Landes abgeleitet werden, die nötig ist, um Schwankungen des Isotopengehalts im Eiskern in Temperaturschwankungen umzurechnen.

Das Muster der Akkumulationsraten wies die Umgebung unseres Messpunktes DML05 als den geeignetsten Bohrpunkt aus. Wir finden dort zwar nicht die höchsten Zutragsraten, was die höchste zeitliche Auflösung der späteren Messungen am Bohrkern gewährleisten würde, aber die Akkumulation ist deutlich höher als auf Dome Concordia. Weiter ist wichtig, dass die Akkumulationsraten im Einzugsgebiet der Bohrung ziemlich einheitlich bleiben. Wenn dann im Bohrkern Abweichungen festgestellt werden, sind sie durch zeitliche Änderungen der Niederschlagsmenge verursacht und nicht durch räumliche Gegebenheiten.

V. Traverse und Drift

Im Verlauf des dritten Traversentages kommt Wind auf. Bodendrift setzt ein, die sich schon bald nach dem ersten Tankstopp zu einem kräftigen Schneetreiben ausweitet. Das Skidoo-Programm muss abgebrochen werden. Nach kurzer Zeit verschlechtern sich die Sichtverhältnisse noch mehr, und wir haben Mühe, selbst die großen Schlittengespanne vor uns zu erkennen. Marc Blattner und Christian Lukait wechseln sich mit ihren Gespannen an der Spitze ab und navigieren nach den GPS-Geräten in den Pistenbullies auf den jeweils nächsten Wegpunkt zu. Nach einer Etappe von etwa 40 Kilometern, die alle Konzentration von den Fahrern und Beifahrern erfordert, kommt der ganze Tross zum Stehen. Es hat keinen Zweck, so weiterzufahren; wir können zeitweilig nicht weiter als 20 Meter sehen. Wir arrangieren unsere Schlittenzüge driftgemäß, das heißt mit großem Abstand zwischen den Schlittengespannen und alle bewohnten Fahrzeuge in Sichtweite zueinander.

Die Schneedrift hält sich hartnäckig über volle drei Tage. Zwischendurch lässt der Wind zwar etwas nach und die Sicht verbessert sich, aber diese Phasen sind zu kurz, um die sechs Schlittengespanne wieder flott zu kriegen. So müssen wir uns in Geduld üben, eine Übung, die gar nicht so einfach ist. Die Ruhephasen auf einer Traverse werden eben nicht vom Kalender vorgegeben, sondern vom Wetter. Eng wird es dann schon, wenn zehn Leute in einer 15 m²-Wohn-Schlaf-Küche zusammen sitzen. Deshalb ziehen sich an solchen Tagen, wenn draußen der Sturm mit 50 Knoten Windgeschwindigkeit tobt, die meisten Traversenteilnehmer in ihre Kojen zurück; im Container sind dann wohlige Schlaflaute zu hören. Wenn man mal aus dem Container hinaus muss, kommt man als vereister Schneemann oder Schneefrau zurück. Die primären menschlichen Bedürfnisse werden wirklich zur Qual. Kleinste Undichtigkeiten an Containern oder Fahrzeugen werden von dem feinen Schnee gnadenlos ausgenützt, um sich Zugang zu den Innenräumen zu verschaffen. Der Generator, der uns mit Strom versorgt, muckt ein paar Mal auf und hält vor allem unseren Ingenieur Andreas Brehme in Atem. Als dann die Lichtmaschine ihren Dienst quittiert, schließt Andreas ein externes Ladegerät an die Batterien an. Auch die beiden Skidoos, die Huckepack auf den Schlitten stehen, können dem Wind nicht schadlos standhalten. Eine Windschutzscheibe und eine komplette Motorhaube werden davongeblasen. Während wir am vierten Drifttag beim Frühstück sitzen, lassen Wind und Schneetreiben endlich nach. Über Kurzwellenfunk übermittelt uns die Meteorologin Heidi Schmidt von der Neumayer-Station die Wetterprognose. Weitere Besserung steht in Aussicht. Die Zeit scheint gekommen, sich ans Ausgraben zu machen.

Verteilung der Eismächtigkeit

Die Dicke des Eisschildes in Dronning-Maud-Land wurde aus der Luft mit Radarverfahren gemessen. Der Blick auf die Karte zeigt nahe ihrer nördlichen Begrenzung einen etwa 1000 Meter dicken Eiskörper im Bereich der Ritscherflya, der im Übergang zu den Schelfeisen durch die Zunahme der Fließgeschwindigkeit stark ausdünnt. Über dem Gebirgsstock der Maudheimvidda liegt vergleichsweise dünnes Eis (blau), an einigen Stellen ist das Gebirge sogar eisfrei. Südlich dieser Gebirgsschwelle erreicht das Inlandeis Mächtigkeiten von über 3000 Meter. Die weißen gepunkteten Linien kennzeichnen Eisscheiden, die verschiedene Abflussgebiete im Eiskörper abgrenzen. Am Schnittpunkt von drei solcher Eisscheiden liegt der Bohrpunkt bei DML 05. Unter ihm ist das Eis 2750 Meter dick.

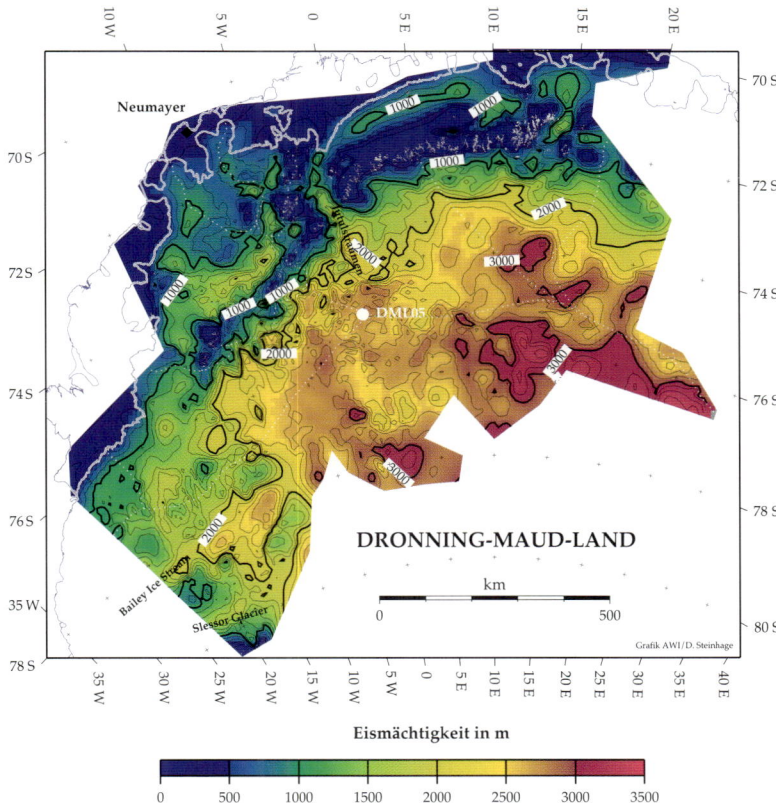

Eismächtigkeit in m

Nun können wir sehen, wo der Schnee überall angeweht worden ist. Hinter den Schlittengespannen haben sich bis zu zwei Meter hohe Schneewehen gebildet. Die Ketten der Pistenbullies sind vereist, und der feine Schnee ist unter die Motorabdeckungen gepresst worden. Ihn wieder von allen sich drehenden Teilen, wie Keilriemen oder Lüfterrädern, zu entfernen,

Tankstopp auf dem Amundsenisen. Der Treibstoff für die Pistenbullies wird in einem 15000 Liter fassenden Tankcontainer mitgeführt. Üblicherweise muss alle vier Stunden zum Tanken angehalten werden – eine willkommene Gelegenheit für einen kleinen Imbiss im Wohncontainer.

Eine Reparatur am Pistenbully, bei der die Kette abgenommen werden muss, kann bei den eisigen Temperaturen zur Qual werden.

erfordert den meisten Aufwand. Bis zum späten Nachmittag dauert es, unseren Schlittenzug startklar zu bekommen. Wir legen noch eine 44-Kilometer-Etappe zum Wegpunkt »Abzweig Wasa« zurück.

Der nächste Tag, begünstigt von gutem Wetter mit viel Sonne, wird zu einem jener langen Traversentage, an denen man vierzehn Stunden im Pistenbully sitzt. Bis Mitternacht kommen wir unserem Ziel um satte 127 Kilometer näher. Die Fahrzeuge laufen gut, und nur ein herausgefallener Bolzen eines Schäkels in der Kettenabspannung unter dem Wohnschlitten verlängert einen Tankstopp etwas. Aus einer Entfernung von 80 Kilometern sind die Kottasberge das erste Mal zu sehen. Sie und die ganze Gebirgskette der Heimefrontfjella tauchen von da an abwechselnd am Horizont auf oder verschwinden wieder, je nachdem, ob wir in dem welligen Gelände über eine Kuppe fahren oder eine Senke durchqueren. Als wir unseren Nachtplatz, etwa 25 Kilometer von den Bergen entfernt, erreichen, hüllt die Mitternachtssonne die Bergspitzen und Schneeflanken in ein stimmungsvolles Licht. Einige Eisflächen leuchten wie reflektierende Spiegel zu uns herüber. Dieser Anblick lässt schnell den Frust der Drifttage vergessen. Er fasziniert alle gleichermaßen, und bei einigen von uns, die schon mehrmals hier waren, steigen fast heimatliche Gefühle auf.

VI. Feiertage

Wie schnell sich Licht- und Wetterverhältnisse ändern, sehen wir am folgenden Morgen. Eine niedrige Wolkendecke hat sich auf die Heimefrontfjella gelegt, das Licht wird diffus und Kontraste sind kaum zu erkennen. Die heutige Tagesetappe ist kurz, nur dreizehn Kilometer trennen uns noch bis zum ehemaligen Kottaslager. Hier stand in früheren Jahren mehrmals ein Feldcamp, aber jetzt wird nur ein kleines Depot vorgehalten. Zwei rote Iglus aus Glasfaserwänden stehen für ein Notlager bereit. Eine dieser »Apple Huts« wird von uns Huckepack auf ein Containerdach geschnallt; sie soll später auf dem Amundsenisen als zusätzliche Unterkunft dienen. Die nur zehn Kilometer entfernten Berge wirken auf Geologen und Geophysiker immer sehr anziehend. So entstand die Idee, während des antarktischen Sommers ein Seismometer auf einem Fels aufzustellen. Ein Dreierteam, Cord Drücker, Fidan Göktas und ich, laden die Ausrüstung in einen Pistenbully. Wir machen uns auf den Weg in der festen Absicht, den Heiligen Abend nicht zu verpassen, also pünktlich zum Abendessen um 19 Uhr zurück zu sein. Leider wird es dann halb zehn, bis wir wieder am Camp zurück sind. Die anderen haben die Zeit inzwischen für eine Dusche genutzt. Warmwasser kommt aus dem Wasserhahn, vorausgesetzt, der Generator läuft (seine Abwärme wird zum Schmelzen genutzt) und Schnee wird zur rechten Zeit in der rechten Menge in den »Boiler« geschaufelt. Ein kleiner Aperitif verkürzte den Wartenden die Stunden bis zum Abendessen. Adi hatte genug Muße, das Festmahl vorzubereiten. Es ist schon eine Herausforderung an den Koch, mit einem zweiflammigen Gaskocher für zehn Leute zu kochen, und eine Meisterleistung, wenn er dann eine köstliche Dillsuppe mit Lachsstreifen, zart gebratenes Straußenfilet mit Pilzen, Stangenspargel und Kartoffeln sowie Eis als Dessert serviert. Die Weinkarte bietet Villa Antinori. Als weihnachtlicher Tischschmuck stehen vier Kerzen und ein stilisiertes, leuchtendes Weihnachtsbäumchen auf dem Tisch. Auch zwei Pakete mit Lebkuchen fanden ihren Weg von der fränkischen Lebkuchenmetropole Nürnberg in die Kottasberge. Einige exquisite Zigarren werden aus wohlfeilen Kistchen angeboten. Vieles von dem, was wir an diesem Abend denken und wie wir uns über die kleinen Geschenke in unserem Reisegepäck freuen, können wir übers Telefon unseren Lieben zu Hause weitersagen. Eines steht jedoch noch aus: Einmal eine weihnachtliche Geschichte für die südliche Hemisphäre zu schreiben, wo Christi Geburt nicht mit der Nacht, sondern mit Mitternachtssonne und Helligkeit in Verbindung gebracht wird.

Am ersten Weihnachtstag stärken wir uns mit einem guten Frühstück, und Cord erläutert Details der Anstiegsroute und gibt Anweisungen, was zu tun ist, wenn sich ein Gespann fest-

fährt. Generelle Devise: Wer in Fahrt ist, soll solange weiterfahren wie es geht, wer steckenbleibt, soll einen Schlitten abhängen und mit reduzierter Last weiterfahren. Die zurückgelassenen Schlitten würden wir später holen, wenn die anderen Schlitten erst einmal auf ebenem Terrain geparkt sind. Der Himmel ist bewölkt, Streulicht, keine Kontraste im Schnee zu erkennen – schwierige Bedingungen für konzentriertes Fahren in unwegsamem Gelände. Nach zwanzig Kilometern, am Wegpunkt »Einstieg Strømmebakken«, werden die Fahrzeuge vor dem steilen Anstieg noch einmal vollgetankt. Weitere zehn Kilometer geht alles gut, dann, als wir zu einer weiten Kehre ausholen müssen, fahren sich vier Gespanne fest. Nur zwei schafften es, ohne Unterbrechung die Steigung zu nehmen. Je höher wir kommen, desto schlechter wird die Sicht. An der Position unseres Nachtstopps setzt wieder Schneedrift ein. Trotzdem fahren die vier Kabinenbullies zum Aufsammeln der liegengebliebenen Schlitten zurück. Als sie gegen Mitternacht zum Camp aufschließen und sich per Funk ankündigen, sind keine Fahrzeuge zu

Weihnachtsfeier im Wohncontainer am Bohrpunkt DML 05, Sommerkampagne 1997/98.

Treffen des AWI-Forschungsflugzeuges Polar-2 mit einer Twinotter des British Antarctic Survey am Kottascamp. Beide Flugzeuge sind mit Geräten zur Eisdickenmessung nach dem elektromagnetischen Reflexionsverfahren ausgerüstet. Unter der rechten Tragfläche von Polar-2 ist eine der beiden Antennen zu erkennen.

sehen. Cord meldet, dass sie sich gemäß GPS-Instrumenten nur 500 Meter vor dem Camp befinden müssten. Erst als sie auf 150 Meter heran sind, erkennen wir die gelben Rundumleuchten durch den driftenden Schnee.

In der Nacht zum zweiten Weihnachtstag bessert sich das Wetter, die Drift lässt nach. Weil noch eine kräftige Steigung in etwa dreieinhalb Kilometer Entfernung vor uns liegt – hier hatten wir uns vor zwei Jahren schon einmal festgefahren – beschließen wir, dieses Stück noch mit jeweils einem angehängten Schlitten zu fahren und wie am Vortag die anderen Schlitten nachzuholen. Dann koppeln wir wieder die Gespanne zusammen und setzen die Fahrt nach Südosten fort. Ein Schleppzug mit zwei schweren Schlitten muss im Laufe des Tages noch zweimal entkoppelt werden. So kämpft sich jede Gruppe mühsam voran. Gemeinsamer Treffpunkt ist die Position DML11 auf 2600 Meter Höhe, von wo aus wir noch eine Tankfüllung weiterfahren wollten. Leider kommt es anders. Eines unserer stärksten Zugpferde streikt und will die Kraft nicht mehr aufbringen, Christians schweres Gespann von der Stelle zu bewegen. Bis Mitternacht ist der Fehler noch nicht ausgemacht, obwohl sich unsere fünf Motorexperten Marc, Christian, Cord, Jens und Andreas eifrig bemühen und vielfältige Möglichkeiten diskutieren.

Bei minus 20 Grad Kälte werden am nächsten Tag verschiedene Teile am Fahrzeug ausgewechselt, morgens noch bei Sonnenschein, dann beginnt es zu schneien. Am späten Nachmittag bewegt sich der Schlittenzug wieder vorwärts. Bis zum ersten Tankstopp legen wir gerade mal

25 Kilometer zurück, und dies sollte auch unsere Tagesetappe bleiben. Denn als wir nach dem Tanken wieder losfahren wollen, wühlt sich Marcs Gespann in den weichen Schnee. Wir entscheiden, die Lasten anders zu verteilen. Dann ist es zu spät, um weiterzufahren. Wir sind müde. Aber einen kleinen Umtrunk gönnen wir uns noch. Christian Lukait hat Geburtstag.

Das erleichterte Gespann von Marc läuft am folgenden Tag allen anderen voraus, auch Christian kann mit seinem Problembully gut Schritt halten. Andreas bildet mit seinem Zug das Schlusslicht. So können wir am späten Abend auf drei Tankstopps und etwa 90 Kilometer Fahrstrecke zurückblicken. Der weiche Schnee macht uns aber immer mehr zu schaffen und kostet viel Treibstoff. An der Position DML12 leuchtet uns schon auf fünf Kilometer Entfernung eine Schneeskulptur entgegen, die wir im letzten Jahr gebaut hatten. Ein kurzer Stopp genügt, um eine Temperaturmesskette im Eis nachzumessen. Jens bewährt sich mit seinem Bully mehrmals als Anschieber, wenn ein Gespann nach einem Stopp nicht gleich loskommt. Michael nutzt die Zeit, um Schneeproben zu sammeln. Unmerklich füllt sich sein Kontingent an wärmegedämmten Transportkisten. Das Thermometer sinkt in der Nacht auf minus 33 Grad Celsius.

Am 29. Dezember kommen wir unserem Ziel nur 56 Kilometer näher. Der Schnee und weitere Kontroll- und Reparaturarbeiten an den Bullies dämpfen unsere Hoffnung auf ein schnelles Vorwärtskommen. Wir starten bei sonnigem Wetter, im Laufe des Tages verdecken tiefliegende Wolken und Nebel die Sicht. Als wir unseren Tross für die Nacht positionieren, fehlen noch immer 86 Kilometer bis zum Punkt DML05.

VI. Bodentopografie

Diesen magischen Punkt DML05, den Ort der künftigen Tiefbohrung – welchen Aufwand hat es gekostet, ihn zu finden! Neben den Informationen über Akkumulationsraten und die Fließdynamik des Eises brauchten wir Kenntnisse über die Eismächtigkeit und die Topografie des Untergrundes. Dazu war ein umfangreiches

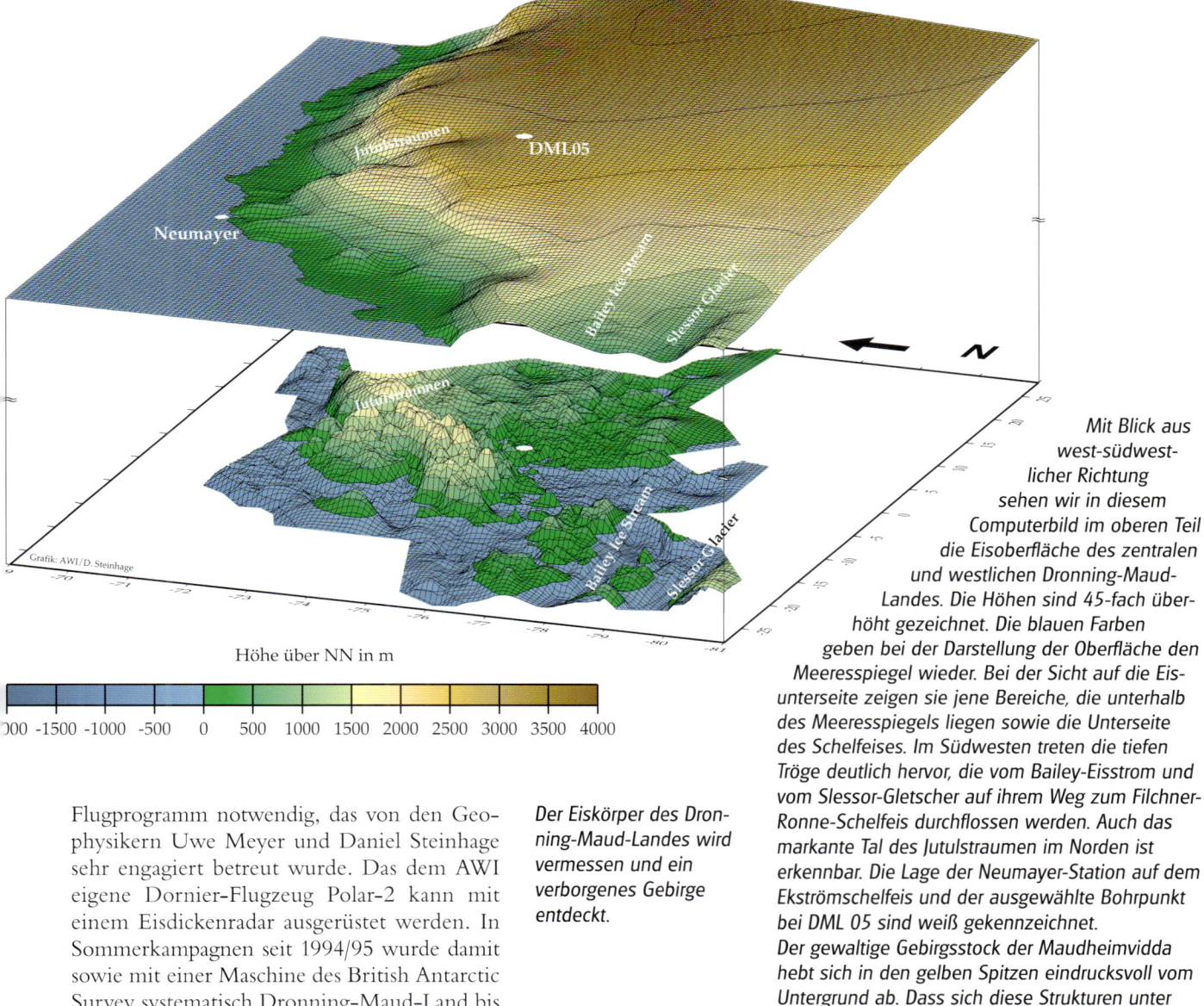

Grafik: AWI/D. Steinhage

Höhe über NN in m

-2000 -1500 -1000 -500 0 500 1000 1500 2000 2500 3000 3500 4000

Flugprogramm notwendig, das von den Geophysikern Uwe Meyer und Daniel Steinhage sehr engagiert betreut wurde. Das dem AWI eigene Dornier-Flugzeug Polar-2 kann mit einem Eisdickenradar ausgerüstet werden. In Sommerkampagnen seit 1994/95 wurde damit sowie mit einer Maschine des British Antarctic Survey systematisch Dronning-Maud-Land bis 15 Grad östlicher Länge überflogen und über einer Fläche von 1040900 Quadratkilometern, entlang von 91500 Profilkilometern (mehr als der doppelte Erdumfang!) die Eismächtigkeit gemessen. Um dieses weite Gebiet, größer als die Bundesrepublik Deutschland, mit der begrenzten Reichweite von Polar-2 abdecken zu können, wurde der Start- und Landeplatz des Flugzeuges in der ersten Saison bei der britischen Station Halley im Westen, während der folgenden Kampagnen bei der Neumayer-Station und am Kottaslager, tageweise auch bei der Station

Der Eiskörper des Dronning-Maud-Landes wird vermessen und ein verborgenes Gebirge entdeckt.

Mit Blick aus west-südwestlicher Richtung sehen wir in diesem Computerbild im oberen Teil die Eisoberfläche des zentralen und westlichen Dronning-Maud-Landes. Die Höhen sind 45-fach überhöht gezeichnet. Die blauen Farben geben bei der Darstellung der Oberfläche den Meeresspiegel wieder. Bei der Sicht auf die Eisunterseite zeigen sie jene Bereiche, die unterhalb des Meeresspiegels liegen sowie die Unterseite des Schelfeises. Im Südwesten treten die tiefen Tröge deutlich hervor, die vom Bailey-Eisstrom und vom Slessor-Gletscher auf ihrem Weg zum Filchner-Ronne-Schelfeis durchflossen werden. Auch das markante Tal des Jutulstraumen im Norden ist erkennbar. Die Lage der Neumayer-Station auf dem Ekströmschelfeis und der ausgewählte Bohrpunkt bei DML 05 sind weiß gekennzeichnet.

Der gewaltige Gebirgsstock der Maudheimvidda hebt sich in den gelben Spitzen eindrucksvoll vom Untergrund ab. Dass sich diese Strukturen unter dem Eis nach Süden fortsetzen, konnte man nicht unbedingt ausschließen. Da man aber keine Messdaten hatte, wurde die Region unter dem Amundsenisen als ein flaches Felsbett angenommen. Die Entdeckung des (hier zum ersten Mal dargestellten) im Eis verborgenen Gebirges machte es erforderlich, die Modelle zur Berechnung der antarktischen Eismasse und deren Fließverhalten zu korrigieren. Die eisfreien Gipfel der Maudheimvidda können allerdings im gewählten Maßstab auf der Eisoberfläche nicht mehr abgebildet werden. Unter dem Punkt DML 05 laufen die Berge bereits in ein relativ ebenes Gebiet aus.

207

Das Durchlichtprofil oben ist in einem Schneeschacht entstanden, indem dahinter ein zweiter Schacht gegraben wurde. Deutlich ist der schichtweise Aufbau der Schneedecke zu erkennen. In der Regel können die dunklen Schichten feinkörnigem, fest verpresstem Winterschnee und die hellen Schichten gröberem Sommerschnee zugeordnet werden. Der Maßstab zeigt an, dass auf dem hoch gelegenen Plateau des Inlandeises pro Jahr nur etwa 20 Zentimeter Schnee abgelagert werden. Im Mittel entspricht dies einer jährlichen Akkumulationsrate von 70 Kilogramm pro Quadratmeter.

Rechts: Schneeschacht am Messpunkt DML 21. Der Schweizer Kollege Heinrich Rufli nimmt Proben aus der Schachtwand zur Dichtebestimmung sowie für chemische Messungen und zur Untersuchung der Isotopengehalte. Auf einem »Schneetisch« ist sorgfältig das nötige Werkzeug ausgebreitet. Eine Waage zur Bestimmung der Masse der Schneeproben, die Ausstechzylinder, die horizontal in die Schachtwand gedrückt werden, eine Säge, ein Besen liegen bereit. Auch das Protokollbuch wartet schon auf den Schreiber. Die aus dem Schachtaushub gesägten Schneeblöcke schützen vor am Boden driftenden Schnee.

Die Doktorandin Fidan Göktas beim Probennehmen in der Nähe der künftigen Tiefbohrung. Der weiße, fuselfreie Schutzanzug soll eine Verunreinigung der Proben verhindern. In der Wand stecken Kellen, womit die Stechzylinder und Probengefäße wieder herauspräpariert werden.

Troll oder auf dem Inlandeis bei DML05 eingerichtet.

Nach fünf Jahren Messfliegerei liegt nun die Form des Untergrundes unter dem Eis offen vor unseren Augen. Jetzt wissen wir, wie weit sich der gewaltige Gebirgsstock der Maudheimvidda unter dem Eis nach Osten erstreckt und dass der Untergrund unter Amundsenisen und Wegenerisen nicht der norddeutschen Tiefebene gleicht, sondern den Charakter einer Mittelgebirgslandschaft hat. Als damals die Ergebnisse bekannt wurden, ging eine Nachricht an die Medien und sorgte für Aufmerksamkeit: Neues Gebirge unter Polareis entdeckt. Das war zwar nur ein sekundärer Effekt unserer großflächigen Eiserkundung, aber das Wissen darum hat uns geholfen, die nummerischen Modelle, die das Fließverhalten des Eiskörpers in diesem Gebiet beschreiben, erstmals mit realistischen Eingabedaten zu füttern; deshalb sind die Ergebnisse vertrauenswürdiger geworden. Die Eis-Radargramme zeigen deutlich, wie die einzelnen Eisschichtenpakete im Innern des Eiskörpers

Links: Der Klimatunnel der Neumayer-Station wurde in der Saison 1997/98 zum Eislabor umfunktioniert. Durch einen Schacht am hinteren Ende konnten die Eiskernkisten mit einem Dachdeckeraufzug ein- und ausgefahren werden. Für die Bestimmung der elektrischen Leitfähigkeit des Eises und der Dichte mit Hilfe der Gamma-Streuung (auf dem Bild der Glaziologe Frank Wilhelms) sind spezielle Messbänke entwickelt worden.

Oben: Bohrcamp am Messpunkt DML 11, 1997/98. Während dieser Saison wurden mit dem AWI-Eisbohrer siebzehn 30 Meter tiefe Bohrkerne und drei über 100 Meter tiefe Kerne gebohrt. Eine 30-Meter-Bohrung dauert etwa zwei Tage. Die Schlittengespanne werden eng zusammengestellt, um einen guten Windschutz zu bieten und den Generator möglichst nahe am Bohrschlitten zu haben.

Unten: Der Stahlbau des Camps DML 15 nach siebentägiger Bauzeit. Auf die Längsträger werden später die Container der Kohnen-Station gesetzt. Die Querträger sind so in den Stützen befestigt, dass sie gehoben werden können. Dadurch wird die gesamte Station erhöht, um den Schneezutrag auszugleichen. Unter der Station muss immer genug Freiraum bleiben, damit der Wind ungehindert den Schnee hindurchblasen kann.

geformt sind und beim Überfließen von Hindernissen am Untergrund verformt werden. So war es möglich, ein Gebiet mit verhältnismäßig ebenem Untergrund und regelmäßiger Eisschichtung als zukünftigen Bohrort auszuwählen. Diese Stelle im Umfeld des Punktes DML05 auf dem Greenwich Meridian und 75 Grad südlicher Breite liegt zudem auf der Eisscheide zwischen Amundsenisen und Wegenerisen, wo sich das Eis nur um ein bis zwei Meter pro Jahr nach Westen bewegt.

VIII. Jahrtausendwende im Eis

Der Blick aus dem Container am Morgen des 30. Dezember zeigt uns wieder einen bedeckten Himmel, und leichter Schneefall erschwert zusätzlich die Sicht. Die Sonne scheint den ganzen Tag über nur schwach durch die Wolkendecke hindurch. Heute fahren wir bis DML05,

Kunst ohne professionelle Attitüden am künftigen Bohrort, 1997/98 aus dem Aushub des glaziologischen Schneeschachtes von Gernot Patzelt geformt. Die Null symbolisiert die Lage des Punktes auf dem Nullmeridian. Die geographische Breite liegt bei 75 Grad Süd. Der Stern soll an das Expeditionsschiff POLARSTERN erinnern; die 5 entspricht der Bezeichnung des Punktes: DML 05.

Oben rechts: Die letzte Nacht des Schlittenzuges auf der Rückfahrt kurz vor der Neumayer-Station auf dem Ekström-schelfeis.

Das DML-Camp Anfang Februar 2000. Der zweite Containerblock (rechts) mit Sanitäreinrichtung und zwei Schlafräumen ist bereits auf die Plattform gehoben worden. Die vier Container links beherbergen Funkstation, Messe und Küche. Das Bohrcamp wurde im Januar 2001 offiziell als »Kohnen-Station« eingeweiht, benannt nach dem langjährigen Leiter der Abteilung Logistik am AWI.

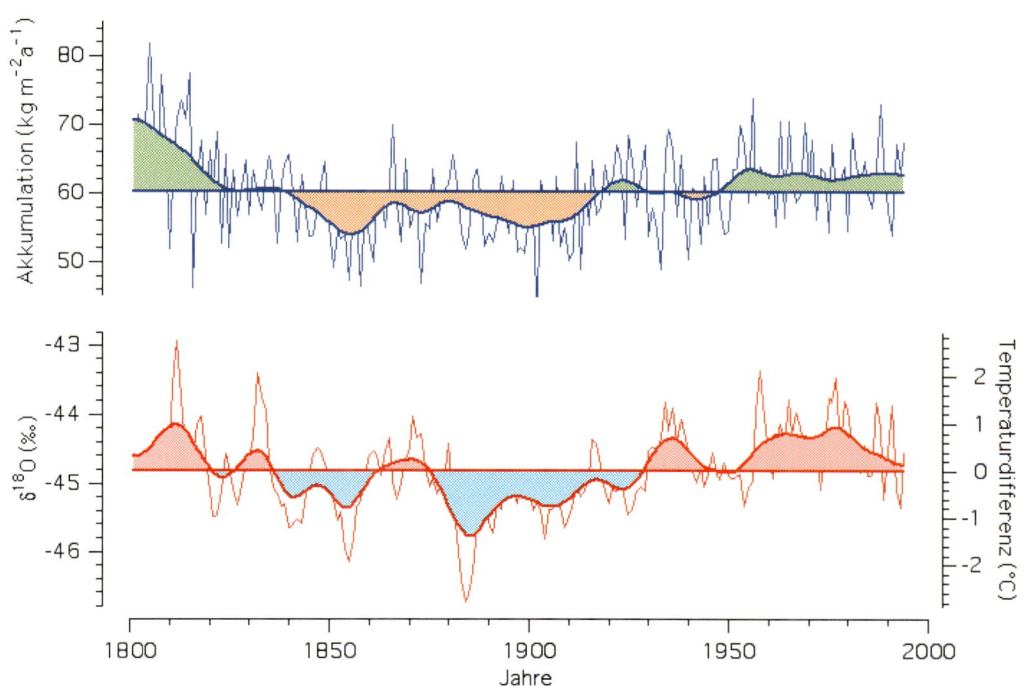

Klimaschwankungen aus dem Eis gelesen
Die Firn- und Eiskerne, die während der Vorerkundung in Dronning-Maud-Land gebohrt wurden, erlauben einen Rückblick in die Klimageschichte der zurückliegenden Jahrhunderte. Es ist bemerkenswert, wie sich in den beiden letzten Jahrhunderten der Schneezutrag und der Isotopengehalt des schweren Sauerstoffs 0-18, der in Temperaturschwankungen umgerechnet werden kann, geändert haben. Um die Jahrhundertwende müssen auf dem Inlandeisplateau etwas tiefere Temperaturen geherrscht haben, und der Niederschlag war geringer als heute. Ab etwa 1930 wird es wieder wärmer. Der Anstieg der Temperaturen und der Niederschlagsmenge in diesem Jahrhundert geht jedoch nicht über die Werte hinaus, die bereits vor 200 Jahren das Klima prägten. Es wäre also falsch, aus den Werten des 20. Jahrhunderts allein eine Klimaänderung ableiten zu wollen, die bereits weit über die natürlichen Schwankungen hinausgeht. Die dünnen, steilen Kurven zeigen die berechneten Jahresmittelwerte, die dicken stellen über dreißig Jahre gemittelte Werte dar.

von wo aus es nur noch zwei Kilometer bis zum endgültigen Endpunkt unserer Traverse sind. Das Feldcamp wollen wir lieber ausgeschlafen am nächsten Tag einrichten.

Zu Silvester ist es endlich so weit, unser Tross mit allen Schlitten nähert sich dem Ziel. Die Gespanne werden auseinandergekoppelt und alle Schlitten nach vorgegebenem Plan gegen die Hauptwindrichtung geparkt. Jetzt können wir mit unseren eigentlichen Arbeiten anfangen. Zuerst wird eine Baugrube ausgehoben und eine Landepiste präpariert. Adi in der Küche ist besonders ambitioniert, schließlich ist heut kein gewöhnlicher Tag, und am Abend servierte er uns ein exzellentes kaltes Buffet mit verschiedenen Sala-

ten, Fischsorten und gebratenem Straußenfilet. Um Mitternacht stoßen wir mit Champagner auf das neue Jahrtausend an. Auf ein Feuerwerk müssen wir aus Umweltschutzgründen natürlich verzichten, es wäre ohnehin unter der Mitternachtssonne nicht so eindrucksvoll gewesen wie in der dunklen Silvesternacht in Deutschland. Bis in die ersten Morgenstunden sitzen wir in gemütlicher Runde beisammen. Dank Inmarsat werden viele gute Neujahrswünsche zwischen zu Hause und der weißen Einöde von Dronning-Maud-Land ausgetauscht. Wie schön, dass sich der Mensch in unserer Zeit der weltweiten Verständigung nirgendwo allein fühlen muss.

Hans Oerter

211

Die Nordsee im Vergleich

Das Meer vor der Haustür – das ist etwas ganz Besonderes. Es hat die Seele des Alltags und lockt mit dem Versprechen auf weiteres. Hier begann für viele Menschen alles. Für den Küstenbewohner das Wirtschaften am Wasser, für den Seemann die Sehnsucht nach fernen Gestaden und Abenteuern, für die Aufgeweckteren unter den Lehrern und Pastoren das hemisphärische Denken. Das so vertraute Meer war nie allein Naturraum, es war immer auch in einem hohen Maße Inspirator von Kultur. Die Nordsee (und nicht weniger die Ostsee) mit ihren geheimnisvollen Zeichen hat sich in die Herzen der meisten Menschen geschrieben und deren Neugier geweckt. Die Muschel am Strand, der Tang, ein toter Fisch vielleicht, Gezeiten und die Tiere auf den Wattenflächen regen die Fantasie an, das Bestreben, mehr zu wissen über die Wasserwelt. So wird es immer gewesen sein, und man kann für die ernsthafte naturkundliche, dann wissenschaftliche Beschäftigung mit dem Meer keinen Anfang und kein Ende setzen.

Kein Wunder, dass die Wiege der deutschen Meeresforschung an der Nordsee liegt. Berühmte Biologen haben hier Bedeutsames entdeckt, schon 1892 wurde die erste deutsche Meeresforschungsstation gegründet, die »Königliche Biologische Anstalt auf Helgoland«. Nach einer wechselvollen Geschichte ist dieses verdienstvolle Institut mit seiner Außenstelle auf der Insel Sylt seit 1998 ein wichtiges Glied in der Stiftung »Alfred-Wegener-Institut«. Sozusagen ist die Keimzelle als bejahrter Baum in den Garten seiner Früchte zurückgekehrt, die auf jüngeren Böden Wurzeln geschlagen haben.

Die Nordsee war jedoch nie aus dem Blickfeld der Bremerhavener Wissenschaftler geraten, zumal eine andere traditionelle Einrichtung, das Institut für Meeresforschung mit dem Nordseemuseum am ehemaligen Handelshafen, bereits 1986 in das Alfred-Wegener-Institut integriert worden war. In der Deutschen Bucht untersuchten die Biologen beispielsweise den Eintrag von Schadstoffen und ihren Einfluss auf die Bodenfauna. Die aktuelle Stärkung der Meeresforschung durch gemeinsame Projekte des AWI und der Biologischen Anstalt Helgoland entspricht der Einsicht, dass Umwelt und Umweltveränderungen eben nicht isoliert, sondern weitgehend nur in globalen Zusammenhängen erforscht werden können.

Selbstverständlich wurden auch die langen Fahrten der POLARSTERN über den Atlantik, durch alle Klimazonen, genutzt, um eine Vielzahl von Kenngrößen sowohl im Ozean als auch in der Atmosphäre zu messen. Schiffzeit ist teuer, da wird kein Leerlauf toleriert. Und weiße Flecken in der Erkenntnislandschaft gibt es allerorten.

213

DER HELGOLÄNDER FELSSOCKEL

**Artenvielfalt und ihre Veränderungen
in einer marinen Oase**

*Das Helgoländer Fels-
watt bei Ebbe. Dieser
täglich zweimal im
Rhythmus der Gezeiten
trockenfallende Lebens-
raum ist von einer Viel-
zahl speziell angepass-
ter Pflanzen und Tiere
besiedelt.
Foto: H.-D. Franke*

Fast sechzig Meter und somit weithin sichtbar erhebt sich der rote Felsen der Insel Helgoland über den Meeresspiegel. Ähnlich der Spitze eines Eisberges repräsentiert er nur einen kleinen Teil einer viel größeren untermeerischen Formation. Der etwa 40 Quadratkilometer große Helgoländer Felssockel entstand als spät-tertiäre Auffaltung eines viele Jahrmillionen alten Gesteins und wurde geformt durch die wiederholten Vorstöße des nordischen Inlandeises sowie die Gewalten des Meeres und der Atmosphäre. Er ist ein erstaunliches Dokument der Erdgeschichte und zugleich ein geologischer und ökologischer Son-

derling in der Nordsee: ein »gewachsener« Fels in einer Umgebung aus Sand- und Schlickböden. Der Felssockel beherbergt eine große Vielfalt an Arten und Lebensformen. Er unterteilt sich in zwei marine Lebensbereiche: das im Rhythmus der Gezeiten zweimal täglich trockenfallende Felswatt, das Eulitoral, und die ständig vom Wasser bedeckten Felsklippen, das Sublitoral. Die Felsen bieten den festen Grund, den Tange (Großalgen) brauchen, um siedeln zu können. Im Schutz der Tange und auf ihrer Oberfläche finden zahlreiche andere Pflanzen und Tiere Existenzmöglichkeiten. Mit mehr als tausend bekannten Arten der Makroflora und Makrofauna auf engstem Raum ist der Helgoländer Felssockel eine marine »Oase« in der südöstlichen Nordsee.

Es war vor allem dieser biologische Reichtum, der schon früh im 19. Jahrhundert berühmte Naturforscher nach Helgoland gezogen und Helgolands Bedeutung als Forschungsstandort begründet hat. Wichtige biologische Entdeckungen waren hier bereits gemacht worden, bevor 1892 schließlich eine permanente Forschungseinrichtung auf der Insel etabliert wurde. Generationen von Forschern, Lehrenden und Lernenden haben auf Helgoland ihre oft prägenden ersten Erfahrungen mit der faszinierenden Vielfalt an Formen und Funktionen von Meerespflanzen und -tieren gemacht. Nach einer wechselvollen Geschichte wurde die Biologische Anstalt Helgoland (BAH) 1998 Teil der Stiftung Alfred-Wegener-Institut. Seit mehr als hundert Jahren bietet Helgoland ideale Voraussetzungen insbesondere für solche Arbeiten, die eine langfristige systematische Probennahme, eine enge Kombination von Freiland- und Laboruntersuchungen oder die Zucht mariner Organismen erfordern.

Die biologische Forschung hat zwei Hauptaspekte: die Suche nach einheitlichen Grundprinzipien, nach der »Einheit in der Vielfalt«, und die Untersuchung der Vielfalt selbst sowie ihrer Bedeutung in der Einheit. Vielfalt ist ein grundlegendes Element jeglicher biologischer Organisation. Sie ist eine Voraussetzung für die Stabilität, Funktion und Weiterentwicklung biologischer Systeme. So wie nur eine genetische Vielfalt von Individuen die Existenz und den Fortbestand von Arten garantieren kann, so kann nur die Vielfalt von Arten und Lebensformen mit ihren Wechselbeziehungen den Fortbestand von Lebensgemeinschaften sichern.

In einer Zeit, in der die Lebensbedingungen auf unserem Planeten – ganz besonders auch in den Küstenzonen der Meere – durch den Menschen tiefgreifend verändert werden, wird es immer wichtiger, quantitative und qualitative Änderungen im Artenspektrum zu erfassen sowie die Ursachen und Konsequenzen dieser Änderungen zu untersuchen. Nur in aufwendiger, langjähriger Forschungsarbeit lassen sich diese Aufgaben lösen, denn die Bestände von Arten unterliegen aus rein natürlichen Gründen starken kurz- und mittelfristigen Fluktuationen in Raum und Zeit. Um vor diesem »Hintergrundrauschen« Trends zu dokumentieren, sind gründliche periodische Bestandsaufnahmen über größere Areale und Zeiträume von meist Jahrzehnten erforderlich. Eine solche Langzeit-Datenerhebung, heute als »Monitoring« bezeichnet, gehörte schon frühzeitig zu den Aufgaben der Biologischen Anstalt Helgoland, die diese Tradition einer »Forschung mit langem Atem« bis heute pflegt.

Die systematischen Beobachtungen galten den Großalgen- und Fischbeständen, der Bodenfauna in der näheren Umgebung Helgolands sowie dem Phyto-, Zoo- und Bakterioplankton. 1962 wurde eine bis heute fortgeführte werktägliche Probenserie auf Helgoland-Reede gestartet, die zahlreiche ozeanographisch-biologische Parameter erfasst. Erst in der Gegenwart wird die große Bedeutung der so gesammelten Daten deutlich: Nur sie lassen erkennen, wie sich die Lebensbedingungen in der Deutschen Bucht, die Vorkommen und Häufigkeit von Arten während des vergangenen Jahrhunderts, einem Zeitraum zunehmenden Einflusses des Menschen auf das Ökosystem, verändert haben. In ähnlicher Weise werden die heute gewonnenen Daten in kommenden Jahrzehnten als Vergleichsbasis dienen können, um dann erneut rückblickend Änderungen zu erfassen.

Der Hummer (Homarus gammarus) in Abwehrhaltung vor einer Sandsteinwand des marinen Helgoländer Felssockels. Foto: U. Schilling

Freilandbeobachtungen allein reichen allerdings nicht aus, um die Ursachen und weiteren Konsequenzen biologischer Veränderungen festzustellen. Hierzu ist eine genaue Kenntnis der ökologischen Beziehungen der betroffenen Arten erforderlich, die nur in Laborexperimenten gewonnen werden kann. Mit dem »Ökolabor« verfügt die Biologische Anstalt Helgoland seit 1976 über moderne Einrichtungen, in denen auch empfindliche marine Organismen gehalten beziehungsweise gezüchtet werden können. Hälterung und Zucht sind der entscheidende Schlüssel zur Beantwortung vieler biologischer Fragen. Damit lassen sich die Leistungen und ökologischen Bedürfnisse von Arten sowie ihre Wechselwirkungen mit anderen Arten untersuchen und begründete Hypothesen über die kausalen Zusammenhänge und Konsequenzen von Veränderungen entwickeln.

Die Hauptfaktoren, welche die Bestände von Meeresorganismen direkt oder indirekt, das heißt über ihre Nahrung, Feinde, Konkurrenten und anderes mehr, beeinflussen, sind die Fischerei, das Einschleppen »exotischer« neuer Arten durch den Menschen, der Eintrag von Schad- und Nährstoffen über die Atmosphäre und die Flüsse sowie klimatische Veränderungen. Die Reaktionen der Lebewesen auf diese überwie-

Die Rotalge Osmundea ramosissima ist ein Beispiel für eine früher häufige, in den 1930er Jahren letztmalig bei Helgoland gefundene Algenart. Exemplar aus dem Herbarium von Paul Kuckuck (1866 – 1918), erster Kustos für Botanik an der Biologischen Anstalt Helgoland.

gend vom Menschen verursachten Faktoren sind zunächst recht subtiler Art und vor dem Hintergrund der natürlichen Schwankungen oft kaum wahrzunehmen. Da Arten insbesondere über Nahrungs- und Konkurrenzbeziehungen eng miteinander verbunden sind, wird eine Bestandsänderung einer Art meist auch die Bestände weiterer Arten positiv oder negativ beeinflussen. Und letztlich werden mit dem Verschwinden von Arten wie auch mit dem Auftreten neuer Arten Struktur und Funktion von Ökosystemen sowie die Biodiversität qualitativ und quantitativ verändert.

Von besonderem ökonomischem Interesse für Helgoland ist neben dem Verschwinden der Austernbänke bereits zu Beginn des 20. Jahrhunderts der drastische Rückgang der Hummerpopulation nach dem Zweiten Weltkrieg. Der Helgoländer Felssockel ist der einzige Ort in der südöstlichen Nordsee, an dem der Hummer *(Homarus gammarus)*, das Charakter- und heimliche Wappentier der Insel, natürlicherweise vorkommt. Sein Lebensraum ist der zerklüftete Felsboden, der das arttypische Höhlenleben ermöglicht. Bis zu Beginn des Zweiten Weltkrieges war der Hummerfang (mit zuletzt mehr als 80 000 Exemplaren im Jahr) eine wesentliche Einnahmequelle für die Inselbewohner. Heute werden nur noch wenige hundert Exemplare

pro Jahr gefangen. Wichtigste Ursache des Rückgangs war vermutlich die Habitatzerstörung durch Baumaßnahmen während des Krieges sowie die verheerende Bombardierung der Insel noch bis zum Jahre 1950, als sie der britischen Luftwaffe als Übungsziel diente und schließlich der vergebliche Versuch unternommen wurde, die Insel zu sprengen.

Erstaunlich bleibt die Tatsache, dass sich der Bestand nach den nun verstrichenen mehr als fünfzig Jahren nicht erholt hat. Die Gründe hierfür sind vermutlich vielfältig. Die Dezimierung der Hummer könnte dem Taschenkrebs *(Cancer pagurus)*, seinem Hauptkonkurrenten um Nahrung und Lebensraum, einen (vorübergehenden?) Vorteil verschafft haben. Infolge seines deutlich angestiegenen Bestandes kommt dem Taschenkrebs als ehemaligem »Beifang« der Hummerfischerei heute eine weit größere ökonomische Bedeutung zu als dem Hummer selbst. Auch die angestiegene Belastung des Meerwassers mit Schadstoffen, vor allem mit Ölprodukten, wird als eine der Ursachen für die ausbleibende Erholung des Hummerbestandes diskutiert. Unsere langjährigen Bemühungen, durch massenhaftes Ausbringen von im Labor geschlüpften Hummerlarven den Bestand zu erhöhen, blieben ohne erkennbaren Erfolg. Die derzeitigen Untersuchungen am Hummer verfolgen daher auch eine andere Strategie: Über eine bessere Kenntnis der Biologie und Physiologie der Tiere sollen die Ursachen des anhaltend niedrigen Bestandes genauer erforscht und künftige Bemühungen um eine Aufstockung der Population optimiert werden.

Ähnlich wie beim Hummer gibt es auch in anderen Fällen, in denen Arten während des letzten Jahrhunderts selten geworden oder sogar verschwunden sind, wenig gesicherte Kenntnisse über die Ursachen dieser Vorgänge. Von den etwa 300 Helgoländer Makroalgenarten zum Beispiel wurden zwölf ehemals häufige Arten nach dem Zweiten Weltkrieg nicht mehr gefunden, so die zarte, aber hochentwickelte Rotalge *Osmundea ramosissima* (siehe Abb.). Einige weitere Arten sind sehr selten geworden. Eine der langfristig folgenschwersten Änderungen in den ökologischen Bedingungen der Deutschen Bucht betrifft die Nährstoffsituation. Durch die Langzeitserie auf Helgoland-Reede ist ihr anthropogener Charakter gut belegt. Von besonderer Bedeutung ist der seit den achtziger Jahren bis heute ungebremst starke Anstieg der Nitratkonzentration des Meerwassers. Die zu erwartenden Folgen (die so genannte Eutrophierung, das heißt eine erhöhte Primär- und Sekundärproduktion von organischer Substanz, einhergehend mit zeitweisem Sauerstoffmangel in tieferen Wasserschichten und Änderungen in der Zusammensetzung der Bodenfauna) sind allerdings im unmittelbaren Bereich Helgolands weniger offenkundig als in manchen anderen, insbesondere küstennahen Lebensräumen. Zwar ist auch für Helgoland eine Zunahme der Gesamtbiomasse an Phytoplankton nachgewiesen; sie beruht hier aber im Wesentlichen auf einer Zunahme winzig kleiner, sich zumindest zeitweise von organischer Substanz (heterotroph) ernährender Organismen – es sind Nano-Flagellaten mit einem Durchmesser von weniger als zehn Mikrometer. Ihre starke Vermehrung ist vermutlich keine direkte Folge erhöhter Nährstoffgehalte. Ein Anstieg der Nährstoffkonzentrationen allein führt jedenfalls nicht zwangsläufig zu starken Phytoplanktonblüten. Bestimmte hydrographische wie auch biologische Bedingungen, etwa ein Mangel an Primärkonsumenten, die sich vom Phytoplankton ernähren, sind weitere entscheidende Voraussetzungen. Andererseits müssen erhöhte Nährstoffkonzentrationen im Meerwasser sogar als mögliche Ursachen für das Verschwinden von Makroalgenarten in Betracht gezogen werden.

Die langfristigen Untersuchungen im Bereich des Helgoländer Felssockels haben nicht nur dokumentiert, wie Bestände zurückgegangen und manche Arten verschwunden sind, sondern auch wie Populationen angewachsen und neue Arten aufgetreten sind. Vermindert sich der Bestand einer Art, können häufig direkte Konkurrenten von dieser Situation profitieren. So könnte die erwähnte Zunahme der Taschenkrebse ursächlich mit dem Rückgang der Hummerpopulation zusammenhängen.

Neue Arten vor Helgoland

Ein in seinen Auswirkungen oft spektakuläres Phänomen ist das Erscheinen neuer Arten in einem Gebiet. Neue Arten können auftreten, wenn sie – meist mit ungewollter Hilfe des Menschen – Verbreitungsschranken überwinden oder wenn sich die ökologischen Bedingungen in einem Gebiet so verändern, dass sich Arten, die bisher dort nicht verbreitet waren, die Möglichkeit bietet, ihren Lebensraum zu erweitern. Vier Arten »exotischer« Makroalgen, vom Menschen aus ihren Ursprungsgebieten in den Nordatlantik verschleppt, haben sich während der vergangenen Jahrzehnte auch auf Helgoland angesiedelt. Einige weitere, an britischen und französischen Küsten häufige Makroalgen haben im Zuge einer Arealerweiterung auf Helgoland neue Populationen gegründet.

Einholen des Grundschleppnetzes auf dem Forschungskutter UTHÖRN. Foto: H.-D. Franke

Forschungstaucher bei der Materialbeschaffung auf dem Helgoländer Felssockel. Im Vordergrund ein Fingertang (Laminaria digitata), der nur auf steinigem Grund gedeiht.
Foto: U. Schilling

Es ist seit langem bekannt, dass schon das Auftreten einer einzigen neuen Art eine etablierte Biozönose, worunter wir die Gesellschaft von Pflanzen und Tieren in einem Biotop (Lebensraum) verstehen, drastisch verändern kann. Die Folgen reichen von einer einfachen Verdrängung von Konkurrenten bis zur völligen Zerstörung der Biozönose wie sie sich zur Zeit an manchen Küsten des Mittelmeeres unter dem Einfluss der eingeschleppten Grünalge *Caulerpa taxifolia* vollzieht, die über die Medien als »Killeralge« bekannt geworden ist. Auch die für Helgoland neuen »exotischen« Braunalgenarten *Mastocarpus stellatus* (seit den späten siebziger Jahren) und *Sargassum muticum* (seit 1988) expandieren derzeit an ihrem neuen Standort sehr rasch und haben das Erscheinungsbild mancher Biotope bereits stark verändert. Wie sich diese Entwicklung auf die »alteingesessene« Flora und Fauna auswirken wird, ist noch nicht zu überschauen. Nicht immer verdrängt eine in einem Gebiet neue Art heimische Formen, und nicht immer verändert der Eindringling eine Lebensgemeinschaft in drastischer Weise. Manche neue Arten werden von einer Biozönose ohne wesentliche Störungen absorbiert, weil sie auf bisher ungenutzte Ressourcen zurückgreifen oder sich Ressourcen mit heimischen Konkurrenten teilen können. Die australische Seepocke *Elminus modestus* zum Beispiel lebt in der oberen Gezei-

tenzone, in der sie längeren Trockenperioden ausgesetzt ist. Vermutlich 1944 wurde sie im Schiffsbewuchs nach Südengland eingeschleppt. 1955 trat die Art erstmals bei Helgoland auf, wo sie sich auf Kosten der angestammten Arten *Semibalanus balanoides* und *Chthalamus stellatus* ausgebreitet hat, jedoch ohne diese bis heute zu verdrängen. Grundlage der Koexistenz ist vermutlich eine »fluktuierende Selektion«: *Elminius modestus* ist empfindlich gegenüber länger andauernden Frostperioden. Während klimatisch durchschnittlicher Jahre drängt die Art zwar zunehmend ihre Konkurrenten zurück, erleidet aber in jedem harten Winter eine deutliche Dezimierung ihres Bestandes, wodurch eine vollständige Verdrängung der Konkurrenten verhindert wird. Als marines Ökosystem existiert der Helgoländer Felssockel erst seit etwa 3500 Jahren. Es ist daher nicht ausgeschlossen, dass das System ökologisch noch »ungesättigt« ist, das heißt, noch ungenutzte Ressourcen aufweist und daher manchen neuen Arten eine problemlose Integration ermöglicht.

Erhöhte Temperaturen verändern das Artenspektrum

Ein wachsendes Interesse richtet sich heute auf biologische Veränderungen im Zusammenhang mit einem möglichen Klimawechsel. Die Temperatur hat einen tiefgreifenden Einfluss auf biologische Prozesse. Selbst geringfügige Verschiebungen bei den Extrem- und/oder Durchschnittstemperaturen können das Spektrum der in einem bestimmten Gebiet vertretenen Arten und damit den Charakter von Lebensgemeinschaften stark verändern. Folgt man den Prognosen der meisten Klimaforscher, dann werden die nächsten hundert Jahre eine im Wesentlichen anthropogene Erwärmung der Biosphäre durch den Treibhauseffekt in einer Größenordnung mit sich bringen, die schwerwiegende Auswirkungen auf natürliche Lebensgemeinschaften erwarten lässt. Erwärmen sich die Gewässer, werden sich die aquatischen Biozönosen nicht einfach polwärts verlagern. Die verschiedenen Arten werden nicht synchron reagieren, und es ist daher mit gravierenden Störungen der Wechselbeziehungen zwischen den Arten zu rechnen. Als relativ abgeschlossenes und flaches Randmeer des nordatlantischen Ozeans unterliegt die Nordsee einem starken kontinentalen Einfluss, der für verhältnismäßig niedrige Wassertemperaturen während des Winters sorgt. Diese tiefen Wintertemperaturen sind es, die das Arteninventar der Nordsee maßgeblich bestimmen; sie schließen viele ozeanische Formen als permanente Bestandteile dieses Ökosystems aus. Seit 1988 gibt es eine anhaltende Änderung der nordatlantischen Zirkulation, verbunden mit einem erhöhten Einstrom relativ warmen Atlantikwassers in die Nordsee. Die Wintertemperatur des Oberflächenwassers bei Helgoland lag in den neunziger Jahren im Mittel um fast zwei Grad Celsius über der winterlichen Durchschnittstemperatur vorangegangener Jahrzehnte, während die Sommertemperaturen im Wesentlichen unverändert blieben. Es ist noch zu früh, um mit Sicherheit entscheiden zu können, ob diese Veränderung Ausdruck eines langfristigen Trends im Sinne der prognostizierten Erwärmung ist. Ganz offensichtlich aber reagiert das Ökosystem bereits. Seit den späten achtziger Jahren werden in der Nordsee immer häufiger und regelmäßiger ozeanische, an relativ warmes und salzreiches Wasser gebundene Arten angetroffen, die in diesem Gebiet bisher nicht oder höchstens episodisch vertreten waren, ohne auffällige Populationen zu entwickeln oder sich gar über längere Zeiträume zu etablieren. Beispiele hierfür gibt es mittlerweile aus fast allen Gruppen mariner Tiere, von Einzellern bis hin zu Fischen. Als Reaktion auf die veränderten klimatischen Bedingungen scheinen zumindest einige dieser Arten dabei zu sein, ihr bislang nur bis zum Ärmelkanal reichendes Areal in die ihnen früher nicht zugängliche Nordsee hinein auszuweiten. Die prächtig schimmernde Meeresassel *Idotea metallica* (siehe Abb.) beispielsweise wurde 1994 bei Helgoland erstmalig für das Gebiet der Nordsee in größeren Individuenzahlen gefunden. Da die Art recht auffällig ist, kann man davon ausgehen, dass sie früher nicht nur einfach übersehen wurde, sondern wirklich nicht vorhanden war. Seit 1994 haben wir die Art regelmäßig im

Sommer gefunden, wobei sie sich im Gebiet um Helgoland auch fortpflanzt. Allerdings gab es eine bezeichnende Ausnahme: Nach dem strengen Winter 1995/96 fehlte diese Assel. Seit 1998 aber ist sie wieder in größerer Anzahl als jemals zuvor vertreten. *Idotea metallica* lebt an diversen an der Wasseroberfläche treibenden Objekten und gehört somit einer Lebensgemeinschaft an, die als Neuston bezeichnet wird. In dieser Eigenschaft kann die Art mit Meeresströmungen weithin verdriftet und fast kosmopolitisch verbreitet werden. Permanente, sich reproduzierende Populationen finden sich aber nur in subtropischen Gebieten, so im Mittelmeer und an der Ostküste von Nordamerika.

Schon die reinen Beobachtungen deuten darauf hin, dass das Auftreten von *Idotea metallica* in der Nordsee mit der aktuellen Temperaturanomalie in Zusammenhang steht und die Art als ein potenzieller Immigrant in eine sich erwärmende Nordsee betrachtet werden kann. Nachdem es uns gelungen war, die Art in Massenkulturen zu züchten, konnten wir auch deren ökologische Eigenschaften untersuchen. Hierbei zeigte sich, dass das Temperatur-Optimum der Art (siehe auch Beitrag H.-O. Pörtner und Autoren) deutlich über demjenigen der typischen Nordsee-Bewohner liegt. Auch die untere kritische Temperatur für eine erfolgreiche Fortpflanzung ist mit 13 Grad relativ hoch. Weiterhin deuten die

Die Meeresassel Idotea metallica wird erst seit 1994 in größerer Anzahl vor Helgoland gefunden. Foto: H.-D. Franke

Laboruntersuchungen darauf hin, dass *Idotea metallica* unter den gegenwärtigen Bedingungen und selbst bei einem möglichen weiteren leichten Anstieg der mittleren Winterwassertemperatur in der Nordsee nicht überwintern kann. Die regelmäßigen Sommerpopulationen gehen somit wohl jeweils auf einzelne Individuen zurück, die jedes Jahr neu mit Strömungen aus dem Atlantischen Ozean in die Nordsee gelangen. Auch wenn *Idotea metallica* in näherer Zukunft wahrscheinlich nicht zu einem dauerhaften Bestandteil der Nordsee-Fauna werden wird, kann die Art doch als ein sensibler Indikator für eine künftige Erwärmung des Ökosystems dienen: In die Nordsee verdriftete Individuen würden bei deren fortgesetzter Erwärmung immer günstigere Bedingungen für eine Reproduktion vorfinden, so dass immer umfangreichere Sommerpopulationen zu erwarten wären. Die veränderten Temperaturbedingungen sind aber nur eine notwendige Voraussetzung für eine Ausbreitung ozeanischer Formen. Ob eine Art wirklich ihr Areal erfolgreich in eine sich erwärmende Nordsee hinein erweitern kann, wird letztlich von biologischen Wechselwirkungen bestimmt, das heißt von der Fähigkeit der Art, im neuen Lebensraum hinreichend Nahrung zu finden und sich gegenüber Konkurrenten und Feinden zu behaupten. Untersuchungen dieser interspezifischen Wechselwirkungen sind somit entscheidend, wenn es darum geht, die Chancen potenzieller Immigranten und die möglichen Konsequenzen einer erfolgreichen Immigration für die etablierten Lebensgemeinschaften zu beurteilen.

Eine der größten Herausforderungen ist es, über die kausale Erklärung bereits erfolgter Veränderungen hinaus künftige Änderungen möglichst frühzeitig zu erkennen und begründete Prognosen zu erstellen, wie sie sich auf Flora und Fauna auswirken werden. Was geschieht, wenn sich nicht-biologische Faktoren ändern, wenn bestimmte Arten verloren gehen oder neu hinzukommen? Die Beantwortung solcher Fragen erfordert eine umfassende Kenntnis der ökologischen Eigenschaften, der funktionellen Rollen und interspezifischen Beziehungen von Arten, wie sie heute erst in bescheidenen Ansätzen verfügbar sind. Nur auf dieser Basis aber können bestimmte biologische Vorgänge als sensible Indikatoren für eine Früherkennung ökologischer Änderungen definiert und einzelne Arten als Schlüsselarten für die Funktion einer Lebensgemeinschaft identifiziert werden.

Die Entwicklung einer fundierten Prognostik erweist sich als besonders dringlich im Hinblick auf den möglichen Klimawechsel. Auch wenn sich die aktuelle Temperaturanomalie in der Nordsee nur als vorübergehendes Phänomen erweisen sollte, so geben uns die Vorgänge während solcher Erwärmungsphasen doch einen Eindruck davon, mit welchen Konsequenzen wir rechnen müssen, wenn sich das Ökosystem anhaltend erwärmt. Es gibt gute Gründe für die Annahme, dass eine Erwärmung der Nordsee alles in allem zu einer Erweiterung ihres Artenspektrums führen wird. Für manche Arten, insbesondere auch für manche ökonomisch bedeutsame Fisch- und Krebsarten, sind allerdings auch nachteilige Wirkungen bis hin zu einer völligen Verdrängung aus dem Gebiet der Deutschen Bucht oder sogar der gesamten Nordsee sehr wahrscheinlich.

Heinz-Dieter Franke

Der etwas andere Krill

Der antarktische Krill geriet in den siebziger Jahren in die öffentlichen Medien, als man darauf hoffte, ihn als zukünftige Eiweißquelle für Nahrungsmittel verwenden zu können. Die Leuchtgarnele ist auf diese Weise ein recht bekanntes Tier geworden. Die meisten haben sicherlich noch in Erinnerung, dass es sich beim Krill um einen polaren Krebs handelt, der rings um die Antarktis lebt. Darüber wurde der eigentliche Namenspate fast vergessen: der Nordische Krill. Das Wort Krill prägten vor mehr als hundert Jahren norwegische Fischer, die bereits wussten, dass diese Art mit der wissenschaftlichen Bezeichnung *Meganyctiphanes norvegica* von der Arktis bis in die Nordsee vorkommt. Übersetzt bedeutet *Meganyctiphanes norvegica*: »Die hell in der Nacht Leuchtende aus Norwegen«. Tatsächlich ist der Nordische Krill noch wesentlich weiter verbreitet und zwar bis in das warme Mittelmeer und im Atlantik bis zu den subtropischen Kapverdischen Inseln. Es gibt wenige Planktontiere, die eine so extrem weite Verbreitung haben und gleich mehrere Klimazonen überstreichen.

Der Krill ist ein ausgesprochen »soziales« Tier; er kommt immer nur in teils riesigen Schwärmen vor. Den Zusammenhalt des Schwarms sichern Blinkzeichen, welche die Tiere aus ihren zehn Leuchtorganen aussenden – daher die Bezeichnung Leuchtgarnele. Oder sie reiten auf der »Bugwelle« des Vordermanns, sie als Information für die Bewegungsrichtung nutzend. Auch Häutung, Wachstum und Fortpflanzung sind eng an komplizierte Verhaltensweisen im Schwarm gebunden, die zeitlich und räumlich genau abgestimmt sind. Die Bereitschaft zur Häutung und damit zur Kopulation zum Beispiel signalisiert ein Lockstoff. Ganz offenbar ist der Schwarm mehr als eine bloße Ansammlung von Artgenossen: Er stellt einen Super-Organismus dar, der dem Nutzen jedes einzelnen Individuums dient. In seiner Nahrungswahl ist der Nordische Krill nicht zimperlich: Von Bakterien über Mikroalgen, andere krebsartige Plankter bis gelegentlich zu eigenen Artgenossen lässt er nichts aus. Das unterscheidet ihn von seinem

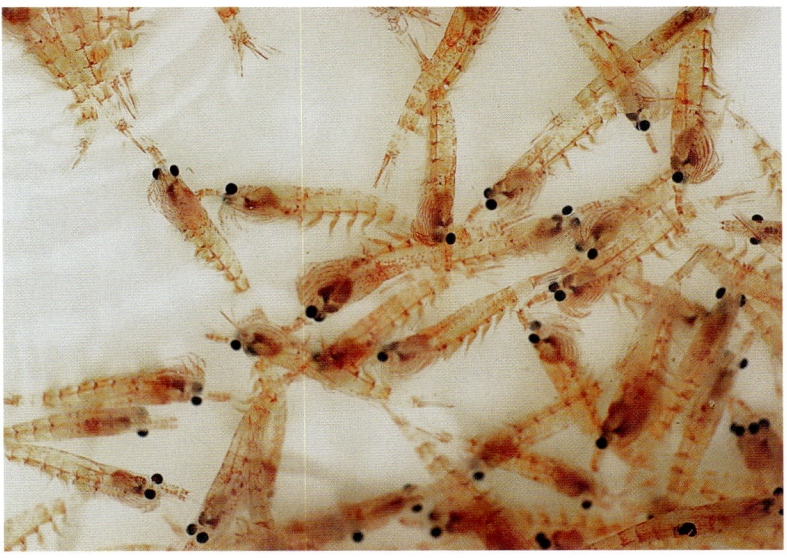

antarktischen Namensvetter, der vorwiegend auf Mikroalgen im Wasser oder unter dem Eis spezialisiert ist.

Nun können wir beinahe schon mit Sicherheit feststellen, dass sich die Weltmeere erwärmen. Was dies aber bedeutet für die Existenz einzelner Arten und ihr Zusammenspiel in den komplizierten Nahrungsnetzen der hohen See, muss noch eingehend untersucht werden. (Einen Befund dazu erläutern Hans-Otto Pörtner und Koautoren auf den Seiten 68 bis 71.) Ein Weg, die Anpassungsfähigkeit und vor allem ihre Temperaturgrenzen festzustellen, erschließt sich dem Forscher, wenn er Vertreter einer Art unter-

Mit dem Multinetz an Bord gebrachter Nordischer Krill. Die bereits erwachsenen Tiere sind etwa 35 Millimeter lang. Die auffallend großen Augen kennzeichnen sie als besonders lichtempfindliche, nachtaktive »Sichträuber«.
Fotos: F. Buchholz

sucht, die es geschafft hat, im kalten wie im warmen Wasser zu leben. Das kann der Nordische Krill: Seine außergewöhnlich weite Verbreitung entspricht einem »natürlichen Experiment« mit einer Zooplanktonart, die sich an subpolare bis subtropische Wassertemperaturen anpassen konnte. Zudem finden wir den Krill in europäischen Gewässern beheimatet, und Klimafolgenforschung ist ein Zentralthema der Europäischen Union. Hat man nun also das »europäische Tier« und dazu Forschungspartner aus mehreren Nationen, liegt es nahe, finanzielle Unterstützung bei der EU für kooperative Projekte zu beantragen.

Das ist geschehen: Die Europäische Union förderte im Rahmen des Programms MArine Science and Technology (MAST) ein Projekt, das die Fähigkeiten des Nordischen Krills, sich klimatisch anzupassen, modellhaft untersuchte. Es fand sich eine Gruppe von Physiologen, Ökologen, Hydroakustikern und Molekulargenetikern aus Frankreich, Schottland, Italien und Deutschland zusammen. Koordiniert wurde das Ganze von der Biologischen Anstalt Helgoland, die seit 1998 zum Alfred-Wegener-Institut für Polar- und Meeresforschung gehört. Zentrale Arbeitsplattform war das Forschungsschiff HEINCKE. Insgesamt sieben Monate verbrachte die Gruppe an Bord, auf je zwei Sommer- und zwei Winterreisen.

Die Untersuchungsorte haben wir entlang eines klimatischen Dreiecks nach ihren Temperaturkontrasten ausgewählt: Im Norden die atlantisch beeinflusste Clyde-See vor Schottland mit verhältnismäßig konstanten und kühlen Wassertemperaturen; dagegen hat das Mittelmeer in der Ligurischen See bei Korsika fast gleichbleibend warme Temperaturen, und das Kattegat ist geprägt durch extrem unterschiedliche Bedingungen zwischen den Jahreszeiten, sowie im Winter durch das Einströmen sehr kalten und im Sommer stark angewärmten Ostseewassers. Berücksichtigt wurden auch die sehr unterschiedlichen Nahrungssituationen an diesen Standorten.

Als schwimmendes Labor diente also das Flaggschiff der Biologischen Anstalt, die HEINCKE:

Ein ganz modernes Schiff, mit dem wir einerseits die Fangnetze und Geräte, mit denen Temperatur, Licht und Nährstoffe gemessen werden, aussetzen konnten, andererseits ist das Schiff besonders gut für Aquarienexperimente an Bord eingerichtet. Die Idee war, die Reaktionen der lebenden Tiere bei kreuzweiser experimenteller Anpassung von warm auf kalt und umgekehrt zu beobachten. Die multidisziplinäre Arbeitsweise gestaltete sich für alle zu einem unvergesslichen Erlebnis: Da man nun lange Wochen zusammen hauste, hatte man sich aus seinen ganz verschiedenen und sich ergänzenden Fachgebieten viel zu erzählen. Dazu kam, dass das Altersspektrum der Forscher beiderlei Geschlechts vom jungen Studenten bis zum emeritierten Professor reichte; eine ganz intensive, freundliche und produktive Arbeitsatmosphäre war Grundton, von Anfang an und ohne Grenzen, weder im Meer noch in den Köpfen. Daraus sind Freundschaften entstanden, nicht zuletzt auf wissenschaftlicher Ebene, die weit über die Projektdauer hinaus reichen. Nebenbei: Dies ist auch ganz im Sinne der EU-Förderer, denen die »europäische Dimension« eines Projektes besonders wichtig ist. Sehr geholfen hat uns, dass wir ein so genanntes Doppler-Sonar-Strömungsmessgerät an die Aufgabenstellung anpassen und damit das außergewöhnliche vertikale Wanderungsverhalten des Krills aufzeichnen konnten. Dieses ursprünglich allein für die ozeanographische Forschung eingesetzte Gerät misst die Bewegung von Partikeln im Wasser. Wenn man allerdings weiß, welche Partikel das sind, kann man auch »lebende Partikel« darstellen. Das Gerät sendet gleichzeitig vier Schall-»Pings« einer bestimmten Wellenlänge aus, die von den Partikeln zurückgeworfen und auf dem Schiff registriert werden. Über den Doppler-Effekt – die Schallwellen werden je nachdem, ob das Objekt sich dem Empfänger nähert oder entfernt, gestaucht oder gedehnt – wird die Eigengeschwindigkeit der Partikel berechnet. Weiterhin ermittelt das Gerät die Stärke des akustischen Rückstreusignals. Mittels Eichung durch Fänge mit dem Multinetz können dann die Art und die Biomasse der echogebenden Plankter bestimmt werden, also in die-

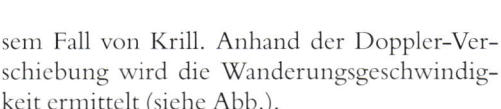

Der »Unterwasserflieger«: Ein hydrodynamisch geformter Videorekorder, mit dem bei normalen Schiffsgeschwindigkeiten Größe und Anzahl von Planktonpartikeln aufgezeichnet werden.

Aussetzen des Krill-Multinetzes an Bord des Forschungsschiffes HEINCKE. Am Netzrahmen befinden sich Sensoren für Salzgehalt, Temperatur und Tiefe. Von dort gehen auch die Seile aus, welche die Querträger der Einzelnetze bis zum Zeitpunkt der automatischen Auslösung des Fangs halten.

sem Fall von Krill. Anhand der Doppler-Verschiebung wird die Wanderungsgeschwindigkeit ermittelt (siehe Abb.).

Unsere Messungen gaben nun zu erkennen, dass in der Ligurischen See die Tiere täglich kurz nach Sonnenuntergang mit hoher Geschwindigkeit – entsprechend zwei Körperlängen pro Sekunde – aus einer Tiefe von 600 bis 1000 Metern aufsteigen. Sie bleiben zunächst in der warmen Deckschicht und lassen sich dann, während sie im planktonreichen, oberflächennahen Wasser fressen, langsam absinken. Aber sobald die Sonne aufgeht, verschwinden sie ebenso schnell in den dunklen Tiefen wie sie aufgetaucht waren. Ihr Wanderverhalten ist also lichtgesteuert und dient dazu, Fressfeinde zu meiden, hier besonders die im Mittelmeer zahlreichen Finnwale, im Norden die Heringe und Wittlinge.

Nicht genug damit: Wir fanden auch die bisher größten Vorkommen von Krillschwärmen im Mittelmeer. Und es zeigte sich, dass dort, wo Krill war, sich auch immer Finnwale tummelten – für die Forscher an Bord stets ein faszinierendes Schauspiel! Damit wird besonders deutlich, warum der Krill im Mittelmeer täglich so extrem weit nach unten wandert: Der Schwarm versucht tagsüber in die Tiefe von 800 Metern auszuweichen, während der Augenjäger Wal es nur bis auf 500 Meter schafft!

Durch die genaue Aufzeichnung des Wanderverhaltens und damit der Position der Tiere in der Wassersäule können ursächliche Beziehungen zur Temperatur-, Nahrungs- und Entwicklungsphysiologie des Krills hergestellt werden. Die erstaunliche Wanderungsamplitude verdeutlicht schon, dass der Nordische Krill zu hohen physiologischen Leistungen fähig ist. Als Kenngröße für die Leistungsfähigkeit wird im

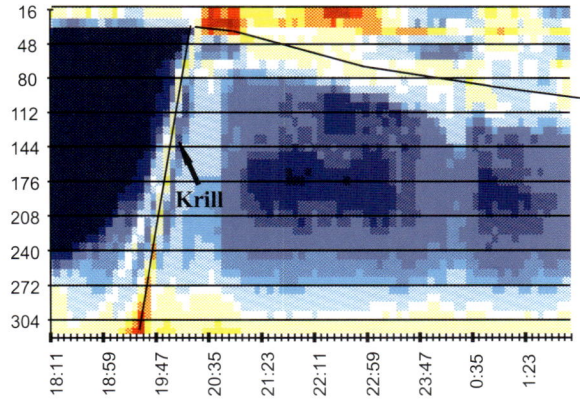

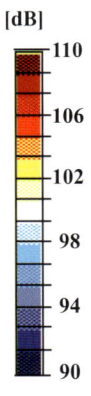

Der rasante Aufstieg des Krills in der Ligurischen See (Mittelmeer) kurz nach Sonnenuntergang und das langsame Absinken während der Nacht, dargestellt in einem Echogramm des akustischen Strömungsmessgerätes. Das Datenbild beruht auf Messungen der relativen akustischen Rückstreustärke in Dezibel (dB).

So sieht der Krill-schwarm auf dem Sonar-Echogramm aus: Er erscheint als eine ausgedehnte hellblaue Fläche oder bei stärkerer Dichte als orangefarbener Streifen. Die rote Linie markiert das Echo des Meeresbodens. Links der französische Biologe und Sonar-Spezialist Pascal David.

Allgemeinen die temperaturabhängige Atmung gemessen. Unsere Techniker haben dazu spezielle Respirations-(Atmungs-)Messkammern entwickelt, die der planktischen Lebensweise des Krills Rechnung tragen.

Beim Auswerten der Daten fiel uns zunächst auf, dass die Tiere an allen drei Standorten bei der mittleren, saisonalen Wassertemperatur dieser Seegebiete einen gleichen Wert des Sauerstoffverbrauchs von zirka 31 Mikromol aufwiesen. Es hat also offenbar eine langfristige Anpassung an die für die Region jeweils vorherrschenden Wassertemperaturen stattgefunden, die den notwendigen energetischen Grundumsatz gewährleistet.

Eine weitere Eigenschaft war erkennbar: Steigt der Krill nachts in die im Sommer warmen, planktonreichen Oberflächenschichten auf, erhöht sich seine Leistungsfähigkeit entsprechend der ansteigenden Atmungskurven »automatisch«. Dadurch können die Tiere schneller schwimmen und die relativ kurze Aufenthaltszeit optimal zur Nahrungssuche nutzen.

Eine auffällige Abweichung ergab sich aber bei der Mittelmeer-Population: Im Winter verschob sich die Leistungskurve des Sauerstoffverbrauchs auf fast das Doppelte aller anderen Werte nach oben. Dieses Phänomen kann durch die speziellen Nahrungsverhältnisse im Mittelmeer erklärt werden. Insgesamt ist dort die Planktonproduktion auf eine kurze Zeit, etwa von März bis Mai, beschränkt, und nur in dieser Zeit steht dem Krill ausreichend Nahrung zur Verfügung. Die relativ hohen Temperaturen sind die Ursache dafür, dass die Nährstoffe schnell verbraucht werden und dadurch das Mittelmeer für die meiste Zeit des Jahres extrem nahrungsarm wird. Offenbar setzt der Krill alles auf die »Winterkarte«: Die Tiere wachsen und pflanzen sich nur in dieser hochproduktiven Zeitspanne fort. Das schlägt sich entsprechend im höheren Stoffumsatz nieder, erkennbar durch die Atmungsleistung.

Daraus ergibt sich ein deutlicher physiologischer Unterschied in unserem klimatischen Dreieck: Die Wassertemperatur beeinflusst den Krill im Norden stärker als im Süden, während im Süden solche Effekte durch das abweichende Nahrungsregime überlagert werden. Der Mittelmeer-Krill hat also eine nahrungsbetonte Physiologie. Diese Erkenntnis wird durch andere Messwerte, wie die Lipid- und Fettsäurezusammensetzung oder die Anpassung der Aktivitäten einer Reihe von Stoffwechsel- und Verdauungsenzymen untermauert.

Die Studien zur physiologischen Anpassungsfähigkeit des Krills haben wir verbunden mit einer ersten ausführlichen vergleichenden Populationsanalyse. Die kombinierten Sonarmessungen und Multinetzfänge erbrachten – auch das war neu – verlässliche Abschätzungen der Krill-Biomasse an den ausgewählten Standorten. Das Nahrungsspektrum des Krills erwies sich zudem als sehr weit gesteckt: Die Tiere sind ausgesprochene Opportunisten in der Wahl ihrer Leckerbissen und haben dadurch ihrerseits eine, bisher sicherlich unterschätzte, zentrale Stellung in den lokalen Nahrungsnetzen.

Ein wichtiger Ansatzpunkt war weiterhin die erste molekulargenetische Analyse der Art Meganyctiphanes norvegica in europäischen Gewässern. Angewandt wurden dazu die ganz neuen, »kriminalistischen« Verfahren mittels »genetischem Fingerabdruck«. Es zeigte sich, dass die temperaturgeprägte Physiologie der nördlichen atlantischen Populationen nur mit geringen Unterschieden im genetischen Repertoire einhergeht. Deutlich genetisch abgesetzt ist dagegen der Ligurische Krill. Offenbar hat das sehr unterschiedliche Klima des Mittelmeers zu einer funktionellen wie genetischen Abgrenzung der Population geführt. Mit der Molekulargenetik etabliert sich ein ganz neues Arbeitsgebiet in der Meeresbiologie: Untersuchungen zur »funktionellen Biodiversität«. Biodiversität, dieser Begriff steht für die Vielfalt der Arten in verschiedenen Lebensräumen. Unsere Untersuchungen zeigen deutlich, dass diese Vielfalt auch funktionell bedingt ist, das heißt, dass die offenbar genetisch festgelegte physiologische Leistungsfähigkeit eine entscheidende Voraussetzung dafür ist, ob bestimmte klimatische Lebensräume überhaupt erst besiedelt werden können oder nicht.

In diesem Zusammenhang waren wir völlig

Luftaufnahme von Helgoland. Hinten links die »Düne« mit begehrten Badestränden und der Landepiste. Links unter dem Plateau das »Unterland«. Vor der rechten Inselspitze liegt der Hafenbereich. Die Gebäude der Biologischen Anstalt befinden sich an der Hafenpier des Unterlandes und an der kleinen Außenmole des linken Hafenbereiches. Foto: Archiv BAH

überrascht, als wir vor der spanischen Küste einen Krillschwarm fanden, der sich von allen anderen Populationen sehr stark unterschied. Wahrscheinlich handelte es sich um den zufälligen Fang eines Schwarms, der mit den küstenparallelen Oberflächenströmungen vor Afrika aus den warmen Gebieten um die Kanarischen Inseln bis vor Spanien getrieben worden war. Dieser Fund unterstreicht die Schlussfolgerung, dass die physiologischen Eigenschaften der Tiere und die genetische Differenzierung direkt gekoppelt sind. Eine neue, genetisch völlig abgegrenzte Art ist jedoch in keinem Fall entstanden. In Bezug auf die klimatische Anpassungsfähigkeit des Nordischen Krills ist festzuhalten, dass, bedingt durch die hohe physiologische Plastizität des Nordischen Krills, die kommende globale Erwärmung der Meere den »Verwandlungskünstler« M. norvegica wahrscheinlich nur wenig beeinflussen wird. Zwar werden die

höheren Temperaturen einen höheren Energieverbrauch zur Folge haben, auch das Nahrungsspektrum wird sich verschieben, darauf wird sich diese Planktonart jedoch einstellen können.

Damit ließe sich der Bogen zum antarktischen Krill zurückschlagen: Welche Anpassungs- und Leistungsgrenzen hat das im »polaren Käfig« gefangene Tier im Kontrast zu seinem weit verbreiteten atlantischen Verwandten? Dieser Frage gehen jetzt unsere KollegInnen im Bremerhavener Institut verstärkt nach. Eine andere Frage ist: Wie stellen sich typische Nordseegarnelen auf die heftigen und immer stärker werdenden jahreszeitlichen Temperaturschwankungen bei Helgoland ein? Für solche Untersuchungen sind wir auf der Inselstation der Biologischen Anstalt Helgoland prädestiniert. Biologische Vergleiche der beschriebenen Art und Weise werden uns den Antworten näher bringen.

Friedrich Buchholz

225

ALARMIERENDE VERÄNDERUNGEN IN DER NORDSEE

Alles fiebert an Bord des Forschungsschiffes HEINCKE den ersten Bildern auf dem Bildschirm entgegen, der im Deckslabor aufgestellt ist. Dicht über dem Meeresboden, am Steingrund östlich von Helgoland, schwebt eine Videokamera und soll per Kabel direkt Bilder nach oben liefern. »Da, ein Riesenfindling, Kamera hieven!«, ruft Kameramann Peter Hübner. »Langsam wieder ab!« Allmählich kommt der Grund in Sicht, erst verschwommen, dann in schärferen Umrissen, und wir reißen die Augen auf. Es ist wirklich kaum zu glauben, was für einen Reichtum die Kamera offenbart. Der an dieser Stelle nur acht

bis fünfzehn Meter tiefe Steingrund ist aus Endmoränen entstanden, deren Geröll das Wasser freigespült hat. Er stellt sich als ein gestaffeltes Feld von Findlingsblöcken und Blockwällen dar, geschmückt mit einem dichten Bewuchs aus bunten Seelilien, Seeanemonen, Moostierchen, Polypenstöckchen und Seescheiden. Dazwischen weiden blasslila gefärbte – und übrigens essbare – Seeigel, huschen Garnelen und Lippfische herum. Wie große Monster erscheinen die Taschenkrebse, die sich in Spalten verbergen. Wie sehr hebt sich diese bunte und regsame Fauna von den ärmlich erscheinenden Sandfeldern der Umgebung ab! Wir haben einen der reichsten Lebensräume der Deutschen Bucht im Bild. Wir wissen aber auch, dass unter der Oberfläche von Sand- und Schlickgründen das Tierleben nicht viel ärmer sein muss – es ist allerdings dem Kameraauge verborgen und kann nur durch Probennahmen, etwa mit Bodengreifern, und dem mühevollen Aussieben der Tiere aus dem Sediment ans Tageslicht gebracht werden. Das haben wir häufig und oft mit klammen Fingern im Winter getan. Diesmal sind wir hinausgefahren, um uns mit Video- und Taucherhilfe einen

Seenelken im Steingrund östlich von Helgoland mit Seeigel, davor ein Taschenkrebs. Die Steine sind mit Kalkröhren von Würmern, kleinen Polypen und anderen Tieren bewachsen.
Foto: P. Hübner

226

unmittelbaren Eindruck vom Leben am Meeresgrund zu verschaffen.

Erst seit Ende der 1960er Jahre können wir zwischen früheren Verhältnissen und späteren Zuständen in der Nordsee ausreichend gut vergleichen. Damals begann man angesichts der Expansion der chemischen Industrie in die Küstenräume mit ihren vermeintlich »unbegrenzten Abwasservorflutern«, die Lebensverhältnisse in Küstennähe gezielt zu untersuchen. Abgesehen von auffälligen Störungen etwa infolge eines Tankerunfalles, eines extremen Eiswinters oder bei großräumiger Sauerstoffverknappung am Meeresboden, sind Veränderungen in den Lebensgemeinschaften unserer Meere gar nicht leicht auszumachen, weil die jahreszeitlichen und mittelfristigen Schwankungen des Klimas und der Standortverhältnisse kleinere Störungen mit sich bringen, die sich auf die Organismenbestände auswirken und sie nicht »stabil« im Sinne von konstant erscheinen lassen. Nur wenn wir die natürliche Veränderlichkeit kennen und langfristig beobachten, können subtile »heimliche« Trends wahrgenommen werden, die durch menschliche Einflüsse wie Eutrophierung, chronische Verschmutzung (auch durch weitgehend verdünnte Chemikalien), Klimaveränderung, Fischerei usw. bedingt sind.

Die Bodenfauna des Meeres, das Zoobenthos, setzt sich aus sehr beweglichen, wandernden Tieren (besonders Fischen und gut schwimmfähigen Krebsen) sowie recht ortsbeständigen Arten zusammen, vor allem den im weichen Boden wühlenden Würmern, Stachelhäutern, Muscheln und Schnecken sowie Krebstieren. Über festem Substrat, Steinen oder Fels, wie wir es vor Helgoland gesehen haben, herrschen standorttreue Formen vor (Fische, Seeigel, Schnecken, Taschenkrebse) und oft sogar festgewachsene Tiere: Seeanemonen, Polypen, Moostierchen, Manteltiere. Diese ortstreuen Tiere zeigen sehr gut Veränderungen der Umweltverhältnisse an, weil sie nicht ausweichen können und als Individuen oft jahrelang den Belastungen an ihren Lebensstätten ausgesetzt sind.

Sehen wir von den offenkundigen Schädigungen

der Tierwelt in stark belasteten Seehäfen und in den ebenfalls gestörten Flussmündungen ab, sind erste Hinweise über negative Trends in der Deutschen Bucht, zum Beispiel eine Verarmung der Fauna, erst 1976 aus Forschungsarbeiten des im Alfred-Wegener-Institut aufgegangenen Instituts für Meeresforschung Bremerhaven erarbeitet worden. Wir mussten damals feststellen, dass in der als Schlickfalle wirkenden inneren Helgoländer Bucht die Makrofauna am Boden von regelmäßig über zwanzig Arten zeitweise auf einen Bestand von nur noch vier Arten geschrumpft war – Arten, die an einen geringen Sauerstoffgehalt im bodennahen Wasser angepasst erschienen. Beim Helgoländer Meeresbio-

Bevor der Bodengreifer an Bord der VICTOR HENSEN entleert wird, muss die Eindringtiefe in das Sediment gemessen werden.
Foto: A. Schroeder

In einer Spülmaschine wird das Sediment sanft aufgeschwemmt, um Bodentiere zu gewinnen, die sich in dem bottichartigen Sieb ansammeln.
Foto: I. Kröncke

Das Wühlen im Schlamm gehört zur normalen Arbeit der Benthosbiologen. Größere Bodentiere werden per Hand ausgelesen.
Foto: A. Schroeder

logen-Symposium 1976 riefen diese Befunde noch Unglauben hervor. Der Sachverständigenrat für Umweltfragen sah in seinem Nordsee-Sondergutachten (1980) jedoch darin ein ernsthaftes Warnsignal. Erst 1981 schreckten mehrere tausend Quadratkilometer große »Sauerstofflöcher« im Außenbereich der Deutschen Bucht die übrige Wissenschaftler- und Behördenwelt in Deutschland auf. Seitdem wurde die Eutrophierung in zahlreichen Forschungsvorhaben untersucht.

Die Entdeckung der »Sauerstofflöcher« geschah an Bord des Bremerhavener Forschungsschiffes Victor Hensen und ist auf den Tag genau festzulegen. Ich erinnere mich noch genau an diesen 25. August 1981: Nach Probennahmen mit kleinen Greifern und Wasserschöpfern im Schlickgebiet vor der Elbemündung fährt das Schiff nach Nordwesten in Richtung Weiße Bank weiter. Die See ist spiegelglatt. Unterwegs wird alle zehn Seemeilen gestoppt, eine Sauerstoffsonde in Fünf-Meter-Schritten bis zum Boden gefiert, um neben dem gelösten Sauerstoff Salzgehalt und Temperatur zu messen. Wasserproben werden mit Schöpfern an Bord geholt, um die Sondenergebnisse durch chemische Messungen im Labor abzusichern. Am späten Abend, nordwestlich von Helgoland im vierzig Meter tiefen Elbe-Urstomtal, wird das

bodennahe Wasser zusehends kälter, salzreicher und sauerstoffärmer. Wieder folgt eine der Messstationen. Der Wissenschaftler, der die Sonde bedient, wird nervös: Bei der in zwanzig Meter Tiefe liegenden »Sprungschicht«, wo die Wassertemperatur von 16 auf 14 Grad absinkt, halbiert sich der Sauerstoffwert und fällt mit zunehmender Tiefe weiter ab. »Da ist was faul!« schimpft er und fordert den Winschenmann auf, die Sonde auch beim Hieven alle paar Meter zu stoppen. Doch alle »Zauberei« nützt nichts, ein »Sauerstoffloch« ist zum ersten Mal in der offenen Nordsee entdeckt. Nun heißt es, das alles auch abzusichern – »Sonden spinnen ganz gern mal«, dachte ich im Stillen. Aber nach anderthalb Stunden, es ist inzwischen Mitternacht geworden, ist die chemische Kontrolle nach dem Winkler-Verfahren perfekt: Der Sauerstoffgehalt ist geringer als 40 Prozent Sättigung – das hält kein Fisch mehr aus. Die nachfolgenden Messungen bis über die Weiße Bank hinaus belegen, dass es sich um ein ausgedehntes Meeresgebiet handelt, das von dieser Situation beeinträchtigt ist.

Zwei Tage später sind die deutschen Zeitungen voll von Warnmeldungen, im Innenministerium, damals noch für den Umweltschutz zuständig, beginnen Krisensitzungen. Forschungsschiffe fahren nun regelmäßig in die Nordsee und verfolgen das Ereignis fast bis Ende September – dann macht ein Sturm dem Spuk ein Ende; die Messwerte gleichen sich wieder an den bisher bekannten Sauerstoffpegel an. Aber große Flächen der Deutschen Bucht zeigen nach diesem Ereignis auffallende Veränderungen: Empfindliche Bodentiere haben den Sauerstoffmangel nicht wochenlang ertragen können, sie sind abgestorben.

Einige deutsche Meeresforscher erfanden in den Folgejahren, die sich ebenfalls durch großflächige Sauerstoffdefizite in der Nordsee auszeichneten, das Rad neu und versuchten sich in rein chemisch ausgerichteten Definitionen von Eutrophierung, ohne die es in unseren Meeren ja kaum zu gravierenden Sauerstoffdefiziten kommen kann. Aus den Erfahrungen der Limnologen zu lernen, die sich mit der Erforschung von

Binnenseen befassen, und womöglich Warnungen auszusprechen, fiel manchen offenbar nicht leicht. In den vorhergehenden Jahren (1975, 1978) waren internationale Vereinbarungen zur Verhütung der Meeresverschmutzung wirksam geworden (besonders die Oslo-Konvention von 1972 und die Paris-Konvention von 1974). Damit wurden weitere Fehlentwicklungen gebremst, gefährliche Stoffeinträge direkt ins Meer weitgehend unterbunden. Klärschlammverklappungen Hamburgs vor der Elbemündung wurden gestoppt, Bremerhaven verzichtete auf entsprechende Verklappungspläne. Später, nachdem das EU-Umweltrecht verschärft und mit Steuergeldern geförderte Recyclingverfahren entwickelt worden waren, hat man auch das Verklappen von Abfallschwefelsäure und mit anderen Schwermetallen versetzten Eisensalzen aus der Titandioxidindustrie nordwestlich von Helgoland eingestellt.

Dennoch blieb und bleibt es weiterhin schwierig, Veränderungen in Lebensgemeinschaften des Meeres eindeutig auf bestimmte Ursachen zurückzuführen. Zahlreiche Forscher scheuen zudem nicht vollständig absicherbare Aussagen und bleiben lieber in der »reinen« Wissenschaft, statt sich mit »Schmutz« zu befassen.

Dabei hatte der Schotte Tom Pearson zusammen mit Rutger Rosenberg aus Schweden schon 1978 nach Vorarbeiten auch vieler anderer Meeresökologen ein plausibles Modell für Veränderungen von Bodentiergemeinschaften infolge Eutrophierung und Verschmutzung vorgelegt. Dieses Modell ließ sich mit Modifikationen auf verschiedene Meeresgebiete übertragen, auch auf die Deutsche Bucht. Auffällig ist, dass derartige Veränderungen oft erst bei starken zusätzlichen Störeinflüssen als »Sprünge« sichtbar werden, zum Beispiel nach dem sehr kalten Winter 1979. Möglicherweise sind die »Sauerstofflöcher« in der südöstlichen Nordsee mit den nachfolgenden Zusammenbrüchen des Bestandes an Bodentieren nicht nur durch die sehr stabilen Sommerwetterlagen der frühen 1980er Jahre entstanden, sondern auch durch den Eiswinter 1979 begünstigt worden. Der recht kalte Winter 1996 hatte ja im Wattenmeer ebenfalls ungewöhnlich starke Erscheinungen wie die »schwarzen Flecken« gezeitigt, eine Bodenverfärbung, die bei starkem Sauerstoffmangel durch die Fäulnis entsteht.

Mittlere Zustände und sie kennzeichnende summarische Erscheinungen und Zahlen – etwa Diversitätsindizes, Biomassen – sind schlechte, nur langsam sich aufbauende Indikatoren schleichender Veränderungen. Sie eignen sich in der Regel nicht für Frühwarnsysteme.

Trotzdem gelang es uns, auch durch Vergleiche der Biomasse Zunahmetrends aufzuzeigen, die ihre Ursache in der Eutrophierung haben. Auffällig ist, dass dabei trotz Rückgängen bei langsam wachsenden, großen Tieren insgesamt die Siedlungsdichte und die Biomasse zunahm, und zwar weil sich kleine, anpassungsfähige »Opportunisten« enorm vermehrten. Auch der Gesamtbestand der Arten hat scheinbar zugenommen, jedenfalls wenn wir die Daten von Arthur Hagmeier, des langjährigen Direktors der Biologischen Bundesanstalt Helgoland, aus dem Jahre 1925 mit heutigen Befunden vergleichen. Doch das ist ein trügerisches Ergebnis. Die größere Artenvielfalt ist weniger auf förderliche (menschliche) Einflüsse wie die Eutrophierung zurückzuführen, sondern auf verbesserte Probennahme- und Bearbeitungstechniken sowie auf tiefgründigere Kenntnisse bei der Unterscheidung von Arten.

In unserer wachstumsversessenen Gesellschaft könnte man schlussfolgern, dass dann alles nicht so schlimm sei, weil es viel mehr Tieren nun sehr gut gehe und der Mensch zudem auch mehr Meeresfrüchte ernten könne. Die Befunde aus der Nordseefischerei zeigen den Unsinn solcher Annahmen: Kaum einer der traditionell wichtigen Fischbestände der Nordsee ist noch in Ordnung, viele sind bis an die Grenze des Erträglichen herabgewirtschaftet, in der Regel durch Überfischung. Eutrophierung und bessere Nahrungsversorgung konnten das offensichtlich nicht auf Dauer ausgleichen, vielleicht aber lange verschleiern.

Mindestens so alarmierend wie die verringerten Fischereierträge jedoch sind die Rückgänge bei anderen Arten, die oft kommerziell unbedeu-

Porträt des Autors mit Kabeljau. Der Benthosbiologe Eike Rachor setzt sich beharrlich für die Verbesserung der marinen Lebensbedingungen ein und ist im regionalen Naturschutz aktiv.
Foto: C.-P. Günther

tend sind und von vielen Menschen noch nie gesehen wurden: Vor allem die erwähnten langsamwüchsigen großen Bodentiere sind hier zu nennen, die als erste Kandidaten für »Rote Listen« gefährdeter wirbelloser Tiere vorgeschlagen wurden. Heute umfassen diese Listen immerhin schon mehr als 250 Arten, 26 Prozent des beurteilten Gesamtartenbestandes. Es sind so auffällige Tiere darunter wie Seeigel, große Muscheln, Schnecken, der Hummer und tief im Schlickboden siedelnde Würmer, zum Beispiel der »Igelwurm« Echiurus.

Die Ursachen dieses Artenrückganges sind nicht einfach zu ermitteln, weil sich verschiedene Einflüsse überlagern können:

– klimatische Verschiebungen, etwa als Folge der »Nordatlantischen Oszillation« und der weltweiten Erwärmungstendenzen;

– Eutrophierung und Sauerstoffmangel dicht am und vor allem im Meeresboden;

– verheerende, regelmäßig wiederkehrende Zerstörungen des Meeresgrundes durch schweres Fanggeschirr der Bodenfischerei, wodurch unter anderem Seeigel, Muscheln, bestimmte Krebse gefährdet werden;

– Krankheiten, oft im Zusammenspiel mit übermäßiger Nutzung – das gilt für die Europäische Auster, wahrscheinlich auch den Helgoländer Hummer sowie

– gift- und hormonartige Wirkungen (zum Beispiel des als Schutzanstrich für Schiffe noch üblichen Tributyl-Zinns »TBT«, das vor allem Schnecken durch Fortpflanzungsstörungen gefährdet).

– Was andere Substanzen wie DDT, chlorierte Biphenyle oder Schwermetalle im Verborgenen und ganz langsam im bislang kaum erforschten Zusammenspiel in der Nordsee angerichtet haben, wissen wir höchstens ansatzweise. Es ist nicht auszuschließen, dass schon empfindliche Glieder der Gesamtpopulationen dezimiert sind, robuste Formen solche Veränderungen jedoch noch verdecken.

An Untersuchungen über die zerstörerischen Auswirkungen der Fischerei am Meeresboden hat das Alfred-Wegener-Institut für Polar- und Meeresforschung im Rahmen einer umfassen-den europäischen Studie mitgewirkt. In dieser 1998 veröffentlichten Studie sind auch noch einmal die Ergebnisse von Langzeitvergleichen (1925 bis 1995) zusammengefasst. Aber es werden auch Ergebnisse aus einem Gebiet in der äußeren Deutschen Bucht ausgewiesen, das durch ein Wrack vor Fischerei geschützt war. Sie belegen, dass sich in solchen zufälligen »Schutzgebieten« innerhalb weniger Jahre wieder eine reichere Fauna mit älteren Tieren als in der befischten Umgebung ausbilden kann.

Karsten Reise und Mitarbeiter haben in verschiedenen Gezeitenrinnen des Nordfriesischen Wattenmeeres starke Veränderungen der Fauna seit den 1930er Jahren aufgezeigt: Viele sesshafte Arten wurden selten, und Austern verschwanden ganz; im Gegenzug dehnten sich Miesmuschelbänke aus. Ob zu diesen Veränderungen neben der verstärkten Erosion, der regelmäßig störenden Fischerei sowie der verstärkten Eutrophierung auch absichtliche Zerstörungen, zum Beispiel der von Ringelwürmern aus zusammengeklebten Sandkörnern gebildeten »Sandkorallen-Riffe«, beigetragen haben, welche die Garnelenfischerei behindern, ist zum Teil noch umstritten.

Welche Konsequenzen ergeben sich aus solchen Forschungsergebnissen?

1. Da schwer abbaubare Schadstoffe im Meer trotz hoher Verdünnung zum Zeitpunkt des Einleitens wieder angereichert werden können und das Meer offen, wirklich grenzenlos ist, sind alle Verschmutzungen durch entsprechende Stoffe möglichst an ihren Quellen zu vermeiden. Das Meer ist zur Abfallbeseitigung nicht geeignet.

2. Die durch den Menschen verursachte (zusätzliche) Eutrophierung der südlichen Nordsee schädigt empfindliche Organismen, am Meeresboden vor allem durch Sauerstoffmangel, und begünstigt schnellwüchsige, opportunistische »Allerweltsarten«. Bei sommerlichen Ruhigwetterlagen können Lebensgemeinschaften großräumig durch Sauerstoffmangel beeinträchtigt werden. Deshalb ist es erforderlich, neben der schon stark reduzierten Zufuhr von Phosphaten auch die Einträge an düngenden Stickstoffver-

bindungen deutlich zu vermindern. Dieser Appell richtet sich vor allem an die Landwirtschaft.

3. Die Fischerei muss sich auf optimale nachhaltige Erträge mit möglichst geringer Schädigung der »Zielarten« umstellen – bei gleichzeitiger Schonung anderer Organismenbestände. Die ausbeuterische Industriefischerei ist einzustellen. Die gewaltigen »Wegwurfmengen« unerwünschten Beifanges sind zu reduzieren. Dazu müssen auch neue Fangmethoden entwickelt werden.

4. Neue oder zunehmende Meeresnutzungen sind streng daraufhin zu prüfen, wie sie sich möglicherweise auswirken. Und es müssen raumordnerische Konzepte auch für den Offshore-Bereich entwickelt werden, die ein verträgliches Neben- und Miteinander von Nutzungen und Schutzmaßnahmen für die Biodiversität gewährleisten.

Dass Meeresnaturschutzgebiete auch in der offenen See Sinn haben, ist inzwischen wissenschaftlich belegt. Für die Deutsche Bucht hat das unter anderem Alexander Schröder vom AWI gezeigt. Angesichts des wachsenden Nutzungsdruckes auf die Offshore-Gebiete in der Nordsee sind die Erfordernisse des Meeresnaturschutzes verstärkt zu ermitteln und bedarfsgerecht durchzusetzen. Nicht zu vergessen: Auch für die Grundlagenforschung und die Beobachtung werden nutzungsfreie Meeresgebiete in Zukunft unverzichtbar, die eine durch direkte menschliche Einflüsse nicht gestörte Langzeitentwicklung repräsentieren. Neben den herkömmlichen Nutzungen wie Schifffahrt, Fischerei, Erholung, Öl- und Gasgewinnung und – unvermeidbar – als Abwasservorfluter sind neue Einflüsse im Kommen, besonders die Einrichtung riesiger »Windparks«, großflächiger Sand- und Kiesabbau, die Verlegung von Starkstromkabeln und weiterer Gas- und Ölleitungen. Das Alfred-Wegener-Institut beteiligt sich an der Erarbeitung von Schutz- und umweltverträglichen Nutzungskonzepten und untersucht zur

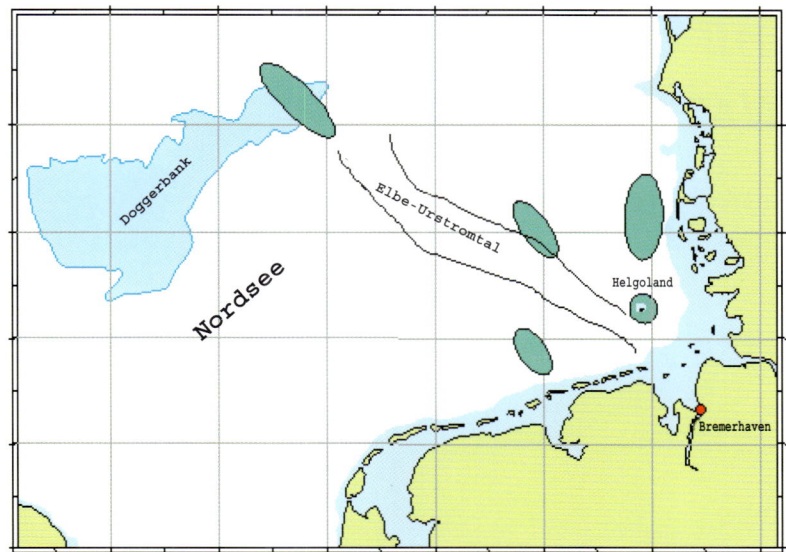

Zeit die Vorkommen besonders schutzbedürftiger Lebensgemeinschaften im deutschen Nordseeanteil außerhalb der Wattenmeer-Nationalparke. Für das europäische Schutzgebietsnetz »Natura 2000« wurden erste Vorschläge erarbeitet, die vor allem die Habitat- und Artenvielfalt um Helgoland und im Bereich von Sandbänken und Riffen, aber auch »Trittstein«- und Regenerationsfunktionen berücksichtigen, zum Beispiel im Bereich des eiszeitlichen Elbe-Urstromtales in der äußeren Deutschen Bucht, durch das der Wasseraustausch mit der nördlichen Nordsee stattfindet (siehe Abb.). Die »Trittsteine« dienen als Raststellen bei der Wanderung und Verfrachtung von Meerestieren und sollen als »Knoten« zur Vernetzung der Ökosysteme beitragen. Die Großartigkeit der Natur des Meeres beginnt vor der Haustür, in Nord- und Ostsee. Sie zu verstehen, sinnvoll mit ihr umzugehen und sie in ihren freien Entwicklungsmöglichkeiten schützen zu helfen, ist eine besondere Herausforderung an uns Wissenschaftler!

Eike Rachor

Viele Tierarten in der Nordsee sind bedroht. Da sie oft mit den Meeresströmungen wandern, genügt es nicht, ein einzelnes Gebiet zur Schutzzone zu erklären. Wissenschaftler des Alfred-Wegener-Instituts fordern ein flächendeckendes Naturschutzkonzept, in dem so genannte Trittsteine (in der Karte grün) als Ruhe- und Entwicklungszonen vorgesehen sind. Graphik: Knust/Fischer

Die Chance der jungen Wattwürmer

**Fast alles über
Sandkringel und ihre Erzeuger**

Was jeder Urlauber auf Sylt schon bewundert hat und sich vielleicht nicht erklären konnte: Eierbechergroße Trichter, wo der Wattwurm von unten den Sand verschlingt, und spaghettiartige Sandschnüre in Häufchen, wo er den verdauten Sand zurück nach oben drückt.

Diesig und kein Horizont. Watt, Wasser und Wolkendunst durchdringen einander. Schwach und unausgeschlafen weht der Wind über die Dünen. Junge Seeschwalben flügeln, hoch kreischend, ihren Eltern hinterher. Meine Füße sind noch kalt auf dem früh verebbten Wattboden. Wasser spritzt hoch, wenn die Ferse auf kleine, runde Pfützen trifft. Die formt von unten der Wurm. In seinen Schlund gleitet der gelbbraune Sand, eingeschleimt rutscht er weiter durch den Darm. Seine Verdauungssäfte lösen von jedem Korn des Sandes den mikroskopischen Algenwuchs. Gereinigt und wie aus der Tube gedrückt, kringelt sich eine Sandschnur aus der Tiefe zurück nach oben. Der Wurm ist fertig damit. Verschlingt wieder neuen Sand, und aufs Neue entsteht, wo er ihn einsaugt, eine kleine, runde Pfütze.

Überall diese Pfützen, nur eierbechergroß, dazwischen Häufchen gekringelter Schnüre aus verdautem Sand. Hier ist sein Land, wenn die Ebbe das Wasser in die Nordsee zieht. Hier ist sein Meeresgrund, wenn die Flut zurück an die Küste schwappt. Wattwurm heißt er, »lugworm« auf Englisch und »sandorm« auf Dänisch. Ich biege meinen Zollstock zum rechten Winkel. Ein Meter nach links und ein Meter nach vorne, die zwei fehlenden Seiten werden dazugedacht, und dann wird Kringelhäufchen für Kringelhäufchen auf dem Quadratmeter gezählt. Jeder Wurm macht ein Häufchen, manchmal auch keins, dafür ein andermal zwei. Achtundzwanzig, vierundvierzig, fünfunddreißig, einunddreißig ... wie Lottozahlen notiere ich mit Bleistift die Kringelhäufchen pro Quadratmeter in mein Taschenbuch.

Wer um alles auf dieser Welt will denn wissen, wieviel Würmer es im Watt gibt? Dreihundertfünfundvierzigtausend auf einem Hektar Watt, einhundertsechzig Millionen in dem zwei mal zwei Wattkilometer weiten Königshafen ganz im Norden der Insel Sylt. Das ist mehr als alle Deutschen, Dänen und Engländer zusammengerechnet. Schnepfenvögel mit langem, gebogenem Schnabel picken nach diesen Würmern. Schollen und Flundern kommen mit der Flut und beißen blitzschnell zu, wenn ein Wurm

232

gerade eine neue Sandschnur nach oben drückt. Meist erwischen diese Plattfische nur ein Hinterstück vom Wurm, das bildet er dann neu. Die Anzahl der Würmer ist Vögeln und Fischen natürlich egal, solange sie Futter haben. Zählen tut nur ein Wattwissenschaftler. Aber warum? Uns schmecken sie nicht, schön sind sie nicht, wir brauchen die Wattwürmer nicht.

Und dennoch. Sie sind die Arbeiter im Wattboden, verdauen ihn zwanzigmal im Jahr. Ihr Wohngang ist geformt wie ein großes U, mit der runden Pfütze an einem Ende und dem Sandkringelhäufchen am anderen. Ganz unten liegt der Wurm, zieht sich zusammen und streckt sich, pumpt so Wasser durch seinen Gang. Das bringt zur Atmung Sauerstoff an die büscheligen Kiemen des fingerlangen Wurmes, Sauerstoff außerdem für alles Getier, das sonst noch in der Unterwelt des Wattbodens eingegraben lebt. Ein winziges Würmchen einer anderen Art entdeckte ich als Untermieter im Wattwurmgang, hundertmal kleiner als der Wattwurm selbst. Noch nie fand es jemand anderswo. Es erhielt den Gattungsnamen Typhlopolycystis, weil sein blind endender Darm (Typhlon) zahlreiche (poly) Seitentaschen (Cysten) aufweist – eine Besonderheit, die es mit vier verwandten Würmchen derselben Gattung teilt. Sein Artname, der dem Gattungsnamen hinzugefügt wird, lautet rubra, weil nur dieses in der Tiefe des Wattwurmganges hausende Würmchen ein rötliches Pigment besitzt. Wozu? Das ist noch nicht erforscht, hilft ihm aber vermutlich, noch geringste Mengen vom knappen Sauerstoff im Wattboden nutzen zu können. Dem Wattwurm verdankt es sein kleines Leben.

Der Wattwurm hat übrigens den wissenschaftlichen Namen *Arenicola marina*, was soviel wie Sandbewohner des Meeres bedeutet. Während dieser Meersandbewohner also dem Rotwürmchen einen Lebensraum verschafft, setzt er anderen Tieren schwer zu. Verschlingt er den Sand, rutscht von oben der Boden nach unten. Dann purzelt an Schnecken, Schlickkrebschen und Röhrenwürmchen alles durcheinander. Bloß weg, wo der Wattwurm frisst! Den gelockerten Sand ergreifen die Wellen und spülen ihn fort. Der

Wattwurm sorgt, dass sein Meeresgrund nicht höher wächst und so eines Tages als Land auftauchen würde. Er ist Tunnelingenieur, Bodenbelüfter, Vermieter und Bagger zugleich. Ohne ihn wäre der Wattboden ein anderer, ohne ihn lebten hier andere Tierarten. Er frisst die Kleinalgen und Bakterien im Boden, ihn selbst fressen Krebse, Fische und Vögel. Im Wattboden ist er sehr wichtig, volkreich und beherrschend zugleich.

Aber muss man ihn deshalb zählen? Nein, deswegen nicht. Die Volkszählung unter den Wattwürmern hat einen ganz anderen Zweck. Das kam, weil ich mich eines Tages wunderte. Das Leben an der Küste ist für Meerestiere hart. Mal heizt ihnen die Sonne ein, mal frostet es im Winter, mal klatschen beim Orkan die Wellen auf den Grund und wirbeln ihn hoch, mal fehlt es am Boden an Sauerstoff zum Atmen, mal regnet es so stark, dass das Salzwasser verdünnt wird. Dann ist es schwer, am Leben zu bleiben, wenn auch noch hungrige Schnäbel und Mäuler nach wurmeliger Beute suchen. Trotz dieser misslichen Umstände ist und bleibt der Wattwurm ein Überlebensmeister. Ihn treffe ich immer an, in allen Jahren und auf allen Watten. Wie macht er das? Andere, viele Muscheln, Schnecken und Krebse sehen dagegen ganz kläglich aus. Mal sind sie da, mal sind sie weg. Nur auf den Wattwurm ist stets Verlass.

Was macht den Wattwurm so erfolgreich? Zeugt er mehr Kinder als die anderen? Ist er viel härter im Nehmen, wenn es unwirtlich wird im Watt? Nein, das ist es vermutlich nicht. Ich hatte da eine Idee: Schon seit langem ist Wattforschern bekannt, dass es Kinderstuben gibt im Watt. Im Königshafen bei Sylt entdeckte das schon Erich Wohlenberg vor fast siebzig Jahren. Sohn eines friesischen Uhrmachers, ging er erst in eine handwerkliche Lehre und studierte dann in Hamburg. Sein wissenschaftliches Gesellenstück war eine Beschreibung der Salzwiesenvegetation, wie sie sich ändert, wenn das Land durch Aufschlickung aus dem Meer wächst. Die Biologische Anstalt Helgoland verschaffte ihm ein Stipendium, damit er die Wattfauna des Königshafens bei Sylt ebenso akribisch analysieren würde. Dort war zehn Jahre zuvor eine Außenstelle

Wattwurm im Wattboden mit Fressgang links und Kotgang rechts.

Fingerdicker Wattwurm mit rötlichen Kiemen in Büscheln und dunklem Hinterende ohne Kiemen, nach dem oft Fische beißen oder Vögel picken.

233

Eine Erfolgsgeschichte aus dem Wattenmeer: Unter jedem Häufchen wohnt ein Wurm.

für Wattforschung entstanden. Sie gehört heute als Wattenmeerstation Sylt zum Alfred-Wegener-Institut. Man wollte damals wissen, was Fische im Wattboden zu fressen finden.

Erich Wohlenberg sah, dass dicht am Ufer die Sandschnurkringel der Wattwürmer am dünnsten waren. Klarer Fall, je dünner die Kringel, desto dünner die Würmer darunter. Grub er sie aus, dann sah er, dass hier keine Hungerleider leben. Das waren junge Wattwürmer, noch ganz hell, rötlich vorne und grünlich hinten, während die alten Würmer zumeist gänzlich dunkel sind, braun oder sogar schwarz. Dicht gedrängt leben nahe am Ufer die jungen Würmer. Erich Wohlenberg nannte diese Kinderstube »Brutwatt«.

Warum leben sie dort so dicht gedrängt? Warum mischen sie sich nicht unter die alten Würmer und verteilen sich über das große weite Watt? Wo kommen diese Jungwürmer überhaupt her? Wattwürmer leben nach Geschlechtern getrennt in ihren Gängen. Am Ende des Sommers, wenn die Tage kürzer werden und wenn der Vollmond scheint, dann laichen die Mutterwürmer in ihrem Gang, und gleichzeitig entlassen die männlichen Würmer ihr Sperma. Das pumpen sie aus ihrem Gang heraus, und die Weibchen pumpen es in ihren Gang hinein. Dort befruchtet das Sperma die Eier, aus denen kurz darauf die Brut schlüpft, kaum größer als ein Sandkorn. In dieser Zeit frisst der Mutterwurm sicherheitshalber nicht, weil er sonst möglicherweise die eigene Brut verzehren würde.

Die Kleinen wachsen heran, verlassen den Muttergang aber noch im Herbst und lassen sich mit dem Ebbstrom in die tiefen Priele treiben. Dort angekommen, finden sie ihre Nischen im Muschelschill. Sie sondern Schleim ab und leben fortan in einer durchsichtigen Schleimhülle, sind selber auch noch durchsichtig und kleben die Schleimhülle an Muschelschalen. Der Biologiestudent Michael Simon von der Universität Marburg hat das herausgefunden. Als er nach einem Thema für seine Diplomarbeit suchte, erzählte ich ihm, dass vom auffälligsten Wurm im Watt noch immer unbekannt ist, wo die Jungwürmer ihren ersten Winter verbringen. Nach langer, hartnäckiger Suche im Schlickwatt, in Seegraswiesen, in den Miesmuschelbänken und im Sand der tiefen Priele fand er schließlich mit detektivischem Spürsinn die kaum sichtbaren, winzigen Würmchen, festgeschleimt auf Muschelschalen, die am Grunde mancher Priele zu Schillbänken zusammengespült sind. Da ist das Winterquartier der jüngsten Wattwürmer. Kein schlechter Platz, wenn es winters im Wattboden friert. In der Tiefe der Priele ist es dann noch erträglich.

Kommt der Frühling, treibt es die durchsichtigen Wattwürmchen in ihren Schleimhüllen mit dem Flutstrom zurück aufs Watt. Michael Simon stellte ihnen Fallen. Entlang der Flutlinie wurden verzinkte Eisenrohre eingerammt und in jedes ein Kescher auf eine Stange gesteckt. Diese Kescher waren so gebaut, dass sie sich wie ein Windsack mit der Öffnung in die Wasserströmung drehten. Wer da im Wasser trieb, von den tiefen Prielen auf die Watten, der konnte gefangen werden. Bei jeder Ebbe musste einer raus und die Netze der Kescher ausspülen, um zu sehen, was sie gefangen hatten. Und tatsächlich, im April und Mai waren die kleinen Wattwürmchen drin. Immer noch durchsichtig, zwei rote Augen, grünlich die Schnauze und der Schwanz.

Ich wusste, dass sie sich um diese Jahreszeit treiben ließen. Schon bei früheren Untersuchungen hatte ich sie als Neuankömmlinge im Watt entdeckt und zwar dort, wo sich viel flockiges Feinmaterial auf dem Wattboden sammelt, Material, das aus zerriebenen Pflanzen- und Planktonteilen besteht und den Wattboden dunkel färbt. Davon fressen die noch immer winzigen Wattwürmchen. Natürlich können sie noch keinen Sand wie ihre Alten fressen. Ein Sandkorn und schon wäre der kleine Darm verstopft. Sie sind kaum länger als ein Karo auf kariertem Rechenpapier, noch fadendünn und immer noch in ihrer Schleimhülle, aus der sie nun aber schon zeitweise etwas herauskriechen, mal rückwärts und mal vorwärts.

Das flockige Feinmaterial sammelt sich besonders in Muschelbänken an, auch in Seegraswiesen oder in Wattsenken. Da leben die Wattwürmchen im Frühjahr. Im Sommer wandern sie dann weiter. Bald sind sie ordentlich gewachsen, fast halb so lang wie ein Streichholz und jetzt dick genug, um Sand fressen zu können. Das aber machen sie nicht dort, wo ihre Alten leben, sondern nahe am Ufer in den »Brutwatten«. Wenn nicht gerade Regentropfen alle Spuren verwischen, dann findet der gebückte Betrachter ganz dünne, stark gekringelte und meist hoch aufgetürmte Sandschnurhäufchen aus kaum einen Millimeter dicken Schnüren. Tausende davon auf einem Quadratmeter!

Hier nahe am Ufer, wo es den alten Wattwürmern nicht gut genug ist, versammelt sich die Jugendbande. Noch nicht ganz ein Jahr sind sie alt, aber leben wie die Alten. Bauen einen Gang, erst mehr wie ein J, dann auch in U-Form, fressen Sand und verdauen, was dran klebt an Kleinalgen und Bodenbakterien. Wenn es kalt wird,

spät im Herbst oder im Winter, verlassen sie nach und nach den Uferbereich, denn Frost kann sie töten. Im Winter ist das Meerwasser meist wärmer als die Luft, und die jungen Würmer folgen dem Wasser und siedeln sich weiter entfernt vom Ufer neu an. Sie kriechen dabei wie eine Wühlmaus dicht unter der Bodenoberfläche entlang oder lassen sich im Wasser treiben. Sie können auch schwimmen und tun das mit schlängelnden Bewegungen und mit dem Hinterende voran. Ihr neuer Wohnplatz liegt nun zwischen den Alten. Endlich, nach über einem Jahr, gehören sie richtig dazu, sind ganz normale Wattwürmer, die überall an der Nordseeküste ihre Sandschnurhäufchen machen. Den Sommer über bleibt der Wattwurm zumeist in seinem einmal gebauten U-Gang, dreht sich mal um und wechselt den Kopfschaft gegen den Schwanzschaft ein, aber so ganz lässt er das Wandern niemals sein. Die größten und vermutlich ältesten der Wattwürmer findet man weit draußen im Watt auf den seewärtigen Sandbänken. Dort sind die Würmer auch schon mal zwanzig Zentimeter lang und dick wie ein Finger. Der Gang reicht dann fast einen halben Meter weit in die Unter-

Der Königshafen an der Nordspitze von Sylt. Im Vordergrund die Wattenmeerstation des Alfred-Wegener-Instituts. Die »Königshafen« genannte Bucht war nie ein Hafen; sie erhielt ihren Namen, weil an ihrem Ufer 1644 der verwundete Dänenkönig Christian IV. notdürftig versorgt wurde, nachdem eine heftige Seeschlacht bei Sylt ihr Ende gefunden hatte.

welt des Wattbodens. Wie alt die Wattwürmer in diesen Seniorensiedlungen sind und wie viele von ihnen noch tiefer, im ständig vom Wasser bedeckten Wattenmeer vorkommen, hat noch niemand herausgefunden. Nach unseren bisherigen Kenntnissen schätzen wir, dass die Wattwürmer auf mindestens sechs Jahre kommen.

Doch nun zurück zur Zählung der Wattwürmer. Das ist eine langwierige Arbeit. Quer durch die Wattenbucht Königshafen werden gedachte Linien gelegt. Ein Taschennavigationsgerät, wie es auf Segelbooten üblich ist, hilft dem Zähler bei Ebbe, auf Linie zu bleiben. Alle hundertfünfzig Meter hält er inne, wirft in einem Umkreis von zehn Metern seinen Zollstock zehnmal aus und zählt die Anzahl der Sandschnurhäufchen pro Quadratmeter. Dabei hat er ein Auge auf die Dicke der Sandschnüre. Kategorisch gilt, wessen Sandschnur weniger als zwei Millimeter dick ist, also dünner als ein Streichholz, der ist ein Jungwurm, alle Produzenten dickerer Sandschnüre gelten als Altwürmer.

Sammeln von Tierproben im Sylter Watt.
Foto: P. Poge

Solch eine Zählung findet einmal im Sommer statt. Besonders gelohnt hat sich der Zensus in drei Sommern: Der erste folgte auf einen milden Winter, der zweite auf einen äußerst strengen. Der war so kalt, dass Eisschollen das Watt sechsundsechzig Tage lang bedeckten. Nahe am Ufer war der Wattboden hart gefroren. Kaum ein Wattwurm mochte noch Sandschnurkringel nach oben drücken. Ihnen allen war es bitter kalt. Das war 1996. Danach kam ein ganz gewöhnlicher Winter, auch kalt, aber nur wenig Eis im Watt.

Im ersten Sommer wurden viele alte Wattwürmer gezählt und nur wenige junge. Diese jungen fanden wir alle dicht gedrängt ganz nahe am Ufer. In dem strengen Winter, der auf die erste Zählung folgte, wehte eisiger Ostwind über die Watten, jede Flut schob neue Eisschollen unter die schon vorhandenen, so dass sich Schollenberge auftürmten. Die hobelten über den gefrorenen Wattboden. Das war keine gute Zeit für Wattwürmer. Aber tote konnte ich nirgendwo finden! Vielleicht schaffte es dieser Überlebenskünstler doch, gut durch solch einen Winter zu kommen?

Im Sommer danach, als es warm genug war, so dass wieder alle Würmer ihre Sandschnurhäufchen erzeugten, waren nur noch halb so viele alte Würmer wie im Sommer davor zu zählen. Aber deswegen gab es nicht weniger Würmer! Überall entlang des Ufers sah ich dicht an dicht die winzigen Kringelhäufchen der jungen Wattwürmer. Der schmale Ufersaum war ihnen nicht mehr genug. In diesem Sommer dehnte sich ihr Verbreitungsgebiet aus, bis in Wattbereiche, die noch im Sommer davor ausschließlich den Alten vorbehalten waren.

Was war geschehen? Je weniger alte, desto mehr junge Würmer im Watt. Hier gab es offensichtlich einen Konflikt der Generationen. So lange viele Alte da sind, sind die weiten Wattflächen für die Jungen tabu. Der strenge Winter vertrieb etwa die Hälfte der alten Würmer aus dem Königshafen. Wohin, weiß ich noch nicht. Aber es gibt Sandbänke weit draußen, wo nur ganz große Wattwürmer zu finden sind, oft doppelt so groß wie jene im Königshafen. Junge habe ich dort noch nie gesehen. Also müssen große Würmer dorthin geschwommen sein.

Zu diesen Wattsänden weit draußen kommt man nicht zu Fuß. Dahin setzt uns die MYA über. Das ist unser Motorkatamaran für Wattforschungen, ein doppelrümpfiges Boot. Mit dem fahren wir noch übers Watt, wenn es nicht mal mehr einen Meter tief ist. Bei Ebbe können wir auch aufsetzen, die Leiter runterklettern und Wattwürmer suchen. Auf den weiten Watten kommt die Flut schnell zurück, und Kapitän Kruse hupt einmal kurz mit dem Schiffshorn, wenn es Zeit wird, wieder an Bord zu klettern - dreimal, wenn es höchste Zeit wird.

Auf diesem Senioren-Watt weit draußen könnten die Winterflüchtlinge aus dem Königshafen gelandet sein. Allerdings sind diese Senioren in ihrem Reproduktionsvermögen nicht zu unterschätzen. Wenn die Wattwürmer ihre Eier ablaichen, im Spätsommer und Herbst, dann sind die alten Würmer noch voll dabei, und jeder produziert soviel Nachkommen wie für zwei oder sogar mehr. Wenn der Nachwuchs im Herbst den Muttergang verlässt, nimmt ihn die Strömung der nächsten Flut mit sich fort, und es beginnt ein kurzes Planktonleben. Hält die Gezeitenströmung dann beim Wechsel zwischen Ebbe und Flut einen Moment inne, sinken die Wurmzwerge zu Boden. Dort bleiben sie aber nur, wenn sie in den Prielen eine Stelle mit Muschelschill getroffen haben, um ihr Winterquartier aufzuschlagen, von dem aus im Frühjahr die Wanderung mit dem Flutstrom weiter geht, bis in die ufernahen Brutwatten im Königshafen. Bei einer dritten Zählung der Wattwürmer im Königshafen, also zwei Sommer nach dem strengen Eiswinter, war es wieder so wie immer. Es gab viele alte Würmer, und die wenigen jungen mussten mit einem sehr schmalen Uferstreifen vorlieb nehmen. Unter die alten mischte sich kein junger. Das bekommt ihnen auch nicht. Ich habe junge Würmer am Ufer ausgegraben und sie mitten zwischen die alten gesetzt. Wenige Tage später waren sie alle wieder weg. Der Grund ist auch klar: Wo die Alten in großen Mengen Sand von unten her verschlingen, stürzt oben der Wattboden ein. Hat da ein Jungwurm

seinen ersten U-förmigen Gang gebaut, gerade mal einen Zentimeter lang, dann ist alles hin, und er kann wieder von vorne anfangen. Wer klein ist und gerade erst anfängt, Gänge zu graben, braucht einen von alten Würmern ungestörten Wattboden. Und den finden die Jungen nur noch nahe am Ufer, wo es den Alten im Sommer zu trocken und im Winter zu kalt ist.

Die Zählerei hat sich gelohnt, denn nun ist klar, warum die Wattwürmer im Watt so erfolgreich sind. Sie betreiben keine Geburtenkontrolle, aber eine Nachwuchskontrolle. Jungwürmer werden jedes Jahr im Überschuss gezeugt. Die meisten von ihnen finden keinen ungestörten Wattboden, um wie ein Alter in Ruhe Sand fressen zu können. Ist aber doch einmal viel Wattboden frei, weil die Alten vor Frost oder anderen Unbilden geflüchtet sind, dann ist die Chance der Jungwürmer gekommen. Im Sommer nach dem strengen Winter waren sie gleich in zehnfacher Anzahl da. Also kein Wunder, dass die Verluste schnell wieder ausgeglichen sind und kein Wattboden ohne Wattwürmer bleibt. Der Wattwurm schafft es, seinen Lebensraum vollständig zu besetzen. Das ist nicht selbstverständlich. Die meisten Tiere des Nordseebodens sind gar nicht immer dort, wo sie sein könnten.

Der Forschungskatamaran MYA hat auf einer Sandbank im Wattenmeer aufgesetzt.

In strengen Wintern ähneln die Lebensbedingungen im Watt, wie sie die Forscher von polaren Schelfgebieten kennen: Eisschollen vor Sylt, wo im Boden der Wattwurm friert.
Fotos: K. Reise

Im Mittel kriechen, krabbeln, graben oder sitzen sie gerade mal auf der Hälfte dessen, was eigentlich für sie geeignet ist. Es gelingt ihnen nicht, dieses Angebot auszuschöpfen. Dafür gibt es viele Gründe. Oft werden die Larven der Bodentiere weit mit den Strömungen fortgetragen, und nur ein Bruchteil der Nachkommen hat das Glück, dort zu landen, wo es sich gut leben lässt. Dabei will es der Zufall ebenso oft, dass Plätze, wo es sich gut leben ließe, von keinen Nachkommen erreicht werden. Auch wenn es geklappt hat – der Anfang ist immer schwer. Da lauern viele hungrige Mäuler am Meeresgrund, denen so ein kleiner Anfänger als Happen gerade recht ist. Nicht selten wird die gesamte Brut buchstäblich in den Sand gesetzt.

Nicht so beim Wattwurm; der hat seine Tricks, wie wir gelernt haben. Die allerkleinsten leben noch im Schutz des tiefen Muttergangs. Verlassen sie den, driften sie erst vom Ufer weg in ein Winterquartier aus Muschelschill, wo sonst kaum einer wohnt. Im nächsten Frühjahr driften sie zurück, und diejenigen, die bis dicht unters Ufer gelangen, finden einen ruhigen Platz für den ersten Lebenssommer, denn dort wohnen die alten nicht. Haben die alten viel Platz frei gelassen, ist der Nachwuchs stark. Machen sich die alten breit, ist es für den Nachwuchs eng, und nur wenige überleben, aber genug, um die Gesamtzahl gleich zu halten und den Wattboden für Wattwürmer voll zu nutzen.

Natürlich machen es uns die Wattwürmer nicht vor, wie wir Menschen den Erdball optimal nutzen könnten. Jede Art muss ihren eigenen Weg finden. Das Hin und Her der an der Wattküste driftenden Würmchen öffnet aber die Augen, wie kompliziert das Leben selbst dieser einfachen Wesen sein kann. Sie wühlen nicht einfach im Sand der Nordseewatten herum und fressen davon, sondern brauchen den Muschelschill in der Tiefe der Priele, fressen flockiges Feinmaterial aus zerriebenen Pflanzen und Plankton, solange sie noch ganz klein sind, brauchen ihre Ruhe vor den Alten, und die finden sie ganz nahe am Ufer. Von dort müssen sie zusehen, dass sie wieder wegkommen, bevor der erste Winterfrost einsetzt. Selbst die alten Würmer scheinen nicht da zu bleiben, wo man die meisten sieht, sondern ziehen sich auf die Sandbänke fern vom Ufer zurück. Nur wo die richtige Vielfalt von Lebensräumen noch an der Küste zu finden ist, da geht es dem Wattwurm gut, und da füllen sich die Mägen der Fische und die der langschnäbeligen Vögel mit seinen Hinterenden. Die wachsen nach, und bald ist der Tisch wieder gedeckt für die Fisch- und Vogelschwärme im Wattenmeer.

Karsten Reise

Arzneien und Werkstoffe aus dem Meer

In der Natur, also auch im Lebensraum Meer, herrscht das archaische Gesetz des »Fressens und des Gefressen-Werden«. Dabei sind die Jäger in der Regel gleichzeitig auch die Beute anderer. Im Laufe der langen Evolutionsgeschichte haben Jäger und Gejagte vielfältige, zum Teil »skurrile«, jedoch hochwirksame Mechanismen entwickelt, um Konkurrenten auszuschalten, Feinde abzuwehren oder Beute zu machen. Das militärähnliche Repertoire gleicht der umfangreichen Trickkiste wahrhafter Zauberkünstler. Es umfasst Mechanismen zur Tarnung oder Täuschung. Auch mechanische Barrieren wie Stachel oder Panzer sorgen für die erzwungene Zurückhaltung der Jäger. Viele Organismen verfügen über eine erstaunlich breite Palette chemischer Kampfstoffe oder chemischer Keulen, insbesondere »appetitzügelnde« unverdauliche Hemmstoffe und ein breites Spektrum von schwach bis hoch wirksamen Giften (Toxine), die auch für den Menschen lebensbedrohlich sein können. Zu Letzteren gehören die Nervengifte einiger Algen und das bakterielle Tetrodotoxin des Pufferfisches. Der Fisch gilt als teure Delikatesse in Japan. Darüber hinaus gibt es eine weitere, geradezu raffinierte Variante: Organismen mit fehlendem Instrumentarium zur Selbstverteidigung nutzen oftmals die gefährlichen Waffen der Mitglieder ihrer Wohngemeinschaften.

Was sind das für Stoffe, die solch erstaunliche Reaktionen hervorrufen, und vor allem: Wie wirken sie?

Sie gehören der großen Gruppe der Naturstoffe an. Um Missverständnissen vorzubeugen, bedarf es einer Klärung des Begriffes »Naturstoffe«. Als solche werden Substanzen aus Tieren, Pflanzen und Mikroorganismen verstanden, welche überwiegend deren Sekundär- und im weiteren Sinne auch dem Primärstoffwechsel entstammen. Die Primär- und Sekundärstoffe kommen überall in der belebten Natur vor. Während der Terminus Naturstoffe heute fast ausschließlich auf bestimmte organische Stoffe natürlichen Ursprungs bezogen wird, beinhaltete er früher auch die Komponenten mineralischen Ursprungs.

Marine Naturstoffe sind der jüngste Forschungsbereich in der Stiftung Alfred-Wegener-Institut. Er befindet sich noch in der Aufbauphase, und das macht die vielseitigen, großteils neuen Beobachtungen und Entdeckungen äußerst spannend. Natürlich liegt uns aller Hochmut fern, sämtliche Naturstoffe untersuchen zu wollen oder gar zu können. So konzentrieren sich unsere Arbeiten auf wenige Facetten der Naturstoffforschung. Sie dienen der Aufklärung bestimmter chemischer Verbindungen, welche als Wirkstoffe mariner Bakterien, Pflanzen und Tiere ein Überleben ermöglichen, entweder als Einzelorganismen oder in komplexen Lebensgemeinschaften. Das schließt ein, die Mechanismen zum Überleben an extremen Standorten wie der Antarktis und Arktis oder der Tiefsee zu erforschen, und es erfordert auch, sich über die chemischen Komponenten klar zu werden, die das Zusammenleben von Organismengesellschaften regulieren.

In den meisten Fällen wird nicht nur geographisches, sondern auch wissenschaftliches Neuland betreten. Die Aufgaben erfordern ein multidisziplinäres Forscherteam und eine umfangreiche Logistik (Schiffe, Taucher, Labors). Andererseits sind die teilweise hochwirksamen und natürlichen chemischen Verbindungen von großem industriellem Interesse; sie können als Medikamente, Agrochemikalien, aber auch für technische Zwecke genutzt werden. Deshalb arbeitet die Sektion »Chemie der marinen Spuren- und Naturstoffe« des AWI nicht nur mit Universitäten, sondern auch mit industriellen Kooperationspartnern eng zusammen.

Eine seltsame Lebensgemeinschaft gehen die Seeanemone Adamsia und der Einsiedlerkrebs Pagurus ein. Die Seeanemone ist eigentlich ortsfest; indem sie sich auf dem Rücken des Einsiedlerkrebses ansiedelt, kommt sie trotzdem weit herum. Der Krebs hat den Vorteil des Schutzes durch die giftigen Nesselzellen seines Dauergastes.
Foto: R. Kuhlenkamp

Bislang wurden die Naturstoffe hauptsächlich aus Pflanzen und Tieren gewonnen, die man auf den Kontinenten vorfindet. Erst in jüngster Zeit wird das Meer verstärkt als Quelle für Naturstoffe genutzt. Die Entdeckung tumorhemmender Substanzen in Meeresorganismen wirkte als Initialzündung für eine intensivere Forschung. Wirkstoffe des Moostierchens *Bugula neritina*, des Seehasen *Dolabella auricularia*, des Manteltierchens *Didemnum helgolandicum* werden zur Zeit klinisch geprüft bei der Behandlung verschiedener Krebserkrankungen. Aber auch Schwämme, Hohltiere, Stachelhäuter und andere wirbellose Tiere gelten als interessante Tiergruppen mit großem Wirkstoffpozential, beispielsweise für Antibiotika, Zytostatika oder Medikamente gegen Wurmerkrankungen. Neben Arzneien stellen die Naturstoffe auch Werkstoffe in Aussicht, die wirtschaftlich vielversprechend sein könnten. Das Material der Byssusfäden von Miesmuscheln (*Mytilus sp.*) zum Beispiel, deren Zucker- und Eiweißkomponenten, wird als hochwirksamer Klebstoff in der Zahnheilkunde verwendet. Andere Substanzen, so genannte Antifouling-Stoffe, verhindern den Bewuchs an Schiffsrümpfen auf umweltverträgliche Weise.

Fragt man nach der Herkunft der Naturstoffe, ist es oft nicht klar, ob sie von einem Wirtsorganismus oder von dessen Gästen produziert werden, denn fast alle marinen Tiere enthalten »Untermieter«, etwa Bakterien, niedere Pilze, einzellige Algen oder kleine Phyto- und Zooplankter. Beispielsweise kann die Biomasse in Schwämmen bis zu 50 Prozent aus diesen Gastorganismen bestehen. Auch das »Meeresleuchttierchen« *Noctiluca scintillans*, einige Arten von Manteltieren sowie Blumentieren, wie Seenelken, beherbergen in großer Anzahl Bakterien. Vor Helgoland finden wir viele solcher Lebensgemeinschaften (Symbiosen), beispielsweise zwischen der Seeanemone *Adamsia* und ihrem »Untermieter«, dem Einsiedlerkrebs *Pagurus sp.* (siehe Abb.). Der »Untermieter« erhält Wohnraum mit chemischer Abwehr durch die giftigen Nesselzellen der Seeanemone. Ein Vorteil für die sessile Seeanemone ist die durch den Krebs gewonnene Mobilität.

Komplizierter sieht die Sache bei den nicht-heimischen Anemonenfischen (*Amphiprion perideraion*) aus. Sie leben in enger Gesellschaft mit ihren Nesselgift-bewehrten Seeanemonen *Radianthus kuekenthali*, welche ihnen Schutz gewähren. Damit diese Gemeinschaft funktioniert, ist eine sensible chemische Freund-Feind-Erkennung vonnöten. So hat jeder einzelne Anemonenfisch »seine« bestimmte Anemone, die er unter allen anderen erkennt. Ebenfalls identifiziert die Seeanemone »ihren« Fisch. Andere Fische werden als Futter betrachtet. Anemonenfisch und Seeanemone scheiden ein spezifisches Gemisch von Substanzen ab, das der gegenseitigen Erkennung und Orientierung dient.

Neuland vor der Haustür

Für unsere Forschungen steht das bislang kaum untersuchte, teilweise enorm artenreiche Potenzial der kalten und gemäßigten Meeresregionen (Atlantik, Schelfmeere von Nord- und Ostsee sowie Polarregionen) zur Verfügung. Allein für den kleinen, zirka 40 km² umfassenden Helgoländer Felssockel wurden 885 Arten registriert, davon etwa 200 Arten von Manteltieren, Schwämmen, Nesseltieren und Moostierchen.

Die Schätzung der Artenzahl im Wattenmeer liegt bei 1800, zum Teil aus der reichen Sandlückenfauna bestehend. Ferner sind weltweit etwa 4000 Arten von Dinoflagellaten bekannt. Ein Teil dieser Gruppe produziert eine reiche Palette an Toxinen. Bei den weltweit verbreiteten Kieselalgen sind ungefähr 10000 Arten beschrieben worden. Ihr Naturstoffpotenzial ist unbekannt. Im Bereich der Ostsee kommen mehr als 100 Arten von Blaualgen vor. Die taxonomische Arbeitsgruppe des Forschungsinstitutes Senckenberg erfasst routinemäßig 800 mikroskopisch kleine Planktonarten. Dagegen liegt die Anzahl mariner Mikroorganismen (Archaebakterien, Eubakterien, Pilze) und Protozoen wohl bei einigen hunderttausend Arten. Mit Ausnahme des Helgoländer Felssockels fehlen für die meisten Standorte flächendeckende, taxonomische (d.h. artbestimmende) Bestandsaufnahmen von Mikroorganismen, Pflanzen und Tieren. Weniger verlässliche Daten liegen über die Anzahl von Arten an schwer zugänglichen, extremen Standorten (Hydrothermalquellen, Polarregionen, Tiefsee) vor, obwohl diese Organismen äußerst interessante Eigenschaften besitzen; sie können sich gegen Hitze oder Kälte schützen, haben Mechanismen gegen das Gefrieren oder zur Druckanpassung entwickelt. Die lückenhaften Untersuchungsdaten basieren bis auf wenige Ausnahmen auf klassischen morphologischen Kriterien, zum Beispiel physiologischen Tests bei Bakterien. Molekularbiologische Ansätze werden zwar zunehmend angestrebt, sind jedoch bislang selten.

Es ist also nicht übertrieben, wenn wir sagen, dass ein breites, naturstofflich nicht genutztes Potenzial in den Meeren der gemäßigten und der polaren Breiten vorliegt. Da in den meisten Fällen lediglich geringe Biomassen von Tieren und Pflanzen für eine direkte Nutzung zur Verfügung stehen, ist es geboten, nicht zuletzt aus Gründen des Umweltschutzes, kultivierbare und damit regenerierbare Biomassen aus Bakterien oder Pilzen zu nutzen.

Um Proben zu gewinnen, führte unsere letzte Expedition mit dem Forschungsschiff HEINCKE vor die schottische Küste, zu den Hebriden und den Orkney-Inseln mit ihren schroffen Felsklippen und den kargen, baumlosen Landschaften. Glücklicherweise hatten wir ein hervorragend ruhiges Wetter bei sommerlichen Temperaturen von 11°C im Wasser und in der Luft. Selten wird es hier wärmer. Die günstigen Bedingungen gestatteten zahlreiche Tauchgänge bis zu 30 Meter Tiefe, wobei sehr aufschlussreiches Tier- und Pflanzenmaterial von diesen schwer zugänglichen und menschenfeindlichen Standorten gesammelt wurde.

Es sind keine Allerwelts-»Froschmänner«, die sich solche Einsätze zumuten, sondern gut ausgebildete Forschungstaucher. Mindestens drei gehören zu einer Einsatzgruppe. Die Vorbereitungen beginnen mit dem Tanken des Bootes, dem Füllen der Druckluftflaschen durch den knatternden Kompressor, dann werden die steifen Trockenanzüge aus dickem Neopren angelegt, wird das Tauchermesser festgeschnallt – ein unverzichtbares Instrument für die Probenahme. Lungenautomaten, Tauchmasken, Flossen werden bereit gelegt, die Sicherungsleine mit dem »Blub«, einem orangefarbenen Schwimmkörper, der die Position des Tauchers markiert; Sprechfunkgeräte, Probengefäße und vieles mehr.

Schließlich fahren die Taucher zum Einsatzort, meistens eine halbe Meile vom Forschungsschiff entfernt. Hier hissen sie die internationale Signalflagge Alpha - »Vorsicht Taucharbeiten!«. Der erste Taucher geht zu Wasser.

Aus Gründen der Sicherheit und zur Übernah-

Zwischen den Felsklippen vor der schottischen Küste gibt es Lebensgemeinschaften, die möglicherweise noch nicht erkannte Naturstoffe für medizinische Anwendungen produzieren. Das Forschungsschiff HEINCKE operierte mehrmals in diesem Gebiet. Foto: S. M. Yasseri

*Die Tauchergruppe
begibt sich zum
Einsatzort.
Foto: S. M. Yasseri*

me des Probengutes steht ein zweites Boot in Warteposition. Aufregend ist stets die Ankunft der Taucher nach ihren zwei- bis dreistündigen Einsätzen, wenn sie mit ihrer »Beute« an Tieren und Pflanzen an Deck zurückkehren. Bereits in den Schiffslabors sichten wir das Material und bestimmen es, manchmal unter dem Mikroskop. Auch mikrobiologische Arbeiten schließen sich schon teilweise an, bei denen nach Bakterien gefahndet wird. Sie leben in den Zellen vieler wirbelloser Tiere oder als assoziierte Organismen in Lebensgemeinschaften. So gelang es, aus einer Reihe von Tieren Bakterien zu isolieren. Für weitere Untersuchungen werden die Tiere und Pflanzen in Aquarien gehältert und zum Heimatlabor nach Helgoland überführt.

Der lange Weg zum Produkt

Der Weg von der Gewinnung der Organismen bis zu einem Produkt ist langwierig und kostspielig und steinig; deswegen kann er nur mit Hilfe von Kooperationspartnern begangen werden. Er verläuft über zahlreiche Etappen. Es beginnt mit der Identifizierung der Organismen, welche mit klassischen mikroskopischen und physiologischen Verfahren sowie mit molekularbiologischen Techniken (Polymerase-Kettenreaktion zur Vervielfältigung von DNA,

Klonierung und Sequenzierung) erfolgt. In Fermentern werden größere Mengen an Biomassen gezüchtet. Anschließend extrahiert man die Biomassen chemisch, um die Wirkstoffe aus dem ursprünglichen Stoffgemisch zu trennen. Erst dann erfolgt das Wirkstoff-Screening. Dies geschieht mit Hilfe von Zellkulturen, an denen die Wirkungsweisen getestet werden. Um die Arbeit zu erleichtern, setzt man zum Testen hoher Probenanzahlen auch Roboter ein. Schließlich kann die chemische Struktur aufgeklärt werden. Am Ende der Kette stehen die unterschiedlichen klinischen Testphasen. Davon sind wir allerdings noch sehr weit entfernt.

Gegenwärtig konzentriert sich die Forschung darauf, die Ökologie der Überlebensstrategien im Wesentlichen von Mikroorganismen an den unterschiedlichsten, teilweise extremen Standorten aufzuklären. Erforscht werden auch einige der Überlebenskünstler mit besonderen »Talenten«, meist Bakterien, aber auch niedere Pilze, welche beispielsweise an tiefe Temperaturen im Wasser oder gar im Eis der polaren Breiten angepasst (psychrophil) oder in bis zu 11000 Meter Wassertiefe druckangepasst (barophil) leben. Daneben beherrschen die mikrobiellen Minimalisten, so genannte oligocarbophile Bakterien, diese Regionen. Sie überleben nicht nur mit geringsten Mengen an Nährstoffen, mit nur wenigen Millionsteln eines Grammes an organischem Kohlenstoff pro Liter, sondern sie gedeihen auch gut unter diesen Bedingungen.

All diesen Überlebenskünstlern ist eines gemeinsam: Sie verfügen über chemisch kontrollierte Mechanismen, um an den scheinbar lebensfeindlichen Standorten doch überleben zu können. Beispielsweise produzieren manche Mikroorganismen Frostschutzproteine, oder Enzyme, welche auch bei 600 bar Druck (das entspricht etwa einer Wassertiefe von 6000 Metern) einen funktionsfähigen Stoffwechsel gewährleisten. Meist sind es nur einzelne bakterielle Organismengruppen, die solche Leistungen vollbringen. Allerdings leben sie nicht nebeneinander, sondern bilden komplexe, natürliche Lebensgemeinschaften aus Viruspartikeln, Bakterien, Pflanzen und Tieren. Aufre-

Die von den Tauchern an Bord gebrachten Lebewesen werden bereits im Schiffslabor gesichtet und bestimmt.
Foto: S. M. Yasseri

gend kompliziert wird es, wenn nicht die Überlebensmechanismen und deren chemische Komponenten der Einzelorganismen im Zentrum des Interesses stehen, sondern die der Lebensgemeinschaften. Das Zusammenleben von Gemeinschaften wird ebenfalls durch eine vielfältige chemische Materie mit ihren Botenstoffen, den chemischen Signalen geregelt, welche beispielsweise für die Erkennung von Freund und Feind, der Abschreckung oder Jagd nach Beute verantwortlich sind. Alle diese Stoffe haben die unterschiedlichsten Wirkungen und besitzen eine vielfältige chemische Beschaffenheit.

Ein typisches Beispiel stellen die Omega-3-Fettsäuren des pflanzlichen Planktons dar, welche, soweit bisher bekannt, lediglich in marinen Organismen in größeren Mengen vorkommen. Sie werden vom Menschen nicht synthetisiert und müssen wie die Vitamine mit der Nahrung aufgenommen werden. Es gibt Hinweise, dass Omega-3-Fettsäuren bei Arthritis helfen, gegen Arteriosklerose vorbeugen und so das Herzinfarktrisiko vermindern können.

Bakterien aus dem Meereis sowie der Tiefsee produzieren wasserabweisende Polyene (langkettige chemische Verbindungen), welchen wahrscheinlich die Schlüsselrolle bei der Anpassung an niedrige Temperaturen sowie an hohe hydrostatische Drücke zukommt. Erst so wird das Überleben in dieser extremen Umwelt möglich.

Von den Minimalisten, den oligocabophilen Bakterien, gibt es erste Hinweise, dass einige Stämme antibiotische Eigenschaften haben und zum Teil Carotinoide bilden, welche für die Behandlung altersbedingter Netzhauterkran-

kungen in Betracht kommen. Den marinen Pilzen wird ein weites Spektrum an antibakteriellen, antiviralen und cytotoxischen Stoffwechselprodukten zugeschrieben.

In der Lebensgemeinschaft zwischen dem Brotkrumenschwamm *Halichondria panicea* und seinen assoziierten Bakterien wurde in Zusammenarbeit mit Kollegen der Universität Mainz eine Substanz entdeckt, die auf den Haushalt der Kalzium-Ionen von Säugetier-Nervenzellen wirkt. Änderungen des Kalziumspiegels in den Zellen spielen eine wichtige Rolle unter anderem bei der Alzheimererkrankung. Die mikrobiologischen Arbeiten ergaben, dass der eigentliche Produzent dieser bislang nicht identifizierten Substanz nicht der Schwamm selbst ist, sondern sie stammt aus den mit ihm assoziierten Bakterien. Mit Hilfe der DNA-Sequenzanalyse konnte gezeigt werden, dass einige Bakterienarten stets wiedergefunden werden. Vermutlich liegt hier eine Symbiose zwischen Schwamm und Bakterium vor. Zum direkten Nachweis dieser Bakterien sind Gensonden und mikroskopische Lasertechniken vorgesehen.

Aufgrund des enormen, nicht erschlossenen biologischen Potentials mariner gemäßigter und polarer Habitate kann mit Sicherheit davon ausgegangen werden, dass insbesondere bei der Erforschung von Überlebensmechanismen sowie Symbiosen und deren Stoffe zur Abwehr, Freund-Feind-Erkennung sowie der Kommunikation untereinander neue Mechanismen entdeckt werden. Wir erwarten, dass ein Großteil der daran beteiligten chemischen Verbindungen auch für den Menschen nützlich angewendet werden kann.

Christian Schütt, Gunnar Gerdts

Typischer Aufwuchs von Manteltieren und Schwämmen auf den Stielen der Makroalge Laminaria. Man verspricht sich von diesen Tierarten Wirkstoffe, die vor allem für medizinische Anwendungen geeignet sein könnten.
Foto: R. Kuhlenkamp

DIE ARKTIS

Wo die Arktis beginnt, darüber gibt es verschiedene Ansichten. Ein um den Nordpol geschlagener Polarkreis besagt ja nichts weiter, als dass nördlich dieser Linie die Sonne jeweils ein halbes Jahr nicht auf- oder nicht untergeht. Immerhin liegen ausgedehnte Gebiete einiger uns fast schon benachbarter Länder innerhalb dieses Kreises; viele Bewohner Norwegens, Schwedens, Finnlands müssen im Alltag mit polaren Bedingungen zurecht kommen. Aber der Zirkel ist für geographische Definitionen ein ungeeignetes Instrument: Die Ausläufer des Golfstroms erwärmen ausgedehnte Bereiche des Nordmeeres. Wiederum ziehen sich grimmig kalte Regionen weit nach Kanada hinein. Manche Wissenschaftler bezeichnen die Südgrenze des Permafrostes oder die nördliche Baumgrenze als Beginn der Arktis. Andere berufen sich auf die Zehn-Grad-Isotherme für den Monat Juli. Wir haben hier den seltenen Fall, dass sich jeder noch sein eigenes Bild vom begrifflichen Gehalt eines Wortes machen kann.

Keine Frage, dass unser Lebensraum, die mittleren geographischen Breiten, dem Einfluss der Arktis viel stärker unterliegt als den ferneren Tropen. Stärker als es den meisten Menschen bewusst ist. Das Verhältnis ist ein gegenseitiges. Zwar haben sich die Träume des kanadischen Ethnologen und Polarforschers Vilhjalmur Stefansson, die Arktis in eine hochzivilisierte, mit technischem Komfort ausgestattete Kulturregion zu verwandeln, nur zum Teil erfüllt. Und wenn sein Freund und Mitarbeiter, der Flugka-

pitän Sir George Wilkins, auf »die Nutzbarkeit und Zugänglichkeit«, »die Möglichkeit des Lebens« im hohen Norden aufmerksam macht, so kommen dem Sonnenliebhaber wie dem Gesellschaftskritiker einige Zweifel, ob es mit einem Replikat schöner Wohnstuben und schneller Flug- oder Schiffs-, eventuell U-Boot-Verbindungen getan ist. Aber dass der Mensch vom einst als furchtbar erscheinenden hohen Norden Besitz ergriffen hat, steht außer Zweifel. Tromsö und Point Barrow, Longyearbyen und Murmansk sind heute moderne Stadtsiedlungen, und die wirtschaftliche Erschließung der Jarmal-Halbinsel in Sibirien, des Mackenzie in Kanada sind nur zwei Beispiele des gegenwärtigen Run-Off in die nördlichen Polargebiete.

Wenn Wissenschaftler des Alfred-Wegener-Instituts das Klima vergangener Zeiten und die möglichen Auswirkungen heutiger Einflüsse des Menschen etwa auf die Permafrostböden, die Meeresströmungen oder die Eisdecke des Nordpolarmeeres untersuchen, schaffen sie einen Vorrat an Wissen, der für eine vernünftige Nutzung wie für den Schutz dieser Regionen unabdingbar ist. Ob sie die Temperaturanpassung kälteliebender Fische, die Ablagerungen auf den Schelfen, die Zerstörung der Ozonschicht studieren – diese Arbeiten haben oder sollten auf eine mittelbare Weise Konsequenzen haben. Es ist Umweltforschung, Existenzforschung für die Zukunft nicht nur des menschlichen Lebens, sondern des Lebens auf der Erde überhaupt.

Zu Fuss
über das Meereis

Mit einem dumpfen Schlag setzt der Kran der POLARSTERN den kleinen Eisenkorb, den so genannten »Mummy Chair«, in den wir uns zu dritt mit unserem Mess- und Materialschlitten hineingezwängt haben, aufs Eis ab. In den orangefarbenen Überlebensanzügen erinnern wir wohl etwas an die Aeronauten während der Mondlandung. Meine Begleiter sind Mikko Lensu, der Finne, und Andrej Darowskich aus Russland.

Vor etwa zwei Stunden hatte uns der Kapitän auf die Brücke gerufen, damit wir uns am Radarschirm eine Eisscholle aussuchen. Draußen war wie fast immer dicker Nebel, und nur das Schiffsradar konnte Auskunft über die Eisschollen der Umgebung geben. Obwohl sich das Schiff einen Weg durch dichtes Packeis mit fast hundertprozentiger Meeresbedeckung brach, sind die meisten Eisschollen jetzt im August in kleine Segmente zerbrochen. Aber wir hatten Glück, eine halbe Meile voraus sahen wir eine Scholle, die etwa zweieinhalb Kilometer Durchmesser hatte. Genau richtig für unsere Mission: Wir wollen die Eisdicke entlang eines Profils quer über eine Scholle messen. Die Auswahl der Scholle ist noch keine Gewähr, dass wir wirklich darauf arbeiten können, denn erstmal muss POLARSTERN dort anlegen. »Schiff ist kein Auto«, heißt es bei den Steuermännern, und so dauert es fast eineinhalb Stunden, bis das Schiff die paar hundert Meter in die richtige Position verholt war und lockere Eis-

bruchstücke beiseite geräumt hat, um in Kranreichweite heranzukommen. Bei diesen Manövern müssen die Steuermänner mit großer Umsicht vorgehen, damit sie die auserwählte Scholle nicht zerbrechen. Dann ging alles schnell und routiniert: Rein in die Überlebensanzüge, die etwa 25 kg schweren Schlitten über das Deck zum Kran gezerrt, in den »Mummy Chair« geklettert, und schon schwebten wir über die Reling.

Mühsam durchbricht die Sonne den Nebel und gibt den Blick frei auf den Weg über die Eisschollen.

Obwohl das Geräusch beim Aufsetzen des »Mummy Chair« auf das Eis schon recht solide klang, klettere ich erst einmal vorsichtig hinaus, um die Tragfähigkeit des Eises mit ein paar Fußtritten zu testen. Immerhin befindet sich unter uns vier Kilometer tiefes Wasser mit einer Oberflächentemperatur von minus 1,8 Grad Celsius. Die Bordwand von POLARSTERN wirkt sehr hoch und erdrückend; einige Risse verlaufen doch durchs Eis, die wohl durch das Anlegemanöver verursacht wurden. Aber alles erscheint sicher, und so wuchten wir die Schlitten heraus und ziehen sie ein Stück vom Schiff und vom Schollenrand weg. Von den Messungen an den Tagen zuvor wissen wir sowieso, dass das Eis hier in der nördlichen Laptewsee, einem sibirischen Randmeer des Arktischen Ozeans, in diesem Sommer meistens 1,80 Meter dick ist. Dünneres Eis, das sich während des Winters in Wasserrinnen zwischen den älteren Schollen gebildet hat, ist entweder zerbrochen oder schon geschmolzen, und die größeren Schollen bestehen eigentlich nur aus Eis, das bereits anfangs des letzten Herbstes gebildet wurde und im Verlaufe des Winters zu Mächtigkeiten bis zu zwei Metern angewachsen ist.

Zunächst bohren wir alle zwanzig Meter ein Loch durch das Eis, um mit einem Maßband die Dicke zu messen. Dazu benutzen wir schmale Schneckenbohrer mit einem Durchmesser von fünf Zentimetern, die von einem kleinen, laut knatternden und stinkenden Zweitaktmotor angetrieben werden. Heute brauchen wir zwei Meterstücke des Bohrgestänges, um das Eis zu durchbohren. Bohren ist anstrengend und dauert, über das Profil von einigen hundert Metern gerechnet, lange. Deshalb haben wir in den letzten Jahren nach alternativen Methoden zur Dickenmessung gesucht.

Wir entsannen uns des elektromagnetischen Induktionsverfahren, das von Geophysikern an Land beispielsweise genutzt wird, um die Tiefe des Grundwassers abzuschätzen. Es basiert auf der Bestimmung der elektrischen Leitfähigkeit des Untergrundes. Für Meereis-Dickenmessungen stellt dieses Verfahren geradezu eine ideale Anwendung dar, weil das Eis als elektrischer Iso-

Für den Transport der Messgeräte und Sicherheitsausrüstung wurde ein leichtes Prijon-Kajak verwendet.
Fotos: C. Haas

lator aufgefasst werden kann, während das Meerwasser wegen seines hohen Salzgehaltes ein sehr guter elektrischer Leiter ist: Je dicker das Eis, um so geringer die mittlere elektrische Leitfähigkeit in einem Volumen von einigen Kubikmetern unter der Eisoberfläche. Das kann mit Hilfe einer elektromagnetischen (EM) Sonde gemessen werden.

Natürlich mussten wir anfangs viel bohren und gleichzeitig an denselben Punkten mit der EM-Sonde messen. Aus den umfangreichen Daten haben wir eine Kalibrationsgleichung abgeleitet, mit der wir die Eisdicke aus der Untergrundleitfähigkeit berechnen können. Die Abweichungen gegenüber Bohrlochmessungen betragen selten mehr als zehn Zentimeter. Der größte Vorteil des EM-Verfahrens ist, dass sich die Messungen schnell und einfach durchführen lassen, wobei das EM-Gerät in einem Schlitten gezogen werden kann. Unsere Sonde ist dreieinhalb Meter lang und hat einen Durchmesser von fünf Zen-

247

POLARSTERN hat vorsichtig an einer Eisscholle angelegt und die Geophysiker Christian Haas und Hajo Eicken mit dem »Mummy Chair« abgesetzt. Sie durchbohren das Eis, um dessen Dicke zu messen. Die Bohrlochmessungen dienen der Kalibrierung einer elektromagnetischen Sonde.

Gefürchtet bei Arbeiten auf dem Eis und begehrt als Fotomotiv: Eisbären gelangen auf Nahrungssuche bis in die Nähe des Nordpols.

timetern. Nicht zuletzt angeregt durch die arktischen Schlittentouren des norwegischen Polarforschers Fritjof Nansen benutzen wir ein Kajak als Messschlitten. Das Kajak nimmt das Gerät vollständig auf und schützt es gut gegen Schläge und Feuchtigkeit. Außerdem lässt es sich leicht ziehen, da sein Rumpf hervorragend auf Schnee gleitet.

Wir messen die Eisdicken der Schollen, um Ergebnisse von Computersimulationen zu überprüfen, die für Klimavorhersagen entwickelt

werden. Auf diese Weise können wir die Modelle verbessern und erreichen eine weitgehende Übereinstimmung mit der Realität. Zu untersuchen, ob sich die Dicke des arktischen Eises langfristig verändert, ist nötig, wenn man mögliche Klimatrends erkennen will. Die meisten Wissenschaftler erwarten, dass sich eine Klimaerwärmung zuerst auf die Ausdehnung und die Dicke des Eises in der Arktis auswirkt. Tatsächlich ergab ein Vergleich von Eisdickenmessungen, die mit aufwärts blickenden Echoloten von amerikanischen Atom-U-Booten aus unternommen wurden, in den neunziger Jahren bis zu 30 Prozent dünneres Eis als in den Sechzigern. Bislang fehlt aber dafür eine schlüssige Erklärung.

Nach zehn Bohrungen lassen wir den Bohrschlitten liegen und beschränken uns nur noch auf die EM-Messungen, die wir auch schon an den Bohrpunkten durchgeführt haben, weil wir die Kalibrierung überprüfen wollten. Obwohl wir alle fünf Meter stoppen, um bei ruhendem Gerät eine Messung im Datenlogger zu speichern, entfernen wir uns schnell vom Schiff und

verschwinden im Nebel. Nebel ist typisches Sommerwetter in der zentralen Arktis, weil die relativ warme und feuchte Luft aus dem Süden über dem Eis abkühlt und damit kondensiert. Er stellt ein Problem für unsere Messungen dar, denn er macht nicht nur die Orientierung schwierig, sondern er verbirgt vor allem auch die größte Gefahr, die auf uns lauert: Eisbären. Immer wieder haben wir in den letzten Tagen vom Schiff aus Spuren der Könige der Arktis im Schnee gesehen. Obwohl wir fast tausend Kilometer vom nächsten Land entfernt sind! Nur einmal aber trat uns ein Bär leibhaftig vor Augen. Die Fernsicht ist eben nie besonders gut gewesen. Normalerweise beobachtet immer ein Wissenschaftler, mit Fernglas und Walky-Talky gewappnet, als Eisbärwächter von der Schiffsbrücke aus die Gegend. Doch bei dem Nebel ist dies auch nur ein Alibi. Wir selber haben ein Gewehr und Knallblitz-Signalpistolen bei uns. Niemand wünscht sich, dass wir das Gewehr wirklich einmal gebrauchen müssen. Mit den Signalpistolen haben wir schon mehrfach gute Erfahrung gemacht; ein paar Schreckschüsse hielten die Bären jedesmal auf Entfernung.

Eislandschaft

Heute haben wir mit dem Wetter Glück: Plötzlich löst sich der Nebel auf, und die Sonne gewinnt die Oberhand. Zum ersten Mal können wir die Scholle überblicken und bekommen einen Eindruck von der Landschaft um uns herum. Das Meereis ist keineswegs eintönig und flach. Zwar bilden mehr oder weniger ebene Gebiete von einigen hundert Quadratmetern Größe den überwiegenden Teil der Schollen, aber die Flächen werden immer wieder von bis zu drei Meter hohen Eisrücken unterbrochen. Diese Presseisrücken bilden sich aus aufgetürmten Eisblöcken, die beim Zusammenstoß zweier Schollen entstehen, wenn das Eis den Kräften nicht mehr standhält, zerbricht und übereinander geschoben wird. Die Eislandschaft ist nichts Starres, Unveränderliches, sondern befindet sich ständig in Bewegung. Die Schollen segeln im Wind und treiben mit der Strömung. Somit kommt es einerseits immer wieder zu Kollisio-

nen, wodurch die Presseisrücken wachsen. Andererseits reißt das Eis auch ständig auf, und auf den Wasserrinnen zwischen den Schollen bildet sich oft neues dünnes Eis. Diese Prozesse führen dazu, dass die Dicke des Meereises von Meter zu Meter stark variieren kann. Dem deformierten Eis in den Presseisrücken kommt in der Bilanz eine besondere Bedeutung zu, denn die Rücken beinhalten 20 bis 50 Prozent der gesamten Eismasse. Schließlich ragt auch von ihnen wie bei Eisbergen nur etwa ein Neuntel aus dem Wasser heraus. Ein drei Meter hoher Rücken kann dementsprechend über 25 Meter tief ins Wasser ragen. Für unsere Messungen ist es deshalb wichtig, nicht nur eine mittlere Dicke der Scholle zu bestimmen, sondern auch eine Aussage über die räumliche Variabilität zu machen. Deshalb stoppen wir alle fünf Meter, um einen Messwert zu speichern.

Im Moment ist uns die Bedeutung der Presseisrücken aber ziemlich egal. Wir sind begeistert von der Schönheit der Eislandschaft, dem Reichtum der Formen und Farbtöne. Im gleißenden Licht der tiefstehenden Sonne glänzen die Rücken auf der einen Seite und werfen auf der anderen lange, zerklüftete Schatten. Die Eisblöcke sind teilweise von Schneeverwehungen bedeckt. Wir bewegen uns inmitten wahrer Miniaturgebirge, mit allem, was die großen Gebirge der Welt auch zu bieten haben. Und sie verlangen uns einiges ab, denn immer wieder müssen wir unsere Schlitten über sie hinwegziehen. Wir wollen möglichst entlang einer geraden Profillinie messen, um statistisch unverfälschte Aussagen über die Anteile ebenen und deformierten

Die Sonde zur elektromagnetischen Bestimmung der Eisdicke wird zum nächsten Messpunkt getragen. In diesem Fall ist die Geophysikerin Estella Weigelt mit einem Hubschrauber auf dem Eis abgesetzt worden. Hinter ihr der Eisbär-Wächter.
Foto: G. Lange

Eises am Schollenquerschnitt machen zu können. Somit können wir uns nicht immer die flachsten Pässe in den Bergketten aussuchen. Von dem plötzlichen Sonnenschein und den stimmungsvollen Ansichten berauscht, erklettern wir einige der höchsten Erhebungen eines besonders eindrucksvollen Rückens. Zwar sind diese drei Meter hohen Eishaufen vielleicht nicht ganz das, was man sich unter richtigen Bergen vorstellt, aber auch sie können mit überhängenden Blöcken oder senkrechten Wänden aufwarten, die uns, ohne Eispickel und Steigeisen ausgestattet, hin und wieder abwerfen. Wenigstens ist hier jede Route noch eine Erstbegehung und tröstet etwas über versäumte Alpen-Bergtouren in diesem Sommer hinweg. Es ist auch stets die Letztbegehung.

Nach insgesamt fast drei Kilometern und etwa zwei Stunden Fußmarsch stehen wir plötzlich vor einem breiten Riss: das Ende der Scholle, das Ende der heutigen Messungen. Aber es ist zu schön hier, um sogleich zum Schiff zurückzukehren. Erstmal setzen wir uns in die Sonne und genießen die Ruhe. Das Schiff erscheint, so weit entfernt, winzig, und endlich hören wir kein Brummen der Schiffsdiesel mehr. Mikko hat einen Schluck Lakka dabei, einen finnischen Aprikosenschnaps, den wir unter uns aufteilen. Andrej findet im Kajak noch ein paar Kekse und etwas Tee. So könnte es jeden Tag sein!

Die großen Driftsysteme

Plötzlich knistert es im Riss. Wir sehen, wie sich die Nachbarscholle gegenüber unserer leicht verschiebt. Zeichen des Spiels von Wind und Strömung mit dem Eis. Was wir nicht bemerken ist, dass wir und alle Schollen um uns herum mit einer Geschwindigkeit von etwa drei Kilometer pro Stunde von der sibirischen Küste weg auf die grönländischen Fjorde zutreiben. Wir befinden uns nämlich im Transpolarstrom, der zusammen mit dem Beaufortwirbel im amerasischen Teil der Arktis die zwei großen Stromsysteme des Arktischen Ozeans bildet. Während der Beaufortwirbel das Eis im Uhrzeigersinn zwischen Nordpol und Alaska zirkulieren lässt, exportiert der Transpolarstrom Eis insbesondere von den sibirischen Randmeeren quer über den Arktischen Ozean gegen die grönländische Küste und in die Framstraße, wo es schließlich im Nordatlantik schmilzt. Da das Eis andauernd von der sibirischen Küste entfernt wird, entstehen dort ständig Flächen offenen Wassers, so genannte Polynjen. In diesen Polynjen wird überdurchschnittlich viel Neueis gebildet, so dass die sibirischen Randmeere und insbesondere die Laptewsee auch als die »Eisfabrik der Arktis« bezeichnet werden. Allein für die Laptewsee beträgt die monatliche Eisproduktion etwa hundert Kubikkilometer! Im Transpolarstrom erreicht das Eis die Framstraße ungefähr nach drei Jahren, was dazu führt, dass älteres, bis zu achtjähriges Eis nur im Beaufortwirbel anzutreffen ist.

Die Existenz des Transpolarstroms ist schon sehr lange bekannt. Frühe Geographen haben auf ihn beispielsweise aus Funden von sibirischem Treibholz geschlossen, das an grönländischen Küsten gestrandet war. Schließlich war es Fridtjof Nansen, der sich mit seinem Holzschiff FRAM 1893 in der östlichen Laptewsee einfrieren ließ, um mit dem Eis zum Nordpol zu treiben. Zu seiner Enttäuschung trieb das Schiff damals einige 100 Kilometer südlich des Pols vorbei, ehe es 1896 in der Framstraße wieder freikam.

Die beiden Stromsysteme stellen nur mittlere Verhältnisse dar, die sich gelegentlich sogar umkehren können. Die mittlere Zirkulation spiegelt aber auch die langjährige Luftdruckverteilung und die daraus resultierenden mittleren Windrichtungen wider, die für die Eisdrift verantwortlich sind. Wie beim Aufeinanderstoßen zweier Schollen führt auch das Antreiben der Eisfelder gegen die grönländische und kanadische Küste dazu, dass das Eis dort zerbricht, sich deformiert und auftürmt. Somit ist zu verstehen, dass sich das dickste Eis in diesen Gebieten und nicht am Nordpol befindet.

Das Eis des Arktischen Ozeans kann mittlere Dicken über sechs Meter erreichen; dies ist vor allem bei den Alteisbeständen der Kanadischen Hocharktis der Fall. Das junge Eis auf der sibirischen Seite hingegen ist selten dicker als zwei Meter. Interessanterweise wird auch das alte Eis im Beaufortwirbel kaum dicker als durchschnittlich drei bis vier Meter. Bei dieser so genannten Gleichgewichtsdicke schmilzt im Sommer an der Oberfläche genausoviel Eis ab, wie im Winter von unten anfriert. Die winterlichen Gefrierraten sind verhältnismäßig gering, weil das alte, dicke Eis so gut gegen die kalte Luft isoliert, dass das Wasser an der Eisunterseite kaum unter den Gefrierpunkt abgekühlt.

Plötzlich reißt uns das Walky-Talky aus unserer Ruhe heraus. Nein, es wurden keine Eisbären gesichtet, sondern die anderen Arbeitsgruppen an Bord haben ihre Arbeiten am Stationsstopp abgeschlossen und wollen weiterfahren. Somit geht es nun auf schnellstem Wege zurück zum Schiff. Da wir jetzt nicht mehr anhalten müssen, werden wir es wohl in einer halben Stunde schaffen, ein bisschen Sport muss auch mal sein.

Seenlandschaft

Wir kommen gut voran, denn außer den Presseisrücken stellen sich uns keine weiteren Hindernisse in den Weg. Normalerweise ist das sommerliche Meereis nur zum Teil schneebedeckt; es wird von der Sonneneinstrahlung und von warmer Luft aus dem Süden so stark erwärmt, dass nicht nur der Schnee, sondern auch 20 bis 50 Zentimeter des oberflächlichen Eises schmelzen. Das führt dazu, dass sich das Schmelzwasser in Pfützen und Tümpeln auf dem Eis sammelt. Diese Schmelztümpel können einen Durchmesser von einem, aber auch bis zu zwanzig Meter haben und die Hälfte der Eisoberfläche bedecken. Ihre Tiefe kann wenige Zentimeter bis Dezimeter betragen, manchmal schmelzen sie sich aber auch ganz durch das Eis hindurch.

Das sommerliche Schmelzen und die Schmelztümpel haben eine ungeheure Bedeutung für das gesamte Klimasystem der Arktis. Da die Oberfläche von nassem Schnee oder Schmelztümpeln wesentlich dunkler ist als das Weiß des umgebenden Eises, absorbieren sie wesentlich mehr Sonnenstrahlung. Dies beschleunigt das Schmelzen und erklärt, warum einzelne Tümpel sich immer weiter vertiefen und sogar durchschmelzen können. Mit dem Schmelzen verringert sich insgesamt das Reflexionsvermögen des Eises, die so genannte Albedo. Die korrekte Bestimmung der Oberflächenalbedo ist sehr schwierig und für die realistische Simulation des Meereises in Computermodellen erst unbefriedigend gelöst.

Das Vorkommen von Schmelztümpeln in den meisten Sommern ist ein weiterer Grund, warum wir unser Eisdicken-Messgerät in einem Kajak unterbringen. Das lässt sich mühelos über die Wasserflächen ziehen. Beim Durchwaten der Tümpel ist Vorsicht geboten, weil ihr Grund sehr glatt ist. Außerdem kann der Boden dünn sein oder gar nicht mehr existieren, was das Tragen der nicht eben bequemen Überlebensanzüge erklärt. In diesen Anzügen kommen wir aber trockenen Fußes durch knietiefes Wasser, und sollte man doch einmal einbrechen, bieten sie angeblich auch genug Schutz – was glücklicherweise bislang niemand ausprobieren musste.

In diesem Sommer fehlen die Oberflächenschmelzen (wir schreiben 1996). Das ist auf die besondere Luftdruckverteilung zurückzuführen, die sich dieses Jahr ausgebildet hat. Schon seit Juni befindet sich ein kräftiges Tief über dem Nordpol. Die daraus resultierende Luftbewegung, ein riesiger, gegen den Uhrzeigersinn rotierender Wirbel, verhindert das Einfließen wärmerer Luftmassen aus dem Süden. Das hat

Charakteristische Stimmung in der Arktis an einem der seltenen schönen Sommertage.

251

Computersimulation des Meereises in der Arktis (nach Martin Kreyscher). Die unterschiedlichen Farben stellen die Jahresmittel der Eisdicke dar. Die Pfeile zeigen die mittlere Driftrichtung und – entsprechend ihrer Länge – die Driftgeschwindigkeit des Eises. Deutlich sind der Beaufortwirbel und der Transpolarstrom über den Nordpol zu erkennen. Beide treiben das Eis gegen die grönländische Küste, wo es am dicksten ist. Die Transpolardrift befördert Eis aus den Quellgebieten in Sibirien durch die Framstraße in den Nordatlantik, wo es schmilzt.

auch zur Folge, dass wir in diesem Jahr die größten Eisdicken vorfinden. Wir waren bereits zweimal vorher in derselben Gegend, und damals waren die Eisdicken wesentlich geringer. 1995 war das Eis sogar nur etwa 1,20 Meter dick, also 30 Prozent dünner als diesmal. Wiederholte Messungen in demselben Gebiet sind unbedingt notwendig, um die Veränderlichkeit der Eisbedingungen von Jahr zu Jahr zu erforschen und die Zusammenhänge mit verschiedenen Randbedingungen zu erkennen, zum Beispiel mit der Verteilung des Luftdrucks. Die große natürliche Variabilität verdeutlicht auch, wie schwierig es ist, aus nur sporadischen Eisdickenmessungen mögliche Klimatrends abzuleiten. Dazu sind langfristige Messreihen nötig. Und wir müssen das gesamte System verstehen, das aus der Atmosphäre, dem Eis und dem Ozean darunter besteht und in dem es vielfältige Wechselwirkungen gibt.

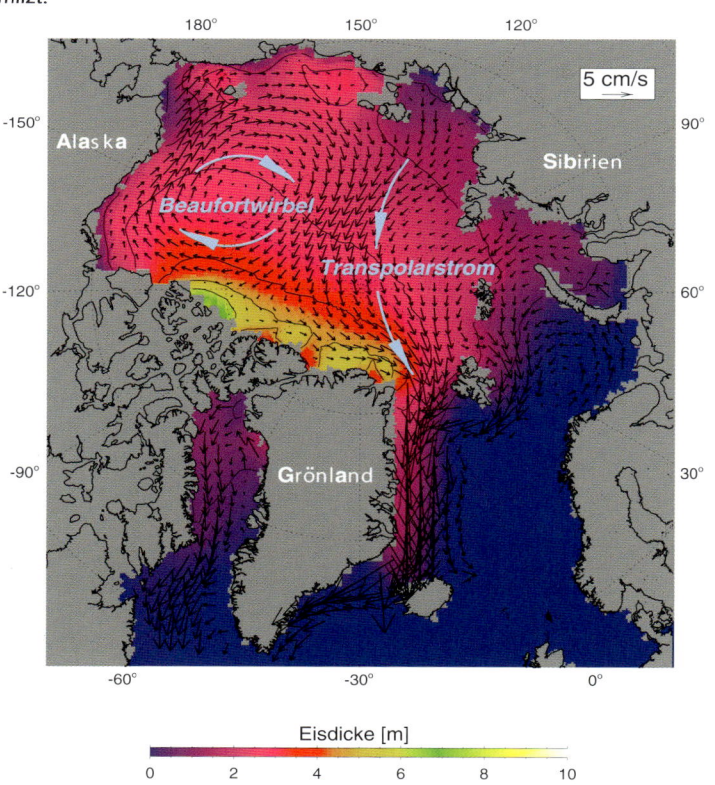

Auf halber Strecke des Marsches zum Schiff beginnen wir bereits, in den wasserdichten Überlebensanzügen fürchterlich zu schwitzen. Wir trösten uns damit, dass dies schließlich auch von Vorteil ist, zeigt es doch, dass wir uns intensiv bewegen. Dafür können wir dann an Bord das hervorragende und reichhaltige Essen genießen, ohne gleich an überflüssige Pfunde denken zu müssen. Das Schwitzen macht einem aber auch wieder bewusst, dass es im Sommer, auch in diesem, nicht wirklich kalt ist in der Arktis, sondern dass die Lufttemperaturen sich meistens um den Gefrierpunkt bewegen.

Am Schiff angekommen, schweben wir mit dem Mummy Chair hinauf an Deck. Kaum haben wir vom Eis abgehoben, setzt sich das Schiff bereits in Bewegung, als wollte man nicht länger auf uns warten. Wir aber blicken noch einmal zurück auf unsere Spuren im Schnee und auf die kleinen Erlebnisse entlang dieser Spuren. Schon bald wird neuer Schnee gefallen sein, oder die Scholle wird zerreißen oder zusammengepresst und neue Presseisrücken bilden, ein Spielzeug der arktischen Natur.

Unser Blick geht aber auch voraus in die Zukunft. Bald schon werden wir die Strapazen wie die Schönheiten einer solchen Eistour nicht mehr so oft erleben, weil wir eine EM-Eisdickensonde entwickeln, die vom Hubschrauber aus eingesetzt werden kann. Der große Vorteil der EM-Methode besteht darin, dass das Messgerät keinen Kontakt mit dem Eis haben muss, weshalb es auch aus der Luft betrieben werden kann. Nachdem wir bereits erfolgreich vom fahrenden Schiff aus gemessen haben, wobei das EM-Gerät am Schiffskran über das Eis gehängt wurde, sind wir sicher, dass wir vom Hubschrauber aus ebenso gute Ergebnisse erzielen können. In diesem Fall wird die Sonde an einem 40 Meter langen Seil unter dem Hubschrauber geschleppt. Mit der Flugsonde werden wir in der Lage sein, systematisch große Gebiete in kurzer Zeit zu vermessen, um ein repräsentativeres Bild der Eisdickenverteilung zu erhalten, als dies durch die Messung einzelner Schollen möglich ist.

Christian Haas

STRÖMUNGEN UND WIRBEL

Der Wasserkreislauf im Nordpolarmeer

Zunächst unbemerkt lief Ende der sechziger und während der siebziger Jahre ein Klimaereignis ab, die Große Salzgehaltsanomalie, das den gesamten nördlichen Nordatlantik erfasste und das bis heute nachwirkt. Beginnend im Europäischen Nordmeer süßte das Oberflächenwasser aus. Das durch die Irmingersee in die Labradorsee und dann durch den gesamten nördlichen Nordatlantik fortschreitende Signal konnte in mühsamer Sammlung und Zusammenstellung von Messwerten erst nachträglich rekonstruiert werden. Es ist aber klar, dass die Aussüßung in der Labradorsee die tiefe winterliche Vermischung des Wassers unterband, die dort sonst stattfindet und die durch die Bildung spezifisch schweren Wassers an der Oberfläche eingeleitet wird. Damit blieb die übliche »Belüftung« der tiefen Schichten aus. Das hatte auch Konsequenzen stromabwärts der Labradorsee und beeinflusste das nordatlantische Strömungssystem. Die eigentliche Ursache dieses Klimaereignisses war ein außergewöhnlich hoher Export von Süßwasser in Form schmelzenden Eises aus dem Nordpolarmeer, der sich Computersimulationen zufolge in den Wintern 1966/67 und 1967/68 ereignete. Wir werden sehen, dass Veränderungen im Atlantik auch einen erheblichen Einfluss auf das Nordpolarmeer ausüben können. Wie beeinflussen sich Nordpolarmeer und Atlantik wechselseitig?

Fährt man von Tromsø nach Scoresbysund auf Grönland und misst während der Fahrt die Temperatur und den Salzgehalt des Wassers, dann stellt man einen drastischen Übergang von dem für seine hohe geographische Breite sehr warmen Wasser vor Norwegen zu dem eiskalten Wasser vor Ostgrönland fest. Der Salzgehalt nimmt auf der Reise ebenfalls erheblich ab. Das warme Wasser vor Norwegen stammt aus niedrigeren Breiten, aus denen es mit den Meeresströmungen nach Norden verfrachtet wird. Misst man die Geschwindigkeit, so zeigt sich, dass dieses Wasser weiter nach Norden, Richtung Nordpolarmeer strömt.

Am westlichen Ende der Fahrt, nahe Grönland, findet man – wenn nicht der Eisgang eine Fahrt in diese Region behindert – eine starke südwärtige Strömung, den so genannten Ostgrönlandstrom. Im nordwärtigen und im südwärtigen Strömungsast wird etwa gleich viel Wasser transportiert. Das nach Norden strömende Wasser kehrt offenbar auf noch näher zu beschreibenden Wegen durchs Nordpolarmeer ins Europäische Nordmeer zurück. Dabei verändert es sich, so dass es am Ende seiner Reise mit anderen Eigenschaften in der Nähe seines Ausgangspunkts in der Framstraße wieder anlangt. Welche Pfade das atlantische Wasser von unserem gedachten Schnitt durch das Europäische Nordmeer weiter nach Norden und wieder zurück nimmt, wo und durch welche Prozesse es seine Eigenschaften verändert, ist ein Forschungsthema, dem sich das Alfred-Wegener-Institut verstärkt seit den achtziger Jahren zugewandt hat.

Erwartungsgemäß hält der erste, etwas grobschlächtige Eindruck einer Zweiteilung der Wassermasseneigenschaften und der Strömungen einer genaueren Betrachtung nicht stand. So nimmt das kalte und salzarme Wasser vor Ostgrönland nur einen kleinen Tiefenbereich ein, es ist auf etwa die oberen hundert Meter beschränkt. Darunter findet man wieder deutlich wärmeres und salzreicheres Wasser, das aber auch nach Süden strömt. Die Eigenschaften des Wassers unterhalb der Oberfläche misst man vom Schiff aus üblicherweise mit so genannten CTD-Sonden (CTD für conductivity, temperature, depth). Sie erfassen die elektrische Leitfähigkeit und die Temperatur des Wassers sowie die Tiefe des Instruments. Daraus werden dann andere

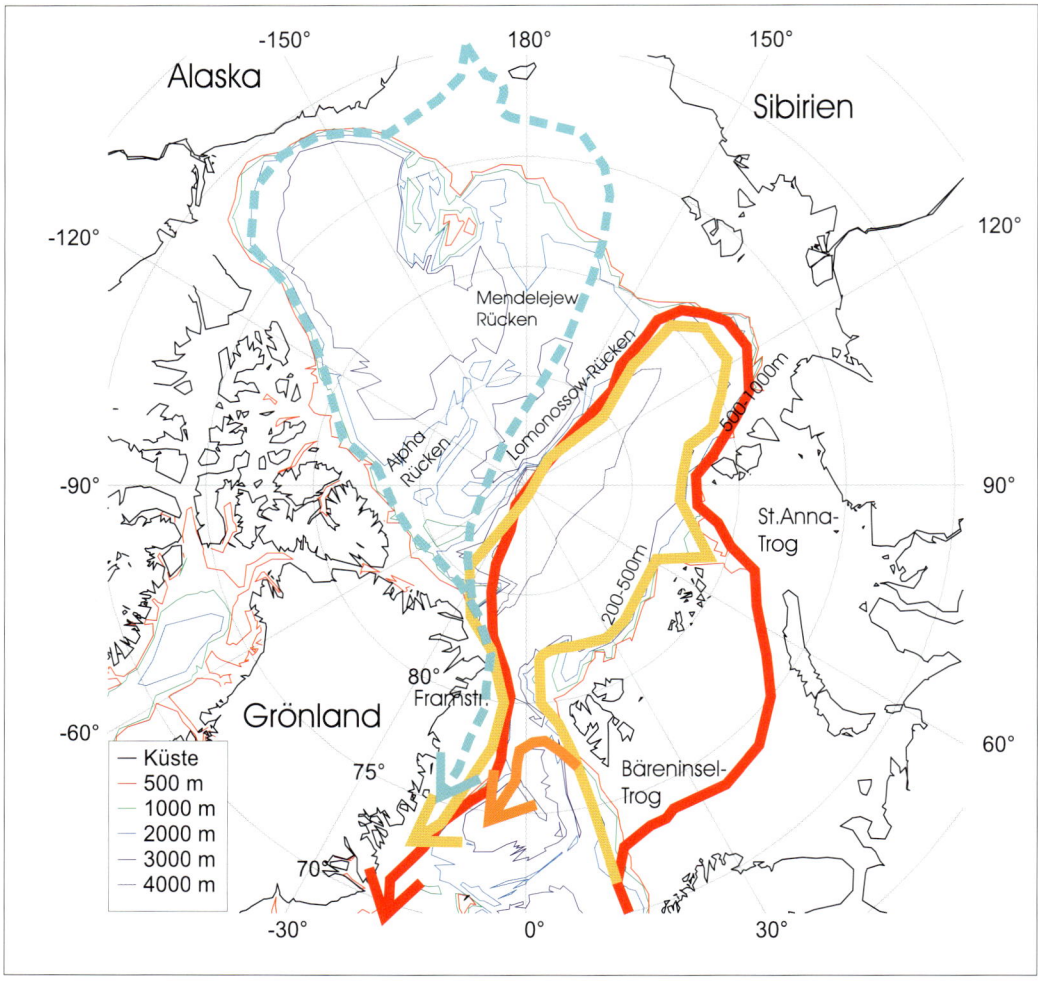

Die Zirkulation des Tie-
fenwassers im Nord-
polarmeer. Das warme
atlantische Wasser (rote,
gelbe und orange Pfade)
teilt sich am Bäreninsel-
Trog in einen Ast durch
die Barentssee (rot) und
einen Ast (gelb), der erst
nördlich von Spitzbergen
in den gegen den Uhr-
zeigersinn gerichteten
Kreislauf einbiegt. Von
letzterem zweigt im
Europäischen Nordmeer
eine rezirkulierende Strömung ab. Außer den
atlantischen Zirkulations-
ästen, die im Nordpolar-
meer zwischen 200 und
1000 Meter Tiefe liegen,
sind auch zwei Ausbrei-
tungswege von pazifi-
schem Wasser einge-
zeichnet, die von der
Beringstraße (im Bild
oben) ausgehen und
nahe der Oberfläche in
Richtung Framstraße
führen.
(Zeichnung: R. Gerdes)

Eigenschaften wie der Salzgehalt und die spezifische Dichte abgeleitet. Um die elektronische
Zentraleinheit des Gerätes sind Wasserflaschen
angeordnet, die auf Knopfdruck von Bord aus
geschlossen werden können, um Wasserproben
aus bestimmten Tiefen zu gewinnen.
Nachdem das Gerät am Windendraht aus der
Tiefe zurückgekehrt und an einer Kranschiene in
den Abfüllraum gefahren worden ist, haben die
Ozeanographen die direkt übertragenen Daten
bereits im Computer, während sich in wohlge-
ordneter Reihenfolge die »Klein- und Großver-
braucher« das kostbare Meerwasser aus den
Schöpfern abzapfen. Proben zur Messung flüch-

tiger Gase müssen zuerst genommen werden,
weil der beim Abfüllen im Schöpfer entstehen-
de Luftraum zum Gasaustausch führt und die
Messwerte verfälschen würde. So beginnt der
Reigen der Probennehmer mit den Fluorchlor-
Kohlenwasserstoffen, die auch als FCKW oder
Freone bekannt sind. Es folgen die Proben für
Helium und Sauerstoff. Nach den Gasen wird
Wasser zur Bestimmung des Chlorophyll-,
Nährstoff- und Salzgehalts sowie des Sauerstoff-
isotops 0-18 abgefüllt. Bestimmte Zusammen-
setzungen von Nährstoffen und Isotopen cha-
rakterisieren Wassermassen ebenso wie Tempe-
ratur und Salzgehalt. Die zusätzliche Information

Das Standardgerät für die Untersuchung von Wassereigenschaften: die CTD-Sonde. In der Aufsicht sieht man um die Zentraleinheit mit den Sensoren einen Kranz von Wasserschöpfern, die zu einer etwas bildhafteren Bezeichnung der Sonde anregten: die »Rosette«.
Foto: E. Fahrbach

durch diese so genannten »Tracer« ermöglicht es unter Umständen, die Wassermassen genauer zu identifizieren und ihre Herkunft zu bestimmen. Die typische Nährstoffsignatur zeigt, dass im kalten Ausstrom aus dem Nordpolarmeer auch Wasser pazifischen Ursprungs beteiligt ist, das durch die Beringstraße ins Nordpolarmeer gelangt. Aus dem Verhältnis der verschiedenen Sauerstoffisotope kann zum Beispiel auch auf den Anteil von Flusswasser im Ausstrom geschlossen werden.

Die beiden südwärts gerichteten Komponenten des Ostgrönlandstroms stellen den »Output« des Nordpolarmeeres und des Europäischen Nordmeeres für den Weltozean dar. Sie sind von erheblicher Bedeutung für die weiträumige, alle großen Meeresbecken durchsetzende ozeanische Umwälzbewegung. Interessanterweise sind die Effekte der beiden Komponenten entgegengesetzt: Der obere kalte, salzarme Strang tendiert dazu, die Umwälzbewegung zu behindern. Dagegen stellt die darunter liegende, relativ warme, salzreiche Strömung ein entscheidendes Antriebselement der Wasserzirkulation im Ozean dar.

Dass der kältere, aber oberflächennahe Ausstrom aus dem Nordpolarmeer nichts zum Wasseraustausch in die Tiefe beiträgt, ist mit dem Einstrom gewaltiger Süßwassermengen von einigen der größten Flüsse der Erde, den sibirischen Flüssen und dem amerikanischen MacKenzie, in die arktischen Schelfmeere zu erklären. Dadurch entsteht ein Süßwasserüberschuss, der zum Teil in Form von Meereis, zum Teil als Wasser durch die Framstraße ins Europäische Nordmeer und den subpolaren Atlantik transportiert wird. Auf dem Weg von den sibirischen Schelfen vermischen sich Fluss- und Schmelzwasser mit dem Umgebungswasser. Die Mischung hat aber, aufgrund ihres niedrigen Salzgehalts, immer noch eine so geringe spezifische Dichte, dass sie in der Grönlandsee und der Labradorsee das dort liegende Wasser überschichten kann. Sie verhindert unter Umständen die in dieser Region sonst stattfindende Bildung von spezifisch schwerem Wasser und dessen Absinken im Winter. Modellrechnungen zeigen, dass ein solches Ereignis die übliche Vertikalbewegung unterbinden und damit einen wichtigen Motor der atlantischen Zirkulation drosseln könnte. Genau das war der

Mechanismus für die Unterbrechung der Tiefenwasserbildung in der Labradorsee während der Großen Salzgehaltsanomalie.

Weil die großräumige Zirkulation nicht zuletzt für die Ausnahmeerscheinung des europäischen Klimas mit verantwortlich ist und darüber hinaus die künftige Entwicklung des Klimas prägt, wird sie von Wissenschaftlern vieler Nationen erforscht. Wir haben größtes Interesse daran, das Zustandekommen der widerstreitenden Strömungskomponenten zu verstehen und ihre Stärke und Veränderlichkeit abzuschätzen.

Was passiert also mit dem atlantischen Wasser im Nordpolarmeer, nördlich unseres fiktiven Schnitts durch das Europäische Nordmeer? Hydrographische Messungen zeigen, wie sich in der Barentssee und vornehmlich entlang des Kontinentalhangs im Eurasischen Becken des Nordpolarmeers atlantisches Wasser ausbreitet, kenntlich an seinen relativ zur Umgebung hohen Temperaturen und Salzgehalten. Man kann wieder zwei Komponenten unterscheiden, den Framstraßen-Ast und den Barentssee-Ast. Die Aufspaltung erfolgt am Bäreninsel-Trog, wo ein Teil des atlantischen Wassers in die Barentssee abgelenkt wird. Der übrige Teil strömt nach Norden und spaltet sich im Bereich der Framstraße noch einmal in einen Anteil, der weiter nach Norden ins Nordpolarmeer setzt und einen Anteil, der sich nach Süden wendet und parallel zum beziehungsweise als Teil des Ostgrönlandstroms in den Atlantik zurückkehrt.

Entscheidend für die Endprodukte, die das Nordpolarmeer durch die Framstraße wieder verlassen, sind aber die völlig unterschiedlichen Bedingungen, die auf die beiden arktischen Äste des atlantischen Wassers einwirken. Die Barentssee ist über weite Flächen das ganze Jahr über eisfrei. Im Winter entsteht ein großer Kontrast zwischen der kalten, vom nahen Festland geprägten Luft und dem relativ warmen Wasser. Der Ozean gibt Wärme an die Atmosphäre ab, und das Wasser wird bis fast zum Gefrierpunkt abgekühlt. Es wird dabei spezifisch sehr schwer und sinkt bis zum Boden der über dreihundert Meter tiefen Barentssee. Daneben gibt es noch andere Einflüsse, die den Salzgehalt verändern. Zum

einen erhält das Meer hier Süßwasser durch die russischen Flüsse zugeführt, zum anderen wird Meereis, das an anderer Stelle gefriert, in die Barentssee transportiert, wo es schmilzt. Auch dazu trägt die mit dem atlantischen Wasser herantransportierte Wärme bei. Insgesamt wird das atlantische Wasser auf seinem Weg durch die Barentssee – vom Bäreninsel-Trog zum St. Anna-Trog nahe Franz-Josef-Land – in ein sehr kaltes und salzärmeres Wasser umgewandelt. (Über diese Prozesse, die so genannte thermohaline Zirkulation, schreibt Dirk Olbers in seinem Beitrag.)

Sobald der andere Ast atlantischen Wassers durch die Framstraße in die Arktis eintritt, wird er dagegen von salzarmem, spezifisch leichterem Wasser überschichtet, das als eine Isolierschicht zur Atmosphäre wirkt. Häufig befindet sich Meereis an der Oberfläche. Unter dem Meereis und unter einer Atmosphäre mit arktischen Temperaturen zieht sich also in wenigen hundert Metern Tiefe ein Faden warmen Wassers den Kontinentalhang nördlich der Barents- und Karasee entlang. Nur der Austausch mit den umliegenden Wassermassen sorgt für eine gewisse Abnahme der Temperatur sowie des Salzgehalts entlang des Ausbreitungsweges. Am St. Anna-Trog trifft der Framstraßen-Ast auf den Ausstrom von der Barentssee. Die ursprünglich sehr ähnlichen Wasser atlantischen Ursprungs kommen nach ihrer Trennung in der nördlichen Norwegischen See östlich des St. Anna-Trogs mit sehr unterschiedlichen Eigenschaften wieder zusammen. An der Front zwischen den beiden Wassermassen bilden sich Einschichtungen, und sie vermischen sich durch doppeldiffusive Prozesse und abgelöste Wirbel.

Die Existenz von Barentssee-Wasser östlich des St. Anna-Trogs im Nansenbecken neben und unter dem Wasser des Framstraßen-Asts war eines der herausragenden Ergebnisse der POLARSTERN-Expedition ARK IX im Jahre 1993. Während dieser Reise haben wir mit einer Reihe von hydrographischen Schnitten senkrecht zum Kontinentalabhang verfolgen können, wie sich die beiden atlantischen Strömungen am Kontinentalhang der Laptewsee bis zum west-

lichen Rand des Lomonossow-Rückens ausbreiten. Hilfreich waren dabei unter anderem
die sehr stabilen Strukturen, die beim
Zusammentreffen der Wassermassen durch
wechselseitige Einschichtungen entstehen und
deutliche Treppenstufen im CTD-Profil hinterlassen. Spätere Expeditionen ergaben, dass ein
Anteil des ursprünglich atlantischen Wassers
über den Lomonossow-Rücken hinaus nach
Osten zu verfolgen ist, während ein anderer
Anteil entlang des Rückens zurück in Richtung
Framstraße strömt.

Für die Schicht zwischen Oberfläche und Atlan-
tikwasser, aber auch für die tiefen Becken sind die
Absinkprozesse wichtig, die von den angrenzenden flachen Schelfmeeren ausgehen. Im
Nordpolarmeer spielt die Eisbildung eine entscheidende Rolle: Wenn Meerwasser zu Eis
friert, wird das Salz nicht in die Eiskristalle eingebaut, sondern bleibt im Wasser zurück, das
dadurch salzreicher und spezifisch schwerer
wird. In den Schelfmeeren sammeln sich über
den Winter große Mengen dieses sehr kalten
und relativ salzreichen Wassers, das sich zur
Schelfkante hin ausbreitet. Ist das Wasser spezifisch schwerer als das der Tiefsee, dann kann es
den Kontinentalhang hinab in die tiefen Becken
abfließen. Wegen der hohen Stromgeschwin-
digkeiten kommt es zu Turbulenz und Vermischung mit dem umliegenden Wasser. Die
Anreicherung von Salz im Meerwasser durch
Eisbildung konkurriert mit dem Eintrag von
Flusswasser in die Schelfmeere. Flusswasser ist
spezifisch leicht und liegt damit an der Oberfläche. Wenn es gefriert, wird aber die Dichte im
Gegensatz zu Salzwasser weder durch den Tem-
peratureffekt noch durch den beschriebenen
Salzeffekt erhöht. Das Flusswasser bleibt also
immer an der Oberfläche und isoliert tiefer liegende Schichten gegen die Auskühlung zur
Atmosphäre hin.

Es ist äußerst schwierig und kostenaufwändig, im
eisbedeckten Nordpolarmeer die Eigenschaften
von Wassermassen und Strömungen zu messen.
Viele Fragen zum langfristigen Verhalten lassen
sich allerdings auch durch Messungen an wenigen Schlüsselstellungen der Zirkulation bearbei-

ten. Die Framstraße zwischen Grönland und
Spitzbergen ist solch ein »neuralgischer Punkt«,
mit einer Wassertiefe von 2600 Metern verbindet sie als einziger Tiefwassergraben das Nordpolarmeer mit dem Weltozean. Deswegen
unterhält das AWI in Zusammenarbeit mit mehreren anderen Institutionen seit vielen Jahren
eine Verankerungskette in der Framstraße, die
den Ein- und Ausstrom des Nordpolarmeers
kontinuierlich aufzeichnet.

Die Framstraße stellt eine Art Ventil dar, dessen
Strömungsregime eine bestimmende Wirkung
auf die physikalischen Prozesse im Nordatlantik
und im Nordpolarmeer ausübt. Die Messung
dieses Durchstroms über einen längeren Zeitraum soll Aufschluss über die Ursachen von Veränderungen geben, die in beiden Meeresgebieten beobachtet werden.

Das Standardverfahren für solche Untersuchungen beruht auf dem Aussetzen einer Reihe von
Verankerungen, wie sie im Beitrag über das
Weddellmeer beschrieben sind (siehe S. 82ff.).
Daraus geht auch hervor, dass ein kritischer
Punkt beim Bergen der Geräte das Ablösen der
Verankerung vom Grundgewicht ist. So schildert
der Fahrtleiter der Expedition ARK XIV/2
(1998), Eberhard Fahrbach, eine dieser schwierigen Situationen wie folgt: »Wir unternahmen
einen weiteren Versuch, eine der beiden Verankerungen, die trotz akustischer Rückmeldung
nicht aufgetaucht waren, zu dredgen (d.h. mit
einer Fangeinrichtung – einer Dredge – aufzunehmen). Da die Wassertiefe nur 900 Meter
betrug und das Wetter ausgezeichnet war, konnten wir eine weitläufige Schlinge aus einem mit
Ankern bestückten Drahtseil um die Verankerung legen. Als wir den Draht hievten, verfing
sich allerdings einer der Anker im Draht, so dass
sich ein wildes Knäuel bildete, über das man nur
noch mit dem Trennschleifer Herr werden
konnte. Anschließend musste der in fünf Bahnen
parallel laufende Draht, jeweils in Abschnitten
von 20 bis 30 Meter Länge an Deck gezogen
werden. Da auch dieses aufwändige und langwierige Manöver ohne Erfolg blieb, mussten wir
die Bergung der Verankerung aufgeben.«
Wir haben das Strömungssystem im Nordpolar-

Abfüllen von Wasserpro-
ben für Laboranalysen.
Dem Hydrographen
Wolfgang Schneider
(links) geht der Logis-
tiker Reinhard Krause
zur Hand.
Foto: G. Lange

Decksarbeiten an einer Tiefsee-Verankerung zur kontinuierlichen Messung von Wassereigenschaften. Vorn ein Strömungsmesser, der nach dem Einsatz gereinigt wird. Foto: E. Fahrbach

meer bisher als recht statisch beschrieben. Tatsächlich unterliegt es beträchtlichen Schwankungen, von denen wir zum Teil noch nicht sagen können, ob es sich um langperiodische, natürliche Variationen handelt oder ob wir langfristig eine dauerhafte Veränderung entstehen sehen. Die dramatischsten Veränderungen in den letzten Jahren ließen sich wieder zuerst in den hydrographischen Eigenschaften der Wassermassen finden. Die Temperatur des atlantischen Wassers im Framstraßen-Ast hat in den letzten Jahren um ein bis zwei Grad zugenommen, ebenso wie die seines Quellwassers in der Norwegischen See. Die Erwärmung wird darauf zurückgeführt, dass sich die atmosphärische Zirkulation umstellt. Das Phänomen ist allgemein als Nordatlantische Oszillation (NAO) bekannt, die eine ungefähr zehnjährige Periodizität hat und sich zum Beispiel in Schwankungen der Druckdifferenz zwischen dem Island-Tief und dem Azoren-Hoch äußert. Diese Druckdifferenz wird auch als Index für die Nordatlantische Oszillation verwendet. Bei steigendem NAO-Index wird es im Winter vor Norwegen relativ warm, es fallen vermehrt Niederschläge und die Anzahl der Tiefdruckgebiete sowie ihre Stärke nehmen in dieser Region zu. Dadurch erhöhen sich die Geschwindigkeit und die Temperatur

des atlantischen Wassers, das ins Nordpolarmeer einströmt. Anscheinend ist das der Grund für eine Verlagerung der Grenze zwischen mehr pazifisch geprägtem Wasser, also solchem mit überwiegendem Anteil des durch die Beringstraße ins Nordpolarmeer gelangten Wassers, und mehr atlantisch geprägtem Wasser. Diese Grenze lag, soweit die früheren Messungen erlauben, das zu sagen, entlang des Lomonossow-Rückens. In den neunziger Jahren hat sie sich nach Osten, etwa auf die Linie Mendelejew-Rücken – Alpha-Rücken verschoben. Die Topographie des Meeresbodens beeinflusst natürlich auch die hydrographischen Strukturen, denn die Strömungen orientieren sich entlang der Höhenlinien. Zusammen mit diesen Veränderungen in der Wassersäule tut sich auch einiges in Oberflächennähe. Zum Beispiel haben wir festgestellt, dass die flache, salzarme Schicht im Eurasischen Becken nach Süden zurückweicht.

Langfristige Beobachtungen sind notwendig, um zu verfolgen, wie sich diese Anomalien entwickeln. Sie könnten auf die atlantische Zirkulation zurückwirken. Naturgemäß bleiben Lücken, wenn man vom Schiff aus und mit verankerten Instrumenten misst, sowohl zeitlich als auch in der räumlichen Abdeckung. Will man die langfristigen und großräumigen Änderungen im Nordpolarmeer und deren Auswirkungen ausreichend beschreiben, sind ergänzende numerische Simulationen notwendig. Die ozeanische Zirkulation und die Eigenschaften des Wassers gehorchen relativ einfachen mathematischen Gleichungen, die – zutreffende Anfangs- und Randbedingungen vorausgesetzt – auf leistungsfähigen Computern gelöst werden können. Die beschriebenen Veränderungen sind im AWI mit solchen Computersimulationen sehr einsichtig nachvollzogen worden. Sie wurden für den entsprechenden Zeitraum auch mit dem passenden atmosphärischen Antrieb kombiniert. Die Einheit von Langzeitmessungen, Prozessstudien auf See und Computersimulationen wird auch in Zukunft die physikalische Arktisforschung prägen.

Rüdiger Gerdes

258

Das Rätsel Grönlandsee

Schon zu Beginn des 20. Jahrhunderts galt die Tiefenwasserbildung in der Grönlandsee nicht nur als Rätsel, sondern gleichzeitig auch als »endgültig gelöst« – doch wie bei vielen »endgültigen« Lösungen erwies sich dies auch hier als ein Irrtum. Denn so einfach ist es nicht, den Ozean wirklich zu verstehen.

Blenden wir zurück zur genannten Jahrhundertwende. Soeben ist erkannt, dass das ewige Eis des Nordpolargebietes keinen Kontinent verbirgt, dass der Arktische Ozean kein flaches Randmeer, sondern ein tiefes Becken ist, dass Grönland nicht bis zum Pol reicht, und – dass nicht der arktische Ozean, sondern die Grönlandsee das kälteste Tiefenwasser der nördlichen Hemisphäre enthält. Für solch trockene Erkenntnisse waren damals entbehrungsreiche, langwierige und abenteuerlich gefährliche Expeditionen nötig. Viele Polarforscher blieben ja nicht nur für einige Jahre, sondern für immer im Eis. Und auch die wissenschaftlichen Messungen selbst: Welch ausdauernde und hartnäckige Arbeit! Allein die Tiefenlotungen mit handbetriebener Winde und Draht – der dann oft zu kurz ist, den Meeresboden nicht findet und verlängert werden muss! Doch auch wenn es heute einfacher ist, solche Messungen durchzuführen, sind die meisten der Erkenntnisse von Harald Ulrik Sverdrup, Fridtjof Nansen oder Björn Helland-Hansen, der mit Nansen auf dem Kutter VESLEMÖY nach Spitzbergen gefahren war, im Grundsatz richtig, andere noch immer nicht durch Gültiges ersetzbar.

Eines dieser bleibenden Rätsel findet sich in der Grönlandsee: in der Bildung des tiefsten Wassers, welches dicht über dem Meeresboden kälter ist als sämtliche Wassermassen ringsherum. Da es so auch schon zu Nansens Zeiten war, forderte er nicht unplausibel im Jahre 1909, die Diskussion um die Bildung des Tiefenwassers endlich zu beenden. Zweifelsfrei werde das Wasser an der Oberfläche im Winter durch die heftige Abkühlung so schwer, dass es von dort zu Boden sinke. Diese Vorstellung einer regelmäßigen, in jedem Winter wiederkehrenden Konvektion hielt sich bis in die achtziger Jahre. Und eigentlich wollten wir damals den Sachverhalt nur mit modernen Messmethoden noch einmal belegen; das war uns wichtig, weil die fast vier Kilometer tiefe Grönlandsee zu den wenigen Regionen der Welt gehört, in denen Wasser, welches in Kontakt mit der Atmosphäre steht, so schwer werden kann, dass es absinkt und die tiefsten Wasserkörper der Weltmeere speist. Gut geplant, ordentlich ausgerüstet, international eingebunden, dachten wir: Wir messen über einen Winter, sehen die Konvektion, die das eiskalte Oberflächenwasser bis zum Meeresboden bringt, und veröffentlichen rasch das Ergebnis.

Mittlerweile messen wir seit über zehn Jahren: Keine Winterkonvektion erneuert das Bodenwasser! Und immer wieder überrascht die Natur mit Veränderungen, die niemand erwartet. Natürlich liegt genau darin auch der Reiz von Feldmessungen auf hoher See, aber ein wenig durchsichtiger könnten die Abläufe schon sein. Was aber ist nun der Befund? Ein Hauptresultat ist der beständige Trend des tiefen Wassers hin zu höheren Temperaturen. Im Zeitraum von 1989 bis 1994 zum Beispiel erwärmte sich das Bodenwasser um einige Hundertstel Grad. Was sich gering anhört – aber um die gewaltigen Wassermassen um diesen winzigen Betrag zu erwärmen, ist eine enorme Wärmemenge nötig. Indes überrascht die Beobachtung tatsächlich kaum, da ja alle umgebenden Wassermassen wärmer sind, und wenn die Tiefenkonvektion, wie wir gemessen haben, schon bei 2000 Meter Halt macht

Die Jojo-Sonde, die im Ozean bis in vier Kilometer Tiefe an einem Seil automatisch hinab und herauf läuft und dabei misst, am Kran des russischen Schiffes PJOTR KOTZOW. Am oberen Ende der Sonde befindet sich der Trägerkorb für das Gewicht, das den Abtrieb bewirkt.
Foto: W. Schneider

kierungsstoff hat schon nach diesem einen Winter den Meeresboden erreicht! Also ist doch richtig, was Nansen behauptete! So die erste Euphorie. Aber die genauere Analyse zeigt, dass beim Ausbringen ein Fehler aufgetreten war; ein kleiner Teil der Markierungsflüssigkeit war zu schwer für das 400-Meter-Niveau und schon beim Ausbringen bis zum Meeresboden gesunken. Auch solch ärgerliche »Unfälle« haben jedoch mitunter ihr Gutes; in diesem Fall markiert der Stoff nun das Bodenwasser und erlaubt, dessen Ausbreitung zu verfolgen. Wenn auch ungeplant, wird die Gelegenheit natürlich schnell erkannt und ergriffen.

Ein anderes Dilemma sind die Kosten. Das ist zwar fast immer richtig, aber bei den Kosten für Schiffszeit ist die Situation besonders dramatisch. Schließlich fahren bei POLARSTERN zum Beispiel gleich um die fünfzig Mann Besatzung mit, Wissenschaftler gar nicht gerechnet. Das ist bei den kleinen Schiffen, mit denen im Nordwinter hier Expeditionen möglich sind, anders, aber sie haben ihre eigenen Schwierigkeiten: Schiffe wie zum Beispiel die Hamburger VALDIVIA wettern den Sturm hinter Jan Mayen ab – einziger Windschutz weit und breit. Wieviel Stationszeit verbleibt dann noch? Immer zu wenig! Alternativen zu Schiffsexpeditionen? Wir nehmen Verankerungen her, die in einem Jahr ausgesetzt, im Folgejahr wieder geborgen werden und die eine gewisse Anzahl von Messgeräten in vorbestimmten Tiefen an einem Seil tragen (siehe auch Beitrag Fahrbach/Beckmann). So bekommen wir aber nur drei oder vier Messpunkte über die gesamte Wassertiefe. Und wir brauchen Profile, kontinuierliche Messungen über die ganzen vier Kilometer, wenn wir mehr lernen wollen, als wir schon wissen. Also setzen wir uns in Bremerhaven zusammen, Ingenieur, Physiker und Techniker, und entwickeln. Erst das Prinzip für eine automatisch profilierende Verankerung, an der eine Sonde täglich die vier Kilometer lange Vertikalstrecke messend hinunter und hinauf fährt. Dann die konkrete Umsetzung dieser so genannten Jojo-Sonde.

Der ein oder andere Fehlschlag ist unvermeidbar. So erweist sich ein besonders aufwändiges Teil als

(1988/89) oder bei 1000 Meter (1993/94), dann vermischen sich die tiefen Wassermassen der Grönlandsee mit jenen der angrenzenden Meeresgebiete.

Doch ganz und gar nicht passt zu diesem Bild, dass gleichzeitig die Konzentrationen einiger Spurenstoffe steigen, obwohl sie bei der angesprochenen Vermischung sinken müssten.

In einer solchen Situation reichen nationale Projekte nicht mehr zur Klärung. Ein internationales Konsortium wurde gebildet und im Europa-Kontext wird gemeinsam geforscht. In einem ersten Schritt werden im Herbst 1996 künstliche Markierungsstoffe in das Ozeanwasser eingebracht; Solltiefe: 400 Meter. Die nächste Ausfahrt im Frühjahr bringt die Sensation: Der Mar-

ungenügend wasserdicht, die einfache Lösung tut's dagegen. Doch die Richtung, in die wir vorgehen, stimmt. Immer wieder grübeln wir über den Antrieb für die Vertikalbewegung. Kein Problem, meint man, wozu gibt es heutzutage starke Batterien? Es erweist sich aber als völlig unpraktikabel, diese auf jedem Tauchgang in die Tiefsee einmal abwärts und dann wieder aufwärts zu transportieren. Die Batterien würden hierbei die meiste Energie für ihren eigenen Transport verbrauchen! So verlassen wir uns besser auf einen anderen, übrigens ausgesprochen zuverlässigen Auftrieb, nämlich die Schwerkraft: Eine Bleikugel fällt aus einem Vorratsbehälter auf die Sonde, so dass sie durch das höhere Gewicht mit einer Geschwindigkeit von fast einem Meter pro Sekunde zum Meeresboden sinkt. Dort wird die Kugel in einen Sammelkorb abgelegt, und die Sonde steigt ohne Ballast wieder auf. 400 solcher Zyklen sind mit unserer Konstruktion möglich. Das Prinzip ist einfach, die Verwirklichung diffizil. Denn die Kräfte für diesen Auftrieb sind so gering, dass sogar die Kompressibilität des Meerwassers berücksichtigt werden muss!

Im Sommer 2000 dann die POLARSTERN-Expedition ARK XVI. Zwei Jojo-Verankerungen sollen geborgen werden – hat alles funktioniert? Erste Profilmessungen über den ganzen Polarwinter? Enttäuschte Gesichter, als nach Einholen des vier Kilometer langen Seils der Sammelkorb am unteren Ende fast leer ist – nur zwölf Profile? Also bloß noch schnell aufräumen, der Tag war lang genug, das Auslesen der Daten verschieben wir auf den nächsten. Am Morgen dann ist das Staunen umso größer: Die Daten zeigen, die Sonde hat doch zuverlässig profiliert! Aber wo sind die dazu verbrauchten Kugeln? Die Erklärung war ganz einfach: Das Ablegen der Kugeln war kurz vor dem Einsatz der Veranke-

rung modifiziert worden, und die letzte Version konnte nicht mehr im Schwimmbecken getestet werden. So landeten die Kugeln neben dem Sammelkorb auf dem Meeresboden. Ein Fehler, den wir verschmerzen. Denn nach dem ersten Schreck kommen wir glücklich heim mit einem Weltrekord von automatischen Tiefsee-Profilen, die uns die thermische Entwicklung in der Grönlandsee über einen langen Zeitraum und in einmaligen Details wiedergeben.

Stellt sich Zufriedenheit ein? Die arktische Tiefenwasserbildung endgültig geklärt? Unsere Unzufriedenheit ist es, die ihr uns bezahlen solltet!, lässt Brecht den Galilei sagen, denn wir sind unzufrieden mit unseren Erkenntnissen. Und das ist auch heute richtig, denn eine gelöste Frage ergibt noch immer meist zwei neue.

Gereon Budéus

Die Steuereinheit der Jojo-Sonde, eine Vierfachhelix, in der sich 400 Bleikugeln befinden, wird hier an Bord der POLARSTERN ausgesetzt. Nach eingebbaren Intervallen lässt sie eine Lastkugel auf die eigentliche Messeinheit (im Bild auf Seite 260) fallen und bestimmt dadurch deren Lauf.
Foto: B. Lauer

CARL KOLDEWEY

Carl Koldewey (26.10.1837 – 8.5.1908)

Die Anfänge der deutschen Polarforschung sind untrennbar mit dem Namen Carl Koldewey verbunden. Der 1837 in Bücken bei Hoya im Königreich Hannover Geborene war nach Gymnasium und seemännischer Ausbildung bereits fünf Jahre als Steuermann gefahren, als er an der Polytechnischen Hochschule Hannover zu studieren begann. Ab 1867 belegte er an der Universität Göttingen die Fächer Mathematik, Physik und Astronomie. Ein Jahr später vertraut ihm der einflussreiche Geograph August Petermann die Leitung der ersten deutschen Nordpolarexpedition an. Petermann und das Gothaer Verlagshaus Perthes trugen das finanzielle Risiko des Unternehmens.

Koldewey beginnt diese Expedition am 25. Mai 1868 in Bergen, Norwegen, mit der Norske Jakt GRÖNLAND. Er hat elf Mann Besatzung angeheuert; Wissenschaftler befinden sich nicht an Bord. Zweimal versucht Koldewey, im von Petermann empfohlenen Bereich um 75 Grad Nord zur grönländischen Küste vorzustoßen. Zwar bekommt man jeweils Landsicht, aber der Eisgürtel vor der Küste bleibt unpassierbar.

Nach den vergeblichen Versuchen, Grönland zu erreichen, segelt Koldewey nach Spitzbergen. Auch hier wird er zunächst durch starkes Packeis aufgehalten. Erst beim zweiten Vorstoß gelingt die Umrundung der Nordküste Spitzbergens, und man kann weit in die Hinlopenstraße eindringen. Dort werden ausgiebige Untersuchungen und Vermessungen, insbesondere der Bastian-Inseln und der bis dahin als Kap angesehenen Wilhelm-Insel, vorgenommen. Da der Südeingang der Hinlopenstraße durch Eis blockiert ist, muss Koldewey die Heimreise wieder um die Nordspitze Spitzbergens antreten. Er kreuzt bis auf eine Breite von 81°04,5' Nord auf. Am 10. Oktober erreicht er Bremerhaven; zwar mit ramponiertem Schiff, aber gesunder Mannschaft.

1869/70 leitet Koldewey die zweite deutsche Nordpolarfahrt. Sie startet in Bremerhaven mit dem Dampfsegler GERMANIA (Kapitän Koldewey, vier Wissenschaftler, 12 Mann Besatzung) und dem Segler HANSA (Kapitän Hegemann, zwei Wissenschaftler, 11 Mann Besatzung). Die GERMANIA erreichte am 5. August 1869 die

Küste Ostgrönlands auf der Breite 74°30'Nord. Auf einem Schlittenmarsch gelangten Koldewey und Julius Payer im Frühjahr 1870 bis 77°01'Nord. Die Ausdehnung der Expedition in südliche Richtung ergab eine Fülle neuer Entdeckungen, unter anderem des Franz-Josef-Fjords. Die HANSA wurde vom Packeis eingeschlossen, Wasser drang in den Rumpf, dann sank das Domizil. Nach fast 200 Tagen Drift im Eis, teils unter freiem Himmel, allen Wettern ausgesetzt, steigen die erschöpften Männer in

die Beiboote und können sich nach Friedrichsthal (Südgrönland) retten.
Nach den beiden Polarfahrten wird Koldewey ständiger Assistent an der Norddeutschen Seewarte Hamburg. In diese Zeit fällt die Herausgabe des umfangreichen, vierbändigen Expeditionswerkes über die erste Reise, für das Koldewey unter anderem die Themen Meteorologie und Hydrographie bearbeitet. Als die Deutsche Seewarte zum Reichsinstitut der Kaiserlichen Admiralität umgewandelt und Georg von Neu-

Die Nordische Jakt GRÖN-LAND ist das wahrscheinlich weltweit älteste Expeditionsschiff, das heute noch fährt. Es gehört dem Deutschen Schifffahrtsmuseum Bremerhaven und lädt mitunter noch Besucher zu einem Törn auf der Unterweser ein.
Foto: Archiv AWI

Die HANSA sank im Packeis vor Ostgrönland. Einen Teil der Schiffsausstattung konnte die Mannschaft für die Sicherung des Überlebens noch demontieren.

Mit der GERMANIA, in der Trecklenborg-Werft Geestemünde bei Bremen gebaut, gelangte Carl Koldewey im Sommer 1869 an die grönländische Küste.

mayer zum Direktor berufen wird, übernimmt Koldewey die Leitung der Abteilung Nautische Instrumente. Er entwickelt maßgeblich die Kom-

passtheorie weiter und sorgt für deren Verbreitung – ein Bereich, der nicht nur physikalisch kompliziert war, sondern damals auch gravierende Einflüsse auf wirtschaftliche und administrative Entscheidungen hatte. Seine Veröffentlichungen gelten als eigenständig und fundiert. 1905 tritt er im Range eines Admiralitätsrates nach 31 Dienstjahren in den Ruhestand.

Koldewey war nicht nur ein tüchtiger Kapitän und Expeditionsleiter, sondern auch ein Mann mit wissenschaftlichem Weitblick. Die Idee, dass bei der Polarforschung die geographischen Entdeckungen eher eine untergeordnete Rolle spielen und dass die Lösung wichtiger wissenschaftlicher Fragen nur durch systematisches Vorgehen möglich ist, publizierte Koldewey bereits 1871. Wiederholt betonte er die Notwendigkeit, feste Beobachtungsstationen in den Polargebieten zu errichten. Ausdrücklich plädierte er dafür, die deutsche Polarforschung in Ostgrönland fortzuführen. Leider fanden seine klugen Argumente damals nur ein geringes Echo.

Reinhard A. Krause

Die Koldewey-Station

Ohne Zweifel ist der Kongsfjord einer der schönsten Meeresarme, die in die gletscherdurchzogene Bergwelt Svalbards hineinreichen. An seinem südlichen Ufer befindet sich die Siedlung Ny-Ålesund. Kommt man mit dem Schiff an, fährt man an den zerklüfteten Wänden der Bröggerhalbinsel vorbei, die in der tief stehenden Sonne rot leuchten und an die Red Mountains der Marlboro-Reklame erinnern. Im Osten hebt sich das weiße Band des Kongsveggen, des »Königsgletschers«, von den Bergen ab; darüber ragen pyramidengleich drei Gipfel auf, die mit ihrem Namen »Drei Kronen« die skandinavische Dreieinigkeit symbolisieren sollen.

Ny-Ålesund unterscheidet sich von den üblichen Polarstationen durch seinen anheimelnden Charakter. Es ist ein von einer norwegischen Bergbaugesellschaft gegründeter, historisch gewachsener Ort. An Land überrascht den Besucher gleich hinter der Pier der Anblick einer Grubenlok samt angehängter Loren. Ordentlich auf ein Gleisbett gestellt, von Jahr zu Jahr sorgsam gepflegt – ein Wahrzeichen alter Pioniertechnik, das man hier nicht vermutet hat. Überall sind noch Relikte des Steinkohle-Tiefbaus zu sehen. Ein Lagerbunker aus Beton, das alte Kraftwerk, von Kohlegrus schwarze Gleisbetten, rostige Fahrgestelle der Grubenbahn, das alles gibt der Siedlung einen montan-musealen Hintergrund. Hier polterte einmal das nördlichste Eisenbahnsystem der Welt über die Schienenstöße, gebaut von der Berliner Firma Borsig. Nach einem schweren Grubenunglück im Jahre 1962 wurde der Schacht geschlossen.

Seitdem haben sich nach und nach Forschungsinstitute vieler Länder in Ny-Ålesund einquartiert. Es gibt, neben einer ansehnlichen Dependance des norwegischen Polarinstituts, eine japanische, englische, französische, eine US-amerikanische und eben eine deutsche Polarstation, so dass sich Ny-Ålesund zu einer internationalen Wissenschaftler-Kommune entwickelt hat. Im Winter arbeiten dort weniger als zwanzig Forscher, im Sommer mehr als hundert. Das kleine arktische Dorf gehört noch der Kings Bay-Aktiengesellschaft, die für alle logistischen Grundleistungen sorgt. Ny-Ålesund ist ganzjährig per Flugzeug oder Helikopter von Longyearbyen, dem Verwaltungszentrum Spitzbergens, zu erreichen. Der Kongsfjord friert nur wenige Monate im Jahr zu, so dass auch Schiffe die Stationen anfahren.

Ny-Ålesund im März.
Foto: H. Gernandt

Nicht nur Nostalgiker sind begeistert: die nördlichste Grubenbahn der Erde nahe der Pier von Ny-Ålesund.
Foto: T. Seiler

Die ersten Aktivitäten in Ny-Ålesund unternahm das Alfred-Wegener-Institut 1988, indem es ein mobiles Ozonlidar betrieb. Im März 1991 kam ein Infrarot-Spektrometer hinzu, und im August desselben Jahres wurde die Forschungsbasis der Bundesrepublik Deutschland in der Arktis, die »Koldewey-Station«, offiziell eingeweiht. Zentrum der Station war lange Zeit das ehemalige Direktoriumsgebäude der Bergbaugesellschaft, das Blaue Haus. Darin befinden sich vier Wohnräume, der Arbeitsplatz des Stationsleiters, zwei Büros für Gastwissenschaftler sowie ein Rechnerraum. In der alten Schmiede ist das Chemielabor untergebracht.

1995 hat das AWI am Rande der Siedlung ein neues, modernes Observatorium gebaut, das den wissenschaftlichen Aufgaben besser gerecht wurde. Von diesem Jahr an ist die Koldewey-Station als eine von fünf besonders qualifizierten Fernerkundungsbasen in das Network for Detection of Stratospheric Change (NDSC) einbezogen. Die NDSC-Stationen haben ganzjährige Observationen zum Ziel, um den physikalischen und chemischen Zustand der Stratosphäre sowie deren Dynamik aufzuklären. Sie dienen zugleich als Referenzstationen für Satellitenmessungen. Außerdem haben sie die Aufgabe, neue Beobachtungsverfahren zu etablieren.

Dabei steht die Ozonforschung im Mittelpunkt. Seit die saisonale Ausdünnung der stratosphärischen Ozonschicht über der Antarktis – das so genannte Ozonloch – unstrittig ist, schauen die Stratosphärenforscher besorgt auf die Nordhemisphäre. Fragten sie gegen Ende der achtziger Jahre, ob über der Arktis die Konzentration des dreiatomigen Sauerstoffs (O_3) ebenso krass abnehme, wie es die südpolaren Frühjahrsminima befürchten ließen, so suchen sie heute, nachdem auch über der Arktis starke Ozonverluste nachgewiesen sind, die letzten Geheimnisse der Ozonchemie zu enträtseln.

Die deutsche NDSC-Station auf Spitzbergen wird vom Alfred-Wegener-Institut gemeinsam mit dem Norwegischen Institut für Luftuntersuchungen (NILU) in Oslo und der Universität Bremen betrieben. Sie ist in die Koldewey-Station des AWI integriert. In dem Neubau ist ein umfangreiches Instrumentarium in speziellen Laborräumen untergebracht, die den jeweiligen Erfordernissen der Geräte angepasst wurden. Zwei Mitarbeiter des AWI sind das ganze Jahr über vor Ort, der Stationsleiter und der Stationsingenieur. Sie haben Routinemessungen, die täglichen Ballonaufstiege und die kontinuierliche Datenerfassung zu bewältigen sowie Gastprojekte zu betreuen. Während spezieller Messkampagnen, im Sommer wie im Winter, finden bis zu acht Gäste auf der Station Unterkunft.

Zwischen den Kooperationspartnern in Ny-Ålesund hat sich eine sinnvolle Arbeitsteilung ergeben. Das norwegische Polarinstitut führt auf Spitzbergen Arbeiten zur Glaziologie, Geologie und Biologie sowie Bodenwetterbeobachtungen für den Wetterdienst durch. Das NILU untersucht die untere Atmosphärenschicht, die Troposphäre, gemeinsam mit der Universität Stockholm. An dieses Höhenprofil anschließend, befasst sich das Alfred-Wegener-Institut vornehmlich mit der Stratosphäre; dazu gehören Radiosondenaufstiege, Strahlungsmessungen, Ozonsondierungen sowie die spektroskopische Erfassung von Spurengasen und des Aerosols.

Und wieder geht es um Ozon

Die Ozonsondierungen über der polaren Nordhemisphäre waren, bevor das AWI mit seinen Messungen auf Spitzbergen begann, in der globalen Stratosphärenforschung unterrepräsentiert. Außer einigen kanadischen und russischen Messungen, wenigen Satellitenbeobachtungen und den Ergebnissen einzelner Kampagnen stand nichts zur Verfügung. Das mag, da dem wissenschaftlich aktiven Westeuropa das Nordpolargebiet viel näher als der Südpol liegt, verwunderlich erscheinen – aber die Arktis ist noch schwerer zugänglich als Antarktika. Das Polarmeer verhindert einen regulären Observatoriumsbetrieb, und die sibirischen Gebiete waren damals aus politischen Gründen für Forscher aus dem Westen unzugänglich.

Für die Ozonmessungen werden an der Koldewey-Station genutzt:

– Ballone mit angehängten elektrochemischen Ozonsonden, die bis etwa 30 Kilometer aufsteigen
– ein Lidar-Gerät mit zweiwelligem gepulstem Ultraviolett-Laser mit einer Reichweite von 13 bis 45 Kilometern Höhe (Lidar steht analog zu Radar für »light detection and ranging«)
– ein Mikrowellenradiometer, das bis in 50 Kilometer Höhe reicht, mit dem relativ wetterunabhängig – allerdings bei geringerer Auflösung – gemessen werden kann; es wurde vom Institut für Fernerkundung der Universität Bremen entwickelt und wird gemeinsam mit dem AWI betrieben.

Nach wie vor ist das Auflassen von Ballonsonden, obwohl mit viel Handarbeit verbunden, die Standardmethode zur Messung der vertikalen Verteilung des Ozons. Insbesondere seit im Herbst 1999 hinter dem NDSC-Gebäude ein spezielles Ballonhaus in Betrieb genommen wurde, in dem die Vorbereitung der Ballonstarts nun wettergeschützt stattfindet (siehe folgender Beitrag), hat sich eine – äußerst akkurat vollzogene – Routine eingestellt.

Die kontinuierliche AWI-Messreihe mit Ozonsonden an der Koldewey-Station beginnt im Herbst 1990. Über das Sommerhalbjahr wird wöchentlich ein Ballon gestartet. Im November und Dezember, wenn sich die stratosphärische Zirkulation auf das Winterregime umstellt, sind es zwei und im Winter drei bis vier Aufstiege. Die Gummiballone platzen meist zwischen 25 und 30 Kilometer Höhe; schwieriger zu handhabende Plastikballone steigen noch etwas höher auf. In jedem Fall wird das Maximum der Ozonschicht durchflogen. Vorteil dieser Sondierung ist, dass sie im Gegensatz zum Lidar schon Daten

vom Boden ab liefert und eine noch feinere Höhenauflösung hat.

Im Allgemeinen nimmt das Gesamtozon in der Arktis während der Wintermonate zu und erreicht im Frühjahr Werte bis zu 550 Dobson-Einheiten. (Eine Dobson-Einheit entspricht $2,7$ mal 10^{16} Ozonmolekülen in der Luftsäule über einem Quadratzentimeter. Das Maß für die gesamte Ozonmenge in der Atmosphäre ist nach dem englischen Physiker Gordon M. B. Dobson benannt, der in den zwanziger Jahren ein Spektrometer für solche Messungen entwickelt hatte.) Die Ozonschicht befindet sich in den Polargebieten in nur 15 bis 20 Kilometern Höhe, während sie in mittleren Breiten zwischen 20 und 30 Kilometern liegt. Sowohl der Zeitraum als auch die Dauer des Frühjahrsmaximums unterscheiden sich von Jahr zu Jahr. Der starke Ozonanstieg ist immer mit dem Zusammenbruch der winterlichen Zirkulation über der Arktis verbunden. Nach dem Frühjahrsmaximum nimmt das Gesamtozon kontinuierlich auf etwa 300 Dobson-Einheiten zum Jahresende hin ab. Betrachtet man die Struktur allein der winterlichen Ozonschicht, so variiert sie in einigen Jahren ganz erheblich. Am 4. März 1991 zum Beispiel sank die Konzentration zwischen 14 und 17 Kilometern Höhe sogar auf ein Fünftel der normalen Werte, was mit einer kurzfristigen Zufuhr an – in diesen niedrigen Höhen ozonarmer – Luft aus mittleren Breiten zu erklären ist. Im Winter 1993 traten unabhängig von diesen durch Luftmassentransport hervorgerufenen

Das »Blaue Haus«, ehemals Direktoriumsgebäude der norwegischen Kings Bay Kull Companie, seit 1991 Wohn- und Arbeitsstätte der deutschen Arktisstation »Carl Koldewey«.
Foto: Archiv AWI

Das 1995 erbaute Observatorium für Atmosphärenforschung der Koldewey-Station. Die Kuppel dient dem Schutz empfindlicher Spektrometer. Die geöffneten Luken auf dem Umlauf links geben den Laserstrahl des Lidargerätes frei. Rechts das Ballonstartgebäude. Foto: R. Neuber

Einbrüchen deutlich geringere Ozonkonzentrationen auf als in den Jahren davor. So lag im Februar 1993 die Ozongesamtsäule um etwa 60 Dobson-Einheiten oder 20 Prozent niedriger als im fünfjährigen Mittel. Hervorgerufen wurde dieser Ozonschwund durch einen besonders stabilen arktischen Polarwirbel, in dem sich bei tiefen Temperaturen die für die Ozonzerstörung wesentlichen polaren Stratosphärenwolken ausbilden konnten.

Polare Stratosphärenwolken

Der Schwerpunkt der atmosphärischen Untersuchungen liegt im Winterhalbjahr, in der Polarnacht. Hier, bei 79 Grad Nord, versinkt die Sonne Ende Oktober endgültig hinter dem Horizont, und nach wenigen Wochen, in denen es mittags noch dämmerig wird, verschwindet auch diese Erinnerung an die Sonne. Aber die Polarnacht ist nicht so dunkel, wie man meinen mag. Bei klarem Wetter und im Vollmond kann der ganze Fjord überblickt werden, Schnee und Eis reflektieren das wenige Licht und erzeugen eine eigentümliche, anheimelnde, aber auch kalte Stimmung. Wunderbar ist es dann, wenn das Nordlicht am Himmel steht. Da der Kreis, in dem die Nordlichter aufleuchten, zwischen 70 und 75 Grad Nord verläuft, erscheint von Spitzbergen aus gesehen die Aurora borealis meistens im südöstlichen Himmelssegment, oft genug aber auch direkt über den Köpfen der frierenden Beobachter. Wenn dann die grünlichen Strahlen niederschießen, riesige »Vorhänge« am Himmel wallen und manchmal die Grüntöne durch röt-

liche ergänzt werden, vergisst man die eisigen Temperaturen, wird fasziniert und voll entschädigt für das Fehlen des Sonnenlichts.

Es ist in dieser Zeit, wenn eines der aufwändigsten Forschungsgeräte der Koldewey-Station, das Mehrwellenlängen-Lidar, einen weiteren Zauber in den Himmel setzt. Vom Observatoriumsgebäude aus zielt dann ein grüner Laserstrahl zum Zenith, und manchmal scheint es sogar, dass das Nordlicht um diesen künstlichen, unbewegten Finger herum tanzen würde. Die Lidar-Anlage gehört ebenfalls zum umfassenden Messprogramm, mit dem man an der Koldewey-Station dem Problem der schwindenden Ozonschicht nachspürt. Sie sendet Lichtpulse senkrecht in die Atmosphäre, aber bei einer Pulsfrequenz von 30 Hertz löst das menschliche Auge die Einzelpulse nicht mehr auf, und es erscheint der »grüne Finger« über dem Observatorium. Der Lichtstrahl entschwindet nicht ganz und gar im All (dann wäre ja der Aufwand sinnlos), sondern jeweils ein kleiner Teil der Strahlenergie wird in jeweils anderen Höhenschichten der Atmosphäre zurückgestreut. Ein Teleskop, das unter einer großen Luke montiert ist, »sieht« wie das menschliche Auge die wenigen Lichtteilchen (Photonen), die vom Laserpuls stammen und aus der Atmosphäre zurückgeworfen worden sind. Schnelle Photodetektoren registrieren mit hoher zeitlicher Auflösung die Signale von jedem einzelnen Laserpuls, so dass die empfangenen Intensitäten den Höhenschichten zugeordnet werden können. Mit der Kenntnis der verschiedenen physikalischen Streuverfahren sind die registrierten Signale interpretierbar. Aus den Lidar-Daten lassen sich nicht nur der Verlauf der Luftdichte über die Höhe bestimmen, sondern auch ihre Temperaturen und vor allem der Gehalt an Schwebeteilchen in der Atmosphäre, die Aerosole. Und davon gibt es in der polaren Atmosphäre einige besondere Ausprägungen, die man nur hier vorfindet, zum Beispiel den im Winter und Frühjahr sich zusammenbrauenden arktischen Dunst (siehe Seite 279) oder die polaren stratosphärischen Wolken, die PSCs (englisch: Polar Stratospheric Clouds), die sich im Bereich der Ozonschicht

bilden. Obwohl sie schon zu Anfang des Jahrhunderts bekannt und beschrieben waren, erhielten sie erst mit dem Auftreten des Ozonlochs in der Antarktis eine besondere Bedeutung. Niemand hatte den dramatischen Ozonabbau vorhersagen können, da das gesamte Verständnis der Ozonchemie allein auf der Reaktion von Gasen untereinander beruhte. Es waren Paul Crutzen, Frank Arnold, Brian Toon und Kollegen, die um 1986 erkannten, dass an den Oberflächen von Aerosolteilchen in der Stratosphäre ganz andersartige chemische Reaktionen ablaufen, die den überraschend schnellen Ozonabbau bewirken. Seitdem ist die Aufklärung der PSC-Phänomene ein wichtiges Anliegen der Atmosphärenphysiker.

Die stratosphärischen Lidar-Messungen erfordern einen klaren, wolkenlosen Himmel und vor allem Dunkelheit. Da die PSCs nur bei kalten Temperaturen in der Polarnacht auftreten, ist das Lidar für ihre Beobachtung bestens geeignet. Mit dem Lidar der Koldewey-Station wurden 1989 zum ersten Mal Stratosphärenwolken über Spitzbergen beobachtet. Nach dieser Entdeckung statteten die Luftchemiker des AWI das Lidar zusätzlich mit einem Neodym-YAG-Laser aus, so dass sie die PSCs auf bis zu vier Wellenlängen gleichzeitig bestimmen können. Im Januar 1990 wurden wieder polare Stratosphärenwolken beobachtet. In den folgenden Jahren aber blieben entsprechende Signale aus; die Stratosphäre war nicht kalt genug. Erst im Januar 1993 und in den darauf folgenden Wintern zeigte die Lidar-Anlage wieder PSCs an.

Die Unbeständigkeit der arktischen PSCs ist symptomatisch für die komplizierte Dynamik der nordpolaren Stratosphäre. In der Antarktis sind die Verhältnisse viel stabiler. Dort bilden sich solche Stratosphärenwolken permanent und flächendeckend in jedem Winter aus. In der arktischen Stratosphäre dagegen liegen die Temperaturen um etwa zehn Grad höher als über der Antarktis und variieren während eines Winters auch viel stärker. Dadurch bilden sich zumeist keine weitflächigen PSCs, sondern sie treten eher fleckenhaft auf und in warmen Wintern, zum Beispiel 1998/99, überhaupt nicht.

Obwohl mit diesen Lidar-Messungen seit 1988/89 die längste, kontinuierliche Messreihe der Aerosole in der Arktis vorliegt, gibt es immer wieder neue Überraschungen. So wurden im Winter 1999/2000, im Rahmen einer europäisch-amerikanischen Kampagne, so genannte Riesenteilchen identifiziert, die bis dato den Aerosoluntersuchungen durchs Netz geschlüpft waren. Sie kommen nur in geringer Anzahl vor und sind daher schwer zu finden, können aber aufgrund ihrer Größe (10 bis 20 Mikrometer Durchmesser, gegenüber weniger als ein Mikrometer großen »normalen« Teilchen) so viel von dem Spurengas Salpetersäure aufnehmen, dass sie das chemische Gleichgewicht in der Ozonschicht empfindlich stören.

Spurengase

Der dritte Forschungskomplex im NDSC-Observatorium umfasst die für die Ozonchemie relevante Untersuchung der Spurengase. Dabei werden an der Koldewey-Station zwei verschiedene Spektrometer eingesetzt: ein Fourier-Infrarot-Spektrometer, das eine große Anzahl von Spurengasen gleichzeitig misst, und ein von der Universität Bremen entwickeltes Spektrometer für den sichtbaren Bereich.

Für das Infrarot-Spektrometer wird im Sommer, wie allgemein üblich in der Absorptionsspektroskopie, die Sonne als Strahlungsquelle genutzt. Im Winter mit der ständigen Dunkelheit der Polarnacht kann jedoch das vom Mond reflektierte Licht detektiert werden. Da dessen Infrarotanteil mindestens hundertfach geringer

Vorbereitungen zu einem Ozonsondenaufstieg anderer Art. 1995 wurde an der Koldewey-Station mit einem Spezialballon, der bis in 43 km Höhe aufstieg, eine japanische optische Ozonsonde erprobt. Da der Höhenballon nur bei bestimmten Windgeschwindigkeiten gestartet werden kann, wird zuvor ein Pilotballon (im Hintergrund) aufgelassen. Foto: H. Gernandt

ist als derjenige der direkten solaren Strahlung, dauert ein Messgang etwa drei Stunden, statt weniger Minuten im Sommer. Aber die Sensibilität der Filter-Detektor-Kombination lässt es seit 1992/93 erstmals zu, auch in der Polarnacht eine Vielzahl von Spurengasen gleichzeitig zu erfassen und endlich die Datenlücke zu schließen, die sich bisher über die Monate November bis Februar auftat.

Justus Notholt vom Bereich Physik und Chemie der Atmosphäre des AWI in Potsdam hat aus diesen Datenreihen wichtige Ergebnisse abgeleitet. Die Konzentration des Spurengases Salzsäure (HCl) zum Beispiel nimmt in der Polarnacht stark ab. Im Februar sinkt der Wert auf etwa ein Drittel im Vergleich zum Dezember. Diese Verbindung, die hauptsächlich aus den vom Menschen freigesetzten Fluorchlor-Kohlenwasserstoffen entsteht, ist wegen des Bestandteils Chlor eine Vorstufe für direkte ozonzerstörende Substanzen. Verringert sich im Winter der HCl-Gehalt der Luft, so bilden sich offenbar schon in der Dunkelheit besonders reaktive Stoffe, zum Beispiel das Chloroxid ClO.

Stickstoffdioxid, das Chlorverbindungen abfangen und somit den katalytischen Ozonabbau unterbrechen kann, war im Polarwinter nur in geringer Konzentration vorhanden. Demgegenüber wurden im Dezember und Februar relativ hohe Werte von Chlornitraten festgestellt. Chlornitrat, das aus Chlormonoxid und Stickstoffdioxid entsteht, kann mit anderen Verbindungen reagieren oder Licht absorbieren – dann wird das Chlor freigesetzt, das die Ozonmoleküle aufbrechen kann.

Mit solchen Ergebnissen konnten die von Thomas Graedel und Paul Crutzen aufgestellten chemischen Transportmodelle, die den Ozonabbau erklären, nun durch Messungen in der hohen Arktis über alle Jahreszeiten bestätigt werden. Auch ein Vergleich mit einem 3 D-Transportmodell der Universität Cambridge zeigte bei den meisten Spurengasen eine hervorragende Übereinstimmung. Lediglich bei HNO_3 lagen die gemessenen Werte im Winter um die Hälfte höher. Justus Notholt erklärt das damit, dass bei der Simulation die Bildung so genannter Hintergrundaerosole nicht genügend berücksichtigt wurde. Die Bemühungen an der Koldewey-Station, auch und gerade in der dunklen Jahreszeit Spurenstoffdaten aus der Stratosphäre zu bekommen, sind von der internationalen Fachwelt hoch anerkannt worden, denn in der Polarnacht laufen ja die Prozesse ab, die dann im Frühjahr den verstärkten chemischen Ozonabbau auslösen können. Wenn die Sonne die Ausgangssubstanzen photolysiert, ist es eigentlich schon zu spät für aufschlussreiche Messungen.

Ein weites Interessenfeld

Seit die Koldewey-Station besteht, hat sich das Spektrum der wissenschaftlichen Themen, die dort bearbeitet werden, sehr stark erweitert. Seit langem wird, außer allen anderen routinemäßig erfassten meteorologischen Parametern, auch die Strahlungsbilanz ermittelt. Dafür gibt es einen so genannten Strahlungspark: eine ungestörte Fläche mit diversen Messgeräten vom Infrarot- bis zum Ultraviolett-Bereich. Die Station ist in das globale Baseline Surface Radiation Network (BSRN) einbezogen.

Auch andere geophysikalische und biologisch-chemische Programme haben eine Forschungs-

Einmal im Jahr müssen die Strahlungsaufnahmer – die weißen Halbkugeln auf dem Gestell – durch neue, kalibrierte Geräte ersetzt werden. Im Hintergrund die Gipfel der »Drei Kronen«. Der Stahlmast in Ufernähe ist ein Zeuge großer Entdeckungsgeschichte: Er war der Ankermast für das Luftschiff »Norge«, mit dem Amundsen, Ellsworth und Nobile 1926 den Nordpol überflogen. Foto: T. Seiler

basis in Ny-Ålesund gefunden. So untersuchten Mitarbeiter des AWI, welche Lebewesen in Polargebieten organische Halogenverbindungen freisetzen. Einige dieser Substanzen sind relativ stabil; sie könnten in die Stratosphäre aufsteigen und zur Ozonzerstörung beitragen. Christian Wiencke und Frank Laturnus wiesen zum Beispiel nach, dass die in der Bucht vor Ny-Ålesund massenhaft vorkommenden Braunalgen große Mengen von Halogenkohlenwasserstoff abgeben. Die Forscher vermuten, dass die Algen solche Substanzen als Wund- und Fressschutz produzieren.

Besonders die durch Halogenaustausch aus Bromoform gebildeten, im Wasser schlecht löslichen und leicht flüchtigen Bromchlor-Verbindungen könnten bei photochemischen Reaktionen von Bedeutung sein. Das würde die Hoffnung mancher Wissenschaftler, die Ozeane seien eine sehr aufnahmefähige Kohlendioxidsenke, relativieren: Nach neuesten Untersuchungen der Gruppe von Victor Smetacek stimuliert ein zunehmender Kohlendioxidgehalt im Meerwasser das Algenwachstum, und dadurch würden auch wieder mehr Halogenverbindungen produziert.

Für die Sommermonate ist in Ny-Ålesund natürlich jeder Forschungsplatz lange im Voraus gebucht. Viele Universitäten und Hochschulen schicken ihre Wissenschaftler und Doktoranden zur Koldewey-Station, wo sie von der hervorragenden Logistik partizipieren und auch spezifische Themen eigenständig bearbeiten können. Beispielsweise wurden die Überlebensstrategien

der Flohkrebse im arktischen Winter beobachtet, Spurenmetalle im Niederschlag gemessen, die Methankonzentration im Wasser des Kongsfjords bestimmt, der bis heute noch rätselhafte Fraßschutz sesshafter wirbelloser Tiere zu ergründen versucht und vieles andere mehr.

Gegenwärtig entsteht in Ny-Ålesund ein marinbiologisches Laboratorium. Die Bau- und Betriebskosten teilen sich alle Nationen, die am Ort Forschungsstationen unterhalten. Es wird mit Seewasser-Aquarien ausgestattet, deren Temperatur, Lichtklima und Druck computergenau geregelt werden. Neben der Probenaufbereitung und -analyse in Labor-Reinsträumen erlauben sie unterschiedliche Experimente zu den Lebensbedingungen mariner Organismen in den arktischen Meeres. Auf diese Weise entsteht nur tausend Kilometer vom Nordpol entfernt eine Forschungsstätte, wo Auswirkungen von Umweltveränderungen, wie sie zukünftig vermutlich auftreten, schon heute an lebenden Organismen in ihrer eigenen Umgebung studiert werden können.

Alles in allem bündeln sich die Arbeiten an der Koldewey-Station im großen Thema Klimawandel beziehungsweise »Global Change«, einer umfassenden Forschungsinitiative des Internationalen Rates wissenschaftlicher Vereinigungen zu den Problemen globaler Veränderungen. In Ny-Ålesund verfügt die Umweltforschung der Bundesrepublik über eine der nördlichsten Beobachtungsbasen der Erde.

Gert Lange, Roland Neuber

Das NDSC-Observatorium von der Ortsseite aus gesehen mit dem grünen Laserstrahl der Lidar-Anlage, dessen reflektierte Signale die Aerosolverteilung in unterschiedlichen Höhen der Atmosphäre wiedergeben.
Foto: C. Wille

Die Polarflugzeuge des AWI landen oft auf dem Rollfeld von Ny-Ålesund. Sie erfüllen Versorgungsaufgaben, tauschen Personal aus oder starten von hier (sowie von Longyearbyen) zu weiten Messflügen über das Nordpolarmeer.
Foto: R. Neuber

ARKTISCHE OZONVERLUSTE

Ein Ozonsondenstart

Der Wecker klingelt schrill – 3 Uhr 30 nachts. Vermutlich weckt er nicht nur Thomas Seiler, den Stationsleiter, sondern auch den Stationsingenieur und die vier Wissenschaftler, die in der oberen Etage des Blauen Hauses wohnen; die Räume sind nur durch Holzwände voneinander getrennt. Der Mann verkneift sich die Morgentoilette, die er nach einer weiteren Schlafperiode später nachholen will. Er wünscht sich, gestern doch etwas eher ins Bett gekommen zu sein. Am Abend hatte eine Abschiedsfeier bis tief in die Nacht gedauert – einer der Wissenschaftler wird heute nach Hause fliegen; er hat sein Experiment nach siebenwöchigem Aufenthalt in der Polarnacht erfolgreich abgeschlossen.

Draußen ist es dunkel, die Eisberge im Fjord schimmern fahlblau im Licht des Vollmonds.

Allerdings hat Thomas im Augenblick wenig Sinn für die Schönheit der vergletscherten Polarlandschaft. Er ist, wie andere Stationsleiter vor und nach ihm, für viele Aufgaben zuständig, darunter für die Starts der Ozonsonden, und seine Potsdamer Kollegen vom AWI hatten ihn gebeten, heute genau um 4 Uhr 50 in der Früh eine dieser Sonden zu starten. Sie werden zusammen mit Radiosonden an Ballonen, gefüllt mit Helium, hoch in die Atmosphäre getragen. Auf diese Weise erhält man neben den Ozonwerten auch die für Meteorologie und Wettervorhersage wichtigen Höhenprofile von Temperatur, Druck und Feuchtigkeit. Während des Aufstiegs in Höhen um 30 bis 35 Kilometer werden die Messdaten per Radiowellen – daher der Name Radiosonde – an die Bodenstation gefunkt. Es dauert gut zwei Stunden, bis der Ballon diese Höhe erreicht hat. Dabei dehnt sich das Helium im Ballon aus, weil dort, ganz oben, weniger als ein Hundertstel des Luftdrucks am Boden herrscht. Der Ballon bläht sich auf, bis die dünne Gummihaut platzt und der Aufstieg beendet ist.

Ein Ballon wird in der Polarnacht an der Koldewey-Station mit Helium befüllt, um eine Ozonsonde bis in Höhen von 30 km zu tragen. Der moderate Wind und eine lange Belichtungszeit lassen den Ballon unscharf erscheinen. Foto: T. Seiler

Seit Anfang des Jahres hat der Stationsleiter drei- bis fünfmal in der Woche auf Bitten der Kollegen zu unregelmäßigen Zeiten Ozonsonden gestartet. Die Unregelmäßigkeit ist ihm schon zur Routine geworden, aber an die Termine in den Nachtstunden wird er sich wohl nie gewöhnen. Er geht sofort in den Vorbereitungsraum für die Sonden im Erdgeschoss. Es ist 4 Uhr 30 und damit Zeit für die allerletzten Handgriffe. Zum Glück weht draußen nur ein schwacher Wind. Bei so ruhigem Wetter kann Thomas den Ballon alleine füllen und die Sonde vor dem Blauen Haus starten. Nur fünf Minuten später als geplant steigt der große weiße Ballon im Mondlicht unbemerkt von den restlichen Bewohnern des Ortes in den Nachthimmel. Nach zwei Stunden ist der Ballon geplatzt und alle Messdaten sind übertragen. Thomas braucht sie nun nur noch für die verschiedenen Nutzer aufzubereiten und per Fax oder Internet zuzuschicken. An den meteorologischen Daten ist der norwegische Wetterdienst interessiert, der sie an die internationalen Stellen weiterleitet. Auch der Flughafentower interessiert sich naturgemäß für das lokale Wetter in der weiteren Umgebung. Der eigentliche Grund für den nächtlichen Start aber sind die wertvollen Ozonmessungen, die an das zentrale Datenzentrum am norwegischen Institut für Luftuntersuchungen (NILU) in der Nähe von Oslo weitergegeben werden. Hier laufen seit 1971 alle Daten zur Ozonschicht in der Arktis zusammen. Das NILU fungiert nicht nur als Sammelstelle, sondern auch als Verteilerstelle der Daten. So werden die Ozonsondendaten nach einer ersten Bündelung automatisch an die Forschungsstelle Potsdam des AWI übertragen, wo sie schon sehnsüchtig von uns, die wir diese Starts koordiniert haben, erwartet werden.

Das Problem

Schon kurz nachdem das antarktische Ozonloch entdeckt war, tauchte die Frage auf, ob ein solches Phänomen auch über der Arktis entstehen kann. Schnell war bewiesen, dass das antarktische Ozonloch vom Menschen durch die Freisetzung von Fluorchlor-Kohlenwasserstoffen (FCKW) verursacht wird. Sollten die gleichen Auswirkungen auch uns in den gemäßigten nördlichen Breiten der Erde treffen?

Die Atmosphäre über der Arktis hat viele Gemeinsamkeiten mit den Bedingungen in der Antarktis. Wenn Ozon über der Arktis abgebaut wird, hat dies unmittelbar zur Folge, dass auch in Europa, direkt über unseren Köpfen, weniger Ozon vorhanden ist. Daher war nach den ersten Alarmzeichen aus dem Südpolargebiet klar, dass wir die Ozonschicht in der Arktis verstehen lernen und Methoden entwickeln müssen, um eventuelle Ozonzerstörung in diesem Bereich aufspüren zu können. Seit Ende der achtziger Jahre wird daran intensiv geforscht; die Aktivitäten mündeten in mehrere internationale Feldstudien, die durch Labormessungen und Computermodellierungen ergänzt wurden. Dabei ist nicht nur das Ozon von Interesse, sondern es müssen viele andere Bestandteile der arktischen Atmosphäre untersucht werden. Hierzu gehören eine große Anzahl von Spurengasen sowie bestimmte schwefelsäure- und salpetersäurehaltige Wolken, so genannte PSCs (Polar Stratospheric Clouds), die sich bei sehr tiefen Temperaturen bilden können. Diese Bestandteile sind alle an der Ozonchemie mehr oder weniger direkt beteiligt und müssen erforscht werden, will man den Prozess der Ozonzerstörung aufklären.

Eine Ozonsonde wird von einer Praktikantin für den Start vorbereitet. Der graue Kasten vor dem Fenster ist die Kalibriereinheit. Davor befindet sich auf einer hellen Unterlage die eigentliche Ozon-Messzelle, die in den weißen Behälter links auf dem Tisch gepackt wird. In der Ecke steht der Datenaufnahme-Rechner. Der große Kasten rechts ist die Empfangseinheit, die mit den Empfangsantennen außerhalb des Gebäudes gekoppelt ist.
Foto: A. Klaas

Neben der Untersuchung vieler einzelner Mechanismen, die den Ozonabbau fördern oder hemmen, haben wir uns in der Forschungsstelle Potsdam besonders einer zentralen Frage gewidmet: Wird über der Arktis Ozon chemisch abgebaut und wenn ja, wieviel? Auf den ersten Blick scheint es, als sei diese Frage einfach zu beantworten. Muss man nicht nur über einer Station, zum Beispiel der Koldewey-Station auf Spitzbergen, lange genug die Dicke der Ozonschicht messen? Der Schluss wäre dann: Bleibt die Ozonschicht unverändert, wird kein Ozon abgebaut, wird die Ozonschicht hingegen dünner, sehen wir Ozonzerstörung.

Leider ist der Nachweis chemischen Ozonverlusts in der Arktis nicht so einfach, wie es zunächst scheinen mag. Zum einen gibt es natürliche Schwankungen der Ozonkonzentration, die nichts mit der Chemie zu tun haben, sondern allein durch die atmosphärische Zirkulation verursacht werden. Das meiste Ozon befindet sich in der Stratosphäre. Dies ist ein Höhenbereich der Atmosphäre, der sich in den Polargebieten zwischen zirka 8 bis 50 Kilometer Höhe erstreckt. In der Arktis liegt das Maximum der Ozonkonzentration in etwa 20 Kilometer Höhe. Die Ozonschicht ist aber nicht gleichmäßig über der Erde verteilt; sie ist ein dynamisch sehr variables Gebilde. Abgesehen von der Ozonloch-Saison gibt es über den Polargebieten weit mehr Ozon als über dem Äquator. Durch Transporteffekte ändert sich die Dicke der Ozonschicht über einem Ort mit den Jahreszeiten und leider auch innerhalb von Tagen.

Zum anderen stellt sich ein messtechnisches Problem: Natürliche kurzfristige Schwankungen um einen Faktor Zwei sind nicht ungewöhnlich. Die Schwierigkeit besteht nun darin, den eventuellen chemischen Ozonabbau, der sich in der Größenordnung von ein bis zwei Prozent am Tag bewegt, vor dem Hintergrund dieser starken natürlichen Schwankungen zu erkennen. Das Kunststück besteht also darin, die natürliche Variabilität von der chemisch bedingten Variabilität zu trennen.

Die Meteorologie der Stratosphäre spielt eine entscheidende Rolle für die Ozonflüsse. Im Winter bildet sich in der Stratosphäre über den Polen jeweils ein großes, relativ abgeschlossenes Tiefdruckgebiet, der Polarwirbel. Er stellt förmlich einen riesigen Topf dar, in dem der Ozonabbau stattfindet. Allerdings verformt sich dieses »Reaktionsgefäß« ständig und bewegt sich schnell über den Polkappen mal in diese, mal in jene Richtung. Außerdem schwappen von Zeit zu Zeit Luftmassen heraus beziehungsweise frische Luft von außen hinein. Wie stark dieser Austausch ist und wie sich der Polarwirbel bewegt, wird durch Wellenstörungen der stratosphärischen Winde gesteuert. Auf der Nordhalbkugel ist die stratosphärische Wellenaktivität in der Regel sehr viel größer als auf der Südhalbkugel, was letztlich auf der unterschiedlichen Verteilung der Landmassen beruht. In der Folge ist der arktische Polarwirbel kleiner und anfälliger für Austauschprozesse mit der Umgebung als sein antarktischer Bruder. Aufgrund dieser stärkeren dynamischen Variabilität lässt sich der chemisch bedingte Ozonverlust in der Arktis wesentlich schwieriger nachweisen als in der Antarktis. Zudem ist auch das Ausmaß des chemischen Ozonverlustes in der Arktis wegen der unterschiedlichen meteorologischen Verhältnisse bislang bedeutend geringer als in der Antarktis, was den Nachweis zusätzlich erschwert.

Die Match-Methode

Um chemisch bedingte, also vorwiegend menschengemachte Ozonverluste zuverlässig von der natürlichen Variabilität zu trennen und für sich analysieren zu können, haben wir die »Match-Methode« (englisch: Vergleich) entwickelt. Während eines Match-Experiments werden Messungen nicht nur an der Koldewey-Station durchgeführt, sondern viele Messungen eines umfangreichen Netzwerkes arktischer Ozonsondenstationen werden zentral in Echtzeit koordiniert. Das dahinter liegende Prinzip ist ziemlich einfach: Wir messen den Ozongehalt in einem bestimmten Luftvolumen zweimal im Abstand von einigen Tagen. Aus der Differenz der Messungen kann man dann den chemischen Ozonabbau ablesen.

Praktisch sind solche Messungen in der Stratosphäre recht schwierig. Man muss dasselbe Luftvolumen – wir sprechen auch von einem Luftpaket – nach der ersten Messung einige Tage später wiederfinden und eine Ozonsonde zu ihm schicken. Luftpakete, die einmal über einer Station beprobt worden sind, driften Hunderte oder gar Tausende von Kilometern pro Tag mit den starken stratosphärischen Winden. Deshalb ist für ein Match-Experiment ein dichtes Netz von Messstationen absolut notwendig. Durch die verhältnismäßig hohe Stationsdichte steigt die Wahrscheinlichkeit, dass ein einmal erfasstes Luftpaket später über einer anderen Station auftaucht und dort nochmals beprobt werden kann. Aber wie findet man individuelle Luftpakete nach vielen Tagen und vielen tausend Kilometern Drift – häufig ein- bis zweimal um den Nordpol herum – wieder? Wir benutzen dazu aufwändige meteorologische Modellrechnungen, wie sie für die tägliche Wettervorhersage im untersten Stockwerk der Atmosphäre, der Troposphäre, in ähnlicher Weise verwendet werden. Solche Analysen und Prognosen der Winde erstellt das Europäische Zentrum für Mittelfristige Wettervorhersagen (EZMW) in Reading, Großbritannien, auf einem der weltweit schnellsten Computer auch für die Stratosphäre. Die berechneten Winde und ihre Vorhersage sind in der Stratosphäre aus verschiedenen Gründen sogar genauer als in der Troposphäre. Aus diesen Daten können wir die Bewegungsbahnen der Luftpakete, die so genannten Trajektorien, recht zuverlässig berechnen. Dies erlaubt es uns vorherzusagen, wann und wo ein vormals beprobtes Luftpaket über eine Station des Messnetzes driften wird.

Anfang der neunziger Jahre war die Zeit noch nicht reif für eine echte internationale Koordinierung der Ozonsondenaufstiege. Glücklicherweise wurden während der EASOE-Kampagne (European Arctic Stratospheric Ozone Experiment), der ersten europäischen Feldstudie im Winter 1991/92, 1400 Ozonsonden in der Arktis gestartet. Durch diese große Anzahl von Sondierungen konnten trotz fehlender Koordinie-

Arbeitsstadien zum Füllen eines Ballons mit Helium. Zuletzt wird der Ballon verschlossen und mit einer 30 Meter langen Schnur versehen, an der die Sonde befestigt ist.
Fotos: A. Klaas

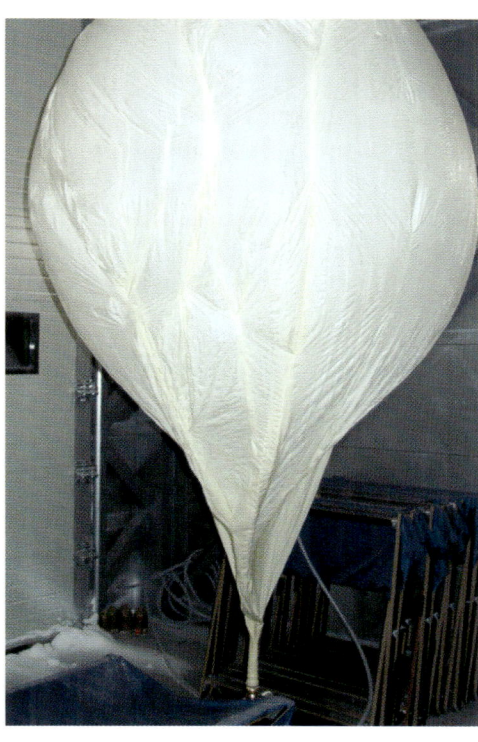

rung durch Zufall einige Luftpakete entlang ihrer Trajektorie zweimal von verschiedenen Stationen bemessen werden. Solche Ereignisse nannten wir »Matche«. Eine sorgfältige Analyse der Luftbewegungen und der Aufstiegsbahnen der Ozonsonden ergab eine ausreichende Anzahl von Match-Ereignissen, die wir damals auswerteten. Wir konnten zeigen, dass es möglich ist, die Bewegungen der Luftpakete bis zu zehn Tagen ausreichend genau zu berechnen. Wir haben auf der Betrachtung bestimmter meteorologischer Parameter beruhende Mindestanforderungen an die Qualität eines Match-Ereignisses festgelegt und konnten aus dem Matchdatensatz zum ersten Mal zweifelsfrei chemische Ozonverluste bestimmen. Mit der neuen Methode haben wir 1992 zuverlässig und präzise wie niemand zuvor nachgewiesen, dass der Ozonabbau ähnlich dem der Antarktis auch in der Arktis stattfindet. Er beschränkte sich in diesem ersten Winter hauptsächlich auf den Januar und war wie erwartet insgesamt wesentlich schwächer als der antarktische Ozonverlust.

Die nächste größere Feldmesskampagne, SESAME (Second European Stratospheric Arctic and Midlatitude Experiment), fand im Winter 1994/95 statt. Gestützt auf den beeindruckenden Erfolg bei der Match-Auswertung des EASOE-Winters konnten wir unsere Kollegen von über 30 Ozonsondenstationen bereits bei der Planung der Kampagne davon überzeugen, sich an einem Experiment mit zentraler Koordinierung der Ozonsondenstarts in Echtzeit zu beteiligen: Eine international koordinierte Match-Kampagne innerhalb von SESAME war abgemachte Sache, und wir befanden uns am vorläufigen Ziel unserer wissenschaftlichen Träume.

Zunächst haben wir die Stationen befragt, an welchen Wochentagen und Tageszeiten, den »Startfenstern«, Ozonsondenstarts personell möglich sind. Die Antworten fielen von Station zu Station sehr unterschiedlich aus. Sie reichten von wenigen Startmöglichkeiten wochentags bis zu einem durchgehend offenen Startfenster, über Wochenenden und Feiertage hinweg, wie es an der Koldewey-Station und erstaunlich vielen weiteren Stationen der Fall war. Diese unbefris-

tete Bereitschaft stellt für das Personal eine außerordentliche Belastung dar, ist aber für das Gelingen des Match-Experiments das Optimum.

Mit der geruhsamen Auswertung eines Datensatzes nach der Feldstudie war es nun vorbei. Jetzt galt es, schon während der Kampagne aktiv in sie einzugreifen, ständig die Bahnen der beprobten Luftpakete zu überwachen, ihre künftigen Bewegungen vorherzusagen und die Sondenstartzeitpunkte präzise aufeinander abzustimmen. Im 24-Stunden-Rhythmus, sieben Tage die Woche, über einen Zeitraum von vier Monaten, mussten nun in einem zeitlich eng gestaffelten Ablauf alle für die Koordination der Ozonsondenstarts notwendigen Daten zum täglichen Stichtermin zentral zusammengeführt und daraus in kürzestmöglicher Zeit die voraussichtliche Annäherung von beprobten Luftpaketen an vorhandene Stationen berechnet werden. Dann galt es, die angebotenen Startfenster zu berücksichtigen und über den Ozonsondenstart an dieser oder jener Station zu entscheiden. Im Verlauf von Match 1994/95 wurden zur permanenten Überwachung der beprobten Luftpakete und bestimmter meteorologischer Parameter etwa eine halbe Million Trajektorien gerechnet und die Starts von etwa tausend Ozonsonden an über dreißig Stationen koordiniert. Eine solche Kampagne kann nur gehandhabt werden, wenn die Datenlogistik, die Berechnung potenzieller Matche und sogar die Kommunikation mit den Stationen weitgehend automatisiert von selbstständig ablaufenden Computerprozeduren übernommen werden. Allein bei der letztlichen Entscheidung über die zu startenden Sonden erfolgte noch ein persönlicher Eingriff: Unter Berücksichtigung von Faktoren wie der Arbeitsbelastung während der letzten Tage und individueller Gegebenheiten an den Stationen wurde die Entscheidung des Computers manchmal noch revidiert.

Aufgrund der aufwändigen Vorbereitungsprozedur von Ozonsonden käme eine kurzfristige Benachrichtigung zu spät. Andererseits sind die Vorhersagen darüber, wie sich ein Luftpaket bewegt, lange Zeit vor einem potenziellen Match noch sehr unzuverlässig. Wir informierten die

Stationen deshalb nach einem zweistufigen Vorwarnsystem. 48 bis 24 Stunden vor der nächsten Annäherung eines Luftpakets an eine Station wurde der mögliche Match vom Computer automatisch identifiziert, der Zeitpunkt der Annäherung grob abgeschätzt und die entsprechende Station per E-Mail oder Telefax alarmiert. Dort konnte dann schon mit der Vorbereitung begonnen werden. Wenige Stunden vor dem Start wurde dann aufgrund der aktualisierten meteorologischen Daten die eigentliche Startentscheidung gefällt und gegebenenfalls der genaue Termin festgelegt. Das Engagement der Stationsbelegschaften war enorm groß. Auf die allermeisten Matchtermine reagierten sie mit Sondierungen zu sehr genau eingehaltenen Startzeiten.

Das Match-Projekt ist ein Beispiel für eine gut funktionierende, weitreichende internationale Kooperation. Das aus 35 Stationen auf drei Kontinenten bestehende Stationsnetz wird von 19 Nationen betrieben. Auch für die Koordinierung und Auswertung der Match-Kampagnen wird die spezifische Fachkompetenz mehrerer europäischer Partner gebündelt. Das Europäische Zentrum für Mittelfristige Wettervorhersage in Reading und das zentrale Datenzentrum am NILU in Oslo wurden bereits erwähnt. Zusätzliche benötigte Daten zu langsamen vertikalen Bewegungen in der polaren Stratosphäre wurden von der Universität Cambridge, Großbritannien, beigesteuert. Die eigentlichen Trajektorienrechnungen übernahmen wir von der Freien Universität Berlin. Finanziell wurden die Match-Kampagnen von einer Vielzahl von Instituten und nationalen Stellen gefördert, so auch durch das Bundesministerium für Bildung und Forschung und die Europäische Union.

Abbauraten fast wie in der Antarktis
Während der Match-Kampagne 1994/95 konnten chemisch bedingte Abbauraten des Ozons in der arktischen Stratosphäre in einer zuvor unvorstellbaren Detailfülle gemessen werden. In einigen Höhenbereichen wurden zeitweise bis zu zwei Prozent Ozon pro Tag zerstört – ein Wert, der kaum kleiner ist als in der Antarktis. Der Gesamtverlust an Ozon in der Arktis war im

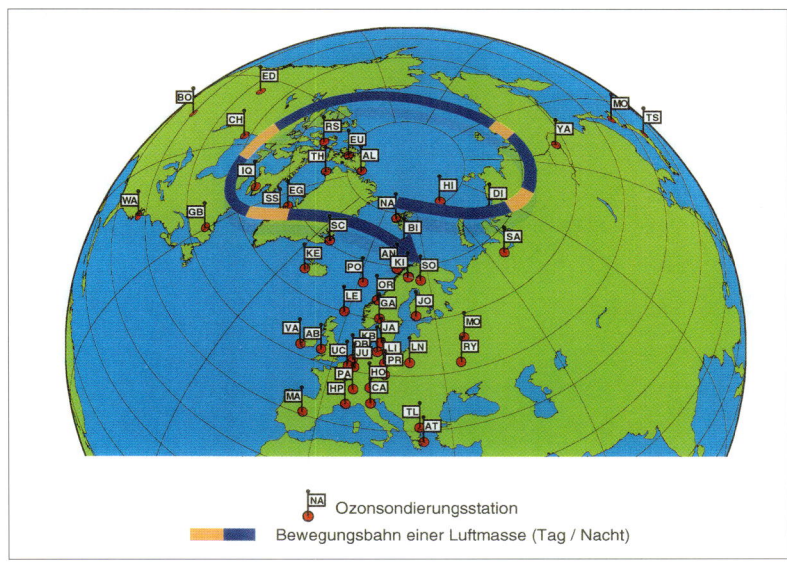

NA Ozonsondierungsstation
Bewegungsbahn einer Luftmasse (Tag / Nacht)

Das Netz der an den Match-Kampagnen beteiligten Ozonsondenstationen mit einer Beispielrechnung für die Bewegung eines Luftpaketes, einer so genannten Trajektorie. Die kurzen Tageszeiten entsprechen der kurzen Sonnenscheindauer im Monat Januar. Stationen in mittleren Breiten tragen von Zeit zu Zeit, wenn der Polarwirbel einen Abstecher macht, zu den Untersuchungen bei.

Der chemische Ozonverlust im arktischen Winter 2000. Die blaue Linie stellt dar, wie das mittlere Ozonprofil in der Arktis am Ende des Winters ausgesehen hätte, wenn kein chemischer Ozonverlust stattgefunden hätte. Dieses Profil beruht auf vielen Messungen vom Anfang des Winters und nachfolgenden Transportrechnungen. Das rote Profil zeigt die am Ende des Winters tatsächlich angetroffene Ozonverteilung als Mittelwert über viele arktische Messungen. Die schraffierte Fläche illustriert den chemischen Ozonverlust, der im Laufe des Winters stattgefunden hat.

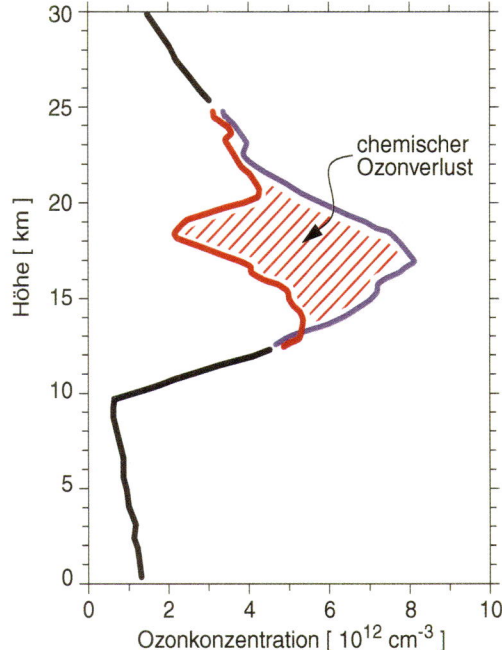

chemischer Ozonverlust

Höhe [km]

Ozonkonzentration [10^{12} cm^{-3}]

Winter 1994/95 nur deshalb weniger dramatisch, weil der rapide Abbau kürzere Zeit andauerte und vertikal weniger ausgedehnt war.

Seit dem Winter 1994/95 sind alljährlich Match-Kampagnen durchgeführt worden. Sie haben sich als eine der weltweit führenden Methoden etabliert, chemische Ozonverluste in der Arktis zu analysieren. Nachdem wir für den arktischen Winter 1991/92 erstmals chemischen Ozonabbau in der Arktis zweifelsfrei nachgewiesen und auch 1994/95 beträchtlichen Ozonverlust identifiziert hatten, stellten wir im Winterhalbjahr 1995/96 und 1999/2000 extrem starke chemische Ozonverluste fest. Sie betrugen in einer schmalen Höhenschicht nahe des sonstigen Konzentrationsmaximums mehr als 60 Prozent! Dabei beobachten wir aber, dass der chemisch verursachte Verlust von Jahr zu Jahr sehr unterschiedlich ausfällt. So hat zum Beispiel im Winter 1998/99 kein bemerkenswerter Ozonabbau in der Arktis stattgefunden, und auch 1997/98 war der Ozonverlust gering. Im Vergleich zu den stärksten Ereignissen in der Arktis ist der Ozonverlust über der Antarktis weiterhin wesentlich höher; dort beobachten wir eine vollständige Zerstörung des Ozons in einer breiten Höhenschicht in jedem Frühjahr des letzten Jahrzehnts (siehe Beitrag G. Lange).

Als Ergebnis einer Match-Kampagne erhält man eine umfangreiche Datensammlung, die zu detaillierten Studien der Mechanismen des Ozonabbaus genutzt werden kann. So lässt sich etwa durch eine statistische Analyse zeigen, dass chemischer Ozonabbau in einem Luftpaket nur dann stattfindet, wenn es dem Sonnenlicht ausgesetzt ist. Dies stimmt mit der Theorie überein und ist ein weiterer Beweis dafür, dass der Ozonabbau tatsächlich von den anthropogenen Halogenverbindungen hervorgerufen wird. Aus chemischen Modellrechnungen entlang der Trajektorien von Luftpaketen konnten Kollegen des Forschungszentrums Jülich und an der Universität Cambridge feststellen, dass derzeitige chemische Modelle den Ozonabbau unter bestimmten meteorologischen Bedingungen nicht vollständig reproduzieren − ein Hinweis darauf, dass unser Verständnis dieser Vorgänge noch unvollständig ist.

Die Ergebnisse zeigen weiterhin, dass chemischer Ozonverlust sehr eng an das Auftreten besonders tiefer Temperaturen in der arktischen Stratosphäre gekoppelt ist. Der Ozonabbau findet nur in Luftmassen statt, die zuvor Temperaturen unterhalb einer Grenztemperatur, von minus 78 Grad ausgesetzt waren. Daraus erklärt sich die große Variabilität des Abbaus von Jahr zu Jahr. In einigen Wintern, wie 1998/99, war es in der arktischen Stratosphäre etwas wärmer, und die Grenztemperatur wurde nicht unterschritten. Unter diesen Umständen kam es auch nicht zu dem gefürchteten Ozonabbau. In anderen, extrem kalten Wintern wie 1995/96 und 1999/2000 waren weite Bereiche der arktischen Stratosphäre kälter als die Grenztemperatur und ein besonders starker Ozonabbau war die Folge. Die Ergebnisse von Match aus allen Winterperioden zusammengenommen zeigen einen engen quantitativen Zusammenhang zwischen der mittleren Ausdehnung der kalten Bereiche in der Stratosphäre und dem gesamten Ozonverlust, der daraus folgte.

Dieser empirische Zusammenhang zwischen der Temperatur der arktischen Stratosphäre und dem Ozonverlust stellt eine Verbindung zwischen der Ozonproblematik und dem Treibhauseffekt her. Klimamodelle sagen bei einer anthropogen Verstärkung des natürlichen Treibhauseffektes durch steigende Emissionen von Kohlendioxid, Methan und einiger anderer Treibhausgase voraus, dass sich die polare Stratosphäre abkühlt. In einem solchen Szenario könnten zukünftige arktische Ozonverluste noch weit stärker ausfallen als heutzutage − obwohl die Produktion der eigentlichen Urheber des Ozonabbaus, der FCKWs, nahezu weltweit inzwischen verboten ist. Da die in der Vergangenheit freigesetzten FCKWs aber unvermeidlich noch viele Jahrzehnte in der Atmosphäre verbleiben, wird die nähere Zukunft der arktischen Ozonschicht wohl von der Entwicklung der Temperatur in der Stratosphäre abhängen, also auch davon, wie dem vom Menschen verursachten Treibhauseffekt entgegengewirkt wird.

Peter von der Gathen,
Markus Rex

Aerosol
oder
Die Kunst im Dunkeln etwas zu sehen

Aerosol – das Ungreifbare. Schwebeteilchen in der Luft. Wie soll man das erklären? Wie kann man es erfassen? Zwar hatte schon Georg Christoph Lichtenberg auf die Lufttrübung verwiesen und wohl als Erster messende Versuche angeregt, aber die technischen Möglichkeiten dafür erschlossen sich erst in der zweiten Hälfte des 20. Jahrhunderts. So verwundert es nicht, dass das Verständnis darüber, wie sich Aerosol verteilt und was es bewirkt, bis in die jüngste Vergangenheit flüchtig geblieben war wie der Gegenstand selbst.

Schwebeteilchen. Die Betonung liegt auf Teilchen. Es sind feste oder flüssige Bestandteile der Atmosphäre, die wegen ihrer anderen Eigenschaften von den reinen Gasen und gasförmigen Molekülen unterschieden und gesondert, wenn auch nicht isoliert, erforscht werden. Also, aus natürlichen Quellen, Staub und Schwefelsäuretröpfchen von Vulkanausbrüchen, Wüstenstaub, von Stürmen gen Himmel geblasen, Meersalz und biologische Partikel, zum Beispiel Pflanzenpollen. Aus dem Bereich menschlicher Tätigkeit stammen ebenfalls Stäube, in nicht geringem Maße Ruß, chemische Substanzen und auch Schwefelsäuretröpfchen, die die größte Menge des Aerosols ausmachen. Die eigentliche Luft wird als das Trägergas für die Aerosole verstanden.

Lange Zeit hat man dem Aerosol keine große Bedeutung für das Klima zugesprochen. Bis Ende der sechziger Jahre die Aerosolbelastung in den unteren Luftschichten, der Troposphäre (bis zehn Kilometer Höhe), vor allem über Industriegebieten so stark zunahm, dass nun auch mit Augen zu erkennen war, wie »schwebende Teilchen« den Strahlungshaushalt beeinträchtigen können. In den Städten kam es zu ersten Smog-Alarmen. Über der Arktis trübten jeweils im Frühjahr graubraune bis grauschwarze Schleier die Luft. Es stellte sich heraus, dass dieser so genannte Arctic Haze (Nebel) hauptsächlich aus gealterten anthropogenen Aerosolen besteht, obwohl es in diesen Regionen keinerlei Quellen dafür gibt.

Das Phänomen der Schmutzschwaden über dem Nordpolargebiet war eigentlich nicht neu. Ein Jahrzehnt zuvor hatten amerikanische Militärflieger, die regelmäßig das Wetter im amerikanischen Sektor der Arktis bis zum Pol erkundeten, über Dunstschichten unbekannter Herkunft berichtet. Aus dieser Zeit stammt der Name Arctic Haze, 1957 von dem Offizier M. Mitchel jun. geprägt. Auch russische Wissenschaftler maßen ab Mitte der fünfziger Jahre eine zunehmende Lufttrübung über der sibirischen Arktis. Doch die rätselhaften Beobachtungen wurden bald wieder vergessen. Das Interesse, etwas aufzuklären, Forschung insgesamt, unterliegt eben manchmal auch gewissen Moden.

Die entscheidende Sensibilisierung der Öffentlichkeit für die Aerosolproblematik ging von den arktischen Phänomenen, vom zunehmenden Arctic Haze, in den siebziger und achtziger Jahren aus. Insbesondere haben die vier AGASP-Flugkampagnen (Arctic Gas and Aerosol Sampling Program) der amerikanischen Wissenschaftler dazu beigetragen. Allmählich begann man umzudenken. Aber noch dominierte das Interesse am Ozon. Dass dessen Zerstörung ganz wesentlich durch chemische Prozesse unter Beteiligung des Aerosols stattfindet, hatte man zu Beginn der achtziger Jahre noch nicht erkannt. Demzufolge waren die ersten Aerosolmessungen sporadisch, auf die Sommermonate beschränkt, und es fehlte an standardisierten Messgeräten. Point Barrow in der kanadischen

Die Meteorologin Ute Schwarz am Grundgerät der Serie von Sonnenfotometern im Jahre 1995. Die Beobachtungskuppel befindet sich auf dem Dach des Atmosphärenobservatoriums der Koldewey-Station in Ny-Ålesund, Spitzbergen. Foto: A. Meier

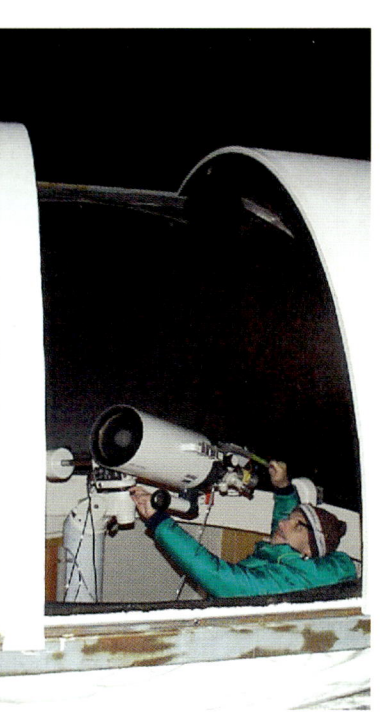

Das Sternfotometer braucht ein Teleskop (weißer Zylinder), um das schwache Licht einzufangen. Darunter befindet sich ein kleines Suchfernrohr, mit dem der Stern zu Beginn eines Messganges grob angepeilt wird. Die Feineinstellung geschieht mit einem Mikroskop am Messkopf hinter dem Teleskop. Auf dem Bild Meteorologie-Techniker Jürgen Graeser. Foto: A. Herber

Arktis ist die einzige Forschungsstation, die auf eine durchgängige längere Messreihe des Aerosols unter Tageslichtbedingungen (seit 1971) in hohen geographischen Breiten zurückblicken kann.

Das Alfred-Wegener-Institut begann im März 1991, im Gründungsjahr der deutschen Arktisstation »Carl Koldewey« auf Spitzbergen, sofort mit kontinuierlichen Aerosolmessungen über Ny-Ålesund. Die Lidar-Apparatur (light detection and ranging, siehe auch S. 268) wurde mit einem zweiten Laser und einem neuen Detektor versehen, so dass damit die optischen Eigenschaften der Schwebeteilchen im Höhenbereich zwischen zehn und vierzig Kilometern, wo sich bei tiefen Temperaturen die polaren stratosphärischen Wolken (PSCs) bilden, untersucht werden konnten. Zugleich startete die Forschungsstelle Potsdam des AWI eine Messreihe des Gesamtaerosols mit Hilfe von Sonnenfotometern – ein Verfahren, das damals noch in den Kinderschuhen steckte.

Wie es oft der Fall ist, wenn sich eine neue Forschungsrichtung etabliert, hängen deren Fortschritte von der Perfektionierung der Messtechnik ab. Zwar hatte sich bereits in den sechziger Jahren die Halbleitertechnik so weit entwickelt, dass nicht mehr die am Erdboden ankommende Wärmestrahlung der Sonne mit Hilfe eines Aktinometers aufgezeichnet werden musste, um auf die Aerosolkonzentration schließen zu können, sondern es entstanden schon einzelne Sonnenfotometer, die mit schmalbandigen Filtern arbeiteten. Aber da die Bundesrepublik seinerzeit keine Aktivitäten in der Aerosolforschung gezeigt hatte, waren die gerätetechnischen Entwicklungen einiger Firmen im Sande verlaufen; sie hatten keinen Markt gefunden.

In dieser Situation griff das AWI auf ein Sonnenfotometer zurück, das der Atmosphärenphysiker Ulrich Leiterer vom Aerologischen Observatorium Lindenberg (Brandenburg) nach einem von Glenn E. Shaw von der Universität Alaska ersonnenen Prinzip gebaut und das die ostdeutschen Polarforscher bereits in der Antarktis erfolgreich eingesetzt hatten. Ihre Motivation war damals eine andere als heute; sie wollten die ungestörte Aerosolverteilung messen, sozusagen den natürlichen Background – einmal um etwas über eventuelle jahreszeitliche Schwankungen der Konzentration zu erfahren, zum zweiten damit die von Satelliten gewonnenen meteorologischen Messwerte korrigiert werden können. Die an der ehemaligen Station »Georg Forster« auf dem antarktischen Kontinent begonnene Messreihe wurde 1991 auf »Neumayer« fortgesetzt.

Die Weiterentwicklung des Lindenberger Geräte-Unikats hat ein Fenster geöffnet und den Blick in die Polarnacht freigegeben, über die keinerlei Daten zum Aerosol vorlagen. Um dies und auch etwas von der diffizilen Aerosolphysik zu verstehen, ist es ausnahmsweise einmal angebracht, sich mit einigen technischen Details zu befassen. Wenn man sich ein bisschen hineinzudenken bemüht, kann Technik sehr spannend sein.

Ein Sonnenfotometer ist eigentlich nichts anderes als ein Lichtmesser. Der Name besagt, dass es direkt in die Sonne schaut und das von dort einfallende Licht aufnimmt. Es wird durch eine Linse gebündelt. Dahinter befindet sich ein »Filterrad«, das, anfangs manuell, bei jüngeren Geräten automatisch gedreht wird, so dass der Reihe nach verschiedene Filtersysteme nur jeweils bestimmte Wellenlängen passieren lassen, die dann auf einen Detektor treffen. Die Durchlass-»Kanäle«der Filter sind über einen Spektralbereich von 350 bis 1100 Nanometer verteilt, also vom ultravioletten bis zum infraroten Licht. Damit erfasst man mehr als 80 Prozent des Energieangebotes der Sonne, vor allem auch jenen Bereich, der für das Leben auf der Erde der wichtigste ist, das sichtbare Spektrum. Beispielsweise lässt ein Filter nur Licht einer Wellenlänge von 500 Nanometer auf den Detektor fallen. Welche Energie dieser Wellenlänge am Außenrand der Atmosphäre ankommt, weiß man. Auf der Erdoberfläche ist es weniger. Daraus errechnet der Wissenschaftler die Differenz als ein Anzeichen für die Reinheit oder Trübung der Atmosphäre. Wir haben es also mit einer Verhältnismessung zu tun, und was man am Ende erhält, ist die »spektrale optische Dicke des Aerosols« – eine dimensionslose Größe. »Spektral« heißt in diesem Fall, dass der Wert, der den Verlust von Sonnenstrahlung durch die Atmosphäre angibt, immer nur für eine Wellenlänge gilt.

Nach diesem Verfahren wurde ab 1991 auf der Koldewey-Station versucht, die Verschmutzung der polaren Atmosphäre durch menschliche Aktivitäten in Zeit und Zahl dingfest zu machen. Jedoch anfangs nur von Frühjahr (März) bis Herbst (September), während der Polarnacht scheint ja nicht die Sonne. Das war ein Handicap, und schon damals machten sich die Atmosphärenphysiker Gedanken, wie sie Aerosoldaten aus dem Zeitintervall der Polarnacht bekommen könnten.

Zunächst aber ereignete sich etwas, das sie in helle Aufregung versetzte. Sie hatten im ersten Sommer vermutlich normale Aerosolkonzentrationen über Spitzbergen (und so auch an der Neumayer-Station) gemessen, als der Vulkan Mt. Pinatubo auf den Philippinen ausbrach. Das hat mit menschlichen Einflüssen nichts zu tun, aber eine Störung ist eine Störung, und man kann sie, wenn man einen Referenzwert hat, sauber messen. In Europa wäre das nicht so gut möglich, weil die Luftverschmutzung hier sehr hoch und sehr schwankend ist.

Vulkanausbrüche führen uns vor, was passiert, wenn die Atmosphäre stark mit Aerosolen angereichert ist. 1816 zum Beispiel galt als das »Jahr ohne Sonne«, verursacht durch die heftigen Ausbrüche des Mt. Tambora in Indonesien ein Jahr zuvor. Der kälteste Sommer in den letzten 600 Jahren war 1601; als Grund vermutet man den Ausbruch des Huaynaputina in Peru ein Jahr zuvor. Eine britische Arbeitsgruppe um den Klimatologen P. Jones hat in Zusammenarbeit mit dem Schweizer Baumspezialisten Schweingruber herausgefunden, dass mit einer Ausnahme alle bisher beschriebenen besonders kalten Sommer auf Vulkaneruptionen zurückzuführen sind. Die Folgen waren oft verheerend. Die Aschepartikel und Schwefeltröpfchen des Tambora haben über fünf Jahre die ganze Nordhemisphäre beeinflusst. Es traten Hungersnöte auf, weil die Sonne nicht zu sehen war und der Weizen nicht reifte. Solche Extremereignisse zeigen

schlagartig, welche Bedeutung dem Aerosol für das Leben auf der Erde zukommt.

Mit den beiden Sonnenfotometern auf der Koldewey- und der Neumayer-Station konnte das AWI die Ausbreitung der Pinatubo-Aerosole sowohl für die Arktis als auch für die Antarktis sauber detektieren. Dabei fiel auf, wie schnell sich die vulkanischen Teilchen über den Globus verteilen. Bereits drei Monate nach dem Ausbruch registrierten die Wissenschaftler auf Spitzbergen ein sprunghaftes Ansteigen des Aerosolgehalts in Höhen zwischen 11 und 18 Kilometern. Mit einem so raschen Transport aus den Tropen in hohe nördliche Breiten hatte man nicht gerechnet. Bemerkenswert auch der verhältnismäßig tiefe Höhenbereich des vulkanischen Aerosols direkt über der Tropopause (der schmalen Schicht in etwa zehn Kilometer Höhe zwischen Stratosphäre und der klimabestimmenden Troposphäre). Mit Hilfe des Lidar's und der Fotometer konnte die Transformation der Teilchen beobachtet werden, ihr allmähliches Ausfallen, weil sie schwerer wurden; der Prozess zog sich über vier Jahre hin. 1995/96 wurden wieder Werte wie vor dem Vulkanausbruch gemessen.

Die Potsdamer Aerosolforscher unterzogen sich auch der Mühe – als einzige Arbeitsgruppe in der Arktis –, den vulkanischen Störeffekt für einen Vergleich von Fotometer- und Satellitendaten zu nutzen. Dabei konnten sie eigene Flugzeugmessungen mit einer russischen IL-18 und einer Dornier-Maschine des AWI einbeziehen, was den Vorteil hatte, dass sie mit dem Sonnenfotometer direkt aus jenen Höhen unverfälschte Werte erhielten, wo sich die Aerosole angesammelt hatten. Der Satellit hingegen versagt bei den tiefen Atmosphärenschichten, wenn sie stark verunreinigt sind, weil er dann bei der erforderlichen tangentialen Messstrecke durch die Atmosphäre die Sonne nicht mehr sieht. Das heißt, für diese Höhen müssen die Satellitenwerte extrapoliert werden. Der Datenvergleich mit der NASA ergab, dass falsch extrapoliert wurde. Nachdem die Fehler bereinigt, die Satellitenwerte an die realen Gegebenheiten angeglichen waren, konnte nun auch in der Gesamtsäule des

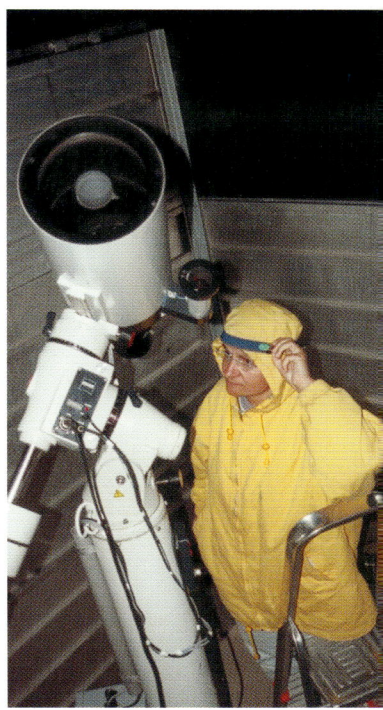

Neben der hohen Lichtempfindlichkeit hat das AWI-Sternfotometer den Vorteil, dass es gut transportabel ist. Hier misst die Meteorologie-Technikerin Siegrid Debatin in Portugal die Verschmutzung der kontinentalen Atmosphäre. Das Verbindungsteil zwischen Säule und Teleskop enthält die automatische Nachführeinrichtung.
Foto: J. Graeser

Aerosols der stratosphärische vom troposphärischen Anteil getrennt werden. Das ist wichtig, wenn die klimatologische Wirkung des Aerosols untersucht werden soll, die sich ja im Normalfall, wenn keine PSCs und keine Vulkanaerosole vorhanden sind, nur in der Troposphäre abspielt.

Die Pinatubo-Phase war die extreme Prüfung des Lindenberger Fotometers unter Tageslichtbedingungen. Aber die große, geheimnisvolle Black Box, in die bisher noch keiner hineingeschaut hatte, war die Polarnacht. Diese Wissenslücke schmerzte, denn in der dunklen Jahreszeit, besonders in den Monaten Dezember bis Februar, bereiten sich die Dinge vor, die dann im Frühjahr in Erscheinung treten: beispielsweise als Arctic Haze oder als polare stratosphärische Wolken mit ihrer reduzierenden Wirkung auf das Ozon. Als Lichtquelle für spektrometrische Messungen in der Polarnacht hat man aber nur den im Vergleich zur Sonne etwa eine Million Mal schwächer scheinenden Mond – und die Sterne. Ob man mit derart lichtschwachen Signalen messen kann, hängt von der Empfindlichkeit des Detektors ab. Die bis dahin entwickelten Sonnenfotometer arbeiteten mit Silizium-Dioden, das heißt, durch den Lichteinfall entsteht im Halbleitermaterial ein Elektronenstrom, der elektrisch gemessen wird.

Glücklicherweise erfuhren die Potsdamer Atmosphärenphysiker zu diesem Zeitpunkt von einer bis ins Letzte ausgereizten, neuen Silizium-Diode der japanischen Firma Hamamatsu. Sie war für Strahlungsmessungen an Wolken entwickelt worden und erlaubte eine maximale Signalverstärkung von 10^8, also über acht Größenordnungen. Und zwar linear, das ist entscheidend, denn man muss zwischen einem minimalen und einem maximalen Lichtsignal einen linearen Zusammenhang haben. Sollte man mit der neuen Diode das Mondlicht detektieren können? Das hatte noch niemand versucht.

Die Tests ergaben, dass der Sensor sowohl das Sonnen- als auch das Mondlicht exakt aufnimmt. Man konnte also für beide Lichtquellen ein und dasselbe Gerät benutzen. Das Bundesforschungsministerium finanzierte die Anpassung der elektronischen Verstärkung an die Diode. Eine Ausgründung aus dem Lindenberger Observatorium, die Firma Dr. Schulz & Partner, stellte ein neues und die folgenden, weiterentwickelten Fotometer her. Und im Januar 1995 hat Andreas Herber, der in der Forschungsstelle Potsdam des Alfred-Wegener-Instituts die Fotometermessungen betreut, die ersten Aerosoldaten aus der Polarnacht gewonnen.

Die Überraschung war groß, als die Atmosphärenphysiker in Ny-Ålesund die Datenreihe verfolgten: Es waren Werte, wie sie für den arktischen Sommer typisch sind. Sie hatten Arctic Haze erwartet und wollten dessen Entstehung untersuchen. Nicht ein einziges Mal wurde ein Haze-Ereignis gemessen. Erst im März, als die Sonne wieder schien, wurde Haze nachgewiesen. Daraus konnte geschlossen werden, dass die Lehrmeinung – im Sommer wenig, im Winter fast gleichbleibend so viel Aerosol wie im Frühjahr – nicht stimmte. Auch im arktischen Winter gibt es zumindest Phasen oder Räume geringer Konzentration. Allerdings war die Messfolge zeitlich beschränkt. Mondlichtmessungen haben ja einen entscheidenden Nachteil – eben dass sie (neben einem wolkenlosen Himmel, wie bei allen Spektrometermessungen) den Mond voraussetzen. Zudem muss die Vollmondphase abgewartet werden, und die stellt sich bekanntlich nur einmal im Monat ein. Da man für die Polarnacht noch gar keine Information hatte, waren die zeitlich begrenzten Sondierungen ein Gewinn. Für lückenlose Untersuchungen eignete sich dieses Verfahren jedoch nicht.

Sollte das Sternenlicht für Aerosolmessungen erschlossen werden, musste der Detektor noch einmal im Vergleich zum Mond um sechs Größenordnungen, im Vergleich zur Sonne um 12 Größenordnungen empfindlicher sein – bei gebotener Linearität der Signalerfassung. Trifft beim Sonnenlicht ein ununterbrochener Photonenstrom auf den Empfänger, so sind es bei einem Stern nur noch Photonenschauer. Für die Aufnahme derart geringer Energieflüsse eignet sich nur ein Fotomultiplier – im Prinzip ein Bauteil, das einen Energieimpuls kaskadenförmig verstärkt, so dass er als Spannung oder Stromstärke gemessen werden kann. Schon ein einziges Photon erzeugt einen messbaren Strom. Allerdings waren diese Detektoren noch in jüngster Vergangenheit mit aufwändigen Kühlanlagen umgeben, weil sie auf stabiler Temperatur gehalten werden mussten, und sie brauchten ein gewaltiges Teleskop, um das spärliche Licht zu bündeln. Deshalb kam Ulrich Leiterer auf die Idee, eine ganz marktfrische Neuerung zu nutzen, eine so genannte Avelange-Diode. Diese hochgezüchtete Silizium-Diode hat den gleichen Effekt wie ein Fotomultiplier. Finanziert wurde die Entwicklung des Sternfotometers wieder durch Projektförderung des Bundesforschungsministeriums. Das Alfred-Wegener-Institut schloss einen Vertrag mit Dr. Schulz & Partner über die Entwicklung eines polartauglichen Systems ab, und im Januar 1996 war Premiere.

Während der Kampagne »Star 96« in Ny-Ålesund konnten Andreas Herber und Axel Naebert zum ersten Mal kontinuierlich – immer wolkenfreien Himmel vorausgesetzt – Aerosol sowohl mit dem Mond als auch mit Fixsternen als Lichtquelle messen. Die Daten für die außerirdische spektrale Energieverteilung der Sterne, die natürlich bekannt sein müssen, wenn man den Energieverlust durch Aerosol bestimmen will, stellte das Astronomische Observatorium Pulkowo (St. Petersburg) zur Verfügung. Man ist später doch wieder auf einen Fotomultiplier als Detektor zurückgekommen, weil eine – wieder von Hamamatsu angebotene – Neuentwicklung Langzeitstabilität versprach. Dadurch wurden die Messungen verbessert und verkürzt; man brauchte nicht mehr wie noch im ersten Winterhalbjahr zwei Sterne anzupeilen, jetzt genügte das Licht eines Sterns, was auch für die Automatisierung der Messungen günstiger ist. Allerdings hat dieser Fortschritt einen kompromisslerischen Preis: Während die Avelange-Diode bis 1050 Nanometer Wellenlänge misst und das Wasserdampfspektrum mit erfasst, schafft es der Fotomultiplier nur bis 800 Nanometer.

Jetzt liegen seit 1996 Aerosoldaten für die Wintermonate Dezember bis Februar vor. Der erste komplette Durchlauf, vom ausklingenden

Atmosphärenphysiker Andreas Herber misst im AWI-Flugzeug »Polar 4« die Aerosolkonzentration in der oberen Troposphäre. Im Hintergrund die vollautomatische Variante des Sonnenfotometers.
Foto: S. Debatin

Herbst über die Polarnacht bis zum Frühjahr, stammt aus dem Winterhalbjahr 2000/2001. Da bis zum heutigen Zeitpunkt keine andere Arbeitsgruppe Aerosolbeobachtungen mit Sternfotometern in Polargebieten vornimmt, wurde die Messreihe von der Fachwelt als ein wahres Highlight zur Kenntnis genommen.

Was kann man den Daten entnehmen? Sie zeigen zunächst einmal auffallend höhere Werte der spektralen optischen Dicke des Aerosols im Frühjahr gegenüber dem Sommer – im Unterschied zur Antarktis, wo kein bewegter Jahresgang und auch kein nennenswerter Trend beobachtet wurde. Arctic-Haze-Ereignisse heben sich deutlich vom »normalen« Hintergrund ab. Vom Sommer bis Anfang des Polarwinters ist die Aerosolkonzentration sehr gering und vergleichbar mit den Ergebnissen aus der Antarktis. Die Polarfront stoppt den Luftstrom aus dem Süden – ohne deswegen eine völlig undurchlässige Barriere zu sein, aber aufgrund ihrer Lage im Sommer bei 70 bis 75 Grad nördlicher Breite dürfen wir annehmen, dass während dieser Zeit in der Arktis der natürliche Aerosolgehalt vorherrscht.

Gegen Ende des Herbstes beginnt sich die Polarfront nach Süden auf 50 bis 55 Grad Nord zu verschieben. Dadurch liegen große Teile der Ark-

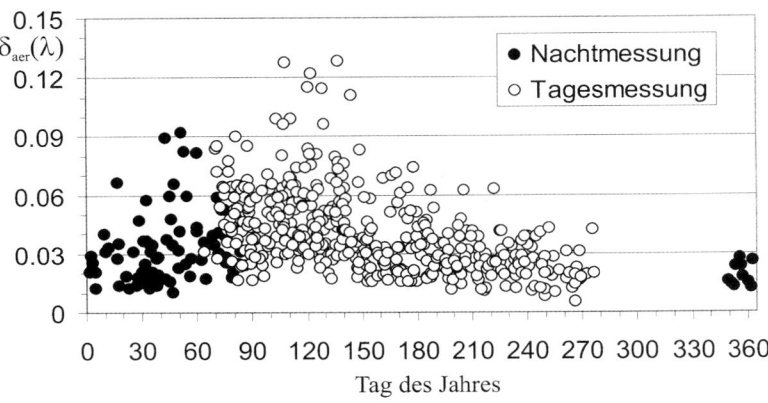

$\delta_{aer}(\lambda)$

● Nachtmessung
○ Tagesmessung

Tag des Jahres

Mittlerer Jahresgang der optischen Dicke des Aerosols in der Troposphäre über Spitzbergen für die Wellenlänge 1000 Nanometer. Das Diagramm vereint Daten der Fotometermessungen aus den Jahren 1995 bis 1999, das heißt dem Zeitraum, als das vulkanische Aerosol des Mt. Pinatubo-Ausbruchs bereits ausgefällt war. Die hohe Aerosolkonzentration zwischen dem 100. und 150. Tag markiert Arctic Haze. Von Anfang Oktober bis Anfang Dezember fehlen noch Werte; sie wurden als nicht so relevant erachtet, weil sie eine vermutlich geringe Belastung dokumentieren.

tis, auch Spitzbergen, in jenem Luftmassenbereich, in dem sich, wenn auch 2000 und mehr Kilometer entfernt, anthropogene Aerosolquellen befinden. Der Schmutz aus den Industriegebieten gelangt innerhalb weniger Tage in hohe nördliche Breiten, von woher und wohin ist nur eine Frage der Strömungsdynamik. Die Fotometermessungen von Andreas Herber und Kollegen sagen also auch etwas über den Anteil der anthropogenen Aerosolbelastung aus.

Völlig neu ist der Nachweis von Arctic-Haze-Ereignissen in der Polarnacht – definiert mit einer spektralen optischen Dicke um und über 0,1 bei 500 Nanometer. Gegen Ende der dunklen Jahreszeit machen sie immerhin ein Viertel der Messungen aus, und im Frühjahr kommen besonders hohe Aerosolwerte als Ergebnis der Beeinflussung der Atmosphäre durch den Menschen mit einer Häufigkeit bis zu 50 Prozent vor. Zieht man alle Ergebnisse zusammen, kommt man zu einer wenig erfreulichen Aussage: Entgegen anders lautender Vorstellungen hat sich die Konzentration der Aerosole in den letzten zehn Jahren nicht verringert.

Die gegenwärtig umstrittene Frage ist die nach der Klimawirkung des arktischen Aerosols im Frühjahr. Trägt Aerosol zur Kühlung der Atmosphäre bei, wie allgemein angenommen, oder kann es auch eine erwärmende Wirkung haben? Da sind wir beim Thema Treibhauseffekt. An dieser Stelle sei daran erinnert, dass der Treibhauseffekt eine natürliche Sache ist. Durch die

Bestandteile der Atmosphäre, die eine erwärmende Wirkung verursachen, wird das Leben auf der Erde in seiner jetzigen Art erst ermöglicht. Gäbe es keinen Treibhauseffekt, hätten wir in unseren geographischen Breiten eine mittlere Jahrestemperatur von minus 18 Grad Celsius und nicht wie jetzt plus 15 Grad. Der so genannte anthropogene Treibhauseffekt führt jedoch, vor allem durch einen übermäßigen Ausstoß von Kohlendioxid, zu einer zusätzlichen Erwärmung, die langfristig Konsequenzen für das Leben hat.

Im globalen Mittel – das haben Modellrechnungen verschiedener Institute gezeigt – hat Aerosol eine abkühlende Wirkung; es wirkt also dem anthropogenen Treibhauseffekt entgegen. (Das ist übrigens ein Argument, welches die amerikanischen Unterhändler auf den Umweltkonferenzen ins Feld führen, wenn sie den hohen Kohlendioxid-Ausstoß der USA rechtfertigen.) Unter arktischen Verhältnissen gestalten sich aber die Strahlungsvorgänge komplizierter als in mittleren Breiten. Man muss schon die einzelnen – zahlreichen – Komponenten im Detail untersuchen, um die Frage nach der Klimawirkung beantworten zu können. Je nachdem, wie groß die Aerosolteilchen sind, wie sie chemisch zusammengesetzt sind, ob die Unterlage Schnee, erodiertes Eis oder Wasser ist, werden sie die Strahlung unterschiedlich stark streuen, reflektieren oder absorbieren, so dass Aerosol unter bestimmten Umständen eben doch die Atmosphäre immens aufheizen kann – dann käme es bei einem weiteren Anstieg der CO_2-Belastung in der Arktis gewissermaßen zu einem zweiten Treibhauseffekt. Erste Rechnungen an der Forschungsstelle Potsdam des AWI mit den neuen Daten ergeben, dass das anthropogene Aerosol in der Arktis mitnichten die Atmosphäre abkühlt, sondern eher einen erwärmenden Effekt hat. Eine spezielle Messkampagne – ASTAR 2000 (Arctic Study of Tropospheric Aerosol) – in Kooperation mit dem japanischen Polarforschungsinstitut ist dieser Problematik nachgegangen. Die Daten werden zurzeit noch ausgewertet.

Gert Lange

Makroalgen unter Eis

Es ist Frühjahr, und wie jedes Jahr gibt es mit dem Wechsel von der Polarnacht zum Polartag auch einen Wechsel unter den Bewohnern der Koldewey-Station in Ny Ålesund auf Spitzbergen. Während hier im Winter vorwiegend Atmosphärenchemiker und Atmosphärenphysiker arbeiten, gehören im Sommer die Meeresbiologen zu den Stammgästen. Der Sonnenschein weckt die Pflanzen aus dem Winterschlaf, und daher ziehen jetzt die Botaniker ins Blaue Haus ein.

Zu den Objekten, die wir mit besonderer Neugier untersuchen, gehören die Großalgen: rot, braun oder grün gefärbte, auf Felsen und anderem Hartsubstrat wachsende Meerespflanzen, die in gemäßigten Breiten bis zu fünfzig Meter lang werden können. Obwohl ihr Areal nur 0,6 Prozent der Fläche im Weltmeer ausmacht, tragen sie zusammen mit den zu den höheren Pflanzen gehörenden Seegräsern mit fünf Prozent beträchtlich zur globalen ozeanischen Produktion bei. Sie bilden ähnlich den Wäldern auf dem festen Land reich strukturierte untermeerische Lebensgemeinschaften, die einer Vielzahl von Tierarten Nahrungsgrundlage, Wohnraum, Kinderstube und Versteck vor Räubern bieten. Die Makroalgen im Kongsfjord wachsen von der Gezeitenzone bis zu einer Tiefe von zwanzig Metern. Die bestandsbildenden Arten werden zu den Braunalgen gerechnet, auch Tange genannt, deren größte Exemplare in der Arktis eine Länge von drei bis vier Metern erreichen können. Im Unterwuchs dieser Großalgen fühlen sich kleinere Formen verschiedener Rot- und Grünalgen wohl.

Man könnte denken, nach einigen Jahren Expeditionserfahrung bieten die Arbeiten im Fjord oder, wenn wir im Süden sind, an der Küste von King George Island nichts Neues. Weit gefehlt! Keine Expedition gleicht der anderen. Dabei gibt es immer wieder andere freudige oder auch weniger erfreuliche Erlebnisse, und manchmal liegt beides dicht beieinander. Im Mai 1998 beispielsweise waren mein Kollege Dieter Hanelt und ich, unterstützt durch vier Forschungstaucher, unmittelbar nach einem meeresbiologischen Kurs für Studenten, ins Flugzeug Richtung Norden gestiegen. Nach einem kurzen Aufenthalt im frühlingshaften, grünen Oslo überflogen wir die nahezu noch geschlossene Meereisdecke vor Spitzbergen und landeten im tief verschneiten Ny-Ålesund, mitten im offensichtlich nicht enden wollenden Winter. Der Fjord war ebenfalls noch mit einer fast einen Meter dicken Eisschicht bedeckt. Problemlos hätten wir kilometerweit zu Fuß hinüber auf die andere Seite des Fjordes laufen können. Das ist in den letzten Jahren um diese Zeit noch nie vorgekommen. Auch das Wasser in der Seewasserleitung, das wir für die Untersuchung unserer Pflanzen im Labor benötigen, ist noch im sehr kalten Boden eingefroren und der Ansaugstutzen der zugehörigen Pumpe tief im Eis versteckt. Das bedeutete: Kein Seewasser in den nächsten Tagen, denn es ist nicht mit einem schnellen Aufbrechen des Eises zu rechnen, selbst bei deutlich steigenden Temperaturen. Da heißt es, die Ärmel hochkrempeln und ein Loch in das Eis hacken, um an Wasser und Algen heranzukommen. Leider sind zu unserer Zeit keine Glaziologen im Ort, die mit ihren technischen Mitteln sicher schnell und einfach ein meterbreites Loch in das Eis gebohrt hätten. Eine brauchbare Motorsäge ist auch nicht aufzutreiben, und die im Scherz vorgeschlagene Methode der norwegischen Kollegen, das Eis mittels militärischer Hilfe und Einsatz entsprechender Explosivgeschosse zu sprengen, kommt nicht in Frage. Also nehmen wir Pickel und Schaufel zur Hand und beginnen ein erstes Loch in das Eis zu hacken. Nach der täglichen Schreibtischarbeit in Bremerhaven tut das auch mal ganz gut. Die ersten

Die Forschungstaucherin und Biologin Barbara Vögele mit einem Fingertang (Laminaria digitata). Am Stiel oben der eigentlich unterste Teil der Pflanze, die Haftkralle. Die blattartigen Wedel werden bei den Großalgen als Phylliod bezeichnet.
Foto: K. Bischof

Eine knapp fünf Meter lange Laminaria saccharina (Zuckertang) wurde vor dem Blauen Haus der Koldewey-Station zum Abtropfen aufgehängt.

Tauchergruppe der Biologen im Einsatz auf dem Kongsfjord. Barbara Vögele springt gerade durch das Eisloch ins Wasser. Die Taucherin rechts führt die Sicherungsleine. Links der Rettungstaucher in Bereitschaft.
Fotos: C. Wiencke

Zentimeter sind einfach und es geht flott voran. Doch je tiefer wir kommen, um so härter wird das Eis, und die Neuen unter uns lernen, dass Eis nicht gleich Eis ist. Trotz frostiger Temperaturen geraten wir bald ins Schwitzen. Mit zunehmender Tiefe ergibt sich ein weiteres Problem: Sickerwasser aus kleinen Kanälen im Eis läuft seitlich in das Loch, und wir müssen mit dem Eimer nun beständig Wasser schöpfen. Am Abend ist dann eine erste kleine Öffnung nach unten durchgeschlagen. Aber durch den Druck des Eises sprudelt das Fjordwasser wie eine Fontäne in unser Loch und füllt es schnell auf. Mit dem Pickel ist kaum noch etwas zu machen. Mit Hilfe eines Handeisbohrers des Norsk Polarinstitutt können wir das Eis schließlich am Rand perforieren und mit einigen kräftigen Stößen die letzten zehn bis zwanzig Zentimeter Bodeneis lösen. Das Loch ist jetzt ungefähr einen Quadratmeter groß. Zum Schluss glätten wir im Taucheranzug den Rand mit der Eisaxt, damit sich später keine Leinen oder Ausrüstungsgegenstände an der unebenen Eisoberfläche verheddern. Am nächsten Tag beginnen wir mit den ersten Untersuchungen. Unsere Forschungstaucherin Barbara Vögele rutscht von der Eiskante in das kalte Wasser. Nach einer halben Stunde taucht sie wieder auf, ihr Sammelnetz reich gefüllt mit verschiedenen Algen.

Die damals gesammelten Algen waren unter dem Eis schon kräftig gewachsen und in bestem Zustand, obwohl sie am Grund in vier Meter Tiefe allenfalls Licht bekommen, das kaum stärker als Mondlicht ist. Die meisten Arten bilden bereits im Winter ihre jungen »Blätter«, die Phylloide, aus. Auf diese Weise können sie schon, wenn das Eis aufbricht und das Sonnenlicht in das zu diesem Zeitpunkt kristallklare Wasser tief eindringt, jeden Lichtstrahl optimal nutzen.

Die am besten an die jahreszeitlich stark wechselnden arktischen Bedingungen angepasste Art ist eine Braunalge mit dem lateinischen Namen Laminaria solidungula. Diese Art betreibt in den wenigen Wochen des Frühlings und Frühsommers, in denen das Wasser noch nicht durch Phytoplanktonblüten und durch schwebstoffreiches Schmelzwasser getrübt ist, Photosynthese und lagert die entstehenden Produkte als Reservestoffe in ihrem Phylloid ein. Laminaria solidungula wächst ausschließlich im Winter unter der meterdicken Eisdecke bei völliger Dunkelheit. Dabei werden die Reservestoffe »abgerufen« und nach unten, in die Wachstumszone transportiert. Hier erfolgt nun die Ausbildung des neuen Phylloids, und das vorjährige Phylloid hängt »ausgelaugt« oben daran (siehe Abb. S. 288).

Dieser Wachstumsrhythmus hat für die Algen zwei wichtige Vorteile. Zunächst einmal können sie, wie schon gesagt, das im Frühjahr und Frühsommer verfügbare Sonnenlicht weitgehend ohne Verlust zur Photosynthese nutzen. Zum anderen fällt die Zeit des Wachstums im Winter in der Arktis mit der Periode hoher Konzentrationen von im Meerwasser gelöstem Stickstoff und Phosphor zusammen, eine Voraussetzung für hohe Wachstumsraten. Arten mit einem solchen Wachstumsmuster sind an die jedes Jahr wiederkehrenden Veränderungen der Außenbedingungen, vor allem des Unterwasser-Lichtklimas angepasst und »erwarten« die für die Photosynthese günstige Jahreszeit. Im englischen Sprachgebrauch werden sie deshalb als »season anticipators« bezeichnet. Andere Arten, zum Beispiel verschiedene Grünalgen, wachsen nur, wenn die äußeren Bedingungen günstig sind, in der Regel im Sommer, wenn die Temperaturen etwas ansteigen und der auch bei Ebbe noch wasserbedeckte flache Bereich vom Sonnenlicht durchflutet wird. Man kann diese Arten auch als Opportunisten bezeichnen, die Engländer nennen sie »season responders« – »Saison-Antworter«.

Wie stellen sich die Algen auf die plötzliche Veränderung der Lichtbedingungen beim Aufbrechen des Eises ein? Untersuchungen an Palmaria decipiens (siehe Abb.), einer Rotalge aus der Antarktis, die die gleiche Lebensstrategie wie Laminaria solidungula aufweist und die ähnlich drastischen Änderungen der Lichtbedingungen ausgesetzt ist, haben gezeigt, dass der Photosyntheseapparat bei mehrmonatiger Dunkelheit bis auf wenige Grundfunktionen abgebaut wird. Kommt das Licht im Frühjahr wieder, wird er innerhalb kürzester Zeit funktionsfähig ge-

Die »Strauchschicht« des Algenwaldes im Kongsfjord. Links ein vom Eis beschädigter Fingertang, daneben Geiseltang (Chordaria flagelliformis) Foto: H. Lippert

macht, so dass schon nach wenigen Tagen eine hohe Photosyntheserate erreicht wird. Diese Alge ist also offenbar gut an ihre Umweltbedingungen angepasst.

Aber wir wissen auch, wenn wir unseren Gummibaum im Frühsommer »ans Licht«, auf die Terrasse stellen – seine Blätter bleichen im grellen Sonnenlicht, das neben photosynthetisch aktiver Strahlung auch UV-Strahlung enthält, schnell aus und sterben ab. Also: Was bewirkt die durch stratosphärischen Ozonabbau erhöhte UV-Strahlung an unseren Algen? Von Landpflanzen ist bekannt, dass UVB-Strahlung aufgrund ihrer hohen Energiedichte in lebenden Zellen starke Schäden an biologisch wichtigen Molekülen anrichtet, auch an der Erbsubstanz, der DNA. Besonders pflanzliche Proteine, die an der Photosynthese beteiligt sind, beispielsweise das D1-Protein im Photosystem II, werden durch UVB-Absorption bevorzugt beeinträchtigt. Dadurch kann der Stoffwechsel vollständig zum Erliegen kommen. Wie reagieren Algen auf diese Umweltveränderung?

Setzt man Großalgen bei klarem Himmel dem natürlichen Sonnenlicht aus, das unter diesen

Das linke Bild zeigt eine Laminaria solidungula. Sie kommt nur in der Arktis vor. Oben das von Reservestoffen ausgelaugte »Blatt« des ersten Lebensjahres. – Die Gattung Palmaria (Mitte) kommt sowohl in der Arktis als auch in der Antarktis vor. Sie hat die Eigenart, nach Entlassen der Sporen im Herbst alle Phylliode zu verlieren. – Eine Besonderheit der Braunalge Allaria esculenta (rechts) ist, dass ihr großes Phylliod ausschließlich Photosynthese betreibt, während die kleinen Fortsätze am Stiel als Sporenträger der Vermehrung dienen. Fotos: C. Wiencke

Bedingungen reich an UV-Strahlung ist, wird die Photosynthese im Allgemeinen gehemmt; sie wird »photoinhibiert«. Gezeitenalgen, die häufig starkem Lichteinfluss unterliegen, strahlen die überschüssig absorbierte Energie schadlos in Form von Wärme ab. Bei schwachem Licht »erholt« sich ihr Photosyntheseapparat wieder. Dieser Vorgang wird als »dynamische Photoinhibition« bezeichnet und ist als Schutzmechanismus anzusehen, der schädigende Auswirkungen übermäßig absorbierter Strahlungsenergie verhindert. In tiefen Bereichen angesiedelte Algen hingegen werden krank, »chronisch photoinhibiert«, das heißt, bei ihnen erholt sich der Photosyntheseapparat nicht; er wird dauerhaft geschädigt, einige Algenarten sterben sogar ab.

Können sich Makroalgen kurzfristig an erhöhte UV-Strahlung gewöhnen? Um dieser Frage nachzugehen, haben wir in Laborversuchen die Pflanzen einerseits der für die Photosynthese notwendigen Strahlung (praktisch Weißlicht) ausgesetzt, andere zusätzlich der schädlichen UVA- und UVB-Strahlung. Bestimmte Filter lassen nur Weißlicht durch, andere Weißlicht und das kürzerwellige UVA. Benutzt man diese Filter, lassen sich die Wirkungen der einzelnen Wellenlängenbereiche voneinander unterscheiden.

Die Experimente mit großen Braunalgen aus Spitzbergen ergaben, dass diese Arten ein erstaunliches Akklimatisationspotenzial an die Lichtbedingungen haben. Sie wachsen nahe der Wasseroberfläche und sind dort wechselnden Bestrahlungsbedingungen ausgesetzt. Setzt man in verschiedenen Tiefen gesammelte Algen einem simulierten Sonnenlichtspektrum in zehn Zentimeter Wassertiefe aus, werden die Algen aus geringen Wassertiefen weniger stark photoinhibiert und erholen sich besser als Individuen derselben Art aus größeren Tiefen. Exponiert man bestimmte Braunalgen im Labor mit täglich gleichbleibenden Zyklen von UV-Strahlung und weißem Schwachlicht, so sinkt die Photosyntheseaktivität während der UV-Bestrahlung zunächst drastisch ab, und die Erholung im anschließenden Dämmerlicht erfolgt nur langsam. Bemerkenswert ist nun, dass, je häufiger dieser Zyklus wiederholt wird, umso weniger stark die Photosyntheserate unter der UV-

Bestrahlung sinkt; die Algen erholen sich dann im Schwachlicht schneller. Dies bedeutet, dass sich die Alge an die UV-Bestrahlung anpassen kann.

Worauf diese Anpassung beruht, ist nur in Anfängen geklärt. Bestimmte Rotalgen aus der Gezeitenzone und aus dem Flachwasser synthetisieren UV-absorbierende so genannte »Mycosporin-ähnliche Aminosäuren«, die vermutlich als UV-Schutzpigmente wirken. Ihr Gehalt nimmt mit größer werdender Wassertiefe ab. Ihre Bildung wird durch UVA- und UVB-Strahlung, aber auch durch sichtbares Licht angeregt. Untersuchungen an einer nur in der Arktis vorkommenden Art, Devaleraea ramentacea, haben gezeigt, dass die Photosynthese in jenen Algen, die hohe Konzentrationen dieser Substanzen aufweisen, wesentlich UV-unempfindlicher ist im Vergleich zu Algen, die wenig davon haben. Die Balance zwischen schädigenden Effekten und UV-Schutz- beziehungsweise Reparaturmechanismen ist Gegenstand der weiteren Untersuchungen. Sie sind Schwerpunkt in unserer vor noch nicht langer Zeit gebildeten Projektgruppe »Solare UV-Strahlung«, in der Atmosphärenphysiker, – chemiker und Biologen zusammenarbeiten, um zu klären, wie sich die durch stratosphärischen Ozonabbau erhöhte UV-Strahlung auf Algen und Tiere auswirkt. Letztendlich soll in der Arbeitsgruppe ergründet werden, wie marine Ökosysteme auf diese Umweltveränderung reagieren.

Nachdem nun so lange über die besonderen Lichtbedingungen in polaren Gewässern und die Anpassungen der Algen daran berichtet wurde, sei noch auf einen weiteren wichtigen Faktor, die Temperatur, eingegangen. Die Gewässer sowohl der Arktis wie der Antarktis sind durch ganzjährig niedrige Wassertemperaturen zwischen minus 1,8 Grad Celsius im Winter und plus 2 bis 4 Grad im Sommer gekennzeichnet. Uns allen ist bekannt, dass die Lebensprozesse bei tiefen Temperaturen langsamer ablaufen als bei höheren. Welche Temperaturansprüche haben die Großalgen der Polarmeere?

Großalgen aus der Arktis wachsen immerhin noch bis 15 oder 20 Grad; die optimalen Wachs-

Die Tauchergruppe mit (von links) Heike Lippert, Barbara Vögele und Eva Philipp beim Ankleiden vor einer Tauchfahrt. Sommer 1998, im Hintergrund die Mole von Ny-Ålesund. Foto: K. Bischof

tumsraten liegen zwischen 5 und 15 Grad. Großalgen aus der Antarktis haben einen deutlich niedrigeren Temperaturbedarf; manche wachsen nur bei Temperaturen bis null Grad, die meisten nur bis fünf Grad, einige Arten sterben schon bei sieben Grad. Diese Unterschiede sind auf die unterschiedlich lange Kaltwassergeschichte der beiden Polarregionen zurückzuführen. Während in der Antarktis seit ungefähr 14 Millionen Jahren tiefe Temperaturen herrschen, ist die Arktis erst seit zwei bis drei Millionen Jahren durch tiefe Temperaturen charakterisiert. Der unterschiedlich lange Kaltwassercharakter der beiden Regionen hat also zu unterschiedlich starker Anpassung an tiefe Temperaturen geführt. Der Vergleich der beiden Polarregionen erlaubt somit, die Geschwindigkeit der Anpassung im Laufe der Evolution an bestimmte Temperaturbedingungen abzuschätzen.

Da die beiden Polargebiete seit Beginn der letzten Abkühlungsphase der Erde im Tertiär immer durch den äquatorialen Warmwassergürtel getrennt waren, konnten sich in den mittleren und höheren Breiten beider Halbkugeln eigenständige Kaltwasserfloren entwickeln. Neben

Anordnung eines Strahlungsexperiments mit Makroalgen auf dem Grund des Kongsfjords. Die Röhren filtern UVB- bzw. UVA-Strahlung oder beides aus dem Sonnenlicht.
Foto: H. Lippert

ausschließlich in der Arktis oder Antarktis verbreiteten Arten gibt es aber auch »bipolar« verbreitete Arten. Bereits vor nahezu zwanzig Jahren wurde die Hypothese aufgestellt, dass diese Arten sich in einer der beiden Hemisphären entwickelt und den Äquator während der Eiszeiten, als auch die Wassertemperaturen in den Tropen um einige Grade abgesunken waren, überquert haben. Diese Hypothese wurde vor kurzem auf unterschiedliche Weise bestätigt. Mit molekularbiologischen Methoden konnte aufgeklärt werden, dass sich das Erbmaterial von arktischen und antarktischen Populationen der Grünalge Acrosiphonia arcta und der Braunalge Desmarestia viridis nur äußerst gering unterscheidet, ja nahezu identisch ist. Dieses Ergebnis spricht für eine fast rezente Trennung der untersuchten Populationen. Parallel konnte gezeigt werden, dass die oberen kritischen Überlebenstemperaturen dieser Arten gerade so hoch liegen, dass eine Überquerung des warmen Tropengürtels zum Höhepunkt der letzten Eiszeit, also vor etwa 18000 Jahren, möglich gewesen sein sollte.

Besonders an den letztgenannten Untersuchungen kann man ersehen, wie oberflächlich unsere Kenntnisse über polare Großalgen noch sind. Wir wissen gerade über den Temperaturbedarf für das Wachstum einigermaßen Bescheid. Nur wenig ist über die Anpassungen an tiefe Temperaturen auf der Ebene des Stoffwechsels bekannt. Diese Kenntnislücken zu schließen, gibt dem Meeresbotaniker immer wieder neue Motivation und treibt ihn immer weiter an.

Christian Wiencke

SÄGEZAHN DURCH WOLKEN

Unbedarfter, Unglücklicher du! Wie willst du eine Wolke – messen?
Das Unfassbare, Flüchtigste, das es je gibt?
Das wesenlose Wesen der Natur?

Jens Grandt

Unser Flugzeug beginnt sich stärker zu schütteln, die ersten Wolkenfetzen sausen schon am Fenster vorbei, und dann wird es schlagartig dunkler. Wir tauchen wieder von oben in die Wolke ein, um unser Sägezahn-Flugmuster fortzusetzen. Jetzt fliegen wir ohne Sicht nach draußen, die Piloten steuern das Flugzeug nach ihren Navigationsanlagen, und wir schauen gespannt auf die Bildschirme, die unsere Messdaten direkt anzeigen.

»Sägezahnmuster« bedeutet, dass wir abwechselnd Steig- und Sinkflüge zwischen dem Boden und 2000 Meter Höhe fliegen (siehe Abb.). Wir befinden uns im Bereich der Eisrandzone über dem Ozean zwischen Spitzbergen und Grönland. An Bord des AWI-Flugzeuges Polar 2 sind außer den beiden Piloten zwei Wissenschaftler und ein Messingenieur. Für jeden ist eine »Überlebenskiste« dabei, in der sich ein Rettungsfloß, Signalmittel und Proviant befinden. Zu Hause haben wir die Rettungsprozedur trainiert, wurden kopfüber in einem Stahlkäfig ins Wasser getaucht, mussten den Ausgang finden und ins Floß klettern. Allerdings, zu Hause war das Wasser 25 Grad warm, hier hat es die Gefriertemperatur von Meerwasser: minus 1,8 Grad. Das ist auch der Grund, weshalb wir an Bord stets die orangefarbenen Überlebensanzüge tragen. Sie sind dick gepolstert, vollkommen wasserdicht und sind natürlich in der normal temperierten Kabine viel zu warm. Sie machen uns unbeweglich, und wir schwitzen.

In den letzten Tagen hatte sich über dem Meereis um den Nordpol kalte Luft gebildet, die nun mit einem kräftigen Nordwind auf den offenen Ozean trieb. Da die Luft etwa 20 Grad kälter als das Wasser ist, setzt sofort ein starker Wärmefluss nach oben ein. Dieser, als Konvektion bezeichnete Prozess durchmischt die unteren Luftschichten. Die erwärmte, aufsteigende Luft kühlt schnell ab, pro hundert Meter um ein Grad. Wird eine bestimmte Temperatur unterschritten, beginnt der in der Luft enthaltene Wasserdampf sich in Wolkentröpfchen umzuwandeln.

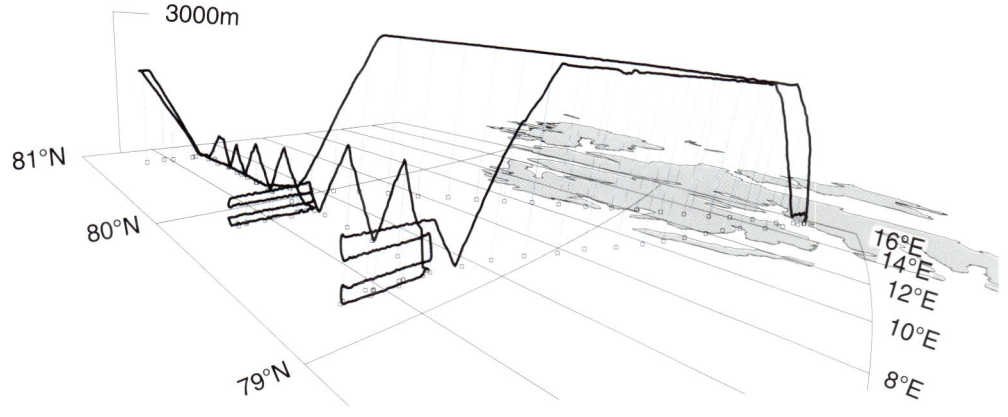

Flugmuster des beschriebenen Fluges von Polar 2 mit Start in Longyearbyen auf Spitzbergen. Links der »Sägezahn«-Kurs durch die nach Süden ansteigende Wolkendecke. Zur Bestimmung der Turbulenzstruktur wurden vertikale Stapel von horizontalen Abschnitten geflogen.

Das Forschungsflugzeug Polar 4 von Polar 2 aus gesehen über Spitzbergen. Im Vordergrund, an eine Tragfläche angehängt und über den Propeller hinausragend, die »Meteopod«-Sonde zur Messung von Luftturbulenzen.

Vor dem Einflug von Norden in eine frisch gebildete Wolkendecke. Sobald kalte Luft die scharfe Grenze des Meereises (vorn im Wolkenschatten) zum offenen Wasser überströmt, steigt Seerauch auf, und es bilden sich Konvektionswolken. Sie entstehen, genau betrachtet, als eine Reihung schlauchartiger Aufwindbereiche, in denen Wasserdampf rasch bis in Höhen um 300 Meter aufsteigt.
Fotos: J. Hartmann

Es entstehen »Konvektionswolken«. Das Beeindruckende daran ist, wie schnell sich diese Wolken bilden und wie scharf die junge Wolkendecke vom wolkenfreien Gebiet über dem Eis abgegrenzt ist. Wir wollen ein möglichst umfassendes Bild von der atmosphärischen Grenzschicht bekommen, die sich während eines Kaltluftausbruchs entwickelt, von jener Schicht also, die durch die Erdoberfläche direkt beeinflusst wird, sei es durch Erwärmung, Abkühlung oder durch Turbulenz.

Wir hatten seit Tagen auf diesen Kaltluftausbruch gewartet. Bisher brachte ein ausgeprägtes Tiefdruckgebiet in der Grönlandsee für die Jah-

reszeit verhältnismäßig warme Luft auf das Meereis um Spitzbergen. Wir konnten die typischen arktischen Stratuswolken untersuchen, die den ganzen Sommer das Wetter über dem Eis bestimmen, und die Eisbedeckung studieren. Ende März stellte sich das Wetter um. Bereits am Morgen vor dem Frühstück hatten wir die Satellitenbilder der Nacht beurteilt. Die Infrarotaufnahmen sind unabhängig vom Tageslicht und ließen schon ganz deutlich unsere Grenzschichtwolken über dem Wasser südlich der Eiskante erkennen. Die Prognose vom Vortag stimmte genau.

Blindflug – Tiefflug – Steigflug

Wie sich und welche Wolken sich in der atmosphärischen Grenzschicht bilden, ist eine der interessantesten Fragen der Klimaforschung, weil Wolken ganz entscheidend den Wärmehaushalt der Atmosphäre bestimmen. Wolken behindern die Einstrahlung von Sonnenenergie, die den Antrieb für die gesamte atmosphärische Zirkulation bewirkt. Aber sie verhindern auch die Auskühlung durch langwellige Abstrahlung und können daher sowohl positiv als auch negativ die Temperatur der Atmosphäre beeinflussen. Wir haben an unserem Forschungsflugzeug, einem zweimotorigen Hochdecker vom Typ Dornier, eine Reihe von Strahlungsmessern montiert, die das ganze Spektrum der Wellenlängen abdecken. Weiterhin ist eine Turbulenzmessanlage an Bord. Wir wollen wissen, wie groß die Energietransporte durch Strahlung und durch Turbulenz sind, um die Entwicklung der Grenzschicht mit einem Computermodell zu simulieren. Die Messexperimente sollen zeigen, wie nahe das Modell an der Realität ist.

Schwächen weisen die Modelle vor allem bei der Simulation der Wolkenbildung und der dadurch verursachten Absorption der Sonnenstrahlung auf. So kennt man insbesondere nur sehr vage das Verhältnis von Eispartikeln zu Wasserpartikeln in Grenzschichtwolken. Die Kenntnis dieses Verhältnisses ist unter anderem deswegen wichtig, weil Sonnenstrahlung beim Auftreffen auf Eiskristalle anders gestreut wird, als es bei Wassertropfen der Fall ist.

Während das Flugzeug tiefer sinkt, beobachten wir auf dem Bildschirm Vertikalprofile verschiedener Strahlungsarten. Die Linie der langwelligen (nicht sichtbaren, infraroten, von oben einfallenden) Strahlung zum Beispiel war beim Einstieg in die Wolke schlagartig nach rechts in die höheren Energiebereiche gesprungen. Jetzt laufen die Punkte mit einigen zittrigen Ausschweifungen auf einer bauchförmigen Kurve nach unten. Die Aufzeichnung der Messwerte geschieht zwar automatisch, aber der Wissenschaftler ist die ganze Zeit damit beschäftigt zu prüfen, ob die Instrumente richtig arbeiten. Hin und wieder rechnet er näherungsweise, ob die Kenngrößen stimmen. Am höchsten Punkt des Aufstiegs schauen wir zum Fenster hinaus und sagen dem Piloten, wann er umkehren soll, weil die Grenzschicht nun durchflogen ist und die unbeeinflusste Atmosphäre beginnt. Beim Abstieg entscheidet allein der Pilot, wie tief er geht, denn dem Wissenschaftler wäre es am liebsten, wenn wir mit den Rädern das Wasser berühren, damit er noch die Wassertemperatur ohne Abweichung messen kann; das geht natürlich aus Sicherheitsgründen nicht.

So ergibt sich schon während des Fluges ein ungefähres Bild über den Strahlungshaushalt. War die Bilanz der langwelligen Strahlung oberhalb der Wolke noch negativ, das heißt, in den Weltraum strahlte mehr Energie ab als durch die Gegenstrahlung aus der Atmosphäre zu uns herabkam, so sind nun, in der Wolkenmitte, beide Strahlungsströme nahezu ausgeglichen. Die kurzwellige (sichtbare) Strahlung brachte an der Oberseite der Wolke nur einen kleinen Gewinn, denn das meiste wird an der weißen Oberfläche reflektiert. In der Wolke ist auch die kurzwellige Strahlung nahezu ausgeglichen. Insgesamt führt die Strahlungsbilanz bei diesen niedrigen Wolken zu einer Abkühlung der Wolkenoberseite.

Beim Einstieg in die Wolke beobachteten wir eine sehr hohe Anzahl an Wolkenteilchen, die dann beim Abstieg immer weiter abnimmt. Die Teilchen sind so klein, dass sie praktisch in der Luft schweben, und erst wenn sie durch Anwachsen oder Kollision an Größe gewinnen, erreichen sie eine merkliche Fallgeschwindigkeit, die dann durch weitere Kollisionen zunimmt, bis die Teilchen so groß sind, dass sie als Niederschlag ausfallen. In mittleren Breiten, bei Temperaturen über dem Gefrierpunkt, benötigt dieser Prozess der Niederschlagsbildung typischerweise Wolken, die sich vertikal über mindestens zwei Kilometer erstrecken.

Wir setzen den Abstieg fort, sind nun bereits nahe dem unteren Ende der Wolke und erwarten, dass wir in Kürze wieder eine bessere Sicht nach draußen bekommen. Doch unser Interesse ist viel stärker auf die Bildschirme gerichtet, denn die Messungen zeigen jetzt schon Niederschlag in Form von Eisteilchen an. Dabei ist die Wolke nur 600 Meter hoch! Und als die Diskussion einerseits um die Theorien zur Niederschlagsbildung, andererseits um mögliche Messfehler beginnt, erreichen wir das untere Ende der Wolke. Wir erkennen jetzt auch ohne Instrumente, dass es unter der Wolke schneit.

Leider können wir die angefangene Diskussion nicht fortsetzen, denn unsere Beobachtungen zu protokollieren hat Vorrang, und für unsere Modellrechnungen brauchen wir die Eigenschaften des Untergrundes. Um die Oberflächentemperatur des Wassers zu messen, haben wir ein Fernthermometer an Bord, das durch die Lufttemperatur weitgehend unbeeinflusst bleibt. Da die Messgenauigkeit mit der Entfernung abnimmt, wollen wir möglichst nahe an die Oberfläche heran. Dabei konzentrieren sich unsere beiden Piloten auf das Radarbild, die Höhenmesser und natürlich die Sicht nach draußen. Das Flugmuster ähnelt jetzt einem abgebrochenen Landeanflug, und allmählich beginnen wir nun wieder unseren Steigflug durch die Wolkenschicht über uns.

In der niedrigen Flughöhe über dem Meer kann man die Flugzeugbewegung etwa mit einem holprigen Schütteln beschreiben, das scheinbar unregelmäßig, aber von gleichbleibender Intensität ist. Bisweilen ist es schwierig, auf den Laptops die richtige Taste zu treffen, und die schriftlichen Notizen sehen manchmal aus wie Kinderschrift. Das Schütteln wird durch Wirbel von etwa hundert Meter Größe hervorgerufen, die

Wirbel, die die Wärme und Feuchte von der Meeresoberfläche in die Atmosphäre verteilen, werden größer. Wenn beim Durchflug eines Wirbels ein Aufwind in einen Abwind wechselt, spüren wir infolge des Lastwechsels das typische Kribbeln im Magen. Die mit den Wirbeln verbundenen Druckschwankungen sind jedoch kleiner als die Messgenauigkeit, so dass man nicht von Luftlöchern sprechen kann.

Die Turbulenz wird mit einer Sonde gemessen, die in definierten Positionen mehrere Bohrungen hat. An diesen Bohrungen entstehen Druckunterschiede, aus denen der Winkel zwischen Sonde und Strömung bestimmt werden kann. Die Drucksensoren werden mit 120 Hz abgetas-

Polar 4 wird zum Einsatz aus einem Hangar des Flugplatzes Longyearbyen gezogen.

Für die Messflüge der beiden Polarflugzeuge während einer fünf- bis sechswöchigen Kampagne kommen einige Tonnen Ausrüstungsgut zusammen. Stets sind mehrere Arbeitsgruppen mit unterschiedlichen Instrumenten beteiligt.

Im Inneren von Polar 2. Vorn der Meteorologe Axel Hoff von der Firma Aerodata, die während der ARTIST-Kampagne für die technische Betreuung der Forschungsinstrumente verantwortlich war. Im Hintergrund Axel Bochert vom AWI am Datenerfassungs-Rechner für Eisbeobachtungen.

einen raschen Wechsel von Auf- und Abwind bedeuten. Im Aufwindbereich wird wärmere und feuchtere Luft transportiert, während in den Abwindbereichen die Luft kälter und trockener ist als der Durchschnitt in diesem Höhenniveau. Wärmer und kälter bedeuten hier Abweichungen von ein bis zwei Grad vom Mittelwert bei minus 30 Grad Celsius. Die mit dem Nordwind vom Eis über das Wasser gebrachte kalte Luft wird durch diese turbulenten Transporte aufgeheizt. Da Wärme dem Wasser entzogen wird, entsteht dort neues Eis.

Um diesen Energieaustausch zwischen Atmosphäre und Ozean vollständig genug zu vermessen, müssen wir den Sägezahnflug von der Eiskante bis etwa 300 Kilometer nach Süden fortsetzen und außerdem einige Abschnitte quer zur mittleren Strömungsrichtung fliegen.

Die Maschine gewinnt weiter an Höhe, und etwa auf dem halben Weg zur Unterseite der Wolkenschicht wird das holprige Schütteln schwächer, es geht in ein schaukeliges, aber ebenso unregelmäßiges Auf und Ab über, was unsere Handschrift allerdings kaum verbessert. Die

tet, so dass bei unserer Fluggeschwindigkeit von 65 Metern pro Sekunde etwa alle 50 Zentimeter ein Messwert vorliegt. Zur Windbestimmung muss dann die Lage des Flugzeugs relativ zur Erde mit allen Winkeln und Geschwindigkeitskomponenten bekannt sein. Dafür gibt es eine Trägheitsplattform an Bord, die ein sich selbst orientierendes Navigationssystem hat, sowie ein GPS-Gerät. Des weiteren wird die Temperatur mit einem feinen Platindraht von 20 Mikrometer Durchmesser aufgenommen, dessen elektrischer Widerstand temperaturabhängig ist. Der Draht ist zum Schutz in einem besonderen Gehäuse untergebracht, dessen Konstruktion eine unbeeinflusste Messung ermöglicht.

Entscheidung für die Kaltluftmission

Während des Aufstiegs fallen einem wieder die mit vielen Ungewissheiten verbundenen Vorbereitungen für den Flug ein. An den mehrwöchigen Flugeinsätzen beteiligen sich unterschiedliche Wissenschaftlergruppen. Deshalb mussten wir heute morgen in Longyearbyen, dem Verwaltungszentrum von Spitzbergen und unserem Standort, zunächst den Wettbewerb der verschiedenen Projekte gewinnen, bevor wir zu unserer Mission starten konnten. Gestern waren die Fernerkundler am Zuge, da die Satellitenkonstellationen und Eisbedingungen für sie ideal waren. Für heute sollte laut Wetterprognosen zwischen einem Hoch über Grönland und einem Tief östlich von Spitzbergen kalte Luft mit einer Nordströmung über die Grönlandsee abfließen. Das sind genau die Bedingungen, die wir brauchen, um die Entwicklung einer konvektiven Grenzschicht zu studieren.

Die für die Flugplanung wichtigen Wetterkarten hatten wir uns per Internet besorgt. Aufnahmen der NOAA-Satelliten bekamen wir von der Satellitenstation Tromsø im Norden Norwegens. Dort werden sie für uns zum Abruf, ebenfalls per Internet, bearbeitet. Dieses Verfahren ist wesentlich einfacher und kostengünstiger, als in Longyearbyen eine Empfangsstation aufzubauen. Die beiden Polarflugzeuge des AWI sollen entlang des 5. Längengrades mit dem Sägezahnmuster die Grenzschichtentwicklung vermessen

und mit zusätzlichen Querlegs von etwa 40 Kilometer Länge die Turbulenzstruktur (Polar 2) und die Zusammensetzung der Wolken (Polar 4) bestimmen. Polar 2 sollte zuvor auch die Eissituation im nördlichen Teil des Gebietes erfassen und über dem geschlossenen Eis die Schichtung der Atmosphäre messen, die Einströmbedingungen, die für die späteren Modellrechnungen äußerst wichtig sind.

Bis zur Absprache mit den Piloten war dann auch der Plan für das Flugmuster komplett. Der spannendste Moment des morgendlichen Briefings kam, als uns der örtliche Meteorologe Arne Tolas den offiziellen TAF (Terminal Area Forecast) präsentierte, eine für Laien scheinbar in Hieroglyphen codierte Prognose der Wetterbedingungen für die Rückkehr nach dem Flug. Dabei entscheidet sich, ob wir fliegen können oder ob unsere bisherigen Vorbereitungen umsonst waren. Arne kommt mit einem strahlenden Gesicht in den Raum, Daumen hoch, und damit steht dem Flug nichts mehr im Wege. Während die Piloten die Navigationscomputer programmieren, beginnen die Mechaniker mit dem Auftanken und Durchchecken der Maschinen. Die wissenschaftliche Instrumentierung war in Erwartung der Konvektionsmission schon zum größten Teil am Vorabend gewechselt worden, so dass jetzt nur noch eine Funktionsprüfung anstand. Der Feuchtesensor auf Polar 4 gibt kein Signal, sonst arbeiten sämtliche Instrumente. Schon beim Durchmessen aller Verbindungen wird der Fehler gefunden: ein Kabelbruch. Der ist schnell behoben.

Wir legen die Überlebensanzüge an und sehen nun fast aus wie Astronauten. Zum Einsteigen müssen wir allerdings noch einige Minuten warten, denn die Trägheitsplattform darf keinen Störbewegungen ausgesetzt sein, wenn ihr Navigationssystem eingerichtet wird. Die »Initialisierung« dauert hier im hohen Norden besonders lange. Nicht wegen der Kälte, sondern weil die horizontale Komponente der Erddrehung besonders klein ist.

Polar 2 flog zunächst über das Meereis nach Norden, um zu messen, wie die Luft geschichtet ist, bevor sie über dem Wasser die starke

Erwärmung erfährt. Diesen Flugabschnitt konnten wir auch für unsere Studien der Rauigkeit der Eisoberfläche nutzen. Mit einem Laseraltimeter wird auf dem niedrigen Flug die Topographie mit einer Genauigkeit von zwei Zentimetern abgetastet, ein Linescanner zeichnet die Eisbedeckung auf, und mit der Turbulenzsonde wird die Intensität der Luftbewegung gemessen. Da dieser Flugabschnitt bei guter Sicht in relativ niedriger Höhe schnurstracks über das Meereis führt, hofft jeder, mal einen Eisbären zu Gesicht zu bekommen. Aber während dieser 50 Kilometer hatten wir leider kein Glück.

Die Daten von diesem Flugabschnitt ergänzen die Messungen aus einer früheren Kampagne, bei der überwiegend die Eisrauigkeit gemessen wurde. Mit den beiden Polarmaschinen des Alfred-Wegener-Instituts, die sich nur in ihrer Reichweite und der Ausstattung mit wissenschaftlichen Geräten unterscheiden, wurde bereits, gemeinsam mit dem Forschungszentrum Geesthacht und anderen Kooperationspartnern, ein weit gefächertes Messprogramm absolviert: die REFLEX-Kampagnen (1991, 1993, 1995), »Radiation and Eddy Flux Experiment«, also Strahlungs- und Turbulenz-Experiment. Sie hatten zum Ziel, die Wechselwirkungen zwischen der eisbedeckten Meeresoberfläche und der atmosphärischen Grenzschicht zu untersuchen. Das hieß konkret: Wolken und die Charakteristiken der Meereis-Oberfläche durchmessen, denn diese beiden Komponenten bestimmen die Strahlungsbilanz sowohl in der unteren Atmosphäre als auch an der Ozean-Luft-Grenze in Polargebieten. Unsere Missionen 1998 waren eine Fortsetzung der REFLEX-Studien unter dem Namen ARTIST (Arctic Radiation and Turbulence Interaction Study).

Vereisung

Wir fliegen nun wieder von unten in die Wolke hinein und beobachten die auf den Bildschirmen abgebildeten Größenverteilungen der Tropfen. Hier, im unteren Bereich der Wolke sind die meisten großen Tropfen anzutreffen. Je höher wir steigen, nimmt deren Anzahl ab und die der kleinen Tropfen zu und zwar schneller, als die

der großen abnimmt. Das bedeutet: Die Gesamtzahl der Teilchen nimmt nach oben zu. Die maximale Anzahl pro Kubikmeter Luft wird kurz unterhalb der Wolkenobergrenze erreicht. Da wir unser Sägezahn-Flugmuster auf Südkurs durchführen, liegt die Wolkenobergrenze jetzt etwas höher als beim ersten Einstieg in die Wolkendecke, denn die atmosphärische Grenzschicht wird durch die fortgesetzte Lufterwärmung und Feuchtezufuhr dicker.

Optisch wahrzunehmen sind die Teilchen nur an der Wolkenuntergrenze oder im Bauch der Wolke, wo sich Niederschlag bildet; da kann man den Monitor so einstellen, dass er die Umrisse einzelner Partikel genau abbildet. Man sieht in solcher Vergrößerung mit bloßem Auge, ob es Wassertröpfchen sind, Eiskristalle oder Schneeflocken. Im oberen Bereich können die winzigen Teilchen, zumal bei der Fluggeschwindigkeit von etwa 65 Meter pro Sekunde, von der Sonde nur noch summarisch erfasst werden. Was wir sehen, sind wieder Piktogramme auf dem Monitor, Kurven, die sich in schneller Folge ändern. Der Höhenmesser zeigt jetzt 1100 Meter an. Trotz einer Temperatur von minus 20 Grad bestehen noch viele Wolkenteilchen aus Wasser. Beim ersten Kontakt mit einem Gegenstand jedoch gefrieren diese unterkühlten Tröpfchen spontan. Nicht nur unsere Piloten schauen deshalb immer wieder auf die diversen Anbauten unter den Tragflächen, um den Eisansatz zu beobachten. Beide Polarflugzeuge sind mit Enteisungsanlagen ausgestattet. So werden kritische Punkte am Flugzeug beheizt, und die Flügelvorderkante kann durch eine Mechanik etwas gedehnt werden, um die Eiskruste zum Abplatzen zu bringen. Es ist schon bewundernswert, mit welch technischen Finessen die Flugzeuge für den Einsatz in Polargebieten fit gemacht wurden.

Während sich Polar 2 im Sägezahnmuster nach Süden vorarbeitet, legen wir bei 85 Kilometer südlich der Eiskante vier Fluglegs in verschiedenen Höhen quer zur Strömung ein. Bei der hohen Windgeschwindigkeit, mit der dieser Kaltluftausbruch stattfindet, ordnet sich die Konvektion in Streifenmustern an, die parallel

297

über dem teilweise mit Meereis bedeckten Ozean, in Modellen berechnen.

Nach etwa fünf Stunden Flugzeit verlassen wir das Messgebiet. Da wir jetzt über den Wolken fliegen, können wir auf dem ruhigen Heimflug schon die fernen Gipfel von Spitzbergen in der tiefstehenden Sonne blinken sehen. Kurz vor dem Erreichen von Longyearbyen bekommen wir doch noch einen Eisbären zu Gesicht, der auf dem zugefrorenen Isfjorden herumtrollt. Die Piloten drehen eine extra Schleife, damit jeder ein Foto schießen kann, bevor der Landeanflug auf Longyearbyen beginnt.

Jörg Hartmann

Blick auf »Wolkenstraßen«, wie wir sie über dem Land sehr selten sehen. Solche Strukturen formen sich häufig unter homogenen atmosphärischen Bedingungen über Meeresoberflächen. Es gibt unterschiedliche Theorien, die Ordnung der Streifen zu erklären, die aber, jede für sich, noch nicht genügen.

zum Wind verlaufen. Da die Kondensation des von der Oberfläche verdunsteten Wassers im oberen Teil der Grenzschicht zu der beschriebenen Wolkenbildung führt, kann man die Konvektionsstreifen von einem Satelliten aus als Wolkenstraßen erkennen. Wir fliegen quer zu den Streifen, mit einiger Regelmäßigkeit durch kurze und kräftige Aufwindgebiete und schwächere und längere Abwindgebiete.

Aus den Messdaten beider Flugzeuge ergibt sich der in der Abbildung gezeigte Querschnitt durch die Grenzschichtentwicklung. Man erkennt das Anwachsen der erwärmten Luftschicht. Unsere Messungen erlaubten es, Verfahren zu verfeinern, die den Transport von Wärme, Feuchte und Impuls in der gesamten Grenzschicht, aber vor allem auch in der oberflächennahen Schicht

Querschnitt durch die Entwicklung der atmosphärischen Grenzschicht an der arktischen Eisgrenze entlang des 5. Längengrades. Die Luft strömt mit einer Geschwindigkeit von 15 m/s von Nord (links) über die Eiskante bei Kilometer Null nach Süd. Die Farben stellen die relative Luftfeuchtigkeit in Prozent dar. Der »Sägezahn«-Flug von Polar 2 und Polar 4 ist mit schwarzen Punkten markiert. Die schwarz-weiße Linie zeichnet die Höhe der Konvektionsschicht nach, deren Obergrenze mit zunehmendem Abstand von der Eiskante ansteigt. Man sieht, wie die Luftfeuchte an der Eiskante sprunghaft zunimmt (hellblau) bis zur Sättigung in den hier weiß dargestellten Wolkenbereichen.

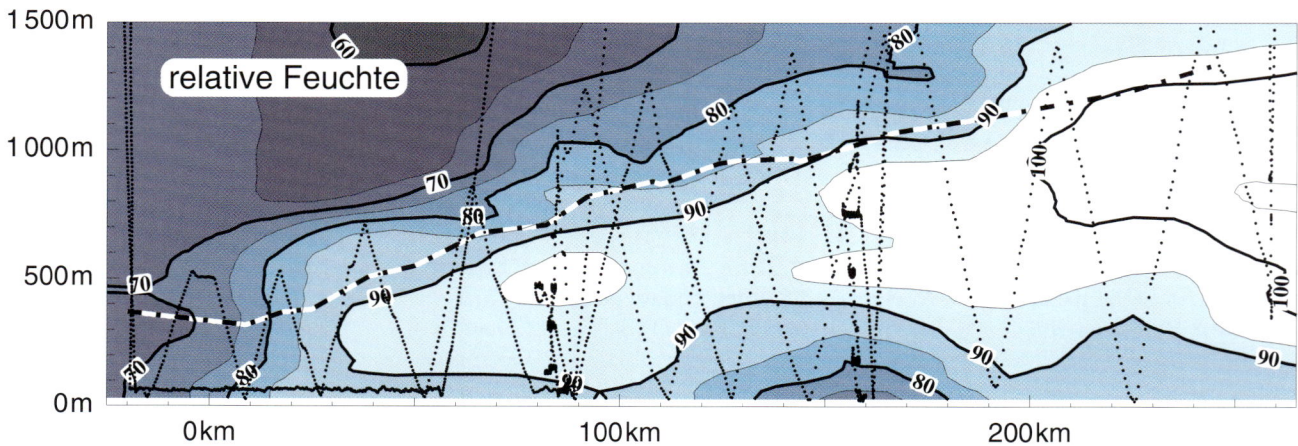

Wolken, Wind und Sonnenschein – Die arktische Atmosphäre im Computer

Die Menschen sind schon immer daran interessiert gewesen, etwas über das Wetter und seine Veränderungen zu lernen, um es vorherzusagen. Darüber hinaus nahm das Interesse zu, in Erfahrung zu bringen, wie stabil oder empfindlich das Klimasystem gegenüber äußeren Faktoren (zum Beispiel Sonnenstrahlung, Erdbahnparameter) und gegenüber menschlichen Einflüssen ist. Heftig diskutiert wird, wie die variable Sonnenstrahlung, die veränderten Ozon- und Kohlendioxidgehalte der Luft das Klima ändern könnten. Um das Klimasystem zu erforschen, sind aufwändige Messkampagnen nötig, die dann immer noch nur auf wenige Beobachtungsorte beschränkt bleiben. Deshalb nutzt man mathematische Modelle unterschiedlicher Komplexität und experimentiert mit ihnen – eigentlich nicht viel anders als in einem Labor, nur dass der Labortisch der Modellierer ein Rechner ist. Mit diesen Computerexperimenten werden die grundlegenden Eigenschaften und Abläufe des Klimas simuliert. Solche Klimamodelle basieren auf mathematischen Gleichungen, welche physikalische Gesetze, zum Beispiel der Energie- und Massenerhaltung, beschreiben und die mit Computern ausgerechnet werden.

Die Pioniere der Klimamodellierung begannen mit sehr einfachen Formulierungen für ihre Modelle. Für die Erde als Ganzes, gemittelt übers Jahr, steht die einfallende mit der ausgehenden Strahlung im Gleichgewicht. Die darauf basierenden simplen, so genannten null-dimensionalen Energiebilanz-Modelle berechnen zum Beispiel, wie stabil die mittlere Erdtemperatur ist, wenn sich die Solarkonstante ändert. Die Modelle wurden dann weiterentwickelt, indem man die geographische Breite und Energietransporte aus den Tropen in die Polargebiete berücksichtigt hat. Sie waren immer noch recht einfach, trotzdem halfen sie, Fragen über das vergangene Klima zu beantworten: Wie kann man die Vergletscherungen Grönlands und der Antarktis erklären? Was passiert mit dem Klima, wenn sich die Parameter der Erdbahn ändern?

Ende der sechziger Jahre begannen die Klimatologen damit, nummerische Modelle der kurzfristigen Wettervorhersage auf ihre Simulationen anzuwenden, um das mittlere langzeitliche Verhalten der Atmosphäre zu beschreiben. Man ging dazu über, die geographische Verteilung von Land und Meer zu berücksichtigen. Die horizontale und vertikale Auflösung der Modelle wurde erhöht, die untere Stratosphäre mit erfasst. Wolken- und Niederschlagsbildung und weitere Prozesse gingen in die Rechnungen ein. Betrachtete man anfangs nur Modelle der Atmosphäre oder des Ozeans getrennt, entwickelt man heutzutage gekoppelte Modelle, die das gesamte Klimasystem mit seinen Untersystemen Atmosphäre, Biosphäre, Land, Eis und Ozean simulieren sollen.

Ein typisches globales Klimamodell unterteilt die Atmosphäre und den Ozean in eine Vielzahl von Schichten, vom Meeresboden bis an die Obergrenze der Atmosphäre. Jede dieser Schichten wiederum besteht aus einem zweidimensio-

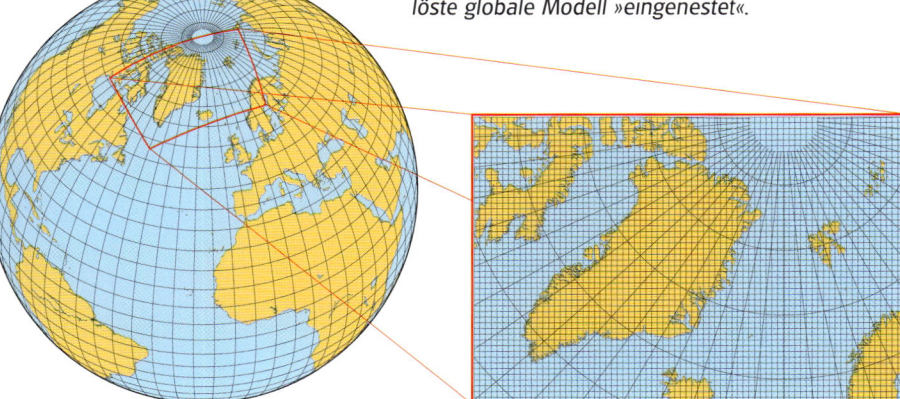

Will man das Klima eines kleinen Raumes simulieren, versagen die globalen Modelle. Deshalb wird für das interessierende Gebiet ein feinmaschiges regionales Klimamodell mit einem Gitterabstand von nur 10 bis 50 Kilometern gerechnet und in das gröber aufgelöste globale Modell »eingenestet«.

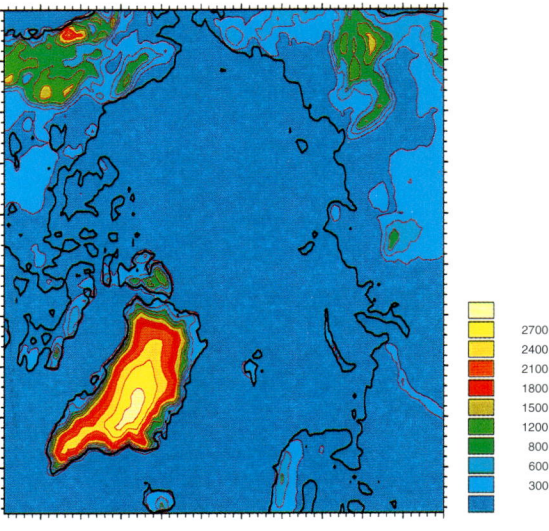

Gebiet des verwendeten arktischen regionalen Aussichtsmodells. Als farbige Konturen sind die Gebirge gezeichnet. Höhenangaben in Metern.

nalen, horizontalen Gitter mit Tausenden von Punkten. Je enger die Maschen des Gitters sind, desto genauer sind die Ergebnisse der Modellsimulationen. Bei längeren Simulationszeiträumen (länger als hundert Jahre) kann man wegen des enormen Rechenaufwandes bisher nur mit Gitterlängen (Auflösungen) zwischen 250 und 500 km rechnen. Die physikalischen Prozesse, welche sich im Maßstabsbereich abspielen, der kleiner als die Maschenweite des Modellgitters ist, zum Beispiel die Wolken- und Niederschlagsbildung, können dann nicht explizit berechnet werden, sie fallen sozusagen durch die Maschen. Diese Prozesse müssen daher durch die Variablen an den Gitterknoten beschrieben und über eine Gitterzelle gemittelt werden. Trotz immer schnellerer und größerer Supercomputer bleibt ein Klimamodell eine mehr oder weniger gute Annäherung an die tatsächlich ablaufenden Prozesse des Wetter- und Klimageschehens.

Die globalen Modelle sind heute in der Lage, das großräumige Klima, den mittleren beobachteten Luftdruck und die großen Meeresströmungen gut

zu erfassen. Auf kleineren, regionalen und lokalen Skalen haben diese globalen Modelle jedoch empfindliche Defizite. Das steht nicht im Widerspruch zum Erfolg auf der großräumigen Skala. Die Annahme, dass das globale Klima nur die Summe der regionalen Klimate ist und eine erfolgreiche Simulation des globalen Klimas die erfolgreiche Simulation der regionalen Klimate notwendigerweise voraussetzt, ist nicht zutreffend. Das regionale Klima bildet sich aus der Wechselwirkung des globalen Klimas mit regionalen Gegebenheiten (Gebirge, Landnutzung, Seen).

Will man spezifische Aussagen über das Klima und die Klimaentwicklung der Arktis bekommen, so versagen die globalen Modelle weitgehend. Hier erschweren neben der genannten groben Gitterauflösung noch einige typische arktische Phänomene die Simulation, zum Beispiel die dichten Schichtwolken, die fast den ganzen Sommer den Himmel bedecken, die winterlichen Wolken, die aus reinen Eiskristallen bestehen, und die Dunstschwaden, die jedes Frühjahr beobachtet werden. Das alles enthalten die globalen Modelle nicht vollständig. Diese

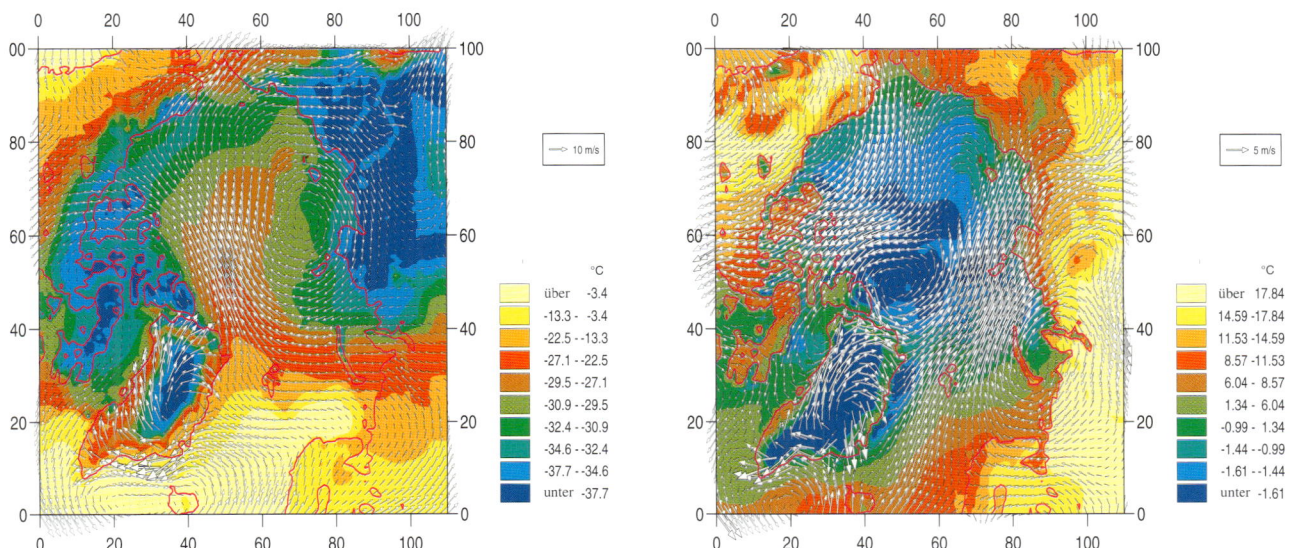

Januar 1990

Juli 1990

Erscheinungen bestimmen aber stark die Strahlungsbilanz des Erdbodens, und wenn – nicht grundlos – gesagt wird, dass die Polargebiete stark auf Wetter und Klima der Erde einwirken, so ist es erforderlich, gerade diese Besonderheiten in die Modellierung einzubeziehen.

Um das Klima der Arktis realistisch zu simulieren, haben wir in der Forschungsstelle Potsdam des AWI mit Unterstützung des Rechenzentrums in Bremerhaven ein hochauflösendes regionales Modell mit einem Gitterabstand von 50 km entwickelt. Der Ausschnitt umfasst die gesamte nördliche Polarkappe und berücksichtigt weitgehend genau die Verteilung von Meer und Land sowie die Topographie; man erkennt zum Beispiel gut Grönland, die Gebirge in Skandinavien und Alaska. Dabei gehen die Ergebnisse der globalen Modelle als Eingangsgrößen in das regionale Modell oder auch in statistische Auswertemethoden ein. Beziehungsweise, anders herum gesagt: Das feinmaschigere regionale Ausschnittsmodell wird in das gröbere globale Modell eingenestet.

Schaut man sich die von uns simulierten bodennahen Temperatur- und Windverteilungen über der Arktis für einen Winter- und einen Sommermonat an, dann erkennt man, wie stark das Klima jahreszeitlich schwankt. Im Januar dominieren das Island-Tief und das sibirische Hoch; das entscheidet, wie sich der Luftdruck am Boden verteilt. Die kältesten winterlichen bodennahen Lufttemperaturen sind nicht, wie vielleicht erwartet, über dem eisbedeckten Arktischen Ozean, sondern über dem sibirischen Kontinent und Grönland zu finden. Dort beträgt die Monatsmitteltemperatur immerhin bis zu minus 46°C. Der Grund für den verhältnismäßig warmen arktischen Ozean liegt im Wärmefluss der ozeanischen Zirkulation (s. Beitrag D. Olbers). Der Einfluss des warmen Golfstroms zeigt sich im eisfreien Nordatlantik bis weit nördlich nach Spitzbergen. Daher ist die Lufttemperatur im Januar über Nordeuropa mit minus 5° bis minus15°C relativ hoch, während sie im Inneren des Kontinents, in Sibirien, auf gleicher geographischer Breite ca. 30°C niedriger ist.

Im Juli dreht sich das Bild mit aufgeheizten, warmen Kontinenten und kalten Ozeanen um. Die

Jahreszeitliche Kontraste in der Arktis. (Die roten Linien markieren Festland; unten rechts sind die Umrisse Skandinaviens zu erkennen). Die Bilder zeigen die Muster der simulierten bodennahen Lufttemperatur (farbige Kontur) und des Windes in ca. 1500 m Höhe (Windpfeile) für die Monate Januar und Juli 1990.

In Sibirien liegen die mittleren Sommer- und Wintertemperaturen weit auseinander. Die Luftaufnahme oben zeigt eine typische Permafrost-Struktur Mitte Juni im Lenadelta bei Tiksi. Unten die gleiche Gegend in den letzten Julitagen. Fotos: W. Schneider (oben) L. Schirrmeister (unten)

Kontinente erwärmen sich kräftig, die Ozeane reagieren aber träge und erwärmen sich langsamer. In Sibirien findet man daher mittlere Temperaturen von bis zu 21°C, während die Temperaturen über dem arktischen Ozean nahe bei null Grad liegen. Vergleicht man die Temperaturunterschiede zwischen Winter und Sommer über den Kontinenten mit denen über dem Ozean, dann sieht man, dass die jahreszeitlichen Schwankungen über den Kontinenten wesentlich größer sind.

Welche Prozesse bestimmen nun, wie sich die bodennahe Temperatur horizontal verteilt? Das hängt davon ab, wieviel Strahlung verfügbar ist, um den Boden zu erwärmen. Auch davon, wie hoch die Sonne steht und wieviel Wolken den Himmel bedecken. Die Art und die Beschaffenheit der Erdoberfläche bestimmen, wieviel von der auf den Boden auftreffenden Strahlung in die Atmosphäre reflektiert wird. Die Wärme wird außerdem vertikal durch den Austausch zwischen Erdoberfläche und Atmosphäre verteilt und horizontal durch Luft- und Meeresströmungen aus mittleren Breiten.

Da wir das Modell horizontal hoch aufgelöst rechnen können, sieht man tatsächlich sehr feine, kleinskalige Temperaturstrukturen und Windfelder, welche sich durch die oben genannten und regional unterschiedlichen Faktoren herausbilden. Wir haben die simulierten räumlichen Verteilungen der Lufttemperatur mit gemessenen Daten verglichen, um sicher zu sein, dass die Modellsimulationen wirklichkeitsnah sind. Das versteht sich von selbst, aber es ist schwierig, gerade die regionalen Klima- und Wetterstrukturen zu bestätigen, denn leider gibt es in diesen Regionen nur wenige Beobachtungspunkte. An etwa 80 Stationen werden regelmäßig und seit vielen Jahren Ballone gestartet, um die Lufttemperatur in verschiedenen Höhen zu messen. Mehr oder weniger regelmäßig wird auf wenigen driftenden Bojen die bodennahe Lufttemperatur über den Ozeanen und Eisschollen registriert. Satellitenmissionen haben Daten über Temperaturfelder gesammelt. Verglichen damit zeigt sich, dass die mit dem Modell simulierten Temperaturen sowohl räumlich als auch jahreszeitlich realitätsnah erfasst sind.

Um typische arktische Phänomene und deren klimatische Wirkung genauer zu untersuchen, haben wir so genannte Sensitivitätsexperimente durchgeführt. Damit soll überprüft werden, wie empfindlich verbesserte mathematische Beschreibungen der Prozesse die Simulationen beeinflussen. Zum einen wurde eine auf arktische Verhältnisse angepasste Beschreibung (Parametrisierungen) der vertikalen turbulenten Austauschprozesse in der bodennahen Atmosphärenschicht (bis etwa einen Kilometer Höhe) eingearbeitet. Wir haben uns dabei auf meteorologische Messungen an Stationen in der russischen Arktis gestützt, die den vertikalen Austausch von Wärme, Feuchte und Impuls recht gut wiedergeben. Durch das Einfügen dieser neuen Gleichungen gestaltete sich zum Beispiel das Temperaturprofil im Modell realitätsnäher als zuvor. Die oft im Winter in Erdbodennähe beobachteten Temperaturinversionen, das heißt die Erscheinung, dass die Temperatur mit der Höhe zu- statt abnimmt, treten nun auch in den Simulationen auf.

Zum anderen wurden die Eigenschaften von Dunstschwaden, die jedes Frühjahr in der Ark-

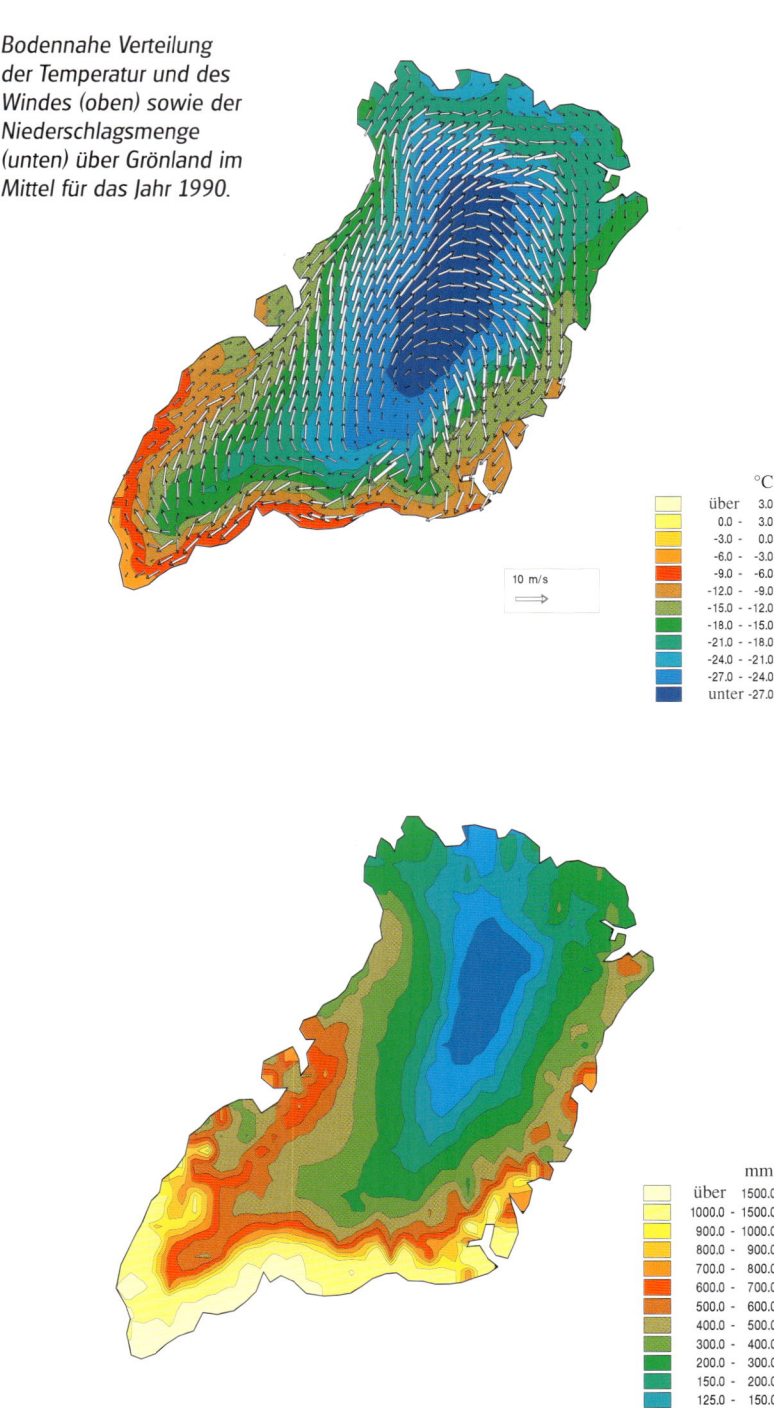

Bodennahe Verteilung der Temperatur und des Windes (oben) sowie der Niederschlagsmenge (unten) über Grönland im Mittel für das Jahr 1990.

°C
über 3.0
0.0 – 3.0
-3.0 – 0.0
-6.0 – -3.0
-9.0 – -6.0
-12.0 – -9.0
-15.0 – -12.0
-18.0 – -15.0
-21.0 – -18.0
-24.0 – -21.0
-27.0 – -24.0
unter -27.0

10 m/s

mm
über 1500.0
1000.0 – 1500.0
900.0 – 1000.0
800.0 – 900.0
700.0 – 800.0
600.0 – 700.0
500.0 – 600.0
400.0 – 500.0
300.0 – 400.0
200.0 – 300.0
150.0 – 200.0
125.0 – 150.0
100.0 – 125.0
50.0 – 100.0
unter 50.0

303

tis beobachtet werden, in die Berechnung der Sonnenstrahlung einbezogen. Diese Dunstschwaden (Aerosolwolken) bestehen aus festen oder flüssigen Teilchen, die in der Luft in Bändern zwischen dem Erdboden und etwa fünf Kilometer Höhe schweben. Die Aerosole streuen und absorbieren die Sonnenstrahlung und verändern dadurch die Strahlungs- und Temperaturverteilung in der Atmosphäre und am Erdboden. Die Simulationen zeigen jetzt, dass das Aerosol ganz unterschiedlich auf die bodennahe Temperatur wirkt. Je nachdem, welche Eigenschaften des Aerosol man annimmt, wieviele Wolken den Himmel bedecken und für welchen Monat man die Rechnungen ausführt, erhält man eine Erwärmung oder eine Abkühlung der Erdoberfläche. Derzeit werden Aerosolmessungen von Flugzeugen über Spitzbergen ausgewertet, mit dem Ziel, einen Datensatz für das arktische Aerosol zusammenzustellen, der dann im Modell berücksichtigt werden und eine bessere Berechnung dieses Phänomens erlauben soll.

Grönland stellt mit seinem Eisschild eine Besonderheit in der Arktis dar: Eine Eisoberfläche streut einen großen Teil der Sonnenstrahlung, die auf sie trifft, in die Atmosphäre zurück und vermindert damit die für eine Erwärmung der Oberfläche zur Verfügung stehende Energie. Die Eisdecke erzeugt topographisch bedingte Wellen der Luftströmung, welche die großräumige Zirkulation beeinflussen. Der Eisschild wirkt unter Umständen als Barriere für Zyklone. Schließlich herrschen im Sommer wie im Winter in Grönland mit die kältesten Temperaturen der Arktis. Die Abbildung zeigt die bodennahe Temperatur- und Windverteilung sowie die Niederschlagssummen für das Jahr 1990. Man erkennt das kalte und trockene Plateau im Inneren und die warmen und feuchten Küsten im Süden Grönlands. Von dem etwa 3000 m hohen Eisplateau strömt die kalte Luft abwärts zu den Küsten. Dieses Phänomen bezeichnet man als katabatische Winde. Wir haben die simulierte und hier gezeigte Niederschlagsverteilung mit Niederschlagsdaten verglichen, die aus Eisbohrkernen abgeleitet wurden. Auch hier stimmt die Modellsimulation relativ gut mit den Messungen überein. Ein oft stabiles, lange bestehendes Hochdruckgebiet und die katabatischen Winde verhindern, dass Feuchte auf das Eisplateau hinauf transportiert wird; daher fällt dort nur sehr wenig Niederschlag. Die Südküsten hingegen werden oft von Tiefdruckgebieten gestreift, die ausgiebig Niederschlag bringen. Das blockierende Hochdruckgebiet über dem Plateau scheint zusammen mit den katabatischen Windsystemen für die Stabilität des grönländischen Eisschildes zu sorgen, dessen langfristige Veränderung die Klimaentwicklung Europas mitbestimmt.

Trotz der erfolgreichen Simulationen darf man nicht vergessen, dass die Modelle noch viele Prozesse und deren nichtlineare Rückkopplungen unvollständig oder gar nicht berücksichtigen. Hauptschwächen sind sicherlich die vereinfachten mathematischen Beschreibungen – wie schwierig ist es zum Beispiel, Wolken mathematisch (!) darzustellen – und dass man noch zu wenig darüber weiß, wie sich das Klima natürlicherweise verändert. Es bleibt also noch viel zu tun, insbesondere da eine erfolgreiche Simulation des heutigen Klimas eine notwendige – aber nicht hinreichende – Bedingung für eine Simulation des zukünftigen Klimas ist. Wenn man die natürlichen Vorgänge in der arktischen Atmosphäre besser versteht, können die globalen Modelle vervollkommnet und die vom Menschen verursachten Veränderungen genauer abgeschätzt werden.

Annette Rinke, Klaus Dethloff

High-Tech
in der Tiefsee

»Man kann nicht gegen die Arktis leben, man muss mit ihr leben.« Diese Warnung hängt am Schwarzen Brett vor der Messe des Forschungsschiffes POLARSTERN und soll die Expeditionsteilnehmer daran erinnern, dass sie sich in einer der lebensfeindlichsten Regionen der Erde aufhalten. Vermutlich machen sich aber die wenigsten Teilnehmer ernsthaft Gedanken darüber, denn an Bord dieses großen Schiffes fühlt man sich wohl – und sicher. Die POLARSTERN, ein fast 120 m langer, blau-weißer Stahlkoloss, vollgestopft mit modernster Technik, bahnt sich ihren Weg selbst durch meterdickes Packeis. Mit über elf Metern Tiefgang liegt sie auch bei stürmischem Wetter »wie eine Ente im Bootsteich«. So können Biologen, Chemiker, Geologen und Physiker gleichermaßen und mitunter gleichzeitig ihre Geräte einsetzen. Dieses multidisziplinäre Arbeiten ist vielleicht ein Schlüssel für den Erfolg der POLARSTERN, die von einem schwedischen Kollegen einmal in einer Mischung aus Neid und Bewunderung als »Science Factory«, als »Wissenschaftsfabrik« bezeichnet wurde.

Die Tiefseeforschung hat in den Konzepten des Alfred-Wegener-Instituts einen hohen Stellenwert. Einer der Gründe dafür ist, dass in den vergangenen Jahren immer deutlicher wurde, dass die Tiefsee im Gegensatz zu früheren Vorstellungen kein in sich abgeschlossenes, weitgehend entkoppeltes und träges System ist. Die Prozesse im tiefen Ozean selbst können von unerwartet hoher Dynamik sein. Vor etwa zweihundert Jahren hatte man noch angenommen, dass unterhalb einer Wassertiefe von dreihundert Metern kein Leben möglich sei – dem hohen Druck könne kein Lebewesen widerstehen. Auch der Einsatz der ersten tiefseetauglichen Kameras erbrachte Fotos, die den Eindruck einer monotonen, wüstenhaften Tiefsee zu bestätigen scheinen. Aber schon gegen Ende des 19. Jahrhunderts, als die ersten Tiefsee-Expeditionen durchgeführt wurden, fanden die Forscher seltsame und zuweilen monströs aussehende Tiere in den Netzen, die sie in die Tiefen hinabgelassen hatten, in denen angeblich kein Leben mehr existieren kann. Meist wurden nur wenige Tiere gefangen, doch dies schien durch das knappe Nahrungsangebot dort unten durchaus begründet.

Anfang der sechziger Jahre des 20. Jahrhunderts machten dann amerikanische Wissenschaftler eine Entdeckung, die für die Meeresbiologie zu den spektakulärsten Ereignissen des letzten Jahrhunderts gehört: Sie benutzten zum Auswaschen ihrer mit Bodengreifern gewonnenen Sedimentproben, anders als zuvor üblich, sehr engmaschige Siebe. Zu ihrer großen Überraschung fanden sie plötzlich Hunderte von Arten meist winzig kleiner Tiere. Seitdem werden Bodenproben aus der Tiefsee vergleichbar aufbereitet, und es bestätigte sich: Die Tiefsee ist ein unerwartet artenreicher, das heißt diverser Lebensraum. Aktuelle Schätzungen über die Artenanzahl in dem größten zusammenhängenden Ökosystem der Erde schwanken zwischen zehn und hundert Millionen. Hinsichtlich ihrer Biodiversität ist die Tiefsee damit vielleicht am ehesten mit tropischen Korallenriffen oder dem Regenwald vergleichbar.

Jeder kann sich vorstellen, welche Herausforderung für die Wissenschaft diese Erkenntnisse bedeuten. Mehr als zwei Drittel des »blauen Planeten« Erde sind von Wasser bedeckt, und der überwiegende Teil dieses Ökosystems ist uns verborgen und nur mit großem technischem Aufwand zu erforschen. In den tiefsten Schluchten des Weltmeeres, dem Philippinengraben im Pazifik mit über 11000 Meter Wassertiefe, würde die höchste Erhebung der Erde, der Mount Everest, spurlos verschwinden. Der Druck, der dort unten herrscht, ist so gewaltig, dass es bis-

Michael Klages mit Steinkrabbe, einem ungewöhnlichen Fund in der Nähe der Peter I.-Insel. Die Beinspanne beträgt etwa einen Meter.
Foto: H. Grobe

305

Das Tiefseefahrzeug
VICTOR 6000 *an Bord der*
POLARSTERN. *Der Manipulator (links) befindet sich eingeklappt in Parkposition. Der helle Kasten unten ist der hydraulisch ausfahrbare Geräteschlitten für wissenschaftliche Experimente.*
Fotos: M. Klages

eine wichtige Komponente für die Nahrungsversorgung der am Boden lebenden Organismen dar, denn sie sinken am Ende ihres Lebens in die Tiefe ab. Darüber haben mehrere Autoren bereits geschrieben. Zudem wird vermutet, dass in der Arktis ein gewisser Teil dieser Nahrungspartikel durch Strömungen verfrachtet wird, also nicht direkt von oben, sondern von der Seite eingetragen wird. Möglicherweise stellen die flachen arktischen Schelfgebiete mit ihrer recht hohen Produktivität während der Sommermonate solche Liefergebiete dar. Aber wieviel Nahrungspartikel werden in die Tiefsee eingetragen? Von welcher Qualität sind sie, nachdem bereits Organismen in der Wassersäule sie auf ihrem Weg in die Tiefe gefressen und wieder ausgeschieden haben? Wie überdauern Tiere am Tiefseeboden der Polargebiete die langen Wintermonate mit vermutlich eingeschränkter Nahrungszufuhr von oben? Welche Rolle spielt die Verfügbarkeit von Nahrung für die Artenvielfalt in der Tiefsee, oder gibt es andere Faktoren, die eine derart hohe Diversität begünstigen? Diese und weitere Fragen stellen sich, wenn wir dem übergeordneten wissenschaftlichen Anliegen gerecht werden wollen, nämlich die Funktionsprinzipien des komplexen marinen Ökosystemens Tiefsee zu entschlüsseln.

Um dieses Ziel zu erreichen, werden zunehmend moderne und technisch anspruchsvolle Geräte eingesetzt. So sind wir im Juni 1999 mit der POLARSTERN von Bremerhaven aus zu einer Arktisexpedition aufgebrochen, auf die wir erstmals ein ferngesteuertes Tiefseefahrzeug mitgenommen haben. Dieses unbemannte Tauchfahrzeug VICTOR 6000, ein so genanntes Remotely Operated Vehicle (ROV), kann bis in Tiefen von 6000 Metern tauchen und dort nahezu unbegrenzt lange arbeiten. VICTOR gehört dem französischen Meeresforschungsinstitut IFREMER, das uns dieses Gerät im Rahmen unserer Zusammenarbeit zur Verfügung gestellt hatte. Um die Möglichkeiten des ROV während der Expedition voll auszuschöpfen und einen reibungslosen Betrieb sicherzustellen, waren 19 französische Ingenieure und Techniker mit an Bord.

lang nur ein einziges Mal zwei Menschen gelang, mit dem Tauchboot TRIESTE in diese Tiefe vorzudringen. Seitdem weiß man jedoch, dass selbst dort, bei einem Druck von über einer Tonne pro Quadratzentimeter, wirbellose Tiere leben, zum Beispiel Stachelhäuter, deren Verwandte wir aus der Nordsee bestens kennen.

Aber was sind die Ursachen für den Artenreichtum in der Tiefsee, auch wenn es sich dabei zumeist um Kleinstlebewesen handelt? Wie bekommen die in der arktischen Tiefsee lebenden Organismen ihre Nahrung? Diese Frage schien uns rätselhaft, denn der Eisdeckel, der den zentralen Bereich der Arktis fast dauerhaft vom Sonnenlicht abschirmt, sowie die hohe geographische Lage, die eine lange andauernde Dunkelheit im Winter bedingt, verhindern, dass Algenwachstum in großem Umfang stattfindet. Die mikroskopisch kleinen Algenzellen stellen

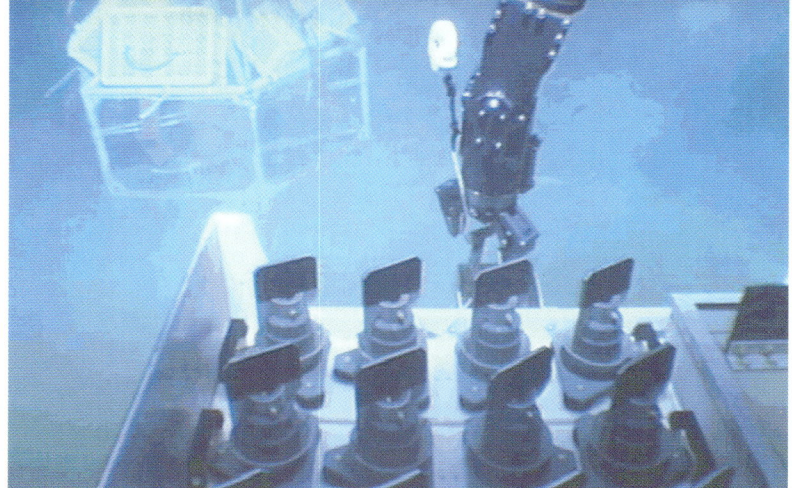

Wir hofften nicht nur, einen Blick auf den Meeresboden der Arktis werfen zu können, sondern wir wollten auch gezielt Organismenproben nehmen und Experimente in der Tiefsee durchführen. Zwischen Grönland und Spitzbergen wurde daher zunächst in Wassertiefen zwischen 2500 und 5000 Metern nach geeigneten Standorten gesucht, wo sich Messgeräte installieren und Langzeitversuche verwirklichen ließen. Aus dem Tagebuch dieser Reise gibt ein Ausschnitt vielleicht am besten die Eindrücke wider, die von den Teilnehmern wohl auch so ähnlich empfunden wurden:

»Es ist 4.25 Uhr. Gerade komme ich von einer fast achtstündigen Wache aus dem ROV-Kontrollraum im vorderen Laderaum der POLARSTERN zurück. Die Erlebnisse sind noch ganz frisch. Nach dem ersten Test des Tauchfahrzeugs vor ein paar Tagen, fand in der Nacht von vorgestern auf gestern der erste wissenschaftliche Tauchgang statt. Wir wollten erkunden, ob die auf Grundlage der Struktur des Meeresbodens und anderer Hintergrundinformationen ausgesuchte Position sich für den Aufbau unserer Langzeitmessstation auch wirklich eignet. Ziemlich schnell waren wir überzeugt, dass wir eine günstige Stelle gefunden haben.

Gleich zu Beginn des Tauchgangs hatten wir ein Fischköderexperiment gestartet, indem vier tote Fische am Boden abgelegt wurden. Etwa 12 Stunden später steuerten die Piloten diese Stelle, von der wir uns in der Zwischenzeit weit entfernt hatten, wieder an. Dieses vergleichsweise simple Experiment hatte gleich den gewünschten Effekt: Noch am Vorabend hatten wir für Wissenschaftler und Besatzung an Bord einen Vortrag über die Aasfresser der Tiefsee gehalten, nun konnten sich alle von der Effektivität dieser Ernährungsstrategie selbst überzeugen. Zwei Fische waren nach den wenigen Stunden, die sie am Tiefseeboden gelegen hatten, bis auf das Skelett abgenagt. Die übrigen wurden mit dem Greifarm des Tiefseefahrzeugs aufgesammelt, zusammen mit mehreren hundert Flohkrebsen, die später genauer untersucht werden sollten.

Vor dem zweiten Tauchgang im selben Untersuchungsgebiet wurde ein Stahlgerüst mit einer

VICTOR arbeitet auf dem Grund der Framstraße, 2400 Meter unter der Meeresoberfläche. Vorn befindet sich der Geräteschlitten mit Stechrohren für Sedimentproben. Der Greifer nimmt soeben eine Sichel aus einer Halterung, um Bänder zu zerschneiden. Im Hintergrund das Versuchsgestell; der Reflektor dient der Radarortung. Foto: T. Soltwedel

Der Steuerraum für das Tauchvehikel auf POLARSTERN. Vorn die französischen ROV-Piloten Christophe Duchi, Norbert Compagnot, Patrik Jaussaud. Hinten die Wissenschaftler Thomas Soltwedel und Hartmut Bluhme.

der Schiffswinden zum Meeresboden hinabgelassen. An diesem Absetzgestell hingen als Hartsubstrate Plastikplatten, Steinfliesen, Holzbohlen sowie Plastikkäfige und vier Bündel toter Fische. Bei den Hartsubstraten interessiert uns beispielsweise, wie schnell solche freien Flächen von Tiefseetieren besiedelt werden. Es wird vermutet, dass sich dieser Prozess in der Tiefsee

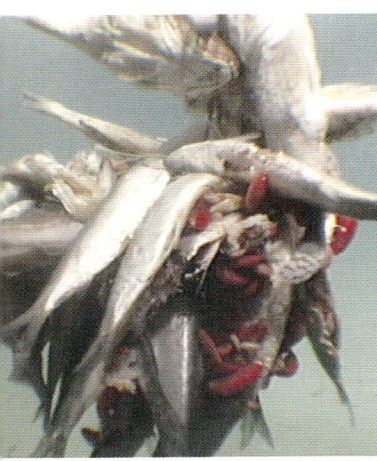

Schon nach kurzer Zeit haben zahlreiche Flohkrebse (rot) das Nahrungsangebot angenommen.

Was von einem Fischköderexperiment in der Antarktis übrig blieb: Nach drei Tagen waren die in einer Reuse in 400 Meter Tiefe ausgesetzten toten Fische von zirka 5000 aasfressenden Flohkrebsen skelettiert. Das Raster beträgt 3 mal 3 Zentimeter.

über Jahre hinzieht; verlässliche Daten liegen dazu aber kaum vor. – Die Käfige wollen wir für Ausschluss-Experimente verwenden. Eine unsere Hypothesen ist, dass größere, kriechende oder grabende Tiefseetiere, zum Beispiel Seegurken, Krebse oder Schnecken, den Meeresboden bei der Suche nach Nahrung ständig durchwühlen und dabei im Sediment Strukturen bilden, die günstige Bedingungen für die kleinen sedimentbewohnenden Organismen schaffen. Durch die Käfige verhindern wir diesen strukturbildenden Prozess und erwarten eine geringere Artenvielfalt als auf den frei zugänglichen Flächen. – Verendete Tiere, zum Beispiel Fische, Robben und Wale, sinken nach ihrem Tod zum Meeresboden. Wie durch unser Köderexperiment bereits beschrieben, sind viele Tiefseetiere darauf spezialisiert, sich von solchen Nahrungsbrocken zu ernähren. Wie schnell diese Tiere solche Kadaver verwerten und wie die kleinen, im Sediment lebenden Organismen davon profitieren, wollen wir durch Köderexperimente mit den am Absetzgestell befestigten Fischen untersuchen.

Kurz über dem Meeresboden wurde das Stahlgerüst durch ein akustisches Signal vom Seil gelöst, weil wir befürchteten, dass es sich in der Strömung um Geräteteile schlingen könnte, wenn es sich frei bewegt; das Gestell fiel die letzten Meter zum Meeresboden hinab. Nun kam wieder das ROV zum Einsatz. In 2500 Meter Tiefe hatte VICTOR unser Gestell mit Hilfe seines vorausschauenden Sonars schon nach knapp dreißig Minuten aufgespürt. Der Anblick auf dem Monitor lässt sich nur schwer beschreiben: als ob wir uns einer Raumfähre auf einem anderen Planeten näherten. Aus rund fünf Meter Höhe erkannten wir auf dem Meeresboden zunächst nur schemenhaft die Umrisse des Gestells in der von reflektierenden Partikeln blauschwarzen Tiefe. Dann wurde die Szenerie immer deutlicher: Zahlreiche Bodenfische, darunter Aalmuttern, lauerten am Boden um unser Gestell herum, zweifellos vom Ködergeruch der Fische angelockt. Einige verschwanden mit dicken Fischbrocken im Maul in der Dunkelheit, andere schnappten nach den ebenfalls bereits angelockten Krebsen. Die Hauptkamera von VICTOR ist so gut, dass wir später sogar hochauflösende Makrofotografien machen konnten, während die Krebse in 2500 Meter Tiefe an den Fischen fraßen.

Metergenau kennen wir nun die Position unserer Experimente und können die Besiedlung der freien Flächen in den nächsten Jahren besser als je zuvor studieren. Diese Flächen sind anscheinend sehr begehrt, denn wir haben bereits etliche Schwämme und Seescheiden gesehen, die festgeheftet auf herumliegenden Holzstücken und Steinen siedeln.

Es ist beeindruckend, wie sich VICTOR, dieses große Fahrzeug, das in der Luft immerhin vier Tonnen wiegt, Millimeter um Millimeter dem Versuchsgestell nähert, dann auf der Stelle stehen bleibt, sich auf den Grund setzt und ferngesteuert zu arbeiten beginnt. Mit dem Greifarm wurden die Käfige nacheinander aufgenommen und von VICTOR im Umkreis von zehn bis zwanzig Metern um das Gestell herum verteilt. Auch die Fischköder wurden in einiger Entfernung abgesetzt. Sie waren schon mit zahlreichen fünf bis sechs Zentimeter großen, knallroten Flohkrebsen bedeckt, die sich die Gelegenheit, Nahrung für die nächsten Tage bis Wochen aufzunehmen, nicht entgehen lassen. Die ROV-Piloten sind sogar in der Lage, mit dem Greifarm die Knoten der Seile aufzulösen, mit denen die Fischköder am Gestell befestigt sind. Das dauert zwar eini-

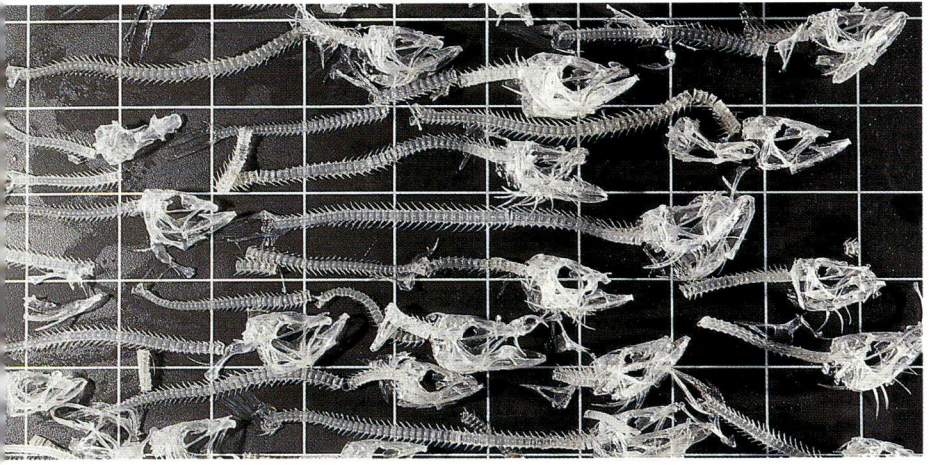

ge Minuten, ist aber immer wieder spannend – schafft es der Greifarm oder greift er daneben und verwirrt die Schnüre? VICTOR hat es immer geschafft.«

So weit das Tagebuch. Nach diesen spannenden Einsätzen haben wir uns von unserem »Hausgarten« erst einmal verabschiedet, um einige hundert Meter entfernt weiter gezielt und zentimetergenau Sedimentproben aufzunehmen. Es gehört eine ungeheure Übung dazu, das allein mit dem Greifarm zu bewerkstelligen. Beeindruckend, wie schließlich auch die letzten vier Probenrohre aus dem mitgeführten Kasten herausgenommen werden. Weil man sie mit der Kamera nur noch schwer einsehen kann, führt der darauf vorprogrammierte Greifarm alles automatisch durch – unglaublich. Diese Art von Instrumentarium wird uns, davon sind alle fester denn je überzeugt, auch wissenschaftlich einen riesigen Schritt nach vorn bringen.

Während wir diesen Text schreiben, sind wir erneut an Bord der POLARSTERN auf dem Weg in die Arktis. Diesmal haben wir das Tiefseefahrzeug nicht an Bord, dafür aber eine Reihe anderer Geräte, die uns helfen sollen, das Ökosystem der arktischen Tiefsee besser zu verstehen. Im Verlauf dieser Reise verankern wir zwei Sinkstofffallen am Meeresboden, überdimensionale Trichter, so groß wie Telefonhäuschen, die am unteren Ende in eine Plastikflasche münden, in die absinkende Nahrungspartikel fallen. Ein drehbarer Teller, der über einen Computer gesteuert wird und in vorgegebenen Zeitabständen neue Flaschen unter den Trichter fährt, sorgt dafür, dass wir 24 Einzelproben bekommen. Auf diese Weise werden wir für diese Position exakte Daten zum monatlichen Nahrungseintrag in das Benthal über ein ganzes Jahr gewinnen.

Für kurzzeitige Experimente zur Messung der Aktivität der am Boden lebenden Tiere und Bakterien benutzen wir frei zum Meeresgrund schwebende Geräte. Bei diesen Freifallgeräten (»Bottom-Lander«) handelt es sich um dreibeinige Geräteträger von gut zweieinhalb Meter Höhe und etwa dem gleichen Durchmesser. Im oberen Bereich sind durch Kunststoffschalen geschützte luftgefüllte Glaskugeln angebracht, die dem Druck in der Tiefsee standhalten und dem »Lander« Auftrieb, also Schwimmfähigkeit verleihen. An den Beinen dieser Rohrkonstruktion werden rund 300 kg schwere Gewichte angebracht, damit der Lander zu Boden sinken kann. Die von uns an den Landern angebrachten Messinstrumente führen dann am Meeresgrund selbstständig vorprogrammierte Messungen durch. Zum Beispiel zeichnen wir den Sauerstoffverbrauch von Bodenorganismen mit Hilfe von so genannten Respirationskammern auf. Nach Beendigung der Messungen wird dann von Bord des Forschungsschiffes ein akustisches Signal zum Meeresboden gesendet. Daraufhin lösen sich die Gewichte mechanisch vom Freifallgerät, und durch die Auftriebskörper steigt das System wieder zur Oberfläche auf. So weit die Theorie. In der Praxis ist man sich nie so ganz sicher, ob alles funktioniert, und oft bekommen wir schweißnasse Hände, bis wir endlich die leuchtend gelben oder orangenen Auftriebskörper der insgesamt sehr teuren Geräte an der Wasseroberfläche dümpeln sehen.

Mit diesen Landern verfügen wir nun über Geräteträger, die es uns ermöglichen, vergleichbar den Raumsonden in der Weltraumforschung, wissenschaftliche Messungen in ansonsten unzugänglichen Bereichen unter den dort herrschenden Umgebungsbedingungen vorzunehmen. Die Kombination all der genannten Methoden zusammen mit den bewährten Instrumenten der vergangenen Jahrzehnte und ständig neuer Technologien wird uns helfen, die Tiefsee, dieses uns so fremde und verborgene Ökosystem, besser zu verstehen.

Michael Klages, Thomas Soltwedel

Erster Einsatz eines Freifall-Landers in arktischen Gewässern während der POLARSTERN-Expedition im Sommer des Jahres 2000. Unter den Auftriebskörpern sind zwei Messkammern zur Registrierung des Sauerstoffverbrauchs von Benthosorganismen zu erkennen.

EINE ZEITREISE DURCHS EIS

**Eiskernbohrungen in Grönland zeigen
überraschend schnelle Klimawechsel**

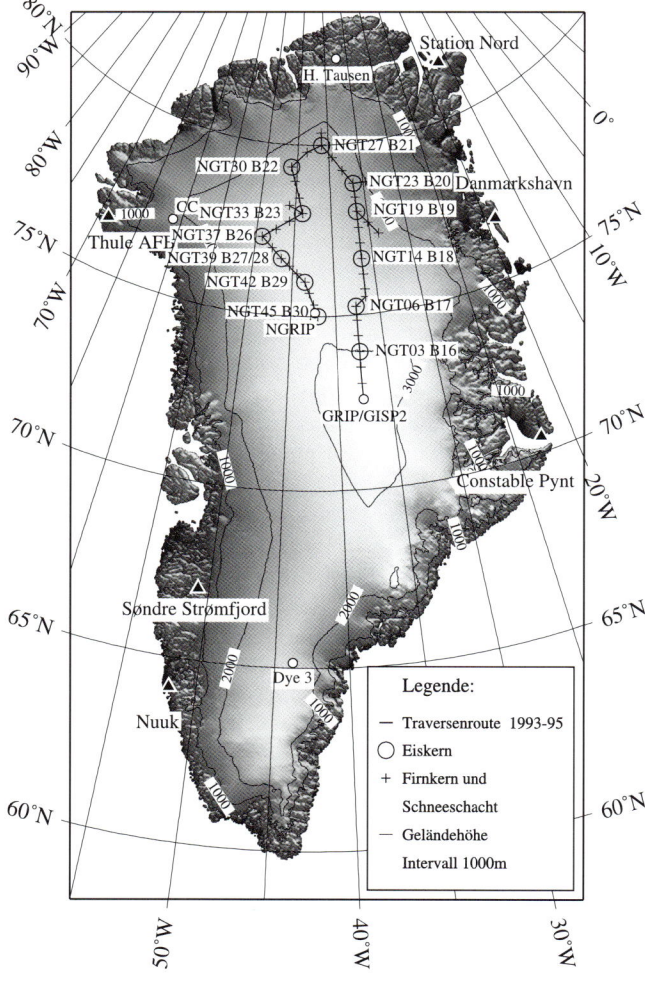

*Lage der Tiefbohrungen GRIP/GRISP-2 und Nord-GRIP sowie der
Nordgrönland-Traverse des Alfred-Wegener-Instituts*

Temperaturrekorde, Wirbelstürme, Dürre- und Flutkatastrophen! Die Meldungen extremer Wetterbedingungen in den Medien häufen sich, und bei jedem neuen Un-Wetter stellt sich die Frage, ob wir schon Zeugen einer vom Menschen verursachten Klimaveränderung sind. Diese Frage zu beantworten ist nicht leicht: Direkte Messungen, die uns etwas über die natürlichen Schwankungen des Klimas sagen könnten, gibt es meist nur für die letzten Jahrzehnte – eine viel zu kurze Zeitspanne, die außerdem durch Industrie geprägt ist. Viel zu kurz, um den vom Menschen ungestörten Zustand zu bestimmen. Doch die Natur selbst bietet uns eine Lösung an. Sie speichert in natürlichen Archiven Klimainformationen über lange Zeiträume, zum Beispiel in der unterschiedlich dichten Folge von Baumringen, in Meeres- und Seesedimenten, Korallen und vor allem auch im polaren Eis.

Eiskerne stellen ein ganz außergewöhnliches Archiv dar, das es findigen Wissenschaftlern gestattet, die Klimageschichte der letzten bis zu 500000 Jahre in hoher zeitlicher Auflösung zu rekonstruieren. Die großen Eiskappen Grönlands und der Antarktis bestehen im Grunde aus vielen tausend einzelnen Schneefällen, die zeitlich geordnet übereinander geschichtet sind. Am Massenverhältnis der eingeschlossenen Wassermoleküle können Wissenschaftler für jede dieser Schichten die Temperatur zum Zeitpunkt des Schneefalls ablesen, anhand der Menge des Schnees, der jedes Jahr fällt, ermitteln sie die Niederschlagsrate. Aber mit den Schneeflocken werden auch kleinste, in der Luft schwebende Teilchen im Eis archiviert, so genannte Aerosole, etwa Seesalz oder Staubpartikel. Die Menge solcher Aerosole im Eis ist ein indirektes Maß für die ursprüngliche Konzentration in der Luft, die sich wiederum – abhängig von den Klimabedingungen – zeitlich verändert hat. Zudem ist das Gletschereis das einzige Archiv auf der Erde, in dem unmittelbar die Zusammensetzung der Atmosphäre vergangener Zeiten gespeichert ist, denn das polare Eis besteht nur zu ungefähr 90 Prozent aus Wasser. Die restlichen zehn Prozent sind Luft, die vor Tausenden von Jahren zwi-

schen den Schneekristallen eingeschlossen wurde. Dabei interessieren uns natürlich besonders die Treibhausgase Kohlendioxid und Methan in diesen Luftblasen.

Schon in den sechziger Jahren des letzten Jahrhunderts unternahmen amerikanische Eiskernpioniere eine erste Tiefbohrung in Nordwestgrönland. In den siebziger Jahren waren dann amerikanische, dänische und schweizer Polarforscher am Greenland Ice Sheet Program (GISP) beteiligt, um in Südgrönland die Klimageschichte bis in die letzte Eiszeit hinein zu rekonstruieren. Der vorläufige Höhepunkt der Eiskernforschung in Grönland begann 1989, als sich sowohl ein amerikanisches (GISP2) als auch ein europäisches Forscherteam (Greenland Icecore Project – GRIP) aufmachten, um am nur sehr schwer zugänglichen, höchsten Punkt Zentralgrönlands, dem »Summit« (72°38´N, 37°38´W), jeweils einen bis zu 160000 Jahre alten Eiskern zu erbohren. Am GRIP hat sich das Alfred-Wegener-Institut beteiligt. Von dieser Bohrung soll hier berichtet werden.

Mai 1989:

Die lange Planungsphase ist beendet. Schweres Gerät für den Feldeinsatz im Eis ist beschafft worden, multinationale Teams sind zusammengestellt für die Arbeiten im Labor und am Bohrort selbst, wo bereits viele Analysen und Messungen an den Eiskernproben durchgeführt werden, nicht zuletzt wurde ein Geldgeber für das schwierige und aufwändige Projekt gefunden. Die Europäische Gemeinschaft deckt etwa die Hälfte der Kosten von GRIP, die andere Hälfte muss aus Beiträgen der beteiligten Länder Belgien, Dänemark, Deutschland, England, Frankreich, Island, Italien und der Schweiz aufgebracht werden.

Die erste große Herausforderung besteht darin, all die Gerätschaften auf den Summit zu bringen und dort ein Camp aufzubauen, das vor Sturm und Kälte auf dem Eis in 3200 Meter Höhe schützt. Zum Glück gibt es Herkules C130-Transportflugzeuge der US Air Force, die, mit Kufen bestückt, in der Lage sind, auf einer Eispiste zu landen. In mehreren Wellen werden im Laufe des Sommers über 230 Tonnen Material zum Summit gebracht und mehr als 40 Personen von der westgrönländischen Küste aufs Eis und zurück geflogen. Während die Flugzeuge schon wieder unterwegs sind, errichten wir zwei riesige Iglus aus Holz, die so genannten domes. Einer wird die geräumige, beheizte Messe, in der die Wissenschaftler essen, arbeiten, diskutieren und manchmal auch feiern. Unter dem anderen dome versteckt sich der Eiskernbohrer, der natürlich immer deutlich unter dem Gefrierpunkt bleiben muss, damit die Eiskerne keinen Schaden nehmen. Ein starker Dieselgenerator erzeugt die notwendige Energie für die Bohrung, Schneeschmelze, Küche usw. Dann bauen wir eine kleine Zeltstadt zum Schlafen auf, und der »untereisische« Labortrakt, der science

Das Lager der GRIP-Bohrung (Greenland Ice Core Projekt) im Jahre 1990. Die drei großen aus Holz gebauten Iglus beherbergen eine Werkstatt (links), die Küche mit Messe sowie Platz für den Stromgenerator (Mitte) und die Bohreinrichtung. Im Hintergrund ein Wohnzelt. Fotos: J. Kipfstuhl

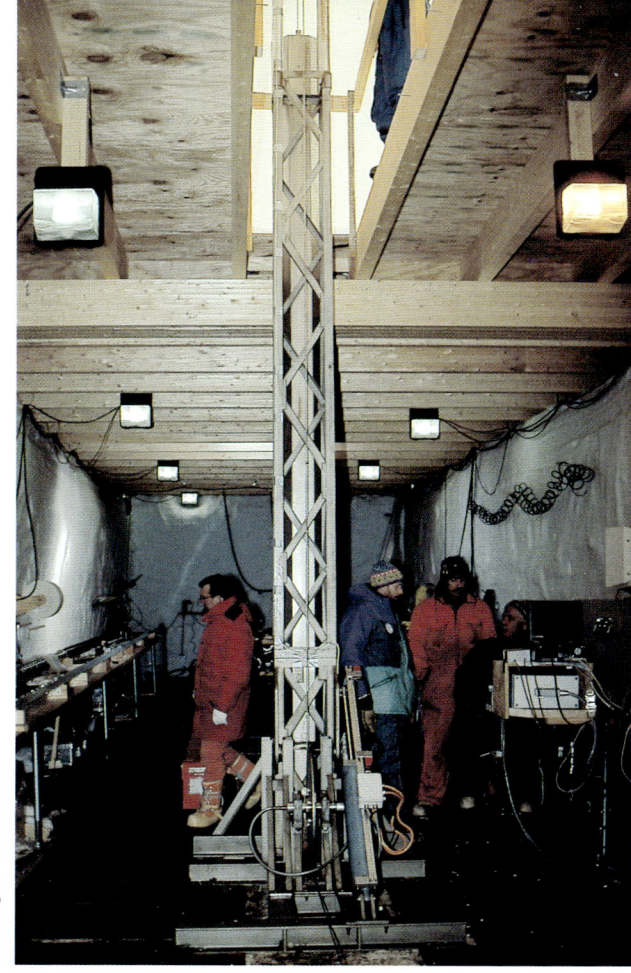

Der Eisbohrer vor dem Einfahren ins Bohrloch, Nord-GRIP 1997.

Freudenfest im Freien, wenn die Länge des Bohrkerns eine runde Zahl erreicht hat.

trench, wird gegraben, in dem die Eiskerne vermessen und für weitere Analysen zersägt werden. Mit schweren Kettenfahrzeugen planieren wir eine Schneelandebahn, die es den Flugzeugen erleichtern soll, wieder vom Eis abzuheben. Nachdem die überlebensnotwendigen Vorbereitungen für das Camp getroffen sind, beginnt die Bohrung. Doch in diesem Jahr werden nur die ersten hundert Meter durch den in dieser Tiefe noch porösen Firn gebohrt und das Bohrloch mit Rohren ausgelegt.

Obwohl sich die Bohrtechnik seit den sechziger Jahren weiterentwickelt hat, bleibt die eigentliche Idee des Eiskernbohrens immer die gleiche: Eine ringförmige Bohrkrone, einem Astlochbohrer in der Schreinerei vergleichbar, frisst sich, von einem Elektromotor getrieben, immer tiefer und lässt in der Mitte eine zehn Zentimeter dicke Stange Eis stehen. Nach ein paar Metern wird dieser Eiskern am unteren Ende abgebrochen und samt dem Bohrer mit einer Winde an die Oberfläche gezogen. Leer wird der Bohrer wieder abgelassen, um die nächsten Meter zu erbohren. So nähert sich der Bohrer Stück für Stück dem Felsboden, der sich unter dem mehr als 3000 Meter dicken Eis befindet. Erschwerend kommt hinzu, dass der hohe Druck des Eises in der Tiefe das Bohrloch allmählich wieder verschließen würde. Deshalb muss es mit einer Flüssigkeit gefüllt werden, die mindestens so dicht ist wie das Eis selbst. Da nur in den »warmen« Sommermonaten (Mai bis Anfang August) auf dem Eis gearbeitet werden kann, benötigen wir – wenn alles gut geht – mehrere Jahre, um die GRIP-Bohrung bis zum Felsbett abzuteufen. So machen wir im August 1989 das Camp ein erstes Mal winterfest, damit es im nächsten Sommer für den Beginn der eigentlichen Tiefbohrung bereitsteht.

Sommer 1990:

Auch in diesem Jahr fängt die Feldsaison bereits im Mai an, wenn die Temperaturen auf dem Eis noch meist unter minus 30°C liegen. Ende Juli werden dann vereinzelt Temperaturen bis nahe an den Gefrierpunkt erreicht. Doch die meisten von uns haben keinen Gewinn davon, denn der

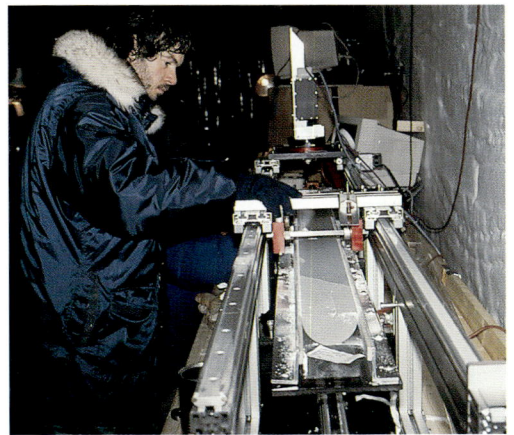

»unterirdische« science trench wird auch im Hochsommer kaum wärmer als minus 20°C, was das Arbeiten nicht immer zur reinen Freude macht. Obwohl die Flieger auch in diesem Jahr weitere hundert Tonnen Material auf den Summit bringen, steht die Feldsaison zum ersten Mal im Zeichen der Tiefbohrung. Der Beginn ist mühsam. Die Bohrspezialisten müssen den Bohrer genau justieren, das heißt, sie müssen die Bohrmesser einstellen, den richtigen Vortrieb finden und vieles mehr. Nur wenn alle Parameter stimmen, erscheint ein schönes, ungebrochenes Stück Eis an der Oberfläche, dreht sich der Bohrer schnell und rund und läuft das Bohrloch nicht nach links oder rechts aus dem Ruder. All dies ist extrem wichtig, denn ein Verlust des Bohrers in der Tiefe könnte das gesamte Projekt in Frage stellen.

Am frühen Morgen des 27. Mai reißt Motorenlärm die Bewohner des Camps aus dem Schlaf. Ein Schlitten von GISP2 erreicht GRIP mit einer Notfallmeldung. Ein Wissenschaftler des amerikanischen Camps leidet an akuter Höhenkrankheit, doch der Funkkontakt über dem Eis ist gestört. Wir verfügen über ein Satellitentelex, mit dem Hilfe angefordert werden kann. Trotz

Das Forschungslabor sechs Meter unter Tage: ein ins Eis gegrabener Stollen, von dem einzelne Messräume abgehen. In diesem so genannten Science Trench wird bei Temperaturen unter minus 20 Grad gearbeitet.

Der Glaziologe Matthias Schwager an der Stratigraphiebank. Während eine Kamera automatisch über den aufgeschnittenen Bohrkern fährt, wird die Schichtung des Eises optisch aufgezeichnet.

Die untersten Meter der GRIP-Bohrung, die bei 3028 Meter Tiefe knapp über dem Felsgrund endete, zeigen eine grünlich-bräunliche Färbung.

Schlittenzug auf der Nordgrönland-Traverse im Sommer 1993 während eines Tankstopps. Die Mannschaft schläft in den blauen Aufbauten der Pistenbullys. In den Iglus wird gekocht, gegessen und gefunkt. Die Kisten dienen der Aufbewahrung von Eiskernen. Auf dem Lastschlitten in der Mitte sind Bambusstangen zur Markierung der Traverse gestapelt.

sehr schlechten Flugwetters wird der Kranke noch am selben Tag ins Krankenhaus nach Jacobshavn an der Westküste Grönlands gebracht. Nach diesem Schreck sind keine schlimmeren Krankheiten mehr zu verzeichnen.

Langsam stellt sich Routine ein. Gebohrt wird in mehreren Schichten, die nur von den gemeinsamen Mahlzeiten im main dome unterbrochen werden. Ein Höhepunkt jeder Woche ist der Samstagabend, an dem alle Aktivitäten ruhen und wir die vergangene Woche feiern. Um der Verwilderung der Campbewohner vorzubeugen, ist dafür Abendgarderobe Pflicht. Auch eine Dusche mit von der Abwärme des Generators beheiztem Wasser gibt das Gefühl, noch zur Zivilisation zu gehören, und Toiletten im

beheizten Hauptgebäude bieten weitere Annehmlichkeiten.

In den nächsten Wochen wird das Bohren immer schwieriger. Doch ist diesmal nicht die Technik schuld, sondern das Eis selbst. Mit zunehmender Tiefe steigt der Druck in den kleinen Luftblasen, die im Eis eingeschlossen sind; ab etwa 500 Metern sind es schon 50 bar. Das Eis hält diesem Druck nicht immer stand, es bilden sich feine Risse, und der Kern beginnt zu brechen. Wir wissen aber, dass dieser unangenehme Effekt in einer Tiefe von etwas über 1200 Metern verschwindet; dann sind aus den Luftblasen so genannte Klathrate geworden, das heißt, die Luftmoleküle bilden mit den Wassermolekülen einen festen Kristall. Am Ende der Saison ist der

Bohrcamp des Schlittenzuges 1993 bei etwa 74° Nord und 38° West. In dem ovalen Iglu ist die Küche untergebracht, im anderen befindet sich die Funkstation. Geschlafen wird im Zelt oder in den Fahrzeugen.

Bohrer bei einer Tiefe von etwa 750 Metern angelangt – nicht so viel wie wir uns erträumt hatten, aber wir haben im Laufe der Saison viel gelernt, so dass im nächsten Jahr vielleicht alles schneller geht.

Feldsaison 1991:

Die Arbeiten auf GRIP beginnen mit unerwarteten Schwierigkeiten. Zuerst macht schlechtes Wetter den Versorgungsflügen der Herkules einen Strich durch die Rechnung, dann stellt sich heraus, dass die noch frische Landebahn zu weich für die schweren Maschinen ist. Die Piloten müssen deshalb einen Teil der Fracht in das 32 km entfernte GISP2-Camp der Amerikaner fliegen. Von dort ziehen wir die Ausrüstungsgüter auf Kettenfahrzeugen zur Bohrstelle des GRIP. Wieder einmal bewährt sich die gute Zusammenarbeit zwischen den amerikanischen und europäischen Teams. Zu dieser Verspätung kommt hinzu, dass die neu gebohrten Eiskerne immer noch sehr brüchig sind, was insbesondere die Messungen und Probenahmen erschwert. Wir müssen die einzelnen Kernstücke regelrecht zusammenpuzzeln, bevor wir die Leitfähigkeit am ganzen Kern messen können. Die Schneidearbeiten für die chemischen Analysen im Feld verschieben wir auf das nächste Jahr; dadurch hat der Kern Zeit, sich zu entspannen. Weiterhin schneiden wir Proben für die Isotopen-Messungen aus dem Eis sowie Proben für Gasmessungen an den Luftblasen.

Das Alfred-Wegener-Institut ist unter anderem für kristallographische Untersuchungen des Eises verantwortlich. Wie die Kristalle aufgebaut und die Blasen im Eis verteilt sind, das gibt Aufschluss darüber, ob der Kern noch ungestört geschichtet ist. Erst in einer Tiefe von zirka 1300 Metern hört der böse Zauber des brüchigen Eises auf. Endlich kann zügig analysiert werden. In dieser Tiefe haben wir schon die Geschichte der letzten 8000 Jahre durchschritten: die warme Klimaperiode, in der wir leben. Je tiefer man kommt, desto dünner werden die einzelnen Jahresschichten und desto schneller zieht die Zeit im Eiskern an uns vorüber.

Bei ungefähr der Hälfte des insgesamt mehr als drei Kilometer langen Kerns verändert sich plötzlich und ganz rapide die Leitfähigkeit des Eises. Jetzt sieht das Eis auch anders aus. Mit bloßem Auge erkennen wir Schichten. Sie sind Millimeter bis einen Zentimeter dick und sehen aus wie Vulkanaschelagen, die das einfallende Licht streuen. Aber es ist nicht Vulkanasche; es sind, wie sich später herausstellt, submikroskopische Luftbläschen, die mit erhöhten Konzentrationen von Verunreinigungen einhergehen. Verständlich, dass diese Unterschiede im

Der kleine Skidoo-Zug. Im Schlepp die Radarantenne für Eisdickenmessungen.

Ein Bohrcamp der Nord-
grönland-Traverse 1995
bei 77° Nord und 46°
West. Trotz Hochsommer
sind manchmal die
Windschutzwände einzi-
ge Gewähr, um auch bei
Schneetreiben arbeiten
zu können.

Erscheinungsbild des Eises für Aufregung sorgen. Jeder neue Kern wird skeptisch beäugt. Bis
sich bestätigt: Wir haben den Übergang von der
Warmzeit in die letzte Eiszeit vor etwa 11000
Jahren erreicht.

Erstaunlicherweise ändert sich die Leitfähigkeit
in tieferen Eishorizonten wieder. Die Messungen zeigen unerwartet schnelle Schwankungen
in der Konzentration gelösten Mineralstaubs.
Die Erklärung dieses Phänomens erwarten wir
von der Auswertung aller Werte zu Hause. Am
Ende der Saison haben wir dann doch eine Tiefe von 2300 Metern erreicht, und nur noch etwa
700 Meter warten darauf, an die Oberfläche
gebracht zu werden.

Sommer 1992:
Mit großen Erwartungen fliegen wir in diesem
Jahr nach Grönland, scheint doch das Ende der
Bohrung greifbar nahe. Aber auch diesmal gibt
es neue Hürden zu überwinden. Nach einer rela-

tiv problemlosen Öffnung des Camps will der
Bohrer einfach nicht funktionieren. Änderungen der Messer und des Vortriebs helfen alles
nichts. Anscheinend hat sich Bohrmehl vom
letzten Jahr im Loch angesammelt. Erst die
Zugabe schwerer Bohrflüssigkeit löst diesen
»Eisschlamm«. Doch schon wartet die nächste
Schwierigkeit. Das Bohrloch weicht mit zunehmender Tiefe immer mehr von der Vertikalen
ab. Wird dieser Prozess nicht gestoppt, müsste
die Bohrung vor Erreichen des Felsbettes aufgegeben werden. Die Spezialisten sind beunruhigt
und in diesen kritischen Tagen nicht zu Scher-
zen aufgelegt. Sie führen verschiedene Versuche
mit dem Vortrieb durch, aber ohne Erfolg. Erst
nach vielen kleinen Veränderungen am Bohrer
können sie die Neigung des Bohrlochs fast konstant halten.

Ende Juni erreichen wir die »Schallgrenze«, den
bisherigen Weltrekord im Eisbohren: 2546
Meter. Wir haben nun den längsten Eiskern.

Zeitlich gerechnet, ist die 100000-Jahre-Marke überschritten. Jetzt braucht der Bohrer annähernd zwei Stunden für den fast drei Kilometer langen Weg, bis er wieder vor unseren Augen auftaucht.

In einer Tiefe von 3022 Metern ändert sich plötzlich die Konsistenz des Eises. Einschlüsse von kleinsten Sandkörnern, so genanntem Silt, der beim Fließen des Gletschers vom Felsbett abgeschliffen wird, treten auf. Das Eis nimmt jetzt einen grünlich bis bräunlichen Farbton an, und nun künden auch Steinchen im Eis den nahenden Felsuntergrund an. Am 12. Juli 1992 erklärt Chiefdriller Professor Sigfus Johnsen aus Kopenhagen die GRIP-Bohrung für beendet. Sie ist 3028,8 Meter tief. Natürlich wird der Erfolg entsprechend gefeiert. In nur drei Jahren haben wir die erste Tiefbohrung auf dem Summit niedergebracht, die Analysen sind voll im Gange oder zum Teil bereits abgeschlossen. Die Kollegen von GISP2 gratulieren uns herzlich. Auch sie haben mit Schwierigkeiten zu kämpfen und müssen noch ein weiteres Jahr rackern. Als sie am Felsuntergrund anlangen, haben sie einen noch etwas längeren Eiskern als wir und können sich zusätzlich über ein fünf Zentimeter dickes Stück Fels freuen, das sie mit Hilfe eines Steinbohrers an die Oberfläche bringen.

Die auffälligen Klimaschwankungen während der letzten Eiszeit, die an vielen Parametern abzulesen waren, werden auch von den Labormessungen der Isotopenphysiker sowohl am GRIP- als auch am GISP2-Kern bestätigt (siehe Abb.). Tatsächlich gleichen sich die beiden Eiskerne bis zu einem Alter von gut 100000 Jahren wie ein Ei dem anderen. Ein Beweis dafür, dass diese seltsamen Schwankungen keine "Schmutzeffekte", etwa gestörte Ablagerungen, im Eis sind, sondern echte Klimasignale. So wird der freundschaftliche Konkurrenzkampf europäischer und amerikanischer Forscher zu einer überzeugenden Bestätigung des Gesamtprojekts. Die nach den beiden Klimaforschern Willi Dansgaard, einem Dänen, und dem Schweizer Hans Oeschger benannten schnellen Schwankungen zur Zeit der letzten Eiszeit sind eines der

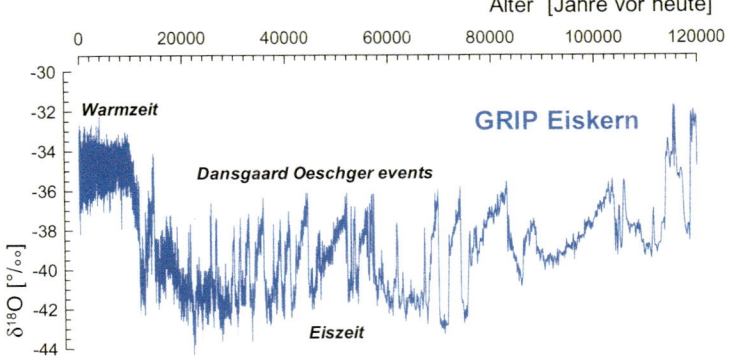

wichtigsten Ergebnisse. Zeigen sie doch, dass unser Klimasystem bei weitem nicht so stabil ist, wie die Klimaperiode, in der wir leben, uns glauben lässt. Stattdessen schlug in der Eiszeit nach kalten Perioden das Klima in nur wenigen Jahrzehnten um. In Grönland stieg die Temperatur um bis zu 10 °C. Dann folgte wieder eine langsame Abkühlung. Diese Kalt-Warm-Kalt-Wechsel waren offenbar eher die Regel als die Ausnahme. Später finden Paläoklimatologen die Dansgaard-Oeschger-Ereignisse auch in Sedimenten aus dem Nordatlantik und bringen sie in Verbindung mit Änderungen der Umwälzung des Ozeans, der so genannten thermohalinen Zirkulation, die von der Temperatur (thermo) und dem Salzgehalt (halin) des Oberflächenwassers gesteuert wird. Im Eis weisen sich die Dansgaard-Oeschger-Schwankungen auch durch schnelle Änderungen der Konzentration des Treibhausgases Methan sowie des Mineralstaubs und der Seesalzaerosole aus. Dies beweist unter anderem, dass die gesamte Atmosphäre der Nordhalbkugel der Erde diesen Veränderungen unterlag.

Die Frage drängt sich auf, ob derart schnelle Klimaschwankungen mit all ihren Folgen für die Gesellschaft auch heute – möglicherweise durch menschliche Eingriffe in die Natur – eintreten können. Neben Klima-Computermodellen tragen auch die grönländischen Eiskerne zu einer Antwort bei. So findet man in den untersten 300 Metern des GRIP-Eiskerns, das heißt im

Die »Fieberkurve« des grönländischen Eisschilds. Dargestellt ist das Isotopenverhältnis des schweren Sauerstoffisotops O-18 zu O-16 im Eis, das mit der Temperatur zum Zeitpunkt des Niederschlags geringer wird. Man sieht die schnellen Klimaschwankungen in der letzten Eiszeit, die so genannten Dansgaard-Oeschger-Ereignisse. Sie gehören zu den überraschenden und in dieser dichten Folge nicht erwarteten Ergebnissen der GRIP-Bohrung. Die heutige Warmzeit zeigt dagegen vergleichsweise konstante Temperaturen. (GRIP-Mitarbeiter, 1993)

Ansetzen des Eisbohrers in der wegen seiner Länge erforderlichen Bohrgrube. Das Bohrloch befindet sich unter der weißen Klappe zwischen Bohrschlitten und Grube.

Der Isländer Thorsteinn Thorsteinsson posiert mit einem besonders langen Kernstück.

Verlauf der letzten Warmzeit, plötzliche Ausreißer in der Kurve, die aufgrund der Isotopenverhältnisse des Sauerstoffs und des Wasserstoffs über die Temperaturen Auskunft gibt. Sie könnten auf solche Schwankungen auch für warme Klimabedingungen wie die unsrigen hinweisen. Jedoch fanden die Amerikaner in ihrem Eiskern diese Ereignisse nicht an der zeitgleichen Stelle. Dies deutet darauf hin, dass möglicherweise Störungen der Eisschichtung in Felsbettnähe für solche Artefakte verantwortlich sind. Unsere kristallographischen Untersuchungen stützen diese Hypothese.

Während nach der Winterpause am GRIP-Camp noch Techniker aufräumen und abbauen und das Terrain säubern, um es in einem möglichst naturreinen Zustand zu hinterlassen, machen sich Wissenschaftler aus Bremerhaven, verstärkt durch Umweltphysiker der Universität Heidelberg, bereits wieder auf, in neue Gebiete des Eisschildes vorzudringen. Ziel ist das bisher nahezu unerschlossene Nordgrönland. Ein Schlittenzug über eine Entfernung von etwa 2000 Kilometern ist vorgesehen, um ein Bild von der glaziologischen Situation zu bekommen (siehe Karte S. 310). Dabei geht es nicht um hunderttausend Jahre alte Zeugnisse der Natur wie bei der Tiefbohrung, sondern um Zeitgeschichte, wie der Historiker sagen würde. Wir wollen entlang der »Nordgrönlandtraverse« des AWI erkunden, wie Niederschlag und Temperatur in den letzten 500 bis 1000 Jahren variierten und welche Spuren die Luftverschmutzung durch den Menschen im Verlauf dieser Zeit in den Eiskernen hinterlassen hat.

Sommer 1993:

In zwei Gruppen bewegen sich die Wissenschaftler über das Eis. Eine Gruppe mit schweren Pistenfahrzeugen, die zig Tonnen an wissenschaftlichem und technischem Material in schnellem Wandertempo über das Eis schleppen, bohrt im Abstand von etwa 150 km Eiskerne bis in eine Tiefe von 100 bis 150 Metern. Ein zweiter Trupp mit drei Wissenschaftlern ist mit zwei Motorschlitten und Zelten unterwegs, um flache Bohrungen von nur 10 bis 15 Meter Län-

ge durchzuführen. Auf leichten Nansen-Holzschlitten haben wir ein Eis-Radargerät montiert (siehe Abb. S. 315). Die an Säureschichten reflektierten Radarwellen zeigen uns, wie das Eis in der Tiefe geschichtet ist. Eingemummt und mit schweren Pelzhandschuhen gegen die Kälte geschützt, sitzen wir im Fahrtwind und gleiten mit 15 bis 20 Stundenkilometer über den Eisschild. Alle 50 Kilometer wird ein Schacht für Schneeproben gegraben und mit Hilfe eines Handbohrers schweißtreibend ein Firnkern erbohrt. Die Proben werden sorgfältig verpackt und, mit Flaggen markiert, am Rand der Grube gestapelt. Der nachfolgende Schlittenzug soll sie abholen.

Am Abend bauen wir ein gemütliches, freundlich leuchtendes Pyramidenzelt auf und versuchen, den eingefrorenen Gaskocher in Gang zu bringen. Dann müssen wir noch literweise Schnee schmelzen, damit wir Essen kochen und dem Körper die nötige Flüssigkeit zuführen können. Zum Schlafen kommen wir meist sehr spät. Ab und zu, vor allem bei der Morgentoilette, träumt man von den Annehmlichkeiten des GRIP-Camps, von Musik und schönen Landschaften...

Das Eis zieht sich in allen Himmelsrichtungen gleich weiß bis zum Horizont hin. Wir orientieren uns mittels Satellitennavigation, so dass wir selbst bei dem hin und wieder einsetzenden Eisnebel weiterfahren können. Trotzdem macht sich ein beklemmendes Gefühl breit, wenn alle Konturen verschwimmen und das Auge keinerlei räumliche Tiefe mehr erkennen kann. Gedanken von sich plötzlich auftuenden Gletscherspalten oder Eisbären, die aus dem Nebel steigen – beides Gefahren, die in der Mitte des Inlandeises so unwahrscheinlich wie ein Autounfall sind – huschen durch den Kopf. Nach einigen Tagen ist unser Trupp froh, dem Schlittenzug zu begegnen, aber nach drei, vier Tagen des Eiskernbohrens wird er sich wieder allein auf den Weg machen.

So fahren die einzelnen Gruppen die Nordgrönlandtraverse in den Jahre 1993, 1994 und 1995 auf dem Inlandeis ab. Mehr als 1600 Kilo-

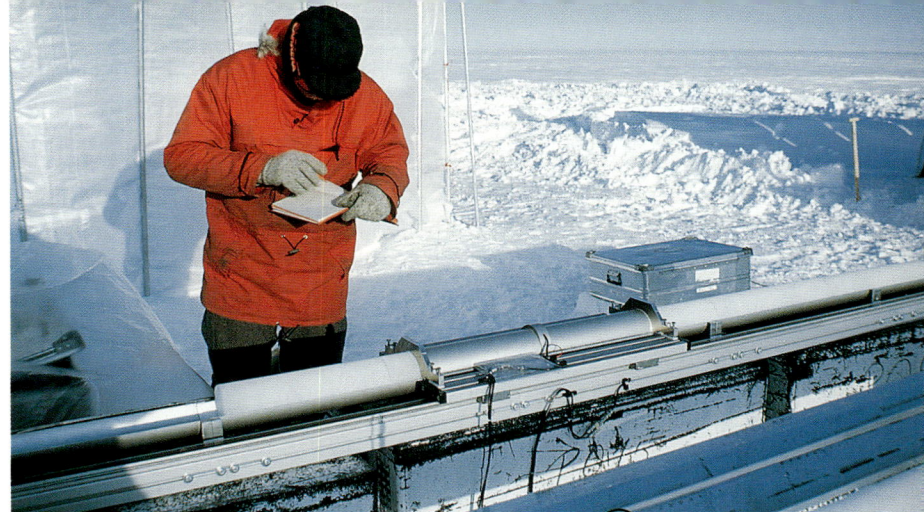

meter! Am Ende schauen wir, nicht ohne Stolz, auf 13 lange und über 40 kurze Eiskerne, insgesamt zirka 2500 Meter Kernmaterial. Die isotopischen und chemischen Analysen der Bohrkerne zeigen erstmals, dass die letzten 500 bis1000 Jahre durchaus von Klimaschwankungen in der Größenordnung von ein bis zwei Grad Celsius geprägt waren. Die so genannte »Kleine Eiszeit« zwischen dem 16. und 19. Jahrhundert, als in den Alpen die Gletscher in die Täler vorstießen, ist wohl die eindrücklichste von ihnen. Darüber hinaus belegen die chemischen Messungen (siehe Abb. S. 320), wie auch in Grönland, das selbst so gut wie keinerlei Industrie aufweist, jene im Eis gelösten Aerosole immer mehr dominieren, die aus herantransportierter, durch Industrie und Verkehr verschmutzter Luft aus mittleren Breiten stammen.

Die von der Nordgrönlandtraverse gewonnenen Daten dienten unmittelbar dazu, einen neuen Bohrort für eine weitere Tiefbohrung auszuwählen. Seit die GRIP-Bohrung beendet ist, sind drei Jahre vergangen, und in der Zwischenzeit haben sich die Wissenschaftler davon überzeugt, dass nur eine weitere Zeitreihe aus diesem Gebiet Aufschluss über die im GRIP-Kern festgestellten Klimaschwankungen während der letzten Warmzeit geben kann. Da über Nordgrönland weniger Schnee als auf dem Summit fällt, nehmen die Forscher an, dass dort dieses Zeitintervall mehrere hundert Meter über dem Felsuntergrund liegt und dadurch sehr wahrscheinlich ungestört archiviert ist. Doch nicht nur Niederschlagsrate und Eisdicke, auch die Beschaffenheit des Felsuntergrunds ist besonders wichtig für die Auswahl eines Bohrpunktes. Deshalb hat eine Gruppe um den Geophysiker Uwe Nixdorf an einem der Polarflugzeuge des Alfred-Wegener-Instituts ein Eisradar montiert. Damit ist er in der Lage, bis tief in das Eisinnere zu schauen. Die ausgesandten elektromagnetischen Pulse werden von Schichten erhöhter elektrischer Leitfähigkeit im Eis, zum Beispiel Konzentraten vulkanischer Säurepartikel, aber vor allem auch vom Felsuntergrund zurückgeworfen. Aus der Zeit, die das Echo des Signals benötigt, um wieder am Flugzeug anzukommen,

kann die Tiefe dieser reflektierenden Schichten und des Felsuntergrunds bestimmt werden. Die Messungen ergaben, dass nord-nordwestlich von GRIP die ideale Stelle für eine neue Tiefbohrung mit einem sehr ebenen Felsuntergrund liegt. Diese vierte Tiefbohrung in Grönland, genannt North GReenland Icecore Project (NGRIP) wird im Sommer 1996 in bei 76°06´N, 42°20´W auf einer Höhe von 2950 Metern begonnen. Federführend sind dänische Glaziologen aus Kopenhagen und das Alfred-Wegener-Institut. Natürlich beteiligen sich auch diesmal wieder die GRIP-Arbeitsgruppen aus ganz Europa. Wie schon damals besteht die Hauptarbeit im ersten Jahr darin, ein funktionstüchtiges Camp aufzubauen und die ersten hundert Meter des Kerns zu bohren. Dazu können die Polarforscher natürlich vieles von der Infrastruktur des 320 Kilometer entfernten GRIP-Camps und der Nordgrönlandtraverse wieder nutzen, zum Beispiel schwere Pistenfahrzeuge oder Zelte. Im ersten Jahr erbohren die Wissenschaftler etwa 350 Meter Eiskern. Sie setzen einen neuen Bohrertyp ein und sind gezwungen, eine andere Bohrflüssigkeit zu verwenden, und das bringt einige unerwartete Schwierigkeiten mit sich.

Saison 1997:
In diesem Jahr gehen die Wissenschaftler wieder mit großem Elan an ihre schwere Arbeit. Die Feinjustierung des Bohrers ist erfolgreich, und so stellt sich endlich eine beruhigende Routine ein. Schon denken wir, wir haben alles im Griff, da schlägt das Schicksal zu und das Schlimmste pas-

Der Glaziologe Frank Wilhelms beim Messen der elektrischen Leitfähigkeit des Eises, die – zum Beispiel durch Horizonte vulkanischer Aschen – eine erste Einschätzung des Alters erlaubt.

Unten: Dokumentation des Kernmaterials: Auf einem Tisch werden die Bohrkerne zu Einmeterstücken geschnitten, gemessen, gewogen, registriert und verpackt.

Rekonstruktion der Luft-
verschmutzung anhand
eines nordgrönländischen
Eiskerns. Dargestellt ist
die Konzentration an
Sulfataerosol, das aus
Schwefeldioxid entsteht,
wenn Öl und Kohle ver-
brannt werden. Die Punkte
zeigen geschätzte Schwe-
feldioxid-Emissionen an
(nach Gschwandtner,
1986, und Mylona, 1996),
die aus Verbrauchsdaten
von fossilen Brennstoffen
für die USA sowie für
Westeuropa einschließlich
der ehemaligen UdSSR
berechnet wurden.
(Hubertus Fischer, 1998)

siert, was passieren kann: Der Eiskern lässt sich im Bohrloch nicht abreißen, der Bohrer steckt hilflos bei 1370 Meter Tiefe fest. Verschiedene Versuche, ihn zu befreien, schlagen fehl. Deprimiert beschließen die Wissenschaftler, die Bohrsaison früher zu beenden. Bevor sie das Camp verlassen, wird noch Glykol in das Bohrloch gepumpt. Vielleicht schmilzt, wie schon einmal, das üblicherweise als Frostschutz verwendete Mittel den Bohrer über den Winter frei?

Sommer 1998:

So schnell geben wir uns nicht geschlagen, zu wichtig sind die Ergebnisse, die von diesem Kern erwartet werden. Mit neuem Mut eröffnen wir wieder das Nord-GRIP-Camp. Der Bohrer hat sich aber nicht bewegt. Mehr Glykol wird eingebracht – es nützt alles nichts. Der Bohrer muss als verloren gelten. In der Hoffnung, die Geldgeber davon überzeugen zu können, mit relativ wenig Aufwand (das Camp ist ja schon errichtet) im nächsten Jahr eine neue Tiefbohrung abzuteufen, gewinnen wir an einer etwas versetzten Stelle einen 110 Meter langen Kern.

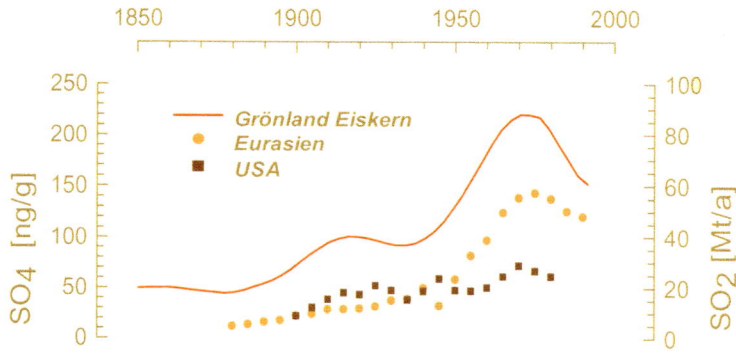

Feldsaison 1999:

Tatsächlich kann im Sommer 1999 weiter gearbeitet werden. Zu Hause haben die Spezialisten viel über den Unfall des Bohrers nachgedacht und Experimente im Labor durchgeführt. Es scheint, als ob die neue Bohrflüssigkeit das Problem darstellt; sie führt dazu, dass zu viele Bohrchips zum Lochboden absinken, sich am Bohrer festsetzen und ihn blockieren. Die Lösung ist relativ einfach, wenn auch für den einzelnen nicht angenehm. Nach jedem Bohrtag müssen zwei von uns in einer Nachtschicht mit Hilfe eines speziellen »Siebs« das Bohrloch von diesen Eischips säubern. Der Erfolg ist durchschlagend. In der Saison 1999 können wir bis zu einer Tiefe von 1900 Meter bohren. Selbst kleinere Modifikationen des Bohrers halten die Wissenschaftler nicht entscheidend auf. Das ist die erfolgreichste Bohrsaison aller Zeiten, ein technischer Rekord, den sich die europäischen Wissenschaftler zugute halten können.

In diesem Moment, in dem dieser Bericht verfasst wird, geht unsere Tiefbohrung am Nord-GRIP weiter. Wir hoffen, das Felsbett zu erreichen. Die Produktivität des Bohrens ist weiterhin hoch, wir haben bereits 2900 Meter geschafft. Drücken wir die Daumen, dass die Expedition erfolgreich verläuft und die Wissenschaftler für ihre Mühen mit weiteren wichtigen Ergebnissen zum Klimasystem unserer Erde belohnt werden. Ergebnisse, die auch für die Vorhersage der zukünftigen Klimaentwicklung, und damit für jeden einzelnen von uns, von Bedeutung sind.

Hubertus Fischer, Josef Kipfstuhl

Zwischen Gletschern und Permafrost

Die Landschaftsgeschichte Sibiriens seit der letzten Eiszeit

Dort, wo der Autor am Schreibtisch sitzt, auf dem Telegrafenberg in Potsdam mit seinen blühenden Gehölzen und der Laubfärbung im Herbst, zwischen historischen Gebäuden, deren Bewohner und Nutzer über ein Jahrhundert lang das System Erde zu ergründen suchten, in diesem wahrhaftigen Forschungspark gleiten die Gedanken mühelos vom aktuellen Expeditionsbericht in erdgeschichtliche Vergangenheiten. Man schaut zum Fenster hinaus: 20000 Jahre vor heute. Eine mehrere hundert Meter mächtige Eiskappe liegt über dem Berg. Ein, zwei Tagesmärsche weiter südlich die Endmoräne eines großen Gletschers, an dessen Rand, in einer Tundrenlandschaft mit niederer Vegetation, mit langen, kalten Wintern und kurzen Sommern, leben unsere jungsteinzeitlichen Vorfahren, ernähren sich von Beeren und durch die Jagd, bei der sie auch hin und wieder ein Mammut erlegen können.

Diese für uns Mitteleuropäer befremdliche Situation war das Ergebnis der von Skandinavien nach Europa vorgedrungenen Gletscher der letzten Eiszeit. 20000 Jahre sind erdgeschichtlich eine kurze Spanne. Wie konnten sich die Umweltbedingungen so dramatisch ändern, dass sie aus einer Eiszeitlandschaft ein gemäßigt trockenes Gebiet wie die »Märkische Streusandbüchse« Brandenburgs hervorbrachten?

August 1995 in der Tundra Sibiriens

Nach einem warmen Sommertag mit 25 Grad Celsius, an dem wir von Mückenschwärmen fast aufgefressen werden, ist das Wetter umgeschlagen. Bei starkem Wind, Regen und Temperaturen um den Gefrierpunkt waten wir manchmal bis zu den Knien im Wasser durch die Tundra der Taimyr-Halbinsel im zentralen Nordsibirien. Wir sind auf den Spuren der Eiszeit. Nähern uns einem von Geröll begrabenen Gletscher, der sich vor langer Zeit gebildet hat und uns etwas von der Vergangenheit erzählen soll. Der Gletscher, von dem nur noch ein unscheinbarer, dreckiger Eisblock, rund zwanzig Meter hoch, übrig geblieben ist, wird fotografiert; wir beschreiben seine Lage, skizzieren, was wir sehen und nehmen Eisproben für spätere Untersuchungen.

Auf dem Rückmarsch zum Lager ruft uns Dima Bolshjanow, unser russischer Kollege, zu einem kleinen Hügel und zeigt uns ganz begeistert einige Muscheln. Irgendwann in der Vergangenheit

Schwärme von Mücken plagen im sibirischen Sommer die Expeditionsteilnehmer.
Foto: M. Melles

321

Russisch-deutsches Forschungscamp am Levinson-Lessing-See, Taimyr-Halbinsel.
Foto: B. Hagedorn

Wer die künftige Entwicklung des Klimas verstehen will, muss seine Geschichte kennen. Die Arbeitsgebiete der Potsdamer Paläo-Geologen (Taimyr-Halbinsel, Sewernaja Semlja, Laptewsee und Lena-Delta) befinden sich in einer Schlüsselregion der Klimaentwicklung.

muss hier einmal das Meer gewesen sein. Nach einigen Stunden erreichen wir die Zelte am Levinson-Lessing-See. Dort treffen wir auf die andere Gruppe der Expedition; sie kommt gerade vom See zurück, wo sie von einem wackligen Floß aus einen langen Kern aus den Ablagerungen des Seebodens gebohrt hat. Ergebnis harter Knochenarbeit, von dem wir wichtige Informationen zur Klima- und Umweltgeschichte erwarten. Irgendwann nach Mitternacht, es ist immer noch hell, gibt es Kascha, den üblichen Getreidebrei und rohen Fisch und vor einem kurzen Schlaf noch einen Schluck Wodka.

Hypothesen und Zweifel

Klima- und Umweltforschung in Sibirien. Warum gerade dort? Die Arbeitsbedingungen sind belastend. Mückenschwärme und Kälte,

Leben in Zelten, ohne Dusche und warmes Wasser, der tägliche Kascha mit rohem Fisch, nur hin und wieder Rentierfleisch, ergänzt durch mitgebrachte Konserven. Dazu die logistischen Probleme. Keine Straßen. Unzuverlässige Hubschrauber, die mal zum vereinbarten Termin kommen oder unsere Expeditionsgruppen auch mal einige Tage auf gepackten Kisten warten lassen. Aber Sibirien ist eine der Schlüsselregionen für die Klimaentwicklung der Erde. Wollen wir verstehen, warum wir vor 20000 Jahren in Deutschland große Gletscher hatten oder, noch viel schwieriger, wollen wir Vorstellungen von der Situation erarbeiten, die in Zukunft auf unserer Erde herrschen wird, müssen wir die Veränderungen, die in der Vergangenheit in Sibirien abliefen, untersuchen und sie in den Zusammenhang der globalen Klima- und Umweltänderungen stellen. Dort in Sibirien haben sich die nach-eiszeitlichen Landschaften länger erhalten als in Europa.

Wie können wir uns die letzte Eiszeit, den Zeitraum von zirka 25000 bis 15000 Jahre vor heute in Sibirien vorstellen? Von bekannten amerikanischen und russischen Wissenschaftlern wurde und wird vereinzelt immer noch die Ansicht vertreten, dass die große Eiskappe, die im Südwesten bis nach Deutschland reichte, auch ganz Sibirien bedeckte. Dass sie als eine einzige, zusammenhängende Eismasse bis hin zur Beringstraße im äußersten Osten und nach Norden über die flachen Schelfe bis in das Nordpolarmeer reichte. Und entspricht es nicht dem »gesunden Menschenverstand«, dass, wenn es in Sibirien kälter als heute ist, dort auch mehr Eis vorhanden sein müsste?

Aber es gibt viele Hinweise auf eine deutlich kleinere Eiskappe. Da ist vor allem die weite Verbreitung des Permafrostes zu nennen. Dieser bis in Tiefen von über tausend Meter gefrorene Boden beziehungsweise das gefrorene Gestein, welches heute etwa ein Viertel (!) der kontinentalen Erdoberfläche unterlagert und mehr als die Hälfte Sibiriens einnimmt, kann nicht mit Eis bedeckt gewesen sein. Die starke Kälte muss über viele zehntausend Jahre ungehindert durch isolierende Eisschichten in den Boden eingedrungen sein, damit er so tief gefrieren konnte. Mammutskelette, die im Permafrost konserviert noch heute nahezu unversehrt von der Lena-Niederung über die Taimyr-Halbinsel bis zur Inselgruppe Sewernaja Semlja gefunden werden, weisen Alter von 15000 bis 35000 Jahren auf. Da Mammuts ihre Nahrung wohl kaum auf einem Gletscher gefunden haben, müssen ihre Weidegebiete eisfrei gewesen sein.

Wo also lag die östliche Grenze der großen Gletscher während der letzten Eiszeit? Was waren die Ursachen dafür, dass sich das Ökosystem im zentralen Sibirien während der natürlichen Klimaschwankungen der letzten Jahrzehntausende verändert hat? Fragen, denen wir seit 1993 im Rahmen der deutsch-russischen Forschungsprojekte »Taimyr« und »System Laptewsee« nachgehen. Dabei müssen stets auch die meeresgeologischen Projekte in der Kara- und Laptewsee im Blickfeld bleiben, weil die Ergebnisse der terrestrischen Untersuchungen schwer interpretierbar wären, wenn man die marinen Befunde außer Acht ließe.

Kap Tscheljuskin, am nördlichsten Festlandspunkt Asiens, August 1995

Vor einigen Stunden sind wir mit unserem MI-8-Hubschrauber an diesem Militärstützpunkt gelandet, um Treibstoff aufzunehmen. Seither warten die Piloten auf besseres Wetter. Wir nutzen die Zeit und wandern zu den Monumenten früherer Arktisforscher am Nordkap. Neben einer Steinsäule der Amundsen-Expedition von 1908 ist ein Holzpfahl errichtet worden, an dem ein Anker der Thule-Expedition von 1901 hängt. Einige weitere Zeugen erinnern an ande-

re, weniger bekannte, wagemutige Polarfahrer. Endlich wird der Flug nach Sewernaja Semlja freigegeben. Er führt über die ausnahmsweise völlig eisfreie, nur 50 Kilometer breite Wilkitsky-Straße, durch die nicht nur Frachtschiffe, sondern auch ein Forschungseisbrecher wie unsere POLARSTERN normalerweise nur »im Schlepp« eines russischen Atomeisbrechers fahren können. Es kommt, wie so oft in dieser Gegend, wieder dichter Nebel auf, und wir verstehen, warum Fridtjof Nansen die Sewernaja-Semlja-Inselgruppe nicht entdeckt hatte, als er auf seiner berühmten Expedition mit der FRAM (1893 - 1896) durch die Wilkitsky-Straße fuhr. Plötzlich dreht der Hubschrauber ab. Der Navigator hat durch den Nebel den Südrand eines Gletschers auf der Bolschewik-Insel erblickt – wir sind auf der richtigen Route und landen dreißig Minuten später bei der Hauptstation am Nordrand der Insel. Am nächsten Tag geht es mit dem Hubschrauber zur Vorerkundung auf die Oktoberrevolutions-Insel. Wir begutachten verschiedene Seen, von denen wir bei einer nachfolgenden Expedition Sedimentkerne bohren wollen. Bei strömendem Regen landen wir schließlich am See Ismentschiwoje, zu Deutsch »der Wechselhafte«, weil dessen Wasser durch das eingeschwemmte Material des Sandsteins der Umgebung oft rot gefärbt wird. Der See am

Gebirgsgletscher etwa zehn Kilometer vom Levinson-Lessing-See entfernt.

Durchqueren des Krasnaja-Flusses am Levinson-Lessing-See.
Fotos: H.-W. Hubberten

323

Südrand der über 700 Meter hohen Wawilow-Eiskuppel soll uns die entscheidenden Informationen zu der Frage liefern, ob sich die gewaltige Gletscherdecke der letzten Eiszeit von Westen her bis in diese Gegend ausgebreitet hat.

Den Fragen auf den Grund gegangen

Ein Jahr später werden aus dem Ismentschiwoje im Juni, also im arktischen Spätwinter, zwei über zehn Meter lange Sedimentkerne von der etwa zwei Meter dicken See-Eisdecke aus erbohrt und für wissenschaftliche Untersuchungen nach Potsdam gebracht.

Seesedimente sind ideale Archive der vergangenen Umweltbedingungen, da sie in der Regel kontinuierlich abgelagert wurden und somit die lückenlose Geschichte seit der Entstehung eines Sees gespeichert haben. Schwierig ist stets die zeitliche Einstufung der verschiedenen Lagen. Üblicherweise wird die Alterseinstufung oder Datierung mit der Radiokohlenstoff-Methode vorgenommen. Ihr liegt die Tatsache zugrunde, dass im Kohlendioxid der Luft, welches von den Organismen aufgenommen wird, zwei unterscheidbare Kohlenstoffisotope (Atome mit unterschiedlichem Gewicht) enthalten sind: neben dem stabilen Kohlenstoff C-13 auch das radioaktive oder instabile Kohlenstoffisotop C-14. Beide Isotope werden von den Organismen in ihre Gewebe eingebaut. Nach dem Absterben von pflanzlicher oder tierischer Substanz zerfällt das radioaktive Isotop. Dies bedeutet: Mit zunehmendem Alter nimmt die – sehr geringe – Strahlungsintensität der organischen Substanz ab, bis sie nach etwa 50 000 Jahren vollständig abgeklungen ist. Indem man die Konzentration des noch vorhandenen C-14 misst, kann auf das Bildungsalter geschlossen werden.

Die an Materialien aus dem Sediment des Ismentschiwoje-Sees bestimmten Alter zeigen aber auch die Problematik dieser Methode. So findet sich häufig nicht genügend organisches Material zur Datierung. Älterer Kohlenstoff, der zum Beispiel aus Kohlevorkommen der Umgebung durch Bäche in den See eingetragen wird, kann das Alter verfälschen. Des weiteren kann der abschmelzende Wawilow-Gletscher im Eis eingeschlossenen Luftkohlenstoff, der so alt ist, dass seine Radioaktivität längst abgeklungen ist, in den See bringen. Die Suche nach geeignetem Material für die Altersbestimmung, zum Beispiel nach Insektenresten, Foraminiferen (kalkschaligen Mikroorganismen) oder Resten von Pflanzen, Moosen und Holzbruchstücken, verlangt sehr häufig ein aufwändiges Auslesen der Partikel unter dem Mikroskop.

Die aus dem Sedimentkern des Ismentschiwoje gewonnenen Altersdaten weisen trotz aller Unsicherheiten aber eindeutig darauf hin, dass seit mindestens 50 000 Jahren Material am Seeboden abgelagert wurde. So lange hat dieser See bestanden. Deshalb kann in diesem Zeitraum kein großer Gletscher die Insel bedeckt haben. Das unter dem Sediment am Boden des Sees angebohrte Material, ein durch einen Gletscher stark verfestigter Ton, wurde vor mehr als 50000 Jahren gebildet (siehe Abb. 325).

Ein Tag im Sommer 1997 in Norilsk, Unterlauf des Jenissej

Obwohl keine Wolken am Himmel sind, ist es dämmrig. Schuld daran sind die Abgase, die aus den unzähligen Schornsteinen der Hüttenwerke in die Luft geblasen werden. In Norilsk sind die zweitgrößten Platin- und Nickelproduktionen der Welt beheimatet. Gewaltige Erzvor-

Verladen der Ausrüstung auf ein russisches Flussschiff, das die Expeditionsteilnehmer zum Lamasee bringt. Foto: M. Melles

Der Ismentschiwoje-See
auf Sewernaja Semlja.
Foto: H.-W. Hubberten

Die Entwicklung des Ismentschiwoje-Sees − ein Modell für das nördliche Mittelsibirien

Irgendwann vor mehr als 50000 Jahren, vermutlich bei der großen Frühweichsel-Vergletscherung vor etwa 90 000 Jahren, war die Gegend, in der heute der Ismentschiwoje-See liegt, von einem Gletscher bedeckt (a). Dieser hat den Untergrund stark verfestigt und vereinzelt gröberes Material eingetragen. Danach wich der Gletscher zurück, und in das Seebecken konnte das Meer eindringen (b). Es bildeten sich typische Meeresablagerungen, die kalkige Mikroorganismen, so genannte Foraminiferen, enthalten, an denen auch das Radiokohlenstoff-Alter bestimmt werden konnte. Danach folgte eine längere Zeit, in welcher der See, vermutlich weil der Meeresspiegel absank, austrocknete, um dann erneut überflutet zu werden (c,d). Diese Austrocknung wird durch eine Zunahme an Meerwasser-typischen Elementen wie

Schwefel oder Chlor dokumentiert. Gleichzeitig geriet altes Meeressediment, das in der Umgebung des Sees vorkommt, durch Bäche in den See. Während der letzten Eiszeit (e) trocknete der See erneut aus, weil der Meeresspiegel um fast 120 Meter absank und ein kaltes, trockenes Klima herrschte. Es bildeten sich Meersalz-Ausfällungen, zum Beispiel Sulfate. Mit der globalen Klimaerwärmung, die zu unserer jetzigen, seit zirka 10000 Jahren andauernden Warmzeit führte, nahmen die Niederschläge wieder zu und führten gemeinsam mit dem Schmelzwasser des Wawilow-Gletschers zu einer erneuten Wasserfüllung. Die Ablagerungen zeigen nunmehr alle charakteristischen Eigenschaften für Süßwassersedimente dieser hohen, arktischen Breiten.
(Nach Alexandra Raab)

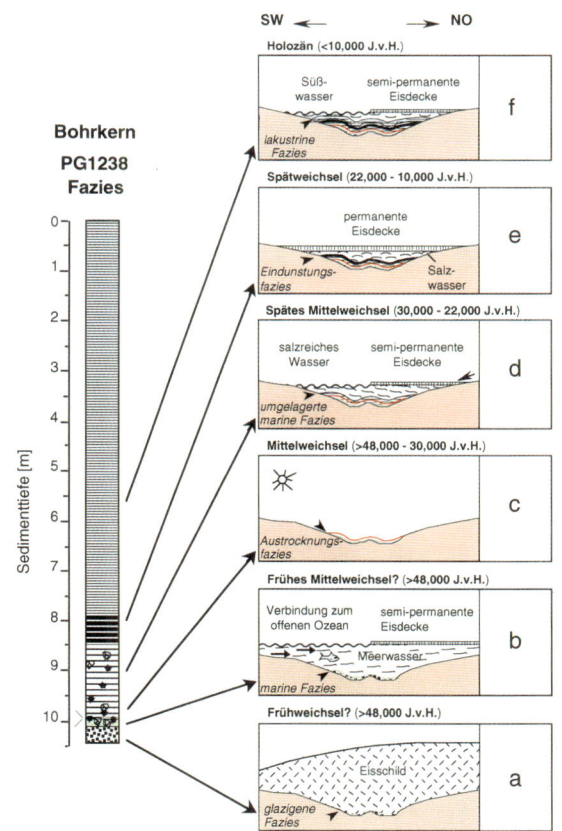

325

kommen finden sich in den Deckenbasalten des Putoran-Gebirges und werden zum Teil im Tagebau in riesigen, über hundert Meter tiefen Kesseln abgebaut. Seit den dreißiger Jahren wird hier Bergbau betrieben. Zur Stalin-Zeit und nach dem Zweiten Weltkrieg vor allem durch Straf- und Kriegsgefangene. Eine typische sibirische Industriestadt. Graue Wohnblocks, breite Straßen, die durch den darunter tauenden Permafrost wie Berg- und Talbahnen aussehen, verschlossen wirkende Menschen. In Norilsk beladen wir mit Hilfe unseres Freundes Valerie Grebenets ein Schiff, das die Expeditionsmannschaft mit der gesamten Ausrüstung zum östlich von Norilsk gelegenen Lamasee bringen soll.

Dort werden neben einem in den See mündenden Bach die Zelte aufgeschlagen und das Camp aufgebaut. Das Auspacken der Ausrüstung, das Herrichten des Schlauchbootes und der Bohrplattform dauern einen ganzen Tag. Es geht auch diesmal wieder darum, Ablagerungen vom Seeboden zu gewinnen. Da der See mit einer Länge von über 80 Kilometern sehr groß ist, »durchleuchten« wir erst einmal die oberen Sedimentschichten. Dazu verwenden wir ein Gerät, das Schallwellen zum Seeboden aussendet, die an den Schichtgrenzen reflektiert und zur Oberfläche zurückgesandt werden. Je nach Tiefe der Reflektoren brauchen die Wellen unterschied-

lich lange, um die Oberfläche zu erreichen. Die ganze Messung geschieht vom fahrenden Schlauchboot aus, welches einen zirka zwei Meter langen Schlauch, den so genannten Streamer, hinter sich herzieht, in dem in kurzen Abständen Unterwasser-Mikrofone angeordnet sind. Diese registrieren die ankommenden Schallwellen und geben die Informationen an einen Computer weiter, der sie in Bilder des Seebodens und seines Untergrundes umsetzt. Die Bilder zeigen, wo die Ablagerungen gestört sind, wo eventuell viel ältere Schichten an die Oberfläche kommen und wo die Sedimente gut geschichtet liegen und damit kontinuierlich Jahr für Jahr aufgebaut wurden, so dass sie die Klima- und Umweltgeschichte gut dokumentieren. An solchen Positionen wollen wir ansetzen und lange Kerne aus dem Sediment bohren. Eigentlich werden die Sedimentkerne aus dem Seegrund nicht gebohrt, sondern herausgestochen. Unser »Bohrschiff« ist eine kleine schwimmende Plattform mit einer Arbeitsfläche von 3,5 mal 2,7 Metern, auf der ein Bohrgestänge mit Winden montiert ist. Damit wird an einem Seil ein drei Meter langes Stahlrohr hinabgelassen, das durch ein ebenfalls mit Hilfe eines Seils immer wieder angehoben und fallen gelassenen Gewichts in den Seeboden gehämmert wird. Durch ein überlappendes Beproben in unterschiedlichen Tiefen gelingt es, damit über zwanzig Meter lange Sedimentkerne zu gewinnen.

Was sagen uns die Ergebnisse der Untersuchung eines etwas mehr als zehn Meter langen Sedimentkernes?

Schon an den Farben der Ablagerungen, die in der Abbildung auf Seite 327 dargestellt sind, sieht man, dass im Zeitraum der letzten 17000 Jahre mehrfach unterschiedliche Bedingungen geherrscht haben. Helle Schichten wechseln mit dunklen, mehr bräunliche mit grauen, immer wieder sind schmale, schwarze Lagen eingeschaltet. Jeder Wechsel, jede Farbe ist das Ergebnis bestimmter Umweltbedingungen, die dazu geführt haben, dass sich ein anderes Material am Seeboden abgesetzt hat.

Wichtiger sind jedoch die Informationen, die durch die Verteilung von Pollen, also dem Blü-

Das Bohrfloß auf dem Lamasee nordöstlich von Norilsk kehrt zum Lager zurück.
Foto: Archiv AWI

tenstaub von Pflanzen, gewonnen werden können. Der Blütenstaub wird jedes Jahr zum Beispiel durch den Wind auf die Seeoberfläche gebracht und sinkt auf den Boden ab, wo er Jahr für Jahr, Schicht auf Schicht in das Sediment eingebaut wird. Auf diese Weise spiegelt sich die Vegetation im Sediment wider, die zum Zeitpunkt der Ablagerung im Umgebungsgebiet vorhanden war. Konzentrieren wir uns auf die dicke grüne Linie in der Abbildung: Sie trennt die Baumpollen (Birke, Fichte u.a.) auf ihrer linken Seite von den Nichtbaumpollen (vor allem Gräser) auf der rechten Seite. Unterhalb einer Kerntiefe von acht Metern – wir befinden uns noch in der letzten Eiszeit – treffen wir keine Baumpollen an. In der Umgebung des Sees wachsen keine Bäume. Es herrscht eine Tundra-Steppen-Vegetation, der bevorzugte Lebensraum der Mammuts.

Vor 13000 Jahren hat sich das Klima geändert. Mit der beginnenden Erwärmung wandern die ersten Bäume von Süden ein. Nach einem kurzen Kälterückschlag, an der Pollenzone L5 ersichtlich, dem so genannten jüngeren Dryas-Ereignis, wird dann um 9000 bis 8000 vor heute (Pollenzone L7) das Klimaoptimum der jetzigen Warmzeit erreicht. Dichter Wald bildet eine typische Taigalandschaft, wie sie heute 150 bis 200 Kilometer weiter südlich anzutreffen ist. Die mittlere Jahrestemperatur liegt zwei bis vier Grad über der heutigen.

Nach einer langen Phase recht stabilen Klimas setzte vor etwa 2500 Jahren eine Klimaverschlechterung ein, die bis heute anhält. Der Wald wird lichter und weist häufig baumlose Flecken auf. – Gehen wir einer neuen Eiszeit entgegen? Viele Paläontologen sind davon überzeugt, dass in ungefähr 5000 Jahren Skandinavien und vielleicht auch Norddeutschland wieder vollkommen vergletschert sein könnten.

Natürlich sind dies nicht alle Informationen, die der Sedimentkern liefert. Diatomeen – Algen, die ein Kieselskelett aufbauen – erzählen uns etwas über den Zustand des Sees, über Wassertemperatur, pH-Wert oder auch über die Dauer der Eisfreiheit im Sommer. Die chemische Zusammensetzung des Sediments lässt Schlüsse

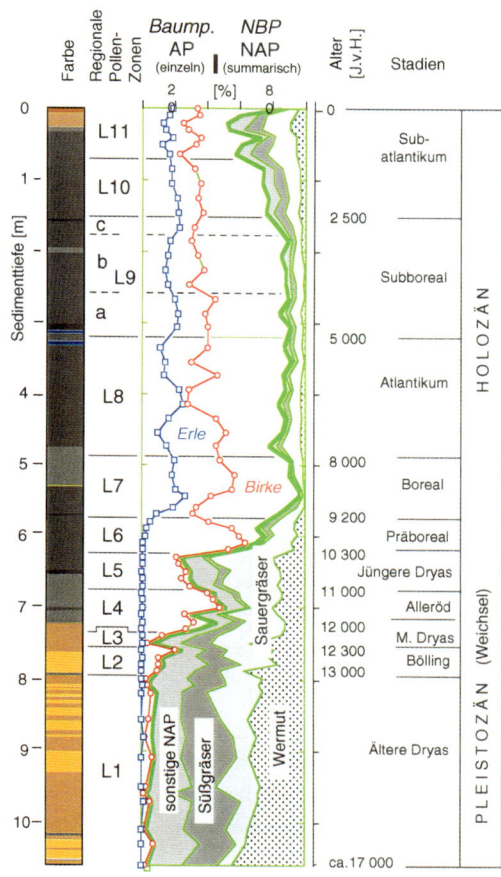

Pollendiagramm eines Sedimentkerns aus dem Lama-See, östlich von Norilsk (nach Hahne & Melles). Dieser etwas mehr als zehn Meter lange Kern zeigt die Vegetations- und damit auch die Klimaentwicklung seit der Älteren Dryas, also seit der Endphase der letzten Eiszeit. Die dicke grüne Linie, welche die Baumpollen auf der linken Seite der Abbildung von den Nichtbaumpollen trennt, verdeutlicht das Vorherrschen der Waldvegetation in unserer jetzigen Warmzeit. Die Abnahme der Baumpollen seit etwa 2500 Jahren zeigt eine Abkühlung bzw. Klimaverschlechterung in dieser Region der Arktis.

auf die Art und Intensität der Verwitterung in der Umgebung zu und liefert damit Hinweise auf die Niederschlagsmenge. Und auch hier verbietet die Kontinuität, mit der sich die Sedimente seit mindestens 17000 Jahren gebildet haben, die Existenz eines großen Gletschers an der Stelle des Sees.

Anfang August 1995 am Ufer des Labas-Sees

Nach einer erfolgreichen Expedition im Jahre 1994 arbeiten unsere Wissenschaftler zum zweiten Mal mit allen ihnen zu Gebote stehenden Methoden am Ufer dieses etwa zehn Kilometer langen Sees in der nördlichen Taimyr-Tiefebene. Es ist ein ungewöhnlich warmes Jahr. Die Stechmücken fühlen sich deshalb sehr wohl, sie

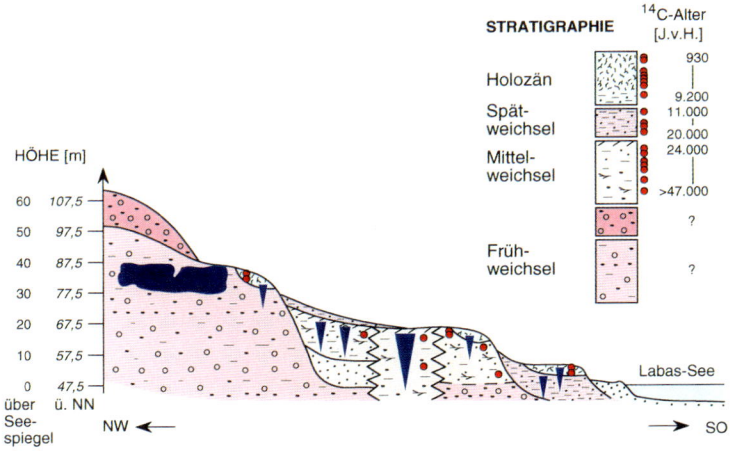

STRATIGRAPHIE · ¹⁴C-Alter [J.v.H.]

Holozän — 930 / 9.200
Spät-weichsel — 11.000 / 20.000
Mittel-weichsel — 24.000 / >47.000
Früh-weichsel — ? / ?

HÖHE [m]

60 — 107,5
50 — 97,5
40 — 87,5
30 — 77,5
20 — 67,5
10 — 57,5
0 — 47,5

über See-spiegel · ü. NN

NW ← → SO

Labas-See

Schematisches Profil durch Permafrost-Ablagerungen in der nördlichen Uferzone des Labas-Sees (nach Ch. Siegert). Die stratigraphische Kolumne in der rechten Bildhälfte zeigt die zeitliche Abfolge der Ablagerungen. Dabei markieren die roten Punkte die Positionen der Proben, an denen Radiokohlenstoff-Alter bestimmt wurden. Die blauen Keile symbolisieren Eiskeile. Der in der Frühweichsel-Ablagerung eingezeichnete blaue Körper entspricht dem Rest eines mächtigen Gletschers, der zu dieser Zeit das Gebiet bedeckt hat.

sind überall und werden zum Fluch. Selbst die Teller mit Saschas hervorragender Fischsuppe sind von den Plagegeistern bedeckt. Essen mit Hindernissen. Da die Biester ständig angreifen, kann auch bei Temperaturen um 25 Grad nur mit schützender Kleidung, Handschuhen und Imkerhüten gearbeitet werden, deren Moskitonetze Gesicht und Nacken verhüllen. Aber die hohen Temperaturen haben auch Vorteile. An den steilen Ufern schmilzt das Eis des Bodens schneller und große Flächen rutschen in den See. So werden frische Schichten freigelegt.

Am Labas-See untersuchen wir keine Seesedimente, sondern Permafrostabfolgen. Dies geschieht an natürlichen Aufschlüssen, an ungestörten Profilen, die mit dem Spaten freigelegt, oder mittels Bohrungen, die von Hand abgeteuft werden. So können wir eine Vielzahl von Archiven öffnen und die Entwicklungsgeschichte seit der frühen Weichselzeit, also seit etwa 90000 bis 60000 Jahren rekonstruieren.

Im Frühweichsel wurden in dem damals existierenden See ebenfalls Sedimente abgelagert, die in der Umgebung des heutigen Sees liegen. Sie weisen auf eine durch Gletscher beeinflusste, teilweise mit Seen bedeckte Landschaft hin. Durch die warmen Temperaturen im Expeditionsjahr 1995 begünstigt, hat die Arbeitsgruppe um Christine Siegert an zwei Stellen in der Nähe des Ufers alte, längst begrabene Gletscher

gefunden, und es war eine freudige, durchaus auch emotional bewegende Entdeckung, als sich herausstelllte, dass dieses Gletschereis älter als 80000 Jahre ist. Das Abschmelzen der Gletscher wird durch typische Rückzugssedimente belegt. Danach entstanden in der Zeit des Mittelweichsels (25000 bis 60000 Jahre vor heute) verbreitet flache Seen, die rasch verlandeten und in Permafrost übergingen. Nunmehr überwiegen Ablagerungen ohne Wasserbedeckung; dafür sprechen die häufig vorkommenden Eiskeile im Boden (siehe S. 334). Die Pollen- und Isotopenverteilungen dokumentieren Sommertemperaturen, die sich nur unwesentlich von den heutigen unterschieden haben. Im Spätweichsel, der letzten Eiszeit, setzen sich die Sedimente aus windtransportiertem Material und Flussablagerungen zusammen, in die ebenfalls Eiskeile eingeschaltet sind. Deshalb kann auch am Labas-See zu dieser Zeit kein Gletscher existiert haben. Mit der holozänen Erwärmung gehen verstärkt Thermokarst-Prozesse einher, es bilden sich flache Seen und Torflandschaften, in das Untersuchungsgebiet wandern von Süden Bäume ein. Mit der vor etwa 2500 Jahren beginnenden Klimaverschlechterung hat sich die Baumgrenze wieder nach Süden verlagert.

In der letzten Eiszeit war Sibirien eisfrei
Drei Beispiele aus der Klima- und Umweltforschung in Permafrostlandschaften Sibiriens. Sie füllen Teile des Puzzles aus, das zum Verständnis der Entwicklung dieser arktischen Regionen und ihrer natürlichen Klimaschwankungen beiträgt. Wir verstehen nun, wie sich die Vegetation verändert hat, wie sich die Wälder nach Norden ausbreiteten und wann sie sich wieder zurückzogen, wann Seen und Torflandschaften entstanden und wann sich diese wieder in trockene, wüstenähnliche Landschaften verwandelten. In weiter östlich gelegenen Regionen, an den Küsten und auf den Inseln der Laptewsee verfolgen wir die Bildung mächtiger Eiskomplexe im Permafrostboden und sehen die Tundra-Steppen-Landschaft mit ihren Insekten, Kleinsäugern und den grasenden Mammutherden im Wandel der Zeiten (s. Beitrag Schirrmeister/Sie-

Zeltlager am Fjordsee auf Sewernaja Semlja.
Foto: M. Melles

gert). Wir können nachvollziehen, wie tief der Permafrost im Sommer an der Oberfläche auftaut und ob dabei Treibhausgase, wie Methan und Kohlendioxid, durch die Aktivität von Mikroorganismen freigesetzt werden. Wir bekommen eine immer komplettere Vorstellung von der Umwelt in der Vergangenheit.

Aber wie groß war denn nun die mächtige Eiskappe, die von Europa über Skandinavien nach Sibirien reichte? Eine Frage, die nicht nur aus bloßem Interesse spannend ist, sondern weitreichende Konsequenzen für Modelle beinhaltet, welche die Klima- und Umweltentwicklung der Zukunft beschreiben.

Eine gewaltige Eiskappe bis Ostsibirien oder eine relativ kleine, die schon westlich von unserem Untersuchungsgebiet endet, beeinflusst nicht nur die Atmosphäre und die Meeresströmungen. Eine eisbedeckte Oberfläche reflektiert die Wärme in ganz anderem Maße als eine Vegetationsdecke. Treibhausgase können in einem Gletscher kaum, in aktiven Böden und Pflanzen aber in großen Mengen gespeichert werden. Die Richtungen von Flüssen können sich ändern.

Durch das Eis werden große Seen aufgestaut. All die wechselseitig sich beeinflussenden Prozesse gehen in die Modelle ein und können zu völlig anderen Ergebnissen führen.

Seit einigen Jahren wird deshalb den Fragen der Eisbedeckung nicht nur vom Alfred-Wegener-Institut nachgegangen. An einem von der Europäischen Union geförderten Forschungsprojekt »Eurasian Ice Sheets« arbeiten russische, schwedische, norwegische, finnische, deutsche und britische Wissenschaftler in den Schlüsselregionen, welche die Gletscher der letzten Eiszeit geprägt haben könnten. So wie bei den drei Beispielen, an denen wir nachweisen konnten, dass in der letzten Eiszeit kein Gletscher vorhanden war, werden von immer mehr Orten der europäischen und sibirischen Arktis Informationen zur Existenz oder Abwesenheit eines Gletschers gewonnen.

Nach unseren intensiven Feldstudien hat es in Eurasien zum Zeitpunkt der letzten Eiszeit, also vor 18000 bis 20000 Jahren, keine gewaltige Vergletscherung bis ganz nach Osten gegeben. Aber einen Eisvorstoß bis südlich Berlin und Potsdam.

Die eurasische Eiskappe
Die weiß-grau überdeckte Fläche zeigt, wie Eurasien während der so genannten Weichsel-Vereisung, vor 18000 bis 20000 Jahren, ausgesehen haben könnte. Sibirien ist während dieser Eiszeit im Wesentlichen eisfrei geblieben. Dadurch konnte die Kälte tief in den Boden eindringen und mächtige Permafrost-Abfolgen bilden. Die gestrichelte blaue Linie und die gepunktete rote Linie, welche die maximale Verbreitung des Eises im Früh- und Mittelweichsel vor etwa 90000 Jahren zeigt, beruhen auf Ergebnissen des »Eurasian Ice Sheet«-Projekts 1999 (nach J.I. Svendsen und Mitarbeiter, Zeichnung Eva Björseth). Mit der grünen Linie ist die maximale Vereisungsgrenze im Quartär, also vor etwa 1,8 Millionen Jahren, markiert.

Die vorangegangene Vereisung im Frühweichsel, deren Reste wir am Labas-See und in der Nähe des Levinson-Lessing-Sees gefunden haben, sah vermutlich ganz anders aus. In dieser Periode der Erdgeschichte gab es Gletscher, die viel weiter nach Osten vorgedrungen sind, aber England, Deutschland und Dänemark nicht erreicht haben. Gewaltige Eisstauseen am Südrand der Eiskappe haben die subglaziale Landschaft wesentlich geformt.

Warum das so war, können wir noch nicht völlig verstehen. In beiden Vereisungsphasen war es vermutlich ähnlich kalt. Die Reaktionen des Systems Erde, der Umwelt und der Ökosysteme auf globale Klimaänderungen sind so komplex, dass nur die Entschlüsselung der klimabedingten Entwicklungsgeschichte uns helfen kann, diese Prozesse aufzuklären.

Hans-Wolfgang Hubberten

Schlammversunken, eiserprobt: An den Steilküsten der Laptewsee

Wer zum erstenmal in der Arktis arbeitet, wird täglich, ja stündlich mit so vielen neuen Eindrücken konfrontiert, dass er aufpassen muss, seine eigentlichen Ziele nicht aus den Augen zu verlieren. Da in den Sommermonaten die Sonne nicht untergeht, hat man im Prinzip vierundzwanzig Stunden Zeit, um zu arbeiten und die Natur auf sich wirken zu lassen, und diese Zeit braucht man auch. Egal, ob es Helikopterflüge über die Küstengebiete der Laptewsee oder übers Lenadelta sind, lange Fußmärsche durch die Tundra oder im Küstenschlick oder das Leben in russischen Feldcamps – nichts ist mit bisherigen Erfahrungen vergleichbar.

Mit zehn Kollegen aus Russland und Deutschland hatten wir die Aufgabe, Permafrostarchive nach verschiedenen Informationen zu durchsuchen, die wie Mosaiksteine die Bilder der vergangenen Landschaften zusammensetzen und ihre Geschichte erkennbar machen. In der Forschergruppe arbeiteten Geologen, Geographen, Mineralogen, Paläontologen, Geochemiker und Geokryologen zusammen. Letztere beschäftigen sich speziell mit dem Permafrost. Um möglichst nahe am Objekt zu sein, wurden in den Sommern 1998 und 1999 Feldcamps auf der Bykowski-Halbinsel (71°50'N, 129°30'E) südöstlich des Lenadeltas und auf der Großen Ljachow-Insel (73°20'N, 141°50'E) im Osten der Laptewsee errichtet.

Solch ein Lager bestand aus drei russischen Mannschaftszelten, vier Polarzelten, einem großen Küchenzelt oder auch einer festen Hütte und einem Arbeitszelt. Die russischen Kollegen haben ihre Unterkünfte aus den Stämmen des reichlich vorhandenen Treibholzes und mitgebrachten Brettern gezimmert. Für die Schlafstelle schufen sie ein etwas erhöhtes Podest, um etwas von der warmen Luft des Kanonenofens unter die Koje zu bekommen. Anschließend wurden über das Holzgerüst Zeltplanen gespannt und das Schornsteinloch mit einem Blech gesichert. Die deutschen Kollegen waren in den kleinen, eleganten, unbeheizbaren Polarzelten untergebracht und mit schönen warmen Schlafsäcken versehen.

Versorgt haben sich alle gemeinsam. Jeder hatte reihum für die ganze Mannschaft zu kochen – freilich mit unterschiedlichem Erfolg. Dafür stand ein kleiner zweiflammiger Propankocher zur Verfügung. Wichtig war es, dass immer warme Getränke beziehungsweise heißes Wasser für den Tee bereitstand, morgens eine warme Suppe angeboten und am Abend eine kräftige Mahlzeit serviert wurde (Ein Jahr später nahm uns diese ungewohnten Mühen ein Koch ab). Im Arbeitszelt befand sich die Funkstation, lagerten Geräte, wurden die Proben bearbeitet und erste Messungen vorgenommen. Wenn dort mehr als drei Mann ihr Tun hatten, wurde es eng.

Das Leben in einem solchen Camp und die gemeinsame Arbeit verlangen von allen Teilnehmern ein Höchstmaß an Toleranz und Verständnis, da man in allem aufeinander angewiesen ist und sich gegenseitig braucht. Keiner kann »aussteigen«, auch wenn ihm – bildlich gesprochen - zehn Läuse über die Leber gelaufen sind. Das eigene Individuum bleibt für diese Wochen am besten zu Hause. Und selbst dann liegen die Nerven ab und zu blank. Denn das Ausharren auf engem Raum, kombiniert mit körperlich sehr schwerer Arbeit, ungewohnten Sanitärbedingungen und dem ständigen Einströmen völlig neuer Eindrücke bei durchgehender Helligkeit, dies alles zusammen lässt das physische wie psychische Kräftepotential doch rapide schwinden.

Das Feldlager unterhalb eines 28 Meter hohen Pingos auf der Bykowski-Halbinsel. (Als Pingo – ein Wort aus der Eskimosprache des Mackenzie-Deltas – bezeichnet man linsenförmige Eisansammlungen im Boden.) Wolodja Tumksoy hat einen Mammutstoßzahn gefunden.
Foto: L. Schirrmeister

Die Potsdamer Geokryologin Christine Siegert ist im Schlamm des auftauenden Permafrostbodens eingesunken, mit der Bemerkung »So starben die Mammuts.« Wolodja (rechts) wird sie wieder befreien.
Foto: H. Meyer

Weshalb wir nach Sibirien fahren

Was treibt Geologen mitten im schönsten Sommer in die 8000 Kilometer entfernte sibirische Arktis? Was bringt sie dazu, wochenlang in primitiven Feldlagern zu hausen, durch knietiefen Schlamm zu waten und auf sämtliche Annehmlichkeiten des normalen Lebens inklusive täglichen Waschens zu verzichten? Und was kann Menschen dazu bringen, sich diesen Strapazen ein zweites und ein drittes Mal auszusetzen?
Obwohl die Zeiten der großen geographischen Erkundungen vorbei sind, gibt es im Norden Sibiriens, besonders an den Ufern der Laptew-

see noch Reste von Landschaften zu entdecken, die vor Zehntausenden oder Hunderttausenden von Jahren existiert haben. Seit langer Zeit reicht dort die Kraft der Sonne im Sommer nicht mehr aus, um den im Winter gefrorenen Boden wieder vollständig aufzutauen. Er blieb permanent gefroren, und dieser Permafrost breitete sich immer weiter in die Tiefe aus (s. Beitrag Hans-Wolfgang Hubberten). Von vielen Faktoren abhängig, zum Beispiel der Vegetation, der Bodenfeuchte, der Geländeposition und geographischen Lage, schmilzt das Eis im Sommer nur in den obersten zehn Zentimetern bis anderthalb Metern. Wie in einer riesigen Kühltruhe ist alles, was in den Bereich des Permafrostes gelangte, bei Bodentemperaturen von minus 10 bis minus 14 Grad Celsius tiefgefroren.

Trotz dieses Frostes und trotz der Nähe zum Nordpol lebt man in der sibirischen Arktis nicht ständig in Eis und Schnee. Im kurzen Polarsommer, von Mitte Juli bis Mitte August, können die Temperaturen manchmal an günstigen Stellen durchaus 20 bis 25 Grad erreichen. Die Täler und weiten Flachländer sind dann von herrlichen Wiesen bedeckt, auf denen Glockenblumen, Veilchen, Rittersporn oder Mohn blühen. Jedoch alles in miniaturisierten Wuchsformen. Selbst an den schuttbedeckten Hängen der Gebirge zwängt sich noch leuchtend buntes Läusekraut zwischen den Steinen hindurch. Die

Gehölze übersieht man fast völlig. Nur knöchelhohe Zwergweiden kriechen am Boden entlang. Ansonsten prägen Moose und Flechten die für die Vegetation weniger günstigen Standorte. Aber nicht wegen der schönen Sommerwiesen haben wir uns in die sibirische Arktis begeben. Unser Ziel ist die Rekonstruktion der vergangenen Umwelt aus den Spuren, die sie im Permafrost hinterlassen hat. Geht es um die heutige Umwelt und das heutige Klima, ist man auf ständige, weltweite Beobachtung vieler Erscheinungen an tausenden Punkten angewiesen, zum Beispiel auf Messungen in weit mehr als 1200 Wetterstationen. Veränderungen der Umwelt lassen sich aber nur über lange Zeiträume erfassen. Kontinuierliche Wetterbeobachtungen gibt es allerdings erst seit Mitte des 19. Jahrhunderts. Je weiter man in die Vergangenheit schaut, um so spärlicher werden die Informationen. Aus dem Zeitraum der Geschichtsschreibung sind einzelne extreme Ereignisse wie Dürrekatastrophen, Überschwemmungen, Flächenbrände, Hungersnöte oder veränderte Ernährungs- und Lebensweise überliefert; auch Befunde der Siedlungsgeschichte aus archäologischen Grabungen liefern Informationen zu Umweltveränderungen. Das allein reicht jedoch nicht aus, um global oder regional die Umweltgeschichte zu rekonstruieren und daraus Trends für die Zukunft ableiten zu können.

Netzartige Strukturen aus Eiskeilpolygonen, hier aus dem Hubschrauber über dem Janadelta aufgenommen, geben der Permafrostlandschaft ein unverwechselbares Gepräge. Foto: H. Meyer

333

Bis zu 20 Meter hoch sind die Steilwände des Eiskomplexes an der Südküste der Großen Ljachow-Insel in der Laptewsee. Die Sedimentpakete stecken wie Fenster in den schräg angeschnittenen Eiskeilen.
Foto: H. Meyer

Mühsame Probennahme an der Steilwand des Eiskomplexes: Heraushacken – Weitergeben – Eintüten; der Schreiber fotografiert.
Foto: G. Große

die Küstentiefländer, die Neusibirischen Inseln und einige andere kleinere Inseln von der Laptewsee und der Ostsibirischen See überflutet.

In diesen Permafrostlandschaften reißt der Boden bei extremen negativen Lufttemperaturen von unter minus 40 Grad Celsius im Winter auf, und es bildet sich ein Netz von tiefen Frostspalten. In die Spalten dringt in der Tauperiode das Schmelzwasser ein und gefriert bei den im Permafrostboden herrschenden Temperaturen sofort wieder. Die Frostspalten sind dann mit Eis gefüllt und können sich nicht schließen. Im nächsten Winter wiederholt sich dieser Vorgang. So entstehen über die Jahre keilförmige Eiskörper, so genannte Eiskeile. Sie bilden in flachen Gebieten in den oberen Metern bis Dekametern erstaunlich gleichmäßige Netzstrukturen, die der Landschaft ein ganz charakteristisches, unverwechselbares Gepräge geben. In den »Maschen« zwischen den Eiskeilnetzen ist meist eine Vielzahl kleiner Tümpel entstanden. Alles, was durch diese Landschaft lief und dort starb oder an diesen Tümpeln wuchs und abstarb, wurde verhältnismäßig schnell mit dem Wasser der sommerlichen Auftauschicht im Permafrost tiefgefroren und konserviert.

Außerdem werden in den Eiskeilen kontinuierlich die Winterniederschläge archiviert, was für isotopenphysikalische Untersuchungen wichtig ist.

Derartige eisreiche Permafrostablagerungen, die als Eiskomplexe bezeichnet werden, stellen eine wichtige Informationsquelle für die Umweltforschung der Vergangenheit dar. Sie werden die große Lücke zwischen den Daten der Gletscherbohrungen auf Grönland und der Tiefseebohrungen in den nördlichen Meeren schließen. Diese Eiskomplexe mit ihren riesigen Eiskeilen sind an den Steilküsten der Laptewsee aufgeschlossen, das heißt an Steilwänden zugänglich. Wie sie sich während der Eiszeit gebildet haben, welchen Veränderungen sie während der letzten Warmzeit unterlagen, welche Schlüsse wir daraus für die Umweltbedingungen ableiten können – das wurde während der deutsch-russischen Expeditionen »Lena-Delta« 1998, 1999 und 2000 untersucht.

Daher sucht man für die Rekonstruktion der Umweltbedingungen und des Klimas der Vergangenheit Archive, die möglichst lange und ununterbrochene Datenreihen enthalten. Archive, deren Informationen mit Hilfe physikalischer Altersdatierung zeitlich eingeordnet werden können, sind beispielsweise Tiefseebohrungen im Nordatlantik, Bohrungen in tiefen, seit langem bestehenden Seen oder Gletscherbohrungen auf Grönland (siehe Beitrag H. Fischer/ J. Kipfstuhl). Trotz dieser Archive wird das »Umweltmessnetz« der Vergangenheit mit zunehmendem Alter immer löchriger. Der Arktis kommt für die Erklärung globaler Umweltphänomene eine entscheidende Bedeutung zu. Aber aus weiten Regionen Sibiriens fehlen uns sämtliche Informationen, weil die genannten Archive dort nicht vorhanden sind.

Vor mehr als zehntausend Jahren, als kilometerdicke Eisschilde weite Teile Nordamerikas, Nord- und Osteuropas und Nordwestsibiriens bedeckten und große Wassermengen in diesen Gletschern gebunden waren, lag der Meeresspiegel weltweit um 100 bis 120 Meter tiefer als heute. Die Folge davon war, dass auch die Flachseegebiete in der Umrandung des arktischen Ozeans trocken lagen. Damit stand ein Gebiet der Besiedlung durch Tier- und Pflanzenwelt zur Verfügung, das hunderte Kilometer weiter nach Norden reichte und auch dem Einfluss des Permafrostes unterlag. Heute ist dieses Gebiet bis auf

Zwischen den Eiskeilen

Die Einmaligkeit des Untersuchungsgegenstandes, die Exotik der Erlebnisse und nicht zuletzt die interessanten Ergebnisse gleichen die Strapazen, denen man in der sibirischen Arktis unterworfen ist, mehrfach wieder aus. Die von Wind und Wetter angegriffene Steilküste der Laptewsee hat die Eiskeilnetze schräg angeschnitten. Je nachdem, wie der Winkel des Anschnitts ist, sind die großen Eiskeile entweder im Querprofil zu sehen oder als breite Streifen gefrorener Ablagerungen; dann steht man vor einer langen, bis zu zwanzig Meter hohen Eiswand, aus der nur in kleinen »Fenstern« gefrorener Boden zu erkennen ist. Im Zentrum einer »Netzmasche« taut das Sediment insgesamt langsamer auf als die umgebenden Eiskeile, und es bleiben drei bis acht Meter hohe, gefrorene Hügel zurück, die wir Stück für Stück untersuchen. Unsere »Datenbanken« sind zum einen das Eis der Eiskeile und zum anderen die gefrorenen Ablagerungen zwischen den Eiskeilen mit all ihren tierischen und pflanzlichen Resten und den mineralischen Bestandteilen.

Jeder Feldeinsatz erfordert von allen Beteiligten Elan und auch eine gehörige Portion Beharrlichkeit. Morgens durchwaten wir in hüfthohen Gummistiefeln das Flüsschen, das nicht weit von unseren Zelten entfernt ziemlich träge dahinfließt. Wir sind mit Spaten, Hämmern, Säge, Bohrer, Sieben, Eimern und Beuteln für die Proben bepackt. Bei höheren Wasserständen besteigen wir das Schlauchboot, um ans andere Ufer zu gelangen. Bis wir den Küstenabschnitt erreicht haben, müssen wir zwei oder drei Kilometer am Meeresufer durch flaches Wasser oder am Strand entlang laufen. Entsprechend der unterschiedlichen Aufgaben arbeiten wir immer in mehreren Gruppen. Hanno, Sascha und Igor rücken vor allem mit Kettensäge und Eisbohrern den Eiskeilen zu Leibe, während Viktor, Guido und ich (in diesem Fall Lutz Schirrmeister) es mit Hammer, Beil und Hacke auf die gefrorenen Sedimente zwischen den Eiskeilen abgesehen haben. Swetlana wählt sich jeden zweiten Tag einen neuen Arbeitsplatz, um von möglichst vielen verschiedenen Stellen zentnerschwere Bodenproben zu nehmen, aus denen sie, stundenlang im eiskalten Meerwasser stehend, die winzigen Reste von Insekten und kleinen Nagetieren aussiebt. Tanja, unsere Wirbeltierpaläontologin, kommt am weitesten herum, sie sucht die ganze Küste nach fossilen Knochen und Stoßzähnen ab. Irina hat sich die Untersuchung der heutigen, der »rezenten« Bodenschicht vorgenommen, und Wolodja erforscht Thermokarstprozesse, die zu der charakteristischen Seenlandschaft in der Tundra führen.

Im Sommer tauen unsere Frostarchive ununterbrochen, und aus den Hängen der Steilküste sprudeln kleine Bäche. Da die Ablagerungen zu 50 bis 80 Prozent mit Eis durchsetzt sind, stehen wir bei der Arbeit ständig im eisigen Schlamm. Wenn wir an den zum Teil sehr steilen Wänden Proben nehmen, müssen wir höllisch aufpassen, damit wir nicht zu oft in den Matsch fallen. Wir wollen möglichst große und »saubere« Proben aus dem Permafrostgestein gewinnen, die nicht vom umgebenden Matsch verunreinigt sind. Drei, manchmal sogar vier Leute sind dazu erforderlich, um an die begehrten Stellen heranzukommen. Viktor steht in kippliger und rutschiger Position auf einer Stufe an der Wand und hackt die Probe heraus, jeden Moment gewärtig, dass seine Basis wegtaut. Igor reicht das frisch geschlagene Material auf einem Spaten weiter, so dass ich die wertvolle Probe endlich eintüten kann. Guido hat die anscheinend leichteste Arbeit, er skizziert das Profil und schreibt die Probenlisten. Wer sich bewegt, friert nicht, sondern schwitzt. Aber der arme Schreiber steht auf einem nur scheinbar festen Fleck und versinkt allmählich bis an die Knie im Schlamm. Mehr als einmal müssen wir uns gegenseitig aus der eiskalten klebrigen Umklammerung befreien. Ertrinken können wir nicht, da in der Tiefe der Boden gefroren ist, aber ein Schlammbad ist manchmal unvermeidlich. Daher habe ich zu jedem Gramm Probe, das in den Laboren untersucht wird, ein sehr inniges Verhältnis, denn es ist doppelt wertvoll: Einmal ist es sehr alt und stammt aus weit entfernten, unzugänglichen Regionen, zum andern ist es unter Aufbietung aller Kräfte gewonnen worden.

Sibirisches Idyll: die Jagdhütte auf der Tour zum Chaptagai Tas mit Guido Große, Lutz Schirrmeister und Viktor Kunitsky.
Foto: G. Große

Einige Eiskeile wurden mit kleinen Eisbohrern detailliert beprobt. Mit Hilfe einer selbstgezimmerten Leiter und in die Wand geschlagener Stufen hält sich Hanno Meyer am Profil. Die senkrechte Streifung im Eis wird durch das jährliche Aufreißen und Zufrieren von Frostspalten über viele Jahrtausende verursacht.
Foto: C. Siegert

Ein anderes Erlebnis hat mir seit langem erstmals wieder die Grenzen der eigenen Leistungsfähigkeit gezeigt. Viktor Kunitsky, ein Geomorphologe vom Permafrostinstitut in Jakutsk, hatte auf japanischen Satellitenbildern gesehen, dass an einem der Berge auf der Großen Ljachow-Insel über mehrere Jahre Schneefelder lagen, die auch im Sommer nicht verschwanden. Da er einen

Zusammenhang zwischen den Eiskomplexen und eiszeitlichen Schneefeldern vermutet, drängte es ihn, eine solche Erscheinung zu untersuchen.

Der Berg, der Chaptagai Tas, lag etwa 25 Kilometer Luftlinie von unserem Camp entfernt und war in der unwegsamen Landschaft nicht an einem Tag zu erreichen. Viktor bereitete alles sehr gründlich vor, und an einem Augusttag marschierten Guido Große, Viktor und ich, jeder bepackt mit einem 15 Kilogramm schweren Rucksack, los.

Fünfzehn Kilometer mit fünfzehn Kilogramm auf dem Rücken gegen den Wind durch den klebrigen Küstenschlick, da wurden uns die Füße immer größer und schwerer und die Abstände zwischen den Pausen immer kürzer. Unterwegs entschädigte uns aber der Fund eines drei Meter langen Stoßzahns und eines Mammutschädels für die Anstrengungen. Nach fünf Stunden langten wir am Ufer der Vankina an. Zum Glück war der Wasserspiegel sehr niedrig, so dass wir den Fluss an der Mündung queren konnten und nicht erst weiter stromaufwärts eine seichte Stelle suchen mussten. Eine ziemlich verfallene, schmuddlige Jagdhütte kam uns dann schon sehr komfortabel vor. Zwei Pritschen, ein Ofen, ein Topf und ein Küchentisch, das war die ganze Einrichtung. Dazu waren noch Zucker, Tee, etwas Zwieback und Kerzen als Notfallration vorhanden. Nachdem wir uns mit einer kräftigen Suppe gestärkt hatten und die hydrolytische, exotherme Reaktion bei der Mischung von Sprit und Wasser beobachtet hatten und nach zehn Minuten das wärmende Reaktionsprodukt verinnerlichen konnten, war Kräftesammeln im Schlafsack angesagt.

Am nächsten Tag ging es, nur mit dem Nötigsten versehen, in Richtung Norden. Der Chaptagai Tas lag scheinbar nahe vor uns. Aber die Tundra ist doch keine so ebene Fläche, wie es aus dem Helikopterfenster aussieht. Stunde um Stunde liefen wir die Talhänge ab- und aufwärts, um kleine Tümpel herum und über Bäche hinweg. Viktor unterhielt uns während des ganzen Marsches mit Geschichten aus seiner jahrzehntelangen Arbeit in Sibirien und über verschiedene Polarforscher und ihre Theorien. Dabei achteten wir darauf, wie sich die Landschaft allmählich veränderte. Die Eiskeil-Polygonnetze verschwanden, der Boden wurde steiniger, auch die Zusammensetzung des Gesteins änderte sich. Auf dem Chaptagai Tas angekommen, mussten wir feststellen, dass in diesem Jahr keine Schneefelder erhalten geblieben waren. Umso aufmerksamer nahmen wir die besonderen Oberflächenformen, die Sedimente und Pflanzen wahr, die für solche Gebiete typisch sind. Von den Bergen aus hatten wir einen großartigen Überblick über weite Teile der Ljachow-Insel und konnten über die Dimitri-Laptew-Straße hinweg auf das ferne Festland schauen. Vor uns sahen wir die Mündung der Vankina mit der kleinen Hütte und in weiter Ferne ahnten wir sogar in einer Bodensenke unser Lager. Der Rückweg schien ein Kinderspiel zu sein – immer geradeaus nach Süden. Zwar hatten wir eine Karte bei uns, aber keinen Kompass. So verloren wir nach dem Abstieg im Gewirr der kleinen Täler irgendwann die Orientierung und drifteten immer mehr nach Westen ab. Zum Glück blieb der Himmel klar, aber sehr wohl war uns nicht. Wir waren riesig erleichtert, als wir von einem Hügel aus das treibeisbedeckte Meer und die Flussmündung mit der Jagdhütte wieder erblickten. Dann dauerte es noch mehr als zwei Stunden, bis wir nachts um ein Uhr nach insgesamt 40 Kilometern Fußmarsch die Hütte erreichten.

Am nächsten Morgen brauchten wir doch etwas mehr Schlaf und ein längeres Frühstück, um Kraft für den Rückweg zu haben. Viktor drängte zum Aufbruch, da er bemerkt hatte, dass jetzt der Wind vom Meer her wehte. Es war nur eine Frage der Zeit, wie hoch der Wasserspiegel der Vankina ansteigen würde, und wir fürchteten, nicht mehr an der Mündung über den Fluß zu kommen. Mein rechter Watstiefel hatte den langen Marsch vom Vortag nicht heil überstanden und ließ Wasser ein. Deshalb blieb ich am Ufer erst einmal zurück, und Viktor und Guido marschierten allein los. Sie mussten mit einem langen Stock nach den seichtesten Stellen im Fluss suchen, denn das Wasser reichte schon bis an die

Oberschenkel. Auf der Gegenseite entledigte sich Guido seines rechten Stiefels und Viktor brachte ihn zu mir herüber, so dass ich nun auch das »rettende Ufer« erreichen konnte.

Der Weg am Meer entlang war uns versperrt, weil nun die Wellen direkt an die Steilküste schlugen. Also ging es wieder hügelauf-talab durch die Tundra, immer das Ufer zur Orientierung im Blick. Nach einigen Stunden zog dichter Nebel auf. Als Richtungsweiser diente uns jetzt die Spur eines Kettenfahrzeuges, das vor einigen Tagen zwischen den beiden Polarstationen im Westen und Osten der Großen Ljakhow-Insel gefahren war und auch in unserem Camp Station gemacht hatte. Gegen 20 Uhr am Abend waren wir wieder »zu Hause«, vollkommen erschöpft, aber auch mit vielen neuen Eindrücken und Erfahrungen bereichert.

Als das Mammut durch die Arktis schritt

Mit umfangreichen Gelände- und Laborarbeiten haben wir viele der beschriebenen »Datenbanken« angezapft. Mehr als 1600 Knochen und Zähne von Säugetieren wurden gesammelt und bestimmt, ebenso zahlreiche fossile Käfer. Sie ergeben ein gutes Bild von der früheren Tierwelt. Welche Pflanzen damals wuchsen, lässt sich aus fossilen Samen und über die Analyse von Pollen und Sporen rekonstruieren. Das Eis der Eiskeile enthält wichtige Informationen über die Winterniederschläge und das Klima. Deshalb haben wir einige der Eiskeile sehr genau im Abstand von zehn Zentimetern beprobt und im Labor des Verhältnis der Wasserstoff- und Sauerstoffisotope untersucht. Von der Form und Struktur der Eiskeile ebenso wie von den Formen der kleineren Eiseinschlüsse in den Permafrostablagerungen sowie von deren Zusammensetzung können wir die Geschichte der Vereisung und die Landschaftsentwicklung ableiten. Ganz wichtig für all diese Aussagen ist die zeitliche Einordnung mit Hilfe verschiedener Methoden der physikalischen Altersdatierung. Wir können heute sicher sagen, dass seit mindestens 200000 Jahren in der Umgebung der Laptewsee Permafrost vorhanden ist. Es gab auch wärmere Phasen, in denen der Permafrost ober-

Läusekraut (Peticularis) im Hangschutt der Berge. Foto: L. Schirrmeister

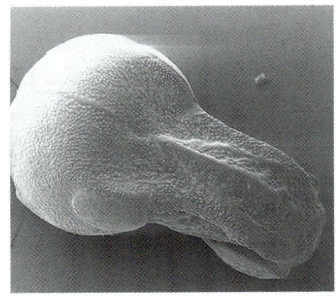

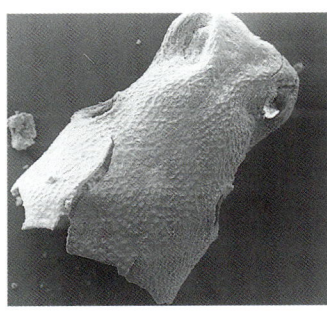

flächlich stärker auftaute und sich große Senken, so genannte Thermokarstsenken, mit Seen bildeten, an deren Ufern sogar einige kälteresistente Bäume wuchsen. Und es gab kalte Phasen, in denen die Vegetation stark verarmte, anspruchsvollere Arten sich nach Süden zurückzogen und die Mächtigkeit des Permafrostes zunahm.

Blicken wir einmal 40000 Jahre zurück. Eine weite Tundrenebene bedeckte das Gebiet der heutigen Laptewsee. Die großen Flüsse wie die Lena, der Omoloj oder die Jana mündeten erst weit im Norden in das Nordpolarmeer. Obwohl das Klima kontinental und sehr niederschlagsarm war, standen im Sommer die Niederungen und insbesondere die Senken der Eiskeilnetze unter Wasser, weil der Boden nur in den oberflächennahen Schichten auftaute und der darunter liegende Permafrost das Wasser staute. Zahlreiche Muschelkrebse (Ostrakoden), deren nur Zehn-

telmillimeter große Schalen wir in den Ablagerungen der Tümpel fanden, sowie Algen und größere Wasserpflanzen lebten darin. Auf erhöhten Standorten in der Tundra wuchsen viele Gräser und Kräuter, darunter auch Pflanzen, die heute nur in weiter südlichen Gebieten vorkommen. Durch diese Pflanzendecke krabbelten zahlreiche Käfer, wobei einige mehr trockene und andere mehr feuchte Standorte bevorzugten. Unsere eiszeitliche Arktislandschaft war also durch ein mosaikartiges Nebeneinander verschiedener ökologischer Bedingungen geprägt. Wiederholt wurden während der kurzen Frühjahrs- und Sommerperiode einzelne Gebiete überschwemmt, sei es in den Flussauen kleinerer und größerer Wasserläufe oder durch zeitlich begrenzte Abflüsse von abtauenden Gebirgsgletschern und Schneefeldern.

Immer wieder wuchs in den zeitweise überschwemmten Gebieten neues Gras und neues

Relikte von Insekten, die im Permafrost gefunden werden, geben Auskunft über Klima und Umwelt, wie sie einst in dieser Region geherrscht haben. Oben: der Kopf eines Rüsselkäfers (Phyllobius kolymensis) von der Bykowski-Halbinsel, 1,5 Millimeter lang. Diese Art liebt trockene Wiesen. Sie kommt heute nur vereinzelt an der Kolyma vor. In der pleistozänen Tundrensteppe war sie massenhaft verbreitet. Unten: Der Rüsselkäfer Stephanocleonus lebt in warmen Steppen, heute nur noch in der Mongolei. Da er auch kalte Winter verträgt, spricht sein Vorkommen für ein kontinentales Klima. Fotos: M. Rudolph, IZW

Eiskeil im Vertikalschnitt, etwa vier Meter lang. Foto: H. Meyer

Moos, es bildete die Nahrungsgrundlage für die Mammut-, Pferde-, Rentier- und Bisonherden. Diese Tiere belegen in unserer Knochenfundstatistik die vorderen vier Plätze. Daneben trotteten auch einzelne wollhaarige Nashörner und Gruppen von Moschusochsen durchs Land, versteckten sich viele Hasen und andere Nagetiere im Gras oder zwischen Zwergsträuchern und machten Bären, Wölfe, Füchse, Marder und Polarlöwen Jagd auf die Pflanzenfresser. Wie die Veränderungen der Tier- und Pflanzengesellschaften zeigen, schwankten über einen Zeitraum von 15000 Jahren, zwischen 4000 und 25000 Jahren vor heute, mehrfach die Bedingungen zwischen einem kalten, trockenen und einem wärmeren, feuchteren Klima, ohne dass sich die Permafrostlandschaften tiefgreifend gewandelt haben.

Danach, als sich in Europa die Eiskappen von Skandinavien und den Alpen her wieder einmal ausbreiteten und auch in den nordsibirischen Hochgebirgen die Gletscher weit in die Täler vorstießen, wurde es in den Tieflandsgebieten deutlich trockener und kälter, und diese Verhältnisse blieben über mehr als zehntausend Jahre stabil. Die Vegetation verringerte sich, wir fanden wesentlich weniger Pflanzenreste aus dieser Zeit. Auch die Senken zwischen den Eiskeilen blieben längere Zeit trocken. Jedenfalls enthielten nur noch wenige Horizonte in den Ablagerungen die Schalen der kleinen Muschelkrebse. Auch die Menge an Knochenfunden, die aus der Zeit zwischen 25000 und 12000 Jahren stammen, ist gering.

Dann, also vor ungefähr 12000 Jahren, kam es weltweit zu einer rapiden Klimaerwärmung. Die Eiskappen tauten ab, der Meeresspiegel begann wieder zu steigen, und die Niederschläge nahmen zu. Die Folgen für die nordsibirische Permafrostlandschaft können als natürliche Umweltkatastrophe bezeichnet werden. Durch die höheren Lufttemperaturen schmolz das Eis des Frostbodens in den oberen Schichten stärker;

es entstanden große Seesenken, die Thermokarst-Senken. Die Tundrengebiete wurden von der Laptewsee überflutet. Die Pflanzenwelt veränderte sich extrem. In kurzer Zeit werden die grasreichen Areale, die »Tundrasteppen«, überwuchert von anderen Pflanzen, und bald dehnt sich bis nördlich des 75. Breitengrades eine weit reichere Tundrenvegetation mit zahlreichen Straucharten aus. Damit fehlte vielen Tieren die bisherige Nahrungsgrundlage und sie verschwanden, zum Beispiel das Mammut.

Messungen an hunderten Eisproben der Eiskeile ergaben, dass die Sauerstoff- und Wasserstoff-Isotopenverhältnisse in den Winterniederschläge über viele tausend Jahre im Wesentlichen stabil blieben. Daraus lässt sich schlussfolgern, dass sich weder die Herkunft der Niederschläge, noch die Verdunstung oder die Wintertemperaturen entscheidend geändert haben. Aber am Ende der Eiszeit mit dem beschriebenen Umbruch der Umweltbedingungen stellen sich in den gefrorenen Winterniederschlägen andere Isotopenverhältnisse ein. Ursache dafür ist sicherlich ein deutlicher Anstieg der Temperatur und eventuell auch eine Verschiebung der Quellgebiete für die Niederschläge in Nordost-Sibirien, was dazu führte, dass sie nun mehr schwere und weniger leichte Isotope enthielten. Die Niederschlagswolken, die sich heute vor allem über dem Nordatlantik bilden, können andere Entstehungsgebiete gehabt haben oder andere Wege in der Atmosphäre genommen haben als gegenwärtig.

Lange blieb aber dieses Klima, wärmer und gemäßigter als heute, nicht bestehen. Seit etwa 4000 Jahren beobachten wir wieder eine Abkühlung. Aber nie wieder wird es ein Bild wie vor 40000 Jahren geben, als Mammut- und Bisonherden durch die üppige, grasreiche Tundra zogen und vielleicht auch Menschen diesen Herden folgten.

Lutz Schirrmeister, Christine Siegert

DAS INSTITUT

Was kann man sich unter einem Institut vorstellen? Natürlich ein stattliches Gebäude, in dem interne Macht und Kompetenz konzentriert sind. In dem – jedenfalls nach den Vorstellungen vergangener Zeiten, als es noch keine Schönheitsinstitute gab – geforscht wird und junge Leute etwas lernen. Kann sich das Haus zudem auf eine ehrenvolle Tradition berufen, hat es deswegen noch keinen Bestandsschutz, aber eine immerwährende Quelle der Motivation, auch in der Gegenwart Gutes zu leisten.

Steht man vor dem Alfred-Wegener-Institut für Polar- und Meeresforschung, am Alten Hafen in Bremerhaven, fast genau an der Stelle, wo die erste Residenz der Stadt gebaut wurde, und schaut den schiffsförmigen Korpus mit den vielen strengen Fenstern, dem gerundeten Oberdeck und den drei dicken, weißen Entlüfterschornsteinen auf dem Dach, überzeugt die Attraktivität des von Oswald Matthias Ungers geschaffenen Bauwerkes. Der Traditionsbezug wird dem Besucher in einer kleinen, liebevoll gestalteten Ausstellung sinnfällig gemacht. Dass hier Kompetenz waltet – keine Frage. Ein Polarforscher bot mir einmal einen etwas ungewöhnlichen Dienst an: »Gib mir ein Stück Eis«, sagte er, »und ich sage dir, wo du warst.« Das ist in diesem Hause möglich. Doch das repräsentative Gebäude ist noch nicht »das Institut«. Zwar sind hier die meisten Mitarbeiter beschäftigt. Aber 1985 kam das ehemalige Institut für Meeresforschung mit seinen drei Häusern am Handelshafen hinzu. Als die Anforderungen an die Umwelt- und Klimaforschung zunahmen, wurden zwei Etagen im Columbus-Center, einem Wohn-, Büro- und Handelszentrum in der Stadtmitte, gemietet. Schließlich gehören noch die Forschungsstelle Potsdam mit 76 Mitarbeitern, die Biologische Anstalt Helgoland mit 60 und die Wattenmeerstation auf Sylt mit 32 Beschäftigten dazu.

Das alles ist computerisiert und vernetzt. So stellt sich das AWI eher als ein Netz von Gebäuden oder, genauer, als ein Netz von derzeit etwa 730 Arbeitsplätzen dar, zwischen denen es nicht nur regen Gedankenaustausch, gemeinsame Arbeit an Projekten gibt, sondern auch eine muntere Fluktuation und Verflechtungen nach außen, die zu den Universitäten und zu innovativen Unternehmen in fast allen Bundesländern reichen. Angesichts dieses Forschungsnetzes könnte man den Eindruck gewinnen, es handele sich gar nicht um ein Institut, um »etwas Eingerichtetes« im alten, lateinischen Wortsinn. Es ist ja immer alles in Bewegung. Und nicht nur im Sommer, aber dann besonders, weil neben der POLARSTERN auch die kleineren Forschungsschiffe unterwegs sind, treibt sich die Hälfte der Mitarbeiter auf Expeditionen herum. Wie und wo soll sich da ein Wissenschaftler »einrichten«? Am ehesten im Virtuellen, in der Flexibilität seines Fachbereiches. Durch Wandel und Bewegung ist das Alfred-Wegener-Institut die Leitinstanz für Polar- und Meeresforschung in Deutschland geworden, ein Kompetenzzentrum, das weltweit seinesgleichen sucht.　　*G. L.*

Die Gründung des Alfred-Wegener-Instituts

von Gotthilf Hempel

»Das Bundeskabinett hat beschlossen, das Polarinstitut im Land Bremen, vorzugsweise Bremerhaven, zu gründen. Damit sollen die jungen Universitäten in Bremen und Oldenburg gestärkt werden.« Mit dieser Nachricht war im Dezember 1979 die lange hinausgezögerte Standortentscheidung für die letzte und kleinste Großforschungseinrichtung der alten Bundesrepublik gefallen.

Über ein Jahr lang hatten sich Bremen, Bremerhaven, Hamburg, Münster und Kiel um den Zuschlag beworben, Bildungspolitiker hatten die Standorte bereist, und internationale Beratergruppen waren vom Wissenschaftsrat und der Deutschen Forschungsgemeinschaft bemüht worden. Sie gaben Kiel wegen seiner bedeutenden Meeresforschung und der renommierten Universität den Vorzug. Viele hatten vor Bremerhaven gewarnt. Die wissenschaftliche Infrastruktur dieser Stadt und das akademische Umfeld seien so schwach, dass der Aufbau eines leistungsfähigen und für Neuberufungen attraktiven Instituts sehr mühsam und teuer würde. Wenn die Geschichte des Alfred-Wegener-Instituts dermaleinst von einem Historiker beschrieben wird, kann er anhand der Akten nur ahnen, wie sehr wissenschafts-, partei- und regionalpolitische Argumente und persönliche Präferenzen bei der Standortentscheidung miteinander verwoben waren.

Vorgeschichte

Mit Recht wurde das deutsche Polarinstitut 1980 nach Alfred Wegener benannt. Er war der einzige große deutsche Polarforscher im klassischen Sinne und neben Fritdjof Nansen der bedeutendste Wissenschaftler unter den Polarreisenden. Insbesondere an Wegeners Aktivitäten und Forschungsergebnisse knüpften nach dem Zweiten Weltkrieg auch europäische Gemeinschaftsunternehmen an. Die Grönlandforschung der deutschen, österreichischen und schweizer Glaziologen führte schon in den frühen sechziger Jahren zu Plänen für ein gemeinsames Polarinstitut; es fehlte aber am politischen Willen, ein solches Unternehmen zu finanzieren.

Ein Neuanfang wurde in den siebziger Jahren gesetzt. Der Anstoß kam aus der Wirtschaft und Politik. Die 3. Seerechtskonferenz hatte die deutsche Hochseefischerei von ihren wichtigsten Fangplätzen vertrieben, und im Gefolge der ersten Ölkrise 1973 und der Warnungen des Club of Rome vor der baldigen Erschöpfung mineralischer Ressourcen interessierte man sich für die Bodenschätze Antarktikas und des Südpolarmeeres. So unternahmen die Bundesforschungsanstalt für Fischerei und die Bundesanstalt für Geowissenschaften und Rohstoffe ab 1975 mehrere Expeditionen, um einerseits die Bestände an Krill und Fischen und andererseits den Meeresboden im Weddellmeer und in der Umgebung der Antarktischen Halbinsel zu untersuchen. Die meeresbiologischen Arbeiten mündeten ab 1977 in das internationale Programm BIOMASS (Biological Investigations on Antarctic Systems and Stocks). Auch wurden die geologischen Arbeiten in Nord-Victoria-Land schrittweise verstärkt. Universitätswissenschaftler aus Kiel, Münster, Frankfurt, Braunschweig und München beteiligten sich an diesen Unternehmungen mit eigenen Projekten.

Um bei der weiteren Erforschung und künftigen Erschließung, Nutzung und Verwaltung der Antarktis und beim antarktischen Umweltschutz mitreden zu können, beantragte die Bundesrepublik Deutschland 1978 die Mitgliedschaft im Konsultativrat des Antarktisvertrages. Voraussetzung dafür waren kontinuierliche Forschungen, üblicherweise in Form einer Überwinterungsstation. Gleichzeitig trat die Deutsche Forschungsgemeinschaft dem Scientific Committee for Antarctic Research (SCAR) bei, das die Antarktisforschung weltweit koordinierte. SCAR war damals dominiert von alten Glaziologen und Geophysikern.

Eine Arbeitsgruppe der Deutschen Forschungsgemeinschaft erstellte 1978/79 das Antarktisprogramm für die Bundesrepublik Deutschland. Dieses Programm wurde zur Grundlage für den Regierungsbeschluss zum Aufbau des Alfred-Wegener-Instituts, der Antarktisstation, des Polarforschungs- und Versorgungsschiffes. Es versprach, Forschungsexpeditionen in die Antarktis und die Entwicklung technologisch interessanter Geräte und Verfahren für die Antarktisforschung zu fördern. Auch galt es, die wissenschaftliche Zusammenarbeit mit anderen Staaten zu verstärken.

Die meisten Universitätsprofessoren waren skeptisch gegenüber der wissenschaftlichen Leistungsfähigkeit und Kooperationsbereitschaft einer zentralen Institution in Form einer Bundesanstalt oder Großforschungseinrichtung. Am liebsten hätten sie in ihrem Institut jeweils ihre eigene Gruppe gestärkt gesehen.

Die Bundesregierung wollte aber ein Zeichen setzen. Ein Jahrhundert lang hatten in Deutschland kurze Phasen intensiver Polarforschung mit »Dürrezeiten« abgewechselt, in denen die Ausrüstung und der Erfahrungsschatz verloren gingen. Das schien unter den neuen politischen und ökonomischen Rahmenbedingungen nicht mehr tragbar. Die Förderung kurzfristiger Projekte in den vorhandenen Instituten, analog zur Erforschung der Meeresverschmutzung, reichte

angesichts der Langfristigkeit und Größe der internationalen Aufgaben nicht aus, und der Bundesforschungsminister wollte das Feld auch nicht den Forschungsanstalten des Ernährungs- und Wirtschaftsministeriums allein überlassen. Andererseits waren die deutschen Werften und Schiffbauversuchsanstalten, sowie Ingenieur-, Flug- und Fahrzeugfirmen darauf aus zu zeigen, was sie den polaren Umweltbedingungen entgegenstellen können.

Gleichzeitig konnten die Universitäten in Münster, München und Braunschweig ihre glaziologischen Forschergruppen mit Bundesmitteln erweitern, und in der Universität Kiel wurde ein eigenständiges Institut für Polarökologie eingerichtet. Auch die Bundesforschungsanstalten und die anderen Universitäten wurden in die Lage versetzt, unter Nutzung der Logistik des Polarinstituts eigene Projekte durchzuführen.

Zwei weitere Schwerpunktentscheidungen waren zu fällen. Sollte sich die neue deutsche Polarforschung auf die Antarktis konzentrieren, oder sollte sie bipolar angelegt sein? Ersteres hätte angesichts der politischen und ökonomischen Randbedingungen nahegelegen, denn die Arktis war damals ein militärisches Aufmarsch- und Verteidigungsgebiet und keine »Spielwiese« internationaler Forschung. Andererseits sprachen die deutschen Forschungstraditionen in Grönland, Spitzbergen und im Nordpolarmeer für ein Engagement im Norden. Zehn Jahre später hat die Entscheidung, in beiden Hemisphären zu forschen, reiche Früchte getragen: Das Nordpolarmeer und seine eurasischen Küstenregionen sind zu Forschungsarealen der deutschen Meeres- und Geowissenschaftler und zu einem fruchtbaren Feld internationaler Kooperation geworden.

Die Polarforschungsnationen hatten sich kurz vor und nach dem Krieg in der Antarktis festgesetzt und den Kuchen wie Tortenstücke unter sich aufgeteilt. Um 1975 konzentrierte sich die internationale Antarktisforschung vorwiegend auf das feste Land, seine Eisbedeckung und Atmosphäre, seine spärliche Flora und Fauna – und auf Wale, Robben und Pinguine. Die antarktische Meeresforschung hatte ihre große

Zeit zur Blüte des Walfangs gehabt und erwachte erst Mitte der siebziger Jahre wieder mit dem wachsenden Interesse an antarktischen Fischen und an den riesigen Krillschwärmen. Aufgrund dieser wirtschafts- und wissenschaftspolitischen Situation lag für die Bundesrepublik der Entschluss nahe, das Glück auf dem Meere zu suchen: Viele deutsche Meeresforscher waren bereit und interessiert, zeitweilig polare Probleme zu behandeln, da es hier offene Fragen in Hülle und Fülle gab. In der polaren Meeresforschung hatten wir die Chance, in relativ kurzer Zeit eine international beachtete Rolle zu spielen.

Auch diese zweite Entscheidung, zugunsten der Meeresforschung, war nicht exklusiv. Einerseits gab es die geophysikalischen Arbeiten der Antarktisstation und andererseits zahlreiche geologische, glaziologische und biologische Landunternehmungen von Universitätswissenschaftlern. Weitgehend unabhängig vom Alfred-Wegener-Institut und seiner Logistik führten die Bundesforschungsanstalten für Fischerei und für Geowissenschaften und Rohstoffe auch in den achtziger Jahren noch eine Reihe von Expeditionen in die Seegebiete der Antarktischen Halbinsel und nach Nord-Victoria-Land durch, bis aus wirtschaftlichen und politischen Gründen das Interesse an der Antarktis in den Ressortministerien erlahmte.

Von entscheidender Bedeutung für eine breite Verankerung der jungen Polarforschung in der reich strukturierten deutschen Wissenschaftslandschaft war die Bereitschaft der Deutschen Forschungsgemeinschaft, ein Schwerpunktprogramm »Antarktisforschung« einzurichten und weit über den für derartige Programme festgelegten Zeitrahmen von fünf bis zehn Jahren hinausgehend dauerhaft zu finanzieren. An diesem Programm, konnten sich Wissenschaftler aus allen Universitäten und Forschungsinstituten mit selbstgewählten Themen beteiligen. Die junge Generation der deutschen Polarforscher hat ihre Doktorarbeiten im Rahmen des Schwerpunktprogramms Antarktisforschung durchgeführt, in das später auch vergleichende Untersuchungen in den Nordpolargebieten aufgenommen wurden. Dieser Initiative der Deutschen Forschungsgemeinschaft und einer Reihe von Einzel- und Verbundprojekten des Bundesforschungsministeriums ist es zu danken, dass die deutsche Polarforschung heute auch eine breite Basis an den Universitäten hat, woher immer wieder Nachwuchs und neue Ideen kommen.

Der Aufbau der Polarlogistik

In den Jahren 1979 bis 1982 erfolgte der Aufbau der westdeutschen Polarforschung mit großer Geschwindigkeit. Während sich noch die Politiker und Wissenschaftler in Bund und Ländern um Zuschnitt und Standort des Polarinstituts stritten, beauftragte das Bundesforschungsministerium staatliche Konstruktionsbüros und private Firmen mit den Planungen für die Antarktisstation und das Forschungsschiff. Aber wo sollte die Station errichtet werden? Sicher nicht im »Bananen-Gürtel« der Süd-Shetland-Inseln und der Antarktischen Halbinsel, wo sich die Stationen der verschiedenen Nationen drängen, weil hier auf Fels gebaut werden kann und die Standorte während einer relativ langen Sommerzeit leicht erreichbar sind. Für die deutsche Station sollte ein Platz abseits und weit im Süden gesucht werden, wo die geophysikalischen und meteorologischen Beobachtungen hohen Wert haben und von wo die Geowissenschaftler im Sommer Expeditionen aufs Schelfeis und ins Gebirge unternehmen können.

Das Filchner-Schelfeis am Südrand des Weddellmeeres lockte die deutschen Glaziologen am meisten. Dorthin unternahmen sie unter Leitung von Dr. Heinz Kohnen, dem späteren Chef der AWI-Logistik, im Südsommer 1979/80 eine Erkundungsexpedition mit dem gecharterten norwegischen Versorgungsschiff POLARSIRKEL. Die Packeissituation war in jenem Jahr sehr günstig, das Schiff erreichte schnell die Kante des Filchner-Schelfeises westlich des Gebietes, in dem die DEUTSCHLAND 1912 vom Eis eingeschlossen worden war. Die Glaziologen und Geodäten vermaßen das künftige Stationsgebiet, richteten Messfelder ein, um die Eisbewegung zu erfassen, und schätzten den jährlichen Schnee-

344

zuwachs anhand von erbohrten Eiskernen. Zur Vorsicht stattete POLARSIRKEL auf dem Rückweg dem kleinen Ekström-Schelfeis am Osteingang des Weddellmeeres einen Besuch ab, um nach einem Alternativstandort Ausschau zu halten. Das hat den Aufbau der deutschen Antarktisstation im folgenden Jahr gerettet.

Auf drei Schiffe verteilt, wurden im November 1980 die Bauteile und die Baumannschaft in die Antarktis gebracht. Aber nun hatten die Briten recht mit ihrer Warnung: »There is no chance to reach Filchner every year«. Lange, fast zu lange warteten die Schiffe, dass sich das Packeis zur Küstenpolynja, dem eisfreien Wasserstreifen vor dem Schelfeis, öffne. Schweren Herzens mussten die Wissenschaftler schließlich den 1400 Kilometer langen Rückweg zum Ekström-Schelfeis antreten. In Rekordzeit wurden die Bauteile auf die 12 bis 15 Meter hohe Eiskante gesetzt und zu einer spaltenarmen Stelle zirka sieben Kilometer ins »Landesinnere« verfrachtet. Dort wurde die Station so weit aufgebaut, dass fünf Mann sicher überwintern konnten.

Im nächsten Jahr kamen eine voll ausgerüstete Wetterwarte mit luftchemischem Messlabor und je ein gravimetrisches, geomagnetisches und seismologisches Observatorium hinzu, die von vier überwinternden Wissenschaftlern betreut werden. Die Messwerte werden großenteils sofort in die internationalen Datennetze, zum Beispiel der meteorologischen Weltorganisation WMO, eingespeist. Auswärtige Institute installierten in der Station ihre speziellen Geräte, so zur Sammlung von Spurenstoffen aus Luft, Schnee und Firn.

Für Antarktisstationen auf dem Eis gibt es zwei Möglichkeiten, um dem jährlichen Schneezutrag von einem halben bis einem Meter und der enormen Schneedrift mit ihren starken Verwehungen standzuhalten: Entweder man kriecht in Röhren und lässt sich einschneien, jedes Jahr ein Stück tiefer. Oder man stellt die Station auf Stützen, unter denen der Schnee hindurchfegen kann. Dann muss man aber jedes Jahr mit hohem personellen Aufwand die Stelzen verlängern.

Die Maulwurf-Variante wurde für die Überwinterungsstation auf dem Ekström-Schelfeis gewählt und im März 1981 auf den Namen »Georg von Neumayer-Station«, kurz GvN, getauft. Georg von Neumayer, Geophysiker und Begründer der Deutschen Seewarte in Hamburg, hat fast fünfzig Jahre lang national und international für die Antarktisforschung geworben, auch wenn er, wie Petermann, nie die Polargebiete gesehen hat. Zwölf Jahre hielt die GvN der Schneelast stand, dann musste sie durch eine neue Station ersetzt werden (s. Beitrag S. 74).

Mit der JOHN BISCOE unternahmen die Biologen 1981/82 eine ihrer frühen Expeditionen in den Bereich der Antarktischen Halbinsel.
Foto: G. Hempel

Die TITAN, neben POLARSIRKEL und GOTLAND II eines der drei gecharterten Schiffe, die 1980/81 Material und Mannschaft zum Aufbau der Forschungsstation »Georg von Neumayer« auf das Filchner-Schelfeis bringen sollten, wurde im Eis eingeschlossen. Der Konvoi musste zum Ekström-Schelfeis ausweichen.
Foto: D. Enß

Die Antarktisstation »Georg von Neumayer« im Jahre 1983. Foto: D. Enß

Der Treibschnee – eine ewige Plage der Polarforscher. An der (alten) Station »Georg von Neumayer« musste die Zufahrt ständig mit einer Schneefräse freigemacht werden. Bei »Neumayer« erübrigt sich diese Mühe durch eine höhenverstellbare Luke über der Einfahrtsrampe. Foto: F. Sitte

Logistik ist das Einmaleins des Gelingens einer Polarexpedition. Auf dem Bild Tankschlitten, die vom Schiffsanlegeplatz an der Eisbarriere zur Station gebracht wurden.
Foto: E. Fahrbach

Anfang 1982 wurde dann auf dem Filchner-Schelfeis doch noch eine Station aus Containern errichtet, die auf Stelzen stand. Die Filchner-Station diente als Basislager für Sommerexpeditionen mit Flugzeugen und Kettenfahrzeugen aufs Schelfeis und in die umgebenden Gebirge. Sie musste, nachdem eine gewaltige Eistafel mit der Station darauf aus dem Schelfeis herausgebrochen war, 1999 abgebaut werden.

Für neun bis zehn Monate sind die Überwinterer ganz auf sich gestellt, sie leben auf engem Raum wie Höhlenmenschen zusammen und müssen zeitweilig in extremer Kälte und Sturm im Freien arbeiten. Nach gründlichen medizinischen Untersuchungen, aber ohne psychologische Tests, muss sich das Team in einem harten Gletscherkurs zusammenfinden und gemeinsam bewähren. Erst danach wird endgültig über die Teilnahme jedes Einzelnen an der nächsten Überwinterung entschieden.

Für den Betrieb der Antarktisstation und für die Expeditionen auf dem Schelfeis und im Gebirge musste relativ schnell ein reiches Arsenal an Schneefahrzeugen beschafft werden. Hinzu kamen Polarflugzeuge für die Geophysik.

Das neue deutsche Polarschiff sollte zugleich Versorgungs- und Forschungsschiff sein, denn der Wunsch, Forschung und Versorgung zu trennen und zwei Schiffe zu bauen, musste aus Kostengründen verworfen werden. Das Schiff sollte einerseits die Antarktisstation und die Sommerexpeditionen auf dem antarktischen Kontinent mit allem Nötigen, einschließlich großer Brennstoffmengen versorgen. Dazu gehörte auch der Transport schwerer Raupenschlepper für die Arbeiten auf dem Eis und von 20-Fuß-Containern. Starke Schiffskräne mussten die Ladung aufs Eis setzen. Wohnraum wurde benötigt für die Ablösungsmannschaft der Überwinterer sowie für Bauleute und für Teilnehmer von Sommerexpeditionen ins Landesinnere.

Gleichzeitig wollte man ein hochmodernes Polarforschungsschiff haben. Alle Disziplinen der Meeresforschung von der Meteorologie bis zur Mikrobiologie sollten dabei berücksichtigt werden. Man wollte lange Sedimentkerne

gewinnen und Bodenfische fangen, mit dem Hubschrauber großräumig das Packeis erkunden und dabei Robben zählen, und man wollte an Bord Experimente an frisch gefangenen Meeresorganismen durchführen und diese in Klimakammern nach Deutschland transportieren. Die Computer-Zentrale nahm damals noch viel Platz in Anspruch. Ein Beiboot, der »POLARFUCHS«, wuchs in der Planung zu einem kleinen Forschungsschiff, das tagelang autonom operieren konnte. Für zwei Hubschrauber, die jeweils nach Bedarf gechartert wurden, mussten ein Hangar und ein Landedeck gebaut werden. Immer neue Wünsche wurden von den Wissenschaftlern angemeldet. Um den wechselnden Anforderungen gerecht zu werden, ohne an Bord für jede Disziplin spezielle Laboratorien vorzuhalten, plante man hohe Decks für transportable und begehbare Laborcontainer, die schon in der Heimat von den einzelnen Arbeitsgruppen voll installiert werden konnten. Auf diese Weise sollte das Schiff auch in fremden Häfen, zum Beispiel Kapstadt, von einer Forschungsaufgabe auf die nächste umgerüstet werden.

Um komplexe Probleme der Ökologie des Packeises oder der Wechselwirkungen zwischen Meereis, Ozean und Atmosphäre gleichzeitig von verschiedenen Seiten, d.h. multidisziplinär angehen zu können, brauchte man Platz für große Forschergruppen. Zusammen mit dem Versorgungsteam und der zirka 50 Personen umfassenden Stammbesatzung ergab sich ein Bedarf von über hundert Kojenplätzen. Alle Kabinen sollten Tageslicht haben. Für die langen Reisen wurde einiger Komfort eingeplant. Zuerst habe ich über den »Blauen Salon«, die Bar »Zillertal« und das Schwimmbad den Kopf geschüttelt, sie passten nicht in mein Bild von der entbehrungsreichen Polarfahrt. Später habe ich die Annehmlichkeiten schätzen gelernt, sie reduzieren Reibungen und ermöglichen Begegnungen zwischen den Spezialistengruppen und Nationalitäten.

Aus der Wahl des Standortes für die Antarktisstation und den Interessen an intensiver Erforschung der Packeiszone und des Schelfeises ergaben sich hohe Forderungen hinsichtlich der Eisgängigkeit des Schiffes. Um sich im relativ dünnen Packeis der Antarktis bewegen zu können, bedurfte es zwar keines so mächtigen Eisbrechers wie für die Arktis, aber doch solider Panzerung des Rumpfes. 20000 PS wurden installiert, um normales, etwa ein Meter dickes, antarktisches Packeis stetig mit etwa fünf Knoten Geschwindigkeit zu durchfahren und bis zu fünf Meter dicke Packeisrücken in geduldigem Rammen zu brechen. Dafür hat die Hamburgische Schiffbauversuchsanstalt einen neuen Schiffsrumpf mit breitem Bug entwickelt.

So entstand aus vielen Wünschen, technischen Anforderungen und den Auflagen des Germanischen Lloyd und der Seeberufsgenossenschaft das leistungsfähigste, zivile Polarforschungs- und Versorgungsschiff der Welt. Es hatte nur einen Schönheitsfehler: Mit einem Tiefgang von über elf Metern kann es an kaum eine Pier der Südhemisphäre gehen. Als Ausgangshäfen für Fahrten ins Weddellmeer kamen schließlich nur Punta Arenas und Kapstadt in Frage. Sie wurden unsere technischen Basen, auch wenn die Bundesregierung damals unsere Besuche unter deutscher Dienstflagge in Chile und Südafrika nicht gern sah.

In kurzer Zeit wurde 1981/82 für knapp 200 Millionen DM der Schiffsrumpf in Kiel gebaut und in Rendsburg ausgerüstet, sehr zum Trost für Schleswig-Holstein, das dem Polarinstitut nachtrauerte. Im Dezember 1982 lief POLARSTERN zu ihrer ersten Antarktisreise aus. Das Programm war sehr vollgestopft und entsprechend war das Gedrängel um die Teilnahme: Die Schiffsbauer wollten die Leistungen der

Im Februar 1982 ist die POLARSTERN rohbaufertig und wird zur Ausrüstung nach Rendsburg überführt.
Foto: K.v. Bröckel
POLARSTERN 1989 während der EPOS-Expedition im Weddellmeer. Die Wissenschaftlergruppe im Schlauchboot ist dabei, das pflanzliche Plankton am Eisrand zu untersuchen.
Foto: E. Nöthig

347

Geselliger Höhepunkt der EPOS-Expedition war eine Punschparty auf einem Tafeleisberg hoch über dem Wasser. Foto: E. Nöthig

POLARSTERN im Eis testen, und alle Disziplinen wollten gleichzeitig ihre Netze schleppen, Sonden erproben, Ballons steigen lassen, die Hubschrauber sollten fliegen und die Antarktisstation musste versorgt werden. Schiffsführung und Besatzung waren seemännisch vorzüglich und voll guten Willens, sie mussten aber erst Erfahrung mit dem Schiff im Packeis sammeln.

Seitdem hat sich POLARSTERN in der Antarktis und Arktis hervorragend bewährt. Sie konnte sich als erstes Forschungsschiff während eines ganzen Südwinters frei in der Packeiszone bewegen, 1991 erreichte sie den Nordpol.

Von vornherein war POLARSTERN als der zentrale deutsche Beitrag zur internationalen Zusammenarbeit in der Polarforschung konzipiert. Als Richtschnur für die Fahrtbeteiligung galt: je ein Drittel Ausländer, AWI-Mitarbeiter und andere deutsche Wissenschaftler. Für mich war das Unternehmen EPOS das schönste Erlebnis: 1988/89 stellten wir POLARSTERN für ein meeresökologisches Gemeinschaftsvorhaben der European Science Foundation zur Verfügung. Wissenschaftlergruppen aus allen europäischen Ländern konnten sich mit eigenen Vorschlägen um die Teilnahme an einem der drei etwa zehnwöchigen Fahrtabschnitte bewerben. Eine internationale Planungsgruppe bündelte die besten Anträge zu einem kohärenten Programm. Auf jedem Fahrtabschnitt teilten sich ein ausländischer und ein deutscher Wissenschaftler die Koordination der vielfältigen Arbeiten. Mir fiel der erste Fahrtabschnitt im antarktischen Frühling zu, als sich das Packeis weit nach Norden ausgedehnt hatte. Messfahrten im freien Wasser und im Treibeis wechselten mit stationären Untersuchungen, bei denen sich POLARSTERN mit dem Bug in eine große Eisscholle rammte. Dann konnten auf der Steuerbordseite des Hecks Meeressonden und Netze ausgebracht werden, während auf der Backbordseite eine Gangway aufs Eis führte, so dass die Meereisforscher Eiskerne erbohren konnten. Mit weit über hundert Fachpublikationen war EPOS wissenschaftlich ungewöhnlich fruchtbar. An ein breites Publikum richtet sich die gleichzeitig entstandene Edition »Biologie der Polarmeere«, in der 47 deutsche Meeresbiologen ihre »Erlebnisse und Ergebnisse« beschreiben.

Ich war mit allerhand Vorurteilen hinsichtlich des Arbeits- und Lebensstiles der ausländischen Kollegen an Bord gegangen und war nun begeistert über die Harmonie, den Eifer und die Nüchternheit, mit denen alle Wissenschaftler ihren Arbeiten nachgingen und fröhlich miteinander kommunizierten und kooperierten. Gesellschaftlicher Höhepunkt dieser Fahrt war eine Punschparty auf einem Tafeleisberg. Das hatte es noch nie gegeben: 50 Wissenschaftler aus ganz Europa und aus Südamerika stießen hoch über dem Packeis des Weddellmeeres auf das Gelingen ihrer Zusammenarbeit an.

Der Aufbau des Alfred-Wegener-Instituts

Das Alfred-Wegener-Institut (AWI) wurde am 15. Juli 1980 offiziell als eine Stiftung des Öffentlichen Rechts des Landes Bremen gegründet, aber 90 Prozent der Betriebsmittel kommen vom Bundesforschungsministerium. Für den Institutsneubau zahlte Bremen einen höheren Anteil, dafür übernahm der Bund die Neubaukosten für Schiff und Antarktisstation. Die Aufgaben des Instituts wurden 1981 in der Satzung formuliert: Die Förderung der Polarforschung durch eigene Forschungsarbeiten, durch Koordination und technische Unterstützung sowie durch wissenschaftliche Zusammenarbeit mit dem In- und Ausland.

Ein Gründungsdirektor und ein international besetzter externer Wissenschaftlicher Beirat wurden berufen; ein interner Wissenschaftlicher Rat folgte später. Die ans AWI berufenen Sektionsleiter wurden Professoren der Universität Bremen. Daraus entstand eine enge Beziehung zwischen dem Institut und der Universität, von der Studenten und die Forschung gleichermaßen profitieren.

Im administrativen und technischen Bereich konnte teilweise auf Fachkräfte aus der Region zurückgegriffen werden, so dass die Verwaltung und Logistik schnell auf die Beine gestellt wurden. Mühsam war der Aufbau des wissenschaftlichen Stabes. Der Standort Bremerhaven und die provisorische Unterbringung des Instituts waren für etablierte Wissenschaftler oft nicht attraktiv genug. Eher gelang es, Nachwuchswissenschaftler zu gewinnen, die in der Polarforschung ihre Chance sahen. Verhältnismäßig schnell konnte eine kleine Biologengruppe aufgebaut werden, die bereits 1982 mit dem britischen Forschungsschiff JOHN BISCOE eine Expedition in die Scotia-See unternahm und die Zusammenarbeit mit dem British Antarctic Survey begründete. Seitdem lag der Schwerpunkt der Arbeiten des Instituts auf meeresökologischen Untersuchungen.

Ursprünglich sollten Robben und Vögel einen beträchtlichen Raum im biologischen Forschungsprogramm des AWI einnehmen. Dazu ist es nicht gekommen: Der Leiter der Arbeitsgruppe, Dr. Eberhardt Drescher, verunglückte im Juni 1983 tödlich bei einem Hubschrauberflug. Für die Glaziologen konzipierte Dr. Heinz Kohnen in Absprache mit seinen Kollegen in Münster, Braunschweig und München ein Programm zur Untersuchung der Dynamik des Filchner-Schelfeises. Daraus entwickelte sich unter dem Dach des SCAR das International Filchner-Rønne-Iceshelf Project.

Die führenden Meteorologen und Ozeanographen hatten sich bereits mit Fragen der physikalischen Wechselwirkung zwischen Atmosphäre, Meereis und offenem Ozean beschäftigt. Die POLARSTERN bot ihnen nun die ideale Plattform für systematische Messungen. 1983 und 1984 war POLARSTERN das Rückgrat des Marginal Ice Zone Experiment in der Grönlandsee.

Die jüngste geologische Geschichte des Weddellmeeres, insbesondere seiner Vereisung im Wechsel von Kalt- und Warmzeiten erwies sich als ein sehr lohnendes Forschungsfeld, auf dem das AWI schnell internationales Ansehen erlangte.

Je stärker die Arbeitsgruppen mit ihren umfangreichen Datensätzen und Modellrechnungen wurden, umso mehr wuchs der Bedarf an einem Rechenzentrum, das mit den Rechenanlagen auf dem Schiff und auf der Antarktisstation verbunden sein musste. Damals waren die Kosten für Großrechner trotz ihrer aus heutiger Sicht sehr bescheidenen Leistung noch sehr hoch. Die Erweiterung von 3 auf 8 Megabites galt Anfang 1985 als großer, teuer bezahlter Fortschritt. Zum Ende der fünfjährigen Aufbauphase forderte daher der Wissenschaftliche Beirat ein mittelfristiges, zusammenhängendes Forschungsprogramm des Instituts.

Neben mittelfristigen Projekten, über die in diesem Buch ausführlich berichtet wird, wurden auch die Langzeit-, Logistik- und Koordinationsaufgaben neu definiert.

Einzug in den Neubau und Eingliederung des Instituts für Meeresforschung

Die Aufbauphase schloss 1986 mit der Fertigstellung des Institutsneubaues und der Eingliederung des Instituts für Meeresforschung ab.

Der Neubau des Alfred-Wegener-Instituts in Bremerhaven, vom Kölner Architekten Oswald Mathias Ungers entworfen, besticht durch seine elegante Klarheit. Die Bauform erinnert an einen großen Schiffsbug samt Mittelschiff. Foto: D. Leistner

Fünf Jahre lang hatte sich das AWI über die Stadt Bremerhaven ausgebreitet. Für den Neubau des Instituts wurde ein zentral gelegener Platz gegenüber vom Deutschen Schiffahrtsmuseum gewählt. Ein nicht ausgeführter Bauplan des Kölner Architekten Prof. O. M. Ungers für die benachbarte Hochschule Bremerhaven wurde für das AWI adaptiert. Dadurch sparte man langfristige Vorarbeiten. Das Institutsgebäude sollte einem Schiff ähneln und in zwei Bauabschnitten in Verlängerung des Columbus-Centers errichtet werden. Der zweite Bauabschnitt, das Achterschiff, wurde bisher nicht realisiert.

Auf die Planung des Neubaues hatten wir nicht viel Einfluss. Der Architekt hatte sehr klare Vorstellungen, wie das Gebäude außen und innen aussehen sollte, und die Bremische Bauverwaltung wusste, was uns und unserer Arbeit dienlich sein würde. Entstanden ist ein Gebäude, das zusammen mit Scharouns Schifffahrtsmuseum und Böhms Hochschulbau ein bemerkenswertes Ensemble zeitgenössischer architektonischer Meisterstücke darstellt. Ich habe mich lange Zeit im Gebäude verlaufen, weil Wegweiser oder farbige Orientierungshilfen im weißen Purismus des Architekten ebenso wenig vorgesehen waren

wie Grünpflanzen und Bilder in den Zimmern und kahlen Korridoren.

Seit 1919 hatte in Bremerhaven ein kleines Forschungsinstitut für die Fischwirtschaft existiert, das 1948 zum »Institut für Meeresforschung« erweitert wurde. Seine Schwerpunkte lagen in der Erforschung der Besiedlung des Meeresbodens der Deutschen Bucht und in mikrobiologischen Arbeiten. International berühmt waren die Untersuchungen über marine Pilze und die taxonomischen Sammlungen von Kieselalgen und Fadenwürmern. Hinzu traten in den siebziger Jahren physikalisch-ozeanographische und meereschemische Arbeiten. Sehr früh wurden die Probleme der Meeresverschmutzung aufgegriffen, so dass das Institut auf diesem Forschungsgebiet in Deutschland zum Vorreiter wurde. Es war ein so genanntes »Blaue-Liste-Institut«, das heißt, der Institutshaushalt wurde je zur Hälfte vom Bund und von den Ländern, vor allem Bremen, getragen. Bundes- und Landesregierung erwogen schon bei der Gründung des AWI die Fusion beider Institute. Am 31. Dezember 1985 wurde das Institut für Meeresforschung aufgelöst, alle Mitarbeiter hat das AWI übernommen. Über den schwierigen Vereinigungsprozess zum »Alfred-Wegener-Institut für Polar- und Meeresforschung« sagt der AWI-Tätigkeitsbericht 1986/87 lakonisch: »Die Zusammenführung des in langen Jahren gewachsenen Instituts für Meeresforschung mit dem jungen Polarinstitut stellte an alle Beteiligten beträchtliche Anforderungen. Der aus Mitarbeitern beider Institute neu gewählte Personalrat half tatkräftig bei der Überwindung von Anpassungsschwierigkeiten.«

Bei der Eingliederung des Instituts für Meeresforschung wollten wir dessen erfolgreiche Arbeitsrichtungen und Teams nicht zerstören, andererseits sollte das AWI als Ganzes nicht sein polares Profil verlieren. Im Gegenteil: Die Polarforschung sollte durch einen Teil des Potenzials des Instituts für Meeresforschung verstärkt werden, ohne dass Nordseeforscher – wie befürchtet – »in die Antarktis abkommandiert« würden. Die hervorragenden Arbeitsmöglichkeiten auf POLARSTERN und der besondere Charme der Eismeerfahrten haben hier überredend gewirkt. Den Einzug in den Neubau nutzten wir für eine Vermischung des Personals beider Institute. Neue Arbeitskontakte entstanden im täglichen räumlichen Nebeneinander.

Das AWI hatte anfangs keine festgeschriebene Gliederung, weder nach Disziplinen noch nach geographischen oder interdisziplinären Themenfeldern. Nach langen Diskussionen gliederten wir 1986 das inzwischen auf rund 200 Personen angewachsene Institut in acht wissenschaftliche Sektionen, die drei physikalischen, geowissenschaftlichen und biologischen Fachbereichen zugeordnet wurden. Daneben standen die zentralen Einrichtungen: Verwaltung, Logistik, Bibliothek, Rechenzentrum, Elektroniklabor, Öffentlichkeitsarbeit etc.

Im Laufe seiner nunmehr zwanzigjährigen Geschichte hat das AWI mehrere Paradigmenwechsel in der Polarforschung erlebt. Anfangs wirkten noch die Diskussionen um territoriale Ansprüche nach, die durch den Antarktisvertrag eingefroren, aber nicht aufgehoben worden waren. Dann traten Krill, Fische und Erdöl in den Vordergrund. Kaum war das AWI gegründet, wuchs das Interesse am antarktischen

Umwelt- und Naturschutz und an der dafür erforderlichen ökologischen Forschung. Dann machte die Angst um das Weltklima und das Ozonloch Schlagzeilen und gab der Polarforschung neue Ziele.

Das Institut leistete von Anfang an wichtige Beiträge zur Diskussion über den vom Menschen mitverursachten globalen Klimawandel mit seinen vielfältigen Auswirkungen auf alle Lebensbereiche. Die Rolle des Meereises beim Energie- und Gasaustausch zwischen Ozean und Atmosphäre und als Lebensraum für pflanzliche und tierische Eisorganismen, das Plankton in der Meereiszone sowie die Abbildung der Klimaschwankungen in den Sedimenten der Polarmeere standen in den achtziger und neunziger Jahren im Vordergrund der marinen Arbeiten.

Eisstation während der Winter-Weddellmeer-Studie 1986 zur Probennahme kleinster Lebewesen im und unter dem Eis. Foto: G. Hempel

Nachdem das Meereis durchbohrt ist (im Schlitten der herausgeschmolzene Eiskern), wird am unteren Ende des Lochs ein Probennahmegerät mit integrierter Kamera befestigt. Foto: E. Nöthig

Den damals beginnenden weltweiten Zehn-Jahres-Projekten World Ocean Circulation Experiment (WOCE) und Joint Global Ocean Flux Study (JGOFS) bot das AWI mit POLARSTERN den unentbehrlichen Zugang zur Packeiszone. Die Neumayer- und die Koldewey-Station wurden zu wichtigen Knotenpunkten im globalen Ozon-Beobachtungsnetz.

Auch im politischen Raum bemühte sich das AWI stark um eine Beteiligung Deutschlands an der »Global-Change«-Diskussion. Dies führte im Frühjahr 1992 zur Berufung des wissenschaftlichen Beirats der Bundesregierung Globale Umweltveränderungen. Sein mit neun Wissenschaftlern besetztes Sekretariat wurde am AWI angesiedelt.

Schließlich kamen ab Mitte der neunziger Jahre von der Bundesregierung immer stärkere Signale, das Institut möge direkte Beiträge zur Entwicklung der deutschen Wirtschaft leisten. Die Naturstoffchemie und Biotechnologie sind potentielle Felder solcher Anwendung meeresbiologischer Arbeiten. Ein weiteres modernes Thema ist die Bestandsaufnahme der Biodiversität im Meer, auch wenn sie schon vor zweihundert Jahren begann.

Die Integration der ostdeutschen Polarforschung in das Alfred-Wegener-Institut

Im September 1989 feierte die Akademie der Wissenschaften der DDR das dreißigjährige Bestehen ihrer Polarforschung. Einzelne westdeutsche Kollegen waren dazu nach Potsdam eingeladen. Gesperrt war für uns allerdings das Zentralinstitut für Physik der Erde, in dem die ostdeutsche Antarktisforschung geleitet und organisiert wurde. Für die ausländischen Gäste (dazu zählten auch die »BRD-Bürger«) wurde eine Fahrt zur Gedenkstätte für Alfred Wegener in Zechliner Hütte bei Rheinsberg veranstaltet. Mit Stolz blickte man auf die Entwicklung der Antarktisforschung der DDR zurück, die anfangs ganz auf die Gastfreundschaft und Logistik der Sowjetunion angewiesen war, aber im Laufe der Jahre immer selbstständiger wurde bis hin zum Betrieb der eigenen Georg-Forster-Station in der Schirmacher-Oase des Königin-Maud-Landes. Die Station war 1976 unter Leitung von Dr. Hartwig Gernandt aufgebaut worden. Aber erst 1987 entschloss sich die DDR-Regierung, sie als selbstständige nationale Einrichtung zu deklarieren und entsprechend mit einer eigenen Funkstation auszurüsten.

Die Wissenschaftler der DDR führten auf der Station und in ihrem weiten Umfeld ein großes Beobachtungsprogramm durch, das zum Beispiel wichtige Beiträge zur Erforschung des Ozonlochs lieferte und das eisfreie Gebiet der Schirmacher-Oase mit ihren Dauerfrostböden, Flechten, fast ganzjährig eisbedeckten Seen und den umliegenden Gletschern eingehend beschrieb.

Wissenschaftler der DDR hatten sich bereits an Polarforschungsunternehmen des Internationalen Geophysikalischen Jahres 1957/58 beteiligt. Andere errichteten auf Spitzbergen, das aufgrund des Spitzbergen-Vertrages deutschen Wissenschaftlern offenstand, eine Unterkunft und Beobachtungsstation. Davon abgesehen war aber die Polarforschung der DDR primär auf den antarktischen Kontinent, seine Eismassen und seine Atmosphäre ausgerichtet. Die Biologie konzentrierte sich vor allem auf Meeresvögel und Robben sowie auf ökologische Untersuchungen im Flachwasser der King-George-Insel. Gert Lange hat in seinem Buch »Sonne, Sturm und weiße Finsternis« (1996) eine eindrucksvolle Chronik der Antarktisforschung der DDR mit vielen Erlebnisberichten der Beteiligten verfasst. Seit 1959, als eine erste kleine Gruppe Potsdamer Meteorologen um Dr. Günther Skeib das antarktische Eis betrat, haben DDR-Wissenschaftler regelmäßig an den sowjetischen Expeditionen teilgenommen und mit ihnen in Mirny, Molodjoshnaja; Nowolasarewskaja und Bellingshausen überwintert. Im Mittelpunkt der Arbeiten standen die Physik und Chemie der Atmosphäre und Ionosphäre, einschließlich früher Messungen der Jahresschwankungen in der schützenden stratosphärischen Ozonschicht. Die enge persönliche Verbundenheit der ostdeutschen »Polarniks« mit ihren sowjetischen Kollegen, mit denen sie unter schwierigen Verhältnissen Großes geleistet hatten, beeindruckte mich bei dem Besuch im September 1989.

Ein Jahr später war ich wieder in Potsdam, nun auch auf dem Telegraphenberg, um im Auftrag des Wissenschaftsrates die Begutachtung der geowissenschaftlichen Akademie-Institute vorzubereiten. Die anschließende Bewertung fiel für die Antarktisforschung der DDR sehr positiv aus. Empfohlen wurde, die auf mehrere Institute verteilten Polar-Arbeitsgruppen zusammenzuführen und in das AWI zu integrieren. Eine Umsiedlung aller Beteiligten nach Bremerhaven schien mir nicht angemessen. Viel verlockender war der Gedanke, auf dem traditionsreichen Telegraphenberg eine Außenstelle einzurichten, mit eigenen Forschungsschwerpunkten, die großenteils an die ostdeutschen Arbeiten anknüpfen sollten. Eine gewisse Durchmischung mit westdeutschen Wissenschaftlern wurde ebenso angestrebt wie der Umzug einzelner ostdeutscher Wissenschaftler nach Bremerhaven.

Die Georg-Forster-Station ließ sich aus finanziellen und logistischen Gründen auf die Dauer nicht erhalten. Sie wurde in zwei Sommerkampagnen unter strenger Beachtung des antarktischen Umweltschutzes vollständig abgebaut. Das hat die internationale Gemeinschaft hoch anerkannt. Eine Arbeitsgruppe der Forschungstelle Potsdam betreibt heute atmosphärenphysikalische und -chemische Studien über den Landmassen Antarktikas und über der Arktis. Eine weitere Gruppe befasst sich mit den Dauerfrostboden-Gebieten in Sibirien in ihrer Wechselwirkung mit den Klimaveränderungen, die sich auch in den Sedimenten arktischer Seen mit ungewöhnlicher Klarheit widerspiegeln. Die Sibirienfahrer haben in besonderem Maße an alte Beziehungen zu russischen Wissenschaftlern angeknüpft und neue Kooperationen aufgebaut.

Am 11. März 1992 ist die Forschungstelle Potsdam des Alfred-Wegener-Instituts eröffnet worden. Das war meine letzte und schönste Amtshandlung als Direktor, denn nun war die deutsche Polarforschung wieder eine wissenschaftliche Einheit.

Das 1999 eingeweihte neue Laborgebäude der Forschungstelle Potsdam des AWI. Der Baukörper hat die Form einer Linse und assoziiert damit die Forschungstraditionen auf dem Potsdamer Telegrafenberg.
Foto: S. Müller

Nachwort

Es ist eine etymologische Ungerechtigkeit der deutschen Sprache, dass sie das Wort Buchmacher dem Pferdesport andient. Dabei hat der Wettannehmer doch nicht viel mehr zu tun, als Spalten mit Namen und Zahlen zu füllen. Ein richtiger Buchmacher hingegen, wie ihn Immanuel Kant noch als Beruf schätzte, muss sich einiges einfallen lassen, wenn er nicht allein einen vorgegebenen Text zwischen zwei Pappdeckel bringen möchte. Ich habe den Verdacht: Jedes gute Buch muss neu erfunden werden. Zumal wenn es darum geht, wissenschaftliche Sachverhalte allgemein verständlich zu vermitteln. Hinsichtlich der Beiträge, weil die Schere zwischen dem, was Wissenschaftler betreiben, und dem, was die Öffentlichkeit verinnerlicht hat, weit auseinander klafft. Aber auch in Bezug auf die Autoren: Die meisten Wissenschaftler setzen das Interesse am Stoff und den Willen, sich damit zu beschäftigen, voraus. Sie verstehen nicht oder wollen nicht verstehen, dass man dieses Interesse erst einmal wecken muss!

Auf die Frage, wie man eine Schar von Individualisten zu einem gemeinsamen, in sich stimmigen Werk bewegen könne, antwortete mir einmal ein - mehr fürs Ökonomische zuständiger - Dozent, da helfe nur die Disziplin der Musiker, die in einem Sinfonieorchester spielen: Tritt ein neuer Dirigent ans Pult, folge alles seinem Stab, auch wenn der Dirigent eine Interpretation anschlägt, die nicht jedem behagt. Nur so entstünde ein überzeugendes Konzert. Freilich hat der Dirigent einen Riesenvorteil: Seine Musiker spielen alle nach dem gleichen Notenblatt. Das ist einem Buchmacher nicht gegeben, trotz aller Konzeption, um die er sich bemüht, und hat er, wie in unserem Fall, mit mehr als 50 Autoren zu tun, sind die Spielweisen doch manchmal sehr verschieden.

Das muss nicht unbedingt von Nachteil sein. So hat »Eiskalte Entdeckungen« eine durchaus individuelle Note, gar nichts Monographisches. Das entspricht dem, was wir vorhatten: Ein Porträt zu geben des Alfred-Wegener-Instituts für Polar- und Meeresforschung und mit diesem Porträt auch ein Resümee wichtiger neuer Erkenntnisse. Ein chronologischer Aufriss wie in dem ehrgeizigen Opus »Sonne, Sturm und weiße Finsternis. Die Chronik der ostdeutschen Antarktisforschung« konnte es nicht werden. Dazu sind die Forschungsgebiete des Alfred-Wegener-Instituts viel zu weitläufig, die Ergebnisse zu vielfältig; das hätte dreier Bände bedurft. Trotzdem verstehe ich die »Eiskalten Entdeckungen« auch ein wenig als ein Pendant dazu, ergibt sich doch mit beiden Büchern ein schon recht deutlicher Überblick über die Aktivitäten deutscher Polarforschung nach dem Zweiten Weltkrieg, bis in die unmittelbare Gegenwart, in der noch manches medienfrisch ist - Berichte aus der aktuellen Forschung.

So finden sich konzentrierte Erörterungen über offene Fragen und Ergebnisse der Forschung neben leichterem Lesestoff. Entstanden ist wieder einmal ein ganz unmögliches Buch: ein Zwischen-Genre, eine Zwitterform. Nicht Geschichtsschreibung, nicht aktueller Forschungsbericht, nicht Reportage - und hat doch von allem etwas. Ein Ding zwischen Baum und Borke. Doch dort, wie wir wissen, ziehen Säfte empor, die Blätter und Blüten nähren. Ich gestehe meine Vorliebe für dieses Dazwischen. Es hat etwas Belebendes, Unabgeschlossenes. Und die Unzufriedenheit mit dem, was erreicht wurde, ist inbegriffen.

Ich danke allen Autoren, die für dieses Buch geschrieben haben, oft unter großem Druck zwischen Expeditionszeiten, Aufenthalten im Ausland und den vielen Obliegenheiten, die der Wissenschaftsbetrieb abverlangt. Besonderer Dank gilt dem Direktor des Instituts, Herrn Professor Jörn Thiede, der die Idee zu diesem Buch hatte, sowie den Herren Dr. Rainer Paulenz und Professor Dirk Olbers für ihre Unterstützung. Frau Margarete Pauls hat mit Rat und Tat zum Gelingen des Projektes wesentlich beigetragen. Nicht zuletzt danke ich Gabriele S. in Berlin, die mit viel Verständnis und Nachsicht die Arbeiten begleitete.

Wir hoffen, dass die Erfindung dieses Buches im Großen und Ganzen akzeptiert wird und dass möglichst viele Interessierte ihr Leservergnügen finden. Unter Insidern ebenso wie unter Freunden und Bekannten und Menschen, die bisher noch keine Beziehung zur Polar- und Meeresforschung hatten.

Bremerhaven, im Sommer 2001

Gert Lange

REGISTER

356

PERSONENREGISTER

»Unsere Zeit wünscht Sensationelles, man wünscht Erzählungen von Gefahren und Abenteuern. Auch wir haben solche erlebt, aber wir sind nicht hinausgezogen, um sie zu suchen und die Welt dann darüber zu unterhalten, sondern um den Geheimnissen der Antarktis nachzuforschen. Wir haben das getan und auch mit vollem Erfolg getan.«

Hans Gazert, Teilnehmer der
ersten deutschen Südpolarexpedition, 1901–1903

Die Deutsche Bibliothek – CIP-Einheitsaufnahme

Eiskalte Entdeckungen:
Forschungsreisen zwischen Nord- und Südpol/
Gert Lange (Hrsg.)
2. Aufl. – Bielefeld: Delius Klasing, 2002
ISBN 3-7688-1257-X

2. Auflage
ISBN 3-7688-1257-X
© by Delius, Klasing & Co. KG, Bielefeld

Abbildungen auf dem Schutzumschlag:
vorne: J. Gutt, J. Plötz, E. Rachor, H. Schäfer, R. Stein
Rückseite: E. Fahrbach (3), H.-D. Franke
Schutzumschlaggestaltung: Gabriele Engel
Layout: Ekkehard Schonart
Druck: Kunst- und Werbedruck, Bad Oeynhausen
Printed in Germany 2002

Alle Rechte vorbehalten! Ohne ausdrückliche Erlaubnis
des Verlages darf das Werk, auch nicht Teile daraus,
weder reproduziert, übertragen noch kopiert werden,
wie z. B. manuell oder mithilfe elektronischer und
mechanischer Systeme inklusive Fotokopieren,
Bandaufzeichnung und Datenspeicherung.

Delius Klasing Verlag, Siekerwall 21, D-33602 Bielefeld
Tel.: 0521 / 559-0, Fax: 0521 / 559-115
e-mail: info@delius-klasing.de
www.delius-klasing.de